WIR ERLEBEN DIE GESCHICHTE

Ein Arbeitsbuch für den Geschichtsunterricht

5. SCHULJAHR

von Dr. Werner Glogauer und Karl Friedrich Voraus
unter Mitarbeit von Siegfried Gusovius

BAYERISCHER SCHULBUCH-VERLAG

1971
6. überarbeitete Auflage

Verlegt im Bayerischen Schulbuch-Verlag
München 19, Hubertusstraße 4 · ISBN 3 7627 0874 6
Einband: Rita Schwilgin, München
Illustrationen: Rita Schwilgin, Christine Scheuer-Bamberger, Beuerberg, Dusan Kesić
Reproduktionen: Graphische Kunstanstalt Carl Ruck, Stuttgart, und Alban Stark, München
Druck: Walcker KG., Isny/Allgäu

1. WIE WIR DIE VERGANGENHEIT ERFORSCHEN

Dieses Buch berichtet in vielen Erzählungen, Bildern und Karten von der Geschichte des Menschen: Wie er in alten Zeiten lebte und arbeitete, wie sich sein Leben im Laufe der Jahrtausende veränderte, welche Nöte und Gefahren er überwinden mußte, was große Persönlichkeiten leisteten, wie Reiche entstanden, sich ausdehnten und zerfielen, wie sich das Schicksal vieler Völker gestaltete.

Alles hat seine Geschichte

Die Erde, jedes Volk, jeder Ort, jede Familie, alles hat seine Geschichte. Geschichte ist die Vergangenheit. Auch du kannst auf deine eigene Geschichte zurückblicken, selbst wenn du erst seit einem Jahrzehnt lebst.

Du begegnest der Geschichte überall

Halte deine Augen offen, denn überall, wo du hinkommst, auf einer Wanderung, bei einem Ferienbesuch oder auf einer Reise, begegnest du zahlreichen Zeugen der Vergangenheit. Solche Überreste aus alter Zeit sind z. B. Grabsteine, Denkmäler, Burgen, Häuser, Kirchen, Tempel, Dörfer, Stadtanlagen u. a. Sie alle geben Zeugnis von geschichtlichen Ereignissen, und sie werden lebendig und erzählen viel, wenn du sie aufmerksam anschaust.

Aus den Quellen lebt die Geschichte

Aus der Vergangenheit des Menschen berichten unmittelbar die schriftlichen geschichtlichen Quellen, die Urkunden und Akten, die Dichtungen und Briefe und die Geschichtsschreibung vergangener Jahrtausende. Quellen sind aber auch Münzen, Wappen, Siegel, Landkarten und Bilder aus geschichtlicher Zeit.

Besuche die Museen

Viele Forscher haben im Laufe der Jahrhunderte in mühevoller und sorgfältiger Arbeit Werkzeuge, Waffen, Schmuckgegenstände, Gefäße, auch Knochen inzwischen ausgestorbener Tiere und vieles andere mehr entdeckt und ausgegraben. Diese Funde können in den Museen betrachtet werden.

Wichtige Hilfen für den Geschichtsunterricht

Vieles, was du im Buch gelesen hast, findest du auch in irgendeiner Form auf den Arbeitsblättern wieder. Wenn dir die eine oder andere Arbeitsaufgabe vielleicht Schwierigkeiten bereitet, lies die geschichtlichen Zusammenhänge im Buch noch einmal nach. Sicher kannst du dann die Frage auf dem Arbeitsblatt beantworten. Die Arbeitsblätter bringen auch manche Geschichtskarte. Betrachte diese Karten genau, denn sie helfen dir, geschichtliche Ereignisse besser zu verstehen.

Der Europaumriß: Die Geschichte, von der du in diesem Buch erfährst, spielte sich vor allem im Abendland, dem heutigen Europa, ab. Hast du keinen Umrißstempel von Europa, so kannst du dir verschieden große Europaumrisse auf Pappe aufzeichnen und dann ausschneiden oder mit der Laubsäge aus Sperrholz aussägen. Du brauchst einen solchen Umriß dann nur auf dein Arbeitsblatt zu legen, ihn mit dem Bleistift zu umfahren und einige Ströme einzuzeichnen. Bei der Arbeit mit dem Geschichtsbuch wird er dir gute Dienste leisten.

Geschichten aus der Geschichte

Das Geschichtsbuch kann nicht über alles berichten, was sich im Laufe von Jahrtausenden ereignet hat. Willst du aber mehr über ein Volk, einen Herrscher, eine Erfindung usw. erfahren, dann besorge dir Jugendbücher!

2. AUF DEN SPUREN DER UREINWOHNER UNSERER HEIMAT

Hirsche. Höhlenmalerei in Lascaux (Südfrankreich)

DER MENSCH IN DER ALTSTEINZEIT

Kinder entdecken eine Höhle

An einem Sommertag im Jahre 1940 streiften vier Jungen durch den Wald in der Nähe ihres Dorfes in Frankreich. Mit ihnen lief der Hund Robot. Plötzlich jagte er einem Kaninchen nach und war nicht mehr zu sehen. Die Kinder riefen ihn vergebens. Erst nach langem Suchen entdeckten sie, daß er in ein Erdloch gefallen war. Sie warfen einen Stein hinein, und es dauerte lange, bis er unten aufschlug. Das Erdloch konnte nur eine der Höhlen sein, von denen sie schon viel gehört hatten. Sie krochen in die Erdspalte hinein und fanden Robot. Dabei machten sie eine Entdeckung, die bald die Menschen in aller Welt in Erstaunen versetzte. Der Führer, der heute den vielen Besuchern diese Höhle erklärt, berichtet, was er damals als Schuljunge erlebt hatte:

„Es gelang mir, 5 bis 6 m tief einzudringen; ich knipste meine Taschenlampe an und schaute mich um. Aber kaum hatte ich einen Schritt getan, da verlor ich das Gleichgewicht und stürzte hinab. Ganz benommen erhob ich mich. Zum Glück hatte ich meine Taschenlampe beim Sturz nicht verloren. Ich sah, daß die Höhle noch weiter nach unten führte und der Abstieg nicht allzu gefährlich war. Deshalb rief ich meinen drei Kameraden zu, sie sollten herunterkommen. Gemeinsam begannen wir, die Höhle zu erforschen. Wir durchquerten eine große Halle und erreichten einen Durchgang, der schmal und ziemlich hoch war. Dort entdeckten wir im Schein der Lampe an den Wänden viele Farbspuren. Es waren große Tierfiguren, die jemand auf die Wände gemalt hatte. Da kam uns plötzlich der Gedanke, daß wir vor Gemälden der Urzeit stünden. Wir drangen bis zum Ende der Höhle vor, und wohin wir auch blickten, überall war das Gewölbe mit Felsbildern bedeckt. Unsere Aufregung war unbeschreiblich: Wir hatten eine Bilderhöhle gefunden!

In den Höhlen von Altamira (Nordspanien) finden sich an den Wänden viele farbige Tierbilder. Dieser Bison ist etwa um 15 000 v. Chr. in der letzten Eiszeit gemalt worden.

Der Lehrer hatte uns schon oft von solchen Höhlen in den Felswänden entlang der Flüsse unserer Heimat erzählt. Bevor wir die Höhle verließen, gaben wir uns das feierliche Versprechen, vorläufig mit keinem Menschen über unsere Entdeckung zu sprechen.
„Am nächsten Tag erblickten wir im Licht unserer vier Taschenlampen noch größere Wunder: Auf den schneeweißen Kalksteinwänden folgte ein Tier am anderen, soweit das Auge reichte.
Die Farbe der schwarzen, roten und gelben Tiergestalten schien erst gestern auf den Fels aufgetragen worden zu sein: Pferde, Hirsche, Bisons, Urrinder, Stiere. Auf einem Bild war dargestellt, wie eine Herde Hirsche durch einen See schwimmt. Und über eine andere Wand galoppierte eine Schar zottiger Wildpferde. Dann entdeckten wir ein Kampfbild: Ein Bison ist von einem Speer durchbohrt, und der Mann, der den Speer geworfen hat, stürzt verletzt zu Boden. Hinter ihm sitzt ein Vogel auf einer Stange. Was bedeutete wohl dieses Bild?"

Nach Geoffrey Bibby

Noch viele andere Fragen bewegten die Jungen, denn die Bilder erzählten von den ersten Menschen ihrer Heimat. Sie berichteten darüber, wie ihre Vorfahren hier lebten, jagten, kämpften und litten. Sie gaben auch Kunde davon, wie die ersten Menschen über das Geheimnis des Lebens und des Todes dachten.
In den letzten 70 Jahren sind viele Kunstwerke aus der Altsteinzeit entdeckt worden, vor allem in den Höhlen Spaniens und Frankreichs. Besonders schöne Tiermalereien hat man in den Höhlen von Lascaux (Bild S. 5) und Altamira (Bild oben) gefunden. Die Felsmalereien, darunter auch mehrfarbige Wandbilder von großen Jagdtieren, sind die ältesten Kunstwerke des Menschen. Es gibt Bilder von Tieren, die längst ausgestorben sind wie

das Mammut oder der Bison, aber auch Bilder von Tieren, die wir heute noch kennen wie Hirsche, Rentiere, Eulen, Stiere, Wildpferde, Lachse.

Die Farbe für ihre Bilder gewannen die Maler der Altsteinzeit aus Braunstein, Rötel, Kohle, Kreide und Kalkstein. Die frühesten Höhlenzeichnungen sind allerdings nicht farbig, nur die Umrisse der Tiere sind in den Stein geritzt. Die Malereien befinden sich meist tief im Innern der Höhlen und sind nur durch enge Zugänge zu erreichen. Die Bilderhöhlen waren nicht bewohnt, sie dienten als Kultstätten für den Jagdzauber. Hier tanzte der Zauberer bei Fackelschein den Zaubertanz, ehe die Horde zur Jagd ausrückte. Durch das Abbilden der Tiere glaubten die Menschen, die Jagdbeute für die Speere der Jäger verwundbar machen zu können. Mancher wollte wohl auch die Kraft eines dargestellten Tieres dadurch erwerben, daß er es malte. In vielen dieser Höhlen stießen die Forscher schon in wenigen Metern Tiefe auf übereinanderliegende Schichten von Tierknochen. Jede Schicht enthielt Überreste von anderen Tieren aus den verschiedensten Zeitabschnitten. Das beweist, daß die Höhlen seit Jahrtausenden immer wieder aufgesucht worden sind.

Ein Grab gibt ein Geheimnis frei

Es geschah vor etwa hundert Jahren im Neandertal, in der Nähe von Düsseldorf: Eilig kam ein Arbeiter aus dem Steinbruch zum Direktor gelaufen und berichtete: „Wir haben aus der Höhle die Lehmschicht entfernt, wie Sie uns aufgetragen hatten. — Dabei haben wir das gefunden!“ Und er zeigte ihm einige große Knochen. Der Direktor betrachtete sie und sagte dann: „Ein schöner Fund, vielleicht sind es die Reste eines Höhlenbären.“

Neandertaler wird dieser Urmensch nach seinem Fundort genannt. Er lebte etwa bis zur Mitte der letzten Eiszeit, also zwischen 150 000 und 60 000 v. Chr. in Europa.

Nach-Neandertaler heißt der Mensch, der auf den Neandertaler folgte. Er ist vermutlich aus dem Osten eingewandert. Der Nach-Neandertaler gilt als Vorfahre des heutigen Europäers.

Der Direktor hatte sich getäuscht. Wissenschaftler stellten fest, daß die Knochen Skeletteile eines Menschen waren. Später wurden noch rund hundert Überreste von Vorzeitmenschen in ganz Europa entdeckt. Nun konnte man sich den Menschen vorstellen, der bis in die letzte Eiszeit hinein gelebt hatte:

Durchschnittlich 160 cm groß — kurze Beine — großer Kopf mit tiefliegenden Augen und hervortretenden Augenwülsten — kräftiger Unterkiefer, aber ohne Kinn — fliehende Stirn — kräftige Nackenmuskeln — Gang mit vorgebeugtem Oberkörper.

Im Jahre 1952 stieß man in Salzgitter-Lebenstedt (bei Braunschweig) beim Bau einer Kläranlage auf einen Lagerplatz des Neandertalers. Eine Horde von 20 bis 40 Mitgliedern hatte sich hier am Rande eines breiten Flusses angesiedelt. Der Platz lag in der grasreichen

Tundra. Außer 2000 Werkzeugen wurden noch zahllose Tierknochen gefunden, die hauptsächlich von Ren und Mammut stammten. Also mußten diese beiden Tiere die wichtigste Beute der Jägerhorde gewesen sein. Von den kleineren Tieren erlegte der Neandertaler die Ente, den Schwan, den Hecht und den Flußbarsch.

Spuren des Neandertalers entdeckte man in Deutschland an zahlreichen Stellen: in der Vogelherdhöhle im Lontal, in Kartstein in der Nordeifel, in der Balverhöhle im westfälischen Lennegebirge, in der Sirgensteinhöhle bei Blaubeuren, im Schulerloch im Altmühltal und in Markkleeberg bei Leipzig.

Die Tundra bedeckte weite Gebiete in Mitteleuropa

Vor ungefähr 20 000 Jahren reichten die Eismassen nicht mehr so weit nach Süden wie in früheren Eiszeiten. Vor dem Eisrand erstreckte sich die baumlose Tundra. Im Winter war sie ganz mit Schnee und Eis bedeckt. Selbst in der wärmeren Jahreszeit war der Boden 1 bis 2 m tief gefroren. In den drei schneefreien Sommermonaten breitete sich eine dichte Pflanzendecke aus, ein Teppich aus Flechten und Moosen. Die Zwergbirken, die Kiefern und Polarweiden, der Wacholder und der Sanddorn wurden kaum 40 cm hoch, selbst wenn sie 30 und mehr Jahre alt waren. Die Schneelast des langen Winters und die kalten, von den Gletschern her wehenden Winde verhinderten, daß sie aufrecht wuchsen und größer wurden. Dazwischen grünten und blühten im kurzen Sommer die Silberwurz, Krähenbeere, Fieberklee, Beifuß, Wegerich, Sauerampfer und Grasnelke. Nur drei Monate blieb den Pflanzen Zeit zum Blühen, zur Befruchtung und Samenbildung.

In der Tundra lebten der Schneehase, Eisfüchse und Enten, viele Nagetiere und vor allem das Ren. Wenn der Winter kam, zogen die Tiere in großen Herden nach Süden. Im Frühjahr, nach der Schneeschmelze, kehrten sie wieder in die baumlose Tundra zurück. Mit ihnen wanderten die Jägerhorden. Noch heute erstreckt sich südlich des Polarkreises die gleiche Tundralandschaft wie damals in Mitteleuropa. Für die Völker, die in diesen Gebieten wohnen (Lappen, Eskimos, Tungusen, Jakuten) liefert das Ren auch heute noch Nahrung und Bekleidung.

DER JAGDZUG

Der Zauberer tanzt

Die Jäger versammelten sich in einer großen Höhle. Sie hatten Fackeln mitgebracht, deren flackernder Schein über die Wände tanzte. Da und dort fiel Licht auf den Kopf eines angreifenden Bisons, auf eine flüchtende Rentierherde oder ein schwer dahinziehendes Mammut auf den Felsmalereien. Die Männer faßten jetzt ihre Speere fester und hielten sie wurfbereit, denn der Zauberer erschien. War das ein Mensch, der da aus dem Halbdunkel kam? Das Wesen war in ein zottiges Tierfell gehüllt. Auf dem Kopf trug es ein Hirschgeweih, und in den Händen schwang es wie beschwörend einen kunstvoll bearbeiteten Stab. Vor einem der Mammutbilder bewegte es sich drehend und springend auf und ab. Plötzlich zischten Speere durch die Luft, und die Spitzen der Wurfgeschosse berührten Kopf und Brust des Tieres auf dem Felsenbild. Ein Jäger traf genau die Stelle des Herzens. Wildes Jagdfieber ergriff die Männer, denn nun waren sie überzeugt, daß sie bei der Jagd Glück haben würden.

Die Horde auf der Jagd

Eilig drängte die Horde aus der Höhle. Die Fährtensucher waren schon flußabwärts geschlichen, um den Standort der Mammuts auszukundschaften. Plötzlich streckte der vorderste Fährtensucher zwei Finger aus. Leise kamen die Jäger links und rechts von ihm herangeschlichen. Der Mann zeigte in eine bestimmte Richtung: Unten am Fluß standen die Mammuts, die riesigen, doppelt mannshohen Tiere. Sie schüttelten sich die Nässe aus den verschlammten, halbmeterlangen rostbraunen Haarzotteln. Der Leitbulle spitzte die kleinen Ohren. Nur wenige Augenblicke noch herrschte Ruhe, dann setzte auf ein Zeichen das Geheul der Mammutjäger ein. Erschreckt warf der Bulle seinen Rüssel in die Höhe und stieß einen lauten Trompetenton aus.
Alle Tiere der Herde drehten unwillig die Köpfe, rollten die Rüssel ein und stellten die Ohren auf. Dann rasten sie mit gewaltigem Dröhnen durch den Fluß auf das andere Ufer

zu. Kaum hatte der Bulle die jenseitige Uferböschung zur Hälfte erklettert, als auch dort eine Gruppe wildschreiender Jäger auftauchte. Das Tier versuchte nach rechts auszubrechen. Aber die Herde folgte ihm nicht, sondern lief in der alten Richtung weiter. Da raste der Bulle wieder zum Fluß hinab. Doch plötzlich, mitten im Lauf, sanken ihm die Beine ein. Noch zehn Schritte, und der Riese blieb im zähen Schlamm stecken. Das schwere Tier versank immer mehr im Morast.

Neugierig kamen die Menschen heran. Sie hatten den Riesen unter den Tieren überlistet! Die Jäger schrien und fuchtelten mit den Armen. Sie rissen Wacholderzweige ab und warfen sie hinter das Mammut auf den unwegsamen Sumpf. So legten sie einen Pfad aus Reisig bis an den eingesunkenen Bullen. Vorsichtig näherte sich der erste Jäger dem Tier. Mit beiden Armen schleuderte er dem Bullen einen Kalkblock von hinten an den Schädel. Nun folgten auch die anderen Jäger und warfen Felsbrocken auf das wehrlose Tier. Die Mutigsten wagten sich ganz dicht heran und stießen mit den Speeren nach dem Kopf des

Das dichtbehaarte Mammut war mit dem Altelefanten verwandt. Dieser lebte in der Warmzeit.
Er war 5 m hoch, 1 m höher als das Mammut.

Diese Felszeichnung aus Nordspanien zeigt eine Horde auf der Jagd. Das Bild entstand erst nach der letzten Eiszeit.

Mammuts. Schließlich war das Tier tot. Aber es sank immer tiefer in den Schlamm ein. Die Jäger konnten nur noch die gewaltigen Stoßzähne retten, bevor die Jagdbeute völlig im Morast verschwand.
Aus dem Elfenbein ließen sich sicher viele Waffen und Geräte herstellen. Was aber würden die Frauen sagen, wenn sie nun ohne Fleisch heimkamen? Bei der nächsten Jagd mußten sie das ganze Mammut erbeuten!

Nach Gustav Riek

Das Mammut war das mächtigste Tier der Eiszeit. Mit seinem dicken, zottigen Haarkleid konnte es die Kälte besonders gut überstehen. Es lebte damals überall in Europa. In Rußland sind zu Beginn unseres Jahrhunderts zum erstenmal gut erhaltene Mammuts ausgegraben worden. Sie lagen eingefroren im Eis. In Sibirien (Sowjetunion) hat man in den letzten 250 Jahren insgesamt 20 000 bis 25 000 Mammuts entdeckt. Als es in Europa wärmer wurde, starb das Mammut aus. Wahrscheinlich konnte es das warme Klima nicht vertragen. Als Feinde hatte es nur die Menschen, die es vor allem auch wegen seiner mächtigen Stoßzähne jagten.

Die Menschen der Altsteinzeit waren auf die Jagd angewiesen

In der Altsteinzeit waren die Männer nur Jäger, die Frauen Sammlerinnen. Gemeinsam zogen die Männer einer Horde auf die Jagd. Mit Wurfhölzern, mit Pfeil und Bogen, mit Speeren nahmen sie den Kampf gegen die Tiere ihrer Umwelt auf. Meist blieben die Menschen Sieger, denn sie waren listenreich und geschickt. Als sie darauf kamen, Fallgruben anzulegen, hatten sie bei der Jagd immer mehr Glück. Die Frauen sammelten Früchte, Knollen, Wurzeln, Kräuter und brachten sie zur Höhle. Nach der Rückkehr von der Jagd und vom Sammelgang wurden die Beute und das Sammelgut verteilt. Solange genügend Nahrung da war, blieben die Menschen in der Höhle, fertigten Waffen und Werkzeuge oder nähten Kleider.

Die Jäger der Altsteinzeit erfanden immer neue Jagdarten, um das Mammut zu fangen.

Um sich zu schmücken, machten die Frauen Ketten aus Hirschzähnen, Muscheln, Schneckenhäusern. Fanden die Menschen in einer Gegend keine Nahrung mehr, dann zogen sie in eine andere Felsenhöhle. Manchmal überspannten sie auch kleine Bodenvertiefungen mit Fellen und schufen so eine künstliche Höhle.
Das Fleisch mußte für die Horde einige Zeit reichen. Deshalb legten die Jäger etwa 3 m tiefe Vorratsgruben an, die sie mit Moos und Zweigen auskleideten. In diesen natürlichen „Eisschränken" lagerten sie das Fleisch der erbeuteten Tiere ein. Da selbst im Sommer der Boden nur für kurze Zeit an der Oberfläche auftaute, konnten die Jäger ihren Fleischvorrat nicht ohne weiteres aus den Gruben wieder herausholen. Sie tauten deshalb die Vorratsgruben mit Hilfe des Feuers Schicht um Schicht auf. Die Reste des Brandes wurden immer aus der Grube geschaufelt. Solche Vorratsgruben hat man 1960 in Berlin-Tegel an einem Rastplatz der Eiszeitjäger gefunden. Bevor der Mensch lernte, das Feuer zu nutzen, mußte er zunächst die Furcht davor überwinden. Schon zu Beginn der Altseinzeit konnte er mit dem Feuer umgehen. Man hat Feuerstellen entdeckt, die etwa 100 000 Jahre alt sind. Allerdings wissen wir nicht, wie der Mensch in den Besitz des Feuers gelangte.

Die erbeuteten Jagdtiere wurden von den Menschen der Altsteinzeit vielseitig verwertet:

Waffen und Werkzeuge der Altsteinzeit

Wir wissen nicht, ob sich die Eiszeitmenschen miteinander in einer Sprache verständigten, die unserer heutigen Sprache ähnlich war. Was wir aber wissen ist, daß diese Menschen denkende Wesen waren. Sie verstanden es nämlich, sich ihr Leben zu erleichtern. Die Gegenstände, die an Lagerplätzen am häufigsten gefunden wurden, sind Werkzeuge und Waffen aus Stein, genauer gesagt aus Feuerstein. Daher heißt dieser Entwicklungsabschnitt des Menschen auch die Steinzeit.
Feuerstein läßt sich gut bearbeiten. Meist ist er in Kalk-, Kreide- oder Gipsschichten eingelagert. In vielen Teilen Europas, besonders in Frankreich und England, trieb der Steinzeitmensch Stollen in die Kalkschichten, um den Feuerstein herauszubrechen. Dazu benutzte er Picken aus Hirschgeweih und Schaufeln aus Schulterblättern von Hirschen. In den Stollen fand man Gefäße aus Kreide, in denen Öl verbrannt worden war. Auf diese Weise hat man die Gänge unter Tage beleuchtet. Mit den Feuersteinen wurde ein reger Tauschhandel getrieben. Man hat große Felder entdeckt, wo der Steinzeitmensch die Feuersteine bearbeitete. An der Maas in Frankreich dehnte sich eine solche Feuersteinwerkstätte über mehrere Quadratkilometer aus. Das Gebiet ist mit einer dicken Schicht Steine übersät.

Der erste Gegenstand, den der Mensch aus Feuerstein herstellte, war der Faustkeil. Die frühen Faustkeile hatte er nur grob behauen. Es dauerte über 100 000 Jahre, bis er gelernt hatte, fein behauene Faustkeile anzufertigen. Faustkeile wurden als Waffen und Werkzeug benutzt: um Tiere zu töten oder um Zweige abzuschlagen. Aus den Abschlägen der Steine fertigte der Steinzeitmensch Schaber. Sie hatten besonders scharfe Kanten und dienten zum Schneiden, Kratzen und Schaben, z. B. von Tierhäuten.

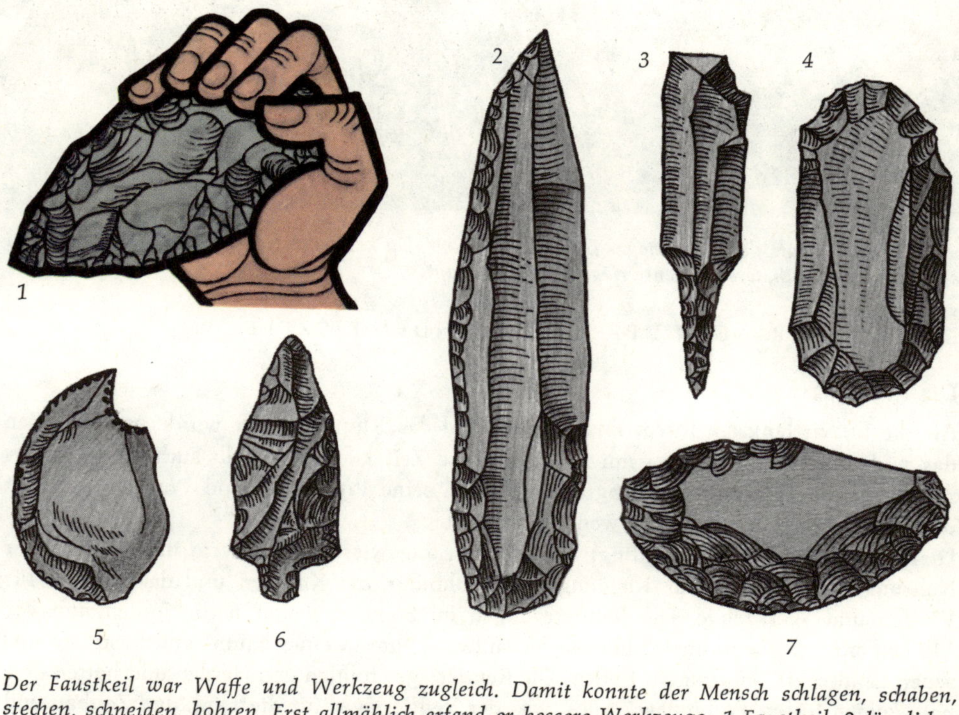

Der Faustkeil war Waffe und Werkzeug zugleich. Damit konnte der Mensch schlagen, schaben, stechen, schneiden, bohren. Erst allmählich erfand er bessere Werkzeuge: 1 Faustkeil, 2 längliches Messer, 3 Bohrer, 4 Schaber, 5 Buchtschaber, 6 Speerspitze, 7 Halbmondmesser.

So sah ein Zeltplatz der Rentierjäger in der Tundra aus. Du kannst auf dem Bild viele Einzelheiten erkennen, z. B. auch, wie die Rentierjäger ihre Zelte bauten.

DIE RENTIERJÄGER DER AUSGEHENDEN EISZEIT

Die Rentierzeit

Als die Eiszeit langsam ihrem Ende zuging und das Klima wärmer wurde, war das Ren das wichtigste Jagdtier (etwa um 13 000). Diese Zeit könnte deshalb auch die „Rentierzeit" genannt werden. Jetzt fertigte der Mensch seine Werkzeuge und Waffen aus Horn und Knochen; Feuerstein wurde weniger bearbeitet.
Die Rentierjäger waren unbedingt auf das Ren angewiesen. Es lieferte ihnen neben der Nahrung auch das Fell für Kleidung und Wohnung, die Knochen und das Geweih für Waffen und Werkzeuge. Die Rentiere zogen im Sommer weiter nach Norden, um vor Mücken sicher zu sein, im Winter wieder südwärts, um in einer baum- und buschbewachsenen Landschaft Nahrung zu finden. Die Rentierjäger folgten den Herden und hatten deshalb keinen festen Wohnplatz. Alles, was der Rentierjäger für die Jagd, den Zeltbau und die Ernährung brauchte, zog er auf Schlitten hinter sich her.

Der „Phantasie-See"

In der Nähe von Hamburg liegt das Tal von Meiendorf. Es bestand bereits in der Eiszeit. Als das Eis geschmolzen war, bildeten sich Seen und Teiche, die im Laufe der Zeit verlandeten. Der Forscher Alfred Rust hielt es für möglich, daß an den Hängen des Tales und an den Ufern der Teiche und Seen einst Menschen gelebt haben. „Es könnte sein", so überlegte er, „daß diese Menschen viele Gegenstände in die Teiche geworfen haben. Sie müßten deshalb angefüllt sein mit Rentierknochen und Werkzeugen". Wo aber lag ein solcher Teich? Der Gedanke daran ließ den Forscher nicht mehr los.

Alfred Rust fand diesen „Phantasie-See". Wochenlang hatte er mit seinen Helfern in einem Loch gegraben und Grundwasser herausgepumpt. Da stößt der Spaten eines Tages auf etwas Hartes. Rust stürzt an die Stelle und wühlt mit beiden Armen bis zu den Schultern im Schlamm. Er ergreift einen Gegenstand. „Das Stück wurde", so berichtete er später, „nicht gerade sanft aus dem Schoß der Erde entnommen."

Es war ein Rentiergeweih, ein besonderes Stück, denn aus dem Innern war ein langer Span herausgelöst. Alfred Rust fand an dieser Stelle insgesamt 33 Rentiergeweihe, viele Knochen von Rentieren, aber auch von Gänsen, Schwänen und Enten, und 45 Werkzeuge.

Der Span war 45 cm lang. Um ihn herauszulösen, waren drei Arbeitsgänge notwendig. Dazu benutzte der Rentierjäger das wichtigste Werkzeug in der ausgehenden Eiszeit, den Stichel. Er wurde aus Stein hergestellt. Es gab mehrere Arten von Sticheln für die verschiedensten Zwecke, z. B. auch für das Einritzen von Figuren in Elfenbein. Bevor mit dem Herauslösen des Spanes begonnen wurde, mußte das Geweih an das Feuer oder auch ins Wasser gelegt werden. Dabei wurde es weich und ließ sich leicht bearbeiten. Aus den herausgelösten Spänen fertigten die Rentierjäger zahlreiche Werkzeuge und Waffen.

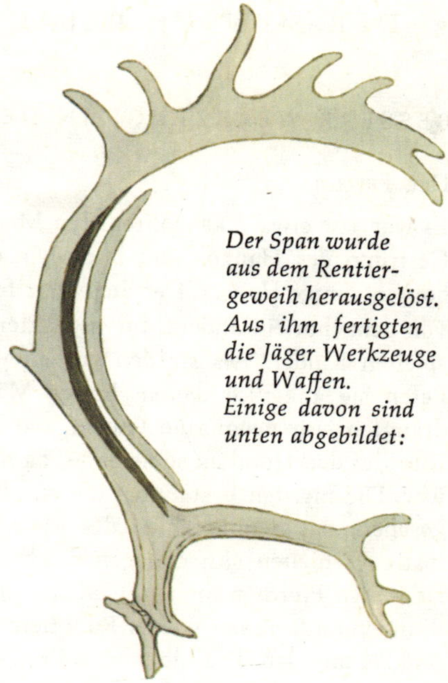

Der Span wurde aus dem Rentiergeweih herausgelöst. Aus ihm fertigten die Jäger Werkzeuge und Waffen. Einige davon sind unten abgebildet:

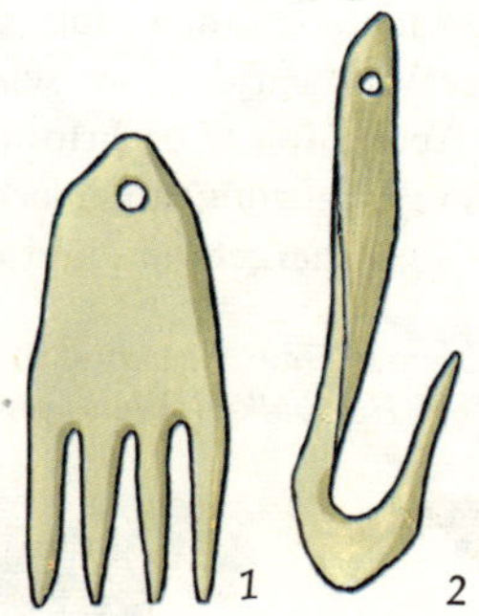

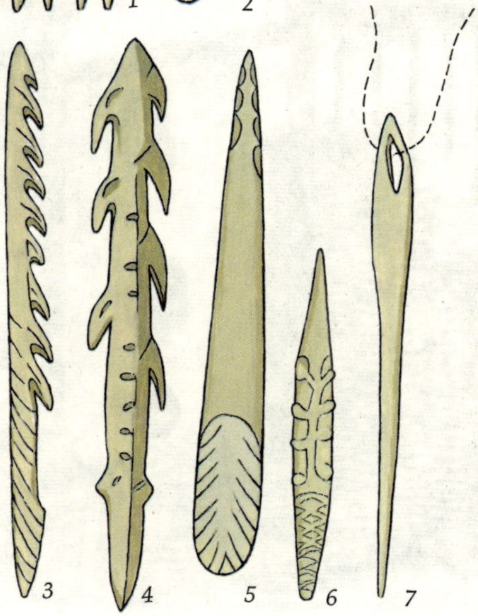

1 Kamm
2 Angelhaken
3 Harpune
4 Harpune
5 Speer
6 Speerspitze
7 Ahle

3. DER MENSCH BEBAUT FELDER UND ZÄHMT TIERE

BESSERE WERKZEUGE IN DER JUNGSTEINZEIT

Der Fremdling

Es war vor etwa 3000 Jahren. Ein Mann, dem ein Hund bellend vorauslief, trat aus dem Gestrüpp des Hanges und blickte in den Talgrund. Dort standen, zwischen Erlen verborgen, einige Häuser. Der Steinschleifer Erto war erfreut, denn nun lag das Dorf vor ihm, von dem ihm ein anderer Steinschleifer erzählt hatte. Auf den Vorplätzen unter den Erlen spielten Kinder. Als sie den großen wolfsähnlichen Hund erblickten und bellen hörten, liefen sie ängstlich davon. Einige Männer kamen aus den Häusern, und hinter ihnen drängten sich neugierige Frauen und Kinder. Mißtrauisch betrachteten sie den Fremden. Erto rief den Hund an seine Seite; da merkten sie, daß er nicht in böser Absicht gekommen war. Die meisten bestaunten diesen Hund. Noch nie hatten sie ein so großes wildes Tier gesehen, das den Befehlen des Menschen gehorchte. Wie störrisch und sogar angriffslustig verhielten sich dagegen die halbwilden Ziegen, Schafe, Schweine und Rinder, die sie in den Pferchen hielten. Und wie oft gelang es den Tieren auszubrechen! In die Pferche drangen auch immer wieder Raubtiere ein, die den halbgezähmten Tieren überlegen waren und sie anfielen. Die Männer wollten gern wissen, wie Erto zu dem zahmen Wolf gekommen war. Und Erto erzählte ihnen, daß sich eines Abends, als er vor seiner Hütte am Feuer saß, ein junger Wolf zitternd an seine Seite gedrängt hatte. Ein Bär hatte das Tier gejagt. Seit diesem Abend folgte es Erto auf Schritt und Tritt. Die Dorfbewohner hatten mit Wölfen schlechtere Erfahrungen gemacht. Im letzten Winter war ein Rudel Wölfe über ihre Schweine und Ziegen hergefallen und hatte sogar zwei der besten Rinder gerissen.

In der Jungsteinzeit war der Hausbau schon weit entwickelt: Das Bild zeigt, wie ein Fachwerkhaus entsteht. Dazu waren nur Holzbalken, Weidenruten, Lehm und Schilf nötig.

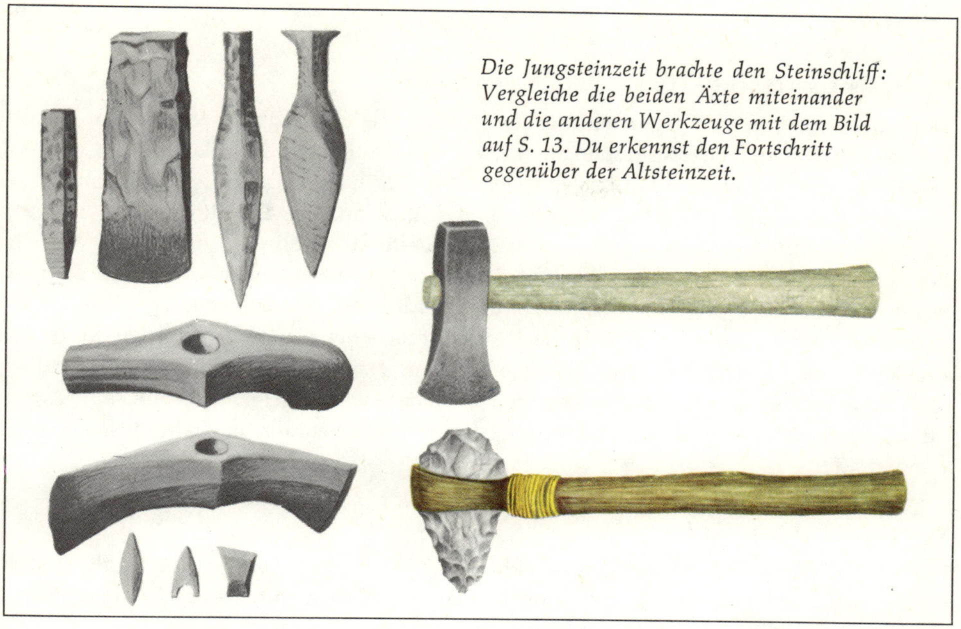

Die Jungsteinzeit brachte den Steinschliff: Vergleiche die beiden Äxte miteinander und die anderen Werkzeuge mit dem Bild auf S. 13. Du erkennst den Fortschritt gegenüber der Altsteinzeit.

Das neue Beil

Am Rande des Dorfes sah Erto eine Gruppe Männer und Frauen bei der Arbeit: Ein neues Haus sollte entstehen. Zwei kräftige Männer rollten abgeästete Baumstämme herbei. Die Frauen saßen etwas abseits und schnitten Weidenruten zurecht. Einige Jungen schleppten auf den Schultern große Bündel von Schilf heran. Gerade begannen die Männer die Eckpfosten des Hauses in die vier Erdlöcher zu senken. Auf die Pfosten sollten dann die Querbalken kommen. Ein Balken paßte nicht, er war viel zu lang. Einer der Männer nahm seine Steinaxt und fing an, den Balken mit kraftvollen Schlägen zurecht zu hauen. Plötzlich hielt er inne und betrachtete die Axt. Prüfend strich er mit dem Daumen über die Schneide. Sie ist schon wieder stumpf geworden, dachte er. Erto hatte dem Mann bei der Arbeit zugesehen. Jetzt zog er aus seiner Felltasche eine Axt heraus und setzte wortlos die Arbeit fort, die der andere begonnen hatte. Die Späne flogen nur so, und ehe man sich versah, war der Querbalken richtig behauen. Staunend betrachtete der Mann Ertos Axt. Das mußte ein Zauberwerkzeug sein. Ein so scharfes Beil hatte er noch nicht gesehen. Zum Vergleich hielt er seine Axt neben die des Erto. Auch die übrigen Männer waren herangetreten, und jeder wollte Ertos Axt berühren. Erto war gern bereit, den Dorfbewohnern zu zeigen, wie man eine Steinaxt schleift. Dafür brachten sie ihm, was er verlangt hatte: Sand, Wasser und einen größeren flachen Sandstein. Erto nahm das stumpfe Beil, mit dem der Mann so schlecht arbeiten konnte. Er setzte sich nieder und schob die Sandsteinplatte zwischen die Knie. Nun begann er mit dem Schleifen, wobei ihm die Männer aufmerksam zuschauten. Zuerst streute er eine Handvoll Sand auf den Schleifstein und goß etwas Wasser dazu. Dann nahm er die Axt und rieb sie mit kreisenden Bewegungen auf dem Stein. Es dauerte eine ganze Zeit, bis die Schneide an einer kleinen Stelle glatt und scharf war. Voller Bewunderung prüften die Umstehenden die Arbeit des Steinschleifers. In Zukunft würden sie ihre Beile auch auf diese Weise schärfen. Zum Schluß wollten sie noch wissen, wie man das Loch für den Schaft in den Stein treibt. Da erklärte ihnen Erto die Bohrmaschine, die erste Maschine des Menschen.

Die jungsteinzeitlichen Häuser und Dorfanlagen

Dorfanlagen aus der Jungsteinzeit wurden in allen Teilen Europas ausgegraben. Zu den bekanntesten deutschen Ausgrabungen zählen die bei Köln-Lindenthal. Bis zu zwanzig Häuser und mehr bildeten ein Dorf. Die Dorfbewohner halfen sich gegenseitig beim Hausbau, oder sie legten gemeinsam Pferche für das Vieh an. Die Pferche waren von einem Zaun oder einem Erdwall umgeben und befanden sich etwas abseits vom Dorf.
Wenn die Menschen der Jungsteinzeit auch bereits Haustiere hielten, so gingen sie doch weiter auf die Jagd. Die Knochen von Elch, Hirsch, Reh, Wildschwein und Wisent, die gefunden wurden, beweisen das. In den Abfallgruben bei den Häusern lagen Reste von Walderdbeeren, Himbeeren, Brombeeren, Schlehen, Hagebutten, Eicheln und Kastanien. Man fand auch Spuren von Bucheckern und besonders von Hasel- und Walnüssen. Ackersalat, Hundepetersilie und andere Unkrautarten wurden ebenfalls als Nahrungsmittel verwendet.

Von der Hütte zum Haus

In der mittleren Steinzeit baute der Mensch Hütten. Diese hatten meist eine länglich runde Form und waren etwas in die Erde eingelassen. Die Wände wurden aus Reisig errichtet, das Dach bestand aus Schilf. In der Mitte der Hütte lag die Feuerstelle.
Nachdem in der Jungsteinzeit die Steinbohrung und der Steinschliff erfunden waren, konnte der Mensch Beile herstellen, mit denen er Bäume für den Hausbau fällte. In Nordwestdeutschland wurden Häuser gebaut, die fast nur aus dem Dach zu bestehen schienen. Die Außenwände aus großen Steinen waren sehr niedrig und bildeten ein Rechteck. In der Mitte dieses Rechtecks wurden einige dicke Pfosten in die Erde gerammt, die das gewaltige Dach trugen. Es reichte fast bis zum Erdboden. Wir bezeichnen solche Bauten heute als Dachhäuser. Im Innern gab es meist nur einen einzigen Raum. Darin wohnten und schliefen die Menschen, in ihm wurde aber auch das Essen zubereitet; er war also Schlafzimmer, Wohnzimmer und Küche in einem. Ein offenes Feuer verbreitete Licht und Wärme. Da es keinen Schornstein gab, zog der Rauch durch die Tür oder ein Loch unter dem Dach ab. In holzreichen Gegenden errichteten die Menschen die Häuser nicht aus Steinen, sondern aus Baumstämmen. So entstanden Blockhäuser mit ein oder zwei Räumen. Am häufigsten aber baute man Fachwerkhäuser. Zwischen die Holzbalken kam ein Flechtwerk aus Weidenruten, das mit Lehm beworfen wurde. Ähnliche Fachwerkbauten gibt es heute noch.

Die Hausformen haben sich im Laufe der Steinzeit langsam verbessert: 1 überdachte Wohngrube, 2 länglich-ovale Hütte, 3 Fachwerkhaus. Worin liegen die Verbesserungen?

Bei den Töpferinnen

Die Männer wollten Erto für seine Hilfe beim Hausbau und für das, was sie von ihm gelernt hatten, mit einem Geschenk erfreuen. Einer brachte ihm ein Tongefäß mit wildem Honig. Dankbar nahm der Steinschleifer die Gabe an und betrachtete überrascht das Gefäß, das mit vielen kunstvollen Mustern verziert war. Auf seinen Wanderungen hatte er zwar schon verschiedenartige Tongefäße kennengelernt, aber solche Verzierungen hatte er bisher an keinem gesehen. Stolz erklärte einer der Dorfbewohner: „Die Töpfe fertigen unsere Frauen an. Männerhände sind zu grob für diese Arbeit." Er zeigte auf eine Gruppe von Frauen, die gerade in Weidenkörben Ton herbeitrugen. Am Bach versetzten sie den Ton mit Wasser, kneteten ihn und mischten Sand dazu. Diesmal konnte Erto etwas von den Dorfleuten lernen, und neugierig trat er näher. Eine Frau nahm Ton aus einem Korb und formte daraus über dem Knie eine flache Schale. Dann bildete sie einen Tonring, setzte ihn auf den Rand der Schale und strich die Außen- und Innenseite mit der Hand glatt. So legte sie einen Tonring auf den andern. Bald stand das Gefäß rund und gleichmäßig gearbeitet vor der Töpferin. Nun griff sie nach einer Knochenspitze und ritzte damit Bänder, Streifen und andere Verzierungen in den noch weichen Ton. Dann trug die Frau den Topf vorsichtig auf den sonnigen Vorplatz ihres Hauses, wo bereits andere Tongefäße vortrockneten. Die sonnengetrockneten Gefäße brachte sie an ein offenes Feuer und schob sie sorgsam in die Flammen. Ab und zu drehte sie die Tonwaren, damit sie gleichmäßig gebrannt wurden. Als am Abend die Töpfe ausgekühlt waren, unterbrachen die Frauen ihre Arbeit. Sie waren gespannt, ob ihnen das Brennen der Gefäße auch gelungen war. Mit den Fingerknöcheln schlugen sie gegen die Wände ihrer gebrannten Tongefäße, und die meisten klangen hell. Auf die mißlungenen Stücke warteten schon die Kinder. Zufrieden betrachteten die Frauen ihr Werk. Sie freuten sich, denn die gut geratenen Gefäße würden sie nun im Nachbardorf gegen Wolle, Felle, Nüsse und Honig eintauschen können.

Die Töpferei war eine sehr wichtige Erfindung, denn mit ihr begann die Vorratswirtschaft. Die Menschen der Eiszeit mußten ihre Fleischvorräte noch in den hartgefrorenen Boden einlagern. Das war mühsam, vor allem, wenn sie das Fleisch wieder aus dem Eise befreien wollten. In Krügen und Töpfen aus Lehm oder Ton ließ sich die Nahrung dagegen bequem aufbewahren. Die Frauen der Jungsteinzeit flochten auch Körbe aus Weidenruten und höhlten Tannen- und Buchenholz zu Näpfen aus. In den Körben bewahrten sie Getreide für den Winter oder für Jahre mit geringer Ernte auf.

Allmählich lernten die Menschen, den Boden für die Aussaat besser zu bearbeiten.

Das tägliche Brot

In manchen Teilen Deutschlands wurden Reste von Dörfern der Jungsteinzeit freigelegt. Als die Wissenschaftler alles genau untersuchten, fanden sie auch Samenkörner, die im Lehm der Dorfstraßen, im Hausboden und, in größeren Mengen, in Vorratsgefäßen lagen. Heute wissen wir, daß die Menschen im Vorderen Orient zum erstenmal Getreide anbauten und Vieh züchteten. Von dort gelangten der Weizen, die Gerste und die Hirse zu uns. Der Ackerbau veränderte das Leben der Menschen. Sie waren nun nicht mehr vom Jagdglück abhängig und auf das Sammeln von Früchten angewiesen. Wenn sie Fleisch brauchten, schlachteten sie das Vieh. Aus Getreide bereiteten sie Brei und backten Brot. Gerstenbrei, Hirsebrei, Gemüsebrei waren neben dem Brot das Hauptnahrungsmittel. Zu gebratenem Fleisch oder Fisch gab es immer irgendeinen Brei.

Zum Brotbacken war in jedem Haus ein Backofen eingebaut. Das Brot hatte die Form eines Fladens und schmeckte etwas fade. Sauerteig kannte man noch nicht. Aus den gefundenen Geräten erhielten die Wissenschaftler Aufschlüsse über die Technik des Brotbackens in der Jungsteinzeit (siehe Bild unten).

Der Getreideanbau und die Viehzucht breiteten sich vom Vorderen Orient rasch nach Norden über ganz Europa aus.

Das Bild zeigt, wie die Frauen in der Jungsteinzeit Brot backten und welche Geräte sie dabei benutzten. Die Gefäße verraten, welche drei einfachen Zutaten notwendig waren.

Der Visbeker Bräutigam ist das mächtigste Hünengrab in Deutschland.

Die Hünengräber

Im Jahre 1954 war eine Baugesellschaft in Nordwestfrankreich dabei, eine neue Straße für den Fremdenverkehr anzulegen. Die Steine für den Unterbau der Straße wurden von kleinen, langgestreckten Hügeln in der Nähe herangeschafft. Das waren aber keine gewöhnlichen Steine, sondern große, bearbeitete Steinblöcke. Sie gehörten zu gewaltigen Steingräbern, die einst die Hügel bedeckt hatten. Zufällig erfuhr ein Museumsdirektor von dem Zerstörungswerk der Baufirma. Die Arbeit der Räumgeräte wurde gestoppt, und Wissenschaftler begannen mit Ausgrabungen. Sie legten nach und nach 11 Grabhöhlen frei. Heute wissen wir, wie diese Gräber entstanden sind:

Vor rund 5000 Jahren wurden die Männer des Volkes aufgerufen, für ihren noch lebenden Fürsten ein Grabmal zu errichten. Aus dem nahegelegenen Felsen brachen sie Steine und Platten, die sie auf Holzwalzen an Ort und Stelle schafften. Manche der Steinblöcke wogen 4000 Zentner und mehr. Die Felsblöcke wurden senkrecht aufgestellt und bildeten so die Wände einer Grabkammer. Die schwierigste Arbeit aber kam zum Schluß: Als Abdachung mußte eine riesige Felsenplatte über die aufgerichteten Steinblöcke gelegt werden. Damit stand mitten in der Landschaft eine neue Steinkammer, in der einst ein Fürst zur ewigen Ruhe gebettet werden sollte.

War der Fürst gestorben, kleideten ihn angesehene Frauen des Volkes in kostbare Felle. Männer legten ihn mit seinen Waffen und seinem Schmuck in die Totenkammer. Tongefäße mit Körnern und gärendem Saft wurden hineingestellt: Der Tote sollte auch im Jenseits zu essen und zu trinken haben. Nun mußte noch der Eingang zur Gruft mit einer Felsenplatte verschlossen werden. Danach überschütteten die Männer das Steingrab mit Erde, so daß ein Hügel aufgeworfen wurde. Ein „Hünengrab" war entstanden.

Wind und Regen zerstörten viele dieser Totenkammern. Nachdem das Pulver erfunden worden war, sprengten Grabräuber die Steinblöcke in die Luft. Trotzdem sind in Norddeutschland westlich der Elbe noch 300 Hünengräber erhalten. 240 km westlich von Oldenburg liegt das mächtigste Hünengrab, der „Visbeker Bräutigam". 80 riesige Steine, Findlinge aus der Eiszeit, bilden ein Rechteck von 108 m Länge und 10 m Breite. Den merkwürdigen Namen dieses Hünengrabes erklärt eine Sage so:

„Einst sollte eine reiche Bauerntochter einen Mann heiraten, den der strenge Vater für sie ausgesucht hatte. Sie liebte aber einen andern. Als der Vater jedoch auf der Hochzeit bestand, bat das Mädchen die Götter, sie in Stein zu verwandeln. Ihr Wunsch erfüllte sich, und mit ihr wurde auch der verhaßte Bräutigam zu Stein."

VON DEN HÖHLENBEWOHNERN BIS ZU DEN ACKERBAUERN

Wir wissen wenig darüber, wie die Menschen der Vorzeit aussahen. Aber aus Funden können wir uns ein Bild machen, wie sie sich gegen die Kälte der Eiszeit, gegen Hunger und Feinde in der Tundra behaupteten. In der Altsteinzeit (bis etwa um 10 000 v. Chr.) lernte der Mensch allmählich, seinen Verstand zu gebrauchen: Er erfand Werkzeuge, die er zunächst aus Stein, dann aus Knochen und Geweihen von Rentieren herstellte. Er fertigte auch Waffen aus Feuerstein und Knochen, mit denen er jagen und sich verteidigen konnte. Am Anfang fand er in Höhlen ausreichenden Schutz. Wer damals allein lebte, ging zugrunde. Deshalb schloßen sich die umherziehenden Jäger, Fischer oder Sammler zu Horden zusammen. Auf dieser Stufe der Altsteinzeit leben noch heute in einigen abgeschiedenen Gegenden Afrikas primitive Volksstämme.

In der Mittel- und Jungsteinzeit (bis etwa um 1800 v. Chr.) machte der Mensch allmählich die Tiere zu seinen Jagdgefährten und Helfern. Er wurde Viehzüchter. Vom Orient kam das Getreide nach Europa. Jetzt war der Mensch Ackerbauer und mußte bei seinen Feldern bleiben. Er wurde seßhaft und baute feste Häuser aus Holz und Stein. Die Waffen und Werkzeuge der Jungsteinzeit bestanden immer noch aus Stein. Sie waren aber jetzt fein geschliffen, durchbohrt und hatten einen Schaft. Damals erfand der Mensch zwei wichtige Geräte: den Steinbohrer und den Webstuhl. Er formte Töpfe aus Ton und begann mit der Vorratshaltung.

Das Leben und die Arbeit der Ägypter wurden ganz entscheidend vom Wasser des Nils bestimmt.

4. ÄGYPTEN – EIN GESCHENK DES NILS

DAS VOLK DER ACKERBAUERN

Träge fließt das Wasser des Nils am östlichen Rand der Sahara dahin. Über dem Strom und dem Sand wölbt sich ein wolkenloser blauer Himmel. Tagsüber brennt die Sonne unbarmherzig hernieder, in den sternenklaren Nächten aber ist es kalt, und die heiße Erde zerbröckelt in der trockenen Luft zu Staub.

Diesen Landstrich nannte der griechische Geschichtsschreiber Herodot vor rund zweieinhalb Jahrtausenden ein „Geschenk des Nils". Er meinte jedoch nicht das ganze heutige Ägypten, sondern nur das Niltal, eine Stromoase von 30 km Breite und 1000 km Länge. Hier wohnten seit etwa 4000 v. Chr. die Ägypter. Sie wußten, was sie dem Strom verdankten.

Der griechische Geschichtsschreiber berichtet: „Es gibt kein Volk auf der Erde, das die Früchte des Bodens so mühelos gewinnen kann wie die Ägypter. Sie haben es nicht nötig, mit dem Pflug Furchen in den Boden zu ziehen, ihn umzugraben und die anderen Feldarbeiten zu verrichten, mit denen die Menschen sich andernorts abmühen. Sie warten einfach ab, bis der Fluß kommt, die Äcker bewässert und wieder abfließt. Dann besät jeder sein Feld und treibt Schweine und Schafe darauf, um die Saat einzustampfen. Danach wartet er ruhig die Erntezeit ab, drischt das Korn und speichert es auf."

Der Nil eint die Menschen in einem Staat

Einmal im Jahr überschwemmten die schmutzigbraunen Fluten des Nils die Ufer. Schlammteilchen sanken auf den Grund und setzten sich als fruchtbarer Boden ab. Wenn das 8 m hoch stehende Wasser abgeflossen war, konnten die Ackerbauern mit der Bearbeitung und Bebauung des Bodens beginnen. In der trockenen Zeit leiteten einzelne Bauern das Wasser des Nils durch Gräben nach beiden Seiten ab. Sie bauten Schöpfräder und hoben damit das schlammdurchsetzte Nilwasser auch auf höher gelegene Felder. So verbreiterte sich das Niltal immer mehr. Bald erkannten die Bauern, daß einer allein gegen die Gewalt des Stromes nicht ankam, denn die sehnsüchtig erwartete Überschwemmung vernichtete Gräben und Schöpfräder. Um das Wasser des Nils für jeden zum Geschenk zu machen, mußten sich Tausende zusammenschließen. Sie mußten Kanäle, Deiche, Schleusen und Stauseen bauen. Bei der gemeinsamen Arbeit so vieler Menschen konnte nur nach einem genauen Plan vorgegangen werden. Eine feste Ordnung war notwendig, eine Regierung, die das Tun der Menschen weitblickend lenkte.

Der göttliche Herrscher

Der König mit dem Titel „Pharao" (das heißt „Großes Haus" oder „Palast") wurde wie ein Gott verehrt. Er war der alleinige Herrscher des Reiches. Aller Grund und Boden gehörte ihm allein, genauso wie die Arbeitskraft und sogar das Leben seiner Untertanen. Die Fellachen oder Flußbauern mußten einen Teil ihrer Ernte abliefern. Die Schreiber, Aufseher und Soldaten sorgten mit großer Strenge dafür, daß die Bauern die Abgaben leisteten. Die Handwerker arbeiteten in den staatlichen Werkstätten, den Schmieden, Schreinereien, Steinmetzereien. Die Kaufleute des Pharaos trieben Handel und kamen mit ihren Schiffen und Karawanen auch in andere Länder. Die Beamten und Priester verwalteten im Auftrag des Pharaos das ganze Land. Sie berichteten ihm über alles, was im Lande geschah.

In der Totenstadt, gegenüber von Theben, arbeiteten Handwerker aller Art sowie Bauern, Fischer und Wasserträger. Sie wurden bei der Arbeit von Beamten beaufsichtigt. Diese führten Arbeitsbücher, in die sie hinter die Namen der Arbeiter genau eintrugen, an welchem Tag einer nicht im Steinbruch, auf dem Feld, bei den Ausbesserungsarbeiten am Damm oder in der Tempelwerkstätte erschienen war. Bei manchem ist vermerkt: „Er wurde von einem Skorpion gestochen." oder „Er ist fort, um den Göttern zu opfern."

In einem Arbeitsbuch, das von einem Schreiber der Totenstadt geführt wurde, ist sogar von einem Streik der Arbeiter zu lesen: Eines Tages zogen die Arbeiter mit ihren Frauen und Kindern aus den fünf Mauern, die die Stadt umgaben. Sie erklärten: „Wir sind

hungrig, achtzehn Tage sind bereits vergangen!" Da kamen einige Beamte der Totenstadt und riefen ihnen zu: „Kommt doch wieder herein! Kommt, wir haben das Getreide des Pharaos, es liegt hier in der Totenstadt." Das klang für die Hungernden verlockend, sie ließen sich täuschen und kehrten in die Stadt zurück. Am folgenden Tag, da sie immer noch kein Essen erhalten hatten, besetzten sie einen Tempel und klagten: „Hunger und Durst haben uns hierher getrieben. Wir haben keine Kleider, kein Öl, keine Fische. Wir haben kein Futter für unser Vieh. Schreibt daher an den Pharao, unsern gnädigen Herrn, daß man uns zu leben gibt!" Jetzt endlich erhielten sie Getreide für den ganzen vergangenen Monat.

DAS VERMÄCHTNIS DER PHARAONEN

Die Pyramiden

Die Pharaonen ließen sich prunkvolle Grabmäler errichten, die Pyramiden. Hunderttausende von Sklaven mußten an diesen Grabhäusern für die göttlichen Herrscher oft viele Jahre lang bauen. Im Gebirge sprengten sie riesige Kalksteinblöcke aus den Felsen. Diese Steinquader wogen manchmal bis zu 150 Tonnen. Auf Walzen und Schlitten wurden sie zum Nil gezogen, dort auf große Lastflöße verladen und in die Nähe der Baustelle gebracht. Wieder mußten sie von Menschen zum Bauplatz geschafft werden, wo man sie über aufgeschüttete Rampen schleifte und aufeinandertürmte.
Über 40 Pyramiden finden sich noch im heutigen Ägypten. Die größte steht in der Nähe von Kairo. Sie wurde vor etwa 5000 Jahren erbaut und heißt Cheopspyramide, weil der König Cheops sie errichten ließ. 100 000 Menschen sollen 20 Jahre lang an dem Bauwerk gearbeitet haben. Die Cheopspyramide ist 146 m hoch und hat eine quadratische Grundfläche mit einer Seitenlänge von 225 m. Dazu mußten zweieinhalb Millionen Steinblöcke aufgeschichtet werden.
Unter diesen Steinmassen lag in einer geräumigen Kammer später der tote Pharao. Die Wände der Totenkammer waren reich bemalt; auf dem Boden standen allerlei Gefäße mit Speisen und Getränken. Dem toten Herrscher sollte es im Jenseits an nichts fehlen. Die Ägypter glaubten nämlich, daß das Leben mit dem Tode noch nicht zu Ende sei. Reiche und mächtige Herren ließen sich darum schon zu Lebzeiten Grabkammern in die Felsen hauen und sorgten für die Einbalsamierung ihrer Leichname vor. Waren sie gestorben, dann wurden ihre Körper mit kostbaren Salzen und Räucherwerk behandelt und eingetrocknet. Solche Mumien haben sich teilweise über Jahrtausende erhalten.

Bild links: Die Pyramiden von Gizeh zählten im Altertum zu den sieben Weltwundern.
Bild links unten: Stück für Stück wurden die Standbilder von Abu Simbel in Sicherheit gebracht. Der Kopf des Pharaos Ramses wiegt 18 Tonnen.
Bilder rechts unten: Auf Papyrus schrieben die ägyptischen Schreiber ihre Bilderschrift, die Hieroglyphen.

Der Umzug der Standbilder von Abu Simbel

Die ägyptischen Pyramiden, Tempel, steinernen Statuen und Malereien gehören zu den ältesten und wertvollsten Kulturschätzen der Menschheit. Vieles davon ist in der Vergangenheit zerstört worden. Und viel muß getan werden, damit die Reste dieser Bauten und Kunstwerke erhalten bleiben.

Zeitungsbericht: Kairo, September 1968. „In diesen Monaten haben europäische Ingenieure eine einmalige Leistung vollendet. In vierjähriger Arbeit zersägten sie den Tempel und die Riesenstandbilder des Pharaos Ramses. Der Tempel wurde in 1000, der Felsen mit den Standbildern in 8000 einzelne Blöcke zerlegt. An einer höher gelegenen Stelle wurden die Blöcke wieder zusammengesetzt. Die Arbeiten kosteten 120 Millionen DM. Dort, wo der Tempel und die Statuen des Pharaos vorher standen, erstreckt sich heute der große Assuan-Stausee. Der Tempel und die Statuen des Pharaos wären in den Fluten des Sees versunken, hätten sich nicht so viele Menschen für ihre Erhaltung eingesetzt. Das Geld für diese Rettungsaktion kam aus vielen Ländern der Erde."

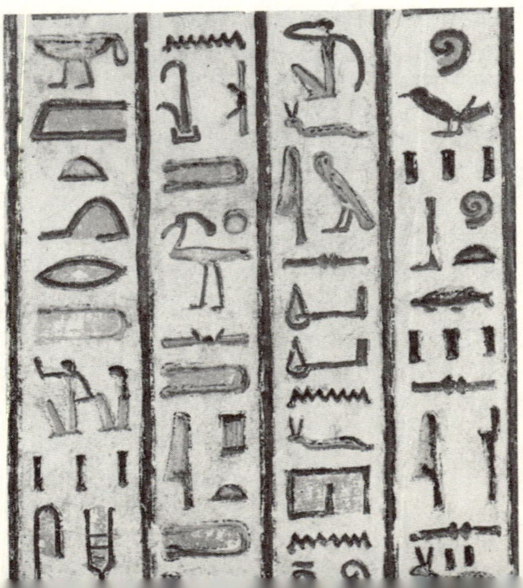

5. MESOPOTAMIEN ODER DAS LAND ZWISCHEN DEN STRÖMEN

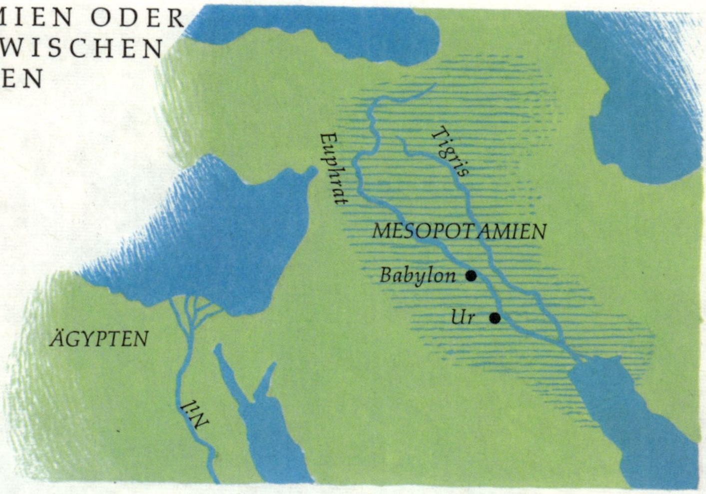

Überschwemmtes Gebiet

Weite Teile im Zweistromland waren einst von Euphrat und Tigris überflutet worden.

DIE GROSSE FLUT

Aus der Bibel erfahren wir von der großen Flut in der Ebene, die von den Strömen Euphrat und Tigris durchflossen wird. Die ganze Welt horchte auf, als im Jahre 1854 ein englischer Forscher in dem Zweistromland Tontafeln fand, auf denen in Keilschrift erzählt wird, was wir auch aus der Bibel über die Sintflut wissen. Die Tontafeln berichten von Noah und was er unternahm, als die große Flut kam:

„Alles, was ich hatte, nahm ich mit, den ganzen Ertrag meines Lebens lud ich ein in das Fahrzeug; Familie und alle Verwandten, die Tiere des Feldes, das Vieh von der Weide und Leute vom Handwerk, alle schiffte ich ein. Ich bestieg das Fahrzeug und verschloß die Tür . . .

Als der junge Tag strahlend heraufzog, ballte fern sich am Horizont eine schwarze Wolke . . .

Tageshelle wird plötzlich zur Nacht, der Bruder sieht den Bruder nicht mehr, das Volk des Himmels kann sich nicht mehr erkennen . . .

Sechs Tage und sechs Nächte lang schwollen Sturm und Flut, herrschte Orkan über das Land. Als der siebte Tag anbrach, da legte sich der Sturm, es glättete sich die Flut, die wie ein Kriegsheer gewütet . . .

Ich hielt Ausschau nach dem Wasser; verstummt war sein Tosen, zu Lehm alle Menschen geworden! Bis zu des Daches Höhe reichte der Sumpf! Ich schaute nach Land, nach dem Horizonte des Meeres, fern, ganz fern tauchte ein Eiland auf. Bis zum Berge Nissir gelangte das Fahrzeug, am Berge Nissir fuhr es auf und stand wie verankert . . .“

Das Land vom Wasser trennen

Nach der großen Flut besiedelten wieder Ackerbauern das Land zwischen den Strömen. Das noch feuchte, aber sehr fruchtbare Schwemmland mußten sie erst mit vielen Kanälen durchziehen, damit darin das Wasser sich sammeln und abfließen konnte. Die Bauern bemühten sich, das Land vom Wasser zu trennen. Mit der Zeit lernten sie das Wasser besser zu nutzen: Sie legten Stauseen an, die das Hochwasser auffingen, denn auch nach der Flut überschwemmten Euphrat und Tigris immer wieder das Land. Mit Dämmen schützten sie ihre Siedlungen und ihr Land vor der Flut. Mit Schöpfrädern leiteten sie das

In mehreren Stufen stieg der Tempelbau von Ur bis zum Heiligtum auf der Spitze der Terrasse an.

Wasser in höhergelegene Felder. Auf dem fruchtbaren und dem künstlich bewässerten Schwemmland gediehen Getreide, Dattelpalmen und Ölbäume. Das Gebiet zwischen den Strömen wurde zu einem fruchtbaren Acker- und Gartenland. Die Dörfer wuchsen zu Städten. Zwei große Städte, die um 3000 v. Chr. entstanden, waren Ur und Uruk. Zahlreiche ausgegrabene Tontafeln berichten in allen Einzelheiten vom Leben in diesen Städten. Die wichtigsten Gebäude in der Stadt waren die großen Tempel. Hier herrschten die Priester. Alles Land, so glaubten die Menschen, gehöre den Göttern, und deshalb kämen ihnen auch alle Erträge zu. Das Land hieß „Sumer", seine Bewohner waren die „Sumerer".

In der Tempelstadt Ur

Hoch schiebt sich die Spitze des Tempels von Ur in den blauen Himmel über der weiten Ebene von Mesopotamien. Wie ein mächtiger Berg wirkt der Tempelbau von ferne. Für die Rinder- und Schafhirten, für die Feldarbeiter, die am Abend die Herden in die Tempelhöfe treiben oder die Früchte und das Getreide von den Äckern hereinbringen, ist der Koloß ein Wahrzeichen ihrer Stadt Ur. Seine Grundfläche mißt 60x45 m, und die Säulen des Tempels, der sich auf der letzten Terrasse erhebt, haben einen Durchmesser von 2,6 m. Die Priester und Beamten stehen bereit: Sie nehmen das Getreide in Empfang, schreiben die eingelieferten Mengen auf Tontafeln, beaufsichtigen die Fütterung der Ziegen und Schafe, sorgen dafür, daß das Getreide und die Früchte in die Tempelspeicher gebracht werden, wo das Korn in hohe Tonkrüge geschüttet wird.

Das Tagwerk der Hirten und Feldarbeiter ist nun beendet. Auch für die Gartensklaven ist Feierabend, nachdem sie die Sperrbretter vor die Wassergräben der Dattelhaine und Gemüseplantagen gesetzt und die Zugänge zu den Gärten und Anpflanzungen geschlossen haben. Die Arbeiter und Hirten drängen zur Ausgabestelle. Hier erhalten Sie Brot, Bier und Früchte als Lohn für ihre Arbeit, die besonders schwer ist, wenn die vom Hochwasser beschädigten Dämme und Buhnen oder Teile der hohen Stadtmauer mit Lehm ausgebessert werden müssen.

Jetzt, da ein kühler Wind auf die Stadt zu weht, füllen sich die Straßen und Plätze von Ur mit vielen Menschen. Soldaten mit bronzenen Kegelhelmen, rechteckigen Schilden und langen Speeren eilen zu ihren Quartieren. Tischler, Grob- und Feinschmiede, Töpfer, Rollsiegelschneider, Tempelschreiber und Priester schlendern durch die Straßen. Einige Lastkarawanen sind noch unterwegs. Esel schleppen Körbe, Säcke und Schläuche, die noch auf die breiten Lastkähne an der Anlegestelle verladen werden sollen.

Auf einmal wenden sich die Menschen in den Straßen und Plätzen dem Tempel zu. Von dort kommt Gesang der Priester und Tempeldienerinnen. Jeden Abend bitten die Leute von Ur die Götter um Schutz vor den Fluten, vor Dürre und um Fruchtbarkeit. Die Einwohner von Ur bringen auch ihrem König Geschenke dar (Bild unten).

DIE WIEGE DER SCHRIFT

„Die Schule währt, und niemals wird sie enden"

Dieser Satz steht auf einer Tontafel, die wie viele andere in Keilschrift von sumerischen Lehrern und Schülern vor 4000 Jahren berichtet. Die Schule war für die Sumerer eine wichtige Einrichtung. In allen ihren Städten gab es Schulen. Dort lernten die zukünftigen Tempelschreiber, Verwalter, Priester, Kaufleute und Ärzte schreiben, lesen und rechnen. Die Schüler wurden außerdem in Erdkunde, in Literatur, in der Landmeßkunst, in der sumerischen Sprachkunde und in Religion unterrichtet. Der Leiter einer Schule hieß „Vater des Tafelhauses", der Schüler „Sohn des Tafelhauses" und der Hilfslehrer „Älterer Bruder". Mehrere tausend Tontafeln mit Schreibübungen und Rechenaufgaben wurden in Ur, Uruk und anderen Städten der Sumerer ausgegraben. In den Schulen ging es sehr streng zu. Die Schüler saßen auf harten Lehmbänken. Das ganze Jahr über gingen sie zur Schule, und nur 6 Tage im Monat waren frei. Auf einer Tontafel wird von einem Schüler erzählt, der

Diese Tontafel ist etwa 5000 Jahre alt und zeigt noch keine Keilschrift, sondern Bildzeichen.

am Anfang mit der Schule nicht zurechtkam: „Nun, Schüler, wohin gingst du all die Zeit?" „Ins Tafelhaus." — „Was hast du da gemacht?" — „Die Tafel las ich, und mein Frühstück aß ich, die Tafel schrieb ich voll bis an den Rand! Als Schulschluß war, bin ich nach Hause gegangen und sprach dem Vater das Gelernte vor, las auch die Tafel ihm — er war zufrieden. Am Morgen mußt' ich wieder früh heraus, ich schaute nach der Mutter, sprach zu ihr: Gib mir das Frühstück, denn ich muß zur Schule! Zwei Brote holte Mutter mir vom Ofen, saß auch dabei, derweil ich durstig trank. Das Schulbrot noch! Zur Schule lief ich schon. Der, der die Aufsicht hatte, fuhr mich an: Warum kommst du zu spät? Da ward mir Angst, mein Herz fing an zu klopfen, ich ging zum Lehrer. Marsch auf deinen Platz! Gleich sah mein Lehrer meine Tafel an, geriet in Zorn, und dann bekam ich Prügel . . ." Am Ende aber bestand der Schüler die Prüfung, zur Freude seiner Eltern und Lehrer.

Die Keilschrift, welche die „Söhne des Tafelhauses" mit Schilfrohr auf eine weiche Tontafel schrieben, ist die älteste Schrift der Menschheit. Die Sumerer haben zum erstenmal Bildzeichen mit einem Namen verbunden. So hieß z. B. ein achtstrahliger Stern „Himmel", er bedeutete aber auch „Gott" und „oben"; ein Pflug stand für „pflügen, beackern", usw. Die beiden Bilder (oben) zeigen die Vorder- und Rückseite einer Buchungstafel. Wahrscheinlich hat auf ihr ein Kaufmann oder Viehhändler Eintragungen gemacht. Vorne sind Bildzeichen für Namen eingeritzt und Vertiefungen für Zahlen, hinten sind die Zeichen für Stier und Kuh. Darüber befindet sich die Angabe, wie viele Stiere und Kühe der Mann verkauft hat. Jede runde Vertiefung bedeutet 10. Die Vertiefung, die wie ein Fingernagel aussieht, bedeutet 1. Wie viele Stiere und Kühe wurden verkauft?

König Hammurabi regiert in Babylon

Wenn du die Karte auf Seite 27 betrachtest, wirst du feststellen, daß die Ebene zwischen Euphrat und Tigris nach allen Seiten offen liegt. Deshalb drangen immer wieder Völker ein. So auch die Amoriter. Ihr König Hammurabi gehörte zu den weisen Königen von Babylon. Er ließ eine Säule aufstellen und, für jedermann zu lesen, 280 Gesetze einmeißeln. Das war das erste Gesetzbuch der Menschheit. Hier einige Bestimmungen:

„Wenn ein Mann versäumt hat, den Deich an seinem Feld zu befestigen, und wenn an seinem Deich eine Öffnung entstand und das Wasser einen Teil des Feldes weggerissen hat, so muß der Mann das Getreide, das durch seine Schuld vernichtet wurde, ersetzen . . ."

„Wenn ein Baumeister für jemanden ein Haus baut und es nicht fest ausführt und das Haus, das er gebaut hat, einstürzt und den Eigentümer erschlägt, so soll der Baumeister getötet werden . . ."

6. DAS CHINESISCHE KULTURLAND AM GELBEN FLUSS

DAS FRUCHTBARSTE LÖSSGEBIET DER ERDE

Wie in anderen großen Stromtälern der Erde entstand auch am Gelben Fluß (Hoang-ho) in China eine Ackerbau-Kultur. Es ist die Shang-Kultur, benannt nach dem Shang-Volk, das damals in China lebte. Die Shang-Kultur entwickelte sich zwischen 2000 und 1000 v. Chr. Immer wieder überschwemmte der unberechenbare Hoang-ho mit seinen Nebenflüssen die große Stromebene. Mit der Zeit schuf er eine mächtige Schicht an gutem Schwemmboden, vor allem an seinem Unterlauf. Südlich davon erstreckte sich ein weites Gebiet mit einer dicken Schicht gelben Lößbodens. Es ist der beste Ackerboden der Welt. Die Bauern mußten auf den Feldern Entwässerungskanäle und Gräben anlegen, um das fruchtbare Ackerland vor den Fluten zu schützen. In diesen Kanälen und Gräben konnte das Wasser schnell abgeleitet, aber auch für regenarme Wochen gespeichert werden. Die Shang-Leute waren vor allem Ackerbauern. Sie bauten Hirse, Gerste, Weizen an. Dazu verwendeten sie steinerne Hacken und hölzerne Spaten. Das Getreide schnitten sie mit steinernen Sicheln. Als Haustiere hielten sie Schweine, Schafe, Rinder und Hunde. Sie jagten Bären, Tiger, Panther, Dachse und Füchse, ja sogar Elefanten und Nashörner, die es damals in China noch in großer Zahl gab.

Die ersten chinesischen Städte

Die älteste Stadt Chinas und eine der ältesten Städte der Welt, die ausgegraben wurden, ist Anyang. Sie war lange Zeit die Hauptstadt des Shang-Volkes. Eine große Mauer aus gestampftem Lehm umgab sie. Die Wände der Häuser, Paläste und Tempel wurden ebenfalls aus gestampftem Lehm errichtet. Die Chinesen waren Meister im Mauerbau. In den Städten lebte die herrschende Schicht des Shang-Volkes. Ihr unterstand die Herstellung der Waffen. Sie beaufsichtigte auch die Bronzegießereien und Werkstätten, in denen die

In diesen Streitwagen zogen die Shang-Leute in den Kampf. Viele solcher Wagen wurden in Gräbern gefunden.

Bronzegegenstände weiter bearbeitet wurden. Die Shang-Leute waren in der Bearbeitung von Bronze wahre Künstler. Sie verstanden es, wunderbare Ornamente, Tiergestalten wie Vögel, Drachen, Seidenraupen, auch Menschengestalten in die Bronzegefäße zu ritzen.

In den Gräbern von Anyang wurden auch Reste von Seide gefunden. Die Shang-Könige förderten die Seidenraupenzucht. Die berühmte Chinaseide stammt von hauchdünnen Fäden, welche die Seidenraupe liefert. Außerdem stellten die Chinesen damals bereits einen leinenartigen Stoff und eine weiße porzellanartige Keramik her.

Mit den leichten Streitwagen waren die Shangleute ihren Nachbarn überlegen, da sie weite Strecken schnell zurücklegen konnten. Die vornehmen Leute zogen mit diesen Streitwagen in den Krieg. Begleitet wurden sie vom Wagenlenker und bewaffneten Knechten. Das Pferd haben die Chinesen von den Nomadenvölkern der Steppen Asiens übernommen. Das chinesische Wort für Pferd ist „ma". Es stammt von dem mongolischen Wort „morin". Von diesem Wort ist auch das deutsche Wort Mähre abgeleitet.

China war mit dem Westen verbunden

Fast überall in China wurden Tongefäße aus der Shang-Zeit ausgegraben. Es handelt sich dabei um sogenannte „schwarze Keramik". Auch Tüllenbeile aus Bronze wurden gefunden. Die gleichen Tüllenbeile und Tongefäße mit Verzierungen kamen auch in Europa ans Tageslicht. Bei den Gefäßen stimmen die Formen, das Tonmaterial und die Spiralverzierungen genau mit den chinesischen Vorbildern überein.

Tongefäß aus der Ukraine (links) und aus China (rechts)

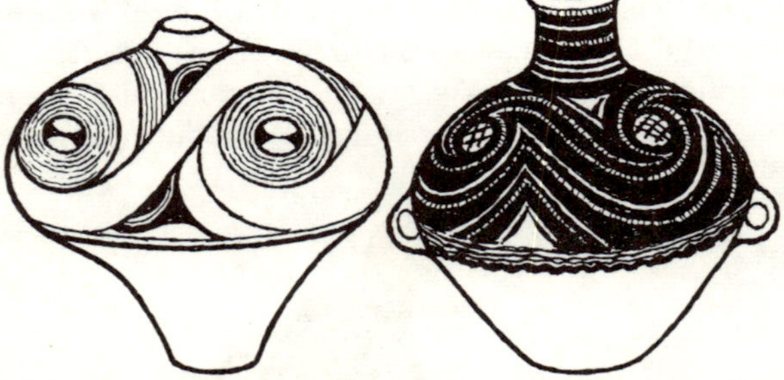

Tüllenbeil aus Nordeuropa

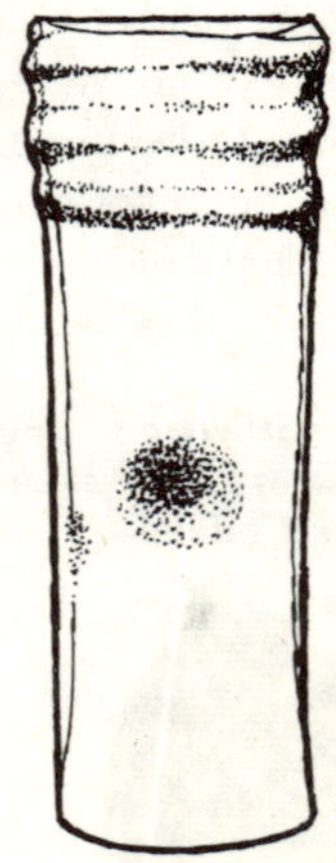

Tongefäße und Tüllenbeile aus Europa erinnern in ihren Formen an chinesische Vorbilder. Wie kam die Verbindung zwischen dem Osten und dem Westen wohl zustande?

VOM ORAKELKNOCHEN ZUR SCHRIFT

Die Schriftzeichen der Shang-Zeit

In den ausgegrabenen Städten wurde ein Gegenstand tausendfach gefunden: der Orakelknochen. Als Orakelknochen verwendeten die Chinesen der Shang-Zeit Schulterblätter von Rindern, Schafen, Schweinen und anderen Tieren. In die Oberfläche des Knochens bohrten sie eine kleine runde Kuhle. Dann wurde eine erhitzte Bronzespitze an das Grübchen gehalten; das ergab Risse und Sprünge im Knochen. Aus der Art der Risse und Sprünge lasen sie nun ab, ob es regnen würde, wie die Ernte ausfiele, ob es ratsam wäre, eine Jagd oder einen Feldzug zu unternehmen usw.

War das Orakel befragt, dann wurde oft die herausgefundene Antwort eingeritzt, auch wie sich das Orakel erfüllt hatte. So ist auf einem Orakelknochen eingetragen, welchen Erfolg eine Jagd hatte: 1 Tiger, 40 Hirsche, 159 Rehe und 169 Füchse.

Die frühe chinesische Schrift unterscheidet sich nur wenig von der Schrift, die noch heute in China verwendet wird. Und so ist es nicht schwierig, die Inschriften auf den Orakelknochen aus der Shang-Zeit zu lesen.

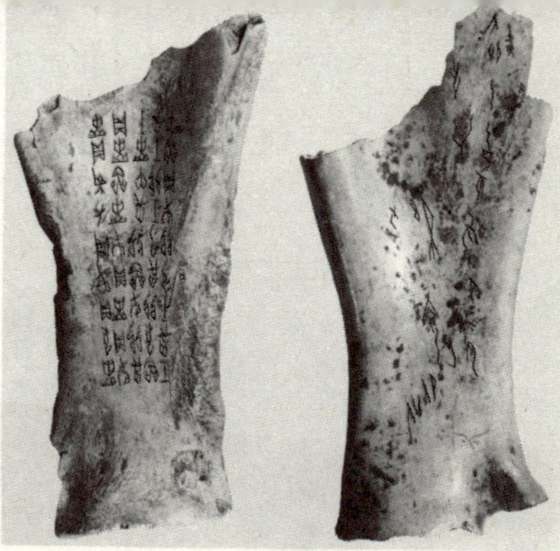

Die Zeichen auf dem Orakelknochen verheißen Erfolg bei der Jagd.

DIE ALTEN KULTUREN IN DEN STROMTÄLERN

Zwischen 4000 und 2000 v. Chr. entstanden in den großen Stromtälern die ersten Kulturstaaten der Menschheit: Ägypten am Nil, Mesopotamien an Euphrat und Tigris, China am Hoang-ho. Diese Reiche und Völker hatten vieles gemeinsam.

Ägypter, Sumerer und Shang-Leute waren Ackerbauern. In den Stromtälern fanden sie fruchtbaren Schwemmboden vor. Sie zähmten die Ströme, dämmten die Hochwasser ein, be- und entwässerten die Felder, auf denen sie Getreide und Gemüse anbauten. Kanäle, Dämme, Stauseen und Schöpfanlagen mußten errichtet werden. Um diese großen Aufgaben bewältigen zu können, schlossen sich die Menschen in den Stromtälern zu festen Ordnungen (Staaten) zusammen. Sie wurden von Königen regiert, denen alles Land, alle Siedlungen und alle Herden gehörten. Die Könige wurden wie Götter verehrt, das Volk gehorchte ihren Befehlen. Beamte beaufsichtigten die Arbeiten auf den Feldern, in den Steinbrüchen und Werkstätten. Über alles führten sie Buch, wobei sie zuerst Bildzeichen benutzten, aus denen später Schriftzeichen wurden. Schreiber und Beamte wurden in Schulen ausgebildet.

Die ersten großen Städte der Menschheit lagen ebenfalls in den Stromtälern: in Mesopotamien die Städte Ur und Uruk; in China Anyang, die Hauptstadt des Shang-Volkes; in Ägypten die Stadt Theben. Die größte und prächtigste Stadt entstand in Mesopotamien unter König Hammurabi. Es war Babylon.

Neben der Schrift nahmen auch die Wissenschaften und Künste in den Stromtälern ihren Anfang.

Die Schrift wurde um 3000 v. Chr. von den Sumerern erfunden. Aus der Bilderschrift entwickelte sich die Keilschrift, die auf Tontäfelchen geschrieben wurde. Die Ägypter erfanden die Hieroglyphen, die sie auf Papyrus schrieben. Die Shang-Leute in China ritzten in Orakelknochen Bildzeichen, denen die heutigen chinesischen Schriftzeichen gleichen.

Um 1700 v. Chr. ließ König Hammurabi in Babylon wichtige Gesetze in eine Säule meißeln. Es war das erste Gesetzbuch der Menschheit.

Mit Hilfe der Sternenkunde (Astronomie) wurden die Zeiten für die Überschwemmung nach dem Lauf von Sonne, Mond und Sternen berechnet. Die Vermessungskunst (Geometrie), Mathematik, Medizin, Geschichtswissenschaften begannen.

Von der Baukunst zeugen Reste riesiger Tempel, Säulenhallen und Paläste. Der sagenhafte „Turm zu Babylon“ war ein gewaltiger Tempel. Die ägyptischen Pyramiden sind heute noch erhalten.

7. DAS METALL VERÄNDERT DIE WELT

DAS NEUE METALL

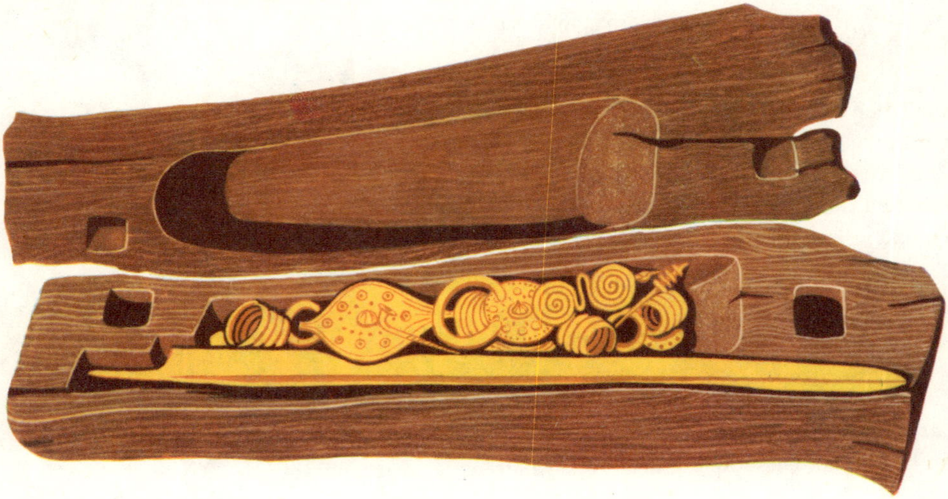

Der Fund im Acker

In der Nähe von Lauenburg (in Pommern) hatte ein Bauer seit dem frühen Morgen mit seinem Gespann das Feld Furche für Furche beackert. Plötzlich knirschte der Pflug und saß fest. Die Pferde waren stehengeblieben, und der Bauer wunderte sich, denn er hatte doch einen guten Acker, frei von Steinen und Felsbrocken. Mürrisch knallte er mit der Peitsche und rief: „Hü!“ Die Pferde stemmten sich ins Geschirr. Der Pflug ruckte an, stockte aber sofort wieder. Aus dem Boden ragte ein großer Gegenstand aus Holz hervor. Er sah aus wie ein Kasten. Der Bauer versuchte, ihn aus der Erde herauszuheben. Doch das ging nicht so leicht. Der Kasten war ziemlich schwer. Als es ihm schließlich doch gelang, brach der Holzkasten auseinander, und klirrend fielen einige blitzende Gegenstände auf die Erde. Ein Stück davon hob der Mann auf. Er erkannte, daß es ein Metall war: es war Bronze.
Wie dieser Kasten in die Erde gekommen ist, das erfährst du aus der Geschichte.

Der Bronzehändler

Auf einem schmalen Pfad fährt polternd der Wagen des Bronzehändlers. Zwei Knechte in leinenen Kitteln gehen neben dem Wagen her. Da befiehlt der Händler zu halten. Er hat eine versteckte Lichtung entdeckt. Bevor er das Dorf erreicht und dann weiterzieht, möchte er hier einige Kästen mit Werkzeugen, Waffen und Schmuckgegenständen aus Bronze vergraben. Zu gefährlich ist es, eine so wertvolle Habe überallhin mitzunehmen. Wegelagerer haben schon manchen Bronzehändler beraubt. Vorsichtig spähen die Knechte umher, denn kein Fremder soll wissen, was hier versteckt wird. „Ja, Kaufmann sein, ist ein hartes Brot,“ klagt der Händler. „Wie viele sind in die nördlichen Wälder gezogen und nicht wiedergekehrt. Mancher Schatz mag an den Handelswegen vergraben liegen, dessen Besitzer irgendwo erschlagen wurde.“ — „Bei allen Göttern“, brummt einer der Knechte, „diese Verstecke möchte ich finden, das würde sich lohnen!“ — „Such sie!“ spottet der

Händler und weist mit der Hand auf die Wälder, Hügel und Fluren, die sich ringsum ausdehnen. „Wir Wanderhändler sind bedauernswerte Leute. Monat für Monat karren wir durch unwegsame Wildnis, immer in Gefahr und auf die Gunst der groben Ackerbauern und Viehzüchter angewiesen. Wie leicht haben es dagegen die Handelsleute, die ihre Waren auf dem Schiff befördern, von der Kupferküste zur Zinninsel und von dort ins Bernsteinland." – „Nun, Herr", meint der andere Knecht, „ich glaube, daß du diesmal zufrieden sein wirst. In dieser abgelegenen Gegend sind wir bestimmt die ersten, die den Dorfbewohnern das neue Metall bringen."
Schweigend arbeiten sie weiter, schaufeln Erde über das Versteck, stampfen sie fest, stechen Grasstücke aus und legen sie auf die Mulde.

Die Händler scheuten nicht einmal den Weg über die Alpen. Der Brenner als niedrigster Alpenpaß wurde bereits während der Bronzezeit von vielen Händlern mit ihren Knechten und Tragtieren überquert, und zwar von Norden nach Süden und von Süden nach Norden. Die Handelsstraßen führten in die Gebiete, in denen Zinn und Kupfer, Bernstein und Salz gefunden wurden.
Damals war der Handel für den Lebensunterhalt der Menschen noch nicht notwendig, ausgenommen der Handel mit Salz. Ohne Salz kann der Mensch nicht leben. Gegen Salz konnten die Händler der Bronzezeit deshalb alles eintauschen, besonders dort, wo es keine Salzlager gab.
Das 2. Jahrtausend v. Chr. wird auch das „Große Jahrtausend der Seefahrt" genannt. Nie zuvor fuhren so viele Schiffe auf dem Mittelmeer und in der Nord- und Ostsee. Man vermutet sogar, daß damals bereits der Seeweg nach Amerika entdeckt wurde.

Die Handelswege der Bronzehändler

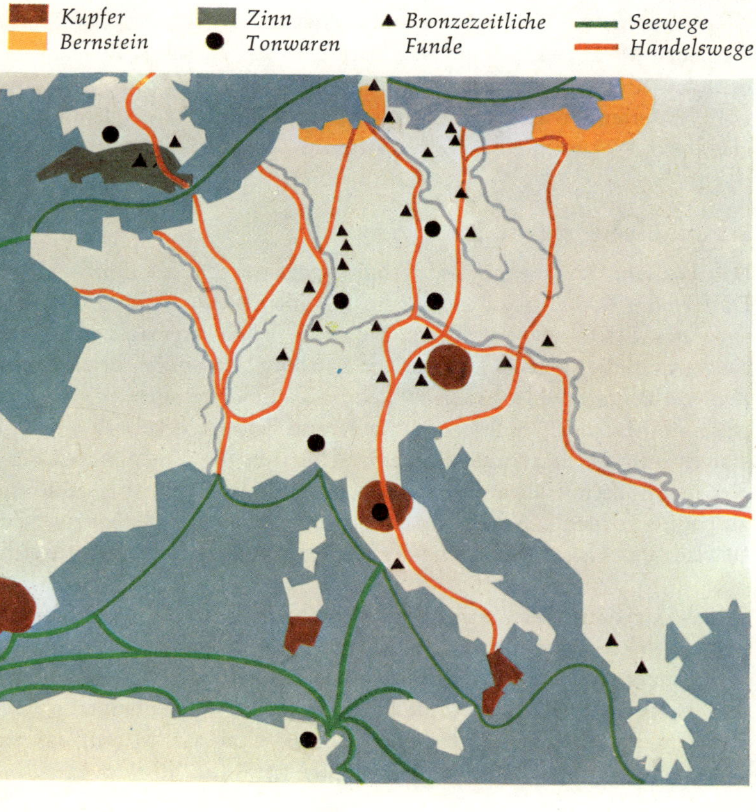

Der Händler im Dorf

Dieses germanische Paar trägt viele Gegenstände aus Bronze.

Am nächsten Morgen erreicht der Händler mit seinen Knechten das Dorf. „Der Händler ist da!" schreien die Jungen durch die Dorfstraße. Aus den Holzhütten kommen die Frauen. Sie haben ihre Webstühle verlassen, auf denen Stoffe aus Leinen oder Wolle aufgespannt sind. Um ihre losen Kittel haben sie weite Umhänge gelegt. Der Vorsteher des Dorfes mit rundem Filzhut und gestreiftem Mantel, unter dem man die leinene Hose sieht, tritt auf den Händler zu. Dieser sagt zum Vorsteher: „Ihr seid kunstfertige Leute, das sehe ich an eurer feingewebten Kleidung." – „Du hast recht, Händler", sagt ein anderer Mann stolz, „schau dir meine Steinsäge an, eine bessere wirst du auf deinen Handelsreisen noch nicht gesehen haben." – „Prächtige Arbeit!" lobt der Händler, „und doch werde ich keines der Stücke kaufen, denn ich habe etwas Besseres, etwas das hart ist, sich aber trotzdem leicht formen läßt." Und fast feierlich greift er in eine Kiste und breitet die neuen Metallgegenstände aus. Darunter befindet sich ein Schwert mit einem kunstvoll verzierten Griff. Ein Raunen geht durch die Reihe der Dorfleute, und stolz sagt der Händler: „Wer solch eine Waffe besitzt, wird allen Feinden überlegen sein!"

Bei den Bergleuten der Bronzezeit

Die Waffen, Werkzeuge und Schmuckgegenstände des Bronzehändlers waren in den Dörfern des Nordens bald eingetauscht. Seine Knechte hatten also recht gehabt, als sie ihm ein gutes Geschäft voraussagten. Nun zog er schwerbeladen und mit mehreren Rindern südwärts in die Gegend des heutigen Salzburg. Unterwegs bekam er noch viele Aufträge; z. B. verlangten Bronzegießer dunkelrote Kupfererzbrocken.
Nach wochenlanger, mühsamer Wanderung leuchteten endlich am südlichen Horizont die schneebedeckten Salzburger Berge. Und in wenigen Tagen waren der Händler und seine Knechte in ihrem Heimatdorf am Mitterberg angelangt. Als er seine eingetauschten Waren auspackte, freuten sich alle Dorfbewohner. Sie hatten nun für lange Zeit wieder genügend Getreide und Fleisch. Die Mühe der Bergleute vom Mitterberg hatte sich also gelohnt.

Lange Zeit hatten die Leute vom Mitterberg Erzbrocken mit Steinhämmern zu kleinen Gegenständen wie Schmuck, Nadeln und Angelhaken verarbeitet. Später lernten sie, wie man Kupfer schmelzen kann. Aber die daraus hergestellten Waffen und Werkzeuge waren nicht hart genug. Da half der Zufall den Menschen weiter: Einmal wurden Kupfererzbrocken und Zinnerz miteinander geschmolzen. Das ergab ein Metall, das sich für Waffen und Werkzeuge besser eignete als reines Kupfer.

Um Bronze zu gießen, mußte der Schmelzmeister das Kupfer- und Zinnerz verwenden.

Auch dieses Mal hatte der Schmelzmeister schon seit Tagen auf den Händler gewartet, denn dieser brachte ihm von seinen Handelsfahrten ins Nordland immer das Zinn mit. Jetzt erst konnte er das Kupfer mit dem Zinn zu Bronze schmelzen (Bronze ist eine Mischung von 9 Teilen Kupfer und 1 Teil Zinn).

Kupfer schmilzt bei 1085° C; mit Zinn vermischt, liegt sein Schmelzpunkt aber niedriger, bei 800° C. Außerdem bewirkt das Zinn, daß das Metall hart und widerstandsfähig wird.

So bauten die Bergleute am Mitterberg das Erz ab: Du erkennst ihre Geräte für den Bergbau.

Die goldgelb glänzende Bronze eignete sich gut zur Herstellung von schönem Schmuck und prunkvollen Waffen. Aber sie hatte einen großen Nachteil: Im Kampf bekamen die Schwerter leicht Scharten und brachen deshalb bald entzwei. Fällten die Männer im Wald einen Baum, dann wurde das Bronzebeil rasch stumpf. Das änderte sich erst, als die Menschen Eisen zu gewinnen und zu bearbeiten verstanden. In unserer Heimat waren die Kelten die Herren des Eisens (Karte auf S. 39).

Die erste Eisengewinnung in unserer Heimat

Dort, wo die Kelten ihre Wohnsitze hatten, entdeckte man die Reste der keltischen Eisenindustrie. An einem solchen „Hüttenplatz" arbeiteten oft mehr als hundert Menschen. Sie bauten das Eisenerz in der gleichen Weise ab wie die Menschen der Bronzezeit das Kupfer. Es wurde gesammelt oder geschürft, aber auch in Stollen gegraben. Vor allem im Siegerland, im Harz und im Altmühltal gab es damals reiche Eisenerzlager. Um das Eisenerz zu schmelzen, brauchte man Holzkohle, die von Köhlern (Kohlenbrennern) in den Kohlenmeilern gewonnen wurde. In den Schmelzofen schüttete man jeweils eine Schicht Holzkohle über eine Schicht Erz und entfachte mit dem Blasebalg das Schmelzfeuer. Das flüssige Roheisen wurde in Formen gegossen.

Das ist eine keltische Eisenschmelze. Vergleiche das Bild mit der Bronzegießerei auf S. 37.

Die Urheimat der Kelten lag in Württemberg und in Ostfrankreich. Von hier aus breiteten sie sich über ganz Europa aus.

Die mächtigen Keltenfürsten

In der Zeit von 500–100 v. Chr. besiedelten die Kelten auch den Süden Deutschlands. Ein kleiner Teil des Keltenvolkes lebte auf einer Höhe im Taunus. An den Hängen weideten Rinder und Schafe. Weiter unten im Tal wühlte eine große Schweineherde im Waldboden. Ein mächtiger Fürst gebot hier über das Volk. Eines Tages rief der Keltenfürst alle Dorfhäuptlinge zusammen und beriet mit ihnen, wie man sich der immer wieder vordringenden Germanen erwehren könne. Es wurde beschlossen, um den Berg, der heute noch Altkönig heißt, einen großen Ringwall zu bauen. Tausende von Bäumen mußten gefällt werden, Äste und Zweige wurden abgeschlagen, die Stämme herangeschleppt. 1500 m lang sollte der Wall werden. Er entstand aus Steinen, Astwerk und Erde und wurde durch ein Gemäuer und übereinandergelegte Baumstämme nach außen abgestützt. Vor dem Ringwall gab ein breiter Graben weiteren Schutz. Nur einige wenige Tore führten durch die Befestigungsanlage. Aber immer noch glaubten sich die Kelten im Taunus nicht sicher genug. So bauten sie höher am Berg noch einen zweiten, inneren Schutzwall. Er wurde 1000 m lang, war aber noch breiter und höher als der äußere Wall. Als der Bau der Festung beendet war, blieb nur eine kleine Zahl keltischer Krieger zur Bewachung der Anlage zurück. Die übrigen Kelten suchten ihre Dörfer auf. Drohte ein Überfall der Germanen, so packten sie die wichtigsten Güter auf Wagen und fuhren damit hinter die Wälle der Fliehburg. Auch ihr Vieh trieben die Kelten in die Befestigungsanlage. So fanden die angreifenden Germanen nur noch verlassene Dörfer vor.

Im flachen Land bauten die Kelten quadratische oder rechteckige Vierecksschanzen. Diese werden oft fälschlich als „Römerschanzen" oder „Hunnenringe" bezeichnet. Sie bestanden aus Erdwällen mit einem Zaun oder mit hölzernen Pfahlwänden. Die größte Befestigungsanlage der Kelten war bei Nonnweiler im Saarland. Wir nennen ihn den Ringwall von Otzenhausen. Das Geröll der einstigen Mauer liegt 10 bis 12 m hoch. Der gewaltige Wall schließt eine Fläche von 200 000 qm ein.

Ein Keltenfürst beobachtet den Bau der Schutzmauer um eine keltische Siedlung. Die Bauweise des Ringwalles ist gut zu erkennen.

Die grosse Keltenstadt

Bei Manching, in der Nähe von Ingolstadt an der Donau, wurden die Reste einer großen keltischen Stadt ausgegraben. Sie war von einem 7 km langen Wall umgeben. Einer der mächtigsten Keltenfürsten hatte hier seinen Sitz. Die Steinmassen für die Befestigung hatten die Kelten aus dem Fränkischen Jura herangeholt. Tonnen von Eisennägeln wurden für die Anlage verbraucht, weite Waldflächen mußten gerodet werden. Die Funde, welche die Forscher ausgruben, füllten mehrere Lastwagen, und noch ist längst nicht alles ans Tageslicht gebracht. Man fand Goldwaagen, ärztliche Instrumente, Tonschälchen, Bronzegeschirr, eiserne Küchengeräte, Waffen und viele andere Gegenstände, von denen du einige unten abgebildet siehst. Die Kelten waren nicht nur hervorragende Eisenschmiede, sondern für ihre Handwerkskunst allgemein berühmt. Betrachte dazu die Bildreihe:

Bronzekanne

Schild

Wagen

Eine Keltenstadt war meist auch ein Mittelpunkt des Handels. So lag die Stadtanlage bei Manching an einem Straßenknotenpunkt. Die keltische Stadt in der Nähe von Autun (südwestlich von Dijon in Frankreich) war ebenfalls an einem Straßenknotenpunkt angelegt. Hier wurden die Waren gestapelt, die man aus allen Teilen Galliens heranschaffte. Auch griechische Öl- und Weinamphoren sowie Töpferwaren wurden hier ausgegraben. Sie beweisen, daß die Kelten schon mit den Griechen Handel trieben. Wahrscheinlich wurden die meisten Handelswaren zum griechischen Hafen Massalia (dem heutigen Marseille) gebracht und von dort auf dem Seeweg weiterbefördert. Neben Eisen war bei den Mittelmeervölkern vor allem Bernstein ein begehrtes Handelsgut. Die Römer gaben den keltischen Händlern goldene Becher und Schüsseln oder Glasperlenketten für Bernstein. Diese Ketten wiederum waren bei den Germanen hochbeliebt, von denen die Kelten den Bernstein erhielten. So stellten keltische Händler schon vor mehr als 2000 Jahren eine friedliche Verbindung zwischen dem Norden und Süden Europas her. In der Eisenzeit war der Tauschhandel noch üblich. Aber schon setzte sich das Geld als Zahlungsmittel immer mehr durch. In allen ausgegrabenen Stadtanlagen wurden keltische Münzen gefunden sowie die Prägestätten für das keltische Geld. Die Münzen waren in zwei Sprachen beschriftet, die eine Seite griechisch, die andere iberisch (Iberische Halbinsel = Spanien und Portugal). Aus der Karte auf S. 39 erfährst du, wie weit sich der keltische Einfluß in Europa und damit der keltische Handel erstreckt hat.

WIE VERÄNDERTE DAS METALL DIE WELT?

Seit etwa 1500 v. Chr. konnten die Menschen Waffen, Geräte und Schmuckgegenstände aus Kupfer, Bronze und Eisen herstellen. Jetzt verschwanden überall die Steingeräte und Steinwaffen. Die Metalle ließen sich besser formen und schöner verzieren. Händler sorgten dafür, daß die begehrten Metallwaren im Gebiet zwischen Nord- und Ostsee und dem Mittelmeer verbreitet wurden. Sie betrieben einen lebhaften Tauschhandel. Die Toten bestattete man häufig in Baumsärgen und gab ihnen ihre Kleidung, Waffen, Geräte, Schmuckstücke und Nahrung mit. Die Kelten, die Meister der Eisenbearbeitung, breiteten sich von Süd- und Mitteldeutschland über Frankreich, Spanien, Italien, England und Irland aus. In manchen abgeschiedenen Gebieten, z. B. in einigen Gegenden Irlands, wird heute noch keltisch gesprochen.

Münzen

Goldschmuck

Werkzeuge

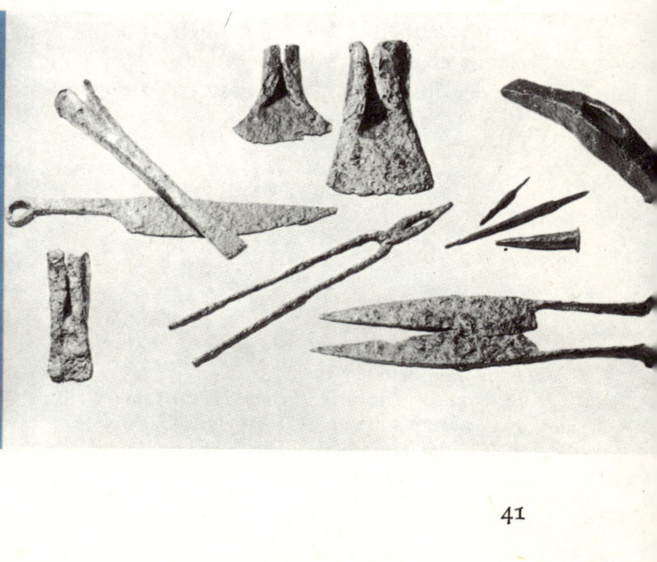

ZEUS RUFT ZUM OLYMPISCHEN WETTKAMPF

Im Tal von Olympia

Wer heute durch Griechenland reist, findet in allen Teilen des Landes Überreste von Tempeln, Theatern, Straßen, Befestigungen, Rennbahnen und Städten. Er kann in den Museen kostbare Gefäße und prächtige Steinfiguren bewundern. Vieles davon ruhte mehr als 2000 Jahre in der griechischen Erde, bevor zahlreiche Forscher mit Ausgrabungen begannen.

Auch das heilige Olympia kam aus dem Dunkel der Zeiten und der Tiefe ans Tageslicht. Diese Stätte war dem griechischen Gott Zeus geweiht. Eines Tages waren die Forscher auf einen weißen Stein gestoßen, der aus einem Graben heraufleuchtete. Vorsichtig wurde die Erde zentimeterweise abgehoben. Eine Statue aus weißem Marmor kam zum Vorschein. Sie stellte einen Faustkämpfer dar. Um die Stirne trug er einen Kranz aus Olivenzweigen. Also ein Olympiasieger! Im hellen Sonnenlicht entdeckten die Männer auf dem Sockel der Marmorfigur eine Inschrift mit griechischen Buchstaben. Einer der Forscher übersetzte langsam:

„Euthymos, des Astykles Sohn, aus Lokri, hat dreimal zu Olympia gesiegt. Sein Standbild hat er errichten lassen, damit es die Menschen bewundern."

In der folgenden Zeit wurde das riesige Stadion von Olympia freigelegt.

Bild oben: Die Griechen waren Meister in der Bildhauerkunst. Ihre Tempel schmückten sie mit Reliefs, das sind aus Stein herausgearbeitete Bilder.
Bild rechts: Die griechischen Tempel sind teilweise noch erhalten. Dieser Säulentempel steht auf der Akropolis, dem Burgberg Athens.

Vor den Spielen

Olympia liegt in der Landschaft von Elis. Seit Jahrhunderten hatten die Bewohner in diesem Teil Griechenlands die Olympischen Spiele veranstaltet. Die Landstadt Elis war viel kleiner als die Weltstadt Athen oder die Soldatenstadt Sparta. An heißen Tagen lagen die engen Gassen zwischen den kleinen, kalkweißen Würfelhäusern wie ausgestorben. War die Sonne untergegangen, kamen die Haussklaven mit Körben und Kannen auf die Gassen. Sie kauften bei den Händlern ein, was sie für die Küche brauchten. In der Mitte der Gasse hatten die Händler ihre Waren ausgelegt: Feigen, Melonen, Olivenöl, Fische, Schaf- und Ziegenfleisch. Zur Marktzeit herrschten reges Treiben, Geschrei, Gedränge und Lärm in dem Städtchen. Doch bald danach lagen die Gassen wieder ruhig.

Alle vier Jahre aber, mit dem Frühling, erfaßte geschäftiges Leben und Treiben die kleine Stadt Elis für längere Zeit: Die Häuser wurden getüncht, die drei Gymnasien (Gymnastikschulen) gründlich gesäubert und das Rathaus wurde ausgebessert. Die Stadt rüstete sich für den Empfang der Olympiateilnehmer und Festbesucher. Die Einwohner von Elis wählten aus ihrer Mitte zehn Männer als Kampfrichter. Diese trugen purpurrote Gewänder und genossen in ganz Griechenland hohes Ansehen. Auch olympische Boten wurden ausgesandt, nicht nur in die griechischen Städte, sondern überall dorthin, wo noch Griechen lebten: nach Kleinasien, Unteritalien und Nordafrika.

Die Wettkämpfer rüsten sich

Wie in alle Städte, so kam ein olympischer Bote auch nach Athen. Die Leute versammelten sich auf dem Marktplatz, und der Bote sprach: „Männer von Athen! Ich bin Damon, der Sohn des Kebes aus Elis, ein Bote des olympischen Zeus, der die Blitze schleudert. Zeus ruft die Tüchtigsten von euch in sein Heiligtum. Im Wettkampf sollt ihr die Kräfte um den heiligen Ölzweig messen, wie es sich ziemt."

Die Boten verkündeten zugleich den Götterfrieden für das ganze Land. Das war wichtig; denn die griechischen Städte führten als selbständige Staaten oft lange Zeit Krieg miteinander. Während der Festspiele ruhten die Waffen, der Streit war für kurze Zeit vergessen. Jede Landschaft und jede Stadt schickten ihre besten Jünglinge zum sportlichen Wettkampf. Die Wettkämpfer versammelten sich zum Training in den Gymnasien von Elis. Trainer waren ehemalige Olympiasieger. Die Kämpfer schliefen auf nackter Erde, badeten in eiskalten Gebirgsflüssen oder Quellen und erhielten als Speise ungesäuertes Gerstenbrot aus Kleiemehl. Sie mußten alle in den Gymnasien leben und durften nicht ausgehen; denn keiner sollte einen Vorteil haben.

Am Ende des Trainings stand der große Schwurtag. Die Kampfrichter, die Trainer, die Kämpfer und ihre Angehörigen versammelten sich im düsteren Saal des Rathauses zu Elis vor dem Standbild des Zeus. Finster und furchtbar, aus jeder Hand Blitze schleudernd, blickte der höchste Gott der Griechen auf die Versammelten herab. Während der Priester das Opfer darbrachte, sprachen alle den olympischen Eid. Er lautete:

Wir Wettkämpfer, wir Angehörigen und Trainer schwören, uns keinen Verstoß zuschulden kommen zu lassen gegen die Regeln Olympias. Wir Kämpfer haben die Vorschriften des Trainings zehn Monate lang sorgfältig beachtet. Wir Kampfrichter schwören, daß wir unser Urteil nach Recht und Gerechtigkeit fällen werden.

In unserer Zeit hat der olympische Eid diesen Wortlaut: Wir Wettkämpfer versprechen, daß wir bei den Olympischen Spielen als ehrliche Sportler, die Regeln achtend, in ritterlichem Geiste zum Ruhme des Sports und zur Ehre unserer Mannschaften teilnehmen werden.

Der Franzose Graf Coubertin hat die Olympischen Spiele wieder ins Leben gerufen. Seit 1896 treffen sich alle vier Jahre die besten Sportler der Welt zum Wettkampf um den olympischen Sieg.

Der olympische Wettkampf

Am Morgen des ersten Wettkampfes ist das Tal von Olympia dicht gefüllt. Schon hallen die Trompetenstöße in das weite Rund. Das ist das Signal zum Beginn. Das Olympische Feuer lodert zum Zeichen des Friedens.

Am 5. und letzten Tag war die Siegerehrung. Ein Knabe hatte mit goldener Sichel von einem Ölbaum des heiligen Haines Zweige abgeschnitten. Aus ihnen wurden die Kränze für die Sieger geflochten. War aber ein Kampf ausgefallen oder hatte er untentschieden geendet, so wurde der Kranz an Zeus zurückgegeben. Die Sieger galten als Lieblinge der Götter. Sie wurden nach der Rückkehr in ihre Heimatstädte von ihren Mitbürgern jubelnd begrüßt. Stolz zeigten sie den Ölzweig vor und das purpurrote Gewand, das sie ebenfalls als Siegespreis erhalten hatten. Auf Gedenksteinen verewigte man ihre Namen noch zu Lebzeiten. Und jeder Sieger erhielt zu Hause sein Leben lang täglich feierlich eine Mahlzeit zur Erinnerung an seinen Erfolg in Olympia, der ihm und seinem Heimatort Ruhm und Ehre gebracht hatte.

Olympia war aber nicht nur eine Stätte des Sports. Auch Dichter lasen aus ihren Werken, Maler stellten ihre Bildwerke aus, Sternkundige zeigten auf Tafeln ihre Sternbilder und Berechnungen, Geschichtsschreiber berichteten über wichtige Ereignisse, und mancher bekannte Redner trat auf. Ein berühmter Grieche stand einmal auf der Rednerbühne und redete seinen Landsleuten ins Gewissen: „Ich glaube, dieses Treffen wird der Anfang sein zur Verständigung aller Griechen untereinander. Es ist an der Zeit, den Bürgerkrieg zu beenden und an das Gemeinwohl zu denken. Wir müssen den Vorfahren nacheifern und die Freiheit als allgemeines Gut einführen . . ."

Wenn die Bürger aus den verschiedenen griechischen Stadtstaaten zu den Spielen zusammenkamen, erkannten sie, daß sie eine gemeinsame Sprache besaßen, stammesverwandt waren, in gleicher Weise lebten und viele gleiche Interessn hatten.

Zu den Olympischen Spielen in unserer Zeit kommen Wettkämpfer und Zuschauer aller Rassen aus allen Erdteilen zusammen. Sie alle haben nur einen Gedanken: den friedlichen und gerechten Wettstreit. Leider fielen in unserem Jahrhundert die Olympischen Spiele schon mehrmals aus, weil Krieg statt Frieden herrschte.

Das Volk, das dieses Zeichen anerkennt, soll zeigen, daß es sich mit allen Völkern verbunden fühlt.

Wie die Olympischen Spiele zur Verständigung unter den Menschen beitragen, erfährst du aus folgendem Bericht: Bei den Olympischen Spielen in Amsterdam (1928) liefen ein Franzose und ein Finne um den Sieg im 3000-m-Hindernislauf. Kurz vor dem Ziel stürzte der finnische Läufer. Der Franzose stoppte seinen Lauf und half seinem Gegner auf die Beine. Dieser konnte sich bald an die Spitze setzen. Einige Meter vor dem Ziel verlangsamte aber der Finne sein Tempo, um seinem Gegner den Sieg zu überlassen. Der Franzose jedoch lächelte und nahm das sportliche Angebot nicht an. So liefen die beiden nebeneinander durch das Ziel.

Eine Läuferstaffel brachte das olympische Feuer vom heiligen Olymp nach Elis. Dort wurde es auf dem Zeusaltar bewahrt.

Der Ring- und Faustkampf gehörten mit dem Lauf, dem Weitsprung und dem Speer- und Diskuswerfen zum olympischen Fünfkampf. Sieger war, wer in drei Kampfarten gewonnen hatte.

Das Diskuswerfen, der Speerwurf, das Ringen und Boxen waren überall in Griechenland beliebt. Diese Sportarten wurden deshalb nicht nur bei den Olympischen Spielen ausgeübt.

Höhepunkt der Olympiade war das Wagenrennen. Die Wagenlenker standen auf den zweirädrigen Fahrzeugen. 12mal jagten sie das Viergespann um die 380 m lange Bahn im Stadion.

ES GEHT UM DIE FREIHEIT DER GRIECHEN

Eine wichtige Volksversammlung

Das kleine Griechenland wurde um 500 v. Chr. vom gewaltigen Weltreich der Perser bedroht. Die griechischen Städte in Kleinasien waren bereits von den Persern unterworfen worden. Viele Griechen befürchteten nun, daß der Perserkönig auch Griechenland mit Gewalt in sein Weltreich einfügen wolle.

In den Straßen von Athen drängten sich die erregten Menschen. Alle strömten auf den Versammlungsplatz. Heute sollte darüber beraten werden, wie sich Griechenland am besten gegen die Perser schützen könne. Die einen wollten sich den Persern beugen und die Oberherrschaft der Perser anerkennen, die andern sprachen erregt dagegen. „Männer Athens!" rief ein angesehener Bürger, „habt ihr die Not und das Elend der letzten Kriege vergessen? Soll das alles wieder über uns kommen? Wenn wir uns gegen das Riesenreich der Perser, ihr starkes Heer und ihre mächtige Flotte wenden, werden Athen und alle unsere stolzen Städte verwüstet werden. Dann wartet auf uns Bürger die Sklaverei! In welch ungleichen Kampf lassen wir uns ein, in einen Kampf, den die Maus mit einem Löwen führt. Ist es eine Schmach oder ein Unglück, daß schon einige griechische Städte unter persischer Herrschaft leben? Was haben die griechischen Menschen in diesen Städten verloren? Nicht einmal ihre Steuern wurden erhöht. Sie müssen zwar einige Kriegsschiffe für die Flotte des Perserkönigs stellen, aber dafür sind die Meere von Seeräubern frei . . ." Geschrei unterbrach den Redner. Er wurde verwünscht, und grobe Worte wurden laut. Da öffnete sich der Kreis der Bürger. Der angesehene Richter Aristides trat vor und rief: „Sie haben die Freiheit eingebüßt! Ist das nicht Grund genug, um zu trauern? Um die Freiheit handeln wir Griechen nicht! Grieche sein, heißt frei atmen und nicht in Knechtschaft leben!" — Immer zahlreicher wurden die Stimmen in Athen, die für die Freiheit und für den Widerstand gegen die Perser waren.

Der Läufer von Marathon

Im Jahre 490 v. Chr. sandte der persische König Darius eine große Flotte gegen Griechenland. Die Perser gingen in der Bucht von Marathon an Land. Sie wollten zunächst das nahegelegene Athen angreifen. Die Griechen konnten sie jedoch besiegen und auf ihre Schiffe zurücktreiben. Schon drohte aber eine neue Gefahr: Die Perser steuerten mit ihren unversehrt gebliebenen Schiffen nicht ostwärts ihrer Heimat zu, sondern sie fuhren in Richtung auf das ungeschützte Athen. Jetzt mußte eilig gehandelt werden. Das Heer der Griechen sammelte sich schnell, und im Eilmarsch zog es quer über das Gebirge nach Athen, um den Persern zuvorzukommen. Der griechische Feldherr sandte dem Heer einen Jüngling voraus, der als Krieger gegen die Perser am Strande von Marathon mitgefochten hatte: Er soll den Athenern die Nachricht vom Sieg, aber auch von der drohenden Gefahr bringen. Mehr als 42 km muß er von Marathon aus zurücklegen. Er läuft so schnell er kann und achtet nicht auf seine Wunden. Er weiß, worum es geht. Nur ein Gedanke treibt ihn voran: Die Athener müssen die Nachricht rechtzeitig erhalten. Er gönnt sich keine Rast und läuft ohne Unterlaß über Höhen und Täler. Mit letzter Kraft erreicht er die Stadt. Schon von weitem schwenkt er den Ölzweig und ruft: „Wir haben gesiegt!" Dann bricht er sterbend auf dem Marktplatz zusammen. Er soll die Strecke von Marathon bis Athen in weniger als 2 Stunden zurückgelegt haben. Erst viele Stunden später traf das griechische Heer ein. Als dann die Perser mit ihren Schiffen vor Athen erschienen, sahen sie in der Ferne die Panzer der griechischen Krieger blitzen. Schnell wendeten sie ihre Schiffe zur Heimfahrt.

Noch heute wird bei den Olympischen Spielen die Marathonstrecke (42 km) gelaufen. Zu Ehren des ersten Marathonläufers vor mehr als 2000 Jahren werden in dieser sportlichen Disziplin keine Rekordlisten geführt.

Der entscheidende Sieg

Da viele Griechen glaubten, die Perser seien besiegt und würden Griechenland nicht mehr angreifen, sprach der berühmte Themistokles zu den Bürgern von Athen: „Glaubt ihr denn, Athener, ein Riesenreich wie Persien könne eine Niederlage hinnehmen? Verschließt eure Augen nicht, ihr Hellenen, der König Darius schläft nicht. Er wird mit aller Macht seines großen Reiches wiederkehren."

Die Athener ließen sich überzeugen und rüsteten erneut zum Kampf gegen die Perser. Aber sie konnten sich nicht darüber einigen, ob sie ein Landheer oder eine Flotte bereitstellen sollten. Deshalb befragten sie die Götter und erhielten vom Orakel in Delphi die Antwort: Ihr sollt euch hinter hölzernen Mauern verteidigen. Von da an setzten die Athener alle ihre Kräfte für den Schiffsbau ein. Ihre Schiffe waren etwa 35 m lang, ungefähr 5 m breit und mit 170 Ruderern besetzt. Sie waren wendig, sehr schnell und vom Wind unabhängig. Als die Perser im Jahre 480 v. Chr. Griechenland erneut angriffen, kam es in der Bucht von Salamis zu einer gewaltigen Schlacht. Die griechische Flotte errang den Sieg.

Die griechischen Schiffe waren den persischen überlegen. Vergleiche auch die Bewaffnung.

Das goldene Zeitalter

Nach den Perserkriegen folgten für die Griechen glückliche Jahre. Sie nannten diese Zeit „das Zeitalter des Perikles". Dem Staatsmann Perikles verdankten die Athener den Aufschwung der Stadt. Er erreichte sein Ziel: Athen wurde unter seiner Führung die schönste und mächtigste Stadt Griechenlands. Es zählte bald mehr als 100 000 Einwohner. Perikles leitete den Stadtstaat über 30 Jahre lang.

Handwerk

Schiffahrt und Handel

In Athen wurden herrliche Tempel errichtet, vor denen man sich zu Gesprächen und Diskussionen traf. Einige dieser Bauten sind noch heute gut erhalten. Hoch angesehen waren die Künstler, die Musiker, Bildhauer, Dichter und Schauspieler. Das größte Theater Athens konnte 30 000 Menschen aufnehmen. Perikles sorgte dafür, daß auch die Armen Theateraufführungen besuchen konnten. Sie erhielten Freikarten.

Von der Blütezeit Griechenlands erzählen dir die Bilder.

Wissenschaften und Kunst

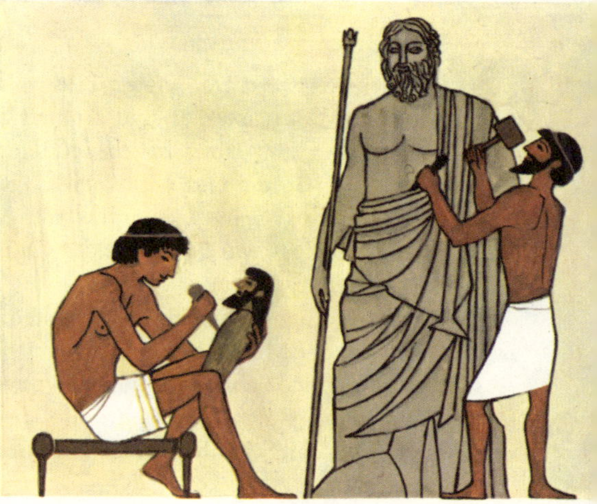

Auch der Giebel des Parthenontempels in Athen war mit kunstvollen Reliefs verz

Für Gerechtigkeit und Wahrheit

Die griechische Flotte geriet einmal in einen furchtbaren Sturm. Zahlreiche Schiffe gingen mit vielen Männern aus Athen unter. Man warf einem siegreichen Feldherrn vor, daß er an diesem Unglück schuld sei. Deshalb wurde er ins Gefängnis gebracht. Dort besuchte ihn Sokrates, einer der weisen Griechen, die darüber nachdachten, welchen Sinn das Leben hat und welche Aufgaben die Menschen erfüllen müssen. Sokrates warnte den Feldherrn vor dem Zorn des Volkes. In einer Volksversammlung forderten die Bürger von Athen das Todesurteil für den Feldherrn. Sie gaben ihm keine Gelegenheit zur Verteidigung. Nur Sokrates sprach dagegen. Er verlangte, daß die Gesetze beachtet werden, die sich das Volk selbst gegeben hatte. Als die Bürger über das Urteil abstimmten, warf Sokrates seinen Stein in die Schale, auf der das Wort „Freispruch" stand. Er wollte seine Stimme für Recht und Wahrheit abgeben.
Sokrates hielt einst eine Rede. Dabei sagte er: „Ihr Männer von Athen, ich ehre und liebe euch, gehorche aber Gott mehr als euch. Solange noch das Leben in mir ist, werde ich euch mahnen und zurechtweisen. Immer wenn ich einen von euch treffe, werde ich zu ihm sagen: Du guter Mensch, du bist aus Athen, aus der Stadt, die wegen ihrer Weisheit und Stärke unter allen Städten am berühmtesten ist. Du schämst dich nicht, nach Reichtum, Ehre und Ansehen zu streben. Aber um die Wahrheit und um deine Seele kümmerst du dich nicht."

Die Götter der Griechen

Die Griechen verehrten viele Götter. Nach ihrer Meinung waren die Götter Menschen von höherem Wesen, stärker und schöner als die Erdenmenschen, und vor allem unsterblich. Sie wohnten auf dem schneebedeckten Olymp. Hier herrschte als oberster Gott Zeus, der „Vater der Götter und Menschen". Er war Herr über Donner und Blitz und Beschützer des Gastrechts. Seine Gemahlin Hera wachte über die Ehe und schützte die Frauen. Ein Bruder des Zeus war Poseidon, der Gott des Meeres; mit seinem Dreizack konnte er Wasser und Erde aufwühlen.
Besonders zugetan waren die Griechen Apollo, dem Gott des Lichtes und der Dichtkunst. Der Chor der Musen begleitete ihn; jede Muse beschützte eine der Künste. Apollo war ein Sohn des Zeus. Seine Zwillingsschwester Artemis war die Göttin des Mondes und der Jagd. Die schönste Göttin war Aphrodite, die aus Meerschaum Geborene. Sie galt als Göttin der Liebe und der Schönheit. Von allen ihren Göttern wußten sich die Griechen viele Sagen zu erzählen.

ks sehen wir Ausschnitte aus einem Reiterzug, rechts griechische Bürger und Götter.

Griechenland als Vorbild

Vieles, was die Griechen geschaffen haben, ist bis in die Gegenwart erhalten geblieben. Sie wurden zu Vorbildern für alle europäischen Völker. Heute noch benutzen wir in den Naturwissenschaften das griechische Alphabet, und viele unserer Wörter stammen aus der griechischen Sprache.

Die griechischen Philosophen, die „Freunde der Weisheit", suchten hinter allen Dingen die Wahrheit. Sie dachten darüber nach, wie die Erde entstanden sein könnte und wie der Mensch durch richtiges Denken die Wahrheit ergründe. Die Schriften der beiden bekanntesten Philosophen, Sokrates und Platon, werden heute noch gelesen.

Die Ergebnisse der Wissenschaften der Griechen, besonders die Erkenntnisse in Mathematik und Medizin, haben immer noch Gültigkeit. In Schulbüchern lernen wir die Lehrsätze von Pythagoras und von Euklid, zwei bedeutenden Mathematikern. Die Griechen entdeckten das Atom, sie ordneten die Sternenwelt ein und fanden viele Naturgesetze.

Die Kunstwerke der Griechen, vor allem in der Bildhauerkunst, der Baukunst, der Schauspielkunst und der Dichtkunst, wurden beispielhaft für die europäischen Völker. In vielen Theatern der Welt werden griechische Komödien (Lustspiele) und Tragödien (Trauerspiele) aufgeführt. Der Dichter Homer besang in der Odyssee die Irrfahrten des Odysseus und in der „Ilias" den Kampf um Troia.

Die griechische Staatslehre wird uns deutlich aus den Worten des Perikles:

„Die Verfassung, nach der wir leben, ist ein Vorbild für alle unsere Nachbarn; ihr Name lautet Demokratie, Volksherrschaft, weil nicht eine kleine Minderheit, sondern die Mehrheit entscheidet . . ."

AUS DER GESCHICHTE DER GRIECHEN

Die Griechen siedelten in kleinen, durch Gebirge und Meeresarme gebildeten Tälern und Buchten. Schon 2000 v. Chr. begann der Aufstieg des griechischen Volkes und der griechischen Kultur. Die griechischen Städte waren selbständige Gemeinwesen. Der Götterglaube, die griechische Sprache und die Olympischen Spiele verbanden jedoch alle diese Stadtstaaten. Das Volk von Athen bestimmte im 5. Jh. seine Gesetze selbst. In Volksversammlungen wurden die wichtigsten Angelegenheiten beraten. Die Griechen konnten ihre Freiheit gegen das Weltreich der Perser behaupten. Nach den persischen Kriegen (490 bis 449 v. Chr.) begann das goldene Zeitalter, das Zeitalter des Perikles. In der folgenden Zeit breiteten sich die griechische Sprache, Wissenschaft und Kunst über die Welt aus.

9. DAS RÖMISCHE WELTREICH

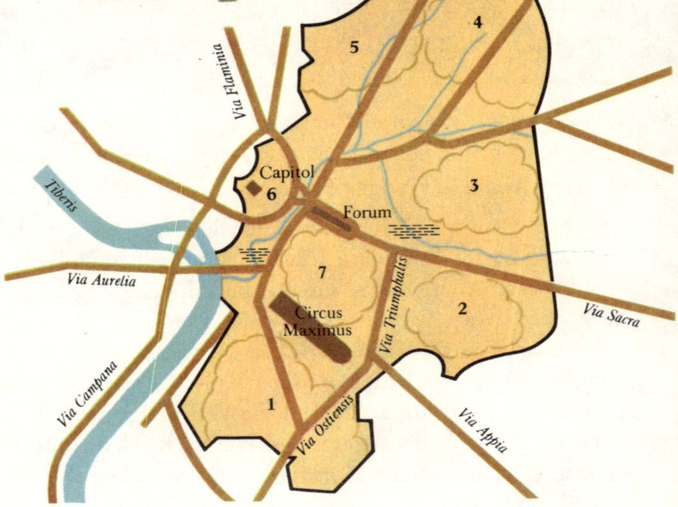

Die Stadt Rom etwa 500 v. Chr., als sie von den Etruskern beherrscht wurde. Daneben etruskische Krieger und das Wahrzeichen der Stadt, die römische Wölfin mit Romulus und Remus. Die Ziffern bezeichnen die 7 Hügel Roms. Auf dem Palatin (7) entstand die erste Siedlung.

DER MITTELPUNKT DER ALTEN WELT

Rom, die Stadt der sieben Hügel

Niemand weiß genau, wie und wann die Stadt Rom entstanden ist. Eine Sage berichtet: „Amulius war ein böser König, der in Italien allein herrschen wollte. Deshalb vertrieb er den rechtmäßigen König Numitor und tötete dessen Familie. Nur eine Königstochter entkam. Sie gebar Zwillinge, zwei Knaben mit Namen Romulus und Remus. Als Amulius davon erfuhr, befahl er, die Kinder zu töten. Sie wurden auf ein Floß gelegt und auf dem Tiber ausgesetzt. Durch einen wunderbaren Zufall schwemmten die Fluten des Tiber Romulus und Remus am Fuße des Palatinhügels an. Eine Wölfin nährte die Kinder, bis sie von Hirten gefunden wurden. Als Romulus und Remus erwachsen waren, siedelten sie sich auf dem Palatin an und legten so den Grund für die spätere Stadt Rom."

Der Sage nach soll das im Jahre 753 v. Chr. gewesen sein. Noch heute trägt Rom zur Erinnerung an dieses Ereignis eine Wölfin als Wahrzeichen im Wappen.

So, wie es die Sage berichtet, wird es wohl nicht gewesen sein. Wir wissen, daß die Vorfahren der Römer die Latiner und die Etrusker waren. Die Latiner wanderten um 1200 v. Chr. aus dem Norden nach Italien ein. Sie waren Bauern und siedelten sich auf einigen der sieben Hügel am Tiber an. Vor den Hügeln breiteten sich Sümpfe aus, so daß die Latiner ihre Häuser leicht verteidigen konnten. Die wichtigste Siedlung war damals auf dem Hügel Palatinus (Palatin). Von hier aus konnten die Latiner die Handelsstraße überwachen, die von der Tibermündung herführte und den Fluß vor der Ansiedlung über-

querte. Das Meer lag zwar etwa 30 km entfernt, aber die Schiffe konnten den Tiber aufwärts fahren. So waren die Latiner sicher vor Seeräubern.
Im Nordwesten der sieben Hügel hatten die Etrusker ihr Land. Sie waren aus Kleinasien eingewandert. Die sieben Hügel waren bald von den Stämmen der Latiner und Etrusker bewohnt. Die Ansiedlungen schlossen sich dann zu einer Stadt zusammen, die mit einer Mauer umgeben wurde. Rom bildete ein Reich für sich. Im Mittelpunkt lag der Marktplatz, das Forum Romanum. Auf dem Felsenhügel Kapitol erbauten die Römer ihrem höchsten Gott Jupiter einen Tempel.

Die „gemeinsame Sache"

Die römische Bevölkerung bestand aus zwei Gruppen, den Patriziern und den Plebejern. Die Patrizier besaßen große Landgüter mit viel Vieh. Zahlreiche Sklaven mußten für sie alle Arbeiten verrichten. Nur die Patrizier konnten zunächst regierende Beamte werden. Sie nannten ihren Staat die „res publica", die Republik. Diese beiden lateinischen Wörter bedeuten „gemeinsame Sache". Aber die Patrizier machten mit den Plebejern keine gemeinsame Sache. Die Plebejer, die armen Leute, waren nicht an der Regierung beteiligt. Sie schlossen sich meist einem Schutzherrn, einem Patron, an. Er unterstützte die Plebejer vor Gericht oder half ihnen in geschäftlichen Angelegenheiten. Die Plebejer, die an den Kriegszügen teilnehmen mußten, gerieten bald in Not: Während der oft langen Kriege ruhte die Arbeit, und die Plebejer hatten keinen Verdienst. Viele von ihnen mußten Schulden machen, um Frau und Kinder daheim ernähren zu können. Wer seine Schulden nicht zurückzahlen konnte, kam in arge Bedrängnis: Ein Gläubiger durfte seinen Schuldner im eigenen Kerker einsperren, ihn als Sklaven verkaufen, ja sogar töten. Am Kriege gewannen so nur die wenigen reichen Patrizier. Sie teilten die eroberten Ländereien unter sich auf und brachten Kriegsgefangene als Sklaven nach Hause. Die vielen Plebejer aber, das eigentliche Volk, blieben arm.

Der Bauer auf diesem Relief zieht mit seiner ganzen Habe zum Markt, um sie zu verkaufen.

Die Plebejer erkämpfen sich die gleichen Rechte

Immer wieder lagen die Latiner mit dem Nachbarvolk der Volsker in Streit, und ein Krieg schien unvermeidbar. So riefen die beiden Konsuln, die obersten Beamten der Republik, das Volk auf dem Forum zur Musterung zusammen. Aber es folgte nur murrend dem Aufruf.

Da stürzt ein Mann aufs Forum. Seine schmutzigen Kleider und das blasse, eingefallene Gesicht lenken die Blicke der Leute auf ihn. „Ihr Bürger, helft mir!" ruft der Mann. „Noch im vergangenen Jahr stand ich als Soldat im Sabinerland. Die Feinde fielen inzwischen in unser Gebiet ein. Sie verbrannten meine Ernte, der Hof ging in Flammen auf, mein Vieh wurde weggetrieben. Dann sollte ich Steuern bezahlen und mußte mir dafür Geld leihen zu Wucherzinsen, die ich bald nicht mehr aufbringen konnte. So wurde ich als ein Schuldsklave in den Kerker geworfen. Hier, seht den Lohn für meine vielen Kriegszüge!" Und er zeigt die blutigen Striemen auf seinem Rücken. Das Volk ist empört. Wutschreie werden laut. „Schafft sofort Abhilfe!" ruft die Menge den Konsuln zu. Aber erst als die Volsker mit einem Heer heranrücken, versprechen die Konsuln, diese Zustände zu ändern. Damit erreichen sie, daß die Plebejer in den Krieg ziehen.

Als aber der Krieg beendet war, blieb alles beim alten. Da rotteten sich die Plebejer zusammen und zogen auf den „Heiligen Berg", wenige Kilometer von Rom entfernt, um dort eine eigene Gemeinde zu gründen. Einem Patrizier, der beim Volk beliebt war, gelang es, die Plebejer in die Stadt zurückzuführen. Von nun an standen den Plebejern Volkstribunen zur Seite. Das waren Beamte, die das Recht der Plebejer schützten. Ein Volkstribun war unverletztlich, niemand durfte ihn festnehmen oder in seiner Aufgabe behindern. Im Jahre 451 v. Chr. wurden auf dem Forum 12 Erztafeln aufgestellt, in die Gesetze eingemeißelt waren. Diese Gesetze galten für alle Römer, für die Plebejer wie für die Patrizier. Sie hießen das „Zwölftafelgesetz."

Rom wird ein Weltreich

Am Anfang war die Republik Rom nur ein kleiner Flecken. Die Römer mußten zunächst die Etrusker verdrängen. Die erste römische Provinz wurde Sizilien. Die Bewohner einer römischen Provinz waren Untertanen der Römer. Sie wurden von einem Statthalter regiert. Er war der oberste Gerichtsherr. Außerdem sorgte er dafür, daß die Bewohner der Provinz den zehnten Teil ihres Verdienstes als Steuer an den römischen Staat zahlten.

Die Römer eroberten Spanien und unterwarfen Griechenland. Cäsar bezwang 52 gallische Stämme. Er brachte so ganz Gallien – das heutige Frankreich – unter römische Herrschaft. Zweimal überschritt er mit seinen Truppen den Rhein und setzte sogar nach Britannien – dem heutigen England – über. Er war der größte Feldherr, den Rom je hatte. Mit seinen ihm treu ergebenen Soldaten besiegte er einen anderen römischen Feldherrn, Pompeius, der ihm zu mächtig wurde. Pompeius hatte viele Jahre lang in Asien gekämpft und dem Römerreich 15 Länder unterworfen, darunter Armenien, Syrien und Palästina. Cäsar kam mit seinem Heer auch nach Afrika und bezwang das Königreich Ägypten. Nach diesem Sieg wurde er von den Römern zum Diktator ernannt, zum ersten Mann im Staat. In einem großartigen Triumphzug kehrte er mit seinen Legionen zurück und zog in die Hauptstadt Rom ein (siehe Bild unten).

An vier Tagen hintereinander feiert Cäsar in Rom seine Triumphe über Gallien, Afrika, Ägypten und Pontus, ein Land am Schwarzen Meer. In dem langen Triumphzug marschieren auch die Kriegsgefangenen mit, darunter Prinzen und Prinzessinnen von fremden Völkern. Auf vielen Wagen wird die Kriegsbeute an dem staunenden Volk vorbeigefahren: Geräte aus Silber und Gold, wertvoller Schmuck und Edelsteine. Dann folgt Cäsar selber in seinem Streitwagen, und dahinter kommen die Wagen mit dem Gold für seine Soldaten. Jeder Soldat erhält 24 000 Sesterzen als Lohn, das sind etwa 5000 Mark. Für die Bürger von Rom läßt Cäsar ein großes Mahl an 22 000 Tischen bereiten. Zur Belustigung gibt es auf einem See eine große Schein-Schlacht mit Schiffen, an der 10 000 Mann teilnehmen. Von überallher sind die Leute gekommen, um diesen Triumph zu sehen. Viele von ihnen haben in der großen Stadt gar nicht Platz; sie schlafen außerhalb in Zelten.

Das Erbe Cäsars übernahm Augustus, den die Römer zum Kaiser machten. Er wurde einer der bedeutendsten römischen Kaiser. Unter seiner Herrschaft drangen die Römer weit nach Germanien vor.

„Das sind meine Taten, durch die ich, Augustus, den Erdkreis der Befehlsgewalt des römischen Volkes unterworfen habe." So beginnt ein Bericht des Kaisers, den er in Stein meißeln ließ. Und weiter heißt es: „Dem Meer habe ich Ruhe vor den Seeräubern gegeben. Die Gebiete aller Provinzen, denen Völkerschaften benachbart waren, die unserer Herrschaft nicht gehorchen wollten, habe ich erweitert. Die Provinzen Gallien und Spanien, ebenso Germanien bis zur Elbe habe ich befriedet. In den Alpenländern habe ich Frieden geschaffen, ohne daß gegen ein Volk zu Unrecht Krieg geführt wurde. Ägypten habe ich dem Reich des römischen Volkes hinzugefügt. Aus Indien kamen häufig Gesandtschaften zu mir von Königen, die vor dieser Zeit bei keiner römischen Regierung gesehen wurden."

An manchen Stellen mußten die Römer auch Niederlagen hinnehmen. So versuchten sie vergeblich, die Grenze vom Rhein an die Elbe zu verlegen.

Rom, eine Millionenstadt

Zur Zeit des Kaisers Augustus lebten in Rom fast eine Million Menschen. Viele Häuser waren 20 m hoch, hatten 6 oder 7 Stockwerke. Mancher Römer mußte 150 Treppen steigen, um in seine Wohnung zu gelangen. Das Leben spielte sich vor allem auf den Straßen, Gassen und Plätzen ab. Sie waren von Kaufleuten, Fleischern, Handwerkern, Schenkwirten, Barbieren usw. überfüllt. Aus den Werkstätten drang ständig Lärm auf die Straßen. Er wurde noch verstärkt durch das laute Gerassel der Reisewagen und das Knarren der Lastkarren, die Steinblöcke und Baumstämme beförderten.

Eine so riesige Stadt mußte gut versorgt werden. Vor allem wurde ständig Wasser benötigt. Die Römer waren Meister im Bau von Wasserleitungen. Die 10 großen Zubringerleitungen hatten eine Länge von 404 km, davon waren 351 km unterirdisch verlegt. Jeder Römer verbrauchte im Durchschnitt 500 Liter Wasser am Tag. Außer den Haushalten, Werkstätten, Kasernen mußten 11 riesige Thermen (Warmbäder), 850 kleine Bäder und 1350 öffentliche Brunnen mit Wasser gespeist werden.

Das Wasser wurde in offenen Rinnen, den Aquädukten, in die römische Hauptstadt geleitet.

Spiele und Kämpfe in der Arena

In Rom stand das größte Amphitheater des Reiches. Es konnte 50 000 Menschen aufnehmen. Zu den verschiedenen Festen, z. B. zum Geburtstag des Kaisers, strömte das Volk in die Arena. Die Spiele und Kämpfe dauerten oft den ganzen Tag: Wagenrennen mit 2, 4, 6 oder 8 Pferden fanden statt. Gladiatoren kämpften miteinander, der eine mit schwerem Panzer, Schwert und Schild bewaffnet, der andere nur mit Netz und Dreizack. Es waren Sklaven, die um ihre Freiheit und ihr Leben kämpften. Oft unterlagen sie im ungleichen Kampf gegen Löwen, Tiger, Panther und Bären. Das Volk bekam auch Zirkuskunststücke zu sehen: Elefanten knieten vor der Kaiserloge nieder und schrieben mit dem Rüssel lateinische Sätze in den Sand. Löwen trugen lebende Hasen im Maul.

Im Amphitheater von Rom und auch in vielen anderen wurden Tafeln gefunden, in die Verfluchungen eingeritzt waren. Sie stammten von den Sklaven, die in den unterirdischen Räumen der Amphitheater bis zum Beginn der Kämpfe gefangen gehalten wurden.

Von Kaiser Augustus haben wir einen Bericht über die Spiele und Kämpfe in der Arena: „Dreimal wurden in meinem Namen und fünfmal im Namen meiner Söhne und Enkel in Rom Gladiatorenspiele abgehalten, bei denen ungefähr 10 000 Menschen kämpften. Zweimal bot ich dem Volke das Schauspiel von Ringkämpfen. Siebenundzwanzigmal

Marmorstatue des Kaisers Augustus

veranstaltete ich Zirkusspiele. Dazu kamen noch sechsundzwanzig Jagden auf afrikanische Tiere im Zirkus, auf dem Forum oder in den Theatern, wobei ungefähr 3500 Tiere erlegt wurden."

Bei allen diesen Veranstaltungen mußten Sklaven arbeiten oder kämpfen. Ein griechischer Geschichtsschreiber besuchte einmal die griechische Insel Delos. Er berichtete, wie dort 10 000 Sklaven an einem einzigen Tag auf dem Sklavenmarkt zum Verkauf aufgestellt waren. Die Sklavenhändler hatten ihnen Fußschellen und Halsringe anschmieden lassen. In Rom lebten 300 000 Neger, Araber, Germanen, Kelten, Griechen, Juden, Perser als Sklaven. Die Römer als Sieger über diese Völker verkauften die Menschen wie eine Ware. Die Sklaven mußten ohne Lohn auf den Feldern, in den Bädern, Werkstätten, bei den Händlern, im Haushalt, beim Bau der Häuser und Paläste, als Ruderer auf den Schiffen, in Bergwerken und Steinbrüchen arbeiten.

Wie eine moderne Sportarena sah ein römisches Amphitheater vor 2000 Jahren aus.

ROM AUF DER HÖHE DER MACHT

Rom entwickelte sich aus einem Stadtstaat zu einem gewaltigen Weltreich, in dem viele verschiedene Völker zusammenlebten. Bis zum Zwölftafelgesetz um 450 v. Chr. bestand die römische Bevölkerung aus zwei Gruppen, den Patriziern und den Plebejern. Die Plebejer, die zunächst von den Patriziern abhängig waren, erkämpften sich die gleichen Rechte. Das Zwölftafelgesetz machte zwischen beiden Gruppen keine Unterschiede mehr.

Die Römer eroberten Italien, sie beherrschten das Mittelmeer und Griechenland, bezwangen Gallien und Spanien, drangen bis zur Donau vor, besetzten Palästina und weite Gebiete im nördlichen Afrika. Die unterworfenen Völker wurden ausgebeutet, die Länder zu römischen Provinzen gemacht und von Statthaltern regiert. Die Römer verkauften viele der Besiegten als Sklaven. Die Stadt Rom wuchs zu einer Großstadt heran und wurde zum Mittelpunkt des Weltreiches und der damaligen Welt überhaupt.

10. DAS RÖMISCHE REICH UND DIE GERMANISCHEN VÖLKER

So sah es zur Römerzeit im freien Germanien aus. Du kannst auf dem Bild erkennen, wovon die germanischen Stämme in den verschiedenen Landschaften damals lebten.

VOM LEBEN DER GERMANISCHEN STÄMME

Wie die Sippe des Gero in Not geriet

Fünf Steinwürfe von den anbrandenden Wellen des Meeres entfernt, wohnte Geros Sippe. Dem Strand am nächsten stand das Haus des Fischers und Viehzüchters Hilmar. Schon seit Tagen peitschte der Sturm die Wellen an Land. Hilmar saß nachdenklich am flackernden Herdfeuer, während das Wasser höher und höher stieg. Verängstigt drängten sich die Kinder an ihre Mutter. Um die Hütte heulte der Sturm. Hilmar dachte: Wodurch hat unser Volk die Götter erzürnt? Hat eine frevelnde Hand nach ihren Heiligtümern gegriffen, oder blieb ein Verrat ungestraft? Die Schuld unseres Volkes muß groß sein; denn unsere Boote sind zerschmettert und fruchtbare Stücke unseres Landes fortgeschwemmt. Während er so über das Geschick nachsann, hörte er das Tosen des Meeres anschwellen. Eilig sprang er auf und rannte hinaus zu dem nahen Sandhügel, auf dem er Holzstücke aufgeschichtet hatte. Er sollte bei steigender Flut mit Feuerschein die landeinwärts wohnenden Sippen warnen, so lautete der Befehl des Stammesfürsten. Hilmar hockte sich am Holzstoß nieder und entfachte das Feuer. Plötzlich blickte er hinüber zu seinem Haus und sah, daß es schon von den Wellen eingeschlossen war. Da dachte er nur an die Rettung seiner Hausgenossen. Auch die anderen Männer der Dorfsippe hatten die Gefahr erkannt, die Hilmars Familie drohte. Mit aller Kraft drangen sie gegen Wellen und Wind zum Hause vor. Schon hatte die Flut den Stall mit dem Vieh fortgerissen. Hilmars Familie aber konnte gerade noch aus ihrer Not gerettet werden. Die Flut verschonte auch die Häuser der anderen Familien nicht. Gero, der Älteste der Sippe, zog mit Männern, Frauen und Kindern, mit der geringen Habe und den wenigen Rindern und Schafen landeinwärts einem sicher gelegenen Dorfe zu.

Germanien — ein Land der Freien

Die Germanen waren so freiheitsliebend, daß sie kein Reich gründeten, in dem alle germanischen Völker vereinigt waren. Alles, was sie in ihrer Freiheit einengte, war ihnen zuwider. Dennoch mußten sich die Menschen wie überall zusammenschließen, um gemeinsam jene Arbeiten zu bewältigen, mit denen einer allein nicht fertig wurde. So bildeten die Germanen Stämme. Diese setzten sich zusammen aus den einzelnen Familien und ihren Verwandten, den Sippen. Zum Stammesführer wählten die Männer eines Stammes einen Herzog. Er kam aus einer besonders angesehenen Familie. Größere Stämme hatten sogar einen König. Die Mitglieder einer germanischen Sippe fühlten sich füreinander verantwortlich und innerlich verbunden. Sie hielten nicht nur in Zeiten der Not zusammen. Sobald sich aber jemand innerhalb der Sippe über die anderen stellen wollte, wurde er aus der Gemeinschaft ausgeschlossen.
Einmal trafen sich zwei blutsverwandte Männer einer Sippe. Der eine fragte: „Was meinst du, wer von uns beiden ist wohl der Stärkere?" Der andere antwortete: „Das weiß ich nicht, aber wenn du so fragst, dann können wir nicht länger in einer Sippe zusammenleben." Da sagte der erste: „Ich will ja gar nicht, daß wir unsere Kräfte miteinander messen." Doch der zweite sprach: „Aber du hast daran gedacht, daß wir gegeneinander kämpfen könnten, und das genügt, damit wir uns trennen."
Wurde ein Mitglied der Sippe getötet, in der Ehre verletzt oder beschimpft, so gab die Sippe nicht eher Ruhe, bis Vergeltung geübt war. Der Rachegedanke war so stark, daß sich oft sogar Greise aufrafften, um ihre Söhne zu rächen. Wer von einem Verwandten Hof oder Vieh erbte, der erbte auch die Rachepflicht mit. Daraus konnten für die Sippen schlimme Folgen entstehen!

Der Sippenälteste bestimmt

Bei der Feldbestellung ordnete sich die Sippe freiwillig dem Sippenältesten unter. Er bestimmte, wann alle gemeinsam säen und ernten sollten. Jede Familie erhielt von ihm ein Stück Acker zugewiesen. Wiese, Weide, Wald und Wasser gehörten allen Dorfbewohnern gemeinsam; das war die Allmende. Es wurde nur soviel Land bebaut, wie die Sippe zum Leben benötigte. Das übrige Land blieb als Brache unbebaut liegen. Im nächsten Jahr pflügte man die Brache um und besäte sie, während das abgeerntete Land jetzt brach liegenblieb. So wechselte die Ackerfläche jährlich. Das war die Feld-Gras-Wirtschaft. Der wertvollste Besitz der Germanen aber war ihr Vieh. Je mehr Rinder einer hatte, desto angesehener war er; die Sippe mit der größten Herde genoß das größte Ansehen. Viele Strafen wurden deshalb mit Vieh gesühnt. Besonders schlimm traf eine Sippe der Verlust eines Pferdes.

Nur freie Männer und die Stammesführer der Germanen durften an einem Thing teilnehmen.

Der Stammesfürst ruft zum Thing

Der Stammesfürst hatte für den Tag des Vollmondes seinen Stamm zum Thingplatz gerufen. Alle freien Männer waren zu dem heiligen Ort gekommen, um gemeinsam über die Not zu beraten, die ihr Volk getroffen hatte, und um Gericht zu halten.

Zuerst trat der Priester in den heiligen Bezirk, der mit Haselgerten und Bändern umgrenzt war, und gebot Ruhe. Er hob die Hände zum Himmel und rief mit lauter Stimme die Götter an. Nun begab sich der Gaufürst mit einigen Edelingen und Rechtsprechern in die Mitte des Kreises und sprach: „Nach unseres Volkes Art und Sitte soll Recht gesprochen werden." Darauf trat ein Edeling vor und sagte, daß es alle Umstehenden hören konnten: „Ich klage Hilmar an wegen Verletzung der Gefolgschaftstreue. Er befolgte den Befehl des Gaufürsten nicht: Er gab den benachbarten Sippen keine Warnung mit dem Feuer, als die Flut in das Land drang. Viel Hab und Gut ist deshalb den Sippen von den Fluten entrissen worden. Treuebruch sühnt nur die Friedlosigkeit." Aus den Reihen der Umstehenden erklang ein Murren. Der Gaufürst ließ den Angeklagten vortreten. „Du hast die Anklage gehört! Was willst du dazu sagen?" – „Nicht ich selbst will sprechen, unser Sippenältester soll es für mich tun", sagte Hilmar. Und Gero trat neben den Angeklagten und berichtete, wie groß die Not seiner Sippe gewesen war. „Unschuldig ist Hilmar. Er entfachte das Feuer, doch gegen den niederprasselnden Regen, den uns die Götter sandten, blieb er machtlos. Feuer und Rauch erstickten bald." Der Gaufürst fragte: „Gero, kannst du Männer aufrufen, die bei unseren Göttern die Unschuld Hilmars bezeugen?" Eilig drängten sich fünf Männer vor. An den Worten dieser ehrbaren Eideshelfer konnte niemand zweifeln. Nach kurzer Beratung trat der Älteste der Rechtsprecher zum Gaufürsten, der nun das Urteil verkündete: „Die Unschuld Hilmars hat sich erwiesen. Er soll zu seiner Sippe treten und ihr weiterhin als freier Mann angehören." Alle Männer schlugen Schwerter und Schilde zusammen als Zeichen dafür, daß sie dem Urteil zustimmten. Freudig sprach Hilmar zu Gero und den Eideshelfern: „Dank sei euch! Ihr habt mich davor bewahrt, daß ich als Waldgänger oder Wolfsgenosse von unserem Volk ausgeschlossen werde und wie ein gehetztes Wild friedlos umherirre." Auf dem freien Platz vor dem heiligen Hain stellte sich nun eine Gruppe junger Krieger auf. Doch der Gaufürst rief sie an die Umfriedung des Thingplatzes. „Dieses Mal haben wir Wichtiges zu entscheiden und können nicht zusehen, wie ihr euch im Steinstoßen, Speerwerfen, Schwertertanz oder im Sprung über die Pferde übt. Zu groß ist das Unglück, das über unser Volk hereingebrochen ist." Ernst sprach er zu den Umstehenden: „Ich habe euch nun einen Befehl des Herzogs zu verkünden: Alle jüngeren kampfstarken Männer sollen sich mit ihren Hausgenossen und ihrem Hab und Gut bei der Halle des Herzogs versammeln. Boten haben die Nachricht von einem fruchtbaren Land im Süden gebracht, das unsere zahlreichen Sippen besser ernähren kann und das uns Ersatz gibt für den vom Meer geraubten Boden. Dorthin wollen wir ziehen, und bald wird dann unsere Not ein Ende haben. Damit der Göttervater Wotan unserem Plan gut gesinnt ist und unseren Zug beschützt, soll ihm nun ein Pferdeopfer dargebracht werden." Gleich führten Priesterinnen eines der wertvollen Pferde, das den Sippen noch geblieben war, zum Opferstein.

Über besonders wichtige Fragen entschied das Thing, an dem nur die freien Männer des Stammes teilnehmen durften. Der Stammesfürst war der Vorsitzende des Things. Der „Umstand", das heißt die Männer, die beim Thing dabeistanden, fällte den Spruch.

Um die Götter zu versöhnen, wurde die Todesstrafe oder die Strafe der Friedlosigkeit über diejenigen verhängt, die Heiligtümer schändeten, die Gefolgschaftstreue brachen, den Frieden des Things und des Heeres mißachteten, Stammesverrat übten, aus dem Heere flohen, meuchlings mordeten oder stahlen.

Der Kampf um den heiligen Fluss

Den Germanen lag viel an der Gunst ihrer Götter. Sie opferten ihnen, fragten sie um Rat und suchten sie zu versöhnen, wenn sie zürnten.

Zwei Germanenstämme, die Chatten und die Hermunduren, führten um einen „heiligen Fluß" sogar einmal Krieg:

An dem Fluß, der zwischen beiden Völkern lag, fanden die Germanen Salz. Sie glaubten, daß sie dort den Göttern besonders nahe wären und diese deshalb ihre Bitten und Anrufungen eher erhören könnten. Das Salz, so meinten sie, sei ein Geschenk der Götter. Beide Germanenstämme wollten aus diesen Gründen den Fluß und die naheliegenden Wälder besitzen und führten darum Krieg gegeneinander. Die Chatten gelobten dem Kriegsgott Ziu, alle Beutestücke zu vernichten, wenn er ihnen zum Siege verhelfe. Doch die Hermunduren blieben Sieger.

Germanischer Götterglaube

In der Himmelsburg Walhall — so glaubten die Germanen — seien die Götter versammelt. Alle Männer, die im Kampfe starben, würden nach Walhall fahren und bei Speise und Trank von ihren Heldentaten erzählen. Ehrlose aber müßten in die Unterwelt zur Göttin Hel.

Dem vornehmsten, mächtigsten und ältesten der Götter, Wotan (Odin), opferten die Germanen bei vielen wichtigen Anlässen.

Sie opferten dem Donnergott Donar (Thor), wenn sie Fruchtbarkeit für ihre Felder erflehten.

Vor jedem Kampf brachten sie dem Gott Ziu (Tiu) ein Opfer.

Der Gemahlin Wotans, Freia (Frigg), opferten sie, damit diese das Haus beschütze.

Damit die Natur im Frühling zu neuem Leben erwachen sollte, loderten die Opferfeuer für die Göttin Ostara oder für Baldur, den Götterliebling.

Wer Böses getan hatte, war dazu vom teuflischen Feuergott Loki angestiftet worden.

Nach der Auffassung der Germanen lebten überall gute und böse Wesen: In den Bergen des Nordlandes hausten die Riesen, die Göttern und Menschen feindlich gesinnt waren. Kobolde versteckten sich in Haus und Stall, Zwerge arbeiteten in unterirdischen Gängen und Höhlen. Gute und böse Feen waren in einsamen Wäldern anzutreffen; Nixen spielten in den Gewässern. In den Nebeln über den Wiesen tanzten die Elfen.
Seherinnen und Zauberinnen sagten aus dem Wechsel des Mondes, dem Zug der Vögel und dem Schnauben der heiligen Rosse die Zukunft voraus.
Von der Seherin Welada aus dem Stamme der Bataver wird berichtet, daß sie die Zukunft von einem hohen Turm aus verkündete. Andere Seherinnen warfen die Runen: Sie brachen Zweige von heiligen Bäumen, zerteilten sie in kleine Stäbe und ritzten in jeden Stab ein Zeichen. Darauf streuten sie alle Stäbe auf eine weiße Decke und hoben drei davon auf, während sie zu den Göttern emporblickten. Aus den Zeichen auf den drei Stäben deuteten sie die Zukunft.
Der Naturglaube der Germanen spiegelt sich auch in vielen Märchen der Gebrüder Grimm wider. An die germanischen Götter erinnern noch heute die Namen unserer Wochentage.

Rom in Gefahr

Du hast aus den beiden Geschichten am Anfang erfahren, weshalb viele Cimbern, Teutonen und Ambronen ihre Heimat verließen. Tausende von Männern, Frauen und Kindern zogen jahrelang kreuz und quer durch Europa. Einige römische Geschichtsschreiber aus der damaligen Zeit haben über den Zug und das Schicksal dieser Germanen genau berichtet. Auf der Karte kannst du den Zug der Germanen verfolgen:

A Eine vielköpfige Horde brach plündernd in das Land der Noriker ein. Die Römer zogen ihr entgegen und hielten ihr vor, daß die Noriker ihre Freunde seien. Darauf versprachen die Germanen abzuziehen.

B Die Gesandten der Cimbern forderten von den Römern Wohnplätze und Ackerland. Der römische Senat jedoch lehnte diese Bitte ab.

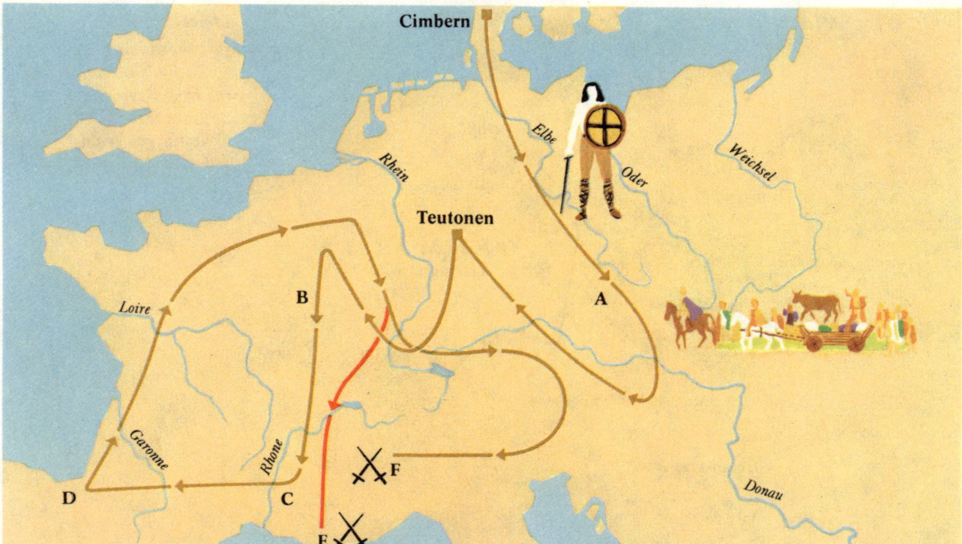

C Der römische Heerführer jagte die Gesandten der Cimbern mit schmählichen Drohungen fort, als sie um Ackerland und Saatgut baten. Darauf gaben die Cimbern die Hoffnung auf Frieden auf und griffen am anderen Tag die Römer an. Fast das ganze römische Heer wurde vernichtet.

Nach dem Kampf erschienen römische Gesandte bei den Siegern. Sie schilderten den Germanen, wie dicht ihr Land besiedelt sei und erzählten ihnen von der Schönheit und Fruchtbarkeit Spaniens. Daraufhin zogen die Germanen ab. In Rom war man hocherfreut, daß die Sieger sich in Spanien ansiedeln wollten.

D In Spanien wurden sie von den listig kämpfenden Bergvölkern bald zur Umkehr gezwungen. Darauf trennten sich die Wege der beiden Stämme.

E Hier prallten die römischen und teutonischen Heerhaufen aufeinander. „So kraftvoll waren die Legionäre des römischen Feldherrn Marius, daß kein Römer schwitzend oder keuchend gesehen wurde, obwohl bei der Schlacht eine erstickende Hitze herrschte. Der größte und streitbarste Teil der Germanen wurde niedergeschlagen."

F Als die Cimbern ein Jahr später mit den Römern erneut zusammenstießen, wurden sie von den römischen Legionen fast völlig vernichtet. Zuletzt griffen sogar die Frauen zu den Waffen. Sie standen auf den festen Lederdächern ihrer Wagenburg und wollten die letzte Zuflucht ihrer Kinder verteidigen. Ein römischer Berichterstatter bekannte, daß dieser Kampf fast noch schwerer als der gegen die germanischen Männer gewesen sei.

Nach dem Untergang der Cimbern und Teutonen stieß das germanische Volk der Sueben mit seinem Anführer Ariovist tief ins Land der Gallier vor. Aber der römische Feldherr Cäsar vertrieb die germanischen Krieger mit seinen Legionen. Alles Land westlich des Rheins stand nun unter der Herrschaft der Römer.

UNTER DEM RÖMISCHEN ADLER

Die Römer dringen in Germanien ein

Einige Jahre vor der Geburt Christi schickte der römische Kaiser seine Legionen nach Süddeutschland. Er fürchtete, daß die germanischen Stämme der Markomannen sein Reich bedrohen könnten. Bald waren die eisengepanzerten Römer an der Donau. Als sich Kaiser Augustus in Gallien aufhielt, bereiteten sich die Römer gründlich auf die Eroberung Germaniens vor.

Der römische Feldherr Drusus stand mit einigen Legionen am Rhein bereit. Die Soldaten lagen aber nicht müßig in ihren Zelten; sie hatten schwere Arbeit zu leisten. Am Abend war die Kohorte des Markus in ihr Lager zurückgekehrt. Schon seit Wochen bauten sie an der gewaltigen Brücke, über die das römische Heer bald nach Germanien einbrechen sollte. Müde von der anstrengenden Arbeit saßen die Soldaten in ihren Zelten. In eines der Zelte trat der römische Hauptmann und ermunterte die Männer: „Der Rhein ist ein anderes Wasser als unser Tiberchen. Über den Tiber hatten wir die Brücke in einem Tag gebaut. Aber nun wird in einigen Tagen der letzte Doppelpfosten in das Bett des Stromes gerammt sein. Dann habt ihr einige Zeit Ruhe, bis wir nach Germanien aufbrechen."

Ein paar Wochen später standen die römischen Legionen schon tief in Germanien, und diesmal baute der Hauptmann mit seiner Kohorte eine Brücke über die Lippe, damit die römische Streitmacht in das Gebiet der Cherusker vordringen konnte. „Wenn wir gegen die Elbe genauso schnell vorstoßen können, dann werden alle germanischen Stämme bald unterworfen sein", meinte Markus und fuhr fort: „Eigentlich haben sie uns selbst zu unserem Siege verholfen, denn während wir gegen sie vorrückten, bekämpften sie sich gegenseitig." — „Aber noch sind wir nicht am Ziel", sagte Florus, „die Cherusker haben sich nun mit anderen Stämmen vereinigt. Sie sind so siegessicher, daß sie bereits einen Vertrag abgeschlossen haben, wie sie nach dem Sieg über unsere Legionen die Beute unter sich aufteilen werden: Die Cherusker verlangen die Pferde, die Sueben Gold und Silber und die Sigambrer alle Gefangenen. Ein harter Kampf wird uns also bevorstehen."

Aber es kam ganz anders, als die Cherusker gedacht hatten; denn Drusus siegte über die Germanen und verteilte ihr Vieh, nahm ihnen die Halsketten weg und verkaufte sie selbst als Sklaven. Er war nun Herr über Germanien und ließ an Maas, Weser und Elbe Wachkommandos aufstellen. Am Rhein errichtete er mehr als 50 befestigte Lager (Kastelle).

Als Drusus sogar in das germanische Land jenseits der Elbe vordringen wollte, trat ihm — so berichtet die Sage — eine germanische Seherin entgegen und rief: „Wohin in aller Welt

Bei ihren Vorstößen ins freie Germanien mußten die Römer auch Flüsse überqueren. Das bedeutete aber für sie kein Hindernis. Sie hatten eine hervorragende Brückenbautechnik entwickelt.

willst du, unersättlicher Drusus? Es ist dir nicht beschieden, alles hier zu schauen. Kehr um, denn das Ende deiner Taten und deines Lebens ist da!" Diese Warnung erschreckte den Römer, und er kehrte um. Aber noch bevor er den Rhein erreicht hatte, stürzte er vom Pferd, und vier Wochen darauf starb er. Tiberius, sein Bruder, erhielt nun das Kommando über die römischen Legionen in Germanien.

Arminius befreit Germanien

Kaiser Augustus schickte seinen Freund Varus als Statthalter nach Germanien. Varus ging hart gegen die dort ansässigen Stämme vor. Als einige Stämme zwischen Rhein und Weser die hohen Steuern an die Römer nicht bezahlten, ließ er ihre Anführer gefangennehmen. Der Vornehmste unter ihnen wurde mit einem Beil hingerichtet, die übrigen ließ er mit Ruten auspeitschen. Alle männlichen Bewohner des Dorfes mußten diese harte Strafe mit ansehen. Die Nachricht davon erbitterte alle Germanen. Aber was konnten sie gegen die Römer unternehmen?

Einer jedoch blieb zuversichtlich: Arminius, der junge Cheruskerfürst. Er wollte Germanien von den Römern befreien. Er kannte seine Feinde, denn er war mehrere Jahre in ihren Diensten gewesen und wußte um die Macht des Römischen Reiches. Mehr als einmal hatte er die Legionen kämpfen gesehen, und die Kriegskunst der römischen Feldherrn war ihm nicht verborgen geblieben. Die Legionäre waren schwer bewaffnet: Auf dem Kopf trugen sie einen Helm, die Brust war durch einen Panzer geschützt. Arminius hatte beobachtet, wie gut sie mit ihren langen Lanzen und Schwertern umzugehen wußten, wie geschickt sie den Schild einsetzten. Die schwere Bewaffnung machte sie aber auch unbeweglich. Da waren die germanischen Krieger mit der Streitaxt, dem kurzen Speer und Schwert und dem leichten Rundschild viel flinker (Bild Seite 67).

Varus betrachtete den Germanenfürsten als seinen Freund und vertraute seinem Rat. Arminius wußte, daß die Römer nur durch eine List zu überwinden waren. Er sorgte dafür, daß sich die germanischen Stämme den Römern gegenüber friedlich verhielten. Die Römer sollten meinen, sie wären in Freundesland.

Arminius überlistete die Römer auf folgende Weise:

a) Er verlangte von Varus verschiedene Hilfstruppen, um damit Getreidetransporte zu beschützen und Räuberbanden auszuheben. Er gab an, daß seine germanischen Truppen dazu zu schwach seien.

b) Arminius verabredete mit einigen Stämmen, daß sie sich gegen die Römerherrschaft erheben sollten. Varus aber versprach er, ihm mit seinen eigenen germanischen Truppen gegen die Aufständischen zu helfen.

c) Arminius begleitete den römischen Feldherrn, der nun gegen die Aufrührer zog, ein Stück Wegs. Er ließ ihn dann allein weiterziehen und versprach, mit germanischen Hilfstruppen nachzukommen.

d) Arminius wies den Römern einen Weg, der durch dichte Wälder, morastige Täler und düstere Schluchten führte.

Du kannst dir sicher denken, warum Arminius den Römern diese Vorschläge machte. Er verfolgte mit jeder List dasselbe Ziel: die Römer zu besiegen.

Eine schlimme Nachricht für Kaiser Augustus

Ein Diener trat in das Gemach des römischen Kaisers Augustus und meldete: „Ein Bote ist soeben angekommen. Er bringt wichtige Nachrichten von den Legionen in Germanien." Der Kaiser befahl, den Boten sofort hereinzuführen. Abgehetzt und staubbedeckt trat dieser ein und warf sich vor dem Kaiser nieder. Augustus sagte ungeduldig: „Was für eine Nachricht bringst du mir? Ich will sie hören!" — „O ihr Götter Roms, die Legionen des Feldherrn Varus, Erhabener, wurden von den Germanen im Teutoburger Wald in den Hinterhalt gelockt und dort niedergemacht. Drei Tage wehrten sich die Legionäre. Nur wenige der Unsrigen konnten ihr Leben retten." Stille herrschte im Gemach des Kaisers. — „Und Varus?" fragte der Kaiser entsetzt. „Der Feldherr stürzte sich in sein eigenes Schwert. Er wagte es nicht, vor dir zu erscheinen." — „Hinaus! Geh!" rief der Kaiser zitternd vor Zorn, „laß mich allein!" Noch nie während seiner Herrscherzeit hatten die Römer eine solche Niederlage hinnehmen müssen. Waren doch diese drei verlorenen Legionen die besten gewesen! Wehklagend rief der Kaiser aus: „Varus, Varus, gib mir meine Legionen wieder!"

Die Teufelsmauer

Hinter Rhein und Donau glaubten sich die Römer nach der verlorenen Schlacht gegen Arminius einigermaßen sicher. Trotzdem fürchteten sie sich vor möglichen Überfällen der Germanen. Besondere Sorge bereitete ihnen das Land zwischen Mittelrhein und oberer Donau, zwischen dem Rheinknie und der Donauquelle. Deshalb bauten sie einen Grenzwall, den Limes. Dieser Schutzwall war 550 km lang und hatte 1000 Wachttürme. Streckenweise war er als Steinmauer oder hoher Erdwall errichtet. Davor zog sich ein tiefer, breiter Graben hin, der mit Pfählen gespickt war. Die Germanen nannten den Limes deshalb Pfahlgraben, aber auch Teufelsmauer. Tag und Nacht schritten die römischen Legionäre den Wall ab und spähten in das Land hinaus. Bei Gefahr verständigten sie durch Hornsignale, Feuerzeichen oder Boten die Soldaten hinter dem Limes.

Die Truppe war eingeteilt in Legionen zu 6000 Mann und in Kohorten; 1 Legion hatte meist 10 Kohorten. Außerdem gehörten zum römischen Heer Zimmerleute, Wagner, Schmiede für Schilde, Helme und Bogen, Männer, die Verteidigungsmaschinen, Holztürme und Geschütze bauten. Für die Legionäre gab es strenge Vorschriften und Dienstpläne.

Dienstplan der 1. Kohorte:
vormittags: Wacheinteilung, Wachdienst am Limes, an Toren und auf Türmen, am Waffenlager, vor dem Lagerheiligtum;
nachmittags: Arbeit in der Töpferei und Ziegelei, Ausbesserung der Wälle und Gräben.

Dienstplan der 2. Kohorte:
vormittags: Antreten in voller Rüstung mit 30 kg Gepäck und Ausrücken zum Übungsmarsch (30 km in 5 Stunden);
nachmittags: Pflegen und Ausbessern von Schwertern, Wurfspießen, Schleudermaschinen, Eisenpanzern und Schilden in der Waffenhalle.

Dienstplan der 3. Kohorte:
vormittags: Antreten zur Kampfübung mit Weidenschilden, hölzernen Stecken und Keulen;
nachmittags: Ausladen der Getreidewagen und Lagern im Vorratshaus.

Römische Lanzenreiter beim Wettkampf

Ein festliches Ereignis war für die Soldaten die Truppenparade. Wir wissen, daß syrische Bogenschützen in Sorviodurum an der Donau lagen, und können uns das Bild einer Truppenparade vorstellen, die zu Ehren eines Gottes oder eines Kaisers abgehalten wurde.

Für ihre Kastelle wählten die Römer stets besonders günstige Plätze in der Landschaft aus.

In der Donauebene sammeln sich die Wettkämpfer. Die Pferde sind festlich geschmückt. Stirnpanzer und Augenkörbe geben Schutz. Die Sonne glitzert auf dem Metall. Wir erkennen die Darstellungen von Göttern und Fabelwesen, welche die Rüstungen zieren. Die syrischen Reiter tragen enganliegende Hosen. Das ist ein ungewohntes Bild für die Römer, denn sie verschmähen Hosen als Kennzeichen der Barbaren. Farbenfroh sind die Stoffpanzer und die wallenden Umhänge. Die Turnierlanzen haben keine Eisenspitzen. Die Wettkämpfer schützen sich durch Schilde und Gesichtshelme. Nur für die Augen, die Nase und den Mund sind kleine Schlitze in den Gesichtshelmen freigelassen. Wenn das Zeichen zum Beginn gegeben ist, sprengt der erste Trupp heran. Standarten und Helmbüsche flattern im Wind. Die Reiter werfen ihre Lanzen auf ein Ziel. Keiner verfehlt es. Übung für den Ernstfall, das ist der Sinn der glanzvollen Reiterspiele.

Nach August Wolfschmidt

EIN VOLK LERNT VOM ANDERN

Nach der Schlacht im Teutoburger Wald blieben die Römer noch lange in Deutschland. Die Niederlage bewirkte, daß sie sich hinter den Rhein zurückzogen (siehe Karte oben). Die Germanen konnten von ihnen vieles lernen. Der römische Geschichtsschreiber Tacitus berichtet: „Es ist zur Genüge bekannt, daß die Völker der Germanen keine Städte bewohnen; sie dulden nicht einmal geschlossene Siedlungen. Sie siedeln weit voneinander entfernt und ohne jede Straßenordnung . . .

Weder Bruchsteine noch Ziegel sind bei ihnen in Gebrauch; sie verwenden rohes Bauholz ohne Rücksicht auf gefälliges Äußere . . .

Ihre Saatfelder sind ertragreich, ihre Obstbäume wenig geeignet, Früchte zu tragen; sie haben viel Vieh, aber es ist meistens unansehnlich . . .

Aus Gold und Silber machen sie sich nicht viel. Man kennt zwar silberne Gefäße, die sie ihren Statthaltern und Fürsten schenken, aber sie schätzen diese nicht höher ein, als wenn sie aus Ton geformt wären. Unsere unmittelbaren Grenznachbarn halten wegen der Handelsbeziehungen indessen Gold und Silber für wertvoll, auch nehmen sie bestimmte Sorten unseres Geldes bevorzugt in Zahlung; die Leute im Landesinnern pflegen der Einfachheit halber und seit alters her den Tauschhandel . . . Sie sind auch mehr auf Silber als auf Gold aus, nicht aus Liebhaberei, sondern weil Silbergeld für den Kauf von billigem Kram besser zu gebrauchen ist."

An allen Straßen standen Meilensteine mit genauen Entfernungsangaben. 1 röm. Meile = 1484,7 km. Wie gut die römischen Straßen waren, zeigt der Querschnitt: 1 Kies, 2 Bruchstein, 3 Steinschutt und Mörtel, 4 Ziegelbruch, 5 Randstein, 6 Steinplatten.

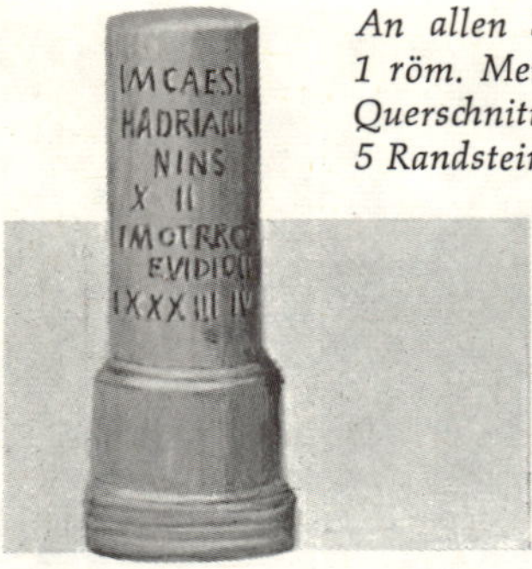

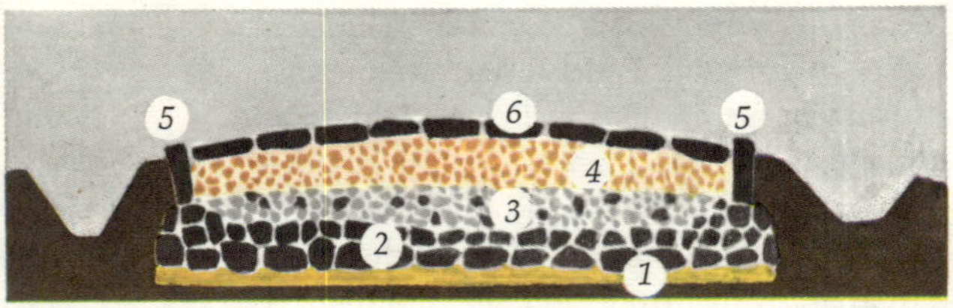

Der römische Händler Fabius reist nach Augusta Vindelicorum

Schon seit Wochen hatte der römische Händler Fabius die Reise nach Norden vorbereitet. Sorgfältig verpackt lagen nun die Ballen mit gefärbten Stoffen und seidenen Tüchern in den Planwagen. In anderen Wagen standen zwischen Strohpolstern tönerne Henkelkrüge mit Speiseöl. Es war ein stattlicher Handelszug: acht Wagen, jeder vierspännig, von Sklaven begleitet und von einem Oberaufseher geführt. Der Warenzug fuhr alleine los. Fabius selbst wollte einige Tage später auf der Claudischen Straße mit dem Wagen der kaiserlichen Post nachfolgen. Für seine weite Fahrt kaufte er sich ein Reisebuch. Darin fand er den Reiseweg nach Augusta Vindelicorum genau beschrieben.

Der schwierigste Teil der Reise führte über die Alpen. Nach jedem anstrengenden Reisetag suchte Fabius ein Rasthaus auf. Hier konnte er sich ausruhen und stärken. Je näher der Wagen seinem Ziel kam, um so mehr Leben herrschte auf der Römerstraße. Von den Meilensteinen konnte Fabius ablesen, welche Strecke er noch zurücklegen mußte. Allerlei fahrendes Volk begegnete ihm. Ein kaiserlicher Kurier jagte vorbei, und schwer beladene Wagen reicher Handelsherren polterten dahin. Einmal mußte der Postwagen an den Rand der Straße fahren und anhalten; denn eine Kohorte (600 Soldaten) marschierte in strenger Ordnung vorbei. Am Wege tauchten die Grabmäler vornehmer römischer Bürger auf. Die Hauptstadt mußte also nahe sein. Und Fabius freute sich, daß er bald am Ziel war, in Augusta Vindelicorum, der Hauptstadt der Provinz Rätien.

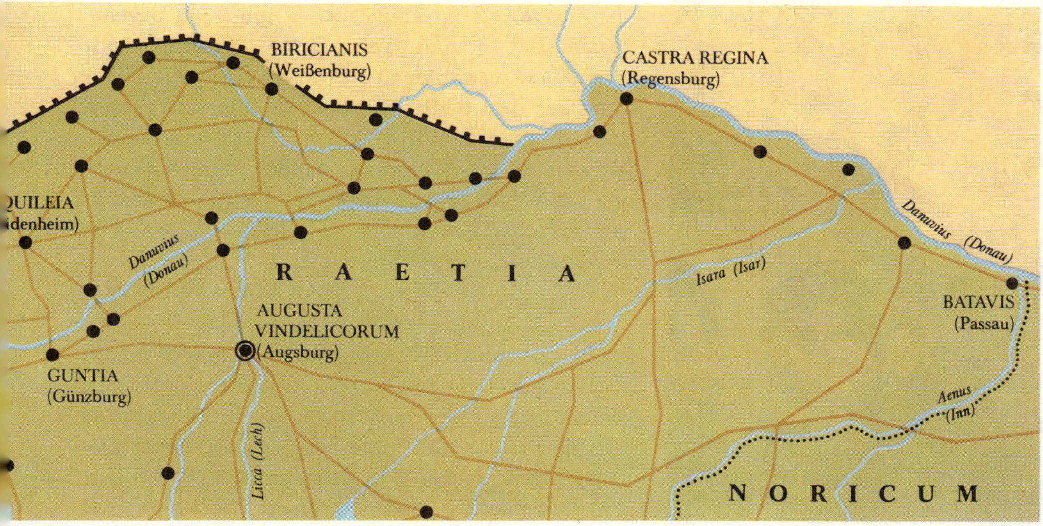

Die Straßen in der Provinz Rätien zogen sich über weite Strecken schnurgerade hin.

Ein römischer Markttag

So wie Fabius hatten viele andere Händler aus allen Himmelsrichtungen Waren herangefahren.

Bei keiner anderen Gelegenheit sieht die Stadt so viele Fremde in ihren Mauern wie am Markttag. Die Läden sind zur Straße hin offen, die Waren locken die Käufer an. Hohe Herren lassen sich in Sänften durch das Gewühl tragen. Soldaten schlendern einher. Auf den Gutshöfen ruht die Arbeit fast ganz; jeden, der abkömmlich ist, hat die Schaulust hergetrieben. Germanen sind von jenseits der Donau gekommen. Sie mustern neugierig die Waren, denn sie wollen handeln und tauschen. Ja, sogar Griechen sind zu sehen, wie sie feilschend herumstehen. Die Kleiderhändler reiben sich die Hände; nach Purpurstoffen ist diesmal besonders große Nachfrage. Vier Sklaven verschnüren gerade einen Wollballen, und mit Stangen drehen sie den Knoten fester. Ein Aufseher steht dabei und notiert sich, an wen er die Ware verkauft und wieviel er eingenommen hat. In der Nähe der Tempel haben die Weihrauchhändler ihre Stände aufgeschlagen. Andere bieten Weihegeschenke an, kleine Figuren aus Gips für die Armen, solche aus Bronze für die Wohlhabenderen. Wer will, kann sich Salz, Honig, Käse, Gewürzkräuter, Obst, Wein und Getreide kaufen, all

das, wovon es im Lande genug gibt. Am begehrtesten sind Öl und Wein. Ein Sklaventrupp rollt Weinfässer heran, denn soeben ist eine neue Lieferung aus dem Süden eingetroffen. Die verwöhnten Herren können sich Pelze und Bernsteinschmuck auswählen. Ein Kaufmann handelt mit Delikatessen und hält Krebswürze und teure Leckerbissen feil. Die Schweinehändler haben ihren Viehmarkt etwas abseits aufgebaut.

Nach August Wolfschmidt

Viele germanische Bauern, die zum Markt in die Römerstadt gezogen waren, tauschten dort ihre Waren gegen römische Münzen ein. In Deutschland hat man Hunderttausende der verschiedensten Römermünzen gefunden, in Kitzingen am Main allein 500 Silberdenare. Jeder römische Herrscher ließ Münzen mit seinem Bildnis und Namen prägen.

Köln, die grosse Handelsstadt am Rhein

Colonia Agrippina, wie Köln bei den Römern hieß, war die reichste Stadt am Rhein. In ihren Mauern bot sie damals etwa 50 000 Menschen Platz. Die wichtigsten Straßen aus dem Süden, aus Gallien und den germanischen Provinzen liefen hier zusammen.

Schon von weitem sind die Türme der 4 km langen Stadtmauer sichtbar. In die Stadt führen 8 Tore. Auf dem Marktplatz herrscht ein buntes Treiben. Römische Legionäre, germanische Bauern und Arbeiter, Händler aus allen Teilen des Weltreiches drängen sich auf den gepflasterten Straßen. In vielen Sprachen wird gehandelt und gefeilscht. Am lautesten geht es unten am Rhein zu, am Hafen, wo die Lastkähne aus Mainz oder Xanten anlegen. Sie bringen Öl, Wein, Trauben, Pfirsiche aus dem Süden, Korn aus der Provinz Rätien. Die Legionäre, die für den Schiffsverkehr eingeteilt sind, ziehen eben einen schweren Kahn mit Steinblöcken herein. Er bringt Baumaterial für den Palast des Statthalters. Gegen Abend sind alle Waren in den Speichern eingelagert. Die Schiffe können neue Ladung aufnehmen: glänzendes Tongeschirr für Britannien, kunstvolles Glas aus Kölner Werkstätten und Säcke mit rotblondem Frauenhaar für die römische Hauptstadt. Welche Waren aus Germanien, Gallien und Britannien in Köln gehandelt wurden, zeigt die Karte auf S. 73.

1 Tonwaren, 2 Glas, 3 Basalt, 4 Tuff, 5 Getreide, 6 Käse, 7 Mohrrüben, 8 Geflügel, 9 Blei, 10 Kupfer, 11 Salz, 12 Fibeln, 13 Bronzeschmuck, 14 Ziegel, 15 Bernstein, 16 Frauenhaar, 17 Gänsefedern, 18 Pferde, 19 Honig, 20 Harz, 21 Schinken, 22 Edelsteine, 23 Schmuck, 24 Gold, 25 Vieh, 26 Wein, 27 Wolle, 28 Leinen, 29 Sklaven, 30 Jagdhunde, 31 Erz, 32 Felle

Der Kaiser erlässt einen Lohn- und Preisstopp

Im 3. Jahrhundert stiegen die Preise für die Waren und die Löhne an, auch in den römischen Städten links des Rheins. Wie hoch die Löhne waren, und was die Waren kosteten, zeigt die Lohn- und Preistabelle.

Löhne	Denar	DM	*Preise*	Denar	DM
Tageslohn für Hirten	20	0,67	1 kg Schweinefleisch	36	1,21
gelernte Facharbeiter (Maurer, Zimmermann, Schiffer ...)	50	1,68	1 kg Ziegenfleisch	8	0,27
			1 kg Käse	24 bis 36	0,80 bis 1,21
Seematrose	60	2,03	1 Ei	1	0,03
Bildermaler	150	5,03	1 Paar Männersandalen	120	4,03
Lohn für Haarschneiden	2	0,07	1 einfache Ölflasche	100	3,35
Macherlohn für eine Hose	20	0,67	1 kunstvolles Glasgefäß	120	4,03

TRIER, DIE RÖMISCHE KAISERRESIDENZ AN DER MOSEL

Die Römer unterwarfen auch den Stamm der Treverer. Im Herzen des neugewonnenen Landes gründete Kaiser Augustus die Stadt Augusta Treverorum, das heutige Trier. Römische Baumeister kamen und schufen Villen, Paläste, Markthallen, Tempel, Thermen, Brücken. Staunend stand das Volk vor solchem Reichtum. Draußen am Rande der Stadt erhob sich das Amphitheater. Das Brüllen der wilden Tiere und die begeisterten Schreie der Zuschauer drangen bis zu dem prunkvollen Kaiserpalast. Waren aus aller Herren Ländern rollten in die Stadt. In den breiten Straßen dröhnten die Marschtritte der Legionäre, auf den Plätzen entfaltete sich großstädtisches Leben: Germanen, Römer, Händler, Handwerker, Soldaten, Priester, Sklaven trafen sich in Trier. Ein steinerner Ring von Mauern umschloß die Stadt, und gewaltige Tore wie die Porta Nigra reckten sich düster zum Himmel. Wenn der römische Kaiser in Trier weilte, wetteiferte die Stadt mit Rom.

Die Trierer Barbarathermen zum Beispiel standen den römischen Badehäusern in nichts nach: Durch das Prunktor des Badepalastes betritt der Badegast die behaglich erwärmte Umkleidehalle. Seine Kleider legt er in einer der Nischen rings an den Wänden ab. Über marmorne Fließen führt ihn der Weg in die Massage- und Salbabteilung, wo der Masseur schon wartet. Auf erwärmten Marmorbänken sitzen Freunde und Bekannte und unterhalten sich. Gemeinsam gehen sie in den Heißluftraum, ein riesiges Gewölbe, in dem dichte Dampfwolken aufsteigen. Bronzelöwen sprudeln unentwegt heißes Wasser in Wannen und größere Becken. Auf den Sitzstufen läßt sich der Badende von dampfendem Wasser überschütten. Abkühlung bringt dann das Kaltbad. Die großen Schwimmbecken sind zum Teil mit erwärmten Wasser gefüllt. Müde und erschöpft sinkt der Badegast nach dem Rundgang auf dem geheizten Marmorboden zum Ausruhen nieder. Sklaven eilen herzu, um ihn mit kostbaren Salben und Ölen abzureiben.

Als die Markttage in Augsburg vorbei waren bereitete Fabius einen Handelszug nach Germanien vor. Ursinius, der Handelsdiener, war eben dabei, billige Glasperlen auszuwählen. Dann trat er zu dem Haufen Waffen, die in einer Ecke aufgeschichtet waren. „Nehmen wir die auch mit?" fragte der Diener. „Freilich", antwortete Fabius, „die kaufen die Germanen am liebsten." – „Aber es ist doch streng verboten, unseren Feinden Waffen zu liefern", gab Ursinius zu bedenken. Fabius schmunzelte. „Ja, wir werden sie hinüberschmuggeln."

Am nächsten Morgen kamen sie an den Grenzwall. Die Straße lief schnurgerade auf das Tor im Grenzwall zu, durch das man ins freie Germanien gelangen konnte. Davor standen die Wachsoldaten. „Krämerware?" fragte einer von ihnen, trat an den Wagen heran und griff prüfend in die Bündel hinein. Und da er nur Weiches fühlte, öffnete er das Tor.

Zwei Tage zogen Fabius und die Seinen durch die Wildnis. Am Abend des dritten Tages gewahrten sie die ersten Felder, Roggen- und Haferfelder, kein einziges Weizenfeld. Dahinter hütete ein Greis mit einem Spieß in der Hand seine Herde. Fabius fragte: „Ist Herwig zu Hause?" „Ja", antwortete der Alte, „er wartet schon auf dich." Vor einem der Holzhäuser hielt Fabius an und trat ein. Am offenen Herdfeuer hantierte die Hausfrau. „Ah, der Händler Fabius!" rief die Frau erfreut. Dann trat Herwig, der Hausherr, ein. Draußen hatten inzwischen die germanischen Männer die Wagen umringt. „Hast du schon mein Schwert?" – „Und meinen Panzer?" – „Wo ist mein Helm?" – „Ist die neue Lanzenspitze dabei?" – so schrien sie durcheinander. „Hände weg!" rief Fabius und machte ein ernstes Gesicht. „Wir haben nichts als Salz, Pfeffer und Stoffe gebracht", sagte er. Die Männer lachten: „Wir haben das Eisen schon klirren gehört!" Die Hausfrau, die Mägde

Am Rhein lagen viele römische Gutshöfe. Hier bauten die Römer Obst aus ihrer Heimat an. Fremde Obstsorten kamen so nach Germanien. Die Römer pflanzten auch bis dahin unbekanntes Gemüse.

und Knechte brachten Wolle, Gänsefedern, Flachs, Felle, Käse und Honig herbei. Fabius kaufte alles und außerdem noch Rinder und Schweine, Schinken und Rauchfleisch, Hafer und Rettiche. Er zahlte mit Schwertern und Spießen, mit Glasperlen und Armreifen, mit römischen Tüchern und Geschirr. „Jetzt habe ich noch über etwas anderes mit dir zu verhandeln, Herwig", sagte der Händler zum Hausherrn und begann mit leiser Stimme: „Du weißt, Herwig, daß im vergangenen Jahr, wie schon oft, trotz der befestigten und bewachten Grenze, Germanen in unser Land eingefallen sind und Römer als Gefangene mitnahmen." Fabius trat noch näher an Herwig heran. „In eurem Dorf soll der Goldschmied Ripanus auf den Feldern niedrige Sklavenarbeit verrichten. Seine Frau hat mir diesen Beutel mit Silberdenaren gegeben, damit ich ihr den Gatten wiederbringe." Wortlos faßte Herwig den Römer am Arm, trat mit ihm hinaus und ging hinüber zu den Äckern, die am Walde lagen. Gleich erkannte Fabius unter den arbeitenden Knechten den Goldschmied Ripanus. Und Herwig rief hinüber: „Ripanus, du hast Glück, für diesen Beutel, vollgefüllt mit Silberdenaren, sollst du frei sein." Ripanus fiel seinem Befreier dankbar in die Arme, denn nur selten gelang es so leicht, einen Sklaven freizukaufen.

Nach Scheibelhuber

Rom — die grosse Lehrmeisterin

Du hast viel über die Römer in Deutschland erfahren. So wie in diesem kleinen Teil des römischen Weltreiches herrschten die Römer auch in Palästina, Spanien oder Afrika. Die Germanen lernten viel von den Römern. Das zeigt sich in den zahlreichen Wörtern der deutschen Sprache, die aus dem Lateinischen stammen. Man nennt diese übernommenen, entliehenen Wörter „Lehnwörter". Suche zu jedem deutschen Wort das lateinische, das gleiche Bedeutung hat, und von dem es stammt!

Kiste, Karren, Villa, Wein, Pflanze, Semmel, Münze, Keller, Frucht, Mauer, sieben, Straße, Ziegel, zehn, Familie, Käse, Kamin, Kanal, Esel, Pforte, Maultier, Rettich, Korb, Sack, Fenster

canalis, fructus, fenestra, villa, septem, radix, cellarium, planta, cista, caminus, vinum, decem, mulus, murus, carrus, caseus, asinus, moneta, familia, simila, corbis, porta, tegula, strata, saccus.

DIE GERMANISCHEN STÄMME UND DAS RÖMISCHE WELTREICH

Germanische Bauernvölker verließen ihre alten Wohnstätten im Norden Europas, als sich das Klima immer mehr verschlechterte, harte Winter herrschten, Sümpfe sich ausbreiteten und Sturmfluten die Küste heimsuchten. Sie zogen vor allem nach Süden und drängten bis Christi Geburt die Kelten aus Mittel- und Süddeutschland über den Rhein. Aus den germanischen Stämmen zwischen Rhein, Elbe und Donau ist später das deutsche Volk entstanden. Im 1. Jhd. v. Chr. stießen die Germanen an Rhein und Donau bis an das römische Weltreich vor. Damit beginnt die eigentliche Geschichte unserer Vorfahren; die Zeit vorher nennt man die Vorgeschichte. Das Römische Reich war damals das mächtigste der Welt. Unter Kaiser Augustus erlebten die Römer ein goldenes Zeitalter. Im friedlichen Verkehr mit den Römern verbesserten die Germanen ihre Landwirtschaft und Bauweise und verfeinerten ihre Gewohnheiten und Sitten. Aber Germanien wurde nicht zu einer römischen Provinz wie Gallien oder Spanien, sondern die germanischen Stämme blieben frei von fremder Herrschaft.

11. DIE GERMANISCHEN VÖLKER BRECHEN AUF

Hört, was die alten Hirten sich erzählen. –
Es war ein großes Volk, hinten im Lande
nach Mitternacht, das litt von schwerer Teuerung.
In dieser Not beschloß die Landsgemeinde,
daß jeder zehnte Bürger nach dem Los
der Väter Land verlasse. – Das geschah!
Und zogen aus, wehklagend, Männer und Weiber,
ein großer Heerzug, nach der Mittagsonne,
mit dem Schwert sich schlagend durch das deutsche Land,
und eher nicht ermüdete der Zug,
bis daß sie kamen in das wilde Tal,
wo jetzt die Muotta zwischen Wiesen rinnt.

Die Alemannen überrennen den Limes

Das große Volk, von dem Friedrich von Schiller im „Wilhelm Tell" erzählen läßt, war das Volk der Alemannen oder die „Allmänner." Sie siedelten zunächst an der mittleren und unteren Elbe, später am Main. Von ihren Nachbarn wurden sie Sueben (Schwaben) genannt. Als „Teuerung", d. h. eine Hungersnot ins Land kam, verließen sie ihre Heimat und zogen südwärts, nach der Mittagssonne. Sie drangen bis zum Limes vor. Hier geschah folgendes:

In einer dunklen Nacht erreichte der alemannische Heerzug die „Teufelsmauer" an der Altmühl. Unter den römischen Wachsoldaten herrschte größte Verwirrung. Auf eine so starke Kriegerschar waren sie nicht gefaßt. Sie fanden nicht einmal Zeit, die Brandfackel in den Strohstoß zu werfen, damit dieses Signal die benachbarten Kastelle von der drohenden Gefahr benachrichtige. Fast lautlos drangen die alemannischen Scharen in das Kastell Pfünz ein. Ehe die Soldaten zu den Waffen greifen konnten, erschienen die Krieger bereits in den Räumen des Kastells und legten Feuer. Bald brannten auch die Nachbarkastelle, und der Weg ins Römerreich war frei.

Der Vorstoß der Alemannen war der erste Einbruch eines germanischen Stammes in römisches Gebiet. Er gelang nur, weil ein Teil der Limeswachen an anderer Stelle benötigt und deshalb abgezogen worden war. Die Alemannen drangen nicht aus Eroberungslust oder Habgier vor, sondern weil ihr Stamm sich so vergrößert hatte, daß sie nach neuem Land und besseren Weideplätzen Ausschau halten mußten. Sie hatten so viel über das Gebiet hinter den Limesmauern gehört, daß sie schließlich die Wälle erstürmten und mehrere Kastelle eroberten. Mit ihren Viehherden und vollbepackten Wagen zogen sie in das Land zwischen Main und Bodensee. In der Nähe von Flußmündungen suchten die einzelnen Sippen eine neue Heimat. Die Sippenältesten erbauten Meierhöfe und wurden Namensgeber vieler deutscher Städte. Die Sippe des Aho z. B. siedelte am oberen Lauf der Donau; heute liegt hier die Stadt Ehingen. Auch die Sippe des Sveino, des Druhtmod, des Gerolf, des Rocco, des Witholt sowie die Sippen der Erringe, der Muotinge, der Hiltofinge, der Otheringe und der Lademuntige sind unbeabsichtigt zu Städtegründern geworden. Aus der Karte siehst du, wo sie gesiedelt haben und welche Städte daraus entstanden sind.

Später überwanden die Alemannen die Alpen und nahmen das Gebiet der heutigen Schweiz in Besitz. (Die Muot(t)a in Schillers Versen ist ein schweizer Fluß.) Ihr Siedlungsraum erstreckte sich nun vom Lech bis zur oberen Mosel und vom Vorderrhein bis zu Altmühl, Kocher und Neckar.

ALLES LAND GEHÖRT DEN REITERN

Die Hunnen stürmen aus dem Osten heran

Geribald, der Wächter eines Ostgotendorfes am Schwarzen Meer, sitzt auf seinem Wachturm und blickt hinaus auf die weite Ebene. Ein heißer Tag ist heute wieder, denkt er bei sich und schaut hinüber auf die Felder, wo seine Angehörigen und Stammesbrüder arbeiten. Als seine Augen wieder ostwärts wandern, stutzt er. Was ist das? — Ein Wirbelsturm, der sich schnell nähert? Das kann nicht sein, der Himmel ist ja klar und wolkenlos. Da verschwindet die heranbrausende Wolke in einem Tal. Geribald weiß keinen Rat. Soll er in sein Horn stoßen? Er zögert und starrt regungslos auf die Stelle, an der die Wolke aus dem Tal wieder auftauchen muß. Plötzlich kommt es herauf; aber das ist keine Wolke, das ist aufgewirbelter Staub. Und er erkennt: Hundert — tausend — zehntausend schwarze Punkte schieben sich heran! Mit aller Kraft bläst der Wächter in sein Horn. Jetzt sieht er den Schwarm schon genauer, es sind Reiter auf kleinen, wilden Pferden. Und wie sie sich mit ihren kurzen Beinen an die ungesattelten Pferdeleiber klammern! Mit den freien Händen schwingen sie Seile. – Huiiii! So tönt ihr markerschütterndes Geschrei. Die Gesichter der wilden Reiter sind von Narben entstellt, in ihren Schlitzaugen funkelt Kampfeslust. Wild flattert ihr schwarzes Haar im Wind. Die Männer sind in roh zusammengenähte Tierfelle und in rauhe Leinenkittel gehüllt. Ihre Füße stecken in dünnen, leichten Fellen, deshalb taugen die Krieger für einen Kampf zu Fuß nicht viel. Die einen greifen schon nach ihren Bogen und ziehen die Pfeile aus den Köchern, andere schwingen bereits ihre Schlingen, mit denen sie Mensch oder Tier einzufangen gewohnt sind.

Die Hunnen greifen an.

Viele der Dorfbewohner haben den Warnruf Geribalds gehört und sind in das nahe Gehölz geflüchtet. – Als nach kurzer Zeit der Hunnenschwarm in anderer Richtung verschwunden ist, wagen sich die ersten Männer wieder ins Dorf. Doch sie erblickten nur noch leere Ställe, geplünderte Speicher und verkohlte Häuser. Bald erfahren sie, daß der Hunnensturm auch andere ostgotische Dörfer niedergewalzt hat.
Boten, die den Hunnen entkommen waren, berichteten den weiter zurückliegenden Dörfern von dem Schrecken. Da beschlossen viele Männer, mit Frauen und Kindern und mit Hab und Gut die Heimat zu verlassen, um sich neue Wohngebiete zu suchen. Es begann die Völkerwanderung. Sie brachte ganz Europa in Bewegung. Viele germanische Völker verließen ihre angestammte Heimat und machten sich auf die Suche nach neuen Wohnplätzen.

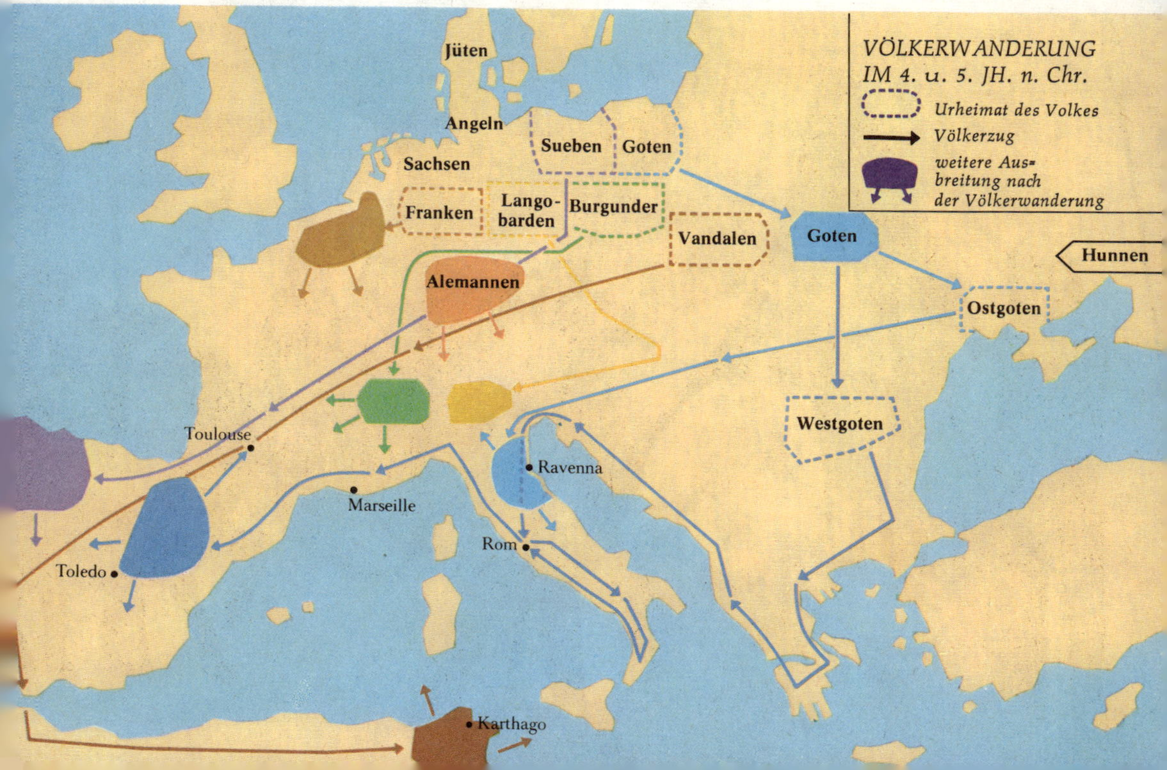

Bei Attila im Hunnenlager

Inmitten der baumlosen Steppe an der Theiß ist in sieben Ringen eine große Stadt von Wagen, Hütten und Zelten errichtet. Jeder dieser Ringe ist durch Palisaden (Pfahlzäune) und Gräben befestigt. In der Mitte steht das große Wohnzelt Attilas. Meilenweit ist die Ebene von Reitern belebt. Das Getöse im riesigen Lager ist weithin zu hören. Eine Gruppe römischer Gesandter reitet gerade ins Lager ein. Sehr lange hatten sie vor den Gräben auf Einlaß gewartet.

Endlich, nach ein paar Tagen erfüllt sich der Wunsch der Römer: Der Herrscher der Hunnen ist bereit, sie zu empfangen. Sie treten in ein Vorzelt aus Purpurstoff, dessen Boden mit weichen Teppichen bedeckt ist. Vor einer fremdartig geschwungenen Pforte stehen hunnische und germanische Fürsten als Wächter. Sie lassen die Gesandten in das Hauptzelt eintreten. Mit Erstaunen nehmen die Römer die zahlreichen Beutestücke wahr, die ausgebreitet am Boden liegen: goldene Löwen aus Persien, griechische Vasen, chinesisches Porzellan, römische Bronzefiguren, Goldbecher und Silberteller, alles ungeordnet und flüchtig zusammengestellt. Ein Wink Attilas fordert die Gesandten an seine Seite. Der Hunne sagt: „Ihr habt die Tribute gebracht?" Ein Römer antwortet: „Ich lege sie Euch, dem König der Hunnen, zu Füßen. Wir sind bereit, das zu zahlen, was Ihr sonst bei einem Raubzug gewinnen könnt. Wir werden diesen Tribut weiterzahlen, wenn Ihr unsere Grenzen nicht überschreitet." Doch Attila antwortet stolz: „Alles Land von Meer zu Meer gehört den Reitern. Was sind Grenzen? Wer darf sagen, das ist mein? Ich weiß nicht, was eine Grenze ist. Und was ist Ordnung? Es gibt nur Starke und Schwache, Sieger und Unterlegene."

Mit schweren Gedanken verlassen die römischen Gesandten das Lager. Draußen kommen sie an den Zelten einer Abordnung der Burgunder vorbei. Saitenspiel begleitet einen Sänger. Er singt das Lied vom Untergang der Burgunder, den ihnen ein grimmiger Drache

Das Reitervolk der Hunnen errichtete wie an der Theiß an vielen Plätzen befestigte Städte.

bereitete. Es ist das Nibelungenlied, von dem eine Abschrift auf Schloß Prunn im Altmühltal gefunden wurde. Über das Schicksal des Burgundervolkes berichtet die Nibelungensage. Du findest sie in vielen Sagenbüchern. Das ist eine Stelle aus dem Nibelungenlied:

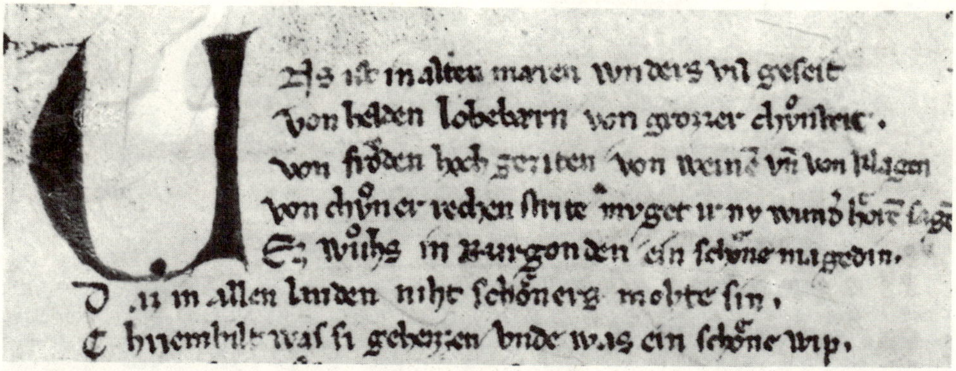
Uns ist in alten maren wunders vil geseit
von helden lobebærn von grozer chvnheit.
von froden hochgeziten von weinē vn von klagen
von chvner recken strite muget ir nv wunder horē sagē
Ez wuhs in Burgonden ein schone magedin.
Daz in allen landen niht schoners mohte sin.
Chriemhilt was si geheizen vnde was ein schone wip.

Und so lautet die Übersetzung des mittelalterlichen Textes:

Uns ist in alten Mären wunderviel gesagt
von ruhmesreichen Helden, kühn und unverzagt;
von Festen und von Freuden, von Weinen und von Klagen,
von kühner Recken Streiten könnt ihr Wunder hören sagen.
Es lebte zu Burgunden ein edles Mägdelein,
in keinem Lande mochte wohl eine Schönre sein.
Kriemhilde war geheißen das herrlich schöne Kind.

Die Schlacht auf den katalaunischen Feldern

Die Lagerfeuer brennen auf dem Feld von Katalaunum. Attila wandelt durch die Lagergassen seiner gewaltigen Wagenburg. Seit vielen Jahren ist es das erstemal, daß ihn der kommende Tag beunruhigt. Welch ein Siegeszug war es bisher! Doch morgen würde er mit seinen ungezählten Reitern nicht nur über einen einzelnen Stamm herfallen. Die stärksten Völker des Abendlandes sind zum Abwehrkampf vereint und stehen ihm gegenüber: Aëtius, der römische Feldherr, mit seinen Legionen, die Krieger der Franken, der Alemannen, Burgunder, der Westgoten und auch der Gallier.

Drei Tage lang tobt die Schlacht, ein Ringen, wie es die Welt bisher noch nie erlebt hat. Himmel und Erde hallen wieder vom Mordgeschrei der Heere. Zweimal sinkt die Nacht auf das zerwühlte Schlachtfeld. Noch in späteren Jahrhunderten erzählt man sich, daß selbst die Geister der Erschlagenen in den Lüften weitergekämpft hätten.

Am dritten Tag erkennt Attila, daß er der Niederlage nah ist. Er verläßt das Schlachtfeld und rettet sich in seine Wagenburg. In der Nacht läßt er alle seine Beuteschätze vor sich ausbreiten. Gierig blicken seine Getreuen auf die Reichtümer.

Plötzlich springt Attila auf. „Da, ihr Wölfe", ruft er, „nehmt euch, was ihr haben wollt! Wenn der Morgen graut, steigt ihr, Mann für Mann, mit mir auf den Scheiterhaufen, denn morgen stürmen Römer und Goten das Lager."

Die Gier nach Gold war es auch, welche die völlige Vernichtung der Hunnen verhinderte. Denn unter den Westgoten entstand plötzlich Streit um einen Goldschatz, der in der Stadt Tolosa (heute: Toulouse) lag. Deshalb konnten die geschlagenen Hunnen entkommen. Sie bereiteten sich nun vor, die Stadt Rom einzunehmen. Doch Papst Leo I. überredete den Hunnenkönig abzuziehen. Bald darauf starb Attila, und das Hunnenreich löste sich auf.

Aus Furcht vor den Hunnen baten die Goten an der Donau um Aufnahme in das Römische Reich.

Die Westgoten setzen über die Donau

Wie die Alemannen, die Ostgoten und andere germanische Völker, so flohen auch die Westgoten aus ihren Siedlungsräumen. Sie wohnten im heutigen Rumänien und zogen nach Süden. Ein griechischer Geschichtsschreiber berichtet:
Die Masse der Westgoten, die sich gesammelt und zur Flucht aufgemacht hatte, erreichte die Donau. Männer, Frauen und Kinder standen am Nordufer. Sie streckten unter Jammergeschrei die Hände aus und hielten Zweige hoch als Zeichen der Schutzflehenden. Sie baten, man möge ihnen den Stromübergang gestatten. Doch die römischen Befehlshaber, denen der Schutz des Stromufers anvertraut war, erklärten, daß sie ohne den Willen des Kaisers nichts tun dürften. Daher wollten die Römer seine Entscheidung abwarten. Bei Hof in Konstantinopel entstand darüber ein heftiger Meinungsstreit, und nach langem Zögern faßte der Kaiser seinen Entschluß. Er gab Befehl, die Barbaren auf römischem Gebiet aufzunehmen, nachdem er mit den Gesandten der Westgoten einen Vertrag geschlossen hatte. Der Vertrag lautete:

Die Westgoten sind bereit	Die Römer sorgen
Hilfstruppen zur Verstärkung der Grenzwacht zu stellen, *ohne Waffen die Donau zu überschreiten,* *Tributabgaben zu entrichten.*	*für gutes Land zur Ansiedelung,* *für Lebensmittel, vor allem für Getreide,* *für Gleichberechtigung der Goten mit anderen Völkern des römischen Weltreiches.*

Römer und Westgoten werden Feinde

Vor den Hunnen waren die Goten also nun in Sicherheit. Aber bald empfanden sie das bittere Schicksal der Heimatlosen. Was nützten die mitgebrachten Handmühlen, wenn kein Korn daraufgeschüttet werden konnte? Die versprochenen Kornlieferungen blieben aus. Erst versorgte man die Goten mit halbverdorbenen Heeresvorräten, dann verkaufte man ihnen zu steigenden Preisen schimmliges Brot, versalzenes Fleisch und angefaulte Früchte. Als Kaufpreis lockte man ihnen ihr Gold heraus. Bald war alles, was die Goten an Geld und Schmuck aus dem Sippenerbe aus ihrer Heimat mitgebracht hatten, in die Taschen der Preistreiber geflossen. Die Händler nahmen jetzt ein Biberfell für einen hohlen Brotlaib, ein Pferd für einen Sack feuchten Mehls, einen Wagen für eine Scheibe Salz. Sie verlangten sogar einen Gotenknecht für ein mageres Schwein. Den konnte man nach Byzanz verkaufen als Lastträger im Hafen oder im Bergwerk. Und das versprochene Korn wurde immer noch nicht geliefert. Aber die Händler wußten guten Rat: Die Goten sollten ihre Kinder weggeben. Dann hätten sie ein paar Esser weniger und würden dafür wenigstens selber satt.

Da stieg den Goten die Schamröte ins Gesicht. Ohnmächtiger Zorn und maßloser Haß gegen die Unterdrücker, gegen die Vertragsbrecher, flammte jetzt überall im Lande auf. Kriegshaufen ballten sich zusammen. Marcianopol, die Stadt des römischen Marschalls, war das erste Ziel. Im Brand der Gutshöfe, Landhäuser, Herbergen brieten die Goten die erbeuteten Schweine. Dann wandten sie sich nach Süden ins fruchtbare Thrakerland. Dieses Gebiet hatten ihnen damals die Römer versprochen! Das oströmische Heer war vernichtet, der Kaiser selbst gefallen. Nun konnten die Westgoten sich ihr Land auswählen; denn alles stand ihnen offen: Thrazien und Thessalien. Weiter wälzte sich die Woge nach Süden. Vor sich verbreitete sie Schrecken, und hinter sich ließ sie flammende Dörfer, Schutt und Öde zurück. Eilig wurden römische Truppen herangeholt. Der neue Kaiser selbst stellte sich an die Spitze. Bei Hadrianopel kam es zur Schlacht. An der eisernen Front der gepanzerten Legionäre schien sich die Wildheit der Goten zu brechen. Aber die Legionäre kämpften um Sold, die Goten dagegen fochten um Brot und Freiheit. Das gab ihnen den Sieg. Das war im Jahre 378 v. Chr. Die Niederlage der Römer war furchtbar, vor allem, weil die gotische Reiterei den römischen Legionären haushoch überlegen war. Zwei Drittel des römischen Heeres wurden vollständig aufgerieben, der Rest floh. Der Kaiser fand den Tod in den Flammen. Die Goten eroberten Rom und waren bald die Herren des Landes. Der Klageruf eines Römers erklärt das Schicksal dieser Weltstadt: „Die Stadt ist bezwungen, die den Erdkreis bezwang."

Auch Hadrianopel hielt der Belagerung durch die Goten nicht stand.

Die Goten in Italien und in Spanien

Westgotischer Fürst

Die Goten waren nun die Herren Italiens. Der Ruhm ihres jungen Königs Alarich verbreitete sich, und die Kunde seiner Erfolge fand ihren Weg in alle Richtungen. Viele Volksstämme brachen nach Süden auf, um sich an dem großen Beutemachen zu beteiligen! Alarich rief deshalb seine zerstreuten Scharen zusammen und setzte sie nach Süditalien in Marsch.

Eines Nachts befällt den erst 34jährigen König ein tükkisches Fieber. Am Morgen ist er tot. Bestürzung herrscht im Lager der Westgoten. Für die Bestattung des Königs wird ein kühner Plan gefaßt: Römische Knechte müssen eine Flußschleife des Busento trockenlegen. Sie graben eine Rinne, leiten das Wasser um, und im leeren Flußbett wird das Grab des Königs ausgeschachtet. Nachdem der König bestattet ist, leiten die Goten den Fluß wieder in sein altes Bett. Durch die laue Herbstnacht zieht eine lange Kette rotglänzender Fackeln am Flußufer dahin. An der Spitze des Totenzuges schreitet der neue König Athaulf, der Nachfolger Alarichs.

Die Westgoten gründeten das erste germanische Reich auf römischen Boden. Es reichte von der Loire über die Pyrenäen bis zum Fluß Tajo. Tolosa (Toulouse) und Toledo waren die Hauptstädte. Noch heute erinnert der Name der Landschaft Katalonien an die Goten. Diese Landschaft hieß einst Gotalanien. Die Westgoten lebten nun in einem geordneten Staat. Für diese Ordnung sorgten vor allem die Gesetze. Sie wurden in einem Gesetzbuch aufgeschrieben. Es ist das älteste Gesetzbuch der germanischen Welt.

Die Seßhaftigkeit wirkte sich für das Volk der Westgoten günstig aus. Es leistete vieles, was es bisher wegen des ruhelosen Umherziehens nicht hatte vollbringen können. Die Vorteile der Seßhaftigkeit verraten die folgenden Hinweise: Der Westgotenkönig Athaulf schrieb dem römischen Kaiser: „In früheren Zeiten hatte ich die Absicht, das Römische Reich zu vernichten. Ich wollte selber Kaiser werden. Ich habe erkannt, daß dies unmöglich war. Mein Bestreben ist es jetzt, das Römerreich wiederherstellen zu helfen."

König Alarich II. erteilte dem katholischen Bischof von Arles die Erlaubnis, in seinem Lande zu wirken und wichtige Kirchenversammlungen abzuhalten. Der christliche Glaube brachte die wilden Völker der Westgoten allmählich zur Ruhe. Sie lebten jetzt friedlich in ihrem Reich in Spanien und Südfrankreich und lernten vieles von den Römern. So erkannten sie schnell, daß die Römer Geräte für den Ackerbau und das Handwerk besaßen, die besser waren als ihre eigenen Werkzeuge. Sie übernahmen auch den Obstbau, den Weinbau und das Anpflanzen von Olivenbäumen von ihren einstigen Gegnern.

Im Jahr 507 vertrieb sie der Frankenkönig Chlodwig aus Frankreich. Nun war das Reich der Westgoten nur mehr auf Spanien beschränkt, und hier, hinter dem Pyrenäen-Gebirge, bestand es noch 200 Jahre. Dann drangen die Araber auf einem langen Weg über Nordafrika nach Spanien ein und zerstörten das Westgotische Reich. Im Jahre 711 hörte es auf zu bestehen.

DAS RÖMISCHE WELTREICH ZERFÄLLT

Du hast schon einiges über den Zerfall des Römerreiches erfahren; denke nur an die Völkerwanderung. Aber das Ende des römischen Weltreiches wurde nicht allein durch die Einfälle der Hunnen und der germanischen Völker herbeigeführt. Es gab auch andere Gründe dafür. Das folgende „Klagelied eines Römers" verrät Sie dir:

Klagerede eines Römers

Wo ist die alte Macht und Würde der Römer? Einst waren die Römer die Tapfersten. Die alten Römer wurden gefürchtet. Nun fürchten wir uns vor den Germanen. Einst zahlten die Germanen uns Steuern. Jetzt sind wir ihnen steuerpflichtig. Einst trug unser Boden vielfältige Frucht. Jetzt liegen die Felder öd und von Unkraut überwuchert. Oh, unser Unglück! Wie weit sind wir herabgekommen! Alle Gefangenen erhalten die Freiheit, wenn sie einmal losgekauft sind. Wir kaufen uns immer los und sind doch niemals frei. Die Germanen behandeln uns oft wie Sklaven. Einst waren wir ihre Herren.

Betrachte die untere Karte! Sie zeigt dir die größte Ausdehnung des römischen Weltreiches.	*Betrachte die untere Karte! Sie zeigt dir den Zerfall des römischen Weltreiches.*
Als das Römerreich mächtig war	*Als das Römerreich zerfiel*
reichte es von Spanien im Westen bis ans Schwarze Meer im Osten, von Nordafrika im Süden bis England im Norden;	*wurde es geteilt in Ostrom und Westrom, besetzten die Alemannen, Angelsachsen, Burgunder, Franken, Ostgoten und Westgoten einstmals römische Gebiete;*
waren die römischen Soldaten wegen ihrer Tapferkeit berühmt, verteidigten sie das römische Weltreich und bezwangen viele Völker;	*ließen die Römer Söldner aus fremden Völkern für sich Krieg führen, zahlten sie lieber Lösegeld für ihre Freiheit, statt zu kämpfen;*
waren die Bauern und Handwerker fleißig, die Händler und Kaufleute überall angesehen, kamen viele Sklaven nach Rom, die wichtige Arbeiten verrichteten;	*kamen keine Sklaven mehr nach Rom, wollten Bauern und Handwerker nicht arbeiten, hatten Händler und Kaufleute keinen guten Ruf;*
konnten sich die römischen Kaiser teure Zirkusspiele und Gladiatorenkämpfe in der Arena leisten;	*verzichteten die Römer trotz leerer Staatskassen nicht auf aufwendige Zirkusspiele;*
fühlten sich die römischen Bürger für ihren Nächsten verantwortlich, sorgten sie für die Alten und Armen, für Witwen und Waisen.	*kümmerte sich keiner mehr um den anderen, wurden Arme ausgeplündert, Waisen mißachtet, in Not geratene und alte Menschen verstoßen und sich selbst überlassen.*

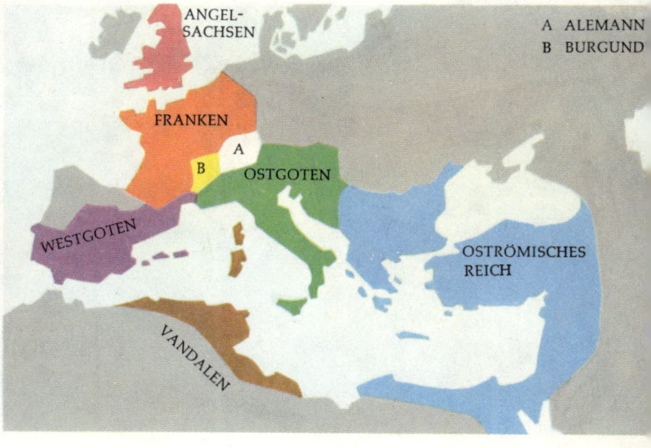

THEODERICH DER GROSSE HERRSCHT ÜBER DAS WESTRÖMISCHE REICH

Als sich das Volk der Ostgoten aus den Gebieten des heutigen Südrußland auf die große Wanderung begab, war das römische Kaisertum bereits untergegangen. Die Herrschaft übte der germanische Söldnerführer Odoakar aus. Der Ostgotenkönig besiegte Odoakar, drang mit seinen 200 000 Kriegern in Ravenna ein und ließ sich zum König von Italien ausrufen. Mächtigster Herrscher des Ostgotenreiches auf römischem Boden wurde Theoderich, der heute noch als Dietrich von Bern in vielen Sagen weiterlebt. Er genoß bei Goten und Römern gleichermaßen hohes Ansehen.

Im Saal des Königs

Stimmengewirr herrscht im Vorzimmer. Da wird die Türe zum Saal des Königs geöffnet, und die Wartenden treten vor den Herrscher. Theoderich sitzt auf einem aus Elfenbein geschnitzten Stuhl. Er trägt eine einfache Tunika (wallendes Gewand der Römer), darunter ein dickes Büffelwams. Sein Haupt schmückt keine Krone: Nur ein schmaler Reif liegt um seine Stirn, der die schweren, blonden, bereits angegrauten Locken zurückhält. Sein Blick ist ruhig und ernst. Er fragt bedacht und hört aufmerksam die Antworten an. Da tritt der junge Cassiodorus ein, sein vertrauter römischer Minister. Mit ihm kommt ein Schreiber, der eine Pergamentrolle trägt. Der König läßt sich das Schriftstück reichen: eine Liste der neu ins Heer eingeschriebenen Jungmannen. Prüfend überfliegt er die Reihe der klangvollen Gotennamen: **Hildebald - Hadumar - Guntram - Flavius - Walthari - Walamer.**
Der König stutzt. Er ist auf den Namen eines Römers gestoßen, und unwillig sagt er: „Ein Römer hat in meiner Reiterschwadron nichts zu suchen! Nur Goten sind für den Waffendienst bestimmt. Dieser Römer kann doch eine Beamtenstelle einnehmen als Marktaufseher, Steuereinnehmer oder Stadtschreiber, denn diese Geschäfte überlassen wir Goten gern den Römern. Davon verstehen sie mehr als wir."

Ravenna war der Mittelpunkt des Ostgotenreiches. Hier errichtete Theoderich seinen Palast. Von hier aus regierte er mit Hilfe römischer Minister und Beamten sein Land, in dem Goten und Römer lebten.

Der römische Kanzler beginnt seinen Bericht: „Goten, die an der Nordgrenze wohnen, möchten sich weiter im Innern des Landes ansiedeln." Doch Theoderich lehnt ab: „Im Innern sind mir die Römer nützlich. Aber an den Grenzen meines Reiches muß jeder Mann wehrhaft sein. Doch ich möchte ihnen ihre schwere Arbeit als Grenzbauern erleichtern und werde ihnen aus dem königlichen Stall Rinder als Zugtiere schicken."
Zufrieden hört Theoderich den Bericht des Polizeiobersten: „Verbrechen sind keine vorgefallen, die Straßen sind so sicher, daß wir sie kaum mehr überwachen müssen. In den Städten schließen die Einwohner des Nachts ihre Türen nicht mehr ab." Theoderich nickt. „Das ist gut", sagt er, „Gerechtigkeit und Sicherheit herrschen in einem Staat, wenn man eine Börse voll Gold auf der Straße liegenlassen und sie dort wieder finden kann."

Ein Gesandter namens Faustus wird vor den König gerufen. Theoderich spricht ernst: „Übles ist mir von dir berichtet worden. Du hast dir die Felder deines Nachbarn angeeignet. Hüte dich, ich schätze dich als hervorragenden Gesandten. Aber ich will nicht, daß du meine Freundschaft mißbrauchst und das Volk unterdrückst. Gerechtigkeit muß für alle gleich gelten! Wenn sich deine Schuld herausstellt, wirst du wie der geringste Schreiber bestraft."
„Nun, Faustus, berichte über deinen Auftrag!" befiehlt der König. „Es sind gute Nachrichten, die ich bringe. Der König der Vandalen willigte in die Ehe mit Eurer Schwester ein." — „Gut", sagt der Herrscher zufrieden, „diese Heirat wird die Freunschaft mit dem großen Reich der Vandalen festigen. Die Hochzeit muß prächtig gefeiert werden. Ein paar tausend gotische Reiter sollen in Paraderüstung die Verlobte begleiten. Habt ihr die Mitgift bestimmt?" Faustus antwortet: „Der König der Vandalen möchte die ganze Westküste Siziliens!" — „Wir werden sie ihm geben", spricht Theoderich, „die Vandalen sind mächtig. Ich will ihnen in Freundschaft diesen Teil der Insel abtreten."

Es ist nun Mittag geworden. Die Tafel des Königs ist gerichtet, aber die römischen Leckerbissen fehlen darauf. Ein fetter Eberbraten, Fische aus dem Meer und Wein in goldenen Bechern werden gereicht. Während des Mahles befiehlt Theoderich dem obersten Verwalter der Kornspreicher, neben ihm Platz zu nehmen. Dieser berichtet: „Euer Befehl, erhabener König, wird ausgeführt: Ein Teil des Brachlandes, das die Römer liegengelassen hatten, ist bereits fruchtbar gemacht worden. Auch die Trockenlegung der Sümpfe macht gute Fortschritte. So wird unser Boden allein das Volk bald ernähren können. Die Preise sind jetzt so niedrig, daß sich jeder mit wenig Geld sättigen kann. Morgen schon werde ich wie alljährlich Korn an die Kranken und Armen von St. Peter verteilen."

Mosaikbilder aus Buntglas schmückten die Kirche

Der König reitet aus

Jetzt war die Zeit für den Nachmittagsausritt gekommen. Der König und Cassiodor ritten hinaus zum Pinienwald. Bald darauf erreichten sie eine Baustelle. Hier sollte eine Kirche entstehen. Es herrschte reges Treiben. Der König lobte die Mosaiksetzer und Kunstschmiede. Den Maurern, Zimmerleuten und Steinmetzen gab er genaue Anweisungen. Stolz betrachtete Theoderich den entstehenden Bau. Plötzlich blieb sein Blick an einer Figur hängen. Sie sollte Christus darstellen, sah aber dem heidnischen Lichtgott Apollo sehr ähnlich. Der König schalt: „Könnt ihr euch nicht von dem heidnischen Aberglauben freimachen! Die alten Götter und Göttinnen sind längst entthront. Haltet euch an die christlichen Sinnbilder unserer heiligen Religion!"

Nach einem kühlen Bad kehrten Theoderich und sein Begleiter wieder in die Residenz zu Ravenna zurück. Zufrieden betrachtete der König das friedliche Leben von Römern und Goten in den Straßen der Stadt. Männer in leinenen Tunikas unterhielten sich mit anderen, die mit Tierfellen und Hosen bekleidet waren. Blonde Krieger, die Helme geschmückt mit Büffelhörnern, und Leute mit lebhaften Augen und geschorenem Kopf standen plaudernd vor der Markthalle. Blondhaarige Frauen in einfachen Kleidern schritten neben Römerinnen, die farbige Seidengewänder trugen.

Das Ende des Ostgotenreiches

37 Jahre lang regierte Theoderich von Ravenna aus über Ostgoten und Römer. Als er starb, trauerte ganz Italien um den klugen und gerechten Herrscher. Ihrem geliebten König errichteten die Ostgoten in Ravenna ein großartiges Grabmal, das heute noch zu bewundern ist.

Nach dem Tode Theoderichs ging das von ihm geschaffene Reich bald unter; es bestand nur 60 Jahre lang. Dann nahm der germanische Stamm der Langobarden von dem Land Besitz.

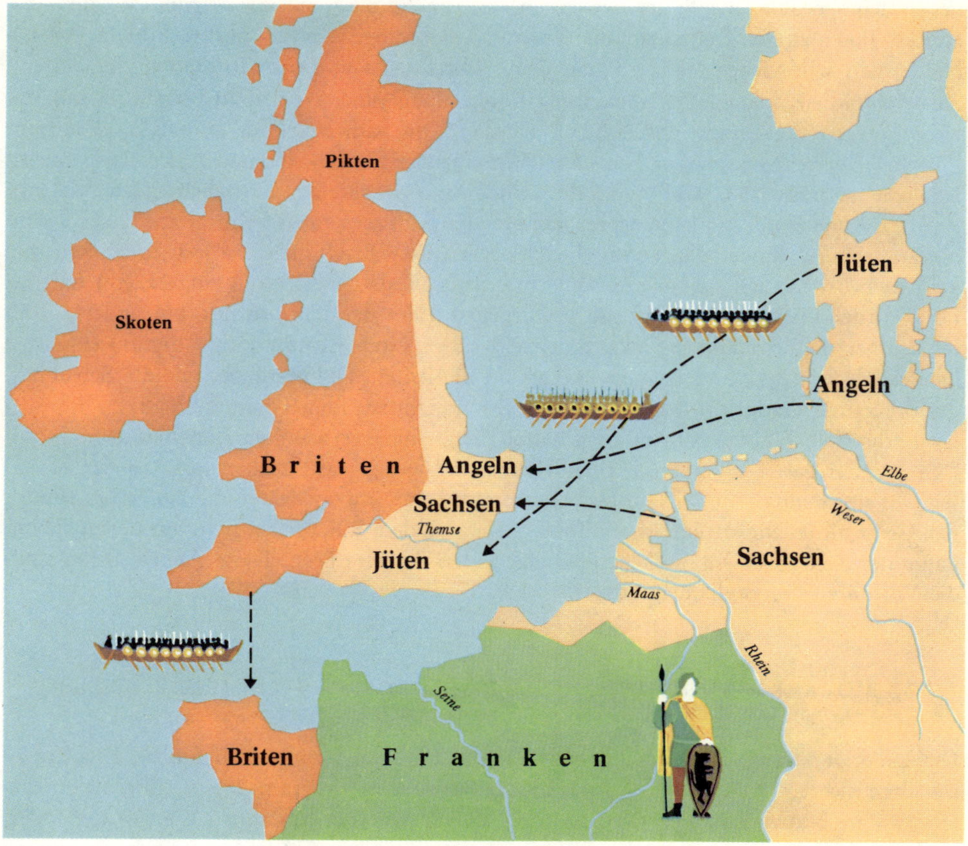

Die Besiedelung Britanniens durch germanische Stämme

Britannien wird von Piraten bedroht

Mit der Auflösung des römischen Weltreiches verließen die Römer auch das ferne Britannien, das heutige England. Der keltische Volksstamm der Briten wurde aber dadurch nicht frei.

Schon lange waren am Horizont immer wieder die geblähten Segel germanischer Schiffe aufgetaucht. Die Seefahrer hatten sich manchmal sogar bis an die Ostküste Britanniens herangewagt, Römerschiffe geentert und ausgeraubt. Zuweilen überfielen sie bei Nacht und Nebel auch die Bewohner der Inseldörfer. Diese Seefahrer waren Sachsen. Ihre Wohngebiete lagen in den sumpfigen Marschen zu beiden Seiten der unteren Elbe. Oft wurden Wiesen, Weiden und Häuser der Sachsen von den unberechenbaren Fluten der Nordsee überschwemmt. Dann war die Ernte vernichtet, Hungersnot bedrohte den ganzen Stamm. Schon früh befuhren deshalb die Sachsen das Meer, jagten Seehunde und Wale oder warfen ihre Fangnetze in den reichen Fischgründen der Nordsee aus. Bei günstiger Gelegenheit, z. B. in einer Sturmnacht, trauten sie sich wohl auch einen Überfall auf die schwerbewaffneten Römerschiffe zu, die mit Vorräten nach Britannien unterwegs waren. Die Sachsen wurden deshalb als Piraten gefürchtet.

Der König der Briten ruft um Hilfe

Nachdem die Römer Britannien verlassen hatten, rief der britannische König die Sachsen gegen seine Feinde, die Pikten aus Schottland und die Skoten aus Irland, zu Hilfe. Er schickte Boten zu den Germanen, die ihnen von den fetten Weiden, den fruchtbaren Ackerböden, den wildreichen Wäldern und den fischreichen Gewässern Britanniens erzählten. Sie versprachen ihnen im Namen ihres Königs Land und Wohnrecht, wenn sie ihn im Kampf gegen die Feinde unterstützen würden. Die Sachsenkrieger verließen daraufhin ihre von Überschwemmungen bedrohten Wohngebiete an der Elbe und zogen übers Meer. Das war im Jahre 450. Bald waren die Feinde des Britenkönigs vertrieben; gegen die mit Schwert, Rundschild und Eschenspeer kämpfenden Sachsen kamen sie nicht an. Jetzt folgten die Frauen und Kinder den sächsischen Kriegern nach Britannien. Zu spät erkannten die keltischen Briten, daß sie für die Römer die Sachsen als neue Herren eingetauscht hatten. Ein Teil der Briten zog sich in die abgelegenen Täler der Insel zurück, ein anderer Teil setzte über den Ärmelkanal nach Frankreich über. Noch heute erinnert der französische Landesteil „Bretagne" mit seinem Namen an die Briten. Die Bretonen, wie die Bewohner der Bretagne genannt werden, sprechen neben französisch immer noch keltisch.
Die Sachsen als Herren in Britannien holten die stammesverwandten Angeln auf die Insel. Den Angeln gefiel es in ihrer alten Heimat Schleswig nicht mehr, denn an der Küste wurden sie ständig von der Flut bedroht und im Landesinnern waren die Böden der sandigen Geest nicht sehr ertragreich. So folgten sie gern dem Ruf der Sachsen, mit denen sie im Laufe der Zeit zu einem Volk verschmolzen, den Angelsachsen. Diese Angelsachsen sind die Vorfahren des englischen Volkes.

DIE VÖLKERWANDERUNG UND DAS ENDE DES RÖMERREICHES

Die Landnot zwang die germanischen Stämme zur Wanderung nach Süden. Die Goten siedelten sich im fruchtbaren Ackerland am Schwarzen Meer an. 375 n. Chr. fielen die Hunnen in Europa ein. Die germanischen Völker wurden von ihnen unterworfen oder aus ihren Wohnsitzen vertrieben. Um eine neue Heimat zu finden, zogen sie einige Jahrzehnte lang durch Europa. Die Hunnen drangen mit ihren Reiterscharen bis nach Gallien vor, wurden aber von Germanen und Römern auf den Katalaunischen Feldern (451 n. Chr.) geschlagen. Ihr König Attila starb, und das Hunnenreich zerfiel. Goten, Vandalen, Burgunder und Langobarden drangen in das Römische Reich ein und gründeten dort neue Reiche. Das Weströmische Reich zerbrach unter dem Ansturm der germanischen Völker (476 n. Chr.). Aber die Ostgermanen konnten sich auf fremden Boden fern der Heimat nicht behaupten, und ihre Reiche gingen bald unter. Die Westgermanen dagegen überstanden die unruhige Völkerwanderungszeit. Angelsachsen, Alemannen und Franken zogen in benachbarte Gebiete: nach England, Süddeutschland und Gallien. In diesen Ländern konnten sie ihre Herrschaft festigen und ausdehnen. Diese Stämme leben noch heute in den Gebieten, die ihre Vorfahren einst besiedelt haben.

12. „GEHET HIN IN ALLE WELT …"

DIE ANFÄNGE DES CHRISTENTUMS

Christus verkündet den Frieden

„Jauchze, Tochter Jerusalems! Siehe, dein König kommt zu dir; gerecht und heilbringend ist er . . . Er beseitigt die Streitwagen aus Ephraim und die Rosse aus Jerusalem. Die Kriegsbogen werden vernichtet. Er gebietet den Völkern Frieden. Seine Herrschaft erstreckt sich von Meer zu Meer, vom Euphratstrom bis an die Grenzen der Erde . . ."
Diese Prophezeiung machte der jüdische Seher Zacharias lange vor Christi Geburt. Und mit dem König von Jerusalem meinte er Jesus von Nazareth, der in Bethlehem geboren wurde.
Ein Jude, der in den Tagen von Jesus gelebt hatte, sagt:
„Um diese Zeit lebte Jesus, ein weiser Mensch, wenn man ihn überhaupt einen Menschen nennen darf. Er war nämlich der Vollbringer ganz unglaublicher Taten und der Lehrer aller Menschen, die mit Freuden die Wahrheit aufnahmen."
Die vier Evangelien im Neuen Testament der Bibel erzählen vom Leben Jesu und seiner Jünger. Sie berichten auch ausführlich von seinen Predigten, in denen er die Menschen zur Liebe und zum Frieden aufforderte:
„Ihr habt gehört, daß gesagt wurde, du sollst deinen Nächsten lieben und deinen Feind hassen. Ich aber sage euch: Liebet euere Feinde, tuet Gutes denen, die euch hassen und betet für sie, die euch verfolgen . . ."
Seinen zwölf Aposteln gab Jesus den Auftrag:
„Gehet hin in alle Welt und lehret alle Völker und taufet sie im Namen des Vaters und des Sohnes und des heiligen Geistes und lehret sie alles halten, was ich euch befohlen habe."
So wurden die Apostel zu Sendboten der neuen, christlichen Glaubenslehre.

Das heidnische Rom und der neue Glaube

Die Römer sahen anfangs in den Christen Feinde ihres Kaisers und Staates. Die Apostel verkündeten nämlich, daß alle Menschen vor Gott gleich sind. Ja, sie forderten noch mehr: Du sollst deinen Nächsten lieben wie dich selbst, weil alle Menschen Brüder sind. Das sind die wichtigsten Unterschiede zwischen den Römern und den Christen:

Römer	Christen
Im römischen Weltreich gab es Millionen von Sklaven. Sie waren das Eigentum ihrer Herren. Die Sklavenbesitzer konnten sie sogar töten.	Bei den Christen waren alle Menschen vor Gott gleich. Jeder sollte den Nächsten lieben und ihn nicht unterdrücken, hassen oder gar töten.
Viele römische Kaiser verlangten, wie ein Gott verehrt zu werden. So ließ sich Kaiser Domitian mit „Herr und Gott" ansprechen. Dem Throne des Gottkaisers durfte sich auch ein Vornehmer nur kniend nahen.	Das Christentum lehrt: Es gibt nur einen Gott, unsern Herrn. Ihn sollen wir lieben von ganzem Herzen, mit ganzer Seele und mit allen unseren Kräften.
Viele Römer häuften Reichtümer an, lebten im Luxus, putzten, parfümierten und schminkten sich. Sie gingen in Gewändern einher, die mit Juwelen und Gold bestickt waren.	Der Apostel Paulus schreibt in einem Brief: Die Geldgier ist die Wurzel aller Übel ... Haben wir Nahrung und Kleidung, so laßt uns damit zufrieden sein.
Die reichen Römer kümmerten sich nicht mehr um die Witwen von Soldaten, die Waisen und Armen.	Die ersten christlichen Gemeinden lebten zufrieden, teilten, was sie besaßen, und nahmen sich besonders der Armen und Kranken an.

Für ihre Überzeugung nahmen die Christen die schwerste aller Strafen, die Todesstrafe, auf sich. Mit ihrem Blut und ihrem Leben bezeugten sie ihren Glauben an Christus. Blutzeugen oder Märtyrer nennen wir die vielen Christen, die für die neue Lehre in den Tod gingen. Besonders grausam verfolgte der römische Kaiser Nero die Christen. Er ließ sie im Amphitheater von wilden Tieren zerreißen oder zu Tode foltern, wenn sie ihren Glauben nicht aufgaben.

Rom wird christlich

Trotz aller grausamen Verfolgungen konnte das Christentum nicht ausgerottet werden. Viele Römer begannen die christlichen Gemeinden zu achten und sie vor den Verfolgungen zu schützen. Sie verlangten, daß der Kaiser mit dem Gott der Christen Frieden schließe. Endlich brauchten sich die Christen nicht mehr zu verstecken; sie durften ihre Religion öffentlich mit Erlaubnis und Duldung des Kaisers ausüben. Später träumte dem Kaiser Konstantin, daß er gegen seine Feinde siegen werde, wenn er im Namen Christi kämpfe. Er ließ X und P auf die Feldstandarten heften und zog so in die Schlacht. Obwohl das gegnerische Herr viel stärker war, errang er den Sieg. Beim triumphalen Einzug in Rom brachte er dem Gott Jupiter kein Dankopfer dar. Der Kaiser ließ sich taufen. Bald wurde das Christentum zur römischen Staatsreligion erhoben.

Später erließ ein anderer römischer Kaiser Bestimmungen gegen den Götzendienst: Niemand durfte den alten Göttern ein Opfertier schlachten, Weihrauch streuen oder Kränze aufhängen. Wer Götzendienst verrichtete, dessen Besitztum sollte eingezogen werden.

Die christliche Gemeinde in Rom nahm eine bevorzugte Stellung ein. In Rom sind die Apostel Petrus und Paulus den Märtyrertod gestorben. Petrus wurde als der erste Bischof Roms geachtet; er galt als Stellvertreter Jesu. Alle späteren Bischöfe Roms beanspruchten daher die kirchliche Obergewalt. Nur sie führten den Ehrentitel „Papa" oder „Papst", was soviel bedeutet wie „Vater". Mit der Zeit wurde der römische Bischof auf der ganzen Welt als Papst und damit als Oberhaupt der römischen christlichen Kirche anerkannt.

In Bingen bei Mainz gab es schon früh eine christliche Gemeinde, wie die Grabsteine bezeugen. Den rechten Grabstein hat die Gemeinde ihrem Seelsorger Aetherius errichtet. Er zeigt neben der Inschrift auch die griechischen Buchstaben X (= Ch) und P (= R), die Anfangsbuchstaben für Christus. Andere christliche Sinnbilder sind links dargestellt.

Die ältesten Spuren des Christentums in unserer Heimat

Eine Legende erzählt vom heiligen Viktor: Als Kaiser Diokletian die Christenverfolgung befahl, verlangte er auch, daß die Legion, in der Viktor als römischer Offizier diente, daran teilnehme. Viktor hatte bereits in Kleinasien den christlichen Glauben kennengelernt. Er und viele Legionäre weigerten sich, den Marterbefehl auszuführen. Man brachte Viktor deshalb vor das Standbild des Kaisers und forderte ihn auf, seinem Glauben zu entsagen und dem Kaiser zu opfern. Aber nicht einen Augenblick, so wird erzählt, wankte er in seiner Treue zum christlichen Glauben. „Hebt euer Schwert", rief er, „daß ihr das Werk vollendet. Uns ist es gegeben, die fremde Erde zu weihen mit unserem Blut, daß sie ewig für Christus gewonnen sei." Dann starb er den Glaubenstod gemeinsam mit seiner ganzen Kohorte. Seine und seiner Soldaten Gebeine wurden später in den Sümpfen bei Xanten (am Niederrhein) gefunden und in einer Kapelle beigesetzt. Dort, wo diese Kapelle stand, erhebt sich heute der Xantener Dom.

Das Christentum breitet sich aus

So wie der heilige Viktor brachten auch Händler, Kaufleute und Handwerker den christlichen Glauben aus Kleinasien, Syrien und Ägypten an den Rhein. Römische Soldaten, die ebenfalls Christen geworden waren, kamen in die Kastelle Germaniens und verbreiteten hier die Lehre des Heilands. Im Jahre 368 muß Mainz wohl schon dem Christentum ergeben gewesen sein, denn es wird berichtet, daß der Alemannenfürst Rando die Stadt während eines christlichen Gottesdienstes eroberte. Wir wissen, daß der erste Bischof von Trier, Eucharius, aus Rom kam. Der Name des ersten Bischofs von Köln war Maternus. Als die Germanen ins Römerreich einbrachen, flohen die Römer. Die christlichen Priester und Bischöfe aber blieben bei ihren Gemeinden. Es gelang ihnen, auch die germanischen Eroberer zu dem einen Gott und seinem Sohn Christus zu bekehren. Ganze Völker wurden Christen, so die Westgoten, die Ostgoten, die Vandalen, die Burgunder, die Franken.

Die älteste Kirche von Trier ist eine römische Basilika, ursprünglich als Markthalle gebaut.

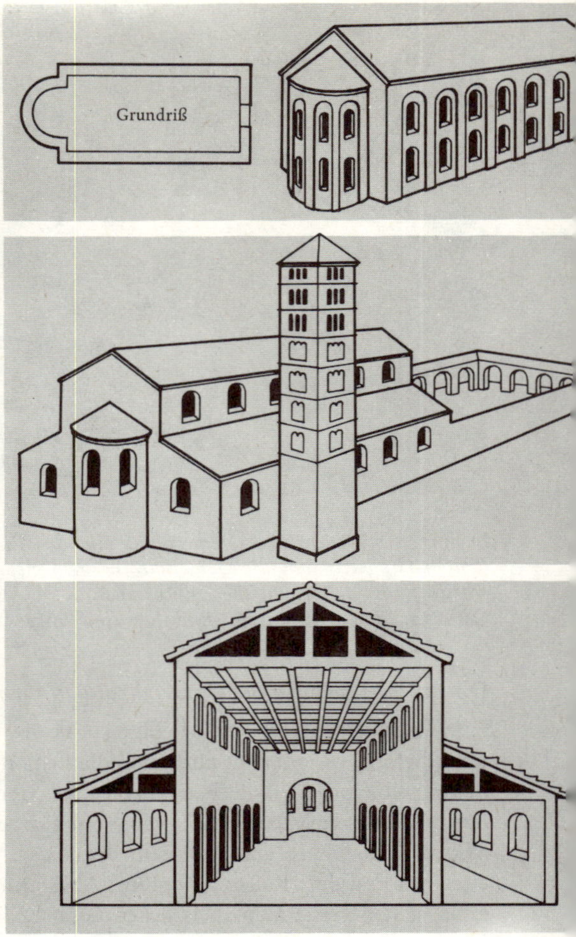

Eine Basilika hatte einen ganz einfachen Grundriß. Vergleiche die verschiedenen Bauformen.

Die ältesten Kirchen in Deutschland

Nicht nur in Mainz, auch in anderen Römerstädten wie Köln, Trier und Xanten gab es schon früh christliche Gemeinden. Sie trafen sich in Privathäusern oder in kleinen Kapellen zum Gottesdienst. Manchmal kamen sie in unterirdischen Gängen, den Katakomben, zusammen, wo sie sich vor Verfolgung sicher fühlten. Sie gaben sich den Namen „ekklesia", was auf griechisch „Versammlung" bedeutet; daher kommt die Bezeichnung „Kirche". Die ältesten Kirchen am Rhein hat man in Köln unter der St. Severinskirche und in Bonn unter dem Münster entdeckt. Als das Christentum im römischen Weltreich Staatsreligion wurde, wurden die Kirchen im Stil römischer Basiliken gebaut. Eine Basilika war eine große Halle, in der die Römer früher Markt und Gericht abhielten. Sie hatte unter einem Flachdach einen langen Mittelraum (Mittelschiff) und zwei ebenso lange Seitenräume (Seitenschiff) an den Längsseiten. Die Seitenschiffe waren niedriger als das Mittelschiff. Später baute man zu diesen drei Längsschiffen noch ein Querschiff mit einer halbrunden Nische (Apsis). Der Grundriß hatte dadurch die Form eines Kreuzes.

In Germanien waren viele Kirchen zuerst nur aus Holz gebaut. Karl der Große wollte aber dauerhafte Kirchenbauten in seinem Reich errichten und ließ deshalb immer mehr Steine verwenden. Die einzige dieser Kirchen, die uns erhalten geblieben ist, steht in Aachen. Es ist die Pfalzkapelle. Sie zeigt nicht den Baustil der frühen Basiliken, sondern einen achteckigen Grundriß und als Dach eine Kuppel. Die größte frühchristliche Kirche hat man in Trier ausgegraben: Wo heute der Dom steht, hat sich einst eine Doppel-Basilika erhoben, die 12 000 Menschen Platz bot. Der Bau war unter dem ersten christlichen Kaiser Konstantin begonnen worden. Trier war auch die Residenzstadt dieses Kaisers. Die Michaelskirche in Fulda und die Ruinen der Abteikirche in Hersfeld erinnern ebenfalls an die großen römischen Basiliken in Deutschland.

Die Wände der frühen Kirchen wurden häufig mit Malereien geschmückt. Solche Wandgemälde heißen Fresken. Das Fresko auf dem Bild stammt aus der Kirche St. Georg auf der Insel Reichenau im Bodensee. Es zeigt Christus, der eine Tote erweckt.

DIE GERMANEN WERDEN CHRISTEN

Viele Glaubensboten stellten sich die Aufgabe, die christliche Lehre auch in Germanien zu verbreiten. Der Stamm der Franken nahm zuerst den christlichen Glauben an.

Die Taufe des Frankenkönigs Chlodwig

Sie fand in der Kirche zu Reims statt. Fränkische und burgundische Bischöfe waren anwesend. Der Bischof Remigius ließ das Taufbad für den König bereiten. Mit bunten Teppichen wurden die Straßen belegt, mit weißen Vorhängen die Kirchen ausgeschmückt. Hell leuchteten die duftenden Kerzen. Der König verlangte, vom Bischof selbst getauft zu werden, um sich reinzuwaschen von den schmutzigen Flecken seiner früheren Taten. Remigius ließ ihn an das Taufbecken treten und sprach dabei: „Beuge still deinen Nacken, Sigambrer! Verehre, was du verfolgt hast, und verfolge, was du verehrt hast!" Und er sprach die Taufworte: „Chlodwig, ich taufe dich im Namen des Vaters, des Sohnes und des Heiligen Geistes. Amen!" Also ward Chlodwig ein Christ und wurde gesalbt mit dem heiligen Öle unter dem Zeichen des Kreuzes. Am selben Tage ließen sich von seinem Gefolge mehr als 3000 Franken taufen.

Die Franken besaßen ursprünglich kein eigenes Reich. In ihren Wohngebieten im Rheinland, in Belgien und Nordfrankreich lebten sie in vielen kleinen Gauen zusammen. Über einen Gau herrschte jeweils ein König. Auch Chlodwig war ein solcher Gaukönig gewesen und hatte schon mit 15 Jahren den Thron bestiegen. Hinterlistig und grausam ließ er die anderen Gaukönige beseitigen, um König aller Franken zu werden. Dann dehnte er das Reich der Franken nach Süden und Westen aus. Er eroberte die römische Provinz Gallien, das heutige Frankreich. Dort lebten Kelten, Römer und germanische Völker zusammen. Man nannte sie Romanen. Aus dem besonderen Latein, das sie sprachen, ist die französische Sprache entstanden.

Die Glaubensboten bei den germanischen Stämmen

Die Bekehrung der anderen germanischen Stämme war schwieriger als die der Franken. Das erfährst du besonders aus folgenden Berichten:

A Der heilige Severin ist der Schutzheilige von Kärnten, Oberösterreich und der Steiermark. Er predigte den christlichen Glauben in Noricum, der römischen Provinz südlich der Donau. Nach dem Zusammenbruch des römischen Weltreiches herrschte unter der Bevölkerung von Noricum große Not. Da veranstaltete Severin eine Kleidersammlung für die Notleidenden. Er sorgte auch dafür, daß die wenigen Lebensmittel gerecht verteilt wurden. Sein Ansehen war so groß, daß selbst der heidnische Alemannenkönig Gibuld ihn hochschätzte. Als Gibuld einmal eine Stadt in Noricum angriff, bewog ihn Severin durch die Gewalt seiner Rede, vom Angriff abzulassen. Severin erbat die Rückgabe aller Gefangenen ohne Lösegeldzahlung. Er erhielt auf der Stelle ungefähr 70 Männer und Frauen. Als Gibuld in seine Heimat zurückgekehrt war, hielt er Wort und schickte auch die restlichen Gefangenen zurück.

B Der heilige Willibrord gelangte als Glaubensbote an eine Quelle, welche die Dänen und Friesen als heiligen Ort verehrten. Wer die Stätte verletzte, wurde getötet. Willibrord taufte aber an jener Quelle drei Männer. Als das der König des Germanenstammes erfuhr, rief er Willibrord wutentbrannt zu sich und wollte ihn für die Entweihung der heiligen Quelle und für die Beleidigung der Götter bestrafen. Doch der Glaubensbote trat dem Germanen furchtlos entgegen, so daß ihn der König ungestraft weiterziehen ließ.

C Die heilige Lioba wurde von Bonifatius von England nach Deutschland berufen. Sie berichtete Bonifatius, daß sie die lange, beschwerliche Seefahrt gut überstanden habe. Aber nicht immer verlief die Reise der Glaubensboten zu den germanischen Stämmen so gefahrlos: sie gerieten in Seestürme, erlitten Hunger, Durst und Kälte und wurden auch von den wilden Tieren unterwegs angefallen.

D Der heilige Luitger begann seine Missionstätigkeit in Westfriesland. Später ging er ins Sachsenland, wo er eine Kirche wieder aufbaute, welche die Germanen zerstört hatten. Aber bereits nach einigen Jahren brannten alle Kirchen im Land; denn der Sachsenherzog Widukind hatte sich erhoben und die Christen vertrieben. Später wurde Luitger Bischof in Münster.

E Korbinian, der Bischof von Freising, mußte häufig gegen den zurückgebliebenen germanischen Aberglauben kämpfen. Besonders Frauen versuchten immer noch mit Zaubermitteln die verschiedensten Krankheiten zu heilen und Wunder zu wirken. Einer solchen Zauberin begegnete Bischof Korbinian vor der Burg. Die Frau hatte den

A *Severin* B *Willibrord* C *Lioba* D *Luitger* E *Korbinian* F *Emmeram* G *Bonifatius*

Zaubersegen über das kranke Kind der Herzogin gesprochen. Darüber ergrimmte Korbinian, und er trieb sie fort. Die der Zauberei ergebene Herzogin wurde nun eine erbitterte Feindin des Bischofs.

F Der Bischof Emmeram verbreitet von der ehemaligen Römerstadt Regensburg aus den christlichen Glauben. Hier gründete er auch das Kloster Sankt Emmeram. Viele Äbte und Mönche diese Klosters wirkten bis in unsere Tage segensreich im Donauraum. Bischof Emmeram wurde eines Tages beim Herzog grundlos verleumdet. Als er eine Romreise angetreten hatte, verfolgten ihn die herzoglichen Knechte und ermordeten ihn in der Nähe des Mangfallflusses.

G Viele Glaubensboten kamen aus England und Irland, so der englische Mönch Suitbert, der das Kloster Kaiserswerth bei Düsseldorf gründete. Aus Irland kamen der heilige Kilian, Apostel der Franken, der heilige Kolumban, der am Oberrhein das Christentum predigte. Der berühmteste irische Glaubensbote aber war Bonifatius, der Apostel der Deutschen.

Auf der Karte kannst du die Reisen und Stationen der Glaubensboten genau verfolgen.

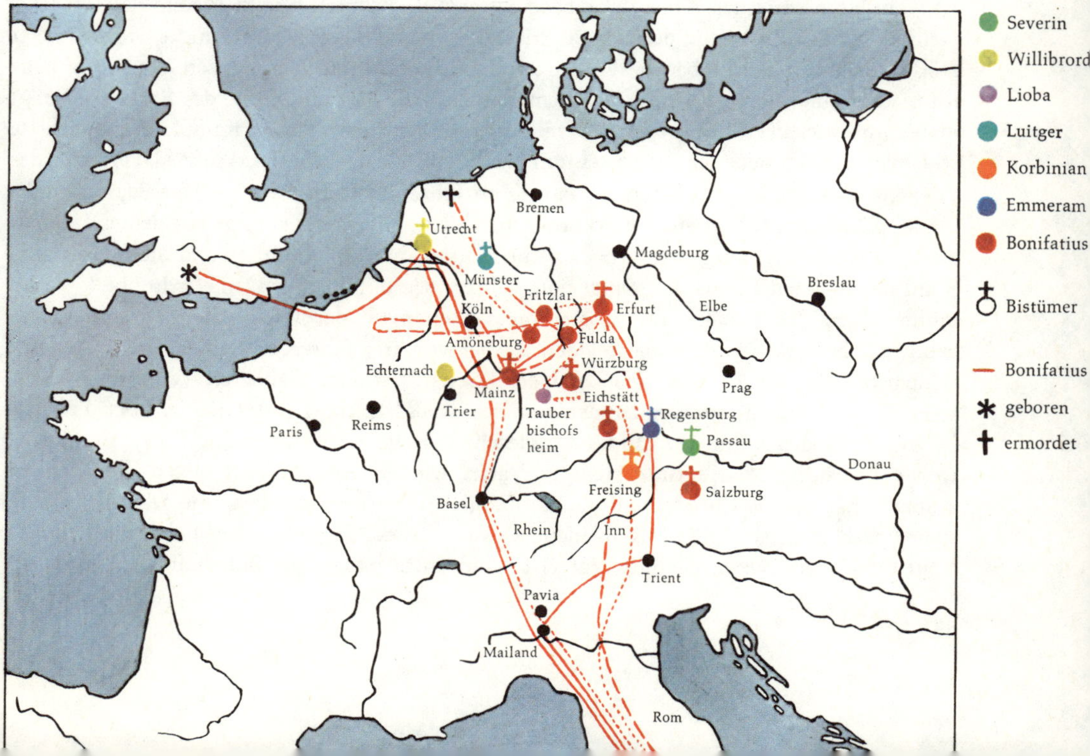

Bonifatius, der Apostel der Deutschen, spendet die Taufe.

BONIFATIUS, DER APOSTEL DER DEUTSCHEN

Ein Tag in Rom im Jahre 719

Der Stand der Wasseruhr zeigt die Mittagsstunde an, als Papst Gregor II. das Schreiben des Bischofs Daniel von Winchester überfliegt. Noch einmal liest er den Satz: „Es wird dir zum Heile gereichen, wenn du den Überbringer dieses Schreibens, den frommen Priester und Diener des allmächtigen Gottes, Winfried, aufnimmst und ihm Freundschaft erweist." Nachdenklich legt der Herr der Kirche den Brief aus der Hand und schaut den Priester an, der in ehrerbietiger Haltung vor ihm verharrt. „Winfried heißt du", sagt er sinnend, „das ist wohl ein sächsischer Name. Was bedeutet er?" — „Winfried heißt Freund des Friedens, Heiliger Vater", antwortet der fremde Priester. „Freund des Friedens!" nickt Gregor. „Wer möchte das nicht sein! Aber die Welt ist voll Leid und Streit. Den ganzen Vormittag habe ich Bischöfe und Boten aus aller Welt empfangen. Alle Not und Sorge des Erdkreises trägt man zum Vater der Christenheit. Überall steht die Kirche im harten Kampf. Weite Gebiete scheinen auf immer dem Christentum verloren. Nein, Mönch Winfried, Freund des Friedens, der Friede ist uns ferner denn je im Jahre des Heils 719." — Der Papst lächelte müde. „Du kommst von einer glücklichen Insel. Gute Botschaft kommt aus deiner Heimat. Nach schweren Kämpfen hat sich das Christentum herrlich entfaltet und steht treu zum Stuhl des heiligen Petrus. Du warst dort Lehrer, wie mir Bischof Daniel schreibt." — „Ich mühte mich, den Knaben im Kloster die Geheimnisse der lateinischen Sprache beizubringen", bemerkt Winfried bescheiden. „Aber vor drei Jahren entließ mich der Abt mit seinem Segen, und ich reiste ins Land der Friesen, um dem Erzbischof Willibrord beizustehen." — „Deinem großen Landsmann, ich weiß", nickt Papst Gregor, „der Friesenherzog Radbod hat ihn des Landes verwiesen. Was hast du ausgerichtet?" Winfried antwortet bedrückt: „Gar nichts, Heiliger Vater. Die Friesen, die sich gegen die Franken erhoben, hassen das Christentum als die Religion ihrer Feinde. Ich kehrte wenige Monate später nach völligem Mißerfolg in mein Kloster zurück." — „Aber du bliebst nicht dort?" fragt der Papst. „Nein, Heiliger Vater! Ich bin entschlossen, die Botschaft vom Leben zu verkünden, wo immer du es willst. Gib mir ein Missionsland, und ich werde das Kreuz des Erlösers in seinen Boden pflanzen." — „Zieh zu deinen Stammesbrüdern über die Alpen!" sagt der Papst, „du wirst viel Neuland finden, und wo die Kirche schon besteht, bedarf sie dringend der Festigung. Vielerorts sind die Zustände überaus traurig. Du wirst es selber sehen. Wenn nicht bald etwas geschieht, verfallen die Stämme, die ich für die Träger der Zukunft halte, wieder ins Heidentum." — „Ich werde gehen, wohin du mich schickst!" erwidert Winfried ernst. — „Ja, zieh hin und bringe dem Norden die Wohltat des Evangeliums! Wohltäter will ich dich nennen, Bonifatius soll dein Name sein! Werde du der Paulus des Nordens, der Wohltäter Germaniens, Winfried-Bonifatius!"

Nach Wilhelm Hünermann

Der Christengott ist stärker

Eines Tages kam Bonifatius in das Dorf Geismar in Hessen. In der Nähe des Dorfes erhob sich ein Berg, auf dem eine gewaltige Eiche stand, die ihre Krone weit über alle anderen Bäume emporstreckte. Diese Stätte mit dem stolzen Baum hatten die Germanen ihrem Gott Donar geweiht. Bonifatius dachte bei sich: Diese Eiche muß fallen, ich werde den Germanen zeigen, wie machtlos ihre Götter sind.
Am andern Morgen zogen die Dorfbewohner den Berg zum heidnischen Heiligtum hinauf. Bald erschien Bonifatius mit einer kleinen Schar Mönche. Mehrere von ihnen trugen Äxte und Sägen auf ihren Schultern. Als die Gruppe der Heiden die Mönche erblickte, erhob sich ein Murren. Einige schwangen drohend ihre Speere. Aber Bonifatius zog ein Pergament hervor und sprach: „Hier ist ein Brief des Papstes an euch, hört, was er schreibt: Gregor, Knecht der Knechte Gottes, an das Volk der Thüringer und Hessen. Wir haben Unseren heiligen Bruder, den Bischof Bonifatius, zu Euch gesandt, damit er Euch taufe und vom Irrtum auf den Weg des Heiles geleite. Gehorchet ihm in allem, ehret ihn wie Euren Vater. Laßt ab von bösen Werken und schafft Gutes. Betet keine Götzenbilder an und opfert kein Fleisch, weil Gott solches Opfer nicht annimmt. Bauet Eurem Bischof ein Haus und eine Kirche, wo Ihr beten sollt." Düster hatte sich der Himmel bezogen, und der Wind rauschte durch die Bäume. Ein Blitz zuckte, und das Krachen des Donners hallte wider im Walde. Da trat eine germanische Priesterin hervor und sprach: „Hindert den Fremden nicht, er wird gleich erfahren, daß unser Donnergott stärker ist als sein Gott." Jetzt gingen die Mönche an die Arbeit, Hieb auf Hieb führten sie gegen den riesigen Baum. Immer weiter fraß sich die Säge in den dicken, innen hohlen Stamm. Die Eiche schwankte und stürzte krachend zur Erde nieder. Die Menge hielt den Atem an, doch nichts geschah. — Am andern Tag hob Bonifatius mit seinen Mönchen ein Taufbecken aus und begann, ein Kirchlein zu errichten. Eines Sonntags kamen viele Menschen auf den Berg. Sie trugen Festtagskleider, und die Männer legten friedlich die Waffen nieder. Vor dem Altar stand Bonifatius, die hohe Bischofsmütze auf dem Haupt und den gekrümmten Stab in der Hand. Kinder und Erwachsene schritten langsam zum Taufbecken. Bonifatius fragte sie: „Widersagt ihr euren Göttern, dem Wotan, dem Donnergott, allen Unholden und auch dem Roßfleisch?" Sie antworteten: „Wir widersagen!" Und wieder fragte er sie: „Glaubt ihr an Gott, den Vater, an Jesus, seinen Sohn, und an den Heiligen Geist?" Sie antworteten: „Wir glauben!" Männer, Frauen und Kinder stiegen nun zum Taufbecken hinab und ließen das geweihte Wasser über ihre Häupter fließen. Nach der Tauffeier trat Bonifatius mit einem seiner Mönche vor die Menge und sprach: „Ich kann nicht bei euch bleiben, denn die frohe Botschaft soll auch zu den anderen Stämmen dringen. Folget von nun an den Worten dieses Mönches und sorget für ihn."

Wie sich die christliche Lehre auf die Germanen auswirkte

Bei den Germanen galt das Leben des einzelnen wenig. Sie kannten die Blutrache und kämpften untereinander oft auf Leben und Tod. Ihre Gefangenen behandelten sie schlecht. Kranke und Arme empfanden sie als Last und kümmerten sich nicht um sie. Die meisten germanischen Männer verachteten die Arbeit, sie überließen sie den Frauen und Kindern. Sie zogen lieber auf die Jagd oder saßen in langen Beratungen zusammen, bei denen unmäßig viel gegessen und getrunken wurde.

Das änderte sich, als sie Christen wurden; denn nun hatten die Zehn Gebote und das Gebot der Nächstenliebe Gültigkeit für sie. Sie sahen, wie die Mönche und Klosterfrauen Kranke pflegten, wie die christlichen Missionare beim Klosterbau mithalfen, wie sie zu Notleidenden mildtätig und freundlich waren. Fragten sie die Mönche, warum sie dies alles täten, so bekamen sie stets die gleiche Antwort: „Jesus Christus lehrt uns, daß wir alle Brüder und Schwestern sind."

Papst Gregor II. schrieb einmal an Bonifatius: Große Freude erfüllte Uns, als wir Dein Schreiben, heiligster Bruder, gelesen hatten, da Wir daraus ersahen, daß Du sehr viele vom Heidentum und Irrglauben zur Erkenntnis des wahren Glaubens bekehrt hast. Wir verordnen daher, daß Du fortan als einer der Erzbischöfe mitgezählt werden sollst. Wir verfügen auch, daß Du dort Bischöfe einsetzen sollst, wo die Menge der Gläubigen stark angewachsen ist.

BETE UND ARBEITE

Sturmius gründet das Kloster Fulda

Die Glaubensboten fanden bald viele Helfer. Als Bonifatius nach Bayern kam, übergaben ihm manche Edelleute ihre Kinder, damit er sie im Kloster erziehe. Unter ihnen war auch der Knabe Sturmius. Er wurde später einer der eifrigsten Helfer des Bischofs Bonifatius.

Eines Tages trat Sturmius vor seinen Bischof und sprach: „Ich will das harte und rauhe Leben eines Einsiedlers führen." Bonifatius gab ihm zwei Mönche mit und erteilte Sturmius folgenden Auftrag: „Zieht hinaus in die Einöde, die man Buchonia nennt, dort sucht einen Ort, der für ein Kloster geeignet ist." — Nach einiger Zeit kehrte Sturmius zu Bonifatius zurück und berichtete ihm, daß er einen günstigen Platz gefunden habe. Bonifatius hörte aufmerksam zu und sprach dann: „Dieser Ort erscheint mir aber bedenklich, denn dort wohnen die heidnischen Sachsen zu nahe. Suche deshalb eine Stelle, die weiter ab von diesem wilden Stamm in einer Einöde liegt." Sturmius machte sich wieder auf den Weg, und viele Tage reiste er allein durch die einsame Wildnis. Am vierten Tag seiner Reise stieß er auf einen Mann, der die Gegend genau kannte. Sturmius erkundigte sich nach den Namen der Orte, nach Quellen und dem Lauf der Bäche. Dann fand er einen guten Platz. Er dankte Gott, segnete den Ort, merkte sich die Stelle genau und zog mit Freuden heimwärts.

Einige Zeit später kehrte er mit mehreren Mönchen an diesen Ort in der Wildnis zurück. Als sie anfingen, die Bäume zu fällen, erschien ein Mann und sagte feindselig: „Diese Gegend gehört mir und anderen Leuten. Wir verbieten euch, daß ihr euch hier ansiedelt!" Bonifatius erfuhr davon und reiste zu dem Frankenkönig Karlmann. Zu diesem sprach er: „Wir haben in der Einöde am Fluß Fulda einen Platz gefunden, der zur Erbauung eines Klosters geeignet ist und unter Eurer Herrschaft steht. Zum ewigen Heile wird es Euch, o König, dienen, wenn nach Gottes Willen und mit Eurer Unterstützung im östlichen

Die Mönche kamen in eine Wildnis und machten in harter Arbeit daraus ein blühendes Land.

Teil unseres Reiches Mönche in frommer Gemeinschaft zusammenleben können." Der König antwortete: „Den Ort, von dem du sprachst, und alles, was ich dort an Eigentum besitze, gebe ich dem Herrn. Der Platz, den ich euch hiermit schenke, soll sich nach allen vier Seiten viertausend Schritte weit erstrecken." Der König ließ vom Schreiber eine Urkunde ausstellen. Karlmann zeichnete seinen Namen auf das Pergament und hängte sein Siegel daran.

Einige Zeit später versammelten sich die Edlen an dem Ort, wo das Kloster entstehen sollte. Einer von ihnen riß ein Stück Rasen aus dem Boden, reichte es Sturmius und sprach: „Wie ich dir dieses Stück Rasen übergebe, so schenken wir dir den Wald, der unser eigen war." Sturmius umritt die Ländereien und nahm sie so in Besitz.

Im Kloster gab es für den Klosterschreiber und den Klosterapotheker Wichtiges zu tun.

Wie das Kloster gebaut wurde

Am 12. März 744 kam Sturmius mit einer Schar Mönche wieder zu dem Platz in der Wildnis. Jetzt sollten die mühsamen und langwierigen Arbeiten beginnen. Die Mönche ahnten damals noch nicht, daß dieses Kloster, das sie nun zu bauen begannen, einmal das berühmteste und wohlhabendste Kloster Germaniens sein würde. Mit Gebet und Psalmengesang betraten Sturmius und seine Gefährten den Bauplatz. Bald fielen Gestrüpp und Bäume unter harten Axthieben. Durch die Wildnis drang der Lärm der Rodungsarbeiten, das Schlagen der Steinmetze, das Hämmern der Zimmerleute. Bonifatius unterstützte eifrig den Bau des Klosters und kam selbst mit Mönchen und Arbeitern zur Fulda. Die Nähe der Fulda war für die Klosteranlage besonders günstig; denn die Mönche brauchten vor allem Wasser. Viele Klöster wurden deshalb an einer Quelle oder an einem Bach errichtet. Die Lage an einem Fluß, der auch eine Mühle treiben konnte, war aber die beste.

Eine Klosteranlage war oft erst nach jahrelangen Rodungsarbeiten und langer Bauzeit fertiggestellt. Dann erhob sich die wuchtige Klosterkirche mit ihren Türmen inmitten blühender Gärten und Wiesen, fruchtbarer Kornfelder und Äcker. An die Kirche schlossen sich die Schlaf- und Aufenthaltsräume der Mönche an, es folgten die Küche und das Refektorium (Speisesaal). Die Gebäude bildeten ein Viereck, an dessen Innenseite ein überdachter Kreuzgang entlangführte. Er bot den Klosterinsassen bei ihren kleinen Spaziergängen Schutz vor Regen. Hohe Mauern schlossen das Kloster gegen den Außenhof ab. Hier standen das Gästehaus, das Siechenhaus (Krankenhaus), die Wirtschaftsgebäude, die Werkstätten. Die Mönche arbeiteten nicht nur auf den Feldern und im Klostergarten, sondern waren auch Handwerker.

„Wir haben einst einen Urwald übernommen — und nun ein Paradies zurückgegeben"

So sagte einmal der Abt eines Klosters, und er meinte damit die Leistungen, die sein Kloster auch für die Menschen außerhalb der Klostermauern vollbracht hat. Gebet und Arbeit bestimmten das Leben der Mönche, und ihr Tageslauf war nach einem strengen Stundenplan festgelegt. Die Mönche lehrten ihre Nachbarn nämlich nicht nur den christlichen Glauben, sondern unterwiesen sie auch in vielen Handwerkskünsten, im Lesen und im Schreiben. In den Werkstätten arbeiteten die Mönche als Schuster, Schneider, Schreiner, in den Kellern der Wirtschaftsgebäude als Bierbrauer und Winzer. Im Klostergarten und auf den Feldern züchteten sie neue Pflanzen, und sie verbesserten den Anbau von Obst und Gemüse. Im Siechenhaus wurden auch die kranken Bauern aus den umliegenden Dörfern bereitwillig gepflegt, und der Bruder Apotheker lehrte sie die Wirkung der Heilkräuter kennen. Die Söhne vornehmer Franken lernten in der äußeren Klosterschule lesen und schreiben. Es gab noch die innere Klosterschule. Hier saßen die Novizen, die zukünftigen Mönche. Die elf- oder zwölfjährigen Knaben hatten das Haar nach mönchischer Art rund geschoren und trugen schwarze Gewänder. Neben Kirchengeschichte, Latein und Gesang wurden sie vor allem in den Mönchsregeln unterwiesen.

Mancher von ihnen kam später in die Schreibstube, wo die Mönche mit der besten Handschrift sorgfältig und kunstvoll Bücher abschrieben, die ihr Kloster noch nicht besaß. Vieles, was wir aus der damaligen Zeit wissen, verdanken wir Klosterbüchereien. Besonders ausführlich haben die Mönche die Klosterchronik geführt, in der wichtige Ereignisse aufgezeichnet wurden.

Sechsmal am Tag versammelten sich die Klosterbrüder zu gemeinsamem Gebet und feierlichen Gesängen in der Kirche oder in der Kapelle. Die Glocke, die sie in das Gotteshaus rief, läutete erstmals kurz nach Mitternacht. Sofort erhoben sich die Männer von ihrem

Die Klosteranlage
1. Kirche
2. Wohnhaus der Mönche
3. Klosterschule
4. Wohnung des Abtes
5. Refektorium
6. Mühle
7. Bäckerei
8. Silber- und Goldschmiede
9. Bienenhof
10. Schnitzwerkstätte
11. Webstuben
12. Schreinerei und Zimmerei
13. Hofstatt
14. Viehställe
15. Kelterei
16. Siechenhaus
17. Kräutergarten
18. Gemüsegarten
19. Pförtnerhaus
20. Vorratshaus
21. Gästehaus
22. Gänse- und Hühnerställe

harten Lager in den winzigen Zellen und eilten zum Gottesdienst. Wer unterwegs einem Mitbruder (Confrater) begegnete, durfte ihn nicht grüßen, denn jedes Wort vor den Gebeten war verboten. Insgesamt vier Stunden am Tag verbrachten die Mönche so im Gebet. Waren die Andachten vorüber, so kehrte jeder Mönch unverzüglich wieder an seinen Arbeitsplatz zurück.

Wo sich eine Klosteranlage mit Äckern, Wiesen und Dörfern ausdehnte, war vorher meist nur eine Wildnis gewesen. Vergleiche die Bilder und denke dabei an die Leistung der Mönche!

Hinter den dicken Klostermauern war es im Sommer angenehm kühl. Im Winter aber wurde das Klosterleben hart. Fast alle Räume blieben ungeheizt, bis auf eine Wärmestube für die Kranken. Auch das Essen war sehr einfach. Tagsüber gab es eine einzige Mahlzeit, meist Brot und Gemüse. Manchmal wurde wohl auch ein Stück Fleisch und ein Becher Wein gereicht. An hohen Festtagen entfiel das Fleisch, und in der Fastenzeit gab es nur Wasser und Brot.

Gegen Fremde aber war das Kloster freigiebig. Jeder Reisende, der anklopfte, fand im Gästehaus ein Bett vor und bekam reichlich zu essen. Manchmal kamen auch hohe Herren zu Besuch, um mit dem gelehrten Abt (Klostervorsteher) zu plaudern. Sie waren mit dem Kloster besonders verbunden, weil ja oft ihre Söhne dort erzogen wurden. Häufig erhielt das Kloster von solchen Herrschaften Güter und Ländereien geschenkt. Die Gründungsurkunde des Klosters Maria Laach in der Eifel berichtet von einer solchen Schenkung:

„Ich, Heinrich von Gottes Gnaden, Pfalzgraf bei Rhein und Herr von Laach, gebe kund: Da ich kinderlos bin, habe ich mit meiner Gemahlin Adelheid zum Heile meiner Seele und zur Erringung des ewigen Lebens von meinem väterlichen Erbe in Laach ein Kloster gegründet ... Damit keiner meiner Erben oder Nachfolger wage, die Güter des Klosters für sich zu fordern, führe ich sie namentlich an. Es sind dies: Gruft samt Kirche, Bendort und Heimbach und ihre Gemarkung, Bell, Rieden, Alken und Willenberg mit Dienstleuten beiderlei Geschlechts, Gebäulichkeiten, Höfen, Erträgen und Einkünften, Äckern, Wiesen, Weiden, Wegen und unwegsamem Gelände, Wassern und Wasserläufen, Mühlen und Müllereien, Fischereien, Weinbergen und Weingärten, Wäldern und dem gesamten Nutzen, der sich aus alldem irgendwie ergeben kann."

So geschehen im Jahre der Menschwerdung des Herrn 1093
unter der Herrschaft des Erlauchtesten Kaisers Heinrich IV.

DER CHRISTLICHE GLAUBE BREITET SICH AUS

Im Jahre 313 hatte der weströmische Kaiser Konstantin den Christen erlaubt, ihre Religion frei auszuüben. Von Rom und Italien verbreitete sich der christliche Glaube überall im römischen Weltreich, auch südlich der Donau und am Rhein. Als erster Glaubensbote kam der heilige Severin im 5. Jahrhundert nach Noricum. Später lehrten Mönche aus Schottland und Irland die germanischen Stämme den christlichen Glauben. Der Angelsachse Winfried, genannt Bonifatius (von 675 bis 754), predigte allen germanischen Stämmen die christliche Lehre, besonders aber den Friesen, Hessen und Thüringern. Er wurde Erzbischof von Mainz. Bei den Friesen erlitt er den Märtyrertod. Seine Gebeine ruhen im Dom zu Fulda. Die Mönche errichteten überall im germanischen Land Klöster. Durch ihre jahrhundertelange segensreiche Arbeit entwickelten sich die Germanen zu einem Kulturvolk, das immer mehr mit dem Christentum verwuchs. Die Mönche machten weite Gebiete urbar, verbesserten die Landwirtschaft, gründeten Schulen, schrieben Bücher und verbreiteten die Künste und Wissenschaften.

13. DIE FRANKEN SCHAFFEN DIE EINHEIT DES ABENDLANDES

Fränkische Krieger belagern eine Stadt.

DAS FRÄNKISCHE REICH ENTSTEHT

Die neuen Herren Galliens

Im fränkischen Volksrecht berichten die Franken über ihren eigenen Stamm: „Der berühmte Volksstamm der Franken, von Gott begründet, tapfer im Kriege, weise in seinen Ratschlüssen, beständig im Friedensbündnis, adelig und gesund in seiner Leiblichkeit, hervorragend durch den hellen Schimmer der Haut und die schöne Körperform, kühn, rasch und zäh; jüngst erst bekehrt zum christlichen Glauben, frei von jeder Irrlehre, dies ist das Volk, das tapfer und kräftig das harte Joch der Römer von seinem Nacken abschüttelte und gegen sie kämpfte."

Ein Römer dagegen berichtet: „Damals brachen die Franken mit ihren Herzögen in die Provinz Germania ein. Sie durchbrachen den Grenzwall, töteten viele Menschen, verheerten fruchtbare Gegenden und verbreiteten auch in Köln Furcht und Schrecken ..."

Wie konnten so unterschiedliche Meinungen entstanden sein?

Der germanische Stamm der Franken hatte in vielen grausamen Kriegen ein großes Herrschaftsgebiet erobert. Zu ihrer ursprünglichen Heimat am Main, am Mittel- und Niederrhein und an der Maas gewannen die fränkischen Krieger unter Chlodwig weite Teile des heutigen Frankreich, das Gebiet der heutigen Schweiz und das Schwabenland hinzu. Die fränkischen Könige nahmen die verlassenen, herrenlosen Güter in Besitz und wurden reich und mächtig. Wie einst der römische Kaiser umgaben sie sich mit zahlreichen Hofbeamten: Unter dem Hausmeier sorgten der Mundschenk, der Truchseß, der Kämmerer und der Marschall für das Wohl der königlichen Familie. Sie halfen dem König auch bei den Regierungsgeschäften. Der König wiederum belohnte sie für ihre Treue mit reichem Landbesitz. Auch die Soldaten erhielten Land in den eroberten Gebieten, die einst die Römer besessen hatten.

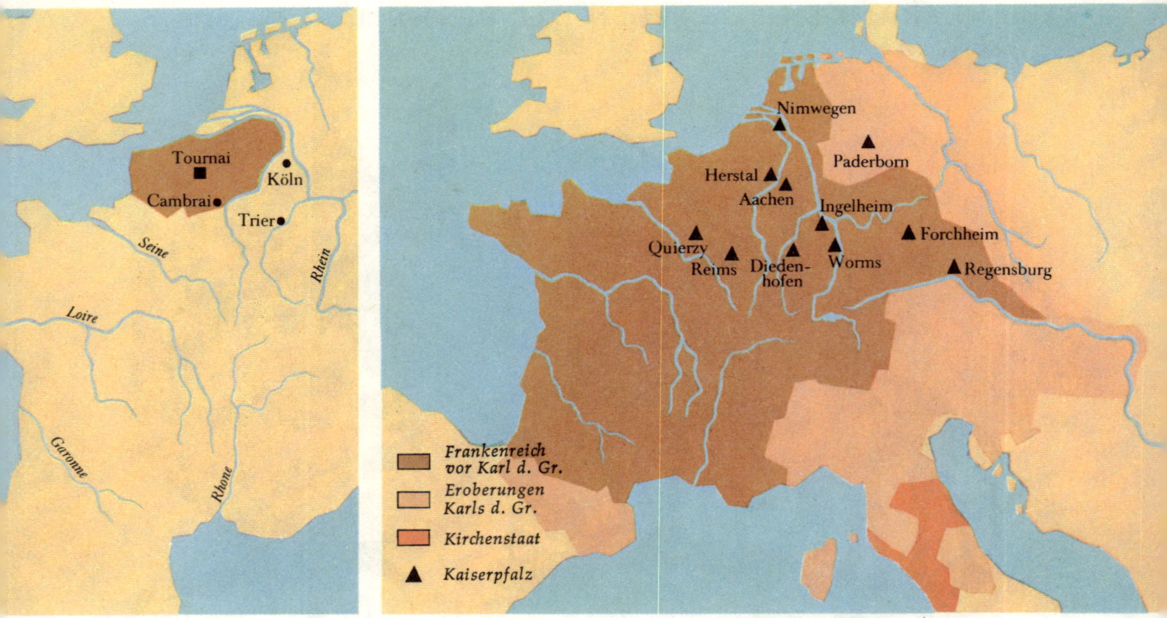

Das Gebiet der Franken um 460 (links). Die Eroberungen der Franken von 481 bis 768 (rechts).

Karl Martell rettet das Abendland

Die fränkischen Könige setzten für die Verwaltung ihrer Güter als höchsten Beamten den Hausmeier ein. Im Laufe der Zeit wuchs die Macht der Hausmeier immer mehr an, da sich die Könige wenig um die Regierung ihres Reiches kümmerten. Die Hausmeier regierten zeitweise an Stelle des Königs das fränkische Reich. Sie waren die ungekrönten Könige. Einer der mächtigsten war Karl Martell. Von seinem Sieg über die Araber erzählt die folgende Geschichte:

Eben haben die Wächter von ihren Türmen aus durch Hornstöße die Rückkehr Karl Martells in den königlichen Hof angekündigt. Der Hausmeier begibt sich in das Herrengemach, und während er sich zum Mahle niedersetzt, meldet ihm sein Kanzler: „Ein berittener Bote ist eingetroffen. Er wünscht Euch dringend zu sprechen." Ungeduldig fragt Martell: „Bringt er Nachricht aus dem Süden? — Führ ihn gleich herein!" Der Bote beugt das Knie tief vor dem Hausmeier Karl und spricht dann: „Die Völker im Süden des Reiches brauchen Eure Hilfe. Unübersehbare Scharen von Berbern, Arabern, Afrikanern strömen über die Berge der Pyrenäen. Ein Heer der Westgoten wurde von den Kriegern Allahs bereits vernichtend geschlagen. Überall, wo die Fahne des Halbmondes auftaucht, liegt das Land unter Rauch und Feuer. Und wenn Ihr ihnen nicht entgegentretet, so wird auch bald das blühende Land der Franken eine Öde sein."

Karl Martell handelt schnell. Eilig läßt er die Krieger der Thüringer, Friesen, Alemannen, Bayern und Franken anrücken. Seine schwergepanzerte Adelsreiterei zieht in Eilmärschen südwärts. Vor Tours stoßen sie auf das wilde Reiterheer. Und schon hören Martells Krieger die eintönigen Gebete der Tausende aus dem arabischen Lager. Dann stürmen die Reiterscharen Allahs gegen die erzgepanzerten Reihen des christlichen Heeres vor. Zwanzigmal jagen sie auf ihren schnellen Pferden heran, schießen Wolken von Pfeilen gegen die mit Kettenhemden und Eisenhelmen ausgerüsteten Feinde. Aber die Franken weichen nicht.

Bis zum Mittag bebt die Erde unter dem Donner der Hufe. Am nächsten Tag prallen die Heere wieder aufeinander. Sieben Tage wogt die Schlacht über die Hügel und Ebenen. Der arabische Feldherr kämpft wie ein Löwe. Als er aber von mehreren Lanzen getroffen wird und niederstürzt, verlieren die Moslems den Mut. Sie flüchten in ihr Lager zurück. Die Nacht senkt sich über die blutige Walstatt nieder. Am andern Morgen sehen die Franken die weißen Zelte, aber das Lager ist leer und verlassen. Im Dunkel der Nacht sind die arabischen Reiter geflohen. In den christlichen Kirchen der Welt aber verkünden die Glocken den gewaltigen Sieg, und vor den Altären singen Priester und Volk das Te Deum. Gallien ist frei, das Abendland gerettet.

Nach Otto Zierer und Wilhelm Hünermann

Die Araber verbreiteten die Lehre Mohammeds mit Feuer und Schwert. Der Islam, wie die Mohammedaner oder Moslems die neue Religion nannten, sollte auch in Europa festen Fuß fassen. Unter der grünen Fahne Allahs, des mohammedanischen Gottes, drangen die Araber bis nach Westfrankreich vor. Ihr Zeichen war der Halbmond, den sie dem christlichen Kreuz entgegentrugen. Karl Martell hat diesen Kampf für das Kreuz entschieden. Der Islam kam nicht durch die Araber nach Europa.

Das Volk der Franken

Die Frankenkönige teilten ihr Reich wie früher in ihrer alten Heimat in Gaue ein. Jedem Gau stand ein Gaugraf vor, der vom König eingesetzt wurde. Er war Stellvertreter des Königs, konnte Gericht abhalten und führte das Gauheer im Krieg an. Außerdem sorgte er dafür, daß der Königszehnt pünktlich abgeliefert wurde; das war der zehnte Teil der Erträge der Bauernhöfe, der dem König zustand. Der König regierte das Land von seinen Pfalzen aus. Zu diesen Königsburgen gehörten ausgedehnte Güter, die ein Meier verwaltete. Man nannte diese Güter deshalb Meierhöfe. Den freien Bauern konnte ein Meier keine Vorschriften machen, solange sie ihren Königszehnten ablieferten. Es gab aber auch unfreie oder Zins-Bauern. Sie waren nicht in den Krieg gezogen, sondern hatten ihren Bauernhof einem Grafen oder reichen Gutsbesitzer dafür gegeben, daß dieser für sie kämpfte. Als Hörige mußten sie nun dem selbstgewählten Herrn Dienste leisten.

Das Volk der Franken setzte sich aus dem Adel, den Gefolgsleuten, den Freien und den Hörigen zusammen. Oberster Herr war der König. Er vergab das Land als Lehen an Fürsten und Grafen.

Karl Martell war ein Mitglied der angesehenen Familie der Karolinger. Sie stellte die Hausmeier der fränkischen Könige. Martells Sohn Pippin aber ließ sich selbst zum König der Franken wählen. Nach Pippins Tod kam sein Sohn, also Karl Martells Enkel, auf den Thron. Er hieß schon zu Lebzeiten Karl der Große.

Karl ruft zur Heeresfolge auf

Karl der Große rief die Stämme seines Reiches oft zur Heeresfolge auf. Was er verlangte, erfährst du aus seinem Brief an den Abt des Klosters Fulda:

„... Deshalb befehlen wir Dir, daß Du mit vollzähliger Mannschaft, alle wohlbewaffnet und ausgerüstet, an die genannten Orte kommest, daß Du von dort, wohin auch unser Befehl weist, feldmarschmäßig abrücken kannst, also mit Waffen und Werkzeug und allem Kriegsbedarf an Kleidung und Kost. Demnach muß jeder Reiter Schild, Lanze, Schwert und Halbschwert, Bogen und Köcher mit Pfeilen haben, auf den Karren Werkzeug jeder Art, nämlich Beile und Brecheisen, Bohrer, Äxte, Hacken, eiserne Spaten und was sonst an Geräten im Felde notwendig ist. Lebensmittel: von der Versammlung ab für 3 Monate. Waffen und Kleider: für ein halbes Jahr. ..."

Einmal rief König Karl seine Stämme zur Heeresfolge nach Regensburg. Er wollte mit den heidnischen Awaren abrechnen, die das Land der Bayern immer wieder bedrängten und verheerten. Sie waren schon bis zur Enns vorgedrungen und hatten auch Lorch, die Stadt an der Donau, zerstört. In Regensburg trafen Friesen, Sachsen, Thüringer, Franken

Die Awaren waren ein den Hunnen verwandtes Reitervolk. Wie diese verschanzten sie sich in der Ebene hinter Befestigungsringen. Sie bildeten die Ringe nicht aus Wagen, sondern aus Erdwällen.

und Alemannen zusammen. Viele tausend Pferde zählte man. Das Heer zog auf den alten Römerstraßen gegen den Feind. Der Stamm der Bayern beförderte die Vorräte auf breiten Schuten donauabwärts. Die Awaren hatten starke Befestigungen errichtet. Doch als sie das gewaltige Heer des Frankenkönigs heranrücken sahen, verloren sie den Mut. Wo immer die Franken in Gräben oder Befestigungen auf Bergen, an Flüssen und in Wäldern auf Awaren stießen, ergaben sich diese sofort oder sie flohen vor dem gewaltigen Frankenheer. König Karl drang bis über die Raab in das Gebiet der Awaren vor.

Karl der Große wollte verhindern, daß die Awaren wieder in sein Reich einfielen. Deshalb errichtete er einen Grenzgau, eine Mark, die er durch Wälle und Palisadenmauern befestigen ließ. In solchen Marken wurden besonders tüchtige Beamte als Markgrafen eingesetzt. Die awarische Mark entstand in der Nähe von Wien an der Donau. Später hieß sie Ostmark.

War an der Grenze Ruhe eingekehrt und das Heer abgezogen, siedelte Kaiser Karl Bauern an, die jederzeit kampfbereit sein mußten. Sie waren Wehrbauern und unterstanden dem Markgrafen, der durch den Sendgrafen die Befehle des Königs übermittelt bekam. Noch oft mußten die Markgrafen gegen die Awaren vorgehen. Einmal gelang es ihnen, einen Awarenring zu erobern, in dem sich der sagenhafte Awarenschatz befand. Es waren Hunderttausende von Gold- und Silbermünzen aus römischen Ländern, langobardische Waffen und kostbarer Schmuck. Die Awaren hatten diesen Schatz auf ihren Raubzügen in vielen Ländern zusammengetragen.

Mit Schwert und Kreuz ins Sachsenland

Zwischen Niederrhein und unterer Elbe wohnte das Volk der Sachsen mit den Stämmen der Nordalbiger, der Westfalen, der Ostfalen und der Engern. Es widersetzte sich hartnäckig der Christenlehre und hielt treu zu seinen alten Göttern.

Der fränkische Mönch Lebuin war ins Sachsenland gekommen, um die Lehre des Christentums zu verbreiten; denn die Sachsen waren das einzige Volk, welches sich gegen die Annahme des Christenglaubens immer gewehrt hatte. In seiner Predigt bekamen die Sachsen auch harte Worte zu hören: „Ihr heidnischen Söhne, unrecht und unwürdig ist

Die Pfalz zu Ingelheim am Rhein war nur eine der vielen Residenzen Karls des Großen. Zu jeder Pfalz gehörten große Hofgüter, denn der Kaiser kam stets mit seinem ganzen Hofstaat.

Die Zerstörung der Irminsäule durch Karl den Großen. Wandgemälde im Aachener Rathaus.

es, dem Donar, Wotan und Saxnot blutige Opfer darzubringen. Viel Unrecht habt ihr schon auf euch geladen, mußten doch zwei fromme Mönche in den Fluten der Weser ihr heiliges Leben enden. Und tausendfache Wehklagen kommen aus den Dörfern eurer Nachbarn, die ihr immer wieder mit Feuer und Schwert heimsucht. Wann werdet ihr endlich den Weg zum rechten Glauben finden? Auch eure Edlinge trifft viel Schuld: Stolz und rücksichtslos sitzen sie ihren Großhöfen, unterdrücken die Bauern und züchtigen Knechte und Mägde. Folgt ihr mir nicht, so sendet der Herr des Himmels und der Erde einen tapferen, klugen und mächtigen König über euch. Wie ein Wildwasser wird er über euch herstürzen, alles zerschmetternd, und eure Frauen und Kinder zu Sklaven machen!" — Zornig und drohend hörten die Sachsen solche Reden an. Sie dachten nicht daran, sich von Lebuin einschüchtern zu lassen. Die Franken waren ihnen von jeher verhaßt; seit sie denken konnten, hatte es zwischen ihnen Grenzstreitigkeiten gegeben. So fuhren die Sachsen fort, ihre alten Götter zu verehren, in die fränkischen Gaue einzufallen und die christlichen Gotteshäuser anzuzünden.

Auf der Reichsversammlung in Worms (772) beschlossen König und Volk, nun endlich die Sachsen zu unterwerfen. Das mächtige Heer wurde von einer großen Anzahl Priester und Mönche begleitet. Unaufhaltsam rückte Karl vor. Er zerstörte die Eresburg, eine starke Grenzfestung, und die Irminsäule, die im heiligen Hain stand, umgeben von vielen Gebäuden. Sie war das höchste Heiligtum der Sachsen, ein Eichenstamm von ungewöhnlicher Größe. Drei Tage dauerte das Werk der Zerstörung. Man erzählt: In diesen Tagen herrschte große Trockenheit. Krieger und Pferde schmachteten vor Durst. König Karl hielt auf schneeweißem Rosse am Fuß eines Hügels. Das Tier stampfte mit dem Huf auf den Boden und schlug einen Stein vom Felsen. Da sprudelte aus der Öffnung eine Quelle hervor, an der sich das Heer labte. Alle Franken waren davon überzeugt, daß sie Gott mit dieser Quelle belohnt hatte. Die Sachsen gelobten nun dem König Gehorsam, und die Mönche begannen ihre Missionsarbeit.

„Der Sohn Wotans"

Widukind nannten ihn die Sachsen. Er galt als der vornehmste und reichste Edling. Immer wieder entfachte er bei den Sachsen das Feuer der Empörung gegen die Franken. Er war dem König Karl ein ebenbürtiger Gegner. Unbeugsam hielt er am germanischen Götterglauben fest. Während der König einst in Spanien kämpfte, ritt Widukind durch das sächsische Land und rief zum Widerstand auf. Dort, wo er mit seiner Gefolgschaft auftauchte, erscholl der uralte Schlachtruf: „Ziehet eure Schwerter, Sachsen!" Überall im Sachsenland wurden die christlichen Franken mit Feuer und Schwert vertrieben. Zur gleichen Zeit war auch König Karl mit seinem Heer in Spanien in großer Bedrängnis.
Als der König vom Aufstand der Sachsen erfuhr, zog er sofort mit seinem Heer gegen die Aufrührer. Doch am Süntelgebirge schlug Widukind die Franken. Aus Grimm über diese Niederlage ließ König Karl Tausende von Sachsen niedermetzeln. Andere mußten ihre Heimat verlassen und wurden in fränkischen, alemannischen und bayerischen Gebieten angesiedelt. Und abermals brach der Aufstand los. Viele der Aufständischen kamen um. Es dauerte noch lange, bis sich Widukind im Jahre 785 König Karl unterwarf und sein Haupt zur Taufe beugte. Nie mehr zog er das Schwert gegen die Franken.
Das Sachsenland war fortan ein Teil des Frankenreiches. Karl der Große errichtete hier Bistümer, die heute noch bestehen: in Münster und in Paderborn. Der erste Bischof von Münster war ein Friese mit Namen Luitger. Er bekehrte die Sachsen zum Christentum und wurde der Gründer der berühmten Abtei Werden bei Essen.

Der Frankenkönig und der Bayernherzog

Herzog Tassilo III. aus dem Geschlecht der Agilolfinger regierte in Bayern wie ein König. Er hatte zwar Karl den Treueid geschworen, hielt sich aber wenig daran. Schon unter dem Frankenkönig Pippin, Karls Vater, hatte Tassilo bei einem Feldzug in Südfrankreich mit seinen Kriegern das Frankenheer verlassen. Er zog nach Bayern zurück, denn dort bedrohten die Awaren und andere Nachbarvölker die Ostgrenze seines Herzogtums. König Karl wartete nun auf eine Gelegenheit, um den eigenwilligen und stolzen Bayernherzog zu unterwerfen. Viele Jahre später rief König Karl die Großen des Reiches zu einem Reichstag in die Pfalz (Hofburg) nach Ingelheim. Auch Tassilo und die Vornehmen des Bayernlandes waren geladen. Gleichzeitig fand eine Heerschau statt: Krieger aller deutschen Stämme waren mit ihren besten Waffen erschienen. Tassilo jedoch hielt sich mit seinen Gefolgsleuten und Kriegern abseits. Nach der Heerschau kehrte Tassilo wie alle übrigen Herzöge und Grafen in den Königshof von Ingelheim zurück. Dort warteten bereits bewaffnete Franken auf ihn. Er wurde umringt, und die Krieger nahmen ihm die Waffen ab. Inzwischen hatte Karl auch Tassilos Gemahlin, Kinder und Gesinde von fränkischen Reitern ergreifen und nach Ingelheim bringen lassen. Am Tage darauf stand der Bayernherzog als Angeklagter vor den Herzögen, Grafen, Bischöfen und Äbten des Reiches. Sie warfen ihm Hochverrat vor. Einer der Ankläger trat vor und sprach: „Vor mehr als 25 Jahren hast du mit deinen Kriegern das Heer des Königs Pippin treulos verlassen. Nicht viel hätte gefehlt, und unsere Gegner hätten uns damals besiegt." Ein anderer hielt ihm vor: „Du hast wohl in Worms den Treueid erneuert, aber kurz darauf hast du gesagt: Selbst wenn ich zehn Söhne hätte, wollte ich sie alle lieber als Geiseln dem König opfern, als an den Verträgen mit den Franken festhalten." – „Das beweist", so rief der König zornig, „daß du deinen Eid nicht ehrlich geschworen hast!" Und Karl rief den Versammelten zu: „Welche Strafe steht für die Verbrechen des Verrats und Treubruchs?" – „Der Tod! Der Tod!" so hallte es im Saale wider. Somit war das Todesurteil über Tassilo, den letzten Agilolfingerherzog, gesprochen. Doch der König wandelte das Urteil um. Weil Tassilo sein Verwandter war, verlangte er, daß dem Bayernherzog das Leben geschenkt werde. So geschah es auch. Das Todesurteil wurde in lebenslängliche Klosterhaft gemildert. Tassilo mußte auf seine Herzogswürde und auf allen seinen irdischen Besitz verzichten. Bayern war nun fränkisches Kronland und wurde von fränkischen Grafen verwaltet.

Karls Gesetze schaffen Ordnung im Land

Hatte der König ein Land in sein Reich eingefügt, wie z. B. Bayern oder Sachsen, so erschienen dort bald überall berittene Königsboten mit Helfern. Sie bestimmten, welche Wälder und Fluren, Bergwerke, Seen usw. dem König zufielen. Das Land wurde dann als Lehen zur Nutzung vergeben. Die Königsboten errichteten an vielen Plätzen Königshöfe und Kirchen. Die Gutshöfe dienten zur Versorgung des Heeres und für die Hofhaltung des Königs. Königliche Beamte, z. B. Grafen, erhielten als Lohn kein Geld; sie lebten von den Erträgen der Lehnsgüter.

Der König wußte, daß er sein großes Reich nur dann zusammenhalten konnte, wenn Recht und Ordnung herrschten. Karl wollte auch, daß die Menschen seines Reiches eine bessere Bildung erhielten. An seinem Hof versammelte er viele gelehrte Männer.

Der König bestimmte:

A Überall sollen Schulen errichtet werden, in jedem Kloster, an jedem Bischofssitz, ähnlich der in meiner Aachener Pfalz. Überdies soll jeder Pfarrer in seinem Haus wißbegierige junge Leute unterrichten.

B Wer das Heer verläßt, im Heer, am Königshof oder auf der Gerichtsstätte gewalttätig wird, wer Zauberei, Gräberschändung und Kirchenraub betreibt, Gewalt anwendet und Brände legt, den Eid bricht, Aufruhr stiftet und Landesverrat begeht, der soll mit Geldbuße, Gütereinziehung oder mit dem Tode bestraft werden.

C Ich befehle die Errichtung von Kurierstationen, in denen Meldereiter Verpflegung und ausgeruhte Pferde vorfinden, um wichtige Meldungen schnellstens zum kaiserlichen Hof bringen zu können. Außerdem sollen auch durch bestimmte Rauchsignale Nachrichten schneller weitergeleitet werden.

D Wenn ein Mächtiger, ein Vorsteher, Schultheiß oder anderer Beamter den Untergebenen die Güter wegnimmt und verkauft, wenn er sie zu eigennützigen Arbeiten heranholt, oder wenn er sie in anderer Weise unterdrückt, dann soll er dafür büßen.

E Wer dem Befehl zur Heeresfolge nicht nachkommt, wird mit dem Tode bestraft; ebenso wer sich nicht christlich taufen läßt.

Jedes Gesetz oder jeder Brief des Königs trug seine Unterschrift. Der Hofschreiber zeichnete sie, und Karl setzte nur den Haken in der Mitte des Kreuzes eigenhändig ein:

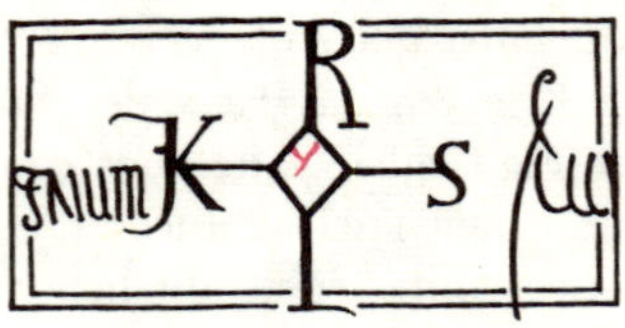

Am Weihnachtstage des Jahres 800 wird Karl der Große in Rom vom Papst zum Kaiser gekrönt. Der Frankenkönig Karl ist damit Kaiser des Abendlandes und Schutzherr der Christenheit.

Karl wird Kaiser des Abendlandes

Als Papst Leo III. in Rom auf offener Straße überfallen und mißhandelt worden war, zog er hilfesuchend in den Norden. Der Frankenkönig rief alle seine Diener zu sich, um ihn würdig zu empfangen. „Auf, ihr Großen, legt die Waffen an, mit denen ihr gewohnt seid, in den Kampf zu ziehen; in schnellem Zuge wollen wir dem erhabenen Papst entgegeneilen." Karl stieg vom Thron und schwang sich aufs Pferd. Er führte den Zug an. Sein Goldhelm war weithin sichtbar. Vor dem Lager des Papstes erwarteten Priester das Heer mit wehenden Kreuzesfahnen. Gesang ertönte, und die Krieger des Frankenfürsten stellten sich in weitem Halbkreis auf. Der Papst und der Frankenkönig umarmten einander unter Tränen. Dreimal warf sich das Volk auf die Erde, während das Gloria erklang und die Glocken läuteten. Das war im Sommer 799 in Paderborn.

Im Winter des folgenden Jahres wurde Karl vom Papst in Rom begrüßt. Da geschah es, daß der Papst dem König die Kaiserkrone aufs Haupt setzte, als Karl sich gerade vom Gebet am Apostelgrab erheben wollte. Die Römer riefen: „Karl, dem Augustus, dem von Gott gekrönten, großen und friedenbringenden Kaiser der Römer, Leben und Sieg!" Der Papst beugte das Knie vor dem Gekrönten und huldigte ihm als dem neuen Kaiser des Römischen Reiches. Karls erste Handlung war es, über die angeklagten Widersacher des Papstes Gericht zu halten. In den letzten Lebensjahren traf den Kaiser schweres Leid. Seine beiden Söhne, Karl und Pippin, starben vor ihm. Der einzige Erbe blieb Ludwig, der König von Aquitanien. Am 28. Januar 814 schied Karl der Große an den Folgen einer Lungenentzündung aus dem Leben. Als Einhard, der Geheimschreiber des Kaisers, von den Trauerfeierlichkeiten heimgekehrt war, saß er noch lange schwermütig und in Gedanken versunken in seinem Gemach. Dann griff er zur Rohrfeder und schrieb den letzten Satz der Lebensgeschichte Karls des Großen: „In ihm starb der Vater der Welt." Und in einer anderen Totenklage hieß es: „Nimmermehr versiegen die Tränen; denn es beklagt der Erdkreis Karls Tod, des Vaters aller Waisen, Fremden, Witwen, der Unschuld. Christus, du Herrscher der himmlischen Heerscharen, gib Karl den Frieden."

Nach Reinhold Schneider und Wilhelm Hünermann

Das Erbe Karls des Grossen

Das Reich Karls des Großen erstreckte sich bei seinem Tode von den Pyrenäen bis zu den Alpen, von Rom bis zur Nordsee. Niemand wagte es, sich gegen das Volk der Franken zu wenden, und die verschiedenen Völker in dem Riesenreich lebten friedlich zusammen. Unter Kaiser Karl dem Großen waren zum erstenmal alle Stämme, aus denen später das deutsche Volk entstanden ist, in einem Staat vereinigt.
Karl war bei seinem Tod König der Franken, König der Langobarden und Kaiser des christlichen Abendlandes.

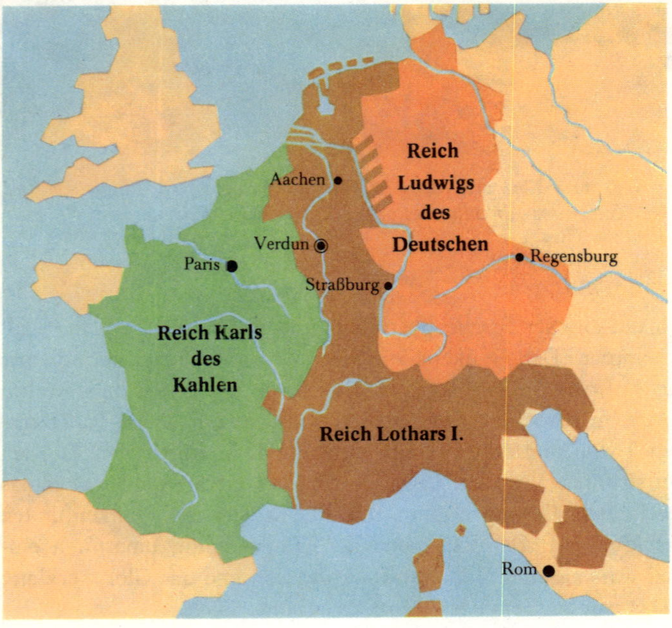

Das Riesenreich Karls des Großen wurde im Jahre 843 in drei Teile geteilt.

Die verhängnisvolle Teilung

Nach dem Tode Karls des Großen wurde Ludwig der Fromme Kaiser. Seine Söhne Lothar, Ludwig und Karl führten einen entsetzlichen Bruderkrieg um das Erbe. Friede, Ordnung und Wohlstand schwanden dahin. Viele Jahre dauerte der Kampf zwischen den feindlichen Brüdern. Endlich, im Jahre 843, schlossen sie in Verdun Frieden und teilten das Reich unter sich. Voll Trauer über diese Teilung rief ein Geistlicher damals aus: „Einst bestand ein großes Reich, ein Fürst und ein Volk! Heute aber ist der stolze Bau gestürzt wie ein Blumenkranz von der Stirne. Das eine ist jetzt in drei Stücke geteilt, und für den Kaiser ist kein Platz mehr. Statt eines Königs haben wir ein Königlein, statt eines Reiches ein Reichlein."

Von den Enkeln Karls des Großen erhielt Lothar das Mittelreich, das Lotharingen genannt wurde. Auf ihn ging auch die Kaiserkrone über. Er regierte jenen schmalen Landstreifen, der sich von Italien und dem Mittelmeer, entlang den Flüssen Rhône, Mosel, Maas und Niederrhein bis zur Nordsee erstreckte. Karl der Kahle wurde Herrscher im romanischen Westreich, Ludwig der Deutsche im germanischen Ostreich.

Als Kaiser Lothar starb, hatte er keinen Erben. So wurde sein Mittelreich wiederum geteilt: Das größere nördliche Gebiet mit Elsaß, Lothringen, Ostbelgien und den Niederlanden fiel an Ludwig den Deutschen, ein kleiner Teil südlich des Elsaß kam zum Westreich. Italien und Burgund am Mittelmeer wurden selbständig.

Aus dem romanischen Westreich entwickelte sich Frankreich, aus dem germanischen Ostreich Deutschland. 30 Jahre nach dem Tode Karls des Großen verstanden die Westfranken die Sprache der Ostfranken nicht mehr, und die Ostfranken konnten sich nicht mehr mit den Westfranken verständigen. Immer mehr lebten sich die beiden Völker auseinander; sie hatten von nun an ihre eigene Geschichte. Heute versuchen wir alte Gemeinsamkeiten wieder zu entdecken. Die Bundesrepublik Deutschland und die Republik Frankreich sind durch einen Freundschaftsvertrag eng verbunden.

DAS REICH DER FRANKEN

König Chlodwig, der zum christlichen Glauben übergetreten war, gründete um 500 n. Chr. das Frankenreich. Es umfaßte Gallien und Deutschland, ausgenommen das Gebiet der Sachsen. Die fränkische Königsmacht zerfiel aber im Laufe der Zeit. Hausmeier regierten an Stelle der Könige das Reich. Im Morgenland hatte Mohammed unter den Arabern eine neue Religion, den Islam, begründet. Im 6. Jahrhundert verbreiteten die Araber den Islam mit „Feuer und Schwert" in den meisten Ländern am Mittelmeer. Sie eroberten auch Spanien und drangen nach Gallien vor. Der fränkische Hausmeier Karl Martell besiegte die Araber mit seinem Reiterheer bei Poitiers und trieb sie zurück. Sein Sohn Pippin wurde Schutzherr des christlichen Glaubens.

Karl der Große vereinigte alle germanischen Völker in einem christlichen Großreich. Er unterwarf in langen Kämpfen die Langobarden, Sachsen und Bayern. Ihre Länder wurden dem fränkischen Reich angeschlossen. Am Weihnachtsfest des Jahres 800 krönte ihn der Papst in Rom zum Kaiser.

Die gefährdeten Grenzen des Großreiches schützte der Kaiser durch Marken. Aus der Ostmark entstand später Österreich. Karls Nachfolger teilten das Frankenreich in Westfranken, Ostfranken und Lotharingen. Aus Westfranken entstand Frankreich, aus Ostfranken Deutschland.

REGISTER

INHALTSVERZEICHNIS

BILDNACHWEIS

Archäologisches Institut München, 42, 57 – Bavaria Verlag, Gauting, 5, 6, 22, 26 – Bayerische Staatsbibliothek, München, 81 – British Museum, London, 41 – Deutsches Museum, München, 57 – Hirmer Verlag, München, 87 – Foto Marburg, 50, 51, 108 – Keller, Reichenau, 95 – Nationalmuseet, Kopenhagen, 40 – Niedersächsische Landesbildstelle, Hannover, 21 – Niedersächsische Staats- und Universitätsbibliothek, Göttingen, 98 – Prähistorische Staatssammlung, München, 41 – Rheinisches Landesmuseum, Trier, 40, 94 – Staatliche Museen zu Berlin, 30 – Staatliches Museum für Völkerkunde, München, 33 – Stadtbildstelle, Aachen, 110 – Studio Yan, Toulouse, 58 – Ullstein-Bildarchiv, Berlin, 22 – Verlagsarchiv, 53.

WIR ERLEBEN DIE GESCHICHTE

Ein Arbeitsbuch für den Geschichtsunterricht

6. SCHULJAHR

von Dr. Werner Glogauer
unter Mitarbeit von Karl Friedrich Voraus
und Reinhold Meyer

BAYERISCHER SCHULBUCH-VERLAG

1972
Verlegt im Bayerischen Schulbuch-Verlag
München 19, Hubertusstraße 4 · ISBN 3-7627-6001-2
Einband: Rita Schwilgin
Illustrationen: Rita Schwilgin, Siegfried Peiler
Druck: Walcker KG., Isny/Allgäu

INHALTSVERZEICHNIS

DAS REICH DER DEUTSCHEN ENTSTEHT

SARAZENEN, WIKINGER UND UNGARN IM HERZEN DES REICHES

Die Sarazenen in Rom

Papst Johann VIII. bittet Kaiser Karl den Kahlen, einen Enkel Karls des Großen, verzweifelt um Hilfe gegen die Sarazenen (arabische Stämme Nordafrikas): „Die Städte, Kastelle und Dörfer sind mit ihren Bewohnern untergegangen, die Bischöfe zerstreut. Innerhalb der Mauern Roms sammelt sich der Rest des ausgeplünderten Volkes. Draußen ist alles wüst und öde. Nichts mehr ist übrig, die Heilige Stadt ist dem Untergang nahe. Das weite Land ist entvölkert. Die Umgebung ist so völlig verwüstet, daß man dort keinen Bewohner, weder Mann noch Kind, mehr finden könnte."
Doch Karl der Kahle sowie auch die übrigen Nachfolger Karls des Großen besitzen nicht die Macht, um helfen zu können.

Die Wikinger in Aachen

Schon seit einem Menschenalter ist das Abendland vor den Nordmännern nicht mehr sicher, sind sie doch bereits vor einigen Jahrzehnten mit 600 Drachenschiffen die Elbe aufwärts gefahren und haben Hamburg vernichtet. Zu gleicher Zeit plünderten sie das reiche Paris und das wohlhabende Land Burgund. Überbevölkerung, Abenteuerlust und der Versuch, an den Handelsgeschäften teilzunehmen, mögen die Wikinger veranlaßt haben, ihre Heimat in Skandinavien immer wieder zu verlassen.
Viele Einwohner der Städte und Dörfer wurden als Sklaven fortgeführt. Schwer bepackt mit Beutestücken, zogen die Pferde und Wagen der Nordmänner zu den Hafenplätzen, wo das Geraubte in die Drachenschiffe geladen wurde.
So erging es den Städten Maastricht, Lüttich, Köln und Bonn. Selbst die Kaiserstadt Aachen — einst der stolze Mittelpunkt des Reiches — ging in Flammen auf. Die Gebäude der kaiserlichen Pfalz wurden zu Ställen für die Pferde der Wikinger.

In den Drachenschiffen der Wikinger, die aus Eichenholz angefertigt waren, hatten bis zu 80 Mann Platz; etwa 30 davon bildeten die Gruppe der Ruderer.

An günstigen Orten gründeten die Wikinger Handelsniederlassungen. Ein wichtiger Handelsplatz war Haithabu bei Schleswig. Diese befestigte Stadtanlage war der Hauptort für den damaligen Ost-West-Handel. Die Händler aus den östlichen und nördlichen Ländern brachten nach Haithabu: Pelze, Felle, Honig, Wachs, Bernstein und Flachs. Fränkische Kaufleute handelten vor allem mit Tuchen, Wein, Keramik, Salz, Gold-, Silber- und Bronzegegenständen.

Die Karte veranschaulicht die Züge der Wikinger, Sarazenen und Ungarn.

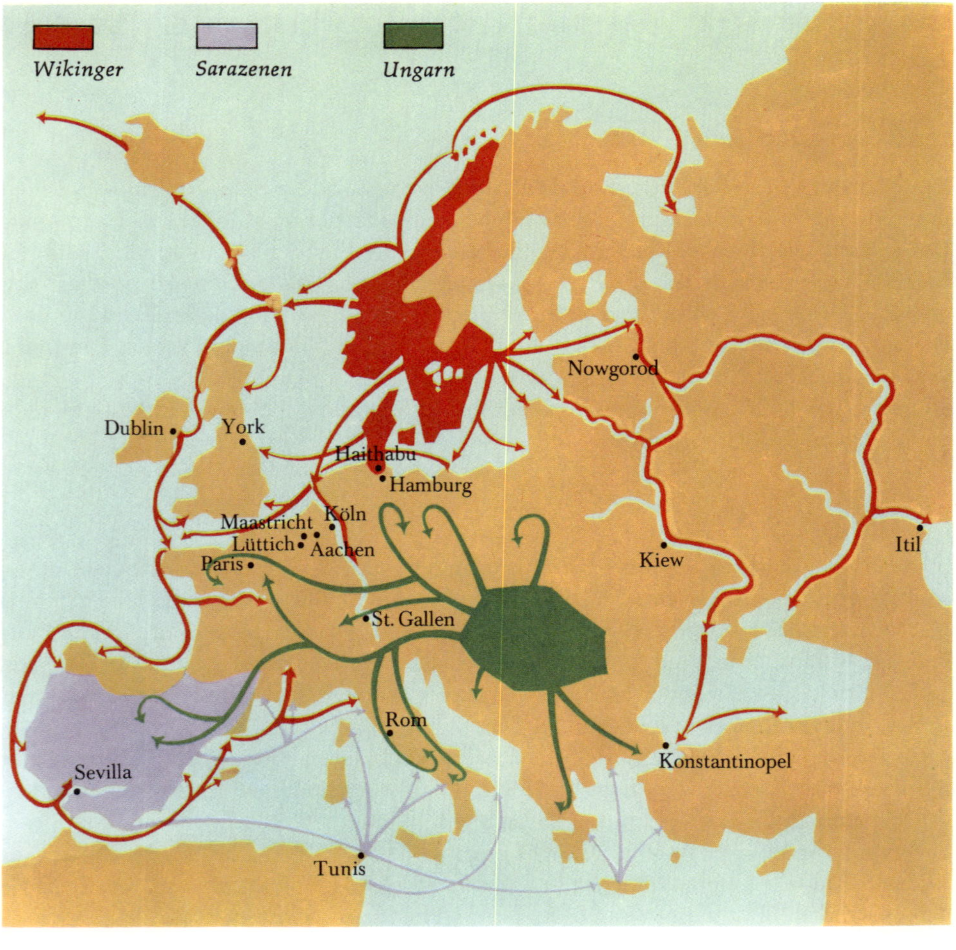

Die Ungarn in St. Gallen

Um das Jahr 900 drang ein ungarischer Reiterschwarm über die Enns vor. Als der Markgraf Liutpold den bayerischen Heerbann gegen ihn aufbot, wurde er von den Ungarn besiegt; die Ostmark mußte preisgegeben werden. Der Erzbischof von Salzburg und die Bischöfe von Freising und Passau fielen in der Schlacht, auch Markgraf Liutpold mit den meisten bayerischen Adligen. Für die bayerischen Bauern brach eine schlimme Zeit an. Mit einem Schlag war alles verloren, was einst gegen die Awaren erkämpft war. Vermutlich war es auch der Druck dieser östlichen Stämme auf die Ungarn, der sie zu ihren westlichen Eroberungszügen trieb. Weil das fränkische Reich zerfallen war, konnten sie bis nach St. Gallen vorstoßen.

Ein Kind auf dem Kaiserthron

In diesen Jahren der Not wurde im Ostfrankenreich der sechsjährige Ludwig, der letzte Karolinger, zum König der Deutschen gekrönt. Ein Berater des königlichen Knaben rief damals aus: „Der König ist ein kränkliches Kind, ohne Kraft, ohne Einsicht; wohin wir blicken, nichts als Zank und Streit, nichts als Fehde und Empörung. Wehe dir, Land, dessen König ein Kind ist!"

KÖNIG HEINRICH I.

Ein Sachse wird König des Ostfrankenreiches

Wer im nördlichen Harzvorland in der Stadt Quedlinburg den Weg zum Schloßberg hinaufgeht, gelangt in eine Gasse, die den Namen Finkenheerd führt. Die Sage erzählt: Hier wurde Heinrich, der Sachsenherzog, von der Nachricht überrascht, daß er zum König der Deutschen gewählt worden sei.

Wie konnte ein Sachse deutscher König werden, nachdem bisher nur Franken als Könige und Kaiser regierten und sich Franken und Sachsen immer noch feindlich gegenüberstanden?

Als der letzte Frankenkönig Konrad I. im Jahre 918 auf dem Sterbebett lag, rief er seinen Bruder Eberhard zu sich und sagte zu ihm: „Ich fühle, Bruder, daß ich diesem Leben nicht mehr lange erhalten bleiben kann, Gott hat es so bestimmt und meine schwere Krankheit erzwingt es. Wir haben Gewalt, Bruder, den Heerbann aufzubieten und anzuführen, wir haben Burgen und Waffen sowie die königlichen Zeichen und alles, was zur königlichen Würde gehört, außer Glück und Begabung. Das Glück, Bruder, ist zusammen mit den herrlichsten Gaben auf Heinrich übergegangen, das Heil des Reiches liegt bei den Sachsen. Nimm also diese Zeichen, die heilige Lanze, die goldenen Spangen, den Mantel, das Schwert und die Krone der alten Könige, gehe hin zu Heinrich und mache Frieden mit ihm, auf daß du ihn für immer zum Verbündeten haben möchtest. Denn was nützt es, wenn das ganze Frankenvolk vor jenem niederfällt? Er nämlich wird in Wahrheit der König und Herrscher über viele Völker sein." Eberhard folgte dem Rat seines Bruders, und so wurde Heinrich der erste deutsche König aus dem Stamm der Sachsen.

In Fritzlar versammelten sich die Fürsten der Franken und Sachsen. Sie wählten ihn zum König und schwuren ihm Treue. Da trat der Bischof von Mainz an ihn heran, um ihn zu salben und zu krönen. Aber Heinrich sprach: „Mir genügt es, wenn ich mit Gottes

Gnade und eurer Huld zum König ernannt werde. Salben jedoch und krönen mag man Bessere als mich. Für solche Ehrung bin ich nicht würdig." Diese Worte fanden den Beifall des ganzen versammelten Volkes. Und immer wieder erhoben die Anwesenden die Rechte zum Himmel und riefen den Namen des neuen Königs.

Ein mittelalterlicher Chronist schreibt zu diesem neuen Reich: „Von da an rechnen manche nach dem Reich der Franken das der Deutschen. Sie sagen, deshalb habe Papst Leo in päpstlichen Erlassen Heinrichs Sohn Otto den ersten König der Deutschen genannt. Denn Heinrich, von dem wir hier handeln, soll die ihm vom Papst angebotene Würde abgelehnt haben."

König Heinrich I. und seine Gemahlin Mathilde
(nach einer Buchmalerei aus der Kölner Königschronik 12./13. Jahrhundert)

König Heinrich eint die deutschen Stämme

In Fritzlar hatten nur die Herzöge der Sachsen und Franken Heinrich zum König gewählt. Der Schwabenherzog Burghard, der Bayernherzog Arnulf und auch der Herzog von Lothringen wollten Heinrich jedoch nicht als König anerkennen. Aber als der König diesen Herzögen versprach, daß sie in ihren Ländern selbständig regieren könnten, waren sie bereit, dem König im Kriege mit ihren Heeren zu folgen. König Heinrich ging es um die Einigung der deutschen Stämme, denn nur vereint konnten die Feinde des Reiches abgewehrt werden. Jetzt herrschte Friede zwischen den deutschen Stämmen.

Schutzherr der Deutschen

Wie notwendig diese Einigung war, wirst du aus der folgenden Geschichte erfahren. Bald drang wieder der Schreckensruf durch das Land: „Die Ungarn! Die Ungarn!" Diese waren damals noch nicht seßhaft. Und so kam es, daß sie auf ihren Streifzügen in das Sachsenland einfielen und das neue Königreich bedrohten. Zur gleichen Zeit hielt sich der König mit seinen Kriegern in der Burg Werla auf. Mit seinen ungeübten Kriegern konnte er den Kampf gegen die erprobten Reiter des Ungarnheeres nicht wagen. Aber da kam ihm das Glück zu Hilfe. Heinrich gelang es, den Ungarnfürsten Horka gefangenzunehmen. An der Kappe mit Eulenfedern hatten Heinrichs Krieger erkannt, daß Horka ein Führer des Ungarnheeres war. Bald erschienen ungarische Gesandte, denen ein paar Reiter weiße Fahnen vorantrugen. Ihnen folgten mehrere Wagen, die mit Schätzen schwer beladen waren. Die Ungarn wollten den Gefangenen auslösen. Jedoch der König sagte, daß ihm

nicht an Gold und Silber, sondern am Frieden für sein Land gelegen sei. Nun wurde ein Vertrag geschlossen: Neun Jahre lang wollten die Ungarn das Land der Sachsen verschonen, wenn ihnen Heinrich Tribut (Abgaben) zahlte. Damit hatte Heinrich Zeit gewonnen, um Verteidigungsanlagen errichten zu lassen mit dem Ziel, die Ungarn von Angriffen abzuhalten.
So bereitete sich König Heinrich mit seinem Volk auf diesen Kampf vor:

Die Mauern von Nordhausen sind längst errichtet. Die Tore sind heute weit geöffnet. Laut klingen die Trompetenstöße der Wächter. Kaufleute von Erfurt und Halle, von Aschersleben und Nordheim sind zum Markt gekommen. Ein alter Bauer bleibt zögernd stehen. Neugierig betrachtet er die dicken Mauern und Türme. Er steht vor der Zugbrücke und bestaunt die mächtigen Eichenbalken, betastet die schweren Ketten und blickt hinab in das Wasser des Stadtgrabens. Zwei Wächter, die im Schatten vor dem Burgtor sitzen, haben ihn beobachtet: „Da staunst du, Alter!" – „Da soll man nicht die Augen vor Staunen aufreißen! Als ich vor drei Jahren hier war, standen nur ein paar elende Hütten", gibt der Bauer zur Antwort.
1. Wächter: „Das will ich glauben. Damals hatten ja die Ungarn niedergebrannt, was Nordhausen hieß. Aber das soll nicht wieder geschehen."
Bauer: „Warum stehen denn die Türme der Burg so vor?"
2. Wächter: „Damit wir Feinde auch von der Seite beschießen können, wenn sie an die Mauer herangekommen sind."
Bauer: „Das habt ihr ja sehr klug ausgedacht. Aber wie habt ihr das alles so schnell geschafft?"
1. Wächter: „Wir haben Tag und Nacht gearbeitet. Wurde einer einmal müde, dann sagten die andern gleich: Denk an die Gefahr! – Jetzt gibt es schon ringsum mehr als tausend starke Burgen im Sachsenland. Das will ich dir einmal im Sande zeigen. Schau her! Da, der Graben, den ich hier mit dem Stock ziehe, das ist die Elbe. Diese Sandhäufchen sind die natürlichen Wälle. Die kleinen Steine, die ich hier hinlege, das sollen die Burgen sein."
2. Wächter: „Willst du einmal auf unseren Turm steigen?" Als sie oben stehen, bringt der Bauer nur ein Ah! und Oh! heraus.
1. Wächter: „Da schau hinüber, an allen Wegen sind Wächter aufgestellt, Burgen und Wachtürme gebaut."
2. Wächter: „Wenn die Ungarn von Thüringen oder Hessen her einfallen, dann entdecken wir sie gleich und geben euch Bauern Zeichen, daß ihr rechtzeitig hinter die Mauern flüchten könnt."
Bauer: „Und unser Vieh?"
1. Wächter: „Das bringt ihr mit."
Bauer: „Und wovon sollen alle die vielen Menschen und Tiere aus den Dörfern hier ringsum hinter den Mauern satt werden?"
2. Wächter: „Auch das wollen wir dir zeigen. Komm! Wir haben genug für euch alle." Sie gehen die Treppe hinab zu einem gewaltigen Lagerhaus. Gleich fünf große Böden sind übereinander gebaut. Riesige Haufen Weizen liegen da aufgeschüttet. Dienstmannen sind gerade dabei, die Körner umzuschaufeln."
Bauer: „Wo habt ihr den vielen Weizen her?"
1. Wächter: „Das weißt du nicht? Hast du denn nichts abgeliefert? Jeder Bauer soll doch den dritten Teil seiner Ernte in die Burg schicken, wie es der König befohlen hat."
Bauer: „Soso, dazu ist das. Nun sehe ich es ein. Dann will ich bei der nächsten Ernte nicht so knapp messen."

Mit der Gründung solcher Burgorte stärkte Heinrich I. die Macht des Königs.

2. Wächter: „Dann hast du Glück gehabt, daß unser Burggraf und seine Helfer dein Getreide nicht so genau nachgemessen haben!"
1. Wächter: „Unser Burggraf ist von früh bis spät in der Nacht unterwegs. Überall muß er seine Augen haben: Die Knechte sollen ihre Arbeit sorgsam verrichten; die Kriegsleute müssen sich in den Waffen üben."
2. Wächter: „In den nächsten Tagen werden hundert neue Krieger in die Burg einziehen. Jeder neunte Bauer wird hier in der Burg ausgebildet im Reiterkampf, im Bogenschießen und Speerwerfen. Der König liefert ihm Schwert, Lanze und Schild."
1. Wächter: „Aber das ist nicht alles. An getreue Knechte verteilt der König Ödland." Bei den letzten Worten strahlt der Wächter über das ganze Gesicht, und leise fährt er fort: „Auch ich bekomme vielleicht für meinen Dienst so ein Stück Land als Lehen, aber nicht so viel Land freilich wie unser Burggraf." Sie treten auf den Burghof hinaus und gehen am Pferdestall vorüber. Der Bauer wirft einen Blick hinein.
Bauer: „Warum ist hier noch so viel Platz? Da können ja noch mehr als 100 Pferde untergestellt werden."

2. Wächter: „Im Kampf werden wir viele Pferde brauchen. Mit unserem Fußheer können wir gegen Reiterscharen nichts ausrichten. Deshalb legt unser König auf die Ausbildung des Reiterheeres so großen Wert." Gerade versammelt sich eine Gruppe Männer mit Speeren im Burghof. Sie bilden eine geschlossene Reihe. Wie eine Mauer stehen sie, gehen dann, schwenken, laufen wie ein einziger Leib. Dort am Brunnen steht ein großer Schleifstein. Da schärfen einige Männer ihre Schwerter und Dolche.
Der Bauer verabschiedet sich von den beiden Wächtern. Jetzt kann er beruhigter seiner Arbeit nachgehen, denn er weiß, wo er im Notfall Schutz findet. König Heinrich hat gut gesorgt, denkt der Bauer, während er den Weg zum Markt einschlägt. — So denken auch alle anderen im Lande.
Viele solcher Burgorte entstanden zur Zeit Heinrichs I. in Sachsen und Thüringen, um das Land gegen die Slawen und Ungarn besser als bisher verteidigen zu können, z. B. Merseburg, Goslar, Meißen und Saalfeld. Sie dienten im Kriegsfall als Zufluchtsort für die Landbewohner; in ihrem Schutz entstanden im Laufe der Zeit neue dörfliche und städtische Ansiedlungen. Die Burgen waren gleichzeitig Verwaltungsmittelpunkte, in denen die Gerichtstage stattfanden. „Gerichtstage aber und alle Zusammenkünfte und Feierlichkeiten sollten nur noch in den festen Plätzen begangen werden, damit seine Leute schon im Frieden lernten, was sie im Ernstfall gegen die Feinde tun sollten", heißt es in einem zeitgenössischen Bericht.

„Vater des Vaterlandes"

Im Jahre 933 mußte wieder der fällige Tribut an die Ungarn entrichtet werden. Doch ein Jahr zuvor rief König Heinrich zu einer Versammlung nach Erfurt. Er sprach vor der Versammlung: „Es ist notwendig, daß wir uns gegen den gemeinsamen Feind, die Ungarn, wie ein Mann erheben. Beschließt, was wir tun sollen!" Das Volk gelobte dem König seine Hilfe gegen die drohende Gefahr. Alle erhoben ihre Hand zum Himmel und versprachen dem König Treue. — Bald erschienen die Abgesandten der Ungarn und forderten den Tribut. Aber der König schickte sie mit leeren Händen zurück. Die enttäuschten Ungarn stürmten bald darauf mit einem gewaltigen Heer gegen Sachsen. Aber das erste Ritterheer des Mittelalters schlug die Angreifer über die Saale zurück. Nach der Schlacht riefen die Krieger dem Könige zu: „Vater des Vaterlandes!"

KAISER OTTO I.

Die Fürsten wählen Otto zum König und schwören ihm Treue

Im Jahre 936 versammelten sich die Mächtigen des Reiches zu Erfurt. Das war das letztemal, daß König Heinrich vor ihnen erschien. Die Herzöge hatten große Achtung vor dem klugen und siegreichen König. Deshalb versprachen sie ihm, nach seinem Tode seinen Sohn Otto zum König zu wählen.
Nach dem Tod Heinrichs lösten die Herzöge ihr Versprechen ein. In der marmornen Säulenhalle in der Kaiserpfalz zu Aachen war der Thron für den neuen König aufgestellt. Hier versammelten sich die Fürsten aus allen deutschen Landen und erhoben Otto auf den Thron. Mit Handschlag gelobten sie ihm für immer Treue und Beistand gegen alle seine Feinde. Sie erkannten den König mit dem Treueschwur als ihren Lehnsherrn an. Jetzt hob der neugewählte König die vor ihm Knienden auf und bestätigte so jedem Fürsten, daß er sein Land als königliches Lehen behalten könne.

Otto wird zum König gekrönt

Inzwischen wartete der Bischof von Mainz mit der Priesterschaft und allem Volk im Dom auf den Einzug des neuen Königs. Als der Herrscher mit seinem Gefolge die Kirche betrat, schritt ihm der Erzbischof entgegen, ergriff seine rechte Hand und führte ihn in die Mitte des Gotteshauses. Der Bischof rief dem Volke zu: „Seht, hier stelle ich euch den von Gott erwählten und von Herrn Heinrich früher bezeichneten, nun aber von allen Fürsten zum König gemachten Herrn Otto vor; wenn euch diese Wahl gefällt, so erhebt die rechte Hand zum Himmel." Jubelnd stimmten alle Versammelten zu und wünschten ihm „Heil und Segen". Erzbischof und König schritten nun zum Altar, auf dem die königlichen Zeichen ausgebreitet waren. Der König verbeugte sich tief vor dem Kreuz und küßte es. Der Erzbischof ergriff das Schwert, gürtete es Otto um und sprach: „Empfange dieses Schwert, vertreibe damit alle Feinde Christi, Heiden und schlechte Christen, weil dir Gott alle Macht im Reiche gegeben hat, zum dauerhaften Frieden aller Christen." Nun legten zwei Bischöfe Otto den goldbestickten purpurnen Königsmantel um, und der Erzbischof sprach dabei: „Dies Gewand, das bis auf den Boden reicht, möge dich mahnen, daß du bis an dein Ende ausharren sollst im Eifer für den Glauben und in Sorge für den Frieden." Und als er dem König das Zepter, den Herrschaftsstab, überreichte, sprach er: „Dieses Zeichen soll dich mahnen, alle deine Untertanen in väterlicher Zucht zu halten. Vor allem aber strecke deine Hand aus voll Barmherzigkeit gegen die Diener Gottes, gegen die Witwen und Waisen!" Dann ergriff der Erzbischof das Ölhorn und salbte das Haupt des Königs mit dem heiligen Öl. Er sprach dabei: „Möge niemals auf deinem Haupte das Öl der Barmherzigkeit versiegen, auf daß du jetzt und in Zukunft mit dem ewigen Lohn gekrönt werdest!" Jetzt setzte er Otto die Krone der deutschen Könige aufs Haupt. Während des Meßopfers saß Otto auf dem marmornen Thron Karls des Großen. Anschließend begab sich der junge König mit den Großen des Reiches an die Marmortafel der Kaiserpfalz zum festlichen Königsmahl.

Krönungsfestzug Otto des Großen.

Die Schlacht auf dem Lechfeld

Bald wurde die Einigkeit der deutschen Stämme auf eine harte Probe gestellt. Die Ungarn waren wieder eingefallen und bedrohten vor allem die südlichen Gaue des Reiches.
Schon Heinrich, Ottos Vater, hatte sich gegen die Ungarn wehren müssen. Er hatte 22 Jahre vorher die schnellen Reiter besiegt und damit sein Reich vor neuen Überfällen gesichert. Nun war das Reich aufs neue in Gefahr.
Aus der Ebene um Theiß, Drau und Save waren die ungarischen Reiterscharen aufgebrochen und auch diesmal wieder zuerst in Bayern eingefallen. Überall tauchten die kleinen breitschultrigen Reiter auf. In kleinen Gruppen umschwärmten sie Städte, Dörfer, Klöster; durch Überraschungsangriffe auf ihren flinken Pferden machten sie große Beute an Vieh, Kostbarkeiten und Menschen, die sie in ihren Wagenburgen gefangenhielten.
Bischof Ulrich von Augsburg hatte die Stadt eilig befestigen lassen. Bald schallt die Notglocke über die Dächer der Stadt. Hornsignale gellen. Bauern und Bürger, Handwerker und Kaufleute eilen zum Waffenlager, bewaffnen sich mit Hellebarden, Spießen, Bogen und Pfeilen. Frauen und Kinder schleppen Steine, Pechkränze, Reisigbündel an den Mauerrand. Das Tor läßt Bischof Ulrich verrammeln, die Wälle werden verstärkt, das Wasser der Wertach strömt in die Gräben.
Beim ersten Sonnenstrahl stürmen die Ungarn gegen die Stadt. Die weite Ebene erdröhnt unter den Hufen, die Luft erzittert vom schrillen Kampfgeschrei, eine Wolke von Pfeilen und Speeren zischt den Verteidigern entgegen. Rammpfähle krachen gegen die Mauern und Tore.
Im Ungarnlager rasseln die Kesselpauken, die Hörner dröhnen. Wieder stürmen die Feinde heran. Beim Osttor wanken die Verteidiger, alles scheint verloren. Da plötzlich hallen Trompetensignale. Kommandorufe ertönen, der Angriff stockt, die ungarischen Scharen fluten zurück. Sie eilen Hals über Kopf zu ihren Zelten, werfen sich auf ihre struppigen Pferde und stieben davon. Verwundert starren die Verteidiger einander an.

Ungarnschlacht (Buchmalerei aus einer Handschrift des Klosters St. Gallen, um 925)

Da kommt ein Junge und meldet keuchend dem Bischof, daß der König im Rücken der Feinde mit seinem Heer heranzieht.
König Otto führt die gepanzerte Ritterschaft der Bayern, Sachsen, Schwaben, Thüringer, Franken und Böhmen.
Inzwischen haben die Ungarn den Lech in einer Furt überschritten und erscheinen plötzlich im Rücken des königlichen Heeres, dort, wo die Böhmen den Troß schützten. Schon jagen die böhmischen Reiter nach allen Richtungen auseinander. Doch König Otto erkennt die Gefahr und gibt das Zeichen zur Kehrtwendung. Mitten im Gewühl blitzt der Helm des Königs, mit einem goldenen Kronreif geschmückt. Er selbst ergreift das Banner mit der Heiligen Lanze, schwingt das breite Schwert und wirft sein Roß dem anstürmenden Feinde entgegen. Hin und her wogt das erbitterte Ringen. Aber obwohl die Ungarn viel mehr Reiter im Kampfe haben, prallen sie an den gut gepanzerten und bewaffneten Rittern der Deutschen ab.
Gegen dieses kraftvolle Heer können sie nichts ausrichten. Schon reißen einzelne Gruppen ihre Pferde herum und jagen in wilder Flucht dem Lech zu. Die Nachricht von der Niederlage der Ungarn verbreitet sich schnell. Überall rotten sich Bauern und Ritter zusammen und verlegen den Fliehenden den Weg. Das deutsche Heer huldigt Otto und begrüßt ihn als „Vater des Vaterlandes und Kaiser".
Der Ruhm König Ottos begeisterte den Mönch Widukind von Corvey so, daß er die „Sächsischen Geschichten" schrieb. Ohne diese Berichte wüßten wir heute viel weniger über die sächsischen Herrscher und über die Schlacht auf dem Lechfeld.
Die Ungarn wurden im Laufe der Zeit ein seßhaftes Bauernvolk in der pannonischen Ebene. Sie nahmen das Christentum an, das ihnen Missionare aus den Bistümern Salzburg, Passau und Freising brachten. Ein Ungarnherzog vermählte sich mit einer Verwandten Kaiser Ottos. Er erhielt den Namen Stephan der Heilige. Die goldene Stephanskrone wurde zum Nationalheiligtum der Ungarn. Die Ungarn gehören seitdem zur europäischen Völkerfamilie.

Otto bestraft Untreue und belohnt Treue

Was Bischof Ulrich schon beim Krönungsmahl befürchtet hatte, trat bald ein. Unter Heinrich I. waren die Herzöge noch eigene Herren in ihren Landen; denn nur in Notzeiten verlangte der König, daß sie ihm beistanden. Durch König Otto aber sahen die Herzöge ihre Selbständigkeit bedroht und mancher von ihnen strebte selbst nach der Königskrone. Als der König neue Forderungen an sie stellte, empörten sie sich gegen ihn, besonders die Herzöge der Franken, Bayern und Lothringer. Selbst sein Bruder Heinrich erhob sich

gegen ihn. Das bereitete dem König schwere Sorge. Otto besiegte aber alle Aufrührer und Ungetreuen.
Gegen die treulosen Aufrührer griff König Otto hart durch. Sie verloren ihren Landbesitz. Diesen gab er nun Erzbischöfen, Bischöfen und Äbten zu Lehen, denn sie waren seine zuverlässigen Helfer und Freunde. Damals gab es dreißig Bischöfe, aber nur fünf Herzöge. Die Kirchenfürsten schickten auch die meisten gepanzerten Krieger mit ihren Pferden zu den Heeresaufgeboten des Königs. Sie zogen mit ihm in den Krieg und waren seine Botschafter und Berater.

Die Kaiserkrönung in Rom

In Regensburg erschienen eines Tages vor König Otto zwei Gesandte des Papstes. Er hatte sie heimlich zum deutschen König geschickt und beauftragt, König Otto um Hilfe gegen den Langobardenkönig Berengar zu bitten; denn als mächtigster König der Christenheit sei er auch „Schutzherr über die römische Kirche". Als Lohn für seine Unterstützung versprach ihm der Papst die Kaiserkrone, das Zeichen für die weltliche und geistliche Schutzherrschaft.
Auf dem Reichstag zu Worms im Jahre 961 wurde die Romfahrt beschlossen. Einige Monate später zog Otto mit einem großen Heer über die Alpen nach Pavia. Berengar flüchtete, und bald ritt König Otto mit prächtigem Gefolge und seinen gepanzerten Rittern in die Heilige Stadt ein.
Viele Römer begleiteten ihn mit Kreuzen und flatternden Feldzeichen. Vor der Peterskirche hielt der Zug. König Otto betrat die Kirche, wo ihn der Papst empfing, auf einem goldenen Thron sitzend und von vielen Geistlichen umgeben. Hier überreichte der Papst dem König und seiner Gemahlin Adelheid die Kaiserkrone und salbte und krönte das kaiserliche Paar. Otto war nun Kaiser des Römischen Reiches geworden.

Ottonischer Herrscher mit den kaiserlichen Zeichen (Buchmalerei aus dem Ende des 10. Jahrhunderts)

Der Bund zwischen Kaiser und Papst

Was der Kaiser schwor:	Was der Papst schwor:	Was die Römer schworen:
Schutzherr und Verteidiger der Christenheit, der Römer und des Papstes zu sein.	Niemals dem Langobardenkönig beizustehen oder vom Kaiser abzufallen.	Keinen Papst ohne die Zustimmung des Kaisers zu wählen und den Kaiser als obersten Herrn anzuerkennen.

Die Kaiserkrone ist aus Gold und mit Edelsteinen reich verziert. In die Krone sind folgende Abbildungen eingearbeitet: Gott der Allmächtige, König Salomo, David, die Propheten Hesekiel und Jesaias.

Die Fotos unten zeigen dir weitere Reichsinsignien, die heute noch aufbewahrt werden.

Die Slawen im Osten des Reiches

Die Slawen lebten ursprünglich in Osteuropa. Zur Zeit der Völkerwanderung verließen die germanischen Stämme ihr Land zwischen Oder und Weichsel. In das nun freie Land rückten die Slawen nach; es wurde zunächst nur dünn besiedelt.

Die Slawen waren Bauern und lebten wie die Germanen in Dörfern zusammen. Es war ihnen nicht gelungen, ein einheitliches slawisches Reich zu gründen, sondern sie lebten in verschiedene Stämme zersplittert.

Wie sie ihre Burgen bauten, berichtet uns der arabische Kaufmann Ibrahim ibn Jaqub, der im 10. Jahrhundert die slawischen Länder bereiste. „Sie gehen zu Wiesen, reich an Wasser und Gestrüpp, stecken dort einen runden oder viereckigen Platz ab nach Form und Umfang der Burg, wie sie sie beabsichtigen, graben ringsherum und schichten die ausgehobene Erde auf, wobei sie mit Planken und Pfählen nach Weise der Bastionen gefestigt wird, bis die Mauer die beabsichtigte Höhe erreicht. Auch wird für die Burg ein Tor abgemessen, an welcher Seite man will, und man geht auf einer hölzernen Brücke aus und ein."

Slawische Stammesnamen schwarz, germanische rot

- Heimat der Slawen
- Wanderungen der slawischen Stämme vom 6. bis 8. Jahrhundert n. Chr.
- Westgrenze slawischen Vordringens

Rekonstruktion einer slawischen Burganlage. Zur Hauptburg gehörte noch die Vorburg, die ebenfalls durch Holzmauern geschützt war. Eine 750 m lange Holzbrücke, auf Pfählen errichtet, verband die Insel mit dem Ufer. Viele solcher Burgen entstanden im 9./10. Jahrhundert in der Landschaft Mecklenburg.

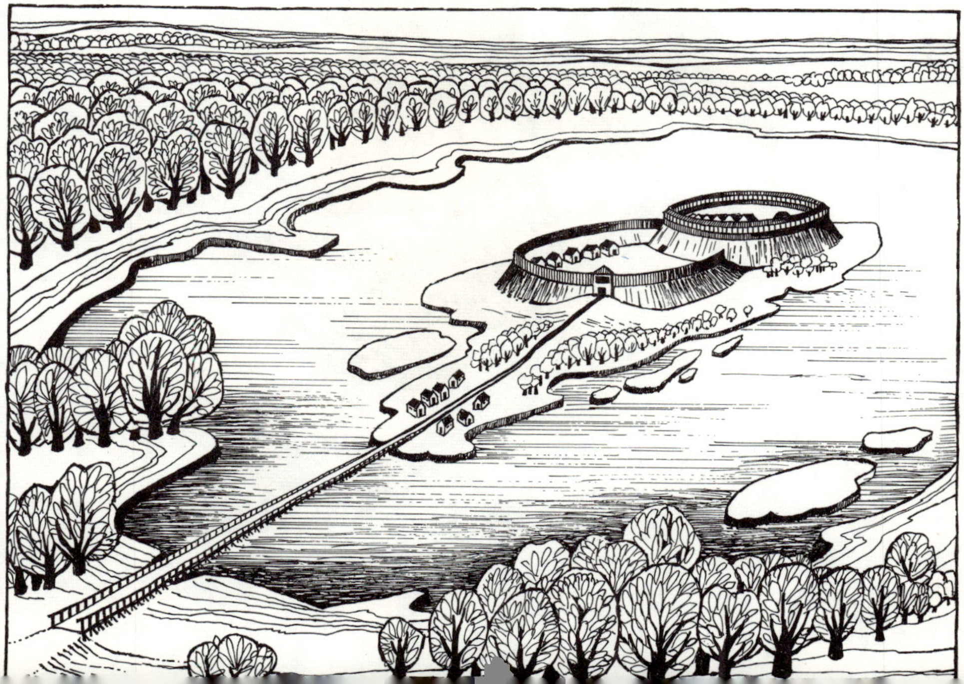

Otto drängte die Slawen zurück und gründete Grenzmarken, in denen er Markgrafen einsetzte. Markgraf Gero und Hermann Billung, die beiden mächtigsten, und die Herren der übrigen Markgrafschaften ließen die zurückgebliebenen slawischen Stämme Tribut leisten, teils Geld, teils Getreide, Flachs, Honig, Met, Schweine, Gänse und Hühner. Sie mußten auch ständig bereit sein, für den Markgrafen und die Burgherren zu arbeiten. Der König und die Markgrafen siedelten nach und nach freie Bauern vor allem aus Sachsen an. Wenn Gefahr drohte, mußten diese die Waffen ergreifen und die zahlreichen Burgen in den Marken verteidigen.

Otto wollte mit den slawischen Nachbarn in Frieden leben und blutige Kämpfe verhindern. Vor allem sollten die Slawen das Christentum annehmen. Der Kaiser schickte in die slawischen Gebiete Priester und Bauern, denen auch bald Kaufleute folgten. Magdeburg war der Mittelpunkt für die Arbeit im Osten des damaligen Reiches. 968 wurde die Stadt Sitz eines Erzbischofs. Im Dom zu Magdeburg liegt Kaiser Otto begraben.

GERO UND SEINE MARK

Einmal erhielt Markgraf Gero die Nachricht, daß ihn die Slawen überfallen und töten wollten. Da lud er 30 ihrer Fürsten zu einem festlichen Gastmahl ein. Alle kamen; sie ahnten nichts Schlimmes. Der Markgraf ließ sie reichlich bewirten. Aber die Slawen waren den Genuß der gegorenen Getränke nicht gewohnt. Als der Abend nahte, sank einer nach dem andern vom Weine berauscht zu Boden. Darauf hatte Gero gewartet: Er rief bewaffnete Knechte herbei und ließ die Wehrlosen erschlagen.

1 Billunger Mark
2 Nordmark
3 Mark Lausitz
4 Mark Meißen
5 Ostmark
6 Steiermark und Kärnten

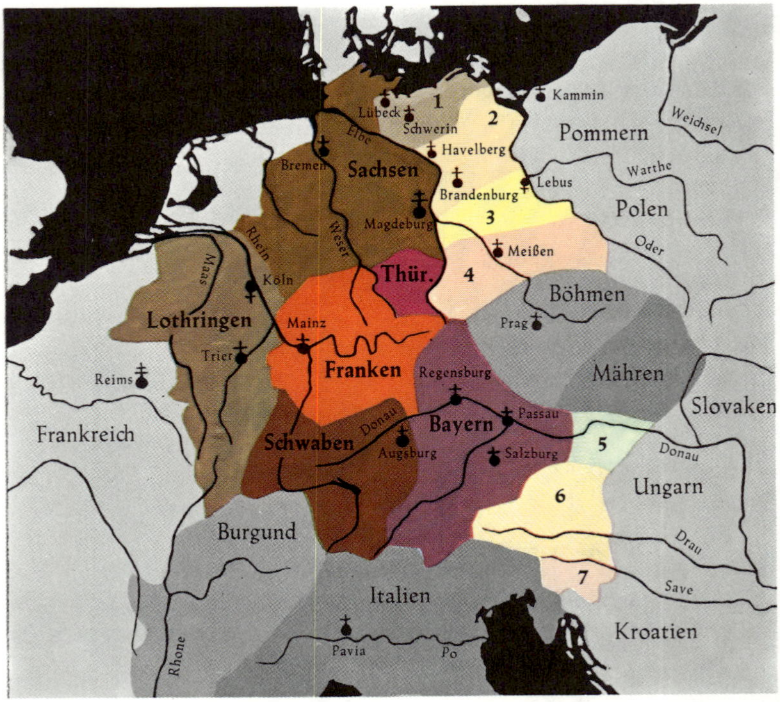

Als die Ungarn das Reich bedrohten, erhoben sich die Slawen und nahmen Rache. Sie fielen in das sächsische Land ein. Die Kirchen gingen in Flammen auf. Zahlreiche Priester wurden gemartert und getötet. Nur wenige konnten sich über die Elbe rechtzeitig in Sicherheit bringen. Bauernhöfe wurden niedergebrannt, Felder und Gärten verwüstet.
Gero hatte seine Mark bis zur Oder ausgedehnt. Er war unter den Großen des Reiches einer der Mächtigsten. Als einfachen Mann hatte ihn der König zum Verteidiger der Ostgrenze bestimmt, denn er war erfahren im Kriege, tapfer und klug. Mit großer Liebe hing er an seinem Sohn. Als der slawische Stamm der Liutizen sich erhoben hatte, schickte ihn der Markgraf als Anführer der Krieger gegen die Feinde. Im Kampfe wurde der junge Ritter von einem Pfeil getroffen. Tot sank er zu Boden. Die Nachricht vom Tode seines Sohnes nahm Gero allen Mut. Eines Tages rief er seine Getreuen zu sich. Er hatte seine prunkvollsten Gewänder angelegt und sich mit seinen besten Waffen geschmückt. Nun sprach er zu den Versammelten: „Gott hat mich wegen meiner Sünden schwer bestraft. Ich lege alle Macht, den ganzen Prunk und jede Eitelkeit ab und will der niedrigste Diener Gottes sein." — Darauf warf er seinen kostbaren, goldbestickten Mantel zu Boden, legte die Waffen ab und zog ein bescheidenes Pilgerkleid an. Er ergriff einen rohen Knotenstock und verließ das Haus. Ratlos standen die Männer in der Halle. Aber niemand wagte es, den Markgrafen aufzuhalten. Gero pilgerte zu Fuß nach Rom und warf sich vor dem Papst nieder, um seine Sünden zu bekennen. Von nun an lebte er als einfacher Mönch. Später kehrte er in seine Heimat zurück. Nach seinem Tode wurde er in einem Kloster beigesetzt, das er selbst gegründet hatte und das zum Andenken an seinen Stifter Gernrode genannt wurde.

DEUTSCHE SIEDLUNGEN IN BÖHMEN

Die Stämme der Tschechen siedelten in den fruchtbaren böhmischen Tälern. Ausgedehnte waldreiche Gebiete blieben aber menschenleer. Deshalb riefen die Herren Böhmens, die Lehnsmänner des deutschen Kaisers waren, benachbarte deutsche Bauern in ihr Land.
Der Böhmenkönig Wratislaw II. ließ in der zweiten Hälfte des 11. Jahrhunderts deutschen Siedlern, die in die Gegend um Prag eingewandert waren, einen Rechtsbrief ausstellen:

„. . . Ihr sollt wissen, daß die Deutschen freie Leute sind . . .

. . . Ich bewillige ihnen einen eigenen Priester und ebenso einen Richter . . .

. . . Sie sind zu keiner Heerfahrt heerbannpflichtig, außer wenn es sich um die Verteidigung des Landes handelt . . .

. . . Hat ein Tscheche mit einem Deutschen einen Rechtsstreit, in dem Zeugen nötig sind, so soll der Tscheche 2 Deutsche und einen Tschechen als Zeugen bringen. Und umgekehrt . . .

. . . Welcher Ankömmling oder Gast mit den Deutschen in ihrem Dorf oder in ihrer Stadt wohnen will, der soll das Gesetz und Recht der Deutschen annehmen . . .

. . . Was immer die Deutschen begehen mögen, sie werden nicht gefangen noch in den Kerker geworfen, wenn sie bürgen oder ein eigenes Haus haben . . ."

Von vielen Begebenheiten aus der nachfolgenden Zeit wissen wir, wie eng die Verbindung Böhmens mit dem Reich damals gewesen ist. So ließ der Böhmenherzog Wenzel der Heilige auf seiner Prager Burg eine Kapelle errichten, die der Palastkapelle Karls des Großen in Aachen ähnlich war. Vor etwa 1000 Jahren zog der erste Bischof Böhmens in Prag ein. Später wurde dort die erste deutsche Universität von Kaiser Karl IV. gegründet (1348).

Der König vergibt Lehen

Am Tag nach der Krönung Friedrichs III. im Jahre 1440 hatte sich viel Volk auf dem Platz vor dem Rathaus zu Aachen versammelt. Handwerker, Bauern, Händler, Dienstleute, Knechte, Frauen und Mädchen waren in ihren besten Gewändern erschienen. Alles Volk blickte hinauf zu dem erhöhten Platz vor dem Rathaus, wo der König saß, umgeben von den Fürsten. Alle jubelten dem Herrscher zu. Da erklangen auf einmal Trompeten und Pfeifen. Das Volk drängte zurück; denn schon sprengten fast tausend Reiter und Knechte auf ihren Pferden heran. Sie waren angeführt vom Pfalzgrafen bei Rhein. Die beiden stolzen Ritter neben dem Grafen schwenkten die Banner von Bayern und der Pfalz, und hinter ihnen wogte ein ganzes Meer von roten Fähnchen, die von den Reitern emporgehoben wurden. Der Graf sprang von seinem Roß, schritt ohne Waffen auf den König zu und beugte vor ihm das Knie. Alle seine Ritter, Dienstmannen, das ganze Volk sahen, wie der Pfalzgraf dem König huldigte und dabei die Worte sprach: „Ich schwöre und gelobe dir, dem erhabenen König der Deutschen, allzeit treu und gehorsam zu sein." Der König überreichte nun seinem Lehnsmann, der ihn als obersten Lehnsherrn anerkannt hatte, die neue Lehnsfahne. Fürsten traten herzu und geleiteten den neubelehnten Pfalzgrafen auf seinen Sitz in ihrer Reihe. Jetzt erschallten Hochrufe auf dem Platz, und auf einmal flogen alle die roten Fähnlein in die Volksmenge. Wer eines ergreifen konnte, zerriß es unter Freudenrufen, denn der neue König hatte dem Pfalzgrafen das alte Land wieder zu Lehen gegeben.

Das Bronzerelief zeigt Kaiser Otto III., wie er dem heiligen Adalbert von Prag den Bischofsstab für seine Missionsarbeit im Land der Pruzzen (Preußen) verleiht. Bischof Adalbert von Prag wirkte außerdem als Missionar bei den Ungarn, hielt sich vorübergehend in Rom auf und fand bei der Missionierung der Pruzzen den Tod.

Die Figuren spiegeln die soziale Ordnung des Mittelalters wider; sie sind nach Abbildungen aus dem „Sachsenspiegel“ dargestellt.

1 König
2 Herzog
3 Bischof
4 Abt
5 Lehnsherr
6 Lehnsmann
7 Lehnsrichter
8 Bürgermeister
9 Schultheiß
10 Schöffe
11 Bauer
12 Büttel
13 Hirte
14 Frau und Mädchen
15 Sachse
16 Wende
17 Wendin
18 Jude

Später erschienen die anderen Vasallen (Lehnsmänner) der Reihe nach, darunter der Herzog von Sachsen mit großem Gefolge und schwarz-weißen Fähnlein, der Markgraf von Brandenburg mit mehr als 3000 Reitern, die wieder rote Fahnen schwenkten, auch der Herzog von Berg und Jülich mit 1000 weißgekleideten Reitern, die alle weiße Lehnsfahnen hielten.
Viele solcher Belehnungen fanden im Laufe des Mittelalters statt. Der König als oberster Lehnsherr gab seinen Gefolgsleuten als Lohn ein Landgut als Lehen. Es war nur „geliehen“ und nicht Eigentum. Der Lehnsmann, also der Gefolgsmann, der das Land als Lehen erhalten hatte, schwor dem Lehnsherrn den Treueid, und der Lehnsherr verpflichtete sich, seinen Lehnsmann (Vasall) zu schützen und ihm die Treue zu halten. Die Königsvasallen, die Herzöge, Grafen und die Äbte der Klöster waren oft gleichzeitig Lehnsherrn und Lehnsmänner. Sie konnten ihr eigenes Land oder das Land, das sie als Lehen vom König erhalten hatten, an kleinere Vasallen weitergeben.
Am Anfang erhielt der Lehnsmann ein Lehen für Dienste und Treue. Später mußten die Lehnsmänner Dienste leisten, weil sie ein Lehen erhalten hatten, meistens in Form des Kriegsdienstes.

Bei der Rückkehr von der Kaiserkrönung in Rom lagerte Friedrich Barbarossa mit seinen Rittern bei Verona, denn ein Engpaß versperrte ihnen den Weg. Auf der einen Seite ragten die Felsen jäh in die Höhe, und auf der anderen Seite strömte der reißende Eisack. Es blieb nur ein schmaler Pfad. Die Burg auf der Höhe war seit langem als ein Räubernest bekannt. Räuberische Ritter versperrten den Weg, warfen unaufhörlich Steine herab und riefen: „Hier wird keiner von euch durchkommen, wenn ihr uns nicht eure Pferde und Rüstungen ausliefert. Außerdem muß uns der Kaiser eine große Geldsumme zahlen!" Als Barbarossa das hörte, sagte er: „Es ist doch ein starkes Stück, daß ein Fürst einem Räuber Tribut zahlen soll." Was sollte er tun? Schließlich sandte Kaiser Friedrich Barbarossa den treuen Anführer seiner Leibwache, Otto von Wittelsbach, mit 200 jungen Rittern und Knechten aus. Bergauf, bergab, durch Wälder und Schluchten, zwischen Klippen und Gestein, suchten sie voranzukommen. Nach harter Mühe stand Otto von Wittelsbach mit seinen Männern am Fuße eines unüberwindlichen Felsens, der so steil abfiel, als ob man ihn mit dem Schwert abgeschlagen hätte. Zuerst versuchten die Ritter und Knechte einige Männer auf Rücken und Schultern emporzuheben, doch sie kamen nicht voran. Nun nahmen sie ihre Lanzen und stellten daraus eine Leiter zusammen. Auf diese Weise konnten sie im Rücken der Feinde unauffällig die Höhe über der Räuberburg erreichen. Hier entfaltete Otto das kaiserliche Banner. Vom Tal herauf schallten Jubelrufe und Gesang als Anerkennung für diese mutige Tat. Die Räuber waren völlig überrascht. Sie hatten geglaubt, nur Vögel könnten zu ihnen heraufkommen, nicht aber Menschen. Als sie erkannten, daß sie von oben und unten belagert wurden und daß eine Flucht aussichtslos war, mußten sie sich ergeben. Der Kaiser bestrafte sie mit dem Tod.

Im Jahre 1176 weilte Kaiser Barbarossa auf seinem 5. Kriegszug in Italien. Die römischen Städte leisteten ihm erbitterten Widerstand. Sein Ritterheer war jedoch für einen Sieg über die Städte zu schwach. Erfreut über ihren Sieg, ließen die Mailänder den Bürgern von Bologna folgende Nachricht zukommen: „Wir tun euch kund und zu wissen, daß wir über unsere Feinde einen ruhmvollen Sieg davongetragen haben ... Der Schild des Kaisers, sein Banner, Kreuz und seine Lanze fielen in unsere Hände; in den Sätteln der Saumtiere des Kaisers fanden wir viel Gold und Silber, die Beute, die wir gewonnen haben, läßt sich nicht abschätzen."

Der mächtigste Lehnsmann war Heinrich der Löwe, der Herzog von Bayern und Sachsen. Er war Herr über 40 Städte und 70 Burgen. Im Osten hatte er das Land der Wenden besetzt. Ostholstein, Mecklenburg und Pommern gehörten ebenfalls zu seinem Besitz (vgl. Karte S. 18). Mißtrauisch blickten die anderen Fürsten auf die wachsende Macht Heinrichs des Löwen, der immer wieder auch in ihre Gebiete einfiel.

Der stolze Herzog, ein Vetter Barbarossas, suchte den Kaiser in Italien auf: „Ich kann dir mit Geld und Silber dienen, aber meine Kriegsmannen brauche ich selber. Schon zu viele habe ich in Italien verloren. Wer soll die Angriffe der Slawen abwehren, die mir das Land wieder entreißen wollen, das ich im Osten neu besiedelt habe, wenn ich dir meine Streiter überlasse?" Doch der Kaiser antwortete: „Heinrich, ich bin dein Vetter und Freund. Du bist der mächtigste unter den deutschen Fürsten. Nie habe ich dir einen Wunsch abgeschlagen, und deine Feinde waren stets meine Feinde. Und gilt dir dazu unsere Verwandtschaft nichts?" Hart erwiderte Heinrich der Löwe: „Wenn du meine Hilfe so dringend brauchst, so gib mir dafür die reiche Kaiserstadt Goslar mit den Silberschätzen des Rammelsberges!" Der Kaiser brauste auf: „Unerhörtes verlangst du von mir! Ich soll

Zum Andenken an Heinrich den Löwen wurde im vorigen Jahrhundert auf den Grundmauern der alten Herzogsburg Dankwarderode in Braunschweig eine neue Burganlage als Nachbildung erbaut. Beachte die Bauweise! Auch das Denkmal des Herzogs kannst du auf dem Bilde finden.

dir meine eigene Stadt überlassen!" Aber der Welfe ließ sich nicht umstimmen. Da erhob sich der Kaiser von seinem Thron und fiel dem Lehnsmann zu Füßen. Alle waren bestürzt: Der Herrscher über viele Völker lag erniedrigt vor seinem Vasallen. Schnell aber half Heinrich dem Kaiser auf. Sie trennten sich ohne Gruß. Einige Wochen später erlitt der Kaiser bei Legnano mit seinem kleinen Heer im Kampf gegen die Langobarden eine Niederlage.

Das Urteil gegen den mächtigsten Lehnsmann

Der Kaiser kehrte bald darauf mit seinem geschlagenen Heer nach Deutschland zurück. Die Fürsten verlangten, daß Herzog Heinrich vor das Königsgericht gestellt werde. Dreimal wurde er vom Kaiser geladen; doch er kam nicht.

Zu Beginn des Jahres 1180 wird ein Reichstag nach Würzburg einberufen. Die Fürsten des Reiches erscheinen. Heinrich wird zum vierten Male vorgeladen, doch er kommt nicht. Da spricht der Kaiser gegen ihn die Reichsacht: „Allen gegenwärtigen wie zukünftigen Getreuen des Reiches tun Wir kund und zu wissen: da Heinrich, ehemals Herzog von Bayern und Westfalen, die Freiheit der Gotteskirchen und des Reichsadels schwer bedrückt hat durch Besetzung ihrer Güter und durch Schmälerung ihrer Rechte, da er, auf dringende Klage der Fürsten und zahlreicher Adligen vorgeladen, sich unserer Majestät zu stellen verschmäht hat und wegen dieses Nichterscheinens dem auf unsere Acht lautenden Spruch der Fürsten wie der Schwaben seines Standes verfallen ist, . . . so sind durch einmütigen Fürstenspruch auf dem feierlichen Tage zu Würzburg die Herzogtümer Bayern und Westfalen-Engern wie auch alle Reichslehen ihm aberkannt und unserem Verfügungsrecht und Machtbereich zugesprochen worden."

Die Fürsten verlangen sogar, daß Heinrich Deutschland verläßt. Mit seiner Familie und nur wenigen Dienstmannen macht er sich auf nach England. Viele Städte, Ritter und Grafen fallen von ihm ab. Die Kölner Königschronik schreibt zu diesem Ereignis: „So wurde der einst im römischen Reiche berühmteste und mächtigste Herzog gedemütigt und gestürzt. Endlich hatte er sich ergeben, und nach dem Spruche der Fürsten wurden ihm Name und

Amt eines Herzogs genommen, dazu alle Lehen, die er vom Reiche und von Bischöfen hatte; außerdem zwang man ihn, auf drei Jahre das Reichsgebiet zu verlassen."

Der Kaiser aber entsann sich des treuen Lehnsmannes Otto von Wittelsbach. Dieser hatte dem Kaiser schon viele Jahre als engster Berater gedient; häufig wurde er mit wichtigen diplomatischen und militärischen Aufgaben beauftragt. Ihm gab er das Herzogtum Bayern zu Lehen. Der ungetreue Lehnsmann Heinrich wurde hart bestraft.

Der Kaiser sprach die Reichsacht aus und der Papst den Kirchenbann. Wie furchtbar sich die Strafe auswirkte, zeigen die folgenden Zeilen.

Der König oder Kaiser spricht:

„Mit Meiner Hand erhebe ich dieses Schwert und spreche so den Spruch der Reichsacht: Aus kaiserlicher Macht und nach dem Schluß der Fürsten steh' ich, erkläre dich als Feind des Reichs, als offenbaren Ächter. Von Frieden setz' ich dich in Unfrieden, dein Lehen teil' ich hin, woher es rührt, dein Fleisch geb' ich dem Tier im Walde preis, dem Vogel in der Luft, dem Fisch im Wasser. Ich weise dich hinaus in die vier Straßen der Welt. Wo der Freie wie der Knecht Fried' und Geleit hat, sollst du keines haben. Und wie ich diesen Handschuh von mir werfe, sollst du verworfen und zertreten sein."

Die Fürsten rufen:

„Sollst du verworfen und zertreten sein!"

Der Papst oder Bischof spricht:

„Im Namen aller Bischöfe verbann' ich dich, samt allen, die dir helfen und dich hegen, aus unserer heilgen Kirche Mutterschoß. Verflucht seist du zu Hause und auf dem Felde, auf offenem Heerweg, auf geheimem Pfad, im Wald, auf dem Gebirg' und auf der See, im Tempel selbst und vor dem Hochaltar! Unselig sei dein Leben und dein Tod! Verflucht seist du vom Wirbel bis zur Zeh'! Und wie ich dieser Kerze brennend Licht auslösch' und tilge mit des Mundes Hauch, so sollst du vertilgt sein und ausgelöscht aus dem Buch des Lebens und der Gnade, so du nicht Reue zeigst und Gott dir gnädig ist!"

Die Bischöfe rufen:

„Sonst sollst vertilgt du sein und ausgelöscht!"

DAS MITTELALTERLICHE DEUTSCHE KAISERREICH

Um 900 drangen Sarazenen, Wikinger und Ungarn tief in das geteilte und geschwächte Reich ein. In den deutschen Stämmen (Sachsen, Franken, Thüringer, Schwaben, Lothringer, Bayern) gewannen die Herzöge die Macht. Der Sachse Heinrich vereinte alle deutschen Stämme unter seiner Herrschaft. Er stellte ein Reiterheer auf, mit dem er 933 die Ungarn an der Unstrut zurückschlug. Sein Nachfolger Otto der Große festigte die Königsmacht und wurde als deutscher Kaiser Herr des römischen Reiches. 955 besiegte er auf dem Lechfeld bei Augsburg die Ungarn und vertrieb sie für immer aus Deutschland. Otto der Große erweiterte das Reich bis zur Oder und gründete im Osten Marken. Er siedelte zwischen Elbe und Oder deutsche Bauern an, ließ unter den Slawen das Christentum verbreiten und gründete das Bistum Magdeburg. Deutsche Bauern siedelten sich in den Gebieten Böhmens und Mährens an.

Im Mittelalter war der König oder Kaiser der oberste Lehnsherr. Die Lehnsmänner erhielten vom obersten Lehnsherrn Burgen und Länder als Lohn für geleistete Dienste. Die großen Lehnsherren, z. B. Herzöge und Bischöfe, konnten ihre Lehen weiter vergeben. Der Lehnsmann war seinem Lehnsherrn zu Treue verpflichtet. Der mächtigste Lehnsmann des Mittelalters war Herzog Heinrich der Löwe. Er hatte von Kaiser Friedrich Barbarossa Sachsen und Bayern als Lehen. Weil er jedoch dem Kaiser die Heeresfolge verweigerte, wurde er geächtet, verbannt und verlor sein Lehen. Otto von Wittelsbach wurde Herzog von Bayern (1181). Im Laufe des Mittelalters wurden die Lehen erbliches Eigentum des Lehnsmannes.

KAISER UND PAPST

GEISTLICHE UND WELTLICHE MACHT GERATEN IN STREIT

Buchmalerei aus einer Handschrift um 1114. Heinrich IV. bittet die Markgräfin Mathilde von Tuszien und den Abt Hugo von Cluny, im Sinne einer Versöhnung beim Papst zu vermitteln.

Die politische und rechtliche Stellung der Geistlichen im Reich

Seit Otto I. hatten die deutschen Könige das Recht, Bischöfe, Äbte und andere Geistliche in ihre Ämter einzusetzen. Diese Ämter waren sehr begehrt.
Die Klöster waren im Laufe der Zeit reich geworden. Sie besaßen große Ländereien, deren Umfang durch Schenkungen ständig zunahm. „Es steht unwiderruflich fest, daß ich, Adelhart, und meine Frau aus Liebe zu Gott und dem heiligen Nazarius das Besitzgut unseres Eigentums dem heiligen Märtyrer Gottes Nazarius geschenkt haben, der im rheinischen Grafschaftsgau in einem Kloster ruht, das Lorsch genannt wird, . . . und wir wollen, daß das Geschenk für alle Ewigkeit gilt; es besteht aus den Orten, die Sachsenheim und Hege heißen, die wir bekanntlich besessen haben, und aus zwei Hufen in der Grafschaft des Herzogs Konrad des Roten, in dem Dorf Apfelbach, und aus unseren Knechten."
So wie Adelhart schenkten damals viele gläubige Christen Land mit den dazugehörigen Leuten an Klöster. Äbte und Bischöfe sorgten sich zuweilen mehr um die Einnahmen aus den Ländereien als um ihre kirchlichen Aufgaben. Söhne hoher Adliger bewarben sich um Abteien und Bischofssitze, die vom König oder mächtigen Fürsten vergeben wurden. So wurden diese Ämter oft von einem Bewerber erkauft.
Die Bischöfe hatten inzwischen die Stellung der weltlichen Reichsfürsten erreicht. Die römischen Adelsgeschlechter handelten untereinander aus, wer Papst werden sollte. Deutsche Kaiser hatten wiederholt Päpste ernannt und abgesetzt.

PÄPSTLICHER HERRSCHAFTSANSPRUCH

Gregor VII., der 1073 zum Papst gewählt wurde, wollte diese Mißstände beseitigen, die Macht der Kirche vergrößern und ihr Ansehen wiederherstellen. Nach seiner Überzeugung war der Papst als Beauftragter Gottes der wahre Herrscher über die Welt. Gregor VII. sprach deshalb Heinrich IV., der damals das deutsche Reich regierte, das Recht ab, Bischöfe zu ernennen. Der König war aber nicht bereit, diese Forderung zu erfüllen.

Der Papst fordert:

Gregor VII. hat seine Forderungen in einer berühmten Sammlung von 27 Leitsätzen, die er 1075 aufschreiben ließ, zusammengefaßt.

Die wichtigsten heißen:

„Nur der römische Papst trägt zu Recht den Titel des universalen Papstes. Er ganz allein kann Bischöfe absetzen und auch wieder einsetzen ...

Nur er verfügt über die kaiserlichen Insignien. Alle Fürsten haben einzig und allein die Füße des Papstes zu küßen ...

Der Papst kann Kaiser absetzen ...

Keine Synode darf ohne seine Weisung eine allgemeine genannt werden ...

Die römische Kirche hat nie geirrt und wird nach dem Zeugnis der heiligen Schrift auch in Ewigkeit nicht irren ...

Auf seinen Befehl hin und mit seiner Erlaubnis dürfen Untergebene gegen ihre Vorgesetzten Klage erheben.

Auch ohne Beschluß einer Synode kann er Bischöfe ein- und absetzen ...

Er kann Untertanen vom Treueid gegen unbillige Herrscher entbinden."

Heinrich fordert:

Im großen Sitzungssaal zu Worms sind am 24. Januar 1076 24 Bischöfe und 2 Erzbischöfe versammelt. Erregt blicken alle zu König Heinrich, der mit finsterer Miene hört, wie sein Kanzler, der Erzbischof von Mainz, einen Brief des Papstes vorliest; in diesem Schreiben wird Heinrich IV. der Kirchenbann angedroht.

Mit Zustimmung der versammelten Bischöfe wird ein Antwortbrief des Königs an den Papst verfaßt.

Darin heißt es:

„Heinrich, von Gottes Gnaden König,
an Hildebrand ...

aufgrund des Patriziats über die Stadt Rom, der Mir als von Gott gewährt und infolge der beschworenen Zustimmung der Römer zusteht, befehle Ich dir, von Ihrem Thron herabzusteigen."

Als einige Bischöfe zögerten, wies sie der Bischof darauf hin, daß sich diejenigen, die den Brief nicht unterschreiben, vom König lossagen, dem sie ja den Treueid geschworen haben.

Schließlich unterschrieben alle Bischöfe ihre Absage an den Papst.

Der Brief Heinrichs IV. wurde nicht nur an den Papst, sondern mit einigen Zusätzen auch an die Römer gesandt; sein Wortlaut fand auch im deutschen Reich weite Verbreitung. Boten brachten den Beschluß der Wormser Fürstenversammlung nach Rom. Sie kamen gerade zur Eröffnung einer Fastenversammlung. Gregor ließ die Boten das Schreiben verlesen. Als die über 100 Bischöfe, die sich um Gregor versammelt hatten, vernahmen, daß der Papst vom Stuhle Petri steigen solle, erhob sich ein Sturm der Entrüstung. Aufgrund dieser Vorgänge belegte Gregor König Heinrich mit dem Kirchenbann: „Im Namen des allmächtigen Gottes ... untersage ich dem König Heinrich, der sich in unerhörtem Hochmut gegen die Kirche erhoben hat, die Lenkung des ganzen Königreiches der Deutschen und Italiens und entbinde alle Christen von der Fessel des Eides, den sie ihm geleistet haben und leisten werden, und verbiete, daß man ihm als König dient."

Die lähmende Wirkung des Bannfluches

Es ist Ostersonntag in Utrecht; der König hält sich seit Tagen in der Stadt auf. Eben ist der Gottesdienst zu Ende gegangen. Mit verstörten Gesichtern treten die flämischen Weber, Schuster, Schneider, Kaufleute und viele andere Bürger aus dem düsteren Dom; denn vor wenigen Minuten hatte ihr Bischof den Bann des Papstes gegen den König verlesen.

„Wenn das unserer Stadt nur kein Unheil bringt!" seufzt ein Wollfärber, „gehorchen wir dem Papst, straft uns der König. Bleiben wir dem König treu, wird Gott uns strafen!"

„Wenn ich nur wüßte", erwiderte ein Schneider, „auf welcher Seite Gott wirklich steht?"

Vom Hofe des Königs stiehlt sich mancher davon. Fürsten, Bischöfe, Soldaten und Knechte verschwinden über Nacht, denn sie kennen den Bannspruch des Papstes. In Kirchen und Klöstern verkünden die Priester den Bann gegen den König und stoßen eine brennende Kerze auf den Steinfliesen aus.

Wohin Heinrich kommt, verstummen die Glocken, da verhüllen die Geistlichen die Altäre, da schließen sich die Kirchentore. Im Sachsenland stellen Bauern und Hörige, welche die zerstörten Burgen des Königs wiederaufbauen, die Arbeit ein. Um den König ist es einsam geworden. Selbst seine Diener meiden ihn. Nicht einmal für die Feuerstelle im Gemach des Königs haben sie Holz herbeigeschafft. „Es gibt keine andere Rettung für dich" sagte seine Gemahlin Berta, „du mußt nach Rom und den Papst um Lossprechung bitten." „Ich, der König soll mich so demütigen, wie ein Büßer den Schuh Gregors küssen und um Verzeihung betteln?" – „Nur so wirst du deine Krone retten!" antwortet die Frau. In wilden Schritten stürmt Heinrich durch das Gemach, läßt sich schließlich in seinen Sessel sinken und brütet düster vor sich hin. Viele Stunden vergehen. Endlich erhebt sich der König. „Ich glaube, du hast recht", sagt er zu seiner Frau, „ich habe keine andere Wahl."

Nach Wilhelm Hünermann

HÖHEPUNKT UND AUSGANG DES MACHTKAMPFES

Der Winter des Jahres 1076/77 war streng. Schon Anfang November war das ganze Land mit tiefem Schnee bedeckt; es herrschte ein schneidender Frost. Zu dieser Jahreszeit zog König Heinrich nach Italien, um vom Papst Verzeihung zu erlangen; denn die weltlichen Fürsten drohten ihm mit der Wahl eines neuen Königs, wenn er dem Papst Gehorsam und Genugtuung weiterhin versage.

Gregor VII. weilte gerade in der Burg Canossa, die der ihm treu ergebenen Markgräfin Mathilde von Tuszien gehörte. Dorthin wandte sich der König und verhandelte mit dem Papst. Gregor beschrieb später selbst das Zusammentreffen mit Heinrich: „Und indem er (Heinrich) dort drei Tage lang vor dem Tore der Burg (Canossa) nach Ablegung aller königlichen Tracht, in erbarmungswürdigem Aufzuge, nämlich ohne Schuhe und mit Wollkleidern angetan, aushielt, hörte er nicht eher auf, mit vielem Weinen die Hilfe und den Trost des apostolischen Erbarmens zu erflehen, als bis er alle, die da waren . . ., so zu großer Milde und mitleidigem Erbarmen rührte, so daß alle für ihn mit vielen Bitten und Tränen eintraten . . . Überwunden von der Ausdauer seiner Zerknirschung und den dringenden Fürbitten aller Anwesenden, haben Wir ihn endlich unter Lösung der Fessel des Bannes in die Gnade der Abendmahlsgemeinschaft und den Schoß der heiligen Mutter Kirche aufgenommen, nachdem wir von ihm die unten aufgezeichneten Sicherheiten erhalten hatten."

Heinrich mußte nun darauf verzichten, selbst Bischöfe einzusetzen.

Inzwischen aber hatten die deutschen Fürsten eine Versammlung einberufen und Heinrich als König abgesetzt. An seine Stelle wählten sie den Schwabenherzog Rudolf von Rheinfelden zum Gegenkönig. Diese Ereignisse brachten eine große Verwirrung in das deutsche Reich. Rudolf versuchte nach der Wahl, die Anerkennung seines Königtums durch den Papst zu erlangen, und Gregor betrachtete es als sein Recht, in dieser Frage eine Entscheidung zu treffen. Er sagte: „Wer den Himmel öffnen und schließen kann, der soll über die Erde nicht richten können?"

Das Jahr 1180 brachte zwischen Heinrich IV. und Gregor VII. einen erneuten Bruch. Der Papst erkannte Rudolf als deutschen König an, sprach über Heinrich von neuem den Bann aus und erklärte seine Absetzung als König. Der Kampf wurde nun auf beiden Seiten erbittert weitergeführt. Auf die Anordnungen Gregors antwortete Heinrich mit der Wahl eines neuen Papstes. Durch einen militärischen Sieg über seinen Gegenspieler Rudolf, der in der Entscheidungsschlacht den Tod fand, verschaffte sich Heinrich IV. freie Hand in Deutschland. Drei Jahre später zog Heinrich in Rom ein, bestätigte den Gegen-

papst Clemens III. in seinem Amt und ließ sich von diesem zum Kaiser krönen. Gregor aber mußte Rom verlassen; im Schutze der Normannen begab er sich nach Salerno und starb dort kurz darauf.
Die endgültige Einigung mit der Kirche gelang erst dem Sohn Heinrichs. Nach jahrelangen Kämpfen und Verhandlungen schloß Heinrich V. im Jahre 1122 in Worms einen Vertrag (Konkordat) mit dem Papst.
In diesem Vertrag verzichtet der König auf das Recht, kirchliche Amtsträger zu ernennen. Er verlieh ihnen nur noch Land und Lehen.
Die Kirche verzichtete ihrerseits auf den Anspruch, weltliche Macht zu verleihen.

DER STREIT ZWISCHEN GEISTLICHER UND WELTLICHER GEWALT IN FRANKREICH UND ENGLAND

Das allgemeine Verbot Gregors VII., Bischöfe durch weltliche Macht ein- und abzusetzen, hatte im deutschen Reich zu schweren Auseinandersetzungen und schließlich zu einer Schwächung des Königtums geführt.
Anders verlief dagegen der Streit zwischen geistlicher und weltlicher Gewalt in Frankreich. Hier waren die Vasallen des Königs die eigentlichen Herrscher des Reiches, so z. B. der Graf von Flandern, die Herzöge der Normandie, der Bretagne, von Burgund, die Grafen von Toulouse, von Narbonne oder Anjou. Diese Herzöge und Grafen hatten wiederum Vasallen, die weitgehende Selbständigkeit besaßen. Frankreich war im 10. und 11. Jahrhundert bereits so zersplittert, wie das deutsche Reich erst im 13. Jahrhundert. So war der französische König zu schwach, um den Kampf mit dem Papst aufzunehmen. Im Jahre 1104 kam es zwischen ihm, Philipp I., und der römischen Kirche zum Abschluß eines Vertrages, in dem der französische König auf die Einsetzung der Bischöfe mit Ring und Stab verzichtet.
In England hatte sich mit Wilhelm I., dem Eroberer, im letzten Drittel des 11. Jahrhunderts ein starkes normannisches Königtum durchgesetzt. Der König war der Herr über Grund und Boden sowie Inhaber der dazugehörigen Rechte; die Vasallen blieben Beamte des Königs, die jederzeit absetzbar waren. Die großen Barone besaßen bedeutend weniger Rechte und waren vom König weit mehr abhängig als die deutschen und französischen Fürsten. Der Streit um die Einsetzung der Bischöfe wurde in England zwischen Heinrich I., dem jüngsten Sohn Wilhelm des Eroberers, und dem Erzbischof Anselm von Canterbury ausgetragen. Die Auseinandersetzungen waren zwar von kurzer Dauer, wurden aber von beiden Seiten heftig geführt. Sie endeten mit einer ähnlichen Übereinkunft, wie sie in Frankreich erreicht wurde. Das Londoner Konkordat (1107) bringt dem englischen König den Verzicht auf die Bischofseinsetzung mit Ring und Stab.

GEISTLICHE UND WELTLICHE GEWALT IM MITTELALTER

Der Streit zwischen König und Papst erschütterte im 11. und 12. Jahrhundert die mittelalterliche Welt. Der Papst sprach dem Kaiser sowie den Königen das Recht ab, Bischöfe einzusetzen. Während sich im deutschen Reich dieser Streit auf die grundsätzliche Frage ausdehnte, welche der beiden Gewalten die Vorrangstellung habe, blieben in Frankreich und England die Auseinandersetzungen auf die Bischofseinsetzung beschränkt und konnten hier auch schneller (1104 und 1107) beigelegt werden. Der Machtkampf zwischen dem deutschen Kaiser und dem Papst wurde mit dem Wormser Konkordat (1122) beendet.

DER KAMPF DES ABENDLANDES UM DIE HEILIGEN STÄTTEN

IM MORGENLAND

Auf dem Wege der Pilger

Ein großer Wunsch der Christen des Abendlandes war es, eine Pilgerfahrt nach Jerusalem zu unternehmen. Besonders im 11. Jahrhundert zogen viele Reisende zu den heiligen Stätten der Christenheit. Oft schlossen sich Tausende zu Reisegesellschaften zusammen, Männer und Frauen jeglichen Alters und Standes, aus allen Ländern des christlichen Abendlandes. Sie verwendeten ein ganzes Jahr oder noch länger für einen solchen Pilgerzug. Die meisten verweilten einige Zeit in Konstantinopel und bewunderten diese riesige Stadt. Sie war zehnmal größer als die mächtigsten Städte in ihrer Heimat. Von hier aus begaben sich dann die Pilger weiter ins Heilige Land und nach Palästina. Auch hier staunten sie über den Reichtum und die Kunst der Städte. Die Religion der ansässigen Bevölkerung, der Islam, war ihnen fremd und anziehend zugleich.

Kreuz und Halbmond

600 Jahre n. Chr. begründete der Kaufmann Mohammed eine neue Religionslehre, den Islam. Er hatte seine Eltern früh verloren und hütete als Knabe die Herden der Stadt Mekka in Arabien. Später unterhielt sich Mohammed als Kaufmann gerne mit christlichen und jüdischen Handelsleuten, die nach Mekka zogen. Er dachte darüber nach, warum sein eigenes Volk, die Araber, viele Götter verehrte und weshalb Christen und Juden nur einen Gott anbeteten.

Eines Nachts soll ihm der Erzengel Gabriel erschienen sein, der ihm eine Botschaft brachte. Mohammed erzählt über dieses Erlebnis:

„Ich erwachte aus meinem Schlaf, und es war, als sei eine Schrift in mein Herz geschrieben. Ich ging aus der Höhle, und als ich mich mitten auf dem Berge befand, hörte ich eine

Stimme, die sagte: O Mohammed, du bist Allahs Apostel, und ich bin Gabriel! Ich erhob meine Augen und sah Gabriel in der Gestalt eines Mannes mit gekreuzten Beinen am Horizont des Himmels." (Erzählung des Ibn Ischaq)

Mohammed predigte gegen die zahlreichen Naturgötter und verkündete seine Lehre. Im Koran, dem heiligen Buch des Islam, hat Mohammed seine Lehre niedergeschrieben.

„Gott (ist einer allein). Es gibt keinen Gott außer ihm (Allah) ... Er ist der Erhabene und Gewaltige ...

Die Frömmigkeit besteht nicht darin, daß ihr euch (beim Gebet) mit dem Gesicht nach Osten oder Westen wendet. Sie besteht vielmehr darin, daß man an Gott, den Jüngsten Tag, die Engel, die Schrift und die Propheten glaubt und sein Geld – mag es einem noch so lieb sein – den Verwandten, den Waisen, den Armen, dem, der unterwegs ist, den Bettlern und für (den Loskauf von) Sklaven hergibt, das Gebet verrichtet und die Almosensteuer bezahlt ...

Ihr Menschen! Fürchtet euren Herrn, der euch aus einem einzigen Wesen geschaffen hat, und aus ihm das entsprechende andere Wesen, und der aus ihnen beiden viele Männer und Frauen hat (hervorgehen und) sich (über die Erde) ausbreiten lassen! ...

Euch ist vorgeschrieben, (gegen die Ungläubigen) zu kämpfen, obwohl es euch zuwider ist ... Diejenigen, die glauben, und diejenigen, die ausgewandert sind und um Gottes willen Krieg geführt haben, dürfen auf die Barmherzigkeit Gottes hoffen."

(Aus dem 2. und 4. Kapitel, arabisch = Sure, des Korans)

Wie Christus, so lehrte auch Mohammed: „Liebe deinen Nächsten wie dich selbst!" Aber der islamische Glaube sollte nicht durch friedliche Missionare verbreitet werden, sondern mit Feuer und Schwert. „Wer in diesem heiligen Krieg für Allah fällt, der erlangt das Paradies." Zu den wichtigsten Pflichten des Islam gehören bis heute das fünfmalige Gebet an jedem Tage, der Fastenmonat Ramadan und die Pilgerfahrt nach Mekka.

Mohammed konnte in Mekka immer mehr Anhänger gewinnen. Hier stand die Kaaba, ein vom Himmel gefallener Stein, den die Araber als Heiligtum verehrten. Doch viele waren

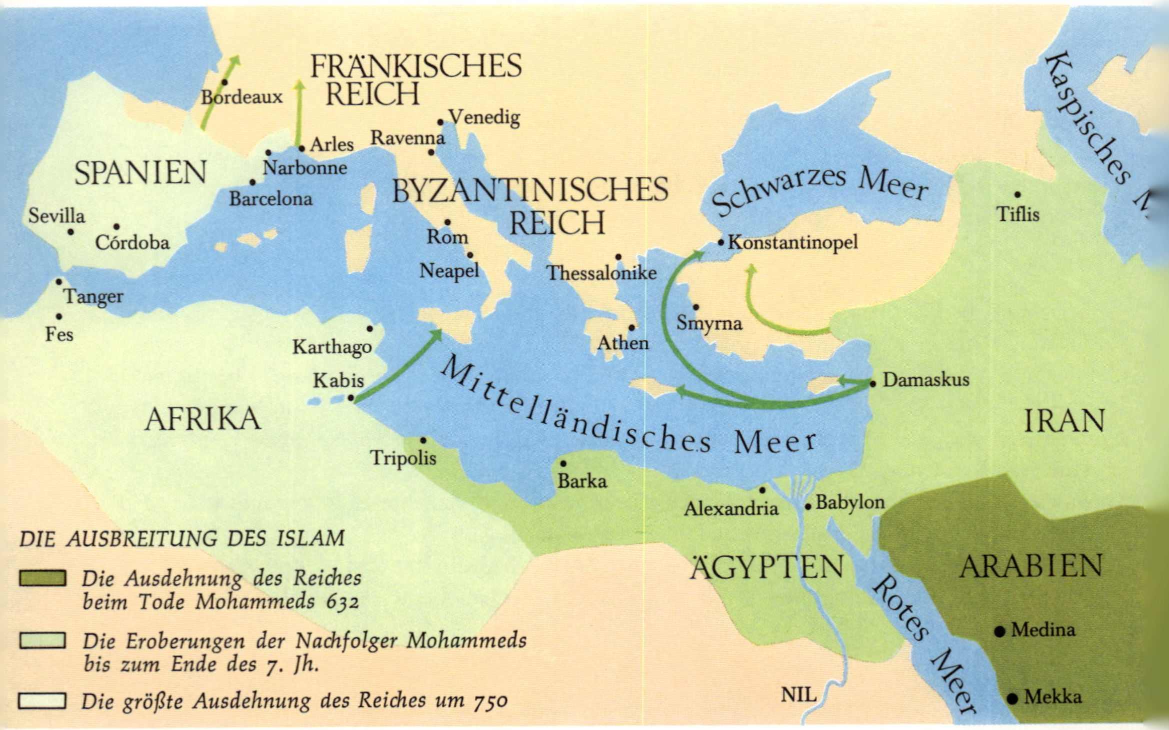

Dem Islam gehören heute etwa 400 Millionen Menschen an. Auch in unserer Zeit pilgern die Mohammedaner nach Mekka.

mit der Lehre Mohammeds nicht einverstanden und vertrieben ihn. Er floh in die Nachbarstadt Medina. Das geschah im Jahre 622, von da an beginnen die Anhänger Mohammeds, die Moslems, ihre Zeitrechnung. Später konnte Mohammed Mekka zurückerobern. Als er starb, gehörten alle arabischen Stämme dem Islam an. Ihre Herrscher zwischen Tigris und Ägypten nannten sich Kalifen. Unter ihrer Regierung entwickelten die Araber Wissenschaft, Kunst und Handel und machten Nordafrika zu einem blühenden Kulturland.

Der Kalif auf dem Ölberg

An einem Februartag im Jahre 638 ritt der siegreiche Kalif Omar auf einem weißen Kamel in Jerusalem ein. Er war in zerschlissene und schmutzige Gewänder gekleidet. Sein Heer war vom langen Marsche verwahrlost, zog aber in strenger Ordnung durch das Stadttor. Zur Seite des Kalifen ritt das Oberhaupt der Stadt, die er den Syrern entrissen hatte. Bald wollte der Kalif die heiligen Stätten der Christen, die Grabeskirche sehen. Während sie sich in der Kirche befanden, war die Zeit für die Gebetsstunde der Mohammedaner gekommen. Der Kalif bat den Bürgermeister: „Zeig mir hier eine Stelle, wo ich mein Gebet zu Allah sprechen kann!" Die Antwort war: „Bitte, bleibe hier, wo du bist." Aber Omar begab sich hinaus in die Vorhalle der Kirche, um seinen Gebetsteppich auszubreiten. Er fürchtete nämlich, daß seine Anhänger sagen würden: Der Ort, an dem unser Kalif gebetet hat, gehört dem Islam. Und so geschah es auch: Die Vorhalle wurde von den Mohammedanern übernommen, aber die Kirche selbst blieb die heiligste Stätte der Christenheit.
Später ritt das Stadtoberhaupt Jerusalems auf einem Esel unter sicherem Geleit hinaus auf den Ölberg, um dort den Kalifen abermals zu treffen. Hier entschied der Kalif: „Die Christen können unbehindert ihre Andachtsstätten aufsuchen. Sie dürfen jedoch keine Waffen tragen oder Pferde reiten und müssen eine Kopfsteuer entrichten."

Nach Steven Runciman

Friedrich I. an der Spitze des Kreuzfahrerheeres (Aus einer zeitgenössischen Handschrift)

Tausende machen sich auf den Weg

Es geschah im Herbst des Jahres 1095. Auf einem freien Platz vor der Stadt Clermont in Frankreich drängt sich eine ungeheure Volksmenge: Ritter und Knappen, Handwerker und Kaufleute, Bettler, Musikanten, Spielleute und Vaganten (umherziehende Leute), Abenteurer und Diebe, Bauern und Knechte, Hörige und Freie, Frauen und Kinder. Vierzehn Erzbischöfe, mehr als 200 Bischöfe und 400 Äbte sitzen auf der rot ausgeschlagenen Ehrentribüne, zusammen mit vielen weltlichen Fürsten und Grafen. In ihrer Mitte thront unter dem purpurnen Baldachin Papst Urban II. Atemlos lauscht alles Volk einem kleinen Mann mit dunklem hagerem Gesicht und grauem Bart. Barfuß, in eine rauhe Kutte gekleidet, steht er auf einem Brettergerüst. „Wer ist das?" fragt ein neugieriger Bauer. „Das ist der heilige Einsiedler von Amiens", flüstert ihm eine Frau zu, „auf einem Esel ist er gekommen, er berichtet von seiner Wallfahrt ins Heilige Land." Mächtig dröhnt die Stimme des Mönches: „Wie lange noch will die Christenheit die Greuel ertragen, die an den heiligen Stätten des Leidens und Sterbens unseres Erlösers geschehen, seit die Türken Jerusalem den Arabern nahmen. Wie die Teufel hausen sie an den hochgeweihten Orten, dringen in die Kirchen ein, lärmen um die Altäre, schleppen die Christen als Sklaven fort. Rasende Türkenkrieger tanzen um das Heilige Grab. Da lagern Tausende armer Wallfahrer, von allem beraubt, müde und krank, von Hunger und Fieber zermürbt; viele brechen sterbend zusammen." Nun erhebt sich der Papst. Er läßt seinen Blick über die Versammelten schweifen, und seine Stimme erhebt sich wie ein grollendes Ungewitter: „Erhebt euch! Kehrt eure Waffen gegen die Feinde des christlichen Glaubens! Eilt, wenn euch eure Seele lieb ist, um zum Schutze Jerusalems auszuziehen, denn Gott will es! Fürchtet nichts unter der glorreichen Fahne Christi. Als Sieger werdet ihr heimkehren oder die Krone der Märtyrer erringen. Allen Streitern der Christenheit verleihen wir den Schutz der Kirche. Auf und zögert nicht! Gott will es!" So angefeuert, brachen die Kreuzfahrer aus allen Teilen des Abendlandes gegen die Türken auf. Der islamische Stamm der Seldschuken hatte mittlerweile sein Herrschaftsgebiet vom inneren Kleinasien über Syrien bis nach Jerusalem ausgedehnt.

Die Anführer der Kreuzfahrer waren:
Gottfried von Lothringen, Robert von Flandern, der Graf von Toulouse, der Einsiedler Peter von Amiens, die Bischöfe von Orange (bei Lyon) und von Chur, und Philipp, der Bruder des Königs von Frankreich.

Viel Volk aus dem Rheinland, Ritter aus England, Schottland, Irland, Dänemark, Nordspanien, aus Florenz, Verona, Turin hatten sich zum Zuge vereint. Andere berühmte Kreuzfahrer waren: Robert von der Normandie – Volker von Orléans, der Bruder des Herzogs von Schwaben – die Bischöfe von Salzburg und Straßburg – der Pfalzgraf von Tübingen – der Graf von Leiningen (im Rheinland) – Bohemund von Torrent (Süditalien) – der Fürst von Otranto – der Graf von Zimmern (in Schwaben).

Wie die Kreuzritter ausgerüstet waren, ist auf diesen Bildern dargestellt.

Am Ziel

Bei Konstantinopel trafen die Gruppen der Kreuzfahrer aus dem Abendland zusammen. Gottfried von Bouillon war der Führer dieses gewaltigen Heeres, in dem unter vielen frommen und aufrichtigen Männern auch mancher Abenteurer und Räuber mitzog. So kam es auf dem Marsch durch die Länder außer den Kämpfen mit den Türken auch immer wieder zu Ausschreitungen gegen die ansässige Bevölkerung. Dazu traten noch andere Schwierigkeiten: schmale Pfade, hohe unwegsame Gebirge, ödes, baumloses, heißes Land, oft kein Wasser, weite Entfernungen zu den nächsten Dörfern und Städten, ungeordneter, langer Zug, Mangel an Reit- und Tragtieren, unbekannte Krankheiten.
Das geschwächte Heer zog an der Küste weiter nach Süden. Im Sommer 1099 erblickten die Kreuzfahrer die Heilige Stadt. Hunderttausende waren ausgezogen, nun lagerten nur noch 15 000 vor den Toren Jerusalems.
Nach einigen Wochen konnten die Mauern der Heiligen Stadt überwunden werden. Als erster stürmte Gottfried von Bouillon vor. Die Kreuzfahrer schonten niemanden in der unglücklichen Stadt. Wenige Tage später wurde Gottfried von Bouillon zum König von Jerusalem ausgerufen. Die Ritter wollten ihm die Königskrone aufsetzen, doch er wehrte ab: „Niemals werde ich an dieser Stätte eine Krone tragen, wo mein Herr mit Dornen gekrönt wurde.“ Er nannte sich nur „Beschützer des Heiligen Grabes“.

Der Kreuzzug der drei Könige

Der Wirt der Schenke zum Goldenen Hahn zu Mainz hat seit langem nicht mehr so viele Gäste bewirtet wie an diesem Frühlingstag des Jahres 1188. Handwerker und Bauern sind schon am frühen Nachmittag von ihren Arbeitsstätten gegangen, denn seit Stunden hält sich Kaiser Friedrich Barbarossa in der Stadt auf. Doch es herrscht kein Jubel. Ängstlich und geheimnisvoll sprechen die Männer und Frauen miteinander; sie stehen in Gruppen auf den Straßen und Plätzen oder sitzen dichtgedrängt an den Tischen der Gasthäuser. Auch in der Gaststube zum Goldenen Hahn sind nur gedämpfte Stimmen zu hören. In einer Ecke umringen viele Leute einen Händler, der von Paris nach Mainz gekommen ist, und die Leute hören mit offenem Mund, was er ihnen erzählt: „Ja, ich sage euch, was mir da mein Freund, der Sterndeuter, anvertraut hat, bedeutet nichts Gutes. Aus den Sternen hat er gelesen, daß bald Kairo, Bagdad und Mekka in Asche versinken werden. Wer dort noch am Leben bleibt, soll von Hunger und Pest dahingerafft werden. Schlimmes steht den Völkern bevor, und große Ereignisse in der Natur werden uns bald in Furcht und Schrecken versetzen." — „Ach, was uns diese Sterngucker da weismachen wollen, stimmt nicht", erwidert ein kräftiger Faßbinder, „schon oft haben sie uns hinter das Licht geführt." — „Was ich dir sage, Mann, wird eintreten. Sind doch schon in England ein furchtbares Erdbeben und ein wütender Orkan über die Menschen hereingebrochen. Bald darauf hat sich die Sonne verfinstert. Und weißt du nicht, was in Frankreich geschieht? Dürre und Hungersnot plagen Menschen und Tiere." — „Der Händler hat ganz recht!" wirft ein Ritterskneckt ein. „Habt ihr vergessen, was im Heiligen Land bei Hattin vor einem Jahr geschehen ist? In England, Dänemark, Schweden, Norwegen, Italien, Ungarn, Österreich und Frankreich, überall sitzt den Menschen noch der Schrecken über die Niederlage der Kreuzfahrer in den Gliedern. Als damals der Papst die Nachricht erhielt, daß der Sultan Saladin die heiligen Stätten den Christen entrissen hatte, stürzte er, vom Schlag getroffen, tot zu Boden. Das sind doch schlimme Zeichen! Ich glaube, was der Händler sagt." — „Wie soll das weitergehen? Die Welt ist aus den Fugen! Das sind schreckliche Zeichen Gottes!" rufen einige. „Nur nicht so verzweifelt!" beschwichtigt der Händler, „Kaiser Barbarossa wird schon das Richtige tun, damit wieder das Kreuz der Christen über die Grüne Fahne des Propheten siegt." Der Ritterknecht berichtet weiter: „Ja, bald wird sich wieder ein gewaltiges Kreuzheer in Bewegung setzen. König Philipp von Frankreich und der englische

König Richard Löwenherz, die lange Krieg miteinander führten, haben sich versöhnt und ihre Heere bereits gerüstet."

Am anderen Tag erfahren die Menschen in der Stadt, daß auch Kaiser Friedrich das Kreuz genommen hat und mit ihm viele Herzöge, Bischöfe und Tausende von Rittern.

Wie die Byzantiner diesen 3. Kreuzzug beurteilten, geht aus folgendem zeitgenössischen Bericht hervor: „Es konnte kein Jahr vergehen, das nicht ein Unglück über den Staat gebracht hätte. Es schien, als ob die Gottheit bestimmt hätte, daß unsere Tage nicht friedlich vergehen sollten. Als wären die kampflustigen Barbaren rings um uns her nicht schon Plage genug für uns, zog auch noch aus weiter Ferne ein Unglück ungestüm heran: Friedrich, der König der Deutschen. Er schickte eine Gesandtschaft an Kaiser Isaakios und bat ihn um Erlaubnis, auf seinem Zug nach Palästina mit seinem Heer durch byzantinisches Gebiet wie durch Freundesland ziehen zu dürfen. Er bat ferner, der Kaiser möge ihnen Lebensmittel zum Kauf bereitstellen und ihm seinen Entschluß durch eine Gegengesandtschaft mitteilen."

Die Abbildungen auf dieser Seite illustrieren die Schwierigkeiten auf dem Weg in das Heilige Land.

Die Zeichnung zeigt drei Ordensritter in Kampfbereitschaft: links Templer, Mitte Johanniter, rechts Deutschherren.

Der Kaiser ist tot

Von der Sonnenhitze geplagt, zog das deutsche Kreuzfahrerheer über das unwegsame Taurusgebirge. Dann strebte das Heer dem Flusse Saleph zu. Alles sehnte sich nach seinem frischen Wasser. Nach dem Mahle am Ufer des Flusses nahm Kaiser Friedrich ein Bad. Da geschah das Unglück: Er wurde plötzlich von den Wellen fortgerissen und konnte nur noch tot geborgen werden. Der Jammer in allen Teilen des Abendlandes war unbeschreiblich.

König Philipp kehrt um

Ein Jahr später hatten die Kreuzfahrerheere der Engländer und Franzosen Saladins Seefestung Akkon erobert. Nun aber gerieten sie in Streit darüber, welcher Fürst zum König von Jerusalem gekrönt werden sollte. Harte Worte fielen zwischen den Verbündeten. Und eines Tages ließ Philipp die Segel seiner Schiffe hochziehen und segelte heimwärts. Sein Reich war ihm wichtiger als Krieg und Eroberung im fernen Morgenland. König Richard Löwenherz war über diesen Entschluß ergrimmt.

König Richard Löwenherz hat keinen Erfolg

Der englische König setzte den Kampf nun allein fort. Doch bald mußte er mit Saladin einen dreijährigen Waffenstillstand schließen; denn aus England kamen schlimme Nachrichten. Richard Löwenherz verließ das Heilige Land zu Schiff. Unterwegs warf ein Sturm das Schiff bei Venedig an Land. Als unbekannter Pilger wollte Richard Löwenherz nun quer durch Europa seine Heimat erreichen; denn wegen seiner Streitlust hatte er in Deutschland viele Feinde. Trotz seiner Verkleidung wurde er erkannt und gefangengehalten. Erst gegen ein Lösegeld von 50 000 Silbermark gab ihn der deutsche Kaiser Heinrich VI. frei.
In der Zeit von 1096 bis 1270 wurden insgesamt sieben Kreuzzüge unternommen. Auch der letzte Kreuzzug blieb ohne Erfolg. Im Jahre 1291 wurde Akkon, der letzte feste Platz der Christen in Palästina, von den Moslems erobert.
Millionen Menschen zogen in den Jahrhunderten der Kreuzzüge, die mit der Zeit immer mehr zu politischen Eroberungszügen ausarteten, ins Morgenland. Nur ein Bruchteil von

ihnen sah die Heimat wieder. Viele Ritter blieben im Heiligen Land, um es zu verteidigen, die Kranken zu pflegen, die Pilger gegen Wegelagerer zu beschützen und die Heiden zu bekehren. Diese Ritter schlossen sich zu Ritterorden zusammen.

Der Einfluss des Morgenlandes auf das Abendland

Bei der Familie des Kaufherrn Kreger ist der Ratsherr Schönfuß zu Gast. Kreger zeigt ihm die kostbaren Waren, die sein letzter Warenzug von Genua aus mitgebracht hat. Später setzen sich die Männer vor den Kamin. Hier steht ein kleines Tischchen mit einem Spiel, zu dem viele elfenbeinerne Figuren gehören. Der Kaufmann erklärt seinem Freund das Spiel und sagt dann: „Seitdem ich dieses anregende Spiel kenne, gehe ich nicht mehr so zeitig wie die Hühner zu Bett. Ich schätze diese gemütlichen Stunden nach der Arbeit des Tages beim Schein der arabischen Öllampe."

Der Kaufherr Kreger zeigt seinem neugierig gewordenen Gast noch andere wertvolle Waren aus Arabien. Der Ratsherr bewundert feine Metallarbeiten und Teppiche mit wundervollen Mustern.

„Von den Menschen aus dem Morgenland können wir noch sehr viel lernen", meint der Kaufherr, „die arabischen Ziffern oder Berechnungen über die Bahn der Sonne, des Mondes und der Planeten. Auch die arabischen Ärzte genießen in der ganzen Welt ein hohes Ansehen. Überall blühen dort die Wissenschaften. In Bagdad soll es über 100 Buchläden geben, in denen man Werke griechischer Dichter und Gelehrter kaufen kann, die bei uns noch unbekannt sind!"

DIE FOLGEN DER KREUZZÜGE

300 Jahre lang herrschte Friede zwischen Christen und Mohammedanern, und die Christen konnten ungehindert die heiligen Stätten im Morgenland aufsuchen. Zu Anfang des 11. Jahrhunderts änderte sich das, als die Türken das Heilige Land eroberten und die Christen behelligten. In sieben Kreuzzügen von 1096 bis 1270 versuchten abendländische Kreuzfahrerheere, das Heilige Land den Türken wieder zu entreißen. An diesen Kreuzzügen nahmen alle abendländischen Völker teil. Auf dem 3. Kreuzzug führte Kaiser Friedrich Barbarossa die deutschen Ritter an. Aber nach 200 Jahren hatten die Türken wieder die Gewalt über das Heilige Land. Während der Zeit der Kreuzzüge schlossen sich im Heiligen Land einige Ritter zu geistlichen Ritterorden zusammen (Templer, Johanniter, Deutschherren). Während der Kreuzzüge und danach entfaltete sich zwischen Morgen- und Abendland ein reger Handel. Morgenländische Waren, Sitten, Gewohnheiten, Wissenschaften und Künste verbreiteten sich in Europa.

FREIE BAUERN, HÖRIGE UND LEIBEIGENE

Graf Wernher kehrt heim

Mehrere Jahre waren vergangen, seit der Graf Wernher mit dem großen Heer der Kreuzritter zur Befreiung des Heiligen Grabes die Heimat verlassen hatte. „Er wird nicht mehr zurückkehren. Es wird ihm so ergangen sein wie den vielen anderen Rittern", sagten die Bauern. Der eigennützige Vogt des Grafen hoffte, daß die Bauern recht behalten möchten; denn seitdem ihm sein Herr die Verwaltung des Grundbesitzes übergeben hatte, war mehr in seine Taschen geflossen, als ihm eigentlich zustand. Aber eines Tages stand Herr Wernher mit Lenhart, dem letzten seiner treuen Begleiter, auf dem großen Gutshof. Froh liefen die Bauern zusammen, und bestürzt eilte auch der Vogt herbei. Das schlechte Gewissen

war ihm ins Gesicht geschrieben. Nicht lange gönnte sich Graf Wernher Rast und Ruhe. Er wollte von dem Vogt wissen, wie es in all den Jahren auf seinem Grund und Boden zugegangen war: „Lege mir sogleich deine Abrechnungen vor!" Der Graf hörte die stockende und kleinlaute Rede seines Verwalters mit finsterem Gesicht. Er merkte bald, daß der Vogt nicht gut gewirtschaftet hatte. Was an Hühnern und Eiern verkauft und dafür eingenommen worden war, darüber verlor der Mann kein Wort. Aber der Graf fragte: „Wo ist denn das Federvieh mit den Eiern hingekommen?" Über diese Frage erschrak der Meier so sehr, daß er sich erst nach einer längeren Pause ein Herz faßte und in seiner Angst sagte: „Gnädiger Herr, die Hühner und Eier waren faul und stinkend. Ich warf sie zum Fenster hinaus." — „Nun gut", antwortete der Graf in seinem Zorn, „wenn es so war, wie du sagst, so werfe ich dich gleich hinterdrein. Geh und setze nie mehr deinen Fuß auf meinen Boden! Beeile dich, sonst bekommst du noch den Riemen meiner Lederpeitsche zu spüren!" Im Nu war der ungetreue Meier verschwunden. Dann wandte sich der Graf an Lenhart: „Du sollst nun seinen Platz einnehmen, denn ich weiß, daß ich mich auf dich verlassen kann."
Jetzt drängten einige Bauern vor, zogen ehrerbietig ihre Kappen und verbeugten sich tief. „Gnädiger Herr", sprachen sie durcheinander, „der Meier hat uns geschunden!" — „Mir nahm er eine Kuh weg, weil ich den Tierzehnten nicht rechtzeitig gab." — „Ich mußte 7 Tage Holz für den Meier herbeifahren, unterdessen faulte das Gras auf meiner Wiese!" — „Von mir forderte er die jährlichen 3 Scheffel Korn, obwohl mir der Hagel fast die ganze Ernte zerschlagen hatte." — „Mir ..." Der Graf winkte ab und sagte: „Ihr sollt alle zu eurem Recht kommen. Am Martinstag ist der Haferzehnt fällig, dann soll jeder einzeln seine Beschwerden vortragen."

Bauern verlieren ihre Freiheit

In einer alten Freisinger Urkunde steht, daß sich Hilta mit ihren zwei Söhnen Ruprecht und Erchenprecht und ihren Töchtern Regenlint und Erchenfrit, ferner Hiltas Schwester Salowa mit den zwei Brüdern Ogo und Markuin und den zwei Söhnen Adelmar und Aschuin aus eigenem Antrieb dem Joch der Knechtschaft, dem Bischof der Freisinger Kirche, unterworfen haben, und zwar deshalb, weil die Grundstücke, die sie besaßen, zu ihrem Lebensunterhalt nicht ausreichten. Die genannten Männer und Frauen waren ehemals frei. Das ist ein Beispiel dafür, wie aus freien Bauern Hörige wurden. Es gab noch andere Gründe, daß ein Freibauer seine Freiheit aufgab. Erinnere dich daran, welche Last für einen freien Bauern ein Kriegszug zur Zeit Karls des Großen bedeutete.
Noch viel rechtloser als die Hörigen waren die Leibeigenen.
Aus einer Urkunde über den Verkauf von Leibeigenen zu Opfingen in Württemberg 1367: „Ich, Berthold von Stein von Richenstein zu Stadgun tue kund, daß ich dem Abt von Sankt Gereon mehrere meiner Eigenleute zum Kauf gegeben habe. Ich habe sie dem Kloster zu Gebrauch und Eigentum übergeben mitsamt ihren Kindern, die sie jetzt haben, noch bekommen und deren Nachkommen ... Der Abt hat mir 18 Pfund Heller bezahlt."

Die Hörigen des Dorfes Rohrbach

Rohrbach liegt am südlichen Abhang des Fankenjura in der Nähe von Neuburg an der Donau. Im 14. Jahrhundert gab es in diesem Dorf keinen einzigen freien Bauern. Zum Ort gehörten 8 Bauernhöfe und 39 Sölden. Die Sölden waren kleine, niedrige Hütten, in denen leibeigene Tagelöhner wohnten. Diese besaßen nur ein kleines Stück Land.

Lehnsherr	*Höfe*	*Sölden*
Kloster Monheim	*1*	*9*
Herr Otting zu Tagmersheim	*2*	*9*
Kloster Rebdorf	*1*	*—*
Kloster Neuburg	*1*	*1*
Pfarrherr	*—*	*4*
Kloster Niederschönenfeld	*1*	*1*
Graf von Graisbach	*—*	*14*
Kloster Kaisheim	*2*	*4*

Du ersiehst aus der Tabelle, daß das Dorf mit Häusern, Feldern, Wiesen und Waldungen mehreren Lehnsherren gehörte.

Die Gemeindeflur von Rohrbach umfaßte im Mittelalter 1090 Hektar. Davon waren 545 Hektar Felder und Wiesen, die von den Bauern und Leibeigenen bewirtschaftet wurden. Flüsse, Wege, Ödland, Weide und Wald durften alle gemeinsam nutzen (Allmende oder Gemeindegut).

Der Kirchbauer aus Rohrbach hatte von dem Lehnsherrn Otting zu Tagmersheim als Lehen einen Hof mit 15 Hektar Acker, 3 Hektar ödliegenden Acker und 2 Hektar Wiesen.

Er mußte jährlich abliefern und leisten:
3 Gulden 24 Pfennig,
48 Metzen Korn,
48 Metzen Hafer,
4 Metzen Kerne (z. B. Hanfkerne),
4 Metzen Gerste,
100 Eier,
5 Herbsthühner,
1 Fastnachtshenne,
Spanndienste.

1 Metzen Getreide war durchschnittlich 40 l,
1 Liter wog durchschnittlich 0,7 kg.
Das bebaute Ackerland des Kirchbauern umfaßte 14,3 ha.
Von 1 ha erntete er $5^1/_2$ dz Getreide.

Das waren die regelmäßigen Abgaben. Dazu kamen besondere Abgaben, z. B. mußte beim Tod des Kirchbauern das beste Pferd im Stall dem Lehnsherrn übergeben werden.

Zwei Bauern streiten

Der Bauer vom Kochkapperhof und der Langebauer waren zum Vogt gelaufen. „Der Langebauer muß mir den Schaden ersetzen. Seine Hühner haben meine jungen Pflanzen im Gemüsegarten abgefressen", sagte der Kochkapper erregt zum Vogt. „Schon vorige Woche sind zwei Ferkel von ihm über meinen Gemüsegarten gekommen. Nur gut, daß ich sie gleich entdeckt habe." „Genug jetzt", unterbrach ihn der Vogt, „rede du, Langebauer!" — „Ja, freilich haben meine Hühner und Ferkel den Nachbarn geärgert. Aber das konnte ja nur passieren, weil sie im halbverfallenen Zaun des Nachbarn ein Loch fanden."

Zur Schlichtung des Streitfalles hielt sich der Vogt an damals schon vorhandene Gesetze und Vorschriften. Einige Dorfrechte des Mittelalters lauten:
Das Dorf in seinen Zäunen und Gräben steht im Königsfrieden.
Jeder soll seinen Hof einzäunen.
Schäden durch schlechte Zäune werden nicht ersetzt.
Was über den Zaun wächst, gehört dem Nachbarn, soweit man es nicht zurückziehen kann.

Backofen, Abtritt und Schweinestall sollen drei Schritte vom Zaun entfernt sein.
Besonders die Backöfen sollen in guter Obacht gehalten werden.
Beim Setzen von Grenzzeichen sollen beide Nachbarn zugegen sein.
Niemand darf über die Saat jagen oder hetzen, wenn das Korn Knoten angesetzt hat.
Wer die Allmende durch Abackern, Abzaunen oder Abgraben schmälert, büßt mit 30 Schilling.
Wer Holz oder Gras schneidet, büßt mit 30 Schilling.
Geschieht der Schaden an fruchttragendem Holz oder gehegter Pflanzung, büßt er mit 30 Schilling.
Wer am Tage beim Flurdiebstahl ergriffen wird, büßt mit Haut und Haar.
Auf nächtlichen Flurdiebstahl steht der Strang.
Wer zuerst kommt, mahlt zuerst.
Wer die Mühle beraubt, den soll man radebrechen (rädern).
Der Hirt haftet für die Verluste, die er verschuldet.
Wer über die Saat reitet oder fährt, wird gepfändet.
Wenn zwei Männer dasselbe Gut beanspruchen, entscheidet die Mehrheit der Nachbarn oder der Eid über den rechten Besitzer.

Das bedeutendste Rechtsbuch der damaligen Zeit war der „Sachsenspiegel". In manchen Teilen Deutschlands haben sich die Bestimmungen des Sachsenspiegels bis um 1900 erhalten.

Illustration aus dem „Sachsenspiegel", gemalt um 1320

Die Gemarkungsnamen

Die Grenzzeichen und Flurnamen einer Gemeinde erzählen viel von den Ereignissen aus der Vergangenheit. Eine Waldwiese z. B. trägt den Namen „Franzenhanselwiese". In einem Dorf wohnte vor Zeiten ein Mann, den alle Franzenhansel nannten. Eines Tages fanden sie ihn tot in seinem Häuschen, er hatte sich erhängt. Als Selbstmörder trug man ihn hinaus ins „Niemandsland". Nur hier durfte er ruhen. Sein einsames Grab gab der Wiese im Wald den Namen „Franzenhanselwiese".

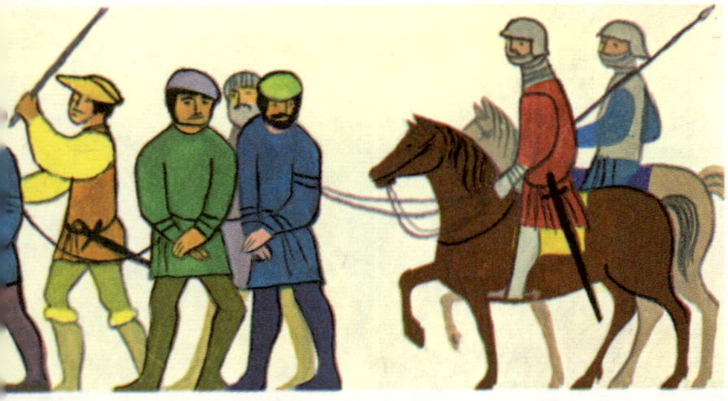

Die Bilder erzählen von der Unterdrückung der Bauern.

„Der arme Mann"

Der alte Kirchhofbauer sitzt auf der Bank vor seinem Haus. Ein jeder sieht ihm an, wie schwer er sein Leben lang von früh bis spät gearbeitet hat. Eben war der Alte in der warmen Sonne eingenickt. Da treibt sein zwölfjähriger Enkel mit der Peitsche in der Hand die blökenden Schafe in den Hof. Der alte Bauer erwacht, und der Enkel setzt sich neben ihn auf die Bank. Er bittet: „Großvater erzähle, wie du das Vieh gehütet hast."
„Als ich vor langer Zeit Hütejunge war, gab es einmal schlimme Tage", beginnt der Alte zu erzählen. „Kein Bauer getraute sich, seine Tiere auf die Weide zu treiben, denn der arge Herzog Stephan ließ damals von seinen Knechten alle Schafe, die sie ergreifen konnten, fortführen. In den Dörfern, die zum Kloster Kaisheim gehörten, raubte er nicht weniger als 3500 Schafe, weil der Abt dem Herzog eine hohe Steuer verweigert hatte. So hielt er sich an uns wehrlosen Bauern schadlos. Fast alle Tage erschienen damals die Jäger des Herzogs mit ihren Knechten und Hunden. Sie machten sich in unserem Dorfe breit und nahmen mit, was ihnen gerade gefiel."
Da sagte der Knabe: „Erst gestern habe ich die Jäger gesehen. Sie hielten sich nicht an die Wege und hetzten quer durch die Saat."
„Eigentlich sollten sie ja unsere Felder vor Wildschaden beschützen, aber sie sind schlimmer als das Wild und jagen nur zu ihrem Vergnügen. Es ist schon lange her, als einmal besonders viele Hasen unsere Felder heimsuchten. Damals ging ich mit einer Holzklapper über meine Äcker, um die Schädlinge zu vertreiben. Aber das bekam mir nicht gut, denn die Jagdknechte entdeckten mich, und bald war ich von ihnen umringt. Sie trieben ein arges Spiel mit mir und jagten mich mit ihren Pferden wie einen Hasen vor sich her, so lange, bis ich zerschunden und keuchend liegenblieb.

‚Das nächstemal', so riefen sie mir höhnisch lachend zu, ‚werden wir dich in eine frische

Hirschhaut einnähen, und dann hetzen wir unsere Hunde darauf!'" — „Du hättest doch zum Herzog gehen und die üblen Knechte verklagen können", warf der Knabe ein. Aber der Alte winkte ab: „Der Herzog hätte mich nicht angehört. Mein Gerichtsherr ist ja der Abt von Kaisheim. Wenn ich mich bei ihm über die Knechte beklagt hätte, wäre mir auch nicht geholfen gewesen, denn wer möchte es sich mit einem Herzog wegen eines Bauern verderben? Nein, die Rechte des Bauern darf jeder Herr ungestraft mit Füßen treten. Aber ganz schlimm erging es uns Bauern, als einmal die Kriegsknechte des Herzogs im Dorfe lagen. Wer mußte wieder die Hauptlast tragen, wenn sich zwei Herren stritten? Wir Bauern. Kein Dorf der Umgebung wurde von Brand und Plünderung verschont. In den starken Burgen waren unsere Herrn vor dem Feinde geschützt. Aber die vielen offenen Dörfer konnten leicht verheert werden. So mancher Bauernhof unseres Dorfes ist seit dieser Zeit für immer verschwunden. Ja, der Bauer wird heutzutage nicht ohne Grund der ‚arme Mann' genannt."

DIE FREIEN BÜRGER DER SCHWEIZ

Der Freiheit eine Gasse

Stolz und aufrecht tritt der Schwyzer Gemeindevorsteher Konrad von Stormberg vor den Habsburgischen Vogt: „Ich muß wieder einmal schwere Klage gegen Euch führen. Ihr wißt, daß Eure Knechte in unserem Gemeindewald ohne unsere Erlaubnis Holz geschlagen haben. Wir verlangen eine Geldbuße für diese Mißachtung unserer Rechte und fordern zudem das geschlagene Holz zurück." Mit finsterer Miene hört der Vogt diese Rede. „Das ist auf Befehl des Königs erfolgt, der auch Euer Herr ist. Das gefällte Holz braucht der König zur Errichtung eines Zollhauses. Und außerdem wäre es unmöglich, daß ich das Holz zurückgebe, denn das Fuhrwerk ist längst nicht mehr im Schwyzer Gebiet", sagt höhnisch der Vogt, „die Stämme liegen bereits auf königlichem Grund und Boden." Ohne ein weiteres Wort zu sagen und ohne Gruß läßt Konrad von Stormberg den Vogt stehen. Er weiß, daß der Holzwagen in so kurzer Zeit die Grenzbrücke bei Stieben noch nicht erreicht haben kann. Das ist nur eine List des Vogtes. Konrad schwingt sich auf sein Pferd und reitet so schnell er kann zur Brücke. Kaum ist er dort vom Pferd gesprungen, da poltert schon der Wagen des Habsburger Vogtes der Brücke zu. „Hab ich mir's doch gedacht", ruft Konrad grimmig aus und entreißt dem Fuhrknecht die Zügel. „Halt, das Holz gehört uns Bauern und nicht dem Vogt!" Und schon sind viele Männer, die von dem Vorfall gehört hatten, auf der Brücke erschienen und versperren die Zufahrt. Die Knechte schreien: „Das werdet Ihr dem König büßen müssen!" Kaum sind diese Worte verhallt, nähert sich im raschen Galopp ein Reiter. „Der König ist tot, Rudolf von Habsburg ist gestorben!" ruft er, noch auf dem Pferde sitzend. Einen Augenblick stehen die Männer gebannt. Dann stürzen sie sich auf den Wagen, schieben und stoßen ihn dem Abgrund nahe der Brücke zu, bis er polternd und krachend in die Tiefe stürzt und zerschellt.

Die Schweizer konnten sich dabei auf einen Freiheitsbrief Friedrichs II. berufen:

„Friedrich von Gottes Gnaden Römischer Kaiser und allzeit Mehrer des Reiches, König von Jerusalem und Sizilien, allen Leuten des Tales in Schwyz, seinen Getreuen, Gnade und alles Gute ... Da ihr Unsere und des Reiches Herrschaft aus freien Stücken gewählt habt ..., erweisen Wir euch Unsere Gunst und Unser Wohlwollen in aufrichtiger Gesinnung, indem Wir euch unter Unseren besonderen und des Reiches Schutz nehmen ... Wir geben euch die Sicherheit unserer Gnade und Gunst ... und ihr sollt euch so lange sicher aller dieser Dinge erfreuen wie ihr in Treue zu Uns und in Unseren Diensten bleibt."

Gegeben im Jahre des Herrn 1240.

In der ersten Hälfte des 13. Jahrhunderts wurde der Paßweg über den St. Gotthard erschlossen. Er war die kürzeste Verbindung zwischen dem Oberrheinland und Italien. Für die Habsburger war es daher sehr wichtig, die Orte um den Vierwaldstätter See zu besitzen. Damit war ihnen die Möglichkeit gegeben, den Durchgangsverkehr nach Italien zu kontrollieren.

Als nach dem Tode Rudolfs die Habsburger Krieger, Knechte und Vögte ins Land schickten, um die Gebiete um den Vierwaldstätter See für immer unter ihre Gewalt zu bringen, da empörten sich die Bergbauern. „Wir sind immer frei gewesen", sagten sie, „und wollen auch frei bleiben! Wir können uns selbst regieren, und für uns gilt, was die freien Bürger auf den Landesgemeinden beschließen. Was wollen also die Habsburger Vögte in unserem Land?"

Heimlich kamen sie zusammen, die Männer der Waldstätten Schwyz, Uri und Unterwalden, breitschultrige Bauern, wetterharte Fischer und kühne Jäger. Auf einer Versammlung sprach ein alter, weißhaariger Mann die Worte, die bald in jedem Ort und Haus bekannt waren: „Wenn wir unsere Freiheit erkämpfen wollen, müssen wir zusammenhalten. Wir müssen einig sein, Brüder, dann werden uns die Habsburger nicht bezwingen." Auf einer Waldwiese, Rütli genannt, schworen die Bewohner von Schwyz, Uri und Unterwalden im Jahre 1291, in einem festen Bund zusammenzustehen.

Schwur der Züricher bei ihrem Eintritt in den Bund der Eidgenossenschaft (aus der Luzerner Chronik des Diebold Schilling, 1513)

Immer wieder versuchten die mächtigen Habsburger, die Schweizer zu unterwerfen. Im Jahre 1386 traf ihr großes Ritterheer mit den bewaffneten freien Männern der Schweiz bei Sempach zusammen. Ein ungleicher Kampf begann: Auf der einen Seite die eisenstarrenden Ritter, die wegen der sommerlichen Hitze von ihren Pferden gestiegen waren; auf der anderen Seite die leichtbewaffneten Bauern und Jäger mit ihren Bogen und Spießen. Plötzlich sprang einer der Bauern auf die waffenstarrende Front der Ritter zu. Es war Erni Winkelried. Mit dem Ruf „Der Freiheit eine Gasse!" sprengte er voran und zog so eine Anzahl der feindlichen Speere auf sich. Tot sank der heldenmütige Mann zu Boden; aber in der Reihe der Ritter war eine Lücke entstanden. Schnell drangen die Schweizer nach, verwirrten die schwerbeweglichen Ritter und erfochten mit ihren einfachen Waffen einen glänzenden Sieg. Seit dieser Zeit wagte niemand mehr, den Bund der Eidgenossen anzugreifen. Als unabhängiger Staat wurden die Eidgenossen endgültig im Westfälischen Frieden (1648) anerkannt.

Das Foto zeigt eine Bürgerversammlung in einem Kanton, die jährlich stattfindet.

Der Bundesbrief für die Schweiz aus dem Jahre 1291 enthält den Wortlaut des Rütlischwurs:

„Es mögen also alle wissen, daß die Leute des Tales Uri und die Landsgemeinde des Tales von Schwyz und die Gemeinde der Waldleute des unteren Tales ... in guten Treuen versprochen haben, sich gegenseitig beizustehen mit Hilfe, Rat und Förderung jeder Art, mit Leib und Gut, innerhalb und außerhalb der Täler, mit aller Macht und aller Anstrengung, gegen alle und jeden, die ihnen oder einem von ihnen irgendwelche Gewalttat, Beschwerde oder Beleidigung zufügen und gegen ihr Leib und Gut irgend etwas Böses im Schild führen. Und für jeden Fall hat jede Gemeinde der anderen gelobt, ihr, wenn Hilfe notwendig, beizuspringen und, soweit erforderlich, auf eigene Kosten dem Angriff Böswilliger zu widerstehen und Beleidigungen zu rächen ...

Wir haben auch in gemeinsamem Ratschlag und mit einhelligem Beifall einander gelobt, beschlossen und verordnet, daß wir in den genannten Tälern keinen Richter, der dies Amt um irgendeinen Preis oder irgendwie um Geld erkauft hätte oder der nicht unser Landsmann wäre, irgendwie annehmen oder anerkennen wollen.

Wenn aber zwischen irgendwelchen Eidgenossen Streit entstünde, sollen die Einsichtigsten unter den Eidgenossen herzutreten, um die Zwietracht zwischen den Parteien zu schlichten, wie es ihnen füglich scheint."

In den hohen Tälern, auf den weiten Hochflächen, die durch die Berge und im Winter auch durch Schnee und Lawinengefahr voneinander abgeschlossen sind, bestehen viele kleine Gemeinwesen. Sie sind im Kampf gegen die gewaltige Natur und im Kampf um das tägliche Brot aufeinander angewiesen: Der Wildbach muß gezähmt werden, Wege und Stege muß man gemeinsam bauen und instandhalten. Und ist der Hof eines Bauern von einer Lawine begraben oder hat das Bergwasser sein Weideland davongerissen, dann helfen die anderen. Die wichtigsten Angelegenheiten werden in der Gemeindeversammlung behandelt, bei der alle Bürger anwesend sind.

Das Rätsel

Im Monat Mai des Jahres 1229 erschien im Dorf Behringen zwischen Eisenach und Gotha ein ritterlicher Mann. Auf der Satteldecke seines Pferdes war das Wappen seines Herrn, des Herzogs von Liegnitz im Lande Schlesien, befestigt. Am Abend saß er mit Landleuten in Behringen in der Dorfschenke und sonntags tanzte und sang er mit ihnen unter der Linde. – Einige Wochen vergingen, und Pfingsten stand vor der Tür. Wieder war das Dorfvolk zum Reigen versammelt. Da stieg der Fremde auf einen Stein, der unter dem Baum lag, und rief: „Hört alle einmal auf das Rätsel, das ich euch aufgeben will! – Was ist besser: Ein Knecht sein auf Vaters oder Bruders Hof und einem Edelherrn dienen, oder freier Bauer sein in seinem eigenen Haus und Feld?" Da lachten einige und antworteten: „Das ist eine Frage für Narren!" – „Gut", sprach der Ritter, „und was ist einem Weib lieber: Die Kuh des Herrn melken oder die eigene Kuh? Den fremden Garten jäten oder den eigenen? Die Butter, die sie stößt, selber essen oder ...?" „Macht ein Ende, Ritter, was schwatzt Ihr da für Narrheiten!" riefen einige. „Narrheiten? Wenn ihr aber nun die Wahl habt?" „Zeig uns, wo ein Bauernsohn einen eigenen Hof findet und eine Magd einen eigenen Herd!" – „Eben das will ich", antwortete der Ritter. „Ich weiß ein Land, wo Raum ist für tausend und abertausend Bauern!" – „Ho, ho", schrien alle. „Kommt nur mit, es sind keine drei Wochen Wegs nach Osten." Männer und Frauen drängten sich um den Ritter, vor allem die Unfreien, die Knechte und Hörigen, die Unzufriedenen und Unterdrückten: „Wem gehört das Land?" – „Dem Teufel wahrscheinlich!" – „Nein, einem christlichen Herzog", erwiderte der Ritter.

Nach Hjalmar Kutzleb

Die Meinungen darüber, was man tun solle, waren geteilt:

Ich werde ziehen, denn im Osten kann ich als freier Bauer leben. Der Hof meines Vaters ist unter uns drei Brüdern aufgeteilt worden. Ich brauche 8 Jahre lang dem Herzog keine Abgaben zu leisten. Ich möchte einmal heraus aus meinem Dorf, in dem ich schon ein Leben lang sitze.	Ich bleibe daheim, zwar bin ich hörig, aber mein Herr sorgt für meinen Schutz. Mein kleiner Acker ernährt die Familie nicht, aber oft verdiene ich mir manches als Jagdgehilfe bei meinem Herrn. Das Land im Osten ist nur dünn besiedelt. Weit liegen die Dörfer auseinander, und schutzlos sind sie den Feinden preisgegeben. Das Land, in das wir ziehen sollen, gehört den Slawen, von denen noch viele Heiden sind. Ich müßte zuerst Wälder roden, Wege bauen, Ödland fruchtbar machen und Sümpfe entwässern.

Andere Aufrufe

Weil das Land im Osten nicht voll besiedelt war, sandte der deutsche Graf Adolf von Schauenburg Boten aus nach Flandern und Holland, Westfalen und Friesland: Alle, die Mangel an Ackerboden leiden, sollen mit ihren Familien herbeiziehen. Sie erhalten sehr gutes, geräumiges Land, reich an Früchten, Fleisch und günstigen Weideflächen.
Auch die Bischöfe von Brandenburg und Havelberg versprachen sächsischen, fränkischen,

lothringischen und flämischen Siedlern viele Vorteile und Erleichterungen, wenn sie sich bereitfänden, in ihre Bistümer zu ziehen.
Ein polnischer Herzog erließ 1290 folgendes Schreiben: „Wir ... machen bekannt, daß Wir in dem Wunsche, den Zustand Unseres Landes um Krakau zu verbessern, die nach polnischem Recht lebende Stadt Miechow mit Wissen und Willen des Probstes Peter, des Küsters Heinrich, des Priors Boguphal und der übrigen Brüder des Konvents, einem Unserer Bürger aus Krakau, Gerhard, übertragen haben. Er soll sie nach deutschem Siedelrecht und nach der Gewohnheit von Neumarkt austun ... Und damit Siedler um so williger in die Stadt ziehen und vor allem auch Lust gewinnen zu bleiben, geben Wir den Städtern auf bebaute Äcker 6, auf noch zu rodende Flur aber 10 Freijahre. Aufgrund dieser Freiheit entfallen für sie alle Abgaben, Steuern, Dienste und Zinse, auch aller Zwang."

Unterwegs

Im 12. Jahrhundert entschlossen sich viele deutsche Bauern zum Zug nach dem Osten. Große Vorbereitungen waren nötig, bis sich der lange Wagenzug (Treck) unter Führung des Werbers in Bewegung setzte.
Je weiter man nach Osten kam, um so weniger besiedelt war das Land. Die Auswanderer wußten, daß ihnen kein leichtes Leben bevorstand. Sie mußten sich eine neue Heimat schaffen und versuchen, zur einheimischen slawischen Bevölkerung ein gutes Verhältnis zu finden. Gegenseitiges Mißtrauen mußte abgebaut werden. Doch der Wille, miteinander ein Land weiter zu entwickeln, ließ viele Schwierigkeiten überwinden.

Beispiele für verschiedene Leistungen der mittelalterlichen Auswanderer

17 Siedler waren mit ihren Wagen vor 3 Wochen aus dem Dorf Behringen mit dem Ritter aufgebrochen. Eines Abends kamen sie zwischen 2 Hügeln in ein flaches Tal. Ein Bach floß zwischen Wiesen und Weidenbüschen. In halber Höhe des Hügels begann der Wald. Der Ritter hielt an, stieg vom Pferd und rief: „Wir sind da!" Gleich ließ er die Siedler zwei oder drei Schock Stöcke im Walde abhauen und anspitzen (1 Schock = 60 Stück). Damit steckte er zwischen Wald und Bach einen geraden Weg ab. Nun erklärte er den Bauern: „Dieses ganze Land werden wir nun in 20 Stücke teilen, je eine Hufe für euch, zwei Hufen für mich und eine für die Kirche." Dann nahm er einen Stab und sagte zu seinen Leuten: „Dieser Stab ist ein Klafter lang, denn er reicht mir, wie ihr seht, von Fingerspitze zu Fingerspitze meiner ausgestreckten Arme. Jedem gehört die Strecke, die am Weg 20 Klafter ausmacht. Die Längsseiten eurer Stücke gehen dann in die Wiese und in den Wald hinein, so weit, bis jeder Grund 120 Morgen groß ist." Da rief einer der Männer freudig aus: „Das ist ja viermal soviel wie daheim!" Nun ließ der Ritter an jeder Ecke der Landstücke einen Stab setzen, und dann befahl er, einen Pflock in die Mitte jedes Grundstückes zu schlagen. Aus jedem dieser mittleren Pflöcke schnitt er einen Span heraus; darauf sprach er: „So nun wird gelost." Er warf die herausgeschnittenen Holzstücke in einen Korb. Darüber deckte er seinen Mantel. „Her nun mit den Frauensleuten!" rief er. „Eine nach der anderen greift sich nun einen Span aus dem Korb und dann sucht sich jede den Stab, von dem ich den Span abgeschnitten habe." Jetzt liefen die Frauen hin und her und durcheinander, um den rechten Stab zu finden. Ihre Männer kamen langsam hinterdrein. Als jeder seine Hufe gefunden hatte, hoben sie eine Handvoll Erde auf und betrachteten sie. Am Abend standen dann bereits 17 einfache Hütten aus Stangenholz und Rasenstücken. Der Ritter ging von einem Siedler zum andern und sprach: „Merkt auf, ich bin jetzt euer Richter und Schultheiß (Gemeindevorsteher). Übermorgen ist Sonntag, da kommt ein Klosterbruder aus Trebnitz und hält uns die erste Messe. An dem Tag wollen wir unserem Dorf einen Namen geben. Dem Klosterbruder werde ich das Kirchenland zuweisen, damit er es weihe; denn unser Dorf hier braucht eine Kirche und einen Gottesacker wie zu Hause im Westen." Weil die Siedler aus Behringen stammten, nannten sie ihren Ort Bernsdorf.

Nach Hjalmar Kutzleb

BAUERNTUM IM MITTELALTER — KOLONISATION IM OSTEN

Der germanische Bauer war ein freier Mann. Im Mittelalter wurden viele Bauern Hörige oder Leibeigene. Durch Rodung gewannen die Bauern Platz für neue Felder und Siedlungen (Dörfer).

Im 12. und 13. Jahrhundert riefen deutsche und slawische Fürsten Bauern aus allen Teilen des Reiches in die Gebiete östlich der Elbe. Im Laufe der Zeit bildeten sich in diesen Gebieten vier neue Stämme, die Schlesier, Ostpreußen, Pommern und Mecklenburger. Aber auch Gebiete im Südosten Europas wurden von Bürgern und Bauern des Westens besiedelt.

Im 13. und 14. Jahrhundert war der Bauernstand gut gestellt. Danach brachten aber Kriege, die Fehden der Herren, hohe Abgaben und Frondienste den Bauernstand in Not. In manchen Gebieten des Reiches erhoben sich die Bauern gegen ihre Herren. Die Schweizer Bauern erkämpften zuerst die Freiheit gegen die Habsburger (1386). Seit dieser Zeit bestimmen die Schweizer Bürger ihre Geschicke selbst. In der Schweiz leben vier Völker mit verschiedenen Sprachen friedlich miteinander.

Dschingis Khan vor seinem Zelt. Trotz des Nomadendaseins entfaltete der mächtige Herrscher eine prachtvolle Hofhaltung.

DSCHINGIS KHAN UND DIE GOLDENE HORDE

DIE VÖLKER DER STEPPE

In den unermeßlichen Weiten der asiatischen Steppe lebten viele Steppenvölker als Nomaden. Der Nomade ist vor allem Tierzüchter und Jäger. Der Lebensraum der Tiere ist auch sein Lebensraum. Von den Tieren verschafft er sich Nahrung, Kleidung und Brennmaterial. Sie sind sein Transportmittel. Als Jäger und Tierzüchter muß er besonders geschickt im Gebrauch von Pfeil und Bogen und im Reiten sein.
Zur Zeit des Mittelalters waren die berittenen nomadischen Schützen allen anderen Kriegern überlegen. Zu ihren wichtigsten Waffen gehörten außer Pfeil und Bogen die lange Lanze, dazu das Kriegsbeil und die Keule, der Krummsäbel und das Lasso. Die Nomadenfrauen waren nicht nur im Haushalt beschäftigt, sondern sie halfen auch bei der Viehzucht, sie melkten die Tiere, betreuten das Jungvieh, hüteten es und waren im Reiten ebenso gewandt wie die Männer. Sie verarbeiteten Ochsenhaut zu Beuteln und nähten aus Pferdehäuten Sandalen und Stiefel.
Die Nomadenfamilie gehörte zu einem Unterclan, ein Zusammenschluß mehrerer Familien. Die Unterclane bildeten den Clan, diese den Stamm und mehrere Stämme waren zu einem

Stammesverband zusammengeschlossen. Ohne den engen Zusammenschluß dieser Gruppen war es nicht möglich, die Herden und Weidegebiete zu verteidigen, Blutfehden durchzustehen oder Raubzüge zu unternehmen. Die Clans und Stämme brauchten Führer mit hervorragenden Eigenschaften. Sie mußten sich durch körperliche Tüchtigkeit, Erfahrung, Reichtum an Vieh und durch eine große Zahl von Gefolgsleuten auszeichnen. Die Nomaden tauschten mit ihren seßhaften Nachbarn Pferde, Rinder, Felle, Wolle gegen Metallwaren, Getreide, Seide und Geräte.

DIE MONGOLEN EROBERN EIN WELTREICH

Dschingis Khan, was so viel heißt wie „höchster Herrscher", vereinigte um 1200 die mongolischen Stämme unter seiner Führung und eroberte China und Zentralasien bis zum Kaspischen Meer. Er erhob den Anspruch, über die ganze Welt zu herrschen. Die Mongolen unterstützten ihn darin, weil sie glaubten, daß Dschingis Khan im Auftrag des Himmels gekommen sei.

Die Mongolen eroberten ein Weltreich, das es in dieser Ausdehnung zuvor noch nie gegeben hatte. Auf dem Siegel Dschingis Khans stand: „Im Himmel Gott, auf der Erde den Khan, die Macht Gottes. Das Siegel des Kaisers der Menschheit." Sein Heer zählte 129 000 Mann und 390 000 Pferde.

DER MONGOLENSTURM

Es ist der Weiße Sonntag des Jahres 1241. Von der Marienkirche zu Liegnitz dröhnen die Glocken. Aber es ist kein Festgeläut, sie künden Not und Bedrängnis. Warum kommt keiner zu Hilfe? Wo ist der mächtige Kaiser Friedrich? Wo bleiben die Fürsten des Reiches mit ihren Rittern? Ohne Hilfe steht Herzog Heinrich von Liegnitz mit einem kleinen gepanzerten Ritterheer dem heftigen Ansturm gegenüber: Deutsche und polnische Ritter, 600 Goldberger Knappen, Bürger, Siedler. Der schlesische Herzog Heinrich, der Sohn Hedwigs, trägt das Michaelsbanner. Das Mongolenheer führt Batu, ein Enkel Dschingis Khans, an. 30 000 Krieger reiten gegen 150 000 Mongolen. Einer gegen fünf! Da prallen sie aufeinander, und die Mongolen beginnen zu weichen. Plötzlich flattern über den windschnellen Reitern seltsame Schreckgespenster: Drachen und Fratzen an Stangen. Sie speien Feuer und Flammen, atmen einen scheußlichen Rauch aus.

Der Giftdunst macht jeden Atemzug zur Qual. Noch einmal stürmt das Heer der deutschen und polnischen Ritter vor, allen voran der Herzog von Schlesien. Aber Mann um Mann verschwindet in dem Wald von feindlichen Lanzen und den Wolken von Pfeilen. Ein Spieß trifft Heinrich an der Schulter, und sterbend stürzt er zu Boden. — Die Nacht sinkt über die Walstatt. Fast das ganze Heer liegt zerschlagen. Aber auch die Mongolen haben Tausende von Reitern verloren. So schnell, wie sie gekommen waren, verschwanden sie nach Osten und bedrohten seither das Abendland nicht mehr.

Drei Tage lang irrte Heinrichs Mutter Hedwig über das Schlachtfeld und suchte wie viele tausend andere Mütter ihren Sohn. Sie ließ an der Stelle, wo sie ihn fand, eine Kirche bauen.

Nach seiner Rückkehr errichtete Batu an der Wolga das tatarische Reich der „Goldenen Horde" und unterwarf die meisten russischen Teilfürstentümer.

GLANZ UND UNTERGANG DER ABENDLÄNDISCHEN RITTERSCHAFT

IM TAL DER BURGEN

DER RECHTE PLATZ

Das Tal der Burgen ist an einem schönen Sonntag ein beliebtes Ziel der Ausflügler. Hoch auf den Mauerbrüstungen der Burgen stehen die Besucher und genießen den herrlichen Ausblick ins Tal. Als die Ritter ihre Burgen bauten, kümmerten sie sich nicht nur um den weiten Blick. Ihre Sorge war, für die Burg den rechten Platz zu finden, damit sie kein Feind einnehmen konnte. Die Burg Falkenstein am Rande des Inntals ist heute eine Ruine. Vielleicht wäre sie noch erhalten, wenn sie an einer günstigeren Stelle angelegt worden wäre. Um 1300 überfiel nämlich ein österreichischer Graf mit seinen Mannen diese Burg. Der Burggraf verteidigte sich, so gut er konnte. Da aber erklommen die Belagerer den hinter der Burg aufsteigenden Petersberg und schleuderten von oben brennende Pechkränze und Brandpfeile auf die Burg hinab. Sie ging bald in Flammen auf und brannte bis auf die Grundmauern nieder.

Jede dieser drei Burgen steht in einer anderen Umgebung.

DIE BÄRENFESTE

Ein steiler Pfad führt noch heute hinauf zum Burgeingang der Bärenfeste. — Auf diesem Weg sprengte an einem Tag vor ungefähr 600 Jahren ein gewappneter Reiter hinauf. An der Spitze seines Speeres steckte ein Schreiben an den Ritter Heinrich von Bärenstein. Mit diesem Schreiben sagte ihm Berthold von Waldenstein die Fehde an. Seit Jahren hatten die beiden in einem Dorf den Zehnten gemeinsam erhoben, und jeder erhielt davon die Hälfte; so war es ausgemacht. Doch in diesem Jahr war plötzlich Heinrich mit seinen Knechten im Dorf erschienen, hatte von den Bauern den ganzen Zehnten für sich verlangt und befohlen, alles Getreide, Holz und Vieh auf seine Burg zu schleppen. Deshalb schickte Berthold nun den Boten mit dem Fehdebrief. „Mag er nur kommen! Meine Burg ist eine

Bärenfeste. Da werden sie sich ihre Schädel einrennen!" lachte Heinrich. Er ließ aus den Nachbardörfern an Vorräten zusammenschleppen, was die Bauern entbehren konnten. Fast alle halfen ihrem Herrn. „Not werden wir auf unserer Burg nicht leiden, auch wenn der Feind bis zum nächsten Winter vor unseren Toren liegt", prahlten die Burgbewohner. Die Bauern des Burgbezirks packten ihre Habseligkeiten zusammen und trieben ihr Vieh hinter die schützenden Mauern; denn nun konnten jede Stunde die Feinde über sie kommen. Am nächsten Morgen erspähte der Turmwächter auf dem Bergweg eine Gruppe gewappneter Feinde. Sie verlangten den Burgherrn zu sprechen. Vom vorderen Torturm aus rief ihnen Heinrich zu: „Wir sind gespannt, was ihr uns zu sagen habt!" – „Was wir verlangen, steht in dieser versiegelten Rolle!" rief einer der Reiter. „Ich empfehle euch, studiert sie gut durch!" Und er warf die Rolle in weitem Bogen über die Burgmauer. „Wir scheren uns nicht um das, was da geschrieben steht, und raten euch, verlaßt unser Gebiet! Wenn nicht, so soll die Pest und unser ritterliches Schwert über euch kommen!" Schon flogen einige Steine in die feindliche Gruppe, die nun davontrabte. – Der Ritter Heinrich fühlte sich so sicher, daß er alle Forderungen abschlagen konnte. Seine Burg, die Bärenfeste, wuchs wie ein Fels aus Felsen empor. Wer könnte es wagen, sie anzugreifen!
Zur Erstürmung der Bärenfeste ist es aber gar nicht gekommen, denn eines Tages erschienen Boten des Kaisers und forderten die streitbaren Ritter zur Heeresfolge auf, weil der Herzog von Burgund das Reich bedrohte. Jetzt beendeten Heinrich und Berthold den Kampf. Sie sagten: „Um des Reiches willen soll unsere Fehde abgetan sein."

Alltag auf der Burg

Ulrich von Hutten, ein bekannter Ritter und Dichter, schrieb über das Leben in der mittelalterlichen Burg um 1500:
„Steht auf einem Berge oder in einer Ebene eine Burg, so ist sie auf jeden Fall nicht für die Bequemlichkeit, sondern für die Wehr erbaut. Mit Gräben und Wällen umgeben, innen von bedrückender Enge, zusammengepfercht mit Vieh und Pferdeställen, dunkle Kammern, vollgestopft mit schweren Büchsen, Pech, Schwefel und allem übrigen Waffen- und Kriegsgerät. Überall stinkt es nach Schießpulver, und der Duft der Hunde und ihres Unrates ist auch nicht lieblich, wie ich meine. Und welch ein Lärm! Da blöken die Schafe, brüllt das Rind, bellen die Hunde, auf dem Felde schreien die Arbeiter, und Wagen und Karren knarren vorbei. Von den Wäldern her hört man die Wölfe heulen."

In friedlichen Tagen

Der Knappe Walther wird zum Ritter geschlagen

In der Burg schlief alles. Nur die Burgkapelle war von sanftem Kerzenlicht erhellt, denn hier kniete schon seit Stunden der Knappe Walther vor dem Altar und betete. Seit Tagen hatte er sich auf seine große Stunde vorbereitet: Er hatte streng gefastet und dem Beichtvater die Sünden bekannt, auch hatte er am Abend des letzten Tages ein Bad genommen, um so, gereinigt an Körper und Seele, die Ritterwürde zu empfangen.
Einige Stunden später, als die Sonne bereits voll am Himmel stand, bewegte sich ein feierlicher Zug hinüber zur Burgkapelle. Im Zug schritten die Eltern des Knappen, Verwandte, befreundete Ritter, Pagen (Edelknaben), Knechte und der Bischof, begleitet vom Burgkaplan. Hinterdrein folgte das Burggesinde. Voraus schritt ein älterer Ritter, der auf seinen ausgestreckten Armen ein Kissen trug, auf dem das kostbare Schwert

Der Sturm auf eine Burg. Das Bild entstammt dem Buch „Ehrenspiegel des Hauses Österreich", das Johann Jakob Fugger um die Mitte des 16. Jahrhunderts anfertigen und mit Malereien reich ausstatten ließ.

lag. Der Bischof begann mit der Meßfeier. Der Knappe Walther kniete wiederum vor dem Altar. Nach dem Gottesdienst weihte der kirchliche Würdenträger das Ritterschwert und sprach dazu: „Segne, heiliger Herr, allmächtiger Vater, ewiger Gott, dieses Schwert! Dein Diener Walther möge mit diesem Schwert überall den Sieg erlangen und immer unverletzt bleiben." Darauf legte der Bischof das Schwert dem Knienden in die rechte Hand. Walther steckte es in die Scheide, und der Kirchenfürst legte ihm den Gürtel mit der ritterlichen Waffe um. Jetzt erhob sich Walther, zückte das Schwert, schwang es dreimal durch die Luft und reichte es dem Bischof zurück. Dieser sprach: „Höre, was einem Ritter geziemt: Jeder, der sich Ritter nennen will, muß mutig, edelgesinnt, freigebig, adlig, tadellos und ehrenfest sein. Er soll täglich die Messe hören, für den christlichen Glauben kühn das Leben wagen, Witwen, Waisen und Kinder beschirmen, ungerechte Kriege vermeiden, unwürdige Dienste verweigern, Verfluchung, falschen Eid, Räuberei und Trunkenheit unterlassen, für die Befreiung von Unschuldigen den Zwei-

kampf aufnehmen, Turniere nur der ritterlichen Übungen wegen besuchen, dem römischen Kaiser ehrfurchtsvoll gehorchen und untadelig vor Gott und den Menschen in dieser Welt leben.“ Der Bischof ergriff die gefalteten Hände des Knappen, legte auf sie das Meßbuch und erhob jetzt seine Stimme: „Willst du in den Ritterstand eintreten und das halten, was ich dir erklärt habe?“ Da antwortete Walther: „Ich will es.“ Der Bischof gab Walther drei leichte Schläge auf die Schultern mit den Worten: „Im Namen Gottes, des heiligen Michael, des heiligen Georg mache ich dich zum Ritter.“ Mehrere Ritter kamen herbei, legten ihm die Arm- und Beinschienen, den Panzer und die Sporen an und übergaben ihm einen prächtigen Schild. Nach der feierlichen Schwertleite wurde der junge Ritter Walther aus der Kapelle geführt. Draußen erhielten die Gäste, Sänger und Spielleute die verschiedensten Geschenke. So war es Sitte. Der neue Ritter selbst aber beschenkte sogleich die Armen. Viele Knappen wurden oft gleichzeitig vom Kaiser, einem Herzog oder Grafen zum Ritter geschlagen. So wird im Nibelungenlied erzählt, daß mit Siegfried zugleich 400 andere Jünglinge das Schwert empfingen. Der Ritterschlag wurde nicht nur in der Burgkapelle erteilt. Die Edelleute, welche den Ritterschlag auf dem Schlachtfelde empfingen, hießen die Gestrengsten; die, welche den Kaiser auf seinem Romzug begleiteten und auf der Tiberbrücke zu Rom Ritter wurden, hießen die Besten; die Würdigsten nannte man aber diejenigen, die sich den Ritterschlag am Heiligen Grab zu Jerusalem geholt hatten.

Ein Geschichtsschreiber, der über das berühmte Mainzer Hoffest aus dem Jahre 1184 berichtet, schildert uns, wie die beiden ältesten Söhne Kaiser Friedrich Barbarossas, Friedrich und Heinrich, zu Rittern geschlagen wurden: „Wegen der großen Menschenmenge, die zu diesem Feste herbeiströmte, hatte der Kaiser auf den Wiesen vor Mainz auf dem rechten Rheinufer seine und aller Fremden Zelte aufschlagen und große Notbauten errichten lassen ... Aus dem ganzen Reiche nördlich der Alpen war zu diesem Hoftage eine solche Menge von Fürsten, Erzbischöfen, Bischöfen, Äbten, Herzögen, Markgrafen, Pfalzgrafen, Edelleuten und Dienstmannen erschienen, daß nach einer glaub-

würdigen Schätzung siebzigtausend Ritter zugegen waren, wozu dann noch die Kleriker und Leute aus den verschiedensten Ständen kamen . . .
Am Pfingstmontag wurden der Herr Heinrich, König der Römer, und der Schwabenherzog Friedrich, Söhne des Herrn Kaisers Friedrich, zu Rittern geschlagen. Diese Ehrung veranlaßte diese sowie alle Fürsten und viele Edelleute, den Rittern, Gefangenen, solchen, die das Kreuz genommen hatten, Spielleuten, Gauklern und Gauklerinnen reiche Geschenke zu übergeben . . . Am Pfingstmontag und Pfingstdienstag begannen die Söhne des Kaisers nach dem Morgenmahl das Turnier, an dem sich schätzungsweise zwanzigtausend oder mehr Ritter beteiligten."

Bis zum Tage der Schwertleite vergingen viele Jahre. In dieser Zeit wurden die Knaben auf die Ritterwürde vorbereitet, meist auf fremden Burgen. Von 7 bis 14 Jahren waren sie Pagen, von 14 bis 21 Jahren Knappen (Bild S. 54).

Ein Tag in der Kemenate, dem Frauengemach

Die Ritterfräulein und Mägde hatten mit Freude am Fest der Schwertleite teilgenommen. Tagelang, sogar in den Nächten vor dem Fest, hatten sie viel vorbereiten müssen: Der Rittermantel sollte rechtzeitig fertig sein, ebenso das Kissen, auf welches das Ritterschwert

Aus dieser Abbildung kannst du ersehen, welche Arbeiten die Ritterdamen und Mägde verrichteten und womit sie sich außerdem noch beschäftigten. Die Kemenate war Wohn- und Arbeitsraum.

Aussteuer eines Ritterpaares

gelegt wurde, und manches mehr. Auch für den Empfang und die Bewirtung der Gäste gab es viel zu tun. In den ersten Tagen nach dem Fest kamen die Frauen nicht gleich zur Ruhe. Aber nun verlief in der Kemenate alles wie an gewöhnlichen Tagen.

Eben hat der Burgwächter mit seinem Horn den neuen Tag angekündigt, da werden von innen die hölzernen Fensterläden aufgestoßen. Die Fenster lassen nur ein mattes Licht in den Raum der Kemenate ein, denn sie bestehen nicht aus Glas, sondern aus feinem Leinen, das mit Öl getränkt ist. In den Räumen beginnt ein geschäftiges Treiben: Eine Magd entfacht im großen Kamin das Feuer, eine andere entnimmt der Truhe aus geschnitztem Eichenholz ein sauberes Tuch, Teller und Becher aus Zinn. Während die Burgherren mit den Edeldamen und Pagen bei der Morgenandacht in der Burgkapelle weilen, bereiten die Mägde das erste Mahl aus Milch und Brot, Geflügel und Wein. Danach sitzt die Ritterfamilie gemeinsam am Tisch. Die Burgherrin wirft ab und zu einen prüfenden Blick zu den Pagen und Edelfräulein; denn diese sollen gute Tischsitten und höfisches Benehmen lernen. Während draußen auf dem Burghof ein reges Leben anhebt, sitzen die Frauen bereits in der Spinnstube. In der Ecke liegen Flachs- und Wollbündel bereit; sie sollen versponnen und zu Leinen und Stoffen gewebt werden. Vom einfachsten Arbeitskittel der Burgknechte bis zu den Festgewändern des Ritterpaares wird alles selbst gefertigt. An den Wänden stecken in eisernen Ringen die Spindeln, und einige Webstühle warten auf die fleißigen Hände. Im Erker der Werkstube überwacht die Herrin die Arbeit einiger Mädchen, welche die zugeschnittenen Stoffe zu Kleidern und Wäsche zusammennähen. Sie selbst beschäftigt sich mit einer feinen und kostbaren Stickerei, einem Altartuch für die Burgkapelle. Nach einigen Stunden Arbeit greift ein Edelfräulein nach der Fiedel, und die Burgherrin bringt die Harfe. Bei den ernsten und heiteren Klängen geht die Arbeit schneller voran. Danach winkt die Herrin einigen Edelfräulein und geht mit ihnen in den benachbarten Raum.

Hier übt sie mit ihnen das Lesen und Schreiben und den Vortrag höfischer Lieder. Wenn die Glocke der Burgkapelle die Mittagsstunde anzeigt, ruht die Arbeit. Aber bald nach dem Mittagsmahl sind die Frauen wieder an ihren Plätzen in der Kemenate. An den langen Winterabenden versammelt sich die Familie um den behaglichen Kamin. Fackeln und Kienspäne spenden ein spärliches Licht, während sich Männer und Frauen am Brett- und Würfelspiel vergnügen. Sie erzählen von vergangenen Jagden, von Turnieren und hoffen, daß bald wieder diese Tage kommen, die Abwechslung bringen. Vielleicht erscheint auch bald ein Sänger, über den von anderen Burgen her bereits die Kunde kam.

Der Sänger auf der Burg

„Laßt den Sänger herein!" rief der Burgherr. Er saß mit zahlreichen Damen und Herren an dem schweren Eichentisch in der Mitte des Rittersaales. Ein Knappe eilte davon, und nach wenigen Minuten trat der Sänger in den Saal. Die Gespräche verstummten. Er verneigte sich vor der ritterlichen Gesellschaft und griff mit der Rechten in die Saiten seiner Harfe. Dann erklang die Kunde von dem tapferen Siegfried, der als Knabe von der Burg des Vaters in die weite Welt zog, um Ritter zu werden, und als Held zurückkehrte. Nun folgte ein Lied zum Lobe der schönen und edlen Frauen. Kaum waren die letzten Töne verklungen, winkte der Burgherr einem Knappen. Dieser brachte einen kostbaren Becher mit edlem Wein. Der Sänger verneigte sich, nahm den Becher und rief in den Saal: „Heil dem ritterlichen Gastgeber!" Und er trank den Becher mit einem Zuge aus. „Heil, heil!" riefen die Ritter und Edeldamen. Dann ergriff der Sänger wiederum die Harfe und begann:

Zu Aachen saß ein stolzer Aar
in Locken von rotem Gold,
die Krone prangte auf seinem Haar,
zum König er werden sollt.
Und um ihn stand der Fürsten Schar,
die Treue ihm zu zeigen,
da ward der Menge offenbar,
dem muß die Welt sich beugen.
Und als er durch die Straßen ritt,
kam jauchzend das Volk gelaufen,
und jeder rief mit dem anderen mit:
„Heil Friedrich von Hohenstaufen!"
Es preisen ihn die Ritter wert
durch alle deutschen Lande,
der stolze Staufer nichts so ehrt
wie Tugend im Ritterstande.

Buchmalerei aus der Manessischen Handschrift, auch Große Heidelberger Liederhandschrift genannt. Das Buch ist in der Zeit zwischen 1300 und 1340 in Zürich entstanden; es enthält Lieder von 140 Minnesängern und 137 Bilder. Seit 1888 befindet es sich in der Heidelberger Universitätsbibliothek.

Alle Ritter waren aufgesprungen und riefen begeistert: „Ein Hoch dem Friedrich von Hohenstaufen und seinen schwäbischen Rittern!" Auch die Frauen hatten sich erhoben. Alle hielten die Becher einander entgegen. Erst am späten Abend kehrten die Gäste heim. Der Sänger blieb noch mehrere Tage auf der Burg und wurde vom Burgherrn reich beschenkt.

Im Mittelalter haben viele Dichter das Lob des Rittertums gesungen. In Gedichten und Reimen erzählten sie von den Heldentaten der abendländischen Ritter, ihrer hohen Sitte, Gläubigkeit und Ehre. Berühmte Dichter, Sänger und Ritter waren: Walther von der Vogelweide, Wolfram von Eschenbach, Hartmann von Aue, Gottfried von Straßburg, Friedrich von Hausen. Bekannte Ritterromane sind: Iwein, König Artus und seine Tafelrunde, Parzifal, Der arme Heinrich.

Wer ist der beste Ritter?

Vor dem Dorfe Urach bei Reutlingen herrschte im Juni des Jahres 1152 ein ungewöhnlich reges Leben und Treiben. Fast alle Bewohner des Dorfes waren zusammengekommen. Talaufwärts zogen den ganzen Vormittag buntgekleidete Bürger aus Reutlingen heran. Auch fahrende Leute, Narren, Gaukler und Bettler stellten sich ein. Alle wollten das große Ritterfest erleben, zu dem der Graf von Urach eingeladen hatte. Eben kam ein stattlicher Ritter mit Knechten vorbei. Neben ihm ritt eine Frau im goldgestickten Kleid. „Wer ist der Herr mit dem hohen Federbusch auf dem Eisenhelm?" fragte ein feiner Jüngling in ritterlichem Gewand, der eine Harfe auf der Schulter trug. „Den kennt Ihr nicht und seid ein Sänger, der von Burg zu Burg zieht?" antwortete verwundert ein Bürger aus Reutlingen. „Das ist der Hochheimer, dessen Felsennest nicht weit von hier liegt. Er ist bekannt bei Freund und Feind. Es soll mich nicht wundern, wenn er heute nachmittag Sieger im Speerstechen wird." — „Aber den Uracher hat noch keiner aus dem Sattel geworfen. Wir werden ja sehen", meinte ein anderer Bürger.

Gegen Mittag standen Ritter und Ritterfrauen zu Pferde und allerlei Volk rings um das Turnierfeld dicht an den festen Schranken. Unter einer hohen Linde war aus Brettern ein erhöhter Platz aufgebaut. Teppiche und große Decken, mit dem Wappen des Urachers bestickt, verdeckten das Holzgestell. Hier nahmen die Ritterfrauen ihre Plätze ein. Dort, wo das Volk aus Stadt und Dorf stand, waren lange Tische aufgestellt. Viele Fässer Bier und Wein hatte der Dorfwirt herangerollt.

Da verstummte aller Lärm. Der Turniermarschall mit Gefolge und die Herolde erschienen in den Schranken. Ringsum hatten Ritterknechte als Turnierwächter Aufstellung genommen. Die Ritter, die am Wettkampfe teilnehmen wollten, kamen auf ihren blank gestriegelten Pferden herbeigeritten. Sorgfältig wurden ihre Namen aufgeschrieben, außerdem die Partei, für die ein jeder seine Lanze brechen wollte, für den Hochheimer oder den Uracher. — Während die Trompeten schmetterten, erschienen nun diese beiden Ritter, jeder mit seinem Gefolge. Es waren auf beiden Seiten etwa 40 an der Zahl. Herolde standen als Kampfordner in der Mitte und wiesen mit langen Stäben den Rittern ihre Plätze an. In der Mitte jeder Partei standen die Anführer: Hier der Uracher, dort der Hochheimer. Dann geboten die Herolde Ruhe. Nach und nach verstummte das Klirren der Eisenpanzer und Waffen, das Stampfen und Schnauben der Pferde. Jetzt verlas ein Herold die Turniergesetze: „Vernehmet, ihr werten Ritter, das Gesetz des turniermäßigen Speerkampfes: Kein Kämpfer darf das Schwert zum Stoß gebrauchen, sondern nur zum Hieb. Ist ein tapferer Ritter aus dem Sattel geworfen, dann ist er besiegt; Pferd und Rüstung gehören dem Sieger. Fällt ein wackerer Kämpfer so

Tjoste (Zweikämpfe) finden hier statt. Anschließend stehen sich die Ritter im Buhurt (Haufenkampf) gegenüber.

schwer, daß er das Kampfgewühl nicht verlassen kann, dann soll sein Knappe herbeieilen und ihm helfen. Pferd und Rüstung muß auch er dem Sieger überlassen. Und wenn der hochgeborene Ritter von Lichtenstein, unser Turniermarschall, seinen Stab auf den Kampfplatz wirft, hat der Kampf ein Ende. — Ein jeder Ritter aber, der gegen die Turniergesetze verstößt und die Regeln der höfischen Rittersitten verletzt, wird sofort entwaffnet und auf die hohen Schrankenpfähle gesetzt. Er verliert Pferd und Rüstung. Kein edelblütiger Ritter wird mit ihm sprechen, speisen oder trinken. Er sei dem Hohn und Spott der Menge preisgegeben. — Der ruhmreiche Sieger aber erhält aus der Hand Elisabeths von Lichtenstein den Ehrenkranz.“ Nun herrschte Totenstille. Alle Blicke waren gespannt auf den Turniermarschall gerichtet, der seinen Stab hochhielt. Ungeduldig warteten die Kämpfer. Da senkte der Turniermarschall seinen Stab. Laut schmetterten die Trompeten, die Speere der Reiter richteten sich zum Angriff. Die Sporen drangen in die Weichen der Pferde, und in vollem Galopp sprengten die beiden Reihen gegeneinander. Hochauf wirbelte der Staub. Dann ein donnerndes Getöse beim Aufeinanderprall, das Krachen zersplitternder Speere, dazu Schreien und Rufe: „Ha, Hochheimer, Hochheimer!“ — „Ha, Uracher, Uracher!“ Für kurze Zeit waren die Kämpfer von den aufgewirbelten Staubmassen verdeckt. Dann erkannten die Zuschauer, was geschehen war: Wohl die Hälfte der Ritter lag am Boden. Eilig liefen ihre Knappen herzu, um sie aus dem Getümmel zu ziehen. Fast sämtlichen Rittern waren die Speere zersplittert, bei einigen sogar die Schilde. Knappen standen bereit und reichten neue Waffen. Einige Ritter hatten die Schwerter gezogen und kämpften weiter. Aber noch waren die beiden Anführer hoch zu Roß. Wieder rief das Volk. Da ritten der Uracher und der Hochheimer aufeinander los. Beiden splitterten die Speere. Jetzt griffen sie nach ihren Schwertern. Da gab der Uracher seinem Pferd die Sporen und drängte wuchtig gegen den Hochheimer vor. Dessen Pferd wankte, es sank und riß den Ritter zu Boden. Hell klangen die Trompeten, und der Beifall der Zuschauer brauste auf. Nun warf der Turniermarschall seinen Richterstab in die Schranken. Das Turnier hatte ein Ende. Nach Karl Sievers

Diesem Hauptkampf ging meist der Tjost, wo Mann gegen Mann kämpfte, voraus. Bei einem großen Ritterfest dauerte allein das Tjostieren zehn Tage lang, dann erst traten die Ritter zum Buhurt, dem Haufenkampf, an.

Turnierritter konnte nicht jeder sein. Die Ritter mußten sich streng an bestimmte Regeln halten. Im Mittelalter wurden sie vom Herold bekanntgegeben. Vom Turnier waren alle ausgeschlossen, die nicht aus adligem Hause stammten, die nicht eine adlige Frau geheiratet hatten, die Kaufleute oder Handwerker waren, die einen falschen Eid geschworen hatten, die meineidig geworden waren, die aus einem Heerhaufen geflüchtet waren, die nicht die Ehre der Frauen achteten, die Raub, Mord oder Verrat geübt hatten, die als Wucherer bekannt waren, die Kirchen zerstört hatten, die Ketzerei betrieben und die nicht nachweisen konnten, daß sie oder ihre Eltern bereits an einem Turnier teilgenommen haben.

IM LANDE DER ORDENSRITTER

Die christlichen Slawen brauchen Hilfe

Nach den Kreuzzügen hatten die Ritter des Deutschen Ordens mit ihrem Hochmeister Hermann von Salza in Venedig Zuflucht gefunden. Welchem Ziel sollten sie sich nun zuwenden? Da erreichte die Deutschherrnritter ein Brief. Er kam vom Herzog Konrad von Masowien. Darin schrieb der christliche Polenherzog, daß die Pruzzen seinem Land oft großen Schaden zufügten. Eine einzige Burg war dem Polenherzog an der Weichsel noch geblieben. Alle anderen hatten die Pruzzen zerstört. Nur die Hilfe der Ritter des Deutschherrnordens könnte ihm und seinem Land helfen, und nur mit ihrer Kraft könnten die Pruzzen zum Christentum bekehrt werden. Konrad forderte die Ritter auf, in sein Land zu kommen und versprach, daß alles Land, das der Orden erobern werde, diesem gehören sollte.

Die Fahrt der sieben Ordensbrüder

Der Hochmeister Hermann von Salza schickte Hermann Balk mit sechs anderen Rittern zum Polenherzog. Wochenlang dauerte der beschwerliche Ritt dorthin. Endlich standen sie am breiten Weichselstrom. Es war gerade die Zeit der Schneeschmelze, und die Fluren ringsum standen unter Wasser. Diesen Strom überquerten sie nun und betraten ein Land, das zahllose Wölfe, Ure, Bären und Elche durchstreiften. Zwischen unbekannten, weiten und dichten Wäldern lagen tückische Sümpfe. Zahllose Seen erschwerten den Reisenden die Fahrt. Wälder, Seen und Sümpfe bedeckten fast das ganze Land. Auf der anderen Seite des Stromes angelangt, entdeckten die sieben auf einem Hügel eine mächtige Eiche. Dort stand einst die Burg Thorn; die Pruzzen hatten sie zerstört. Um die Eiche ließ Hermann Balk Graben und Erdwall ziehen und auf diesem einen Plankenzaun errichten. Auf den starken Ästen der Eiche bauten sie aus Stämmen eine kleine Baumburg.

Andere Ordensbrüder folgten bald nach, und ein neues, starkes Kastell entstand. Auch Siedler aus dem Westen erschienen, und so wuchs im Schutze der Burg die Stadt Thorn.

Die Pruzzen wollten die Ordensritter und Siedler mit aller Macht wieder vertreiben. Sie rotteten sich zusammen. Über 2000 pruzzische Krieger umlagerten die kleine Feste. Hier standen nur 50 Ritter mit 200 Knechten zur Verteidigung bereit. Doch die Ordensritter besaßen Mut. Sie bewaffneten ihre Knechte und auch viele Mönche mit Hämmern, Sensen, Keulen und Knüppeln. Als die Pruzzen die geringe Zahl der Verteidiger sahen, lachten sie und waren ihres Sieges sicher. Plötzlich aber brausten die Ritter auf ihren Pferden heran. Der gewaltige Schlachtruf der wenigen Männer ließ die Feinde erschrecken. Sie flohen in die Wälder. In kurzer Zeit verloren die Pruzzen das Kulmer Land. Noch 50 Jahre dauerte der Kampf um die Länder an der Ostsee. Oft gab es Rückschläge, aber schließlich wurden die Pruzzen doch bezwungen. Im Jahre 1272 wehte vom hohen Turm der Marienburg, dem Sitz des Hochmeisters des Deutschen Ordens, stolz das Adlerbanner.
Auch während der Zeit der Kämpfe vergaßen die Ordensritter ihre anderen Pflichten nicht. Sie ritten durch das Land, pflegten die Kranken, nahmen die Armen und Waisen in ihre Häuser auf und schickten begabte Knaben in deutsche Schulen.

Was der Orden leistete

Der Hochmeister Winrich von Kniprode rief eines Tages den Schiffsbauer Heimhold zu sich in seinen Palast in der Marienburg. Er sprach zu ihm: „Du weißt, daß seit Jahrzehnten die heidnischen Litauer immer wieder in unser Ordensland einfallen, die Bauernhöfe ausplündern, die Landleute als Gefangene fortschleppen und Dörfer und Städte verheeren. Ich habe die Absicht, die Litauer zu unterwerfen, aber dafür brauche ich Schiffe, die Ritter, Pferde und Vorräte die Memel aufwärts bringen. Du sollst mit deinen Bauleuten an die Arbeit gehen. Sorge für das Nötigste und bringe mir bald deine Pläne zum Bau der Schiffe!" — „Ehrwürdiger Hochmeister, Holz lagert in unserer Burg genug. Doch fehlt es an Eisen, aus dem die Schmiede Klammern und Nägel herstellen können", erwiderte Heimhold. „Gehe zum Bruder Treßler, er wird dir die notwendigen Silberstücke geben, damit du das Eisen kaufen kannst", versetzte der Hochmeister. Heimhold verabschiedete sich mit einer tiefen Verbeugung.
Als der Schiffsbauer Heimhold in die Stube des Treßlers trat, saß dieser gerade über seinem dicken Buch und schrieb hinein: „An den Pferdearzt Kunzel habe ich ausgezahlt 1½ Mark Jahreslohn und 4 Mark für Salben — 100 Mark dem Spital zu Königsberg — 358½ Mark Lohn den Kämmerern, Schreibern, Dienern und dem Hofgesinde des Hochmeisters — 2½ Mark für einen Bauern, aus dessen Herde 21 Schafe von den Jagdhunden gebissen wurden, als der Hochmeister jagte."
Der ganze Ordensstaat war in Komtureien aufgeteilt. Das Gebiet einer Komturei wurde vom Komtur verwaltet, der auf einer Ordensburg saß. In den neu erworbenen Landstrichen setzte der Hochmeister die Landmeister ein. So gab es z. B. einen Landmeister von Livland.
Die Handelsbeziehungen des Ordensstaates reichten bis Brügge, Lemberg, Nowgorod, England, Frankreich, Portugal. Bernstein, Getreide, Wachs und Pelze waren die begehrtesten Waren, die in diese Städte und Länder ausgeführt wurden. Die Bernsteinküste und der reiche Landbesitz in Preußen bildeten die Quellen des Reichtums. Unter der Herrschaft des Ordens erlebten die Städte, besonders Thorn und Danzig, eine Blütezeit.
Im 14. und 15. Jahrhundert entfaltete der Orden eine rege Bautätigkeit. Burgen, die Festungen gleichen, wurden errichtet (Marienburg). Bischofsburgen (Heilsberg), Dome (z. B. in Kulmsee, Marienwerder, Frauenburg, Königsberg) und Stadtkirchen (z. B. St. Marien in Danzig, St. Jakob und St. Johannes in Thorn) geben Zeugnis von einer bedeutenden Baukunst.

1 Hochmeister
2 Großkomtur (Vertreter des Hochmeisters)
3 Ordensmarschall (Befehlshaber des Ordensheeres)

4 Spittler (Oberaufseher der Armen- und Krankenhäuser)
5 Drapier (Aufseher über Kleidung, Haar- und Barttracht und Benehmen)
6 Treßler (Schatzmeister)

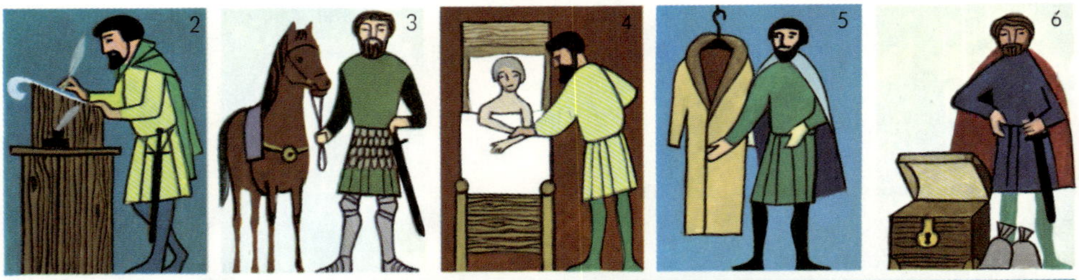

Auch die Arbeit dieser Männer war für den Orden wichtig und notwendig

1 Fischmeister
2 Gartenmeister
3 Schmied
4 Tischler
5 Gießmeister
6 Steinmetz
7 Herold
8 Schulmeister
9 Kornmeister

Die Marienburg ist eines der herrlichsten und gewaltigsten Bauwerke des Mittelalters (um 1300). Das rechte Bild zeigt den Wehrgang der Burg.

Der Niedergang des Ordens

Ein Jahrhundert dauerte die Blüte des Ordensstaates. Weshalb dieser stolze, feste Staat auseinanderfiel, erkennst du aus den folgenden Klagen:
Ein Ordensritter klagt: „Unsere Ordensritter streiten sich um Ruhm und Ehre. Sie vergessen dabei ihre Ritterpflichten. Ein jeder will am Tisch auf den Ehrenplätzen sitzen und in der Reihe der erste sein. Keiner gibt sich mehr mit dem letzten Platz zufrieden, keiner will dienen und schweigend gehorchen."
Ein preußischer (pruzzischer) Adliger klagt: „Kein Preuße darf in den Orden aufgenommen werden, auch wenn er schon lange ein Christ ist. Der Orden läßt uns nicht an der Regierung des Landes teilnehmen. Der Hochmeister schließt uns aus, wenn er über Zins, Heeresdienst und Gericht berät. Die Ordensritter sind zu stolz, um bei einfachen Bürgern zu übernachten, wenn sie auf Reisen sind. So gewinnt der Orden keine Freunde."
Ein Bürger Elbings klagt: „An den hohen Preisen für das Getreide ist der Orden schuld. Er kauft nach der Ernte das meiste Getreide auf, den Scheffel für 6, den Hafer für 3 Schilling. Später verkaufen die Ordensleute dann das angehäufte Getreide um den doppelten Preis. Sie wollen den Schiffen unserer Städte ihre Handelswege vorschreiben. Wir dürfen unsere Waren nicht dort verkaufen, wo wir wollen."
Ein Bauer klagt: „Unser Komtur von Christburg ist ein harter Mann. Er treibt von uns mehr Zins ein, als er verlangen darf. Und folgen wir seinen ungerechten Befehlen nicht, dann wendet er Gewalt an, führt unser Vieh fort und nimmt uns das Getreide weg."
Der König von Litauen klagt: „Die Ordensritter wollen nicht, daß ich den christlichen Glauben annehme. Sie haben es auf mein Hab und Gut abgesehen, und deshalb bleibe ich meinem Glauben treu."

Auch die Nachbarvölker hatte sich der Ordensstaat zu Feinden gemacht:

Der mächtige Ordensstaat war den Polen und Litauern ein Dorn im Auge. Als ein polnischer König beide Länder unter seiner Herrschaft vereinigt hatte, wagte er den Angriff. Russen und Tataren unterstützten ihn. Bei Tannenberg in Ostpreußen kam es 1410 zur entscheidenden Schlacht. Das Ordensheer wurde geschlagen. Mehr als 1000 Kirchen wurden verwüstet und niedergebrannt. Von den 19 000 Dörfern im Preußenlande blieben nur noch 3000 übrig. Die Marienburg aber hielt dem Ansturm der Feinde stand. Die Angreifer zogen ab. Zwar gelang es für kurze Zeit, einen Teil der verlorenen Gebiete zurückzuerobern, aber die Macht des Ordens war gebrochen. Im Jahre 1525 verwandelte der letzte Hochmeister den Ordensstaat in ein weltliches Herzogtum, das er aber nur als Lehen des polnischen Königs verwalten durfte.

WENN GEWALT VOR RECHT GEHT

Junker Berkenthin

Ein stiller Sommertag liegt über dem Land um den Ratzebruger See. Vom Burghof des Junkers Wulf Berkenthin dringt Lärm. Dort hat sich allerhand Gesindel getroffen, das auf Beute wartet. Plötzlich ruft einer der Männer, der am Burgtor steht: „Der Späher kommt!" Schon jagt ein Reiter in den Hof. Er sitzt nicht ab, sondern verkündet vom Pferd aus, was er beobachtet hat. Der Späher hatte eine halbe Wegstunde von hier im Ratzeburger Tal den Kaufmannszug eines lübischen Kaufmannes beobachtet. „Ein schwerbeladener Wagen ist es, und nur vier Knechte bewachen ihn", berichtet der Späher.

„Greift mir den Zug dieses hochnäsigen Bürgerpacks", befiehlt der Junker Wulf. „Endlich kann ich dem Stadtgesindel heimzahlen, was sie unserem Freund Hennig Schluderup angetan haben. Vergeßt nicht, Männer, daß sie ihn gehenkt haben; einen adligen Straßenköter nannten sie ihn. Auf, Leute, rächt diese Tat!" Der Junker denkt aber auch an die reiche Beute, die er erhofft. Lübische Kaufleute — das bedeutet: feines Zinn und Leder, italienische Seide, Gewürze aus Genua, burgundischen Wein und viele wertvolle Dinge mehr.

Inzwischen sind die Männer des Junkers am Hinterhalt angekommen, den sie an dieser Stelle schon früher gelegt hatten. Bald darauf hören sie das Knarren der Räder und das Schimpfen der Knechte. Den Kaufleuten ist dieses düstere Waldstück etwas unheimlich, und sie wären froh, wenn sie es schon hinter sich hätten. Zuviel haben sie von Strauchdieben und Beutelschneidern in dieser Gegend gehört. Plötzlich bäumt sich eines der Zugpferde auf und wird scheu. Im gleichen Augenblick kracht ein Wagenrad in ein tiefes Loch und sinkt bis zur Achse ein. Die Kaufmannsknechte sind starr vor Schreck. Schon sind sie von zehn wilden Gesellen des Junkers umgeben. Schnell werden die Knechte und der Kaufherr Warendorp entwaffnet und von einigen Räubern auf die Burg gebracht. Die anderen machen sich über die Beute her und verteilen sie auf die einzelnen Pferde. Lachend meint einer der Räuber: „Die Kaufherren haben mit der Grundruhr ihre liebe Not!" Schwer beladen erreicht der Zug mit der reichen Beute die Burg. Alles eilt herbei, um die Beute zu sehen. Der Kaufherr aber soll so lange gefangengehalten werden, bis er freigekauft wird. Auf dieses Lösegeld freut sich Junker Wulf schon jetzt.

Die Grundruhr war ein altes Recht im Mittelalter. Es besagt, daß sowohl ein gestrandetes Schiff als auch ein verunglückter Wagen an den Gebietsherren fällt; dieses Besitzrecht bezieht sich auch auf die Ladung des Schiffes und Fuhrwerks. Wollte der Geschädigte trotzdem zu seinem Gut kommen, mußte er eine entsprechende Loskaufsumme an den Gebietsherrn zahlen, wenn dieser mit einer solchen Regelung einverstanden war.

Die Raubritter verletzten dieses Recht. Besonders in der zweiten Hälfte des 13. Jahrhunderts trieben Raubritter in Franken, Schwaben, Bayern und am Rhein ihr Unwesen. Die Raubritter nannten die Kaufleute „Pfeffersäcke" und „Geldsäcke". Die Raubritter wurden als „Strauchritter", „Buschklepper", „Taschenklopfer", „Schnapphähne", „Hekkenreiter" und „Landplacker" bezeichnet. Besonders berüchtigte Raubritter waren Eppelein von Gailingen, Thomas von Absberg und Meier Helmbrecht.
Wie wenig Ritter und hohe Herren das Recht achteten, sagt folgender Spruch: „Rauben und Morden ist keine Schand, das tun die Besten im ganzen Land." —

Weshalb aus ehrbaren Rittern Strauchdiebe wurden!

Nach der Beendigung der Kreuzzüge war die große Zeit der Ritter zu Ende. Es gab für sie kaum mehr Kriegsdienst, dafür hatte man Söldnerheere und Fußtruppen. Zudem war die Kampfesweise der Ritter nach der Erfindung der Feuerwaffen veraltet. Die Ritter hatten keinen eigentlichen Beruf erlernt und verabscheuten die einfache Arbeit. Sie gaben ihr Land gegen festgelegte Abgaben an Bauern. Die Kaufherren in den Städten erzielten bei ihrem Handel große Gewinne, die Ritter aber gerieten in immer tiefere Not.
Sie hatten nicht mehr so viel Geld, um ihre Burgen zu unterhalten und kostspielige Turniere zu veranstalten.
Wie tief der Ritterstand gesunken war, zeigt der folgende Bericht:
„Es gibt jetzt dreierlei Arten Ritter: die ersten taugen nicht ein Ei, sie haben weder Ehren noch Gut ... zu diesen bösen Rittern gehören die, die ehrlos auf den Straßen rauben und morden.
Die zweiten, die sich auch Ritter nennen, tragen Lehen von den Edelleuten, sind aber auch ihre Güter frei, so halten sie sich nicht, wie es ihrem Stande zukommt. Sie sind schlechte Christen, machen viele zu Witwen und Waisen und nähren sich nur vom Rauben und anderen unehrlichen Sachen. Sie ziehen vor ein Dorf, nehmen den armen Leuten ihr Vieh, ihr Leib und Gut, wo sie doch billig um größere Dinge ins Feld ziehen sollten ... Wenn diese Kuhritter zu einem Turnier wollten, so würde es ihnen nicht gut gehen, sie würden wohl sehr geschlagen werden von den frommen Rittern und Knechten, die die Klagen der Jungfrauen gehört haben ...
Die der dritten Art allein sind edel, sie werden zu Rittern, wenn ihre Fürsten zu allgemeinem Nutzen und für eine gerechte Sache Krieg führen, für die Befreiung eines Landes, gegen die Ketzer und Heiden oder gegen böse Christen, die die Untertanen schädigen. Oder sie ziehen zum heiligen Grab und lassen sich dort zum Ritter segnen. Solche Leute sehe ich als fromme Ritter an, sie mögen Heil und Glück gewinnen. Mit Recht sind sie zu Rittern geschlagen, eine Zierde der Christenheit."

(Aus dem Ritterspiegel des Johannes Rothe)

Jeder sucht sich selbst sein Recht

In einer mondhellen Winternacht zogen bewaffnete Bürger und Bauern der Stadt Rothenburg und ihrer Umgebung auf der Landstraße nach Ingolstadt. Auf mehr als 100 Wagen fuhren sie dahin, mit Schwertern, Spießen, Morgensternen und Armbrusten in den Fäusten. Voran ritt der Bürgermeister Wilhelm Trueb. Sie wollten den Schimpf, Raub und Diebstahl mit eigenen Händen rächen, den ihnen der Ritter von Elm bei Ingolstadt angetan hatte. Als der Wächter auf dem Turm die Trommeln der heranrückenden Rothenburger hörte,

schrie er: „Feindio! Feindio! Die Reichsstädter wollen unsere Burg berennen!" Die Burgleute hatten gerade noch Zeit, die große Brücke aufzuziehen und die Knechte zu wecken. Der Ritter und sein Gefolge hatten den Angriff der Rothenburger nicht erwartet. Das erkannten die aufgebrachten Bürger und Bauern sofort, denn der eine der Verteidiger hatte des anderen Kleider an, dem einen waren sie zu groß, dem andern zu klein. Viele trugen auch keine Stiefel, und ihre Waffen sahen nicht sehr kriegsmäßig aus. Einer hielt sogar statt der Lanze eine lange Bohnenstange in der Hand. Sogleich rannten die Rothenburger gegen die Burgmauern, und bald sah der Ritter von Elm ein, daß er mit den wütenden Städtern nicht fertig werden konnte. Er ergab sich mit allen seinen Burggenossen. Aber der Bürgermeister sagte: „Der Elmer darf nicht auf Gottes Gnad hoffen; in Banden muß er liegen!" Die Burginsassen kamen heran, vor ihnen der Ritter. Die Rothenburger banden sie sogleich und warfen sie auf die Wagen, um über sie in der Stadt Gericht zu halten. Bevor die siegreichen Angreifer abrückten, trugen sie trockenes Holz und Stroh zusammen und brannten die Burg nieder.

Nach Theodor Heinemann

Die Geschichte erzählt, wie sich die Bürger ihr Recht mit eigener Faust (Faustrecht) suchten. So war es damals überall im deutschen Land. Meist hatten beide Gegner unrecht.

Der Landfriede

Oft schlossen sich Städte, Bischöfe und gutgesinnte Ritter zusammen, um Mord, Raub und Brandschatzung abzuwenden. So unterschrieben z. B. im Jahre 1413 zu Mergentheim

die fränkischen Reichsstädte, der Burggraf zu Nürnberg, die fränkischen Bischöfe und der Abt von Fulda ein Bündnis. Darin hieß es: Alle Pilger und Wallfahrer, Kaufleute und Ackerbauern, die Feldfrüchte und Wein bauen, sollen in ihren Wohnungen und Gewerben sicher sein. Frei sollen sein alle Straßen, Kirchen, Klöster, alle Geistlichen, Kaufleute, Kirchhöfe, Mühlen, Pflüge mit ihren Pferden, Ochsen und Zubehör. Wer sie beschädigt, soll als Verletzer des Landfriedens und als Räuber bestraft werden.
Im Jahre 1274 berief Rudolf einen Reichstag nach Würzburg. Dort wurde der Reichsfriede ausgerufen. Wer den Frieden des Landes störte, sollte geächtet und gebannt werden. Am Mittelrhein, wo der Landfriede wieder gestört wurde, setzte der König einen Reichsvogt und einen Reichsrichter ein. Oft griff der König selbst ein, um Ruhe und Ordnung herzustellen. So zog Rudolf mit zahlreichen Rittern nach Thüringen, das am meisten von den Raubrittern heimgesucht wurde. Als er eintraf, hatten die Erfurter bereits viele adlige Räuber gefangen. 29 von ihnen ließ der König sogleich enthaupten. Einige Dutzend von Raubritterburgen ließ er bestürmen und einäschern.
Einmal wurde König Rudolf gefragt, weshalb er nicht wie alle seine Vorgänger nach Italien reise, um sich dort zum Kaiser krönen zu lassen. Der König antwortete mit einem Gleichnis: „Es wurden einmal viele Tierlein zu einem Fest in einen Berg geladen. Alle gingen hinein, nur der Fuchs blieb draußen und wartete. Als keines wieder herauskam, hatte er keine Lust mehr, auch hineinzugehen." Rudolf dachte bei diesem Gleichnis an das Schicksal einiger Stauferkaiser in Italien.

DAS RITTERTUM

Im Mittelalter bildeten die Ritter den angesehensten Stand. Sie wurden im Waffendienst ausgebildet und zu Anstand und guten Sitten erzogen. Sie gelobten, ihrem Herrn die Treue zu halten, die ritterlichen Tugenden zu befolgen und für den christlichen Glauben zu kämpfen. Ritterliche Sänger, wie Walther von der Vogelweide und Wolfram von Eschenbach, schufen und verbreiteten die ritterliche Dichtung und den ritterlichen Gesang.
Als das mittelalterliche Kaisertum zerbrach, die Städte sich rasch entwickelten und für die Ritter keine großen Aufgaben mehr zu erfüllen waren, zerfiel der Ritterstand; statt dessen verbreitete sich im Reich das Raubritterwesen. Damals herrschten Gewalt und Gesetzlosigkeit. Nachdem das Kaisergeschlecht der Hohenstaufen ausgestorben (1250) und das Reich bis 1273 ohne Herrscher war, wurde Rudolf von Habsburg von den deutschen Fürsten zum König gewählt. Er sorgte für Recht und Ordnung im Reich.
Im Jahre 1226 riefen die christlichen Polen den Ritterorden in das Land der Preußen. Der Orden eroberte weite Gebiete, und der Ordensstaat reichte schließlich von Pommern bis Estland. Die Ordensritter bauten zahlreiche Burgen, gründeten Städte und Dörfer und verbreiteten den christlichen Glauben. Die Hochmeister des Ordens hatten ihren Sitz in der Marienburg. Als sich Zucht und Ordnung unter den Ordensrittern lockerten und viele mit dem Orden unzufrieden waren, fielen die Polen und Litauer ins Ordensland ein. Das Heer des Ordens wurde 1410 in der Schlacht bei Tannenberg besiegt. Außer Ostpreußen kamen alle Gebiete des Ordensstaates unter polnische Herrschaft.

Lübeck — das Haupt der Hanse

DIE BÜRGER WOLLEN FREI SEIN

Lob der deutschen Städte

Im 15. Jahrhundert schrieb ein italienischer Gelehrter über die deutschen Städte:
„Wir sagen es frei heraus, Deutschland war niemals reicher, niemals glänzender als heutzutage. Kein Land in Europa hat bessere und freundlichere Städte als Deutschland ... Was für einen Anblick gewährt die Stadt Nürnberg! Welcher Glanz, welche Anmut, welcher Reiz! Wie viele Bürgerhäuser findet man dort, der Könige würdig! In Europa wird man nichts Herrlicheres, nichts Prächtigeres finden als Köln, reich an Schätzen und mit Türmen befestigt. Die Städte am Meer aber übertrifft alle Lübeck, eine Stadt von solcher Macht, daß auf ihren Wink drei große Königreiche, nämlich Dänemark, Schweden und Norwegen, gehorchen. An der Oder liegt Breslau, eine Stadt aus Ziegelsteinen, ebenso schön wie mächtig, dessen Bistum man einst das goldene nannte."
Auf dieses Lob konnten die Bürger der deutschen Städte stolz sein. Aber der Mann, der dieses Lob schrieb, sah die Städte zur Zeit ihrer Blüte. Ehe sie solchen Glanz erreichten und bevor die Bürger als freiheitliche Gemeinschaft leben konnten, vergingen einige Jahrhunderte. Die Städte gehörten am Anfang, wie die Dörfer und das Land, den Grundherren, den Bischöfen, Herzögen, Grafen usw. Die Grundherren besaßen alle Rechte. Erst nachdem die Stadtleute diese Rechte für sich gewonnen hatten, konnten sie sich „freie Bürger" nennen. Manche Stadt kämpfte um diese Freiheit über Jahrhunderte.

„Stadtluft macht frei" und Stadtrecht

Die Bürgerfreiheit wurde im deutschen Reich zuerst in der Stadt Speyer verwirklicht. Kaiser Heinrich V. erlaubte im Jahre 1111, daß derjenige, der Speyer betrat und sich dort für unbestimmte Zeit aufhielt, die Bürgerfreiheit erworben hat. Derselbe Rechtsgrundsatz galt zehn Jahre später in Freiburg im Breisgau. Danach hat Heinrich der Löwe dieses Recht einigen seiner Städte verliehen, z. B. Lübeck und Schwerin.

Der Rechtsgrund „Stadtluft macht frei" war in den einzelnen Städten des Reiches an unterschiedliche Bedingungen geknüpft. In vielen Fällen mußte der Fremde, um frei zu werden und das Bürgerrecht zu erlangen, seine Freiheit durch Eid beschwören und Jahr und Tag unangefochten in der Stadt leben. Andere Städte schrieben nur einige Monate Aufenthalt vor, oder aber es genügte wie in Speyer das einfache Betreten und Verweilen in der Stadt.

Lange vor dieser Zeit galt die Bürgerfreiheit in England und Flandern. Zusammen mit anderen bürgerlichen Freiheitsrechten setzte sie sich seit dem Ende des 11. Jahrhunderts im gesamteuropäischen Raum allmählich durch und erscheint dann durchwegs in den Stadtrechten des Mittelalters.

Mit der Gewährung der Bürgerfreiheit und vielen anderen Vergünstigungen, die die Stadt zu einem eigenen Rechtsbezirk werden ließen, sollten vor allem Siedler für neugegründete und erweiterte Städte gewonnen werden.

Die Rechte einiger Städte gelangten zu großer Bedeutung. Weit über seine Stadtgrenzen hinaus wirkte das Stadtrecht Magdeburgs und verbreitete damit die Grundsätze bürgerlicher Freiheitsrechte sowie andere typische Einrichtungen der städtischen Verfassung. Mit dem Magdeburger Recht wurden 200 Städte beliehen, meist im damaligen ostdeutschen Binnenland gelegen; so die Städte Halle, Leipzig, Dresden, Naumburg, Brandenburg, Prag, Königgrätz, Breslau, Krakau, Thorn.

Neben der Magdeburger war die Lübecker Stadtrechtsfamilie die bedeutendste. Zu ihr gehörten entlang der südlichen Ostsee von Ripen auf Jütland bis Reval und Narwa etwa 110 Städte. Rostock, Gadebusch, Stralsund, Kiel, Greifswald, Wismar erhielten z. B. das Lübische Recht.

Ein günstiger Platz

Straßburg gehörte zu den blühendsten Städten im Mittelalter. Jahrhundertelang war der Ort ein begehrter Platz zur Ansiedlung.

Zuerst bauten die Römer ein Kastell, später siedelten sich die Franken hier an, die eine Burg errichteten. Als Straßburg Bischofssitz wurde, zogen viele Menschen in die Stadt, weil sie einen Handwerksberuf ausüben oder lernen konnten. In der Nähe des Bischofssitzes siedelten sich Klöster und Stifte an. Zum Markt der Stadt kamen Kaufleute, Handwerker und Bauern aus der weiten Umgebung. Rechts und links der Handelsstraßen, die durch Straßburg führten, bauten die Kaufleute ihre Häuser, Warenhallen und Speicher.

Die Strassburger Bürger erkämpfen die Freiheit

Obwohl ein Bischof der Stadtherr war, hatten sich die Bürger von Straßburg manche Rechte angeeignet; z. B. benutzten sie die Allmende der Stadt für sich, ohne Genehmigung des Stadtherrn einzuholen. Bischof Walther von Geroldseck wollte aber den Bürgern diese Rechte wieder nehmen. Als sie sich weigerten, sprach er gegen die Stadt den Kirchenbann aus und rüstete zum Krieg.

Auch die Straßburger ergriffen die Waffen, und ein Ratsherr sprach ihnen Mut zu: „Kämpft unerschrocken für unsere eigene Freiheit, für die unserer Kinder und Kindeskinder!" Als sich der Tag neigte, hatten die Straßburger den Sieg erkämpft. Der Mut der Bürger hatte sich gelohnt; denn im Laufe der Zeit gewannen sie immer mehr Freiheit. Später erhielt Straßburg von Kaiser Ludwig dem Bayern die Reichsfreiheit; Straßburg wurde eine freie Reichsstadt. Eine freie Reichsstadt war direkt dem König oder Kaiser unterstellt.

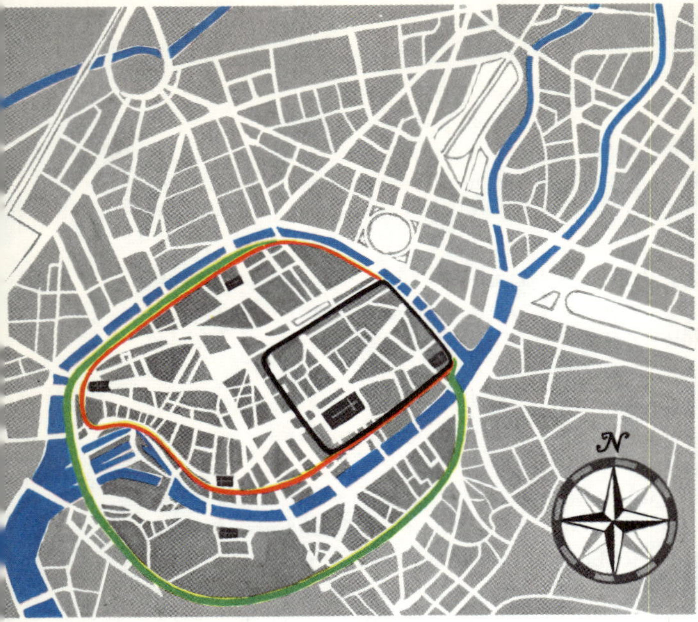

Die frühere Ausdehnung der Stadt ist auf dem heutigen Stadtplan eingezeichnet.

- (schwarz) *Römerkastell*
- (rot) *Stadtrand um das Jahr 1000*
- (grün) *Stadtrand um das Jahr 1200*

Die schlauen Bürger

Manche Städte erlangten ihre Freiheit auf andere Weise. Graf Bernhard wollte mit seinen Knechten aufbrechen, um als Kreuzritter ins Heilige Land zu ziehen. Mehr als 1000 Meilen standen ihm bevor. Dies würde viel Geld kosten. Zu Hause bezahlte er alles mit den Erzeugnissen seines Grundbesitzes. Er konnte aber nicht gut 100 Schock Eier und eine Wagenladung Schinken mitnehmen, um damit dem Gastwirt auf dem Brennerpaß die Herberge und den Schiffern in Venedig die Überfahrt zu bezahlen. Diese Herren verlangten bares Geld. Der Graf mußte deshalb einen großen Beutel mit Geldstücken füllen. Aber woher das Geld nehmen? Der Sekretär des Grafen sandte einen Brief an die angesehensten Kaufleute der Stadt, die dem Grafen untertan waren, und bat sie um eine Anleihe. Die Bürger kamen in der Werkstätte des Goldschmiedes zusammen und besprachen das Anliegen ihres Stadtherrn. Sie konnten es nicht gut abschlagen. „Aber", so meinte der Gewürzkaufmann, „wie wäre es, wenn wir als Gegengabe für unser Geld um eine Vergünstigung bitten. Wir angeln doch alle gern. Geben wir also dem Grafen 100 Dukaten und lassen uns dafür eine Urkunde ausstellen, mit der er uns das Recht gibt, in allen seinen Gewässern zu angeln. Dann bekommt er die 100 Dukaten, die er braucht; wir aber bekommen die Fische, und das wird für uns ein gutes Geschäft sein!" Von dem Tage an, an dem der Graf diese Urkunde unterzeichnete, verlor er die Macht über die Stadt immer mehr.
Der Graf zog ins Heilige Land und kam zwei Jahre später wieder zurück. Da sah er eines Tages, wie einige Städter im Schloßteich angelten. Das ärgerte den Grafen, und er ließ die schweigsamen Angler vom Stallmeister wegjagen. Aber sie kamen wieder. Sie waren sogar sehr höflich. Sie beglückwünschten ihren Herrn zur gesunden Heimkehr. Sie bedauerten, daß sie ihn durch ihr Angeln gestört hatten. Aber, wie sich der hohe Herr vielleicht erinnere, so meinten sie, hatte er ihnen doch selbst die Erlaubnis zum Fischen gegeben. Und der Gewürzhändler hielt ihm die Urkunde unter die Augen. Der Graf war sehr verstimmt, aber er konnte nichts machen; die Bürger waren im Recht.

Nach Hendrik van Loon

Jedes dieser Bilder stellt ein Recht des Grund- oder Stadtherrn dar:
1 Marktrecht, 2 Zollrecht, 3 Recht auf Frondienst, 4 Münzrecht, 5 Recht auf Einziehung von Abgaben, 6 Erlaßrecht, 7 Strafrecht

Die Geschichte geht noch weiter. Im Laufe der Jahre brauchte der Graf von den Kaufleuten immer wieder Geld: Er wollte für seine Tochter eine teure Aussteuer kaufen. – Er nahm an einem prunkvollen Turnier teil. – Er schuldete einem Mailänder Händler 340 flämische Gulden. – Er begleitete den König zur Kaiserkrönung nach Rom. Die Kaufleute gaben ihm das Geld. Sie verlangten aber jedesmal ein anderes Recht für ihre Stadt. Eines Tages hatten sie ihr Ziel erreicht. – Im großen Rathaussaal legten die versammelten Bürger dem Grafen

1 Dom
2 Rathaus
3 Gildenhaus
4 Burg
5 Kloster
6 Schule
7 Kornhaus
8 Mühle
9 Tortürme
10 Mauer
11 Armenhaus
12 Hospital mit Kapelle
13 Pestkrankenhaus
14 Friedhof mit Friedhofskapelle
15 Herberge
16 Fluß
17 Wassergraben vom Fluß abgeleitet
18 Galgenberg

wieder eine Urkunde vor. Darin stand: „Ich schwöre, den Bürgern der Stadt für immer und ewig alle Freiheit zu lassen . . ." Der Graf schwor und unterschrieb. Die Bürger waren nun freie Menschen.

Bürger verteidigen ihre Freiheit

Immer wieder waren die Bürger gezwungen, ihre Freiheit zu verteidigen. Bald wollten Fürsten die freien Städte wieder unter ihre Gewalt bekommen, bald mußten sich die Bürger gegen feindliche Städte wehren, und manchmal war es auch der König, der ihre Freiheit bedrohte oder ihnen die Freiheit entzog, weil sie unrecht getan oder gegen ihn gekämpft hatten.

Ende des 14. Jahrhunderts z. B. stand die Selbständigkeit der Reichsstadt Dortmund auf dem Spiel. 45 Landesherren bedrohten die Stadt, unter ihnen die Erzbischöfe von Köln, Mainz und Trier, die Bischöfe von Augsburg, Paderborn und Osnabrück, die drei Pfalzgrafen am Rhein, die Herzöge von Bayern und die Grafen von Württemberg.

Im Rathaus zu Dortmund waren um den Bürgermeister die Ratsherren versammelt. Er hielt einige Fehdebriefe in der Hand, die vor kurzem eingegangen waren, und sprach: „Hochehrbare Räte, jetzt werden sich die hohen Steuern, über welche die Bürgerschaft seit Jahren seufzt, bezahlt machen, denn wir haben das Geld gut für die Befestigung unserer Stadt angelegt. Jetzt erst werden unsere Bürger verstehen, weshalb wir so strenge Bestimmungen gegen Fremde erlassen und weshalb wir seit Jahren soviel Getreide aufgehäuft haben. Unsere Vorratskammern sind voll, den Nutzen werden wir alle haben, wenn uns die Feinde bald einschließen. Gerade sind unsere Ausrufer in den Straßen und Gassen unterwegs. Sie verkünden noch einmal, was seit langem zur Verteidigung der Stadt beschlossen wurde."

Und dies verkündeten die Ausrufer:

„Jeder Bürger ist durch seinen Eid verpflichtet, beim Läuten der Notglocke zur Verteidigung auf den Platz zu eilen, der ihm zugewiesen ist. – Ein jeder muß einen Harnisch oder eine Rüstung besitzen. – Wer zum kleinen Stadtdienst eingeteilt ist, soll sich sogleich für den Wachdienst, für die Ausbesserung der Befestigungen und der Gräben bereithalten. – Wer zum großen Stadtdienst verpflichtet ist, soll seinen Streithengst, den er halten muß, dem Stallmeister der Stadt übergeben. – Die Bürger, die ihren Kriegsdienst zu Fuß leisten müssen, werden morgen vom Stadthauptmann gemustert. Ein jeder soll mit Pfeil und Bogen oder Armbrust erscheinen. – Um Streit unter den Bürgern zu vermeiden, ist alles Würfelspiel bei Strafe verboten. – Fremde dürfen nach dem abendlichen Glockenläuten keine Wehranlage betreten."

Die zahlreichen Feinde konnten die Stadt Dortmund nicht bezwingen. Sie behielt ihre Freiheit. Alle Bürger hatten zur erfolgreichen Verteidigung beigetragen, und die strengen Bestimmungen des Stadtrates hatten sich bewährt.

Die sechs opferbereiten Bürger von Calais

Einst belagerte ein englischer König die französische Stadt Calais und brachte sie in arge Not. Er wollte nur dann von der Stadt ablassen, wenn sich sechs ihrer vornehmsten Bürger in seine Hand gäben, „damit er mit ihnen tue nach seinem Willen".

Die Bürger versammelten sich auf dem Stadtplatz, und der Bürgermeister verkündete die bange Nachricht. Stille herrschte auf dem Platz. Alle warteten und schwiegen. Aber da traten sechs heldenhafte Bürger hervor. Sie entkleideten sich bis aufs Hemd, legten Stricke

Diese zeitgenössische Buchmalerei stellt die Übergabe und Bewilligung eines Stadtrechts dar. Auf dem Stadtplatz haben sich viele Bürger versammelt, um diesem wichtigen Rechtsakt beizuwohnen.

Der französische Bildhauer Auguste Rodin hat am Ende des 19. Jahrhunderts die sechs Bürger von Calais aus Stein gemeißelt.

um ihren Hals und traten so mit den Schlüsseln der Stadt vor den feindlichen König. Er empfing sie hart, schon standen die Henker neben ihnen. Da bat die Königin um das Leben dieser tapferen Männer. Der König schenkte es ihnen und brach die Belagerung von Calais ab.

Die Wahl der Ratsherren in Nürnberg

Peter Schopper war im letzten Jahr (1429) einer von den Ratsherren des inneren Rates, welche die Stadt verwalteten und regierten. Heute gürtete er den Degen, warf den Mantel über und setzte den schwarzen Hut aufs graue Haupt. Seine Frau begleitete ihn zur Tür und sagte: „Werden sie dich wieder wählen?" – „Weiß nicht", war die Antwort, „es gab wegen des Mauerbaues manch hartes Wort im Rat. Aber wer Ratsherr ist, bleibt es meist sein ganzes Leben lang."

Ernst und gemessen schritt er durch die Gassen hin zum Rathaus. Dort fand, wie jedes Jahr am dritten Ostertag, die Wahl der Ratsherren statt. Aus einer Seitengasse kam Berthold Tucher, und er schloß sich Peter Schopper an. Er gehörte zum großen Rat, zu dem 200 angesehene Bürger zählten. Sie wurden nur gelegentlich zusammengerufen, um zu vernehmen, was der kleine Rat plante. Regelmäßig aber wurden sie bei der Wahl, bei Steuerangelegenheiten und im Kriegsfall gefragt. „Ihr werdet diesmal in den inneren Rat aufrücken", meinte Schopper, „es ist der Wunsch vieler." – „Ich nehm's wie's kommt", erwiderte Tucher, „die Zeiten sind unruhig, und Würde bringt Bürde. Denkt an den Mauerbau!"

Im Rathaussaal nahmen alle ihre Plätze auf den Sitzen längs der Wand ein. Dahinter hingen Teppiche mit Blumen- und Wappenmustern. Die Morgensonne blitzte auf den vier Messingleuchtern, die für die Abendsitzung bereitstanden. Es war ein prächtiges Bild, als Ratsherr neben Ratsherr saß. Dann begann die Wahl, und erst am Abend war sie abgeschlossen. Die Liste der gewählten Räte wurde verlesen, die in diesem Jahr das Geschick der Stadt bestimmen sollten. Auch Berthold Tucher war gewählt. Der älteste unter den Ratsherren erhob sich und sprach: „Wir tragen keine kleine Last. Wir tun es zum Wohl der Stadt und haben uns dazu durch Eid verpflichtet. Wir wollen ausführen, was uns aufgetragen ist, mit Gottes Hilfe und solange wir bestellt sind."

Nach Otto Barthel

Im Laufe des Jahres traten die Ratsherren oft zu Ratssitzungen zusammen. Sie berieten dabei über:

Einnahmen und Ausgaben — Kleiderordnung — Waffengebrauch — Pflasterung vor den Häusern — Feuerordnung — Marktordnung — Bau- und Ausbesserung der Stadtbefestigung — Steuern, z. B. Getränkesteuer — Ruhe und Ordnung — Abhaltung des Schützenfestes — Besetzung verschiedener Ämter, z. B. das eines Spitalmeisters, eines Stadtschreibers, eines Torhüters, eines Marktaufsehers — Aufnahme neuer Bürger — Vorgehen gegen Wegelagerer — usw.

Worüber die Nürnberger Stadträte z. B. heute beraten:

über Sport- und Freizeitanlagen — Wohnungsbau — Errichtung einer Verbrennungsanlage für Müll — über den „Tag der offenen Tür" — Trinkwasserversorgung — Verleihung des Kulturpreises für Musik — Durchführung der Schluckimpfung gegen Kinderlähmung — Behebung der Schulraumnot — Wahl eines berufsmäßigen Stadtrats für öffentliche Einrichtungen — über die Gewährung von Darlehen zum Bau von Wohnungen — usw.

In den meisten mittelalterlichen Städten gab es folgende Ämter: Bürgermeister, Schatzkämmerer oder Losunger, Stadtzöllner, Waagemeister, Kirchenbaumeister, Stadtmaurer, Kirchenmaurer, Stadtzimmermeister, Brunnenmeister, Waffenmeister, Schrannenmeister, Bader, Schulmeister, Kirchenpropst, Küster, Viehhüter, Wächter.

Der Markt

Im Herzen der Stadt, dort wo alle wichtigen Straßen zusammenliefen, wurde auf einem freien Platz der Markt abgehalten. Auf diesem Hauptmarkt wurden an festgelegten Markttagen Fleisch, Fisch, Kleider, Webwaren, Töpfe und viele andere Dinge verkauft. Neben diesem Hauptmarkt hatten die meisten Städte noch Nebenmärkte, wie den Viehmarkt, den Kornmarkt oder den Roßmarkt.
Am Markttage kamen Kaufleute mit schwerbeladenen Wagen in die Stadt gezogen. Bauern aus der Umgebung boten Eier, Mehl, Butter und grobes Leinen feil. Die Handwerker der Stadt mußten ihre Stände, an denen die gleichen Waren verkauft wurden, nebeneinander haben, damit die Käufer besser vergleichen konnten. Der Rat der Stadt legte auch die Maße und Gewichte fest, die für die Stadt gültig waren. Streng wurde auch die Einhaltung der Marktordnung überwacht.
Im Dortmunder Marktrecht aus dem 13. Jahrhundert heißt es: „Wenn einer unserer Bürger auf dem Markt steht und frisches Fleisch oder frische Fische kaufen will, soll er zum Verkäufer sagen: Wende mir jenen Fisch oder wende mir jene Fleischstücke um. Unter keinen Umständen darf er sie mit eigener Hand berühren. Berührt er sie und wird mit zwei Augenzeugen dessen überführt, so muß er ohne jede Widerrede 4 Schillinge Strafe zahlen."

DIE EHRBAREN ZÜNFTE

Jede Zunft hatte auch ihr Zunftzeichen. Die Zeichen des deutschen Handwerks in der Gegenwart gehen auf die Zunftwappen des Mittelalters zurück.

Tönis wird Goldschmiedelehrling

„Ich, Johann Toynburch, Bürger zu Köln, tue allen Leuten kund, daß ich meinen Sohn Tönis dem kunstfertigen Mann Adolf Bruwer, dem Goldschmied, in die Lehre gebe. Mein Sohn möchte aus eigenem Willen das Handwerk der Goldschmiede in Köln erlernen und dem Meister treulich dienen, acht Jahre lang, die angehen sollen auf St. Matthiastag. Auch soll Meister Adolf meinem Sohn die Kost geben. Ich soll Tönis die ganzen acht Jahre lang anständig kleiden. Geschähe es, daß mein Sohn im ersten Jahr stürbe, so soll mir Meister Adolf acht Gulden von den 16 wiedergeben, die ich ihm zuvor gegeben habe. Wenn aber mein Sohn seinem Meister Adolf in diesen acht Jahren davonliefe und auf eigene Rechnung das Handwerk zu treiben begänne, so soll er eine Strafe von 42 Gulden erhalten."
Solche oder ähnliche Abmachungen traf ein Vater mit dem künftigen Lehrherrn seines Sohnes.

Einige Wochen später wurde Tönis in die Zunftstube der Goldschmiede gerufen. Hier mußte er vor offener Zunfttruhe allen versammelten Goldschmiedemeistern versprechen, dem Herrgott, dem Rat der Stadt und dem Handwerk treu zu dienen. Dann schrieb er seinen Namen ins Handwerksbuch neben den seines Meisters. Jetzt gehörte er zum ehrbaren Handwerk.

Tönis wird Geselle und Meister

Nach der Lehrzeit fertigte Tönis ein verziertes goldenes Kreuz für eine Halskette. Das war sein Gesellenstück, und der Meister sprach den Gesellen frei. Es war üblich, daß nun die Gesellen auf Wanderschaft zogen und bei diesem oder jenem Meister mehr dazulernten. Tönis lernte viele Städte kennen. Unterwegs suchte er die Herbergen seiner Zunft auf. Nur in ihnen durfte er sich aufhalten und übernachten.

Tönis wurde ein tüchtiger Goldschmied. Als er in seine Heimatstadt zurückgekehrt war, fertigte er sein Meisterstück an.

Vor einigen Tagen hatte Tönis seine Arbeit, eine goldene Ratsherrnkette, den Probemeistern zur Prüfung übergeben. Bald wurde er vor die Meister der Zunft gerufen. Auch sein alter Lehrherr Adolf Bruwer war unter ihnen. Tönis trat vor die Zunftlade, und der Älteste unter den Meistern sprach feierlich: „Im Namen des ehrsamen Rates unserer lieben Stadt und der hier versammelten würdigen Meister biete ich Euch Gottes

Bild links oben: Tischlerwerkstatt aus der Zeit um 1500. Auch die Frau des Handwerkers verrichtete hier einen Teil ihrer Arbeiten.

Das prächtige Haus der Knochenhauerzunft (Metzger) in Hildesheim. Es gibt einen Eindruck von der Macht und Bedeutung der Zünfte im Mittelalter. In den Räumen des Zunfthauses wurden Lehrlinge in die Zunft eingeführt, Gesellen losgesprochen, Meister aufgenommen, die Männer für die Ämter der Zunft gewählt, die Zunftgerichte abgehalten und die Feste der Zunft gefeiert.

Willkommen. Wir kennen Euer Begehr, Meister zu werden in dieser hochangesehenen Stadt. Nun frage ich die Versammelten: ‚Weiß einer gegen den hier vor uns stehenden Tönis Toynburch etwas vorzubringen?'" Alle schwiegen. Da fuhr der Meister fort: „Da niemand gegen Euch etwas vorbringt, so will ich Euch zum Meister sprechen im Namen des Vaters, des Sohnes und des Heiligen Geistes. Möget Ihr unser Handwerk zu Nutz und Frommen unserer Stadt treiben." Jetzt reichte ein jeder dem neuen Meister die Hand.

Strenge Zunftbestimmungen

Zwischen dem Freiburger Stadtrat und den Meistern der Metzgerzunft wurde im Jahre 1400 beschlossen: 3 Metzger werden bestellt. Sie haben sich mit Eid verpflichtet, alle Tage von einem Metzgerhause zum anderen zu reiten oder zu gehen und dort das Fleisch zu beschauen. Sie müssen jeden Metzger melden, bei dem sie einen Fehler finden. Wer die prüfenden Meister zurückweist, soll mit 5 Pfennig büßen und aus der Zunft ausgeschlossen sein.

Das ist nur eine der strengen Zunftbestimmungen des Mittelalters. Genaue Ordnungen gab es auch über Preise, Zeit und Ort des Verkaufs, über Güte und Gewicht der Waren, über das Verhalten der Lehrlinge und Gesellen gegenüber dem Meister und der Meistersfrau, über den gemeinsamen Einkauf von Rohstoffen zur Herstellung von Eisen- und Holzwaren, über die Hilfe für kranke Mitglieder der Zunft, für Witwen und Waisen, über Teilnahme an Festen und feierlichen Aufzügen, über die Mithilfe bei der Verteidigung der Stadt, über die Bewaffnung der Meister und über die Waffen im Zeughaus der Zunft.

Der Meistersinger Hans Sachs

Wie die ritterlichen Minnesänger, so übten später auch die Handwerker die Kunst des Reimens und des Singens. Einer der berühmtesten Dichter und Sänger aus dem Stand der Handwerker war der Nürnberger Schuster Hans Sachs. Er durfte die goldene Kette der Meistersinger tragen. Über sich selbst reimte Hans Sachs:

Man hielt mich früh in guter Zucht,
hab' die Lateinschul' brav besucht,
lernt' dann auf deutsch die Schuhe flicken,
damit sie nicht die Zehen zwicken.
Auch durft' ich andre Lehr' noch nehmen,
brauch' mich des Lehrherrn nicht zu schämen.
Durch Nunnenbecks, des Webers Gunst,
lernt' ich des Dichtens Webekunst.

Er lehrte mich auch den Gesang.
Wenn fröhlich ich den Hammer schwang,
hat sich der Takt von selbst ergeben,
ich klopft' den Schuh und reimt' daneben
Die Regeln prägt' ich ein mit Fleiße,
erfand mir selber manche Weise.
Man hörte meine Stimme gern,
tat alles nur zum Lob des Herrn.

Das Bild zeigt, wie ein Sänger vor den 4 Merkern sein gereimtes Lied vorträgt. An der Wand hängen 2 Preise, eine Silberkette und ein kunstvoller Kranz.

Der Aufstand der Zünfte

In den meisten europäischen Städten regierten die reichen Fernhändler und Großkaufleute. Nur diese Familien, die Patrizier, konnten anfangs in den Rat gewählt werden. Alle anderen Bürger der Stadt blieben vom Stadtregiment ausgeschlossen. Ständig wuchs die Unzufriedenheit des größten Teils der Bürgerschaft.
Am Abend des 22. Oktober 1368 versammelten sich die Handwerker Augsburgs in aller Stille wohlbewaffnet am Perlachturm. An der Spitze der aufständischen Handwerker stand der Webermeister Hans Weiß. Die bewaffneten Zünftler schlossen zunächst die Tore und besetzten alle wichtigen Punkte der Stadt. Ihre Wachen zogen durch die Straßen und Gassen, um Ruhe und Ordnung aufrechtzuerhalten. Im ersten Morgengrauen des folgenden Tages wurden die Bürger vom Geläut der Sturmglocken aus dem Schlaf gerissen. In kurzer Zeit waren die Ratsherrn aus den Betten geholt, und die Zünftler verlangten, daß sie sofort zu einer Ratssitzung zusammentreten sollten. Während noch die Glocken läuteten, schritten die gestrengen Herrn gesenkten Hauptes durch die Reihen der Handwerker, die sie schweigend vorüberziehen ließen. Als alle Ratsherrn versammelt waren, besetzten die Zünftler sämtliche Zugänge zum Rathaus. Sechs ehrenwerte Meister traten vor den Rat. Hans Weiß forderte in schlichten Worten die Teilnahme der Zünfte am Stadtregiment. Anfangs waren die Patrizier höchst erstaunt und erschrocken über das feste Auftreten der Handwerker.

Die Handwerker fordern:

Der Altmeister Hans Weiß trat vor und sagte: „Wir Handwerker der Stadt Augsburg sind viel zahlreicher als ihr; aber nie habt ihr uns an der Stadtregierung beteiligt. Das fordern wir nun!"
Da rief der Bäcker Burtenbach: „Das ist nicht allein euer Verdienst! Auch wir Handwerker haben durch unsere Tüchtigkeit zum Wohlstand beigetragen. Wir wollen den Gewinn davon!"

Die Ratsherren erwidern:

Der älteste Ratsherr entgegnete: „Seit alters her liegt das Stadtregiment in unserer Hand. Wo gibt es aber eine zweite Stadt, die so erblühte wie Augsburg unter unserer Regierung?"
„Aber waren wir es nicht", fiel ihm ein Ratsherr ins Wort, „die dafür gesorgt haben, daß eure Waren auf Märkten und Messen zu gutem Geld verkauft wurden? Auch ihr hattet den Gewinn davon!"

„Aber von diesem Gewinn habt ihr uns wenig gelassen", antwortete der Metzger Erringer, und der Kürschner Witzingen fuhr fort: „Dauernd steigen die Steuern. Ihr braucht Geld für den Kaiser, für die Gesandtschaften, die Stadtbefestigung und den Krieg. Wir haben davon den größten Teil getragen. Wir wollen nicht nur mitzahlen, sondern auch mitregieren!"

Altmeister Hans Weiß wollte nicht nachgeben. „Leib und Leben dürfen wir wohl für die Verteidigung unserer Stadt wagen, mitreden sollen wir aber bei wichtigen Entscheidungen nicht! Viele Handwerker sind in unsere Stadt gezogen, weil sie sagen ‚Stadtluft macht frei', und jetzt sollen sie wieder den neuen Herren unterworfen sein! Nein, edle Ratsherrn, wir können von unseren Forderungen nicht ablassen!"

Da sprach ein Ratsherr drohend: „Ihr könnt euch doch noch gut erinnern — 16 Jahre ist es nun her – da seid ihr mit eurer Verschwörung gegen den Rat auch nicht zum Ziel gekommen. Wisset, gegen eine solche Empörung steht immer noch die Strafe der Verbannung!"

Die Ratsherren gaben schließlich nach. Sie überreichten dem Altmeister die Hoheitszeichen der Stadtregierung, die Torschlüssel, die Stadtsiegel und das Stadtbuch. Dann leisteten die anwesenden Patrizier und Handwerker den Eid, eine „zünftige" Regierung einzuführen. Von nun an saßen im kleinen Rat der Stadt 29 Zünftler und 15 Patrizier. Jetzt waren alle Bürger gleichberechtigt. Beide Stände lernten sich gegenseitig achten und schätzen. Deshalb wuchsen Wohlstand und Ansehen der Stadt Augsburg.

Auch in Lübeck, Braunschweig und in vielen anderen bedeutenden Handelsstädten erhoben sich im 14. Jahrhundert die Zünfte gegen die Ratsherren und erlangten die Aufnahme in das Ratskollegium.

DER HANDEL VERBINDET DIE STÄDTE EUROPAS

„In Deutschland und den Niederlanden, in den nordischen Reichen, Polen, Preußen, Rußland und Livland lagen diese Städte, deren Fürstin Lübeck war. Zu ihnen gesellten sich die größten Handelsstädte in England, Frankreich, Portugal, Spanien und Italien;

Bild oben: Kaufmannszug im Mittelalter

Jakob Fugger mit seinem Hauptbuchhalter in seinem Kontor

vielleicht der wirksamste Bund, der je in der Welt gewesen. Er hat Europa mehr zu einem Gemeinwesen gemacht als alle Kreuzfahrten und römischen Gebräuche. Städte haben vollbracht, was Herrscher und Edelleute nicht vollbringen konnten. Sie schufen ein gemeinschaftlich wirkendes Europa."

Kaufleute fahren zur Messe in die Champagne

Auf Maultieren und Saumpferden, auf kleinen Zweiradkarren und auf schweren Planwagen, selbst auf Schiffen waren die Kaufleute aus allen Teilen Europas zu den Messestädten in der Champagne unterwegs. Kein Kaufmann mußte in Sorge sein, daß er beraubt würde; denn die angesehenen Messestädte hatten überallhin Meßbeamte ausgeschickt. Sie sorgten dafür, daß jeder Kaufmann durch ein sicheres Geleit beschützt wurde. Wehe dem, der sich an dem Messefrieden verging, der auf den Straßen Europas herrschte! War er Bürger einer Stadt, so mußte die ganze Stadt büßen, indem sie von den großen Messen in der Champagne ausgeschlossen wurde. Könige, Herzöge und Bischöfe waren um die Sicherheit der Reisenden besorgt. Hunderte von Rittern und Knechten bot allein Rudolf von Habsburg auf. Sie sollten vom Gotthardpaß bis zu den Vogesen Schutz gewähren. Viele Fürsten und Städte, wie z. B. Basel, erhielten Zoll für die Tuchballen aus Italien, die Wagenladungen mit Häuten, Kupfer und Blei aus dem Osten, mit Leinwand und Silber, Stahl- und Eisenwaren aus deutschen Städten, von Böhmen und von noch weiter her. Das ganze Jahr über, mit Ausnahme der Feiertage, handelten die europäischen Kaufleute in den großen Messestädten, den Marktplätzen Europas.

Die Messetage zu Frankfurt

Auch in Deutschland wurden bald große Messen abgehalten. Frankfurt nahm eine besondere Stellung unter den Messestädten ein. Schon in jener Zeit, in der die Stadt noch

Besitztum des Königs war, entwickelten sich hier zwei bedeutende Messen. Zur Herbstmesse bewilligte 1330 Kaiser Ludwig der Bayer Frankfurt noch eine zweite Messe, die Fastenmesse. Schon 1074 hatte Heinrich IV. der Stadt Worms eine Zollbefreiung für den Handel mit Frankfurt erteilt. Andere Städte mußten, wenn sie innerhalb der Frankfurter Stadtmauer ihre Waren anboten, einen Zoll bezahlen. Auf der Frankfurter Frühjahrsmesse wurden besonders Wolle, Leinwand und Wein angeboten. Die Messe dauerte drei Wochen. Die Händler stapelten die Waren in den Kellergewölben der Messehäuser und bauten an Straßen und Plätzen die Messebuden auf. Auch größere Geschäfte wurden in dieser Woche abgeschlossen. In der zweiten Woche war die Messe in vollem Gange. Überall drängten sich die Menschen, die Frankfurter Bürger waren in dieser Zeit in der Minderzahl. In der dritten Woche wurden vor allem Geldgeschäfte erledigt, Rechnungen bezahlt und Schulden beglichen. Die Kaufleute konnten ihre Münzen in mehreren Wechselstuben umtauschen. Italiener waren die ersten Geldwechsler. In den letzten Tagen der Herbstmesse wurden dann die restlichen Waren an die Kundschaft der Umgebung verkauft; denn die fremden Kaufleute wollten nicht ihre Ware nach Hause zurückbringen. Für viele war trotz des königlichen Schutzbriefes, trotz des Schutzgeleites der Weg in die Heimat mit Gefahren verbunden.

DER KÖNIG DER KAUFHERREN

Hans Fugger ließ sich im Jahre 1367 in Augsburg nieder. Er war ein Weber, erwarb durch seinen Fleiß bald Anerkennung und gehörte zu den Anführern der Augsburger Zünfte. Langsam wuchs der Wohlstand der Fugger; denn die Söhne trieben bereits Fernhandel nach Frankreich, England und Spanien. 3500 Weber arbeiteten für die Fugger in Heimarbeit an ihren Webstühlen. Den größten Reichtum erreichte das Kaufmannsgeschlecht unter Jakob Fugger, genannt der Reiche. Ein Augsburger Chronist schreibt über ihn: „Kaiser, Könige, Fürsten und Herren haben zu ihm ihre Botschaft geschickt. Er ist eine Zierde gewesen des ganzen deutschen Landes.“ So mancher König schuldete ihm Geld, so z. B. Kaiser Karl V. über eine halbe Million Gulden (1 Gulden = etwa 40 DM).

Jakob Fugger schreibt an den Kaiser

„Eure Kaiserliche Majestät wissen ohne Zweifel, wie ich und meine Vettern bisher dem Hause Österreich zu dessen Wohlfahrt und Aufnehmen in aller Untertänigkeit zu dienen geneigt gewesen bin, wodurch wir uns auch bis weiland Kaiser Maximilian, Eurer Kaiserlichen Majestät Ahnherrn, eingelassen und seiner Majestät zu untertänigem Gefallen, um Eurer königlichen Majestät die Römische Krone zu verschaffen, uns etlichen Fürsten gegenüber, die ihr Vertrauen und Glauben auf mich und sonst vielleicht auf niemand setzen würden, verschrieben, auch den Kommissaren Eurer Majestät zum gleichen Zwecke eine bedeutliche Summe Geldes vorgestreckt haben ... Es ist auch bekannt und es liegt am Tage, daß Eure Kaiserliche Majestät die Römische Krone ohne meine Hilfe nicht hätten erlangen können, wie ich denn solches mit eigenhändigen Schreiben der Kommissare Eurer Majestät beweisen kann. So habe ich auch hierin auf meinen eigenen Nutzen nicht gesehen. Denn wenn ich hätte vom Hause Habsburg abstehen und Frankreich fördern wollen, so hätte ich viel Geld und Gut verlangt, wie mir denn solches auch angeboten worden ist. Welcher Nachteil aber hieraus Eurer Kaiserlichen Majestät und dem Hause Österreich erwachsen wäre, das haben Eure Majestät aus hohem Verstande wohl zu erwägen.“

Der Reichtum der Fugger

Aus der folgenden Vermögensaufstellung gewinnst du einen Eindruck von dem Reichtum der Fugger im 15./16. Jahrhundert:

Liegende Güter, z. B. in Augsburg und Donauwörth, Schlösser, Häuser, z. B. in Antwerpen, Rom, Innsbruck, Mailand, Neapel, Venedig und Lübeck, Bergwerke in Spanien, in der heutigen Slowakei und in Böhmen, Schmelzhütten in Kärnten	*800 000 Gulden*
Waren, vor allem Kupfer, Gold und Silber aus Tirol, Diamanten und Perlen aus Lissabon, Barchent, Baumwolle aus Zypern und Syrien	*1 200 000 Gulden*
Außenstände, z. B. unbezahlte Rechnungen aus Reval, Riga, Erfurt, Thorn, Krakau, London, Florenz	*3 900 000 Gulden*
Bargeld	*250 000 Gulden*
Verschiedenes	*900 000 Gulden*

Die erste Arbeitersiedlung

In Augsburg bauten die Fugger auf dem alten Weinmarkt einen prachtvollen Palast, der ganz mit Kupfer gedeckt und mit herrlichen Gemälden geschmückt war. Einige hundert Schritte davon entfernt ließ Jakob Fugger 53 Häuser mit 106 Wohnungen für arme, rechtschaffene Tagelöhner und Handwerker bauen. Als Miete brauchten sie nur einen Gulden jährlich zu entrichten. Diese wohltätige Stiftung kommt den Augsburgern heut noch zugute. Diese Wohnsiedlung heißt Fuggerei.

WIE DIE HANSE ENTSTAND

Vor der Ausfahrt

An einem hölzernen Kai im Hafen von Lübeck lag die rundbauchige Kogge Grote Marie. Der Rumpf war frisch geteert, das obere Holzwerk gefettet. Die bunte Bemalung an den Planken des Schiffes leuchtete weithin.
Der junge Kaufherr Hinrich Westkop betrat im pelzverbrämten Mantel die Kogge, ihm folgten die Schiffsleute. Auch ein Schiffszimmermann, ein Ankerschmied, ein Schlachtermeister sowie mehrere Kaufleute fanden sich an Bord ein. Der Steuermann prüfte die Schiffsgesellen genau. Die Besatzung war 40 Mann stark. Alle versammelten sich auf dem Oberdeck und gelobten dem Kapitän Gehorsam und Treue. In Kampf und Gefahr wollten sie miteinander ausharren.
Im Hafen herrschte ein reges Kommen und Gehen von Menschen und Schiffen. Auch auf Herrn Westkops Kogge begann die Arbeit. Der Kaufmann erschien mit einer Pergament-

Das Bild zeigt, wie in der Hansestadt Antwerpen eine Hansekogge ausfährt.

rolle in der Hand. Er zählte die Salz- und Bierfässer, die Tuch-, Leder- und Leinenballen und die Mehlsäcke, welche die Knechte an ihm vorbeirollten und -schleppten und im Bauch des Schiffes aufstapelten.

Neben der Grote Marie hatte eben eine Kogge festgemacht, die aus dem Mittelmeer zurückgekehrt war. Das Schiff war schon von Händlern und den Angehörigen der Besatzung erwartet worden. Karren rollten heran und wurden mit Kisten voll Gewürzen beladen. Auch Zucker-, Reis, Mandel- und Rosinensäcke häuften sich, dazu feines Olivenöl in Steinkrügen. All das fuhren die Knechte zur Stadtwaage. Andere Karren schafften die Waren in die Lagerhäuser. Kaufmannswagen aus Münster hatten schon seit Tagen auf die Kogge gewartet, und nun wurden die bestellten Güter von Kaufmannsknechten und Schiffern umgeschlagen (umgeladen).

Das ganze Jahr über herrschte im Lübecker Hafen reger Betrieb. Einen Eindruck von dem starken Schiffsverkehr erhältst du, wenn du die Tabelle liest. Sie gibt den Schiffsverkehr im Lübecker Hafen an.

163 Schiffe nach	42 Schiffe von	Mecklenburg und Pommern
53 Schiffe nach	59 Schiffe von	Danzig
21 Schiffe nach	22 Schiffe von	Königsberg
11 Schiffe nach	28 Schiffe von	Riga
1 Schiff nach	5 Schiffe von	Pernau
7 Schiffe nach	9 Schiffe von	Reval
2 Schiffe nach	1 Schiff von	Abo
5 Schiffe nach	8 Schiffe von	Gotland
23 Schiffe nach	29 Schiffe von	Stockholm
24 Schiffe nach	19 Schiffe von	Nyköping, Kalmar, Westerwik, Söderköpong
243 Schiffe nach	161 Schiffe von	Schonen, Dänemark, Schleswig-Holstein

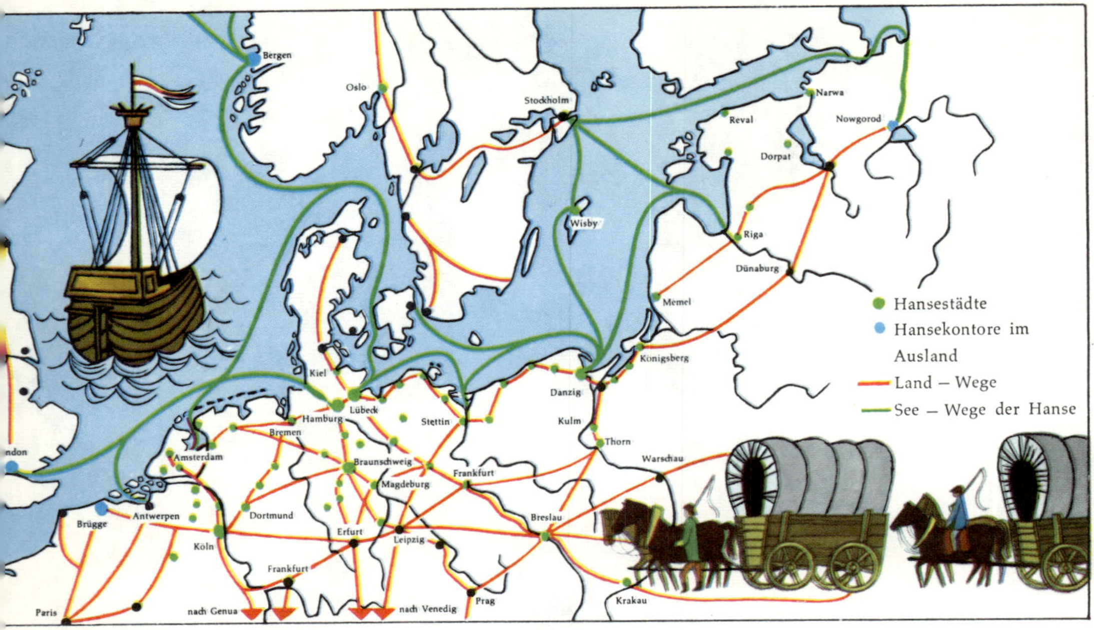

Die Karte zeigt die wichtigsten Hansestädte und Hansekontore im Ausland sowie die wichtigsten Handelswege der Hanse.

Die Lübecker schliessen eine Hanse mit den Hamburgern (1241)

„Der Vogt, Rat und die Gemeinde von Lübeck ... sind mit unseren geliebten Freunden, den Bürgern von Hamburg in der Weise übereingekommen, daß, wenn Räuber oder andere Übeltäter gegen unsere oder ihre Bürger aufstehen und unsere oder ihre Bürger überfallen, ... wir alle Aufwendungen und Ausgaben zur Vernichtung und Ausrottung dieser Räuber gemeinsam tragen wollen."

Hansetag zu Lübeck (1358)

„Wir (die wendischen und preußischen Städte) haben das Folgende beschlossen, weil der Kaufmannschaft der deutschen Hanse in Flandern mancherlei Unrecht und Hinderung geschehen ist:

... Kommt ein Schiff, ein Schiffer oder Kaufmann, der nicht in der deutschen Hanse ist, in eine Hansestadt und wollte Waren von dort ausführen, so soll er ausreichende und ehrbare Bürgen dafür stellen, daß er die Waren nicht nach Flandern bringen will ...

Kommt ein nichthansischer Kaufmann zu Lande oder zu Wasser in eine Hansestadt und will dort flandrische, Mechler oder Antorfer Tuche verkaufen, so soll ihm diese niemand abnehmen, sondern er soll sie wieder fortführen ...

Handelt ein Mann der deutschen Hanse gegen dieses Gesetz, flüchtet in eine andere Hansestadt, wird dort ergriffen und schuldig befunden, so soll ihm dort kein Geleit gegeben werden, sondern die Stadt soll über ihn richten und er alles Gut, was er mitgebracht hat, oder dessen Wert verlieren, und das soll man an die Stadt zahlen, deren Bürger er ist.

Wollte sich eine Hansestadt freventlich von diesem Gesetz ausschließen und weigert sie sich, es zu halten, so soll sie ewiglich aus der Hanse ausgestoßen sein und am Recht der Deutschen keinen Anteil haben."
Seit diesem Hansetag zu Lübeck spricht man von den „Städten der deutschen Hanse".

Bremen wird Hansestadt (1358)

„Wir, der Rat und die Gemeinde der Stadt Bremen, sprechen den ehrsamen Ratsherren der See- und anderen Städte und den vereinigten hansischen Kaufleuten des Heiligen Römischen Reiches unseren tiefsten Dank aus, weil sie uns zu Gnaden aufgenommen und uns der Freiheiten und Vorrechte der hansischen Kaufleute teilhaftig werden ließen. Wir wollen fest und unverletzt alle und jede der unten folgenden Vereinbarungen und Beschlüsse halten ...
Wenn wir gegen diese Bestimmungen verstoßen, sollen wir auf ewig aus der Hanse ausgestoßen sein."
Im Laufe der Zeit schlossen sich immer mehr Städte vom Rhein bis nach Livland und außerhalb des Reiches der Hanse an. Dazu gehörten z. B.: Köln, Dortmund, Münster, Göttingen, Breslau, die wendischen Seestädte (Rostock, Stralsund, Greifswald, Wismar, Stettin), Danzig, Elbing, Thorn, Krakau, Stockholm.

Braunschweig wird ausgestossen (1375)

Weil die Zünfte der Stadt Braunschweig einen Aufstand gegen die Ratsherren aus der Kaufmannschaft unternommen und das Stadtregiment an sich gerissen hatten, beschloß der Hansebund 1375 folgendes: „So haben die Städte der deutschen Hanse mit Einwilligung der anderen Städte, die zu ihrem Rechte gehören, einträchtig beschlossen, daß sie die Braunschweiger aus der Hanse und den Rechten und Freiheiten des Kaufmanns stoßen wollen, also daß kein Kaufmann in England, Flandern, Dänemark, Norwegen, Nowgorod oder sonst irgendeiner Stadt, die im Recht des Kaufmanns steht, Gemeinschaft oder irgendwelchen Handel mit den Braunschweigern haben soll."

Die abenteuerliche Fahrt

Am Morgen des nächsten Tages wurde das mächtige Segel auf der Grote Marie von vielen Armen emporgezogen. Nun suchte das Schiff vom Lübecker Hafen aus seinen Weg. Der Wind wehte gut, und die Kogge kam rasch vorwärts. Vom Mastkorb spähte der Ausguck nach den Vorgebirgen und Küstenlinien, und nach alter Sitte beobachtete der Steuermann den Boden des Meeres. Nicht nur nach Küsten, auch nach fremden Segeln schaute der Ausguck. Wer wollte sagen, ob das näherkommende Schiff einem Freund oder einem Seeräuber gehörte? Unter den Kaufleuten, die sich auf der Grote Marie befanden, war auch der Lübecker Handelsherr Brunswik. Schon seit Stunden stand er neben dem Steuermann und spähte gespannt auf die See hinaus. Er war nicht mitgekommen, um Handelsgeschäfte abzuschließen. Er wollte seinen Sohn Jürgen suchen, der von einer Fahrt nach Nowgorod nicht mehr zurückgekehrt war. Auch von der Handelskogge fehlte jede Spur.
„Ihr solltet Euch ein paar Stunden niederlegen, seit Ihr auf dem Schiff seid, gönnt Ihr Euch keinen Schlaf", sagte der Steuermann zum Kaufmann. „Der Gedanke läßt mich nicht mehr

los: Mein Sohn ist sicher den Freibeutern in die Hände gefallen", antwortete Brunswik. „Macht Euch nicht allzu große Sorgen, Herr, auch mir ist das gleiche schon widerfahren", entgegnete der Steuermann und begann zu erzählen. „Es war auf einer Fahrt nach Danzig in einer windstillen Nacht. Dichter Nebel hüllte uns ein. Die Segel hingen schlaff. Wir alle dachten das gleiche: Wenn jetzt ein Räuberschiff auftauchte! Wir atmeten auf, als sich am Morgen der Nebel zu lichten begann. Gerade näherten wir uns einer felsigen Landzunge. Da schoß plötzlich hinter der Felsküste ein Schiff hervor, und ein zweites folgte. Wir wußten alle sofort: Das sind die Seeräuber! Sie steuerten in schneller Fahrt ihre Schiffe auf uns zu, drehten geschickt neben uns bei, so daß sich unsere Schiffsleiber fast berührten, und warfen die Enterhaken auf unsere Planken.

Wir saßen fest. Schon stürmten die Räuber mit wildem Geschrei auf unser Schiff. Doch es war wie ein Wunder. Plötzlich ließen sie von uns ab und sprangen auf ihr Schiff zurück. Im Eifer des Kampfes hatten wir die beiden befreundeten Koggen nicht gesehen, die uns zu Hilfe gekommen waren und die Seeräuber gerade noch rechtzeitig vertrieben hatten."

Die Grote Marie war nun schon seit Tagen unterwegs. Wisby und Reval hatte sie bereits hinter sich gelassen und nähert sich jetzt der Bucht von Narwa. Eine Sonderwache des Kapitäns sollte das Strandfeuer erspähen, das den Schiffen den sicheren Weg zwischen gefährlichen Klippen in das Innere der Narwa-Bucht weisen sollte. Die Zeit verstrich, und vom Feuer war nichts zu sehen. Der Kapitän sagte mißtrauisch: „Das Strandfeuer müßte schon längst in Sicht sein. Wer weiß, was dahintersteckt." Plötzlich schallte vom Ausguck der Ruf über das Schiff „Ruderboot in Sicht!" Alles eilte an Deck, und viele hielten die Waffen bereit. Nur langsam kam das Boot der Kogge näher, und schließlich erkannte die Besatzung, daß es nur von einem Mann gerudert wurde. Die Schiffer ließen eine Strickleiter hinab, und erschöpft kletterte der unbekannte Ruderer an Bord. „Mein Sohn! Jürgen!" rief der Kaufmann Brunswik erregt. Die beiden umarmten sich. Die Schiffsbesatzung umdrängte Vater und Sohn. „Jürgen, du lebst! Wo ist dein Schiff?" fragte der Vater. Hastig erwiderte der junge Mann: „Verliert keine Zeit, sonst ergeht

---

Die Wappen einiger bedeutender Hansestädte

es euch wie mir, und ein falsches Strandfeuer lockt euch in die Hand der Piraten. Sie haben das Strandfeuer versetzt und lauern euch auf. Ich konnte ihnen entkommen". Sogleich gab der Kapitän seine Befehle und das Schiff steuerte nun von der Küste weg auf sicheren Kurs draußen auf hoher See. Unbehelligt setzte die Grote Marie ihre Reise fort durch das Finnische Meer, den Newafluß und den Ladogasee bis zur Wolchowmündung. Hier wurden die Waren auf flache Schiffe umgeladen und auf dem Wolchow bis Nowgorod gebracht.

DIE OBERITALIENISCHEN STÄDTE

Die Seehandelsstädte

Die bedeutendste der oberitalienischen Seehandelsstädte im Mittelalter war Venedig. Die Entstehung dieser Stadt fällt in die Zeit der Völkerwanderung, als die Siedler der Küste Venetiens vor den Angriffen der Hunnen und Germanen auf die Inseln der Lagune flüchteten, um dort Schutz zu finden. Zur Zeit Karls des Großen beherrschte Venedig, mit vielen Vorrechten ausgestattet, den Handel zwischen Oberitalien und Byzanz. Während der Kreuzzüge erlebte Venedig einen weiteren Aufschwung und entwickelte sich zur Großstadt. Ihr räumlicher Umfang entsprach schon am Ende des 12. Jahrhunderts dem heutigen; allerdings war die Stadt damals weniger dicht bebaut.
Neben Venedig gelangten seit dem Ende des 11. Jahrhunderts die oberitalienischen Seestädte Genua und Pisa zur Blüte. Seit den Kreuzzügen waren die Seehandelsstädte Venedig, Pisa und Genua Hauptumschlagsplätze des Welthandels.

Die Binnenstädte

Mit dem Aufschwung der Binnenstädte Mailand, Pavia und Florenz gewann der Handel zu Lande seit dem 12. Jahrhundert große Bedeutung. Florenz, dessen Anfänge auf eine ummauerte römische Kolonie zurückgehen, entwickelte sich wie Venedig im 12. Jahrhundert mit ungefähr 50 000 Einwohnern. Hier entfaltete sich eine bedeutende Tuch- und Seidenindustrie, die der flandrischen gleichzustellen war.

Die oberitalienischen Städte werden zu selbständigen Stadtstaaten

In schweren Kämpfen schüttelten die Städte Oberitaliens seit dem 11. Jahrhundert die Herrschaft der meist bischöflichen Stadtherren ab und setzten an die Spitze der Stadt Konsuln, die in der Regel für die Dauer eines Jahres gewählt wurden. Besonders heftig waren die Auseinandersetzungen in Mailand.
Im Laufe der Zeit eroberten die oberitalienischen Städte das umliegende Gebiet, beherrschten den dort lebenden Landadel sowie einzelne Orte und bezogen dieses neu erworbene Land in ihr Verwaltungsgebiet mit ein. So entstanden regelrechte Stadtstaaten, die aneinander grenzten. Aber nicht nur die nähere Umgebung wurde erobert. So umfaßte der Besitz Venedigs bereits zu Beginn des 13. Jahrhunderts die Küstenländer Dalmatiens, Kreta und Inseln der Ägäis.
Die Stadtstaaten Oberitaliens waren im Laufe des Mittelalters so reich und mächtig geworden, daß es dem deutschen Kaiser nur vorübergehend gelingen konnte, durch kaiserliche Beamte auf die Beherrschung dieser Städte Einfluß zu nehmen. Im Konstanzer Frieden

(1183) mußte Kaiser Friedrich Barbarossa die Selbständigkeit der oberitalienischen Städte anerkennen und ihnen die freie Wahl der städtischen Beamten zugestehen.
Die oberitalienischen Städte entwickelten vorbildliche Regeln des Geschäftsverkehrs und Kreditwesens und gründeten bedeutende Handelsgesellschaften. Große Bankhäuser, die einzelnen Familien gehörten (z. B. Peruzzi, Medici u. a.), liehen Päpsten und Königen hohe Geldsummen und gelangten dadurch zu politischer Macht.

DIE BÜRGER BAUEN IHREN DOM

Das Werk der Strassburger Bürger

Müde von einem langen Tagesmarsch erreicht der Steinmetz Tobias die Tore der Stadt Straßburg. Diese Stadt ist das Ziel seiner langen Wanderschaft. Er hat schon viel von einem großartigen Bauwerk gehört, das hier entstehen wird. Nach dem Willen der Bürger der Stadt soll eine Kirche gebaut werden, wie Straßburg noch keine hatte. Der erste Weg des Steinmetzen führt zum Münsterplatz. Obwohl noch überall Gerüste, Lastenaufzüge und Kräne mit Treträdern den Blick auf die Kirche verwehren, ist Tobias von der Größe und Schönheit des Bauwerks tief beeindruckt. Staunend blickt er zu den halbfertigen Türmen empor. Tobias kommt sich im Schatten der Kathedrale ganz winzig vor. Hier hofft er Arbeit zu finden. Er geht auf eine Gruppe von Steinmetzen zu. Es ist gerade Feierabend. Die Handwerker legen ihre Schlägel und Meißel beiseite. Vor ihnen liegen Fialen (schmale Türmchen), Kapitelle (obere Teile der Säulen) und Maßwerke (obere Teile der Fensteröffnungen). Tobias erzählt ihnen von seiner Herkunft und trägt sein Anliegen vor. Danach sprechen die Steinmetzen lange mit ihm über den Bau der Kirche.
„Es ist ein Werk der Bürgerschaft, das hier entsteht", sagt stolz der Altgeselle, „viele Opfer bringen die Bürger dieser Stadt, damit dieses Bauwerk vollendet werden kann. Für den Kirchenbau schleppen sie Steine aus den Steinbrüchen heran. Die reichen Bürger dieser Stadt gaben schon einen guten Teil ihres Vermögens. Selbst die Armen geben so gut sie können. Bauern aus den umliegenden Orten bringen Wein, Getreide und Lebensmittel für die Bauarbeiter. Schon viele Jahre sind vergangen, seit hier mit dem Bau begonnen wurde. Viele Jahre werden noch vergehen, bis Straßburg seine Kirche vollendet haben wird. Ich werde diesen Tag nicht mehr erleben." Tobias und der Altgeselle betreten die Kirche. Es herrscht bereits tiefe Dämmerung. Die bunten Glasfenster verzaubern noch das letzte Licht, das in die Kirche eindringt. Die Schritte hallen laut auf den Fliesen. Der Altgeselle berichtet weiter: „Meister Rudolf war der Erbauer des Langhauses. Nach seinem Tod wurde der große Meister Erwin sein Nachfolger. Auch er ist schon gestorben und nun soll in seinem Sinne die Kirche weitergebaut werden. Meister Erwin war der begnadetste von allen, die an diesem Dom gebaut haben." Als Tobias mit dem Altgesellen die Kirche verläßt, ist der Platz vor dem Dom schon leer. Alle Handwerker haben ihren Arbeitsplatz verlassen. Tobias kommt an der Nordseite des Langhauses vorbei. Hier steht eine Reihe von Holzhäusern. Es sind die Werkstätten und Unterkünfte der Dommaurer. Auf einer Holztafel über einem höheren Gebäude steht der Leitspruch der Meister von Straßburg
„Gott zum Lob und zu redlicher Aufrichtung und Beständigkeit des Handwerks." Der Altgeselle zeigt Tobias das Blockhaus des Baumeisters. „Hier kannst du morgen um Arbeit anfragen und die Probe deines Könnens ablegen!"

Kathedrale von Reims

Die Hüttenknechte des Herrn

Der Rat der Stadt bestellte den Baumeister. Er mußte ein kunstverständiger, gutausgebildeter und ehrenhafter Mann sein. Er entwarf die Pläne zu dem Bauwerk, das an Größe und Schönheit mit allen anderen Bauwerken in Deutschland und Frankreich wetteifern sollte. Auf Pergament, auf zugenähten Häuten, auf Holz- und Steinplatten zeichnete der Meister die Maße und Formen der Türme, Fenster, die Grundrisse für Säulen und Seitenkapellen. Unter seiner Anleitung entstanden Baumodelle aus Gips, Wachs und Holz.
Viele kunstfertige Handwerker kamen aus den berühmten Bauhütten von Köln, Zürich, Wien und anderen Städten herbei. Zu einer Bauhütte zählten mehr als 100 Handwerker. Zu den „Hüttenknechten des Herrn" gehörten auch die Lohnmeister, Holzfäller, Sägeleute, Gerätewächter, Fuhrleute, Seilmacher. In der Bauhütte herrschte eine strenge Ordnung. Jeder schwor Gehorsam, brüderliche Eintracht und versprach, auf die Handwerksehre zu achten.

Die strenge Prüfung

Eines Tages erschien beim Baumeister der junge Steinmetz Tobias aus Freiburg. Er wollte in die Gemeinschaft der Bauleute aufgenommen werden. Aufgeregt stand Tobias im Zimmer des Baumeisters vor dem Tisch mit Glocke, Willkommbecher und Stundenglas, mit dem schlichten Kreuz zwischen zwei Leuchtern. Der Baumeister legte Tobias Zeichnungen von gotischen Bauteilen vor. Einen Teil sollte er zur Probe anfertigen. Der Meister nickte zufrieden, als ihm Tobias nach einer Woche eine schlanke Fiale vorzeigte. Er lobte die Arbeit und nahm den jungen Steinmetz in die Bauhütte auf. An manchen Domen und Kirchen wurde jahrhundertelang gebaut. So dauerte die Arbeit am Ulmer Münster von 1377 bis 1494. Der Hauptturm wurde auch bis zu diesem Jahr noch nicht fertig. Erst viel später, im Jahre 1890, wurde er vollendet. Er ist mit 161 m der höchste Kirchturm der Erde.

Der gotische Baustil

Der gotische Baustil war damals im gesamten Abendland verbreitet. Einige Beispiele in Norwegen und Schweden: Drontheim, Bergen, Uppsala; in England: Canterbury, Salesbury, Exeter, London (Westminster-Abtei); in Frankreich: Paris, Char-

---

Das sind drei auffällige Bauteile an einem gotischen Dom.

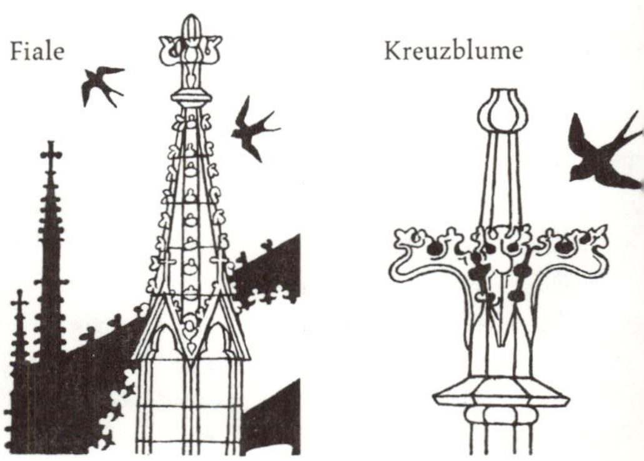

Der Dom zu Worms

Der Dom zu Straßburg

romanisch

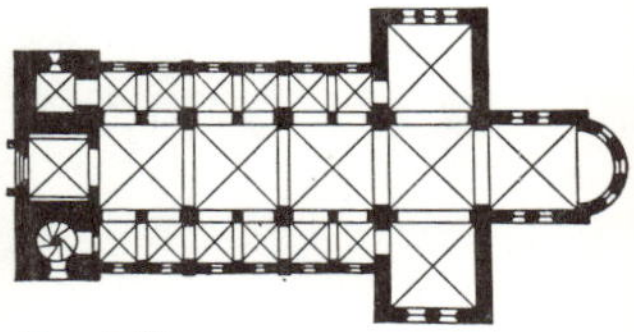

Grundriß

gotisch

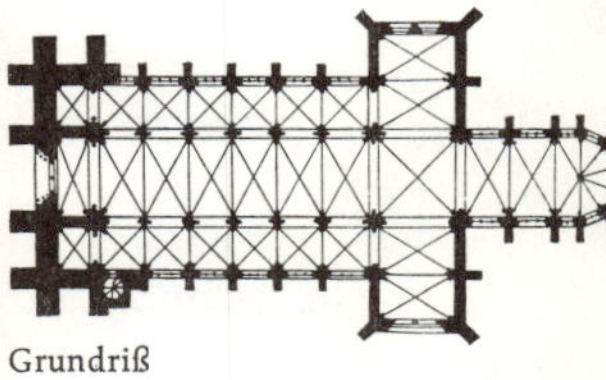

Grundriß

Blattkapitell

tres, Reims, Amiens, Tours; in Belgien und Holland: Nimwegen, Amsterdam, Rotterdam, Brüssel, Lüttich, Löwen, Antwerpen; in Deutschland: Köln, Minden, Münster, Trier, Freiburg, Regensburg, Landshut, München; in der Tschechoslowakei: Prag (St. Veit); in Italien: Florenz, Siena, Bologna; in Spanien: Burgos, Barcelona, Saragossa; in Österreich: Wien.

Wenn du den romanischen Dom und den gotischen Dom vergleichst, dann fallen dir wichtige Unterschiede auf. Die Baumeister errichteten die Gewölbe des gotischen Doms steiler und spitzer. Die Last des Gewölbes tragen die vielen Pfeiler, die oft Pfeilerbündel bilden. Die Wände sind von größeren Fenstern durchbrochen, und durch prachtvolle, bunte Glasfenster fällt das Licht in den weiten Raum der Kirche. An die Stelle der Wandmalerei trat die Tafelmalerei. Die Baumeister und Handwerker haben sich viele kunstvolle Einzelheiten ausgedacht, mit denen sie den Dom schmückten (siehe oben).

Albrecht Dürer, Selbstbildnis aus dem Jahre 1498 (Gemälde)

Kaiser Maximilian (Kohlezeichnung)

WELTBEKANNTE NÜRNBERGER MEISTER

Kaiser Maximilian I. ist einer der bedeutendsten deutschen Herrscher gewesen. Er wurde „der letzte Ritter" genannt, weil mit ihm das Mittelalter und die Zeit der Gotik zu Ende gingen (um 1500).

Der Kaiser liebte und schützte Wissenschaft und Kunst, die in jener Zeit wohl nirgends so gepflegt wurden wie in dem reichen Nürnberg. Gern weilte der Kaiser in der schönen Stadt. Kaum war er angekommen, so rief er die Männer Nürnbergs zu sich, die als Künstler weithin bekannt waren: der Maler Albrecht Dürer, der Dichter Hans Sachs, der Erzgießer Peter Vischer, der Bildhauer Adam Krafft und der Bildschnitzer Veit Stoß. In ihrem Kreise fühlte er sich wohl.

Kaiser Maximilian und Albrecht Dürer

So war der Kaiser eines Tages wieder in Nürnberg eingezogen, von Rat und Stadt festlich empfangen. Nürnbergs größter Sohn, Albrecht Dürer, arbeitete damals an einem großen Bild im Rathaussaal, das den Triumphzug des großen Kaisers zeigte. Eines Morgens besuchte ihn Maximilian, um sich an seiner Arbeit zu freuen. Der Meister führte ihn vor sein Werk. Eine Figur des Bildes gefiel dem Kaiser jedoch nicht recht. Er erklärte deshalb, wie er sie wünsche. Der Maler ließ eine Leiter bringen und wollte die Figuren nach der Beschreibung des Kaisers rasch mit Kohle an die Wand zeichnen. Er setzte die Leiter zurecht und stieg hinauf. Da schwankte die schmale Leiter. Der Kaiser winkte einem seiner Pagen

Innsbruck (Ausschnitt aus einem Aquarell)

Tanzendes Bauernpaar (Kupferstich)

und befahl, dem Meister die Leiter zu halten. Der schöngeputzte Knabe aber zögerte und sagte stockend: „Verzeiht mir, hoher Herr! — Ich bin ein Edelmann von bester Herkunft. Wie sollte ich dem bürgerlichen Meister dienen? Ich will die Diener rufen." Unmutig sagte der Kaiser zu dem hochmütigen Edelmann: „Bleib! Was ich als Kaiser nicht verabscheue, wird auch dir nicht Unehre machen. — Auf dieser Seite ich, auf der anderen du!" Mit diesen Worten legte er seine Linke an die Leiter, auf der der Maler stand. Rasch griff nun auch der Junker zu. Albrecht Dürer stieg sicher empor und entwarf die Zeichnung. Bald stand er wieder unten. Nochmals wandte sich der Kaiser an den Edelmann und sprach: „Du eitler, junger Fant, Albrecht Dürer ist in seinem Reiche ein Herr und Fürst, der nicht seinesgleichen hat. Es schafft mein Kaiserwort, sobald ich will, aus jedem Untertanen einen Edelmann. Aus hundert stolzen Edelleuten aber kann ich keinen Dürer schaffen."

Bald danach begannen die Glocken von St. Sebald und St. Lorenz zu läuten, und festliche Musik scholl von der Straße herauf. Der Rat erschien, um den kaiserlichen Herrn zum Feste zu geleiten.

Albrecht Dürer war wegen seiner Kunstfertigkeit im Zeichnen, Malen, Kupferstechen und Holzschneiden berühmt. Von den Wissenschaften interessierte ihn die Mathematik am meisten. Sie regte ihn dazu an, die Gesetze der Kunst genau zu studieren und diese in seinen Werken zu berücksichtigen. Als er in Italien weilte, besuchte ihn einmal der berühmte Maler Giovanni Bellini. Er betrachtete Dürers Bilder und bat um einen jener zarten Pinsel, mit denen der Meister so feines Haar malen konnte, wie es auf vielen Bildern zu sehen war. Dürer reichte ihm einen gewöhnlichen Pinsel hin. Bellini aber meinte, er wolle einen von den Pinseln besonderer Art. Darauf versicherte der Meister, daß er die feinsten Haare nur mit den gewöhnlichen Pinseln male. Zum Beweis malte er sogleich vor den Augen Bellinis gelockte lange Frauenhaare auf die Leinwand. Bellini staunte und sagte: „Ich hätte es nicht geglaubt, daß ein Maler mit einem ganz gewöhnlichen Pinsel so zarte Haare auf die Leinwand zaubern kann!"

Seine größten künstlerischen Leistungen vollbrachte Dürer als Kupferstecher (z. B. Ritter, Tod und Teufel, Hieronymus im Gehäuse). So arbeitete der Meister: Mit einem feinen Stichel grub er die Zeichnung in eine polierte Kupferplatte. Er rieb nun die Platte mit Druckerfarbe ein und achtete darauf, daß die Farbe in die feinsten Rillen und Punkte der Zeichnung eindang. Die freien Stellen der Platte rieb er jetzt blank, damit diese beim Druck weiß blieben. Er nahm ein angefeuchtetes Blatt Papier und preßte es kräftig auf die Platte. Die mit Druckerfarbe gefüllten eingeritzten Stellen drückten sich ab (Tiefdruck).

Der neue Stil

Zu der Zeit Albrecht Dürers schufen italienische Künstler Kunstwerke in einem neuen Stil. Diese Kunstrichtung, die von Italien aus auch in Deutschland Eingang fand, nennen wir die Renaissance.

Dieses Fremdwort bedeutet soviel wie Wiedergeburt. Die Künstler bewunderten die Formen und Maße von Werken aus der Zeit der Griechen und Römer. Diese ahmten sie nach und wollten sie übertreffen. Italien war nicht nur das Ursprungsland der Renaissance, sondern auch Vorbild für die übrigen europäischen Länder.

Die Flucht nach Ägypten (Ausschnitt)

Peterskirche in Rom

Giebel eines Renaissance-Bauwerks in Dresden

DAS BÜRGERTUM IM MITTELALTER

Die Anfänge des deutschen Städtewesens gehen bis in das 9. Jahrhundert zurück. Einige oberitalienische Städte dagegen haben sich bereits in römischer Zeit herausgebildet. Durch die Belebung des Handels entstanden im 10. und 11. Jahrhundert weitere städtische Ansiedlungen und gelangten allmählich zu wirtschaftlicher Blüte. Dies führte dann im 12. und 13. Jahrhundert zu vielen neuen Stadtgründungen und Erweiterungen der bisher vorhandenen Stadtsiedlungen. Die Bürger der Städte waren zuerst den Landesherrn untertan. Im Laufe des Mittelalters gewannen sie die wichtigsten Rechte (Markt-, Münz-, Zollrecht und Gerichtsbarkeit) und erlangten schließlich die Selbständigkeit. Bürgermeister und Räte verwalteten die Städte. Zunächst durften nur Adlige und Kaufherren die Stadt regieren. Aber später erkämpften sich auch die Handwerker, die sich zu Zünften zusammengeschlossen hatten, Anteil am Stadtregiment. Der Handel verband die Länder und Städte des damaligen Europa. Um die städtischen Freiheiten, die Rechte und den Handel zu schützen, vereinigten sich zahlreiche Städte zu Städtebünden. Der größte und mächtigste Städtebund war die Hanse.

Die Macht, der Reichtum und die Frömmigkeit der Bürger zeigten sich in prächtigen Bürgerhäusern, in Rathäusern und herrlichen Domen. Seit der Mitte des 13. Jahrhunderts wurden diese Bauten im gotischen Stil errichtet. Kunstfertige Handwerksmeister, besonders aus Nürnberg, schufen weltbekannte Kunstwerke. Um 1500 breitete sich eine neue Kunstrichtung, die Renaissance, in Europa aus.

Mythen und Sagen erzählen von solchen Seeungeheuern, die auf offenem Meer Schiffe zum Kentern brachten.

DER KAUFMANN MARCO POLO ERFORSCHT FERNE LÄNDER

Marco wartet auf seinen Vater

„Glaubst du, daß dein Vater noch wiederkommt?" fragt einer der Jungen, die mit Marco auf den sonnenheißen Steinstufen am Hafen von Venedig saßen. „Doch!" antwortete Marco und sah trotzig auf das grünliche Wasser, auf dem die an dicken Holzpfählen vertauten Gondeln wie Nußschalen auf und nieder schaukelten. Ein anderer Junge fragte ihn: „Wie lange ist er schon fort?" — „Mehr als 10 Jahre", erwiderte Marco, und der andere sprach weiter: „Na, siehst du, kein venezianischer Kaufmann bleibt so lange weg, ohne Nachricht zu geben." Marco erhob sich unwillig und ging langsam am Kai entlang. Mein Vater wird zurückkommen, dachte Marco, wenn er auch weit bis ins Land der Tataren gereist ist. Aber gleich fiel ihm ein, was die Erwachsenen von den tausend Gefahren einer weiten Reise erzählten. Da begann seine Hoffnung wieder zu sinken. Nur wenige Menschen wagten sich damals über die bekannten Gebiete hinaus; denn sie glaubten, ihre Schiffe seien unüberwindlichen Mächten ausgesetzt: Der Malstrom, ein entsetzlicher Strudel mit einem ungeheuer tiefen, schauerlichen Trichter sauge die Schiffe an; gewaltige Felsen zögen mit magnetischer Kraft alle Nägel und Eisenteile aus dem Schiffskörper, so daß das Schiff wie ein Kartenhaus zusammenfiele; Schreckgespenster bevölkerten den Himmel.

Marco Polo reist ins Land der Goldenen Horde

Marco wartete nicht vergebens. Nach 16 Jahren kehrte der Vater heim. Er erzählte den erstaunten Leuten und dem wißbegierigen Marco viel von dem Reich im fernen Osten, das China heißt, und von dem mächtigen Kaiser Kublai-Khan, dessen Paläste größer seien als die der reichen Venezianer. Marco hatte seit diesem Tag nur einen Wunsch: mit seinem Vater in das Wunderland China zu reisen. Ende des Jahres 1271 segelte er mit seinem Vater und seinem Onkel ostwärts. Das Schiff war mit Waren aller Art vollgeladen. Die Poli wollten in Arabien, Indien und China Handel treiben und dem großen Khan Geschenke bringen.

Marco klopfte das Herz. In wenigen Minuten sollte er vor Kublai-Khan stehen, dem Herrscher über Reiche, die weit größer als alle europäischen Länder zusammen waren. Im Hofe des Kaiserpalastes herrschte ein lebhaftes Kommen und Gehen. An den Mauern standen schweigend die Männer der tatarischen Leibwache. Nichts entging ihnen, während sie unablässig alle Kommenden und Gehenden beobachteten. Sämtliche Völker und Rassen schienen vertreten: mongolische Offiziere in Lederpanzern und mit spitzen, pelzbesetzten Mützen, turbangeschmückte Sarazenen, tibetische Lamas mit geschorenen Köpfen und schmutzig-roten Gewändern, würdig aussehende chinesische Mandarine in bunter Seide und mit schwarzen Seidenhüten. Jetzt öffnete sich das Tor zum Empfangssaal. Mächtige, bemalte Säulen stützten die Halle, und vergoldete Schnitzereien leuchteten von der Decke. Ein Offizier erschien und winkte. Sogleich wurde Marcos Blick von einer Gestalt angezogen, die in golddurchwirktem Gewand auf einem hohen Thronsessel saß. Das war der Khan, umgeben von langen Reihen farbig gekleideter Würdenträger. Als die drei Venezianer ihre Knie beugen wollten, sprach der Khan: „Spart Euch Eure Verbeugungen, Ihr Herren, und tretet näher. Oft hat sich die Steppe mit frischem Gras und Blumen bedeckt, seit Ihr gegen Westen gezogen seid.“ Dann fiel sein Blick auf den jungen Marco. Der Kaiser winkte ihn heran und stellte ihm verschiedene Fragen. Marco antwortete ihm in tatarischer Sprache. Das gefiel dem Kaiser, und er fragte: „Willst du mir dienen?“ — „Ja, erhabener Khan“, sprach Marco, verneigte sich und trat zurück. Er fühlte, daß soeben eine Entscheidung gefallen war, die sein ganzes weiteres Leben bestimmen sollte.

Marco Polo im Hafen von Ormuz. Dieses Bild ist dem „Buch der Wunder“ (14.Jh.) entnommen.

17 Jahre blieb Marco mit Vater und Onkel im Reiche des Khan, der ihnen viel Vertrauen schenkte. Marco kam als Gesandter des Khan nach Tibet, Japan und Burma (das erst 1860 wieder von einem Europäer betreten wurde). Er verwaltete eine Großstadt und reiste im Auftrag des Khan nach Persien. Die Poli entwarfen und bauten Kriegsmaschinen. Außerdem trieben sie Handel.
Marco Polo berichtete: „Als ich in Quinsay (im Mongolenreich) war, sollte ich für den Groß-Khan Anzahl und Einkommen der Einwohner prüfen. Ich zählte 160 Toman Feuerstätten (Toman = 10 000)" Unter einer Feuerstätte versteht man eine Wohngemeinschaft, eine Familie mit Verwandten und Dienstboten.

Unglaubliche Neuigkeiten

Vieles, was die Poli berichteten, glaubte man ihnen im Abendland nicht und hielt sie für Aufschneider. Marco Polo hatte den Spitznamen „Herr Million". Seine Berichte stellten sich aber doch als wahr heraus. Die Poli berichteten unter anderem:
„... Von einem Stein, der im Berg in Adern verläuft. Wenn er angezündet wird, hält er die Wärme länger als Holz ... Von einer Raupe, die einen Faden spinnt, den die Chinesen zu einem feinen Gewebe verarbeiten. Das Gewebe ist eine begehrte Handelsware ... Von einem Geld, das nicht aus Metall besteht und leicht mitgeführt werden kann ... Von zarten, fast durchsichtigen Trinkgefäßen, die aus Erde hergestellt werden. ... Von Quinsay, der Hauptstadt mit 10 000 Straßen, 1200 Brücken und vielen Kanälen, die an eine abendländische Stadt erinnert, aber weitaus größer war ... Von Häusern, die in einem Abstand von 30 Meilen an den Straßen stehen, in deren Ställen Pferde bereitgehalten werden."

Europa und Asien am Ende des 13. Jahrhunderts

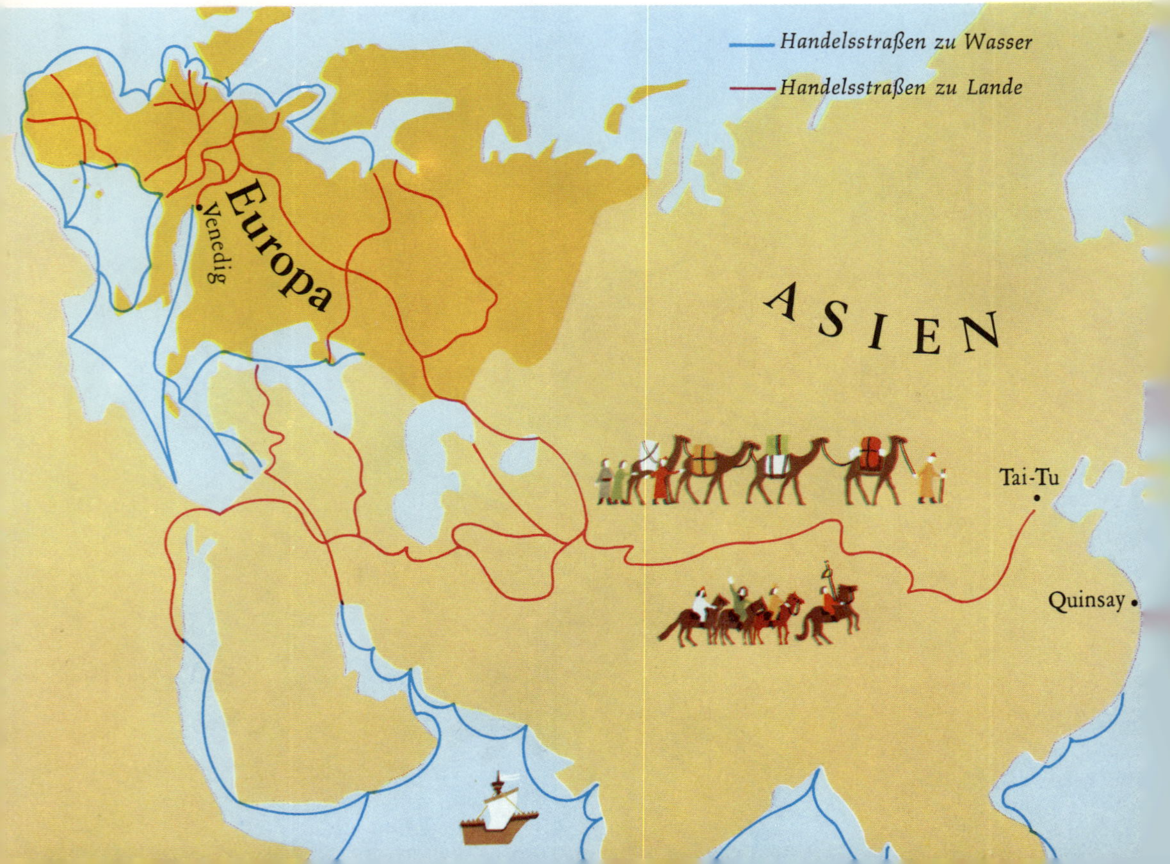

KOLUMBUS ENTDECKT EINE NEUE WELT

Die meisten Gelehrten waren damals zu der Ansicht gekommen, daß die Erde eine Kugel sei. Auch Kolumbus muß daran geglaubt haben. Er war davon überzeugt, daß er Indien auch erreichen würde, wenn er nach Westen segelte. Jahrtausendelang hatten die Menschen geglaubt, die Erde sei eine Scheibe, von Wasser umgeben (linkes Bild). Die Seefahrer wagten sich in früher Zeit nicht weit auf das offene Meer, weil sie befürchteten, an das Ende der Erde zu kommen und dann in unbekannte Tiefen zu stürzen.

Der weise Entschluss der Königin Isabella

Im Beratungszimmer der Königin von Spanien herrschte eine erregte Stimmung. Man hatte eben Kolumbus hinausgeschickt und ihm befohlen, im Nebenraum zu warten. „Er ist ein Abenteurer, ein Seefahrer!“ sagte der Gemahl der Königin. „Jedoch ein gelehrter Mann“, entgegnete Torquemada, der Vater der Königin. „Der Genuese Kolumbus ist auf See wie zu Hause. Jahre seines Lebens hat er auf Segelschiffen zugebracht, ist kreuz und quer durch das Mittelmeer gefahren, an Gibraltar vorbei, aufs große Meer hinaus. Er kennt alle Weltkarten!“ – „Sie sind also auf meiner Seite, mein Vater?“ fragte Königin Isabella freudig. „Ich gebe zu“, fuhr Torquemada fort, „daß Kolumbus den westlichen Seeweg nach Indien finden könnte, aber ich denke an die vielen Millionen, die sein Unternehmen kosten würde.“ – „Ja, diese Millionen könnten viel besser für Spanien verwendet werden“, sagte der Minister der Königin. Doch Isabella erwiderte: „Wir müssen weitersehen, wir dürfen nicht auf einen Punkt starren, der vor unseren Füßen liegt. Ich glaube, daß dieser Mann etwas Besonderes erreichen wird, wenn ich ihn zum Admiral ernenne. – Und vergeßt nicht die Portugiesen“, fuhr die Königin fort, „ihre kühnen Seefahrer suchen schon lange einen Weg zum reichen Indien. Bartholomeo Diaz ist bereits bis zur Südspitze Afrikas vorgestoßen!" – „Ich befürchte", erwiderte ihr Gemahl, „Sie werden weder die ausgerüsteten Schiffe noch den Admiral wiedersehen." – „Mein Herr Gemahl", sprach die Königin Isabella, „ich habe nun lang genug gewartet, es ist an der Zeit, daß ich ja sage." Torquemada nahm wieder das Wort: „Gelingt die Reise des Kolumbus, so könnte dadurch die Welt verändert werden. Wenn er das an Gold und Gewürzen unermeßliche Zipangu und andere Länder erreicht, dann wird Spanien bald um ein Vielfaches größer sein. Ströme von Gold werden zu uns fließen, und wir werden den Kampf gegen die Ungläubigen mit neuen Kräften aufnehmen können." – „So stimmen Sie völlig zu, mein Vater?" fragte die Königin. „Meine Tochter", sagte Torquemada, „Sie haben schon viel beschlossen, was zum Wohle Spaniens und der Christenheit führte." – Also geschah es, daß Kolumbus wieder in das königliche Beratungszimmer gerufen wurde, vor dem er unruhig auf- und abgegangen war. „Kapitän", so begann die Königin, „wir haben uns entschlossen, Eurem Wunsche zu willfahren. Ihr werdet drei wohlausgerüstete Schiffe mit allem Notwendigen erhalten und könnt die geplante Fahrt aufnehmen." Kolumbus, der bei seinem Eintritt das Knie gebeugt hatte, verharrte in dieser Stellung. Die Last des Glücks, daß er nun endlich seinen Plan ausführen durfte, drückte ihn nieder. Nach Ellen Schöler

Die Santa Maria, Pinta und Nina im Verhältnis zu einem heutigen Ozeanriesen

Die Fahrt nach „Indien"

Am frühen Morgen des 3. August 1492 verließen drei Schiffe den spanischen Hafen Palos. Kolumbus selbst fuhr auf der Santa Maria. Die Pinta und Nina folgten. Die wochenlange Fahrt hatte begonnen.

Ausschnitte aus dem Tagebuch des „Admirals der Weltmeere" geben dir Aufschluß, wie die Fahrt verlief:

Kurs West – Frischer Wind aus Nordost – Sehr stürmisches Meer – Steuerruder der Pinta gebrochen – Kanarische Inseln – Schiffe werden ausgebessert und Vorräte ergänzt – Weiterfahrt – Vulkanausbruch auf einer Insel (Teneriffa) – Jetzt starker Gegenwind – Teppiche von Meerespflanzen (Algen) auf der Wasseroberfläche – Nachts blau, grün und gelb leuchtende Fische und Krebse – Die Mannschaft erschrickt – Windstille – Plötzlich starker Sturm – Segel zerreißt – Schwärme von Meeresvögeln über der Flotte – Die Matrosen fassen neuen Mut – Meteor fällt ins Meer – Seit 3 Wochen kein Land – Die Mannschaft beginnt zu murren – Kolumbus droht den Matrosen und spricht ihnen Mut zu – Wieder Vogelschwärme, diesmal Landvögel – Die Schiffe sichten im Wasser einen grünen Busch mit einer Blüte, ein Bambusrohr, ein Brett – Ein Wal zieht vorbei – Land! Land! – Eine weißleuchtende Küste taucht auf – Am 12. Oktober Landung auf einer Insel (San Salvador) – Ein hölzernes Kreuz wird aufgerichtet – Eingeborene (Kolumbus nennt

So stellten sich die Wissenschaftler vor der Entdeckungsreise des Kolumbus (z. B. Toscanelli) die Entfernungen zwischen Europa und Ostasien vor.

sie Indianer) kommen herbei — Glasperlen und rote Mützen als Geschenke für die Eingeborenen — Weiterfahrt nach Kuba.

Als die Flotte vor der Küste Kubas eintraf, schrieb Kolumbus in sein Tagebuch: „Der Duft der Blumen und Bäume ist über alle Beschreibung köstlich. Die ganze Nacht hört man den Gesang der Vögel und das Zirpen der Grillen. Die Luft ist lau und balsamisch, weder heiß noch kalt. Hier möchte ich ewig leben ... Diese Leute kennen keine Arglist und sind wenig kriegerisch. Männer und Frauen gehen nackt umher, wie sie Gott erschaffen hat ... Ich bin überzeugt, erlauchteste Fürsten, daß alle diese Leute gute Christen würden, sobald fromme und gläubige Männer ihre Sprache beherrschen."

Kolumbus glaubte bis an sein Lebensende, er habe Indien und Zipangu (alte Bezeichnung für Japan) erreicht.

Die Kostbarkeiten der Neuen Welt

Am 14. März 1493 — $7^1/_2$ Monate nach der Ausfahrt — landete Kolumbus wieder in Palos. „Er ist da! Das Unglaubliche ist ihm gelungen!" sagte die Königin zu ihrem Gemahl. „Er sendet mir eine Botschaft und schreibt: ‚Ich lege der Königin eine neue Welt zu Füßen!'" — „Das ist eine großartige Nachricht", antwortete der König, der von ihrer Begeisterung mitgerissen wurde. „Hört nur, unsere geliebte Stadt Barcelona ist bereits in Aufwallung!" — „Kommen Sie", fordert Isabella den König auf, „wir wollen Kolumbus würdig empfangen." — Der Zug, den Admiral Kolumbus aufs Königsschloß zu anführte, glich dem Triumphzug eines siegreichen Feldherrn. Kolumbus saß stolz zu Pferde. Von seinem Admiralshut wallten drei riesige Federn hernieder. Die Menschen drängten sich Kopf an Kopf und bestaunten die dunkelhäutigen Indios mit ihrem buntbemalten Federschmuck. Die Indios beachteten die laute Menge nicht, denn sie waren auf dem Weg zur „großen weißen Mutter". Sie schritten mit Würde und Gelassenheit und trugen in ihren Händen Gold, Edelsteine, seltsame Pflanzen, Käfige mit bunten, zwitschernden Vögeln. An Ketten führten sie Tiere mit. Die Königin und der Hofstaat erwarteten Kolumbus im Thronsaal. Der Admiral erhielt einen Ehrenplatz neben dem Thron. Er war so erregt, daß er immer wieder aufsprang, um der Königin die Wunder der neuen Welt zu zeigen und zu erklären. Die Indios traten vor den Thron, einer nach dem andern. Der letzte war ein großer schlanker Jüngling. Er sollte sich vor Isabella niederwerfen, aber er näherte sich mit ruhigen Schritten dem Thron. In der königlichen Umgebung entstand Unruhe. Kolumbus wollte den Indio zurückhalten. Nur Isabella blieb ruhig, während ihr der Jüngling eine runde Frucht hinhielt. Seine Augen leuchteten, und er dachte wohl an eine alte Prophezeiung, daß eine Gottheit mit weißem Gesicht die Glückseligkeit über sein Volk bringen würde.

„Ihr Admiral Kolumbus verspricht Ihnen Tonnen Goldes aus der neuen Welt, und Sie starren verzückt auf diese Frucht der Erde", sagte der Gemahl unwillig zur Königin. „Gibt es etwas Herrlicheres als diese Erde", anwortete Isabella lebhaft, „aus ihr wächst alles, was uns leben läßt und was uns freut. Es macht mich glücklich, daß ich Gottes Ratschluß folgte, als ich Kolumbus aussandte. Die Erde ist größer geworden, möge auch der Friede über allen Völkern dieser Erde sich festigen und ausbreiten!"

Kolumbus landet auf der Insel Guanahani (zeitgenössische spanische Darstellung)

Auf einem Tischchen aus Mahagoniholz legte Kolumbus bedächtig dünne Goldplättchen, darauf dickere. Langsam holte der Admiral nun größere Klumpen aus der Tasche. „Dieses eine Stück hier", sprach er und hielt das Gold zwischen Daumen und Zeigefinger, „ist viel mehr wert als fünf spanische Goldstücke. — Hier noch ein größeres Stück!" sagte er weiter. „Der königliche Münzmeister könnte daraus leicht 50 spanische Goldstücke prägen. — Die Indios sind ein argloses und unkriegerisches Volk. Von der nächsten Reise können wir eine ganze Schiffsladung Gold und Silber mitbringen."

Nach Ellen Schöler

Die neuen Entdeckungen verändern die abendländische Welt

Der neue Erdteil erhielt später den Namen Amerika, nach dem Landsmann des Kolumbus Amerigo Vespucci, der als erster die Küstengebiete des neuen Landes ausführlich beschrieb. Spanien und Portugal wetteiferten damals in der Entdeckung und Eroberung neuer Gebiete. Die beiden Länder erwarben in den entdeckten und erforschten Erdteilen gewaltige Besitzungen und gründeten Weltreiche.

Der Portugiese Vasco da Gama erreichte als erster Indien, indem er die Südspitze Afrikas, das Kap der Guten Hoffnung, umsegelte.
Der portugiesische Seeoffizier Magellan war von einem großartigen Plan erfüllt: Er wollte die ganze Erde umsegeln. Der spanische König stellte ihm 5 Schiffe zur Verfügung. Im August 1519 stach er in See. Ein Schiff erreichte sein Ziel und kam im September 1522 wieder nach Spanien zurück.

Indianerort
- A Begräbnisstätte der Regenten
- B Ein Ort des Gebets
- C Tanz auf dem Festplatz
- D Festlicher Schmaus nach dem Tanz
- E Gärten mit Tabakpflanzen und Sonnenblumen
- F Feldhüter, der die Maisfelder bewacht
- G Maisfeld
- H In sorgfältigen Abständen wird junger Mais aufgezogen
- I Kürbisbeet
- K Beratungsplatz mit Feuer

Was änderte sich durch die Entdeckungen?

Der Handel verlagert sich — der italienische und hanseatische Handel geht zurück —
die westeuropäischen Seestädte werden reich —
neue Handelswege —
Ende des Landhandels mit Asien —
neue Handelsgüter —
große Mengen edler Metalle —
Kolonialismus —
Siedlungen und Plantagen der Europäer in Übersee —
Seefahrt blüht auf —
Entstehung von Seemächten —
neues Wissen —
Gestalt und Größe der Erde werden erkannt —
Antrieb zu weiteren Entdeckungen.

Nikolaus Kopernikus

Galileo Gallilei

KOPERNIKUS ENTDECKT DIE ORDNUNG IM ALL

„Dieser Narr will den ganzen Himmel in Unordnung bringen"

Der Domherr Nikolaus Kopernikus öffnete die langen Fenster seines Turmzimmers von Frauenburg in Ostpreußen. Er atmete die linde Frühlingsluft, die von draußen hereinwehte, tief in sich ein und schaute auf die roten Segel, die am Ufer des Frischen Haffs auf- und niedertanzten. Er ging an den Tisch und ordnete einen dicken Stoß von Papieren. Zuoberst legte er ein Blatt. Darauf schrieb er „Über die Bewegungen der Himmelskörper". Kurze Zeit später polterten die Räder eines verstaubten Reisewagens über das Kopfsteinpflaster Frauenburgs bis dicht vor den nordwestlichen Turm der Burg. Im Wagen saß ein junger Professor aus Wittenberg. Bald standen sich der große Domherr und der wissensdurstige junge Gast einander gegenüber. „Erzählt", sagte Kopernikus begierig, „wie redet man in Wittenberg über meine Lehren von der Sonne, dem Mond und den Sternen!" Eine Weile zögerte der Professor, dann antwortete er leise: „Viele reden nicht gut über Eure Lehre, und einer sagte mir: Dieser Narr von Frauenburg will den ganzen Himmel in Unordnung bringen. Die Leute können sich nicht vorstellen, daß die Erde nicht mehr der Mittelpunkt im All ist. – Ich aber will von Euch lernen, Meister!" Kopernikus trat an den Tisch und fuhr mit unruhiger Hand über den Blätterstoß. Versonnen sprach er: „40 lange Jahre habe ich daran gearbeitet. Der versäumte Schlaf vieler Nächte hängt daran. Die Verzweiflung, ob es mir gelingen werde, liegt in den Bogen. Mein Leben neigt sich dem Ende zu, und ich habe für dieses Leben Rechenschaft abzulegen – vor Gott nicht nur, auch vor der Welt."

Eines Tages überbrachte die Eilpost dem überraschten Kopernikus einen Brief aus Rom. Hastig riß er das Siegel auf und sah die Unterschrift: Nikolaus Schönberg, Kardinal von Capua. Kopernikus las: „Ich grüße Euch, Nikolaus Kopernikus. Ich habe erfahren, daß Ihr eine neue Lehre über die Ordnung im All aufgestellt habt. Ihr lehrt, daß die Erde sich bewege und die Sonne sich in der Mitte des Weltalls befinde, daß der Mond sich zwischen Mars und Venus bewege und im Laufe eines Jahres um die Sonne kreise. Von dieser ganzen astronomischen Weisheit sollt Ihr ein Buch vollendet haben. Auch die Bahnen der Planeten habt Ihr berechnet. Um dieses Werk bittet Euch der Heilige Vater."

In den vatikanischen Gärten Roms saß einige Wochen später Papst Paul III. und lauschte, was ihm der Kardinal von Capua aus den Rollen vorlas. Der Papst erhob sich und schritt zwischen Blumen auf eine freie Wiese, von der aus sein Blick weit über das Häusermeer Roms schweifte. Er deutete auf die riesige Kuppel der neuen Peterskirche und sprach: „Mit dieser Kuppel wird für alle Zeiten der Name Michelangelo verbunden sein. Mit jenem Werk aber der Name Kopernikus. Nur die kühnen Geister überdauern ihre Zeit und wirken fort, solange die Erde steht. — Dem Frauenburger Astronomen soll nichts Böses geschehen; bringt diesen meinen Willen zu Papier. Die Gedanken des Domherrn sind groß und kühn, aber unsere Zeit ist vielleicht noch nicht reif, um sie ganz zu verstehen."

Nach Heinz Sponsel

„Und sie bewegt sich doch"

Etwa hundert Jahre nach Kopernikus erforschte der Italiener Galileo Galilei den Lauf der Gestirne. Ihm stand dabei ein Fernrohr zur Verfügung, das ein Jahr zuvor in Holland erfunden worden war und das er nachgebaut hatte. Galilei beobachtete bereits die bergige Oberfläche des Mondes und entdeckte den Sternenreichtum der Milchstraße. Er fand die Beobachtungen des Kopernikus bestätigt: Nicht die Erde ist Mittelpunkt des Weltalls, sondern die Sonne wird von allen Bahnkreisen der Gestirne umgeben.
Einigen Geistlichen erschien diese Lehre als töricht und ketzerisch. Sie hielten genau an dem fest, was im biblischen Schöpfungsbericht niedergeschrieben war. Außerdem, so sagten sie, könnte unser Auge Tag für Tag beobachten, daß die Sonne sich bewege und nicht die Erde, wie Galilei es behaupte. Sie ermahnten Galilei, diese Lehre künftig nicht mehr in Wort und Schrift zu vertreten; der Papst verbot sie. Doch da Galilei den Kampf um die Anerkennung der kopernikanischen Lehre nicht aufgab und diese immer wieder in seinen Schriften darlegte, kam es zu einem Prozeß (1633) gegen ihn, der mit dem Widerruf und unbefristeter Haft endete. Den Rest seines Lebens verbrachte Galilei in seinem Landhaus in der Nähe von Florenz und schrieb dort weitere für die Entwicklung der Physik wichtige Werke. Mit der kopernikanischen Lehre durfte er sich Zeit seines Lebens nicht mehr beschäftigen. Galilei erforschte nun andere Naturerscheinungen und entdeckte verschiedene bis dahin noch unbekannte Naturgesetze. Er wollte die Erkenntnisse über die Natur nicht aus alten Büchern gewinnen, wie man es fast das ganze Mittelalter getan hat. Er beobachtete die Natur, experimentierte und schöpfte daraus sein Wissen. Deshalb gilt er als ein Mitbegründer der modernen Naturwissenschaften. Niemals aber gab Galilei den Glauben an die Richtigkeit seiner Beobachtungen über die Bewegung der Gestirne auf. Über den Lauf der Erde soll er gesagt haben: „Und sie bewegt sich doch!"

DIE SCHWARZE KUNST

Der Bildermacher und Wanderschreiber

Es war Markttag in Mainz. Man schrieb das Jahr 1413. Neugierig drängte sich eine dichte Gruppe von Bauern, Bürgern, Schiffern und Mönchen um einen Tisch mit Papieren und seltsamen Geräten. Unter den Neugierigen stand ein Junge mit 15 Jahren, es war Johann Gutenberg. Der Mann hinter dem Tisch hielt ein Blatt hoch und schrie: „Wider die Pestilenz! 10 Batzen!" Ein Bauer griff nach dem Blatt und rief: „Mir, mir, den heiligen Antonius, er soll mir das Vieh vor Pestilenz und Tod schützen!" Jetzt schwärzte der Mann eine Holzplatte mit einem Stück Leder. Er legte ein Blatt Pergament darauf und rieb mit dem Handballen darüber hin und her. Dann bot er das Blatt den Leuten an. Ein Bürger

Ein Kalenderblatt, von einem Formenschneider gefertigt.

Ein Formenschneider bei der Arbeit

trat an den Tisch und ließ sich von dem Wanderschreiber einen Brief schreiben. Als der Mann damit fertig war, erblickte er den Jungen: „Was gaffst du, Bub? Willst du auch ein Formstecher und Drucker werden?“ Der Knabe nickte und antwortete: „Ja, ja, das möchte ich wohl!“ — „Da mußt du aber auch schreiben können und Latein lernen!“ — „Das lerne ich beim Magister in der Domschule“, versicherte der Knabe. „Dann hast du auch ein lateinisches Lehrbuch“, sagte der Mann. „Nein“, war die Antwort, „der Vater sagt, die Bücher sind zu teuer.“ Der Mann griff auf den Tisch nach einem schmalen Buch, in Leder gebunden, und hielt es dem Knaben hin. „Für 10 Dukaten laß ich's deinem Vater. Nun lauf und bitt' ihn schön!“ Johann eilte davon und kam mit dem Geld zurück. Da stand gerade ein Schiffer am Tisch des Bildermachers, er wollte Spielkarten haben für eine lange Fahrt nach Flandern. Der Bildermacher drückte mit hölzernen Stempeln rote und schwarze Herzen auf kleine Blätter. Der Junge staunte über diese Künste, und wie gern hätte er sie auch verstanden!

Nach Friedrich Kühlken

Das geheime Handwerk

Johann Gutenberg war Goldschmied geworden. Aber er beherrschte noch viele andere Künste. So schliff und polierte er Edelsteine, und er verstand es, Spiegel zu machen. Viele Bürger gingen in seinem Hause ein und aus, um dem kunstfertigen Meister Aufträge zu geben oder um Bestelltes abzuholen. Immer, wenn die Kunden seine Werkstatt verlassen hatten, verriegelte Gutenberg die Türen und verschloß die Fensterläden; denn er sann und

schaffte an einem geheimen Werk. Der Meister hatte einen Plan, der ihm keine Ruhe mehr ließ: Er stellte sich eine Bibel mit klaren, schön geformten Lettern vor. Aber er wollte sie nicht mit Rohr- und Gänsefeder schreiben, sondern drucken. Er sah einen ganzen Berg von Bibeln im Geiste vor sich, alle gedruckt und alle einander gleich.
Sein erster Gedanke: Warum soll man immer eine ganze Seite eines Buches schnitzen? Wäre es nicht klüger, einzelne Buchstaben herzustellen und diese nach Belieben zu Wörtern zusammenzusetzen?
Nächtelang arbeitete Gutenberg, um diesen Gedanken zu verwirklichen. Das Schnitzen der Buchstaben war sehr schwierig. Außerdem wurden die Holzlettern leicht rissig und die ganze Mühe war umsonst. So beschloß Gutenberg, die Lettern aus Metall herzustellen. Aber wie ist es möglich, so viele kleine Buchstaben aus hartem Metall zu formen und zu feilen, die für eine Seite oder ein ganzes Buch benötigt werden?

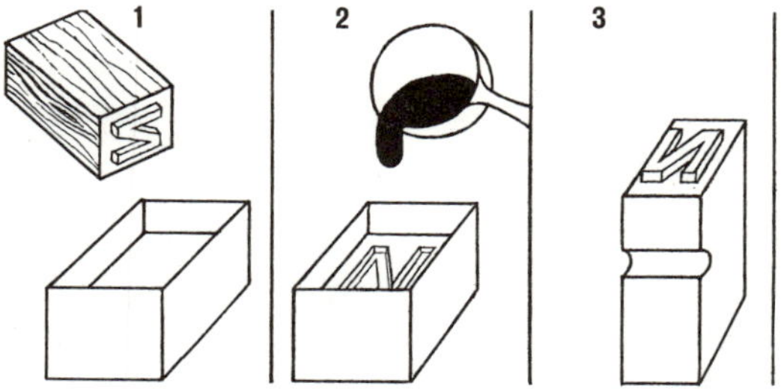

1. Holzletter wird in Tonsand gedrückt.
2. Vertiefung wird mit Blei ausgegossen.
3. Fertige Bleiletter

Gutenberg war noch nicht zufrieden, denn mancher Buchstabe mißlang in der Sandform. Außerdem brauchte er, wenn er eine Seite drucken wollte, nicht nur ein A oder ein B, sondern viele gleiche Lettern. Und so beschäftigte ihn ein neuer Gedanke: Wie stelle ich einen besseren Stempel und eine bessere Gußform her?

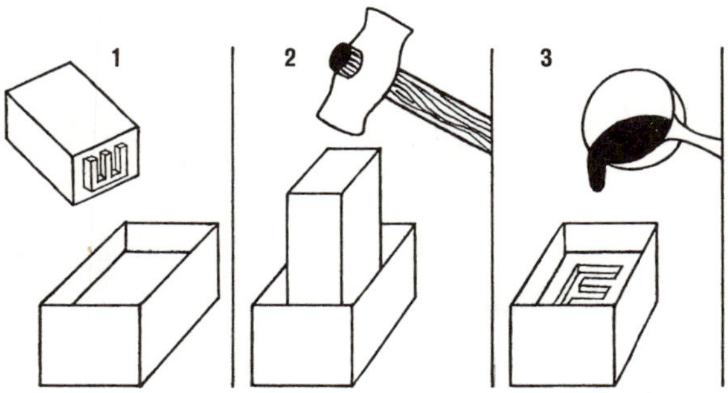

1. und 2. Stahlstempel wird mit Hammer in Blei geschlagen.
3. Abdruck wird mit Letternmaterial ausgegossen. Jeder Guß liefert eine fertige Letter.

Mit diesem Stahlstempel und der Bleigußform konnte Gutenberg jetzt 20 gleiche Buchstaben in wenigen Minuten gießen. Nun hatte er in jedem Fach seines Setzkastens oft bis zu 100 Lettern eines Buchstabens. Die Arbeit ging dem Meister jetzt schnell von der Hand. So entstand eine Seite: Aus etwa 30 Buchstaben eine Zeile, aus 42 Zeilen eine Spalte, aus 2 Spalten eine Seite. Wenn eine Seite gesetzt war, begann der Abdruck.

Die ersten Bücher werden gedruckt

Das erste mit beweglichen Lettern gedruckte Buch war ein Schulbuch, eine lateinische Sprachlehre. Es hatte eine Auflage von 300 Stück. Doch Gutenberg wollte beweisen, wie großartig seine Drucktecknik war, deshalb ging er daran, das Buch der Bücher, die Bibel,

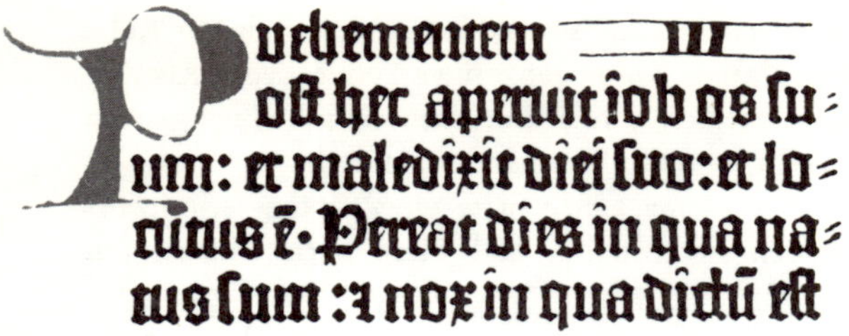
uehementem III
Post hec aperuit iob os su=
um: et malediξit diei suo: et lo=
cutus ē. Pereat dies in qua na=
tus sum: & nox in qua dictū est

Ausschnitte aus einem der ersten Bibeldrucke

nach seinem Verfahren herzustellen. Er druckte 200 Bibeln, eine jede mit 1282 Seiten. Da Gutenberg kein Geld hatte, sah er sich nach einem Geldgeber um. Fast 2000 Gulden lieh ihm nach und nach der reiche Mainzer Bürger und Fernkaufmann Johann Fust.
Als Fust das Geld zurückverlangte, konnte Gutenberg nicht zahlen, und das Gericht mußte entscheiden. Fust erhielt den größten Teil der Druckerei zugesprochen und wurde selbst Drucker und Verleger. Einige Jahre vor seinem Lebensende wurde der arme und enttäuschte Gutenberg von dem Kurfürsten und Erzbischof von Mainz unter seine Hofleute aufgenommen. So hatte der große Erfinder noch einen sorgenfreien Lebensabend.

Von der Macht des gedruckten Wortes

Bis zum Jahre 1500 gab es in Europa etwa 10 Millionen Bücher. Früher schrieb man ein Buch in 100 Tagen ab, nun wurden 100 Bücher an einem Tag gedruckt. Wenn auch Fust die Schwarze Kunst geheimhielt und zunächst nur in Mainz Bücher gedruckt wurden, entstanden doch in vielen großen Städten Europas Buchdruckerwerkstätten.

Das Bild zeigt die verschiedenen Arbeitsvorgänge aus der Frühzeit des Buchdrucks.

Der große deutsche Gelehrte Professor Jakob Wimpfeling schrieb um 1520: „Auf keine Erfindung oder Geistesfrucht können wir Deutsche so stolz sein wie auf die des Bücherdrucks, die uns zu neuen geistigen Trägern der Lehren des Christentums, aller göttlichen und irdischen Wissenschaft und dadurch zu Wohltätern der ganzen Menschheit erhoben hat. Welch ein anderes Leben regt sich jetzt in allen Klassen des Volkes, und wer wollte nicht dankbar der ersten Begründer und Förderer dieser Kunst gedenken, auch wenn er sie nicht, wie dies bei uns und unseren Lehrern der Fall ist, persönlich gekannt und mit ihnen verkehrt hat."
Auch Martin Luther maß der Buchdruckerei große Bedeutung bei. Durch sie erst war die weite Verbreitung der Heiligen Schrift und vieler anderer Werke der Künste und Wissenschaften möglich. Gutenberg soll gesagt haben, daß die Buchdruckerkunst nicht nur von denen, die es gut meinen, sondern auch von den Bösen benutzt werden wird. Aber die Wirkung des Guten wird größer sein.

DER MENSCH ERSINNT NEUES

Die Erfindung der „Taschenuhr"

In einer Beschreibung Deutschlands vom Jahre 1511 heißt es: „Die Nürnberger Handwerker erfinden von Tag zu Tag immer feinere Dinge. So bringt Peter Henlein, ein noch sehr junger Mann, Werke hervor, die selbst die gelehrtesten Mathematiker in Staunen versetzen. Denn aus wenig Eisen fertigt er Uhren an, die mit vielen Rädern eingerichtet sind und die, wie man sie auch wendet, ohne irgendein Gewicht 40 Stunden anzeigen und gehen, selbst wenn sie an der Brust oder im Geldbeutel getragen werden." — Die „Taschenuhr" des Peter Henlein brachte vor allem der Seefahrt große Vorteile, weil sie ohne Gewichte und Pendel lief und aus diesem Grunde auch auf den schwankenden Schiffen die Zeit richtig anzeigte.

Der Kompass

Als man infolge des wirtschaftlichen Aufschwunges neue Handelswege erschloß und nicht mehr nur im Schutze der Küsten, sondern hinaus auf das offene Meer fahren wollte, erkannte man die Bedeutung des Magneten. Seine Eigenschaft, die Nordrichtung anzuzeigen, war längst bekannt. Schon im 11. Jahrhundert diente die Magnetnadel in China als Richtungsweiser. In Europa wurde sie um 1200 als „Seeweiser" im Bergbau benutzt. Fünfzig Jahre später entwickelte man aus der Magnetnadel und Windrose den Kompaß. Mit Hilfe dieses Kompasses und der Henlein-Uhr war es nun dem Kapitän eines Schiffes möglich, auf offenem Meer seinen Standort zu bestimmen. Die Genauigkeit der Seekarten, Kalender und Sterntafeln konnte infolgedessen entscheidend verbessert werden.

Der Erdglobus

Schon im Zeitalter der Antike hat ein griechischer Gelehrter den Gedanken geäußert, daß die Erde eine Kugel sei. Der italienische Astronom, Arzt und Geograph Paolo Toscanelli dal Pozzo hatte diese antiken Quellen studiert, und zusammen mit den Angaben des

Marco Polo und anderer Reisender gelangte er zu der Ansicht, daß Indien auf dem Seewege nach Westen zu erreichen sei. Toscanelli teilte seine Erkenntnisse Christoph Kolumbus mit und bestärkte diesen in der Ausführung seiner Entdeckungsfahrten.
Auch der Nürnberger Martin Behaim glaubte wie Toscanelli an die Kugelgestalt der Erde. Er übertrug die damals bekannten Teile der Erdoberfläche auf einen Globus und versah diesen mit einem Gradnetz. Der Nürnberger hatte damit am Ende des 15. Jahrhunderts den ältesten Erdglobus geschaffen. Dieser wird heute im Germanischen National-Museum zu Nürnberg aufbewahrt.

Das Schiesspulver

Die Erkenntnis, daß eine Mischung aus Holzkohle, Schwefel und Salpeter zur Explosion gebracht werden kann, war in China schon im Laufe des ersten Jahrtausends verbreitet. Der Mönch Berthold Schwarz, der zu Beginn des 14. Jahrhunderts in einem Kloster in Freiburg im Breisgau lebte, hat wie auch viele andere diesen Vorgang experimentell untersucht und soll in diesem Zusammenhang das „Schießpulver" erfunden haben.
Die ältesten Pulvergeschütze wurden noch im ersten Drittel des 14. Jahrhunderts hergestellt. Es waren aus Bronze gegossene oder aus Eisen geschmiedete Rohre (Büchsen), die in der folgenden Zeit immer größer und schwerer wurden. Sie waren fest mit einem Pulversack verbunden, dessen Ladung ursprünglich nur sehr schwerfällig vor sich ging, so daß manchmal pro Tag nur ein Schuß abgegeben werden konnte. Das Zündloch war am hinteren Ende des Pulversacks angebracht. Die Zündung erfolgte mit einem glühenden Eisen. Als Geschosse wurden anfangs Steinkugeln benutzt, später dann, als man die Technik des Metallgießens besser beherrschte, Kugeln aus Gußeisen.
Nun, da man die Feuerwaffen eingeführt hatte, kam es im Kriege nicht mehr auf die persönliche Tapferkeit und den persönlichen Einsatz des Kämpfers an. Die militärischen Auseinandersetzungen waren auch nicht mehr allein Sache des herrschenden Adels. Der Ausgang eines Krieges hing nun von der finanziellen Kraft der Beteiligten ab. Derjenige, der die meisten Soldaten mieten (Sold), die meisten und besten Waffen kaufen und Festungen errichten konnte, führte die Entscheidung herbei. Mit der Aufstellung und Unterhaltung von Söldnerheeren konnten sich Fürsten und Städte Macht und militärischen Schutz erkaufen.

Der erste grosse Techniker des Abendlandes

Einmal hielt der französische König Ludwig XII. einen triumphalen Einzug in Mailand. Da ließ ihm Leonardo da Vinci seinen „demütigen" Löwen entgegenlaufen. Vor Angst und Schreck wandte sich mancher zur Flucht, aber der Löwe, der sich dem König näherte, war nur ein naturgetreu nachgebildeter Löwe, der sich mechanisch bewegen konnte. Dieses Kunststück hatte Leonardo da Vinci fertiggebracht. Vor dem französischen Herrscher blieb der Löwe stehen, öffnete mit einer Tatze einen Deckel auf seiner Brust und wies auf ein Wappen mit drei Lilien, das Wappen des französischen Königs.
Das war nur eine der zahlreichen, völlig neuartigen Erfindungen des Leonardo da Vinci, der als Maler, Architekt und Ingenieur italienischen und französischen Fürsten diente. Leonardo hinterließ seinem Lieblingsschüler über 5000 Schriften und Skizzenblätter. Jahrhunderte vergingen, bis der Nachlaß des großen Mannes geordnet war. Und erst zum 500. Geburtstag Leonardos bauten amerikanische Techniker mit Hilfe von 50 hinterlassenen Zeichnungen 50 Modelle und — alle diese von Leonardo da Vinci erdachten Maschinen und Geräte arbeiteten, wie es sich der Meister ausgedacht hatte.

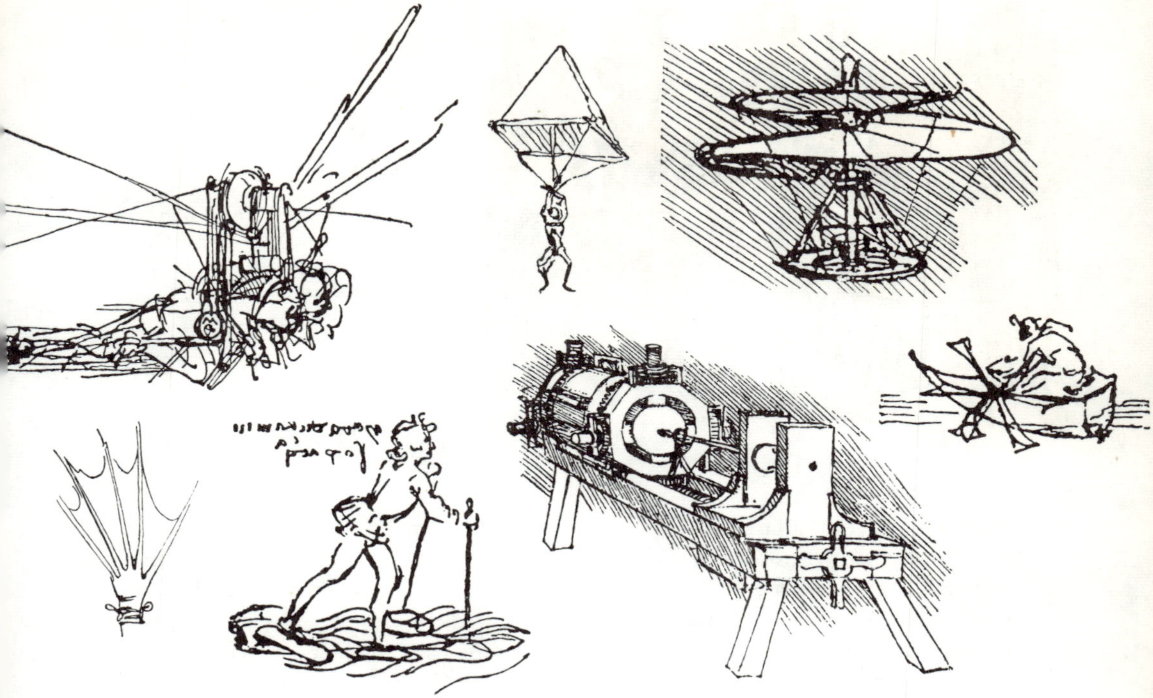

Die hier abgebildeten Skizzen von Leonardo da Vinci zeigen einige seiner Erfindungen.

DAS NEUE WELT- UND MENSCHENBILD

Am Ende des Mittelalters veränderte sich das Leben des Menschen durch zahlreiche Erfindungen (z. B. Schießpulver, Uhr, Buchdruckerkunst, Kompaß, Erdglobus) und Entdeckungen: Der Portugiese Vasco da Gama fand den Seeweg nach Indien (1498), Christoph Kolumbus entdeckte 1492 Amerika, und Ferdinand Magellan umsegelte in drei Jahren als erster die Erde (1519 bis 1522). In Mittel- und Südamerika gründeten die Spanier ihr großes Kolonialreich; die Portugiesen brachten Brasilien und Indien unter ihre Herrschaft. Etwas später gründeten die Holländer, die Franzosen und die Engländer in Nordamerika Kolonien. Durch die Entdeckungen verloren die alten Handelsländer um das Mittelmeer an Bedeutung. An ihre Stelle traten die Staaten am Atlantik. Das alte Weltbild (die Erde eine Scheibe) wurde vom neuen Weltbild (die Erde eine Kugel) verdrängt. Die Gelehrten erkannten, daß die Erde nicht der Mittelpunkt der West ist, sondern daß sie sich mit anderen Gestirnen um die Sonne dreht.

Mit der Begründung eines neuen Weltbildes wandelte sich auch der Mensch. Sein Selbstbewußtsein und sein Vertrauen auf die eigenen Kräfte sind stärker geworden. Nicht mehr aus alten Büchern, sondern aus den Beobachtungen in der Natur wollte er seine Erkenntnisse und sein Wissen gewinnen (Kopernikus, Galilei). Es erwachte in ihm der Wunsch, selbst zu entscheiden, welche Aufgaben ihm das Leben stellte und welche er zu erfüllen habe (Gutenberg). Diese neue Bewertung der eigenen Persönlichkeit führte die Gelehrten zur Kritik am biblischen Schöpfungsbericht und an anderen bis dahin geltenden Morallehren. So brachte die Suche nach der Wahrheit die Erforschung der Erde immer weiter.

DER AUFSTIEG DER HABSBURGER ZUR WELTMACHT

Der König übergibt einem Markgrafen die Reichsfahne. Diese Buchmalerei ist in einer Handschrift aus dem Ende des 13. Jahrhunderts überliefert.

RUDOLF VON HABSBURG BEENDET DIE KAISERLOSE ZEIT

Während der Herrschaftszeit Friedrichs II. war es den Fürsten gelungen, ihre Macht immer mehr zu vergrößern. Der König regierte vom fernen Sizilien aus. Die geistlichen und weltlichen Fürsten erhielten viele neue Herrschaftsrechte bestätigt, z. B. das Zoll- und Münzrecht sowie Gerichtshoheit. Der König verzichtete auf das Recht, Burgen zu errichten und Städte zu gründen. Er erkannte damit die Landeshoheit der Reichsfürsten an.
Nach dem Tode Friedrichs im Jahre 1250 versuchten dessen Söhne und Enkel vergeblich, das staufische Königtum zu erhalten. Die einzelnen Fürsten waren nur auf ihre eigene Macht bedacht und bauten diese innerhalb ihres Herrschaftsbereiches immer mehr aus. Es begann die kaiserlose, die schreckliche Zeit, in der Recht und Ordnung nur wenig galten.
Im Jahre 1273 entschlossen sich die deutschen Fürsten, endlich wieder einen deutschen König zu wählen. Der neue König, Rudolf von Habsburg, sollte zwar stark genug sein, um gegen die Raubritter und vielen Rechtsbrecher vorgehen zu können. Er sollte jedoch nicht so viel Macht erreichen und so viel Herrschaftsrechte besitzen, daß die Fürsten um ihre eigene Macht und Selbständigkeit Sorge haben müßten. Sie dachten bei der Wahl mehr an ihre eigenen Vorteile als an das Wohl des Reiches. Rudolf von Habsburg, so glaubten die Fürsten, sei der rechte Mann für ihre Pläne. Deshalb wählten sie ihn. Rudolf wurde in Aachen gekrönt.
Kurze Zeit darauf kam es zum Streit zwischen ihm und dem mächtigsten Fürsten des Reiches, dem Böhmenkönig Ottokar. Er besaß Böhmen und Mähren und hatte die kaiserlose Zeit dazu genutzt, die österreichischen Länder sowie Kärnten und Steiermark seinem Herrschaftsbereich einzugliedern. Rudolf von Habsburg forderte alle Fürsten auf, sich von ihm als dem rechtmäßigen König von neuem belehnen zu lassen. Der mächtige König Ottokar verweigerte jedoch den Lehnseid. Rudolf zögerte nicht lange. Er verhängte über Ottokar die Reichsacht und zog mit seinem Heer gegen ihn. Ottokar erkannte daraufhin Rudolf als König an. In einem prächtigen goldgeschmückten Gewand trat er vor den König, beugte das Knie und leistete den Treueid. Als sich der Böhmenkönig später noch einmal gegen Rudolf erhob, verlor er in der Schlacht auf dem Marchfeld (bei Wien) sein Leben. Diese Schlacht entschied über den Verlauf der Geschichte mehrerer Jahrhunderte. Denn vom Tage des Sieges an vermehrten die Habsburger ständig ihre Hausmacht, und sie wurden zu einem der mächtigsten Fürstengeschlechter Europas. Ihre Hauptstadt war 650 Jahre lang Wien.

„IN MEINEM REICH GEHT DIE SONNE NICHT UNTER"

Nicht durch Krieg und Gewalt erwarben die Habsburger neue Länder, sondern durch günstige Heiraten und erbrechtliche Ansprüche. Karl V. aus dem Hause der Habsburger war der letzte Kaiser des Mittelalters. An der Spitze seiner Reichsabschiede und Gesetze stand:

„Wir Carl der fünffte von Gottes Gnaden Römischer Kayser, zu allen Zeiten Mehrer des Reichs, König in Germanien, zu Castilien, Arragon, Leon, beyder Sicilien, Hierusalem, Hungarn, Dalmatien, Croatien, Navarra, Granaten, Tolleten, Valentz, Gallicien, Majorica, Hispalis, Sardinien, Corduba, Corsica, Murcien, Giennis, Algarbien, Algeziren, Gibraltar, der Canarischen und Indianischen Insulen und der Terrae firmae des Oceanischen Meers etc. Ertz-Hertzog zu Oesterreich, Hertzog zu Burgundi, zu Lotterich, zu Braband, zu Steyer, zu Kerndten, zu Krain, zu Limburg, zu Lützenburg, zu Geldern, zu Calabrien, zu Athen, zu Neopatrien und Würtenberg etc. Graf zu Habspurg, zu Flandern, zu Tyrol, zu Görtz, zu Barcinon, zu Arthoys, zu Burgund, Pfalzgraff zu Hänigau, zu Holland, zu Seeland, zu Pfierdt, zu Kyburg, zu Namur, zu Rußilion, zu Ceritan und zu Zütphen, Landgraf in Elsaß, Marggraf zu Burgau, zu Oristani, zu Gotiani, und des Heiligen Römischen Reichs Fürst zu Schwaben, Catalonia, Asturia etc. Herr in Frießland, auf der Windischen Marck, zu Portenau, zu Biscaja, zu Molin, zu Salins, zu Tripoli und zu Mecheln . . ."

Der Kaiser besaß über siebzig meist ererbte Herrschertitel und herrschte über ein Weltreich. Deshalb konnte er mit Recht sagen: „In meinem Reich geht die Sonne nicht unter."
Karls Ziel war es, die europäischen Völker unter seiner Führung und unter der Führung der Kirche zu einigen und so den Frieden zu wahren. Durch die gewaltige Ausdehnung ihres Besitzes hatten sich die Habsburger jedoch manchen Fürsten und auch Völker zu Feinden gemacht. Der französische König beanspruchte wie Karl das Land Burgund. So kam es zu einer langen Feindschaft zwischen Frankreich und dem Hause Habsburg. Im Osten bedrohten die Türken Österreich, das Stammland der Habsburger.
Nach vielen Kämpfen und Auseinandersetzungen mit seinen Feinden innerhalb und außerhalb des Reiches war Karl der Herrschaft müde geworden. In einem Augenzeugenbericht über die letzte Abdankung Karls V. im Schloß zu Brüssel heißt es:
„Man ging vom Palast zum Kabinett des Kaisers um vier Uhr nachmittags am 16. Januar 1555 . . . Als alle versammelt waren, begann der Kaiser zu reden: Als er seinen Verzicht auf diese flandrischen Provinzen ausgesprochen habe, habe er auch die Gründe genannt, die ihn dazu bewogen hatten. Jetzt habe er die Absicht, auch auf seine übrigen Staaten und Königreiche zu verzichten. Seit der Zeit, da zuerst nach dem Tode des Katholischen Königs und des Kaisers, seiner Großväter, das Königreich Spanien an ihn gelangt sei, sei seine Absicht gewesen, in allem Gott zu dienen. Dieses sein Vorhaben sei ihm sehr schwer gemacht worden . . . Dazu habe ihn noch die Last des Kaisertums gedrückt . . .
Er fühlte sich jetzt nicht gesund, und seine Krankheit habe ihn nicht nur in seinem Vorsatz bestärkt, sondern auch gezwungen, diesen Verzicht auszusprechen. Wörtlich sagte er: ‚Ich habe immer meine Unfähigkeit erkannt; heute aber fühle ich mich ganz nutzlos und dieses mein Leben, das Gott mir mit solcher Trübsal erfüllt, dient mehr zur Buße für meine Sünden als zum Leben' . . .
Er sagte dieses und viele andere Dinge mit höchster Weisheit. Es hätte die Steine zu Verwunderung und Mitleid bewegen können, wenn man bedenkt, daß es der mächtigste Mann der Welt war, der mit solcher Demut sprach."
Karl zog sich in ein Kloster nach Spanien zurück. Das Reich teilte er unter seinem Sohn und seinem Bruder auf. Philipp erhielt Spanien und Burgund, dazu Besitzungen in Amerika. Ferdinand bekam die deutschen Gebiete sowie die Kaiserkrone zugesprochen.

DIE GLAUBENS-SPALTUNG

An der Schwelle der Neuzeit

Im Mittelalter bauten die Bürger ihre Dome dem Himmel entgegen. Die Türme konnten nicht hoch genug sein. Die Menschen richteten ihre Blicke nach oben, auf das Jenseits. Die höchste Wissenschaft war die Theologie (Lehre von Gott).
Die Baumeister der Renaissancezeit aber verzichteten auf hohe Kirchtürme. Sie bauten nach dem Vorbild der Griechen und Römer: übersichtlich, mehr in die Breite als in die Höhe, mit der Erde verbunden. In den Mittelpunkt des Denkens traten der Mensch, die Natur, die Welt. Die Wissenschaften, die sich damit beschäftigten, standen nun an erster Stelle (Biologie, Physik, Chemie, Mathematik). Das Leben der Menschen wurde weltbezogener. Von dieser Verweltlichung blieb die Kirche nicht verschont. Rom verwandelte sich damals unter der Führung der Päpste in eine glanzvolle Weltstadt. Künstler und Gelehrte galten mehr als Mönche und Priester. Die obersten Hirten der Kirche sorgten sich um neue Bauten, Denkmäler, Bibliotheken, Museen und Feste, aber kaum um die Seelen der Gläubigen. Einige Kirchenfürsten lebten in Saus und Braus, ohne sich um die Gebote Gottes zu kümmern. Kein Wunder, daß in vielen christlichen Ländern Männer auftraten, die eine Erneuerung der Kirche forderten.
Der Augustinermönch Martin Luther reiste mit einem Ordensbruder 1510/11 nach Rom. Wie andere Romfahrer seiner Zeit war er von seinen Erlebnissen und Eindrücken sehr enttäuscht. Beim ersten Anblick Roms, so erzählte er später, „warf ich mich zu Boden und sprach: sei mir gegrüßt, heiliges Rom!“ Schon bald aber stießen ihn „die Paläste der hochwürdigen Kardinäle“ wegen ihrer Pracht und „Üppigkeit“ ab.

Martin Luther bricht mit der Kirche

Martin Luther berichtet aus seinem Leben:
„Ich bin ein Bauerssohn; auch meine Vorfahren sind richtige Bauern gewesen. Danach ist mein Vater nach Mansfeld gezogen und dort ein Berghauer geworden. Dort bin ich her. Daß ich aber Magister (Lehrer an der Universität), schließlich aber Mönch wurde, was

meinen Vater bitter verdroß, und daß ich dann trotzdem dem Papst in die Haare geriet und er mir ebenfalls — wer hätte mir das vorausgesagt?
Mein Vater ist in seiner Jugend ein armer Hauer gewesen. Die Mutter hat all ihr Holz auf dem Rücken heimgetragen. Ich wurde von Kindheit auf so gewöhnt, daß ich erblassen und erschrecken mußte, wenn ich den Namen Christus auch nur nennen hörte. Denn ich war nicht anders unterrichtet, als daß ich ihn für einen gestrengen und zornigen Richter hielt. Zwanzig Jahre bin ich Mönch gewesen, und ich habe mich gemartert mit Beten, Fasten, Wachen und Frieren."

Martin Luther stellte sich immer wieder die Frage: „Wie finde ich armer, sündiger Mensch einen gnädigen Gott?" Er suchte mit Feuereifer nach einer zuverlässigen Antwort. Eines Tages las er beim Bibelstudium den Brief des Apostels Paulus an die Römer. Die Worte: „Gottes Gerechtigkeit kommt aus dem Glauben; der aus dem Glauben Gerechte wird leben" schenkten ihm den lange gesuchten Seelenfrieden. Luther sah in diesen Sätzen die Grundlage für seine Lehre, daß der Mensch nicht durch Fasten und Geißeln, nicht durch gute Werke und Wallfahrten vor Gott gerechtfertigt werden könne und die Gnade Gottes erreichen werde, sondern allein durch den Glauben an den gnädigen Gott.
In den Vorlesungen an der Universität Wittenberg und in seinen Predigten begann Martin Luther nun scharf gegen die Mißstände in der Kirche Stellung zu nehmen. Das Volk strömte in großen Scharen herbei, um den wortgewaltigen Augustinermönch zu hören.

Der Streit um den Ablass

Papst Leo X. wollte den Bau der Peterskirche zu Rom vorantreiben. Um die Gläubigen zu Geldspenden für den Kirchenbau zu bewegen, ließ er im Jahre 1514 einen Ablaß verkünden. Männer und Frauen wurden aufgefordert, reumütig zu beichten, die Kommunion zu empfangen und einen bestimmten Betrag zu opfern. Deutschland wurde bald von Ablaßpredigern überschwemmt. Mancher erweckte den Eindruck, man könne durch Geldspenden für die Seelen Verstorbener den Himmel erkaufen. In der Nähe Wittenbergs trat der „Ablaßkrämer" Tetzel auf. Obwohl er die Notwendigkeit einer reumütigen Beichte und würdigen Kommunion betonte, hielt er sich sonst nicht streng an die Lehre der Kirche. Ihm kam es besonders darauf an, daß sich viel Geld im Ablaßkasten häufte. Vier Dukaten nahm er als „Lösegeld" für Meineid, und für acht Dukaten konnte sich ein Missetäter von den Sündenstrafen für einen Mord freikaufen.
Martin Luther jedoch war entschlossen, gegen solchen „Ablaßhandel" vorzugehen. Um eine Erörterung dieser Frage mit den Gelehrten seiner Zeit herbeizuführen, veröffentlichte er 95 Thesen (Sätze) im Jahre 1517. Einige wichtige Sätze lauten:
„1. Da unser meister und herr Jhesus Christus spricht, thut busse . . . wil er, das das ganze leben seiner gleubigen auf erden ein stete und unaufhoerliche busse sol sein . . .
21. Derhalben irren die ablasprediger, die da sagen, das durch des bapsts ablas der mensch von aller pein los und selig werde . . .
37. Ein jeder warhaftiger christ, er sei lebendig oder tod, ist teilhaftig aller gueter Christi und der kirchen, aus gottes geschenk, auch ohne ablasbrieve . . .

62. Der rechte ware schatz der kirchen ist das heilige evangelium der herrligkeit und gnaden gottes."

Die erhoffte gelehrte Auseinandersetzung über den Ablaßhandel kam zunächst nicht zustande. Statt dessen waren die Sätze innerhalb weniger Wochen im ganzen deutschen Reich bekannt. Die Meinungen waren jedoch geteilt. Viele Menschen lobten den Mut des „Wittenbergischen Löwen", andere nannten Luther einen Ketzer und Feind des Papstes.

Da griff Papst Leo X. ein. Er beauftragte 1518 den gelehrten Kardinal und päpstlichen Legaten Vio de Cajetano, dem „Mönchsgezänk" ein Ende zu machen. Dreimal empfing Cajetano Luther in Augsburg.

Martin Luther erklärte, daß der Bischof von Rom keinen Vorrang vor den anderen Bischöfen der Kirche habe und daß auch das Konzil nicht unfehlbar sei. Später greift Luther in vier großen Reformationsschriften die kirchliche Lehre von den Sakramenten und die Stellung der Priester an. Schließlich bezeichnete er den Papst als „Antichrist". Damit hat sich der Reformator (Erneuerer) weit von der Lehre der Kirche entfernt. Mit einer Bulle verurteilte ihn der Papst als ketzerisch und drohte ihm mit der Verhängung des Kirchenbanns, wenn er sich nicht binnen 60 Tagen der Lehre der Kirche unterwerfe. Der Papst forderte die Christen auf, die Bücher Luthers zu verbrennen. Anstelle einer Antwort ruft Luther seine Anhänger und Schüler vor das Elstertor zu Wittenberg (1520). Ein Scheiterhaufen wird angezündet, und ein Plakatdruck der päpstlichen Bulle, kirchenrechtliche Bücher sowie Schriften seiner gelehrten Gegner werden in die Flammen geworfen. Damit sagte sich Martin Luther in aller Form von der römischen Kirche los. Der Bruch zwischen der alten Kirche und der neuen Lehre war vollzogen.

Martin Luther vor dem Kaiser

Kaiser Karl V. wollte das „Mönchsgezänk" schnell aus der Welt schaffen. Deshalb rief er Martin Luther zum Reichstag nach Worms (1521). Über die Verhandlungen auf dem Reichstag zu Worms berichten viele Akten, Briefe und Augenzeugenberichte.

Im Saale der Reichsversammlung verbreitete sich Spannung und Stille, als der Reichsmarschall den einfachen Mönch hereinführte. Dann trat der kurfürstliche Rat Doktor Johannes Eck hervor. Ihm war vom Kaiser aufgetragen, die Verhandlung zu führen. Er zeigte auf einen Tisch, auf dem ein Häuflein Bücher lag, und fragte Luther, ob er dies da geschrieben habe und für den Inhalt einstehe. Luther bejahte die erste Frage. Wegen der zweiten Frage erbat er sich aber einen Tag Bedenkzeit.

Am anderen Abend begann die zweite Sitzung. Luther erschien ganz verwandelt. Etwa eine Stunde lang sprach er ruhig und bestimmt. Jetzt mußte es sich entscheiden, welche Stellung der Kaiser zu Luther einnehmen würde. Beide waren sich bewußt, daß von ihren Entscheidungen unendlich viel für das Reich und die Kirche abhing. Die Räte verhandelten leise miteinander. Schließlich forderte Doktor Eck den Reformator auf, kurz und bündig zu antworten, ob er seine Lehre widerrufe oder nicht.

Und Luther antwortete:

„Weil denn Ehrwürdige Kaiserliche Majestät, Kur- und Fürstliche Gnaden eine schlichte, einfältige, richtige Antwort begehren, so will ich die geben, so weder Hörner oder Zähne haben soll, nämlich so: Es sei denn, daß ich mit Zeugnissen der Heiligen Schrift oder mit öffentlichen, klaren und hellen Gründen und Ursachen überwunden und überwiesen werde — denn ich glaube weder dem Papst noch den Konzilien alleine nicht, weil es am Tage und offenbar ist, daß sie oft geirrt haben und sich selbst widerwärtig gewesen sind — und ich

Luther vor dem Reichstag zu Worms. Die Abbildung ist in einem Straßburger Druck des Jahres 1556 enthalten.

also mit den Sprüchen, die von mir angezogen und eingeführt sind, überzeugt, und mein Gewissen in Gottes Wort gefangen sei, so kann und will ich nichts widerrufen, weil weder sicher noch geraten ist, etwas wider das Gewissen zu tun. Hier stehe ich, ich kann nicht anders. Gott helf mir! Amen."

Die Antwort des Kaisers lautete:

„Ihr wißt, daß ich von den allerchristlichsten Kaisern der edlen deutschen Nation, den katholischen Königen von Spanien, den Erzherzögen von Österreich und den Herzögen von Burgund abstamme, die alle bis zu ihrem Tode treue Söhne der katholischen Kirche gewesen sind ..., ihren Glauben verteidigend und ausbreitend zur Ehre Gottes, für das Heil ihrer Seelen ... Sie haben die heilige katholische Religion hinterlassen, damit ich in ihr lebe und sterbe ... Deshalb bin ich entschlossen alles zu halten, was meine Vorgänger und ich bis zum gegenwärtigen Augenblick gehalten haben ... Denn es ist sicher, daß ein einzelner Bruder in seiner Meinung irrt, wenn diese gegen die der ganzen Christenheit, wie sie seit mehr als tausend Jahren und heute gelehrt wird, steht, denn sonst hätte ja die ganze Christenheit heute und immer geirrt ... Nachdem ich die hartnäckige Antwort vernommen habe, die Luther gestern in unser aller Anwesenheit gegeben hat, erkläre ich euch: Es reut mich, daß ich es solange aufgeschoben habe, gegen diesen Luther und seine falsche Lehre vorzugehen. Ich bin entschlossen, wie schon gesagt, ihn nicht weiter anzuhören, sondern ich will, daß er unverzüglich dem Mandat gemäß nach Hause geschickt werde. Das freie Geleit soll ihm, wie zugesagt, gehalten werden, aber er soll nicht predigen noch dem Volk seine böse Lehre vortragen, und jede Unruhe soll vermieden werden."
Luther verließ eilends Worms. Im Thüringer Wald überfielen bewaffnete Reiter den Mönch und zerrten ihn aus dem Fuhrwerk. Die Reisebegleiter flohen. Rasch brachten die

Gewappneten Martin Luther auf verborgenen Pfaden zur Wartburg. Doch Luther wußte: Sein eigener Landesvater, der Kurfürst von Sachsen, hatte diesen Überfall nur zum Schein befohlen, um ihn vor den Feinden zu schützen.

Luther übersetzt die Bibel

Auf der Wartburg lebte Luther ein Jahr lang als Junker Jörg. In unermüdlicher Arbeit übersetzte er das Neue Testament aus dem Griechischen ins Deutsche. Zwar gab es bereits Übersetzungen, aber noch nie hatte jemand eine so volksnahe, bildhafte und kraftvolle Sprache gefunden wie Luther. Später übersetzte er noch das Alte Testament.
Durch die Buchdruckerkunst wurde die Lutherbibel rasch verbreitet. Sie trug dazu bei, daß die Reformation in allen deutschen Ländern in kurzer Zeit vordrang.

Die Reformation breitet sich aus

Auch in anderen Ländern traten Reformatoren auf und sagten sich von der alten Kirche los. Auf dem Reichstag zu Speyer wollte der Kaiser durchsetzen, daß bis zum nächsten Konzil jede weitere Reformierung unterbleiben solle. Die evangelischen Reichsstädte und Landesfürsten legten dagegen Protest ein (Protestanten).
Kaiser Karl V. strebte danach, die Einheit der Kirche wiederherzustellen. Deshalb rief er im Jahre 1530 den Reichstag nach Augsburg ein. Er erschien selbst und wollte die Meinungen beider Seiten in „Liebe und Güte“ anhören. Eine Schrift, die „Confessio Augustana“, war verfaßt worden. Sie hob das Gemeinsame der beiden Parteien hervor und ließ das Trennende zurücktreten. Vor dem Reichstag wurde sie verlesen. Doch die katholische und die protestantische Partei konnten sich nicht einigen, und der Glaubensstreit wurde heftiger als zuvor fortgesetzt.

REFORMATION UND REVOLUTIONÄRE UMTRIEBE

Bilderstürmer und Schwärmer

Martin Luther wollte die Erneuerung (Reform) der Kirche, nicht ihre Zerstörung. Viele aber betrachteten die neue Lehre als Aufforderung zu Aufruhr und Raub. Manche Prediger forderten: Mönche und Nonnen sollen ihre Klöster verlassen und „weltlich“ werden! – Das Studium der Heiligen Schrift ist unnötig! – Priester sollen heiraten! – Wer Heiligenbilder und -statuen aufstellt, dient dem Satan!
In der Kirche St. Agneten zu Magdeburg soll das Fest des hl. Norbert gefeiert werden. Die Kirche ist schon gefüllt, aber immer noch drängen Leute herein. Wie eigenartig aber ist heute ihr Benehmen! Sie nehmen am Eingang kein geweihtes Wasser, sie beugen ihre Knie nicht vor dem Altar. Als die Nonnen den Chor der Psalmen anstimmen, plärrt ihnen die Menge die heiligen Texte nach. Plötzlich steht ein verwegener Geselle auf der Kanzel und beginnt den Ordensstand zu schmähen. Jedesmal, wenn er ein besonders kräftiges Schimpfwort gefunden hat, schlägt ihm ohrenbetäubender Beifall entgegen. Später blasen sie die Kerzen am Altar aus. Heilige Geräte, kostbarer Schmuck, Altartücher und Meßgewänder werden von der fanatischen Menge geraubt. Bilder und Statuen, die von Meisterhänden geschaffen worden waren, liegen zertrampelt am Boden.

Der Prediger Thomas Münzer schloß sich der Reformation an. Er nannte Martin Luther verächtlich einen „Leisetreter". Ihm erschien der Reformator viel zu wenig radikal. Er verkündete in seiner Fürstenpredigt aus dem Jahre 1524:
„Drum saget Christus, unser Herr, Matth. 18 (Vers 6): ‚Wer da einen aus diesen Kleinen ärgert, ist ihm besser, daß man ihm einen Mühlstein an den Hals hänge und werfe ihn in das tiefe Meer'. Das glossiere, wer da will, hin und her. Es sind die Worte Christi. Darf nun Christus sagen, wer da einen von den Kleinen ärgert, was soll man dann sagen, so man einen großen Haufen ärgert am Glauben? ... Wollt ihr nun rechte Regenten sein, so müßt ihr das Regiment bei der Wurzel anheben und wie Christus befohlen hat ... Drum lasset die Übeltäter nit länger leben, die uns von Gott abwenden ... Denn ein gottloser Mensch hat kein Recht zu leben, wo er die Frummen verhindert."

Titelseite einer reformatorischen Hauptschrift Luthers aus dem Jahre 1520: „Von der Freiheit eines Christenmenschen".

Die Anhänger Münzers nannten sich „Wiedertäufer". Sie betrachteten die Taufe von Kindern als „abscheuliche Gotteslästerei". 1534 gelang es ihnen, in der Stadt Münster die Macht an sich zu reißen und dort eine Herrschaft unter dem Namen „Königreich Zion" zu errichten. Sie führten die Gütergemeinschaft ein. Erst nach schweren Kämpfen gelang es dem Bischof, die Stadt zu erobern. Die Anführer der Wiedertäufer wurden hingerichtet. Münzer selbst war bereits während des Bauernkrieges (1525) enthauptet worden.
Luther sah, daß durch solche Umtriebe die evangelische Kirche gefährdet war. Um den Aufbau der neuen kirchlichen Ordnung zu sichern, traten nun in den evangelischen Gebieten die Landesherren an die Spitze der Landeskirchen. Luther nannte sie „Notbischöfe".

Reichsritter begehren auf

Die Reichsritter, die unmittelbar dem Kaiser unterstanden, sahen in dem Aufbegehren Luthers eine günstige Gelegenheit, ihre einstige Stellung im Reich wiederherzustellen. Der Reichsritterstand, der gegenüber den Landesherren und Städten im Laufe der Entwicklung wirtschaftlich und politisch benachteiligt wurde, versuchte seinem Mangel an Geld damit abzuhelfen, indem er die hörigen Bauern auspreßte sowie Städte, Dörfer und Straßenzüge beraubte. Die Reformation war den Reichsrittern vor allem deshalb willkommen, weil sie glaubten, nun die reichen Klöster, Pfarreien, ja sogar Fürstbischöfe beerben zu können. Franz von Sickingen schloß die Ritter in Schwaben und am Rhein zu einem Bund zusammen. Auf seine Freunde vertrauend, begann er im Jahre 1522 den bewaffneten Kampf gegen den Erzbischof und Kurfürsten von Trier. Die Erhebung der Reichsritter konnte von den besser ausgerüsteten Söldnerheeren der Fürsten jedoch rasch niedergeworfen werden. Mit dieser und weiteren Niederlagen verlor der Stand der Reichsritterschaft seine Bedeutung.

Um 1500 war die Not der Bauern unerträglich geworden. Sie standen unter dem harten Joch ihrer Herren. Recht- und schutzlos waren die Bauern ihren Herren ausgeliefert. Luthers Schrift „Von der Freiheit eines Christenmenschen" enthielt eine Lehre, die von den Bauern begierig aufgenommen wurde.

Martin Luther mahnte jedoch zum Maßhalten und forderte Achtung für die Obrigkeit der Grundherren und Fürsten. Viele Bauern wandten sich deshalb enttäuscht von ihm ab. Da sprach Thomas Münzer, der Wiedertäufer, eine andere Sprache:

„Sieh zu, die Gründe des Wuchers, der Dieberei und Räuberei sind unsere Fürsten und Herren. Nehmen alle Kreaturen zum Eigentum, den Fisch im Wasser, die Vögel in der Luft, das Gewächs auf Erden. Um ihren Raub zu sichern, verkünden sie den Armen Gottes Gebot: Du sollst nicht stehlen! — Aber Gott sagt: Ihr sollt euch nicht erbarmen über die Abgöttischen. Zerbrechet ihre Altäre! Zerschmeißet ihre Bilder und verbrennet sie, daß ich nicht mit euch zürne!"

Wie ein Lauffeuer verbreiteten sich die Forderungen Münzers durch die deutschen Länder. Besonders die Bauern Schwabens, Frankens und Thüringens waren bereit, sich gegen ihre Herren zu erheben. In dunklen Scheunen und abgelegenen Waldlichtungen trafen sie sich zur Beratung, wählten ihre Hauptleute und ihr Feldzeichen: die Fahne mit dem Bundschuh. Die schwäbischen Bauern faßten ihre Forderungen in 12 Artikeln zusammen:

1. *Die Gemeinde hat das Recht, ihren Pfarrer selbst zu wählen und auch abzusetzen.*
2. *Kornzehnt soll beschränkt werden, der Viehzehnt wegfallen.*
3. *Die Leibeigenschaft soll abgeschafft werden.*
4. *Jeder Mann soll frei jagen und fischen können.*
5. *Die Wälder sollen Gemeinbesitz sein, damit jeder Brenn- und Bauholz habe.*
6. *Die Frondienste sollen vermindert werden.*
7. *Der Herr darf den Bauern nicht willkürliche Lasten auferlegen.*
8. *Ein unparteiischer Rat soll Pachtzinsen festsetzen.*
9. *Nur nach überliefertem Recht darf bestraft werden, nicht nach Gunst.*
10. *Die Allmende soll wieder hergestellt werden.*
11. *Der Herr darf Witwen und Waisen nichts von ihrem Erbe wegnehmen.*
12. *„Wenn einer oder mehr Artikel allhier aufgestellt sein sollten, die dem Worte Gottes nicht gemäß — wie wir denn nicht vermeinen —: dieselbigen Artikel wolle man uns auf Grund des Wortes Gottes als ungebührlich erweisen, so wollten wir davon abstehen, wenn man uns den Nachweis mit Begründung aus der Schrift führt," heißt es zum Schluß wörtlich.*

Die Bauern verkündeten, daß sie nichts weiter wollten als sie auf Grund des Evangeliums verlangen könnten. Als Luther von den Greueltaten der Bauernerhebungen erfuhr, forderte er die Fürsten auf, energisch gegen die „räuberischen und mörderischen Bauern" vorzugehen.

Kaiser Karl V.

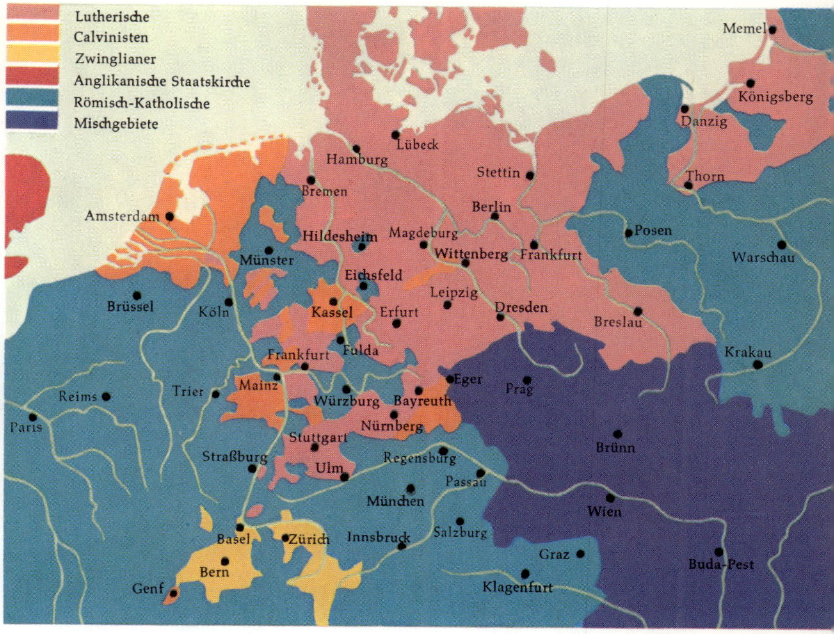

Die Karte veranschaulicht die von der Reformation betroffenen Gebiete

FOLGEN DER REFORMATION

DER AUGSBURGER RELIGIONSFRIEDE (1555)

Kaiser Karl V. konnte sich um die inneren Unruhen in den deutschen Ländern nur wenig kümmern. Jahrelang stand er gegen französische und türkische Heere gleichzeitig im Feld. Als er endlich freie Hand bekam, hatte sich die neue Lehre bereits so verbreitet und gefestigt, daß nicht mehr daran zu denken war, sie zu verbieten. Martin Luther, obwohl vom Papst gebannt und vom Kaiser geächtet, lehrte und predigte in aller Öffentlichkeit. Er schrieb einen Katechismus für den Religionsunterricht und dichtete eine Reihe begeisternder Kirchenlieder. Durch Anweisungen regelte er die Verhältnisse in den evangelischen Gemeinden, z. B. durch eine feste Gottesdienstordnung.

Viele Landesfürsten unterstützten das Werk des Reformators. Schließlich kam es zwischen dem Kaiser und den evangelischen Fürsten, die sich in Schmalkalden in Thüringen zu einem Bund vereinigt hatten, zum Krieg. Der Kaiser siegte zwar, doch erhoben sich die „Schmalkaldischen" einige Jahre später überraschend gegen ihn. Der französische König unterstüzte die „Reichsrebellen", und Karl V. geriet in arge Not. Sein Bruder drängte die Reichsstädte zum Abschluß eines Religionsfriedens, der auf dem Reichstag zu Augsburg auch zustande kam. Es wurde bestimmt:

Es soll Friede herrschen zwischen Anhängern der römisch-katholischen Kirche und den Anhängern der Augsburger Konfession (= evangelisch-lutherisch). — In jedem Land ist nur eine Konfession erlaubt, nämlich die des Fürsten. Wer sich dieser Bestimmung nicht fügt, muß auswandern. — Die eingezogenen Kirchengüter bleiben in der Hand der protestantischen Reichsstände. — In den Reichsstädten bleibt das Nebeneinander der Konfessionen bestehen. — Geistliche Fürsten verlieren beim Übertritt zur evangelischen Lehre Land und Amt.

Die katholische Kirche erneuert sich

„Es wird nicht mehr drei Jahre dauern, bis ganz Deutschland, Italien und Spanien unserer Lehre beigetreten sind", schrieb der Schweizer Reformator Zwingli. — Er täuschte sich. Überall in Italien und Spanien, in Frankreich und Deutschland traten Männer und Frauen auf, welche die katholische Kirche aus ihrer Gleichgültigkeit und Verweltlichung rissen und zur inneren Erneuerung aufriefen. Neue Orden entstanden, welche die Klosterregeln besonders streng einhielten.
Aus Spanien hörte man von einem Offizier, der sich ganz in den Dienst Gottes gestellt hatte: Ignatius von Loyola.

Das nebenstehende Bild zeigt Ignatius von Loyola, den Begründer des Jesuitenordens, vor Papst Paul III.

Eigenartiges geschieht in der Nacht vom 24. zum 25. März 1522 in der Kirche am Montserrat. Der Edelmann Ignatius von Loyola steht vor dem Marienbild. Sein edelsteinbesetzter Degen hängt am Altarpfeiler, seine Rittertracht liegt auf den Stufen des Altars. Ein grobgewebtes Pilgergewand, das durch einen Strick zusammengehalten wird, umhüllt den Mann. Schwer muß er sich auf seinen Stab stützen, eine feindliche Kugel hatte ihm einst das Bein zerschmettert. Stunde um Stunde verharrt Ignatius im Gebet. Sein bisheriges Leben als sorgloser Edelmann und als Offizier im Dienste des Kaisers zieht an ihm vorbei, die lebensgefährliche Verwundung, die langwierige Krankheit und die Gnadenstunde, da er beim Lesen der Heiligen Schrift den Anruf Gottes erhielt, eine neues Leben anzufangen.
Ignatius bereitete sich durch gründliche Studien auf das große Werk seines Lebens vor. Er sammelte Streiter für Gott um sich. Sein Orden, die „Gesellschaft Jesu" wurde in wenigen Jahren weltbekannt. Nach Indien und Japan, nach Mittel- und Südamerika zogen die „Jesuiten" als Gelehrte und Prediger, als politische Ratgeber und Beichtväter, als Lehrer und Krankenpfleger. In Deutschland wirkte der Jesuitenpater Canisius. Sein Katechismus blieb durch Jahrhunderte das Hauptbuch der katholischen Unterweisung. Die Erneuerungsbewegung der katholischen Kirche wird auch Gegenreformation genannt.

Das Konzil zu Trient (1545—1563)

Die wichtigste Aufgabe der Synode war die Erneuerung der Kirche. Die Legaten des Papstes, Gesandte des Kaisers, die Bischöfe, Theologen und Rechtsgelehrte wurden zum Konzil geladen, um hierfür die geistigen Grundlagen zu schaffen.
18 Jahre dauerte es, bis die Beschlüsse des Konzils verkündet wurden. Einige Bestimmungen lauteten:
Der Papst ist als Nachfolger des Apostels Petrus berufen, die Kirche zu leiten. Die Bischöfe

Kirchenkonzil in St. Peter im Jahre 1963

sind selbständige Verwalter der Diözesen. Beschlüsse eines Konzils sind nur gültig, wenn sie vom Papst verkündet und bestätigt werden. Quelle der Glaubenswahrheiten ist nicht allein die Heilige Schrift, sondern auch die Überlieferung der Kirche. Es ist nicht erlaubt, die Heilige Schrift nach eigenem Gutdünken auszulegen. Die Lehre der Kirche ist dabei bindend. Unter der Gestalt von Brot und Wein ist nach der Wandlung in der Opferfeier der wahre Leib und das wahre Blut Christi gegenwärtig. An den sieben Sakramenten wird festgehalten. Wer anderes lehrt, ist aus der Kirche ausgeschlossen.
Durch andere Bestimmungen des Konzils wurde die Kirchenordnung geregelt:
Ein Bischof darf nur ein Bistum innehaben. Es ist seine Pflicht, innerhalb der Grenzen seines Bistums zu leben und die Pfarreien zu besuchen. Ablässe können nicht durch Geld gewonnen werden. Die Lebensführung der Priester und Mönche muß dem Evangelium entsprechen. Die Ausbildung der Priester wird verbessert und ist für die ganze Kirche vorgeschrieben. Für Predigt, Kirchenmusik und Gestaltung des Gottesdienstes gelten strenge Vorschriften. Schriften, die gegen den Glauben verstoßen, werden in einem Verzeichnis (Index) zusammengefaßt. Abschließend heißt es in den Beschlüssen:
„Schließlich erklärt die heilige Synode, daß alles zusammen und jedes einzeln, was auf diesem heiligen Konzil festgesetzt worden ist, in dem Sinne entschieden worden ist, daß dabei immer die Autorität des apostolischen Stuhles gewahrt bleibt und ihre Wahrung vorausgesetzt wird."

Dreissig Jahre Not und Schrecken

Wes das Land — des die Religion

In den Bestimmungen des Augsburger Religionsfriedens (1555) war festgelegt worden, daß in jedem Land nur eine Konfession erlaubt sei, nämlich die des Fürsten. Wer sich dieser Bestimmung nicht fügen wollte, mußte das Land verlassen.

In vielen Teilen des deutschen Reiches hatten vor allem die Bürger und Bauern unter dem religiösen Streit zu leiden. Davon erfahren wir z. B. aus einer Beschwerde österreichischer Bauern, die das protestantische Glaubensbekenntnis angenommen hatten und nun gezwungen wurden, wieder zum alten Glauben zurückzukehren:

„Erstlich, daß alle evangelischen Prediger und die anderen evangelischen Leut aus dem Land geschafft und vertrieben wurden.

Daß man den ausgeschafften evangelischen Leuten so überaus große Nachsteuer, wie 20, 30 und mehr Gulden von 100, abgedrungen, daß manche ehrliche Leute, die wegen der Religion vertrieben worden sind, jetzt samt Weib und Kind das Bettelbrot essen.

Daß vor einem Jahr wegen der Religion viel ehrliche Leute unschuldig aufgehängt, gespießt oder verbrannt wurden.

Daß man seither viele Jahre die Bauern, Bürger und Gemeinden mit monatlichen Garnisonsgeld und Getreide-, Heu- und Strohzufuhren beschwert.

Daß die Soldaten hin und wieder auf dem Lande zu den Bauern und deren Häusern gestreift und ihnen viel Geld abgenötigt, die Leute geschlagen, die Truhen erbrochen und Weib und Kind geplagt haben."

In ähnlicher Weise erging es Bürgern und Bauern, die dem katholischen Glaubensbekenntnis angehörten und gezwungen wurden, den neuen Glauben anzunehmen.

Im Reich bilden sich zwei Lager

Der Gegensatz zwischen Katholiken und Protestanten wurde immer größer. Das deutsche Reich war in zwei Lager gespalten. Im Jahre 1608 schlossen sich die protestantischen Fürsten mit dem Kurfürsten von der Pfalz an der Spitze zur Union zusammen. Dieser

Bund vergrößerte sich rasch durch den Beitritt der Städte Ulm, Straßburg und Nürnberg. Auch der Landgraf von Hessen-Kassel, der Kurfürst von Brandenburg und der Herzog von Pfalz-Zweibrücken schlossen sich der Union an. Als wichtigste Aufgabe des Bundes wurde die Verhinderung jeglicher Rechtsbrüche angesehen. Gleichzeitig aber sollte der Kaiser gezwungen werden, nach den Wünschen der Union zu regieren.

Die katholischen Fürsten gründeten im Jahre darauf (1609) die Liga, an deren Spitze der Herzog von Bayern stand. Auch die Wortführer der Liga behaupteten, durch ihren Zusammenschluß den Landfrieden verteidigen zu wollen. Außerhalb dieser Bünde blieben der mächtigste protestantische Staat, Kursachsen, und das stärkste katholische Land, Österreich.

Der Streit um die vereinigten Herzogtümer Kleve-Jülich-Berg

Das gegenseitige Mißtrauen wurde immer größer. Ein kleines Fünkchen genügte, um die Streitigkeiten offen ausbrechen zu lassen. Eine solche gefährliche Lage entstand, als der letzte Herrscher der vereinigten Herzogtümer Kleve-Jülich-Berg starb (1610). Zu Kleve-Jülich-Berg gehörten noch die Grafschaften Mark und Ravensberg.

Nachdem der Erbfall eingetreten war, herrschte Unklarheit darüber, wer der rechtliche Nachfolger des großen und wichtigen Besitzes am Niederrhein werden sollte. Die Töchter des letzten Herzogs erhoben für ihre Söhne Erbansprüche; dasselbe taten die Schwestern des Verstorbenen für ihre männlichen Nachkommen. Auf diese Weise war der Pfalzgraf von Neuburg und der Kurfürst von Brandenburg in den Streit verwickelt. Aufgrund älterer vertraglicher Abmachungen behauptete auch der Kurfürst von Sachsen, ein Erbrecht auf Kleve-Jülich-Berg zu besitzen. Schließlich beteiligte sich auch der Kaiser an dem Streit und bestätigte das Anrecht Kursachsens auf diese herrscherlosen Ländereien. Er hoffte, durch diese Tat Kleve-Jülich-Berg in seinen Besitz zu bekommen; Kursachsen wollte er mit der Lausitz entschädigen. Der Streit beschränkte sich aber nicht auf das Reich. Auch ausländische Mächte mischten sich in die Auseinandersetzungen ein. Die vereinigten Herzogtümer Kleve-Jülich-Berg und die dazugehörigen Grafschaften waren teils katholisch, teils protestantisch. Die benachbarten Regenten legten aber großen Wert darauf, daß in den angrenzenden Gebieten möglichst die eigene Konfession galt. So waren die Holländer an einem protestantischen, die von Spanien beherrschten Niederlande an einem katholischen Herzog interessiert. Frankreich schloß sich der protestantischen Gruppe, der Union, an, weil es die Macht des Hauses Habsburg im niederrheinischen Gebiet schwächen wollte, während umgekehrt die Habsburger ihren Einfluß in diesem Raum zu vergrößern suchten.

Alle europäischen Regenten von Bedeutung, auch England, machten ihren Einfluß in dem Kampf um den Nachfolger in Kleve-Jülich-Berg geltend. Mit diesen ausländischen Herrschern mußten nun wiederum die deutschen Fürsten paktieren, die glaubten, einen Rechtsanspruch auf diese Ländereien zu besitzen.

Ein europäischer Krieg wird im letzten Moment verhindert

Nur durch den plötzlichen Tod des französischen Königs, der bereits den Durchmarsch durch Belgien und Luxemburg gefordert hatte, wurde ein europäischer Krieg in letzter Minute verhindert. Als sich kurz darauf durch den Übertritt des Kurfürsten von Branden-

burg zum Calvinismus und des Neuburger Pfalzgrafen zum Katholizismus von neuem Gruppen bildeten, die sich feindlich gegenüberstanden, trat England als Vermittler auf. Mit dem Vertrag von Xanten aus dem Jahre 1614 wurde ein Ausgleich herbeigeführt. Der Pfalzgraf von Neuburg erhielt das vereinigte Herzogtum Jülich-Berg und der Kurfürst von Brandenburg Kleve mit den Grafschaften Mark und Ravensberg. In dem Streit um die genannten Besitztümer am Niederrhein zeichneten sich bereits die Mächtegruppen ab, die dann im 30jährigen Krieg aufeinanderstießen: Spanien, Österreich und die Liga gegen Frankreich, Holland und die Union.
Außerdem mußte bereits damals damit gerechnet werden, daß die europäischen Länder auf deutschem Boden gegeneinander kämpfen.
Durch den Streit hatte vor allem das Kurfürstentum Brandenburg Vorteile; es konnte sich weiter ausdehnen und Ostpreußen seinem Besitz angliedern. Damit wurde es zur stärksten Macht im deutschen Norden.

Der Prager Fenstersturz

In Böhmen lebte ein großer Teil der Bevölkerung nach der „böhmischen Konfession" (Protestanten). Kaiser Rudolf II. hatte Böhmen im Jahre 1609 durch den „Majestätsbrief" erlaubt, diese Religion ungehindert auszuüben. Als zwei katholische Grundherren verhindern wollten, daß Protestanten auf ihrem Gebiet Kirchen erbauten, empörten sich die

Belagerung Magdeburgs durch Tilly 1631

Landsknechte

böhmischen Stände. Der Kaiser lehnte ihre Beschwerde ab.

Da drangen die Abgeordneten der Stände in die Prager Burg ein, wo sich kaiserliche Beamte aufhielten (1618). Kurzerhand packten die Abgeordneten die Beamten und warfen sie aus den Fenstern der Prager Burg.

Der erzürnte Kaiser führte nun in Böhmen unerbittlich die Gegenreformation durch. Darauf wählten die Böhmen den Kurfürsten Friedrich von der Pfalz zu ihrem König. Kaiser Ferdinand II. bat die Liga, das katholische Bündnis, um Hilfe. Herzog Maximilian I. von Bayern, der Führer der Liga, sagte diese Hilfe zu. Die 30 Jahre des Schreckens und der Not begannen.

Deutschland wird zum Kampffeld der europäischen Völker

Friedrich von der Pfalz regierte nur einen Winter lang. Man nennt ihn daher auch den „Winterkönig". Die Liga kam dem Kaiser zur Hilfe. Kurfürst Maximilian und sein Feldherr Tilly besiegten Friedrich von der Pfalz und seine protestantischen Verbündeten in der Schlacht am Weißen Berg bei Prag. Darauf floh der Winterkönig, und furchtbare Strafen trafen den böhmischen Adel. Der siegreiche Tilly verfolgte den Rest der feindlichen Truppen bis zur niederländischen Grenze. Da griff der protestantische Dänenkönig Christian IV. in den deutschen Religionskrieg ein. Christian war zugleich Herzog von Holstein. Die Spanier stellten sich auf die Seite des Kaisers.

Neben Tilly besaß die Liga noch einen anderen erfolgreichen Feldherrn. Er hieß Wallenstein. In Böhmen gehörten ihm große Güter. Der Kaiser gab ihm dazu das Herzogtum Friedland. Wallenstein besaß so viel Land und Macht, daß er selbst ein Heer aufstellen konnte. Der Kaiser aber begann bald die Macht Wallensteins zu fürchten. Etwas Geheimnisvolles umgab ihn. Die Soldaten flüsterten sich zu, daß er nachts in den Sternen die Zukunft lese.

Im Jahre 1630 landete Gustav Adolf von Schweden mit einem Heer von 13 000 Mann auf der Insel Usedom in der Ostsee. Sein Volk war längst protestantisch geworden. Deshalb war er auch ein Freund der Union, des Kriegsbundes der protestantischen Fürsten. Er wollte ihnen im Kampf gegen die Liga zu Hilfe kommen und den Norden Deutschlands für das schwedische Reich gewinnen. Von der Ostsee aus stieß Gustav Adolf in das Herz Deutschlands vor. Er errang Sieg um Sieg. Brandenburg und Sachsen schlossen sich ihm bald an. Damals stand Tilly mit einem Heer der Liga vor Magdeburg und versuchte die Stadt zu erobern. Mit 40 000 Mann nahm er nach einer Belagerung von fünf Monaten die Stadt ein. Ein furchtbares Blutbad folgte. In Magdeburg zeigte sich der Krieg in seiner ganzen Furchtbarkeit.

Gustav Adolf wandte sich nach Bayern. Plündernd und mordend wie die meisten Heerhaufen jener Zeit zogen die Schweden durch das bayerische Land. Den Münchnern gelang es, ihre Stadt für 300 000 Reichstaler loszukaufen. Wallenstein aber ging nicht gegen die Schweden vor, er verhielt sich tatenlos, und niemand wußte, welche Pläne er eigentlich hatte. Gustav Adolf fiel 1632 in der Schlacht bei Lützen. Des Hochverrats angeklagt, wurde Wallenstein 1634 ermordet. Auch Frankreich griff in den Krieg ein. Nachdem die Schweden 1634 bei Nördlingen besiegt worden waren, riefen sie Frankreich zu Hilfe. Jetzt durchzogen auch französische Truppen Deutschland.

Die Leiden der Bürger und Bauern

Der furchtbare Krieg ging weiter, er wütete bald in diesem, bald in jenem Teil Deutschlands. Wie Heuschreckenschwärme zogen die zahlreichen Söldnerhaufen beider Parteien durchs Land. Sie plünderten, raubten und mordeten und kümmerten sich nicht darum, ob sie sich in Freundes- oder Feindesland befanden. Zu diesen oft zuchtlosen Söldnerhaufen gehörten neben Deutschen auch Schweden, Finnen, Italiener, Spanier, Ungarn, Franzosen, Wallonen, Kroaten und Polen.

Grimmelshausen hat in seinem Roman „Simplicius Simplicissimus" die Schrecknisse des 30jährigen Krieges geschildert:

„Das erste was die Reiter taten, war, daß sie ihre Pferde einstellten; dann aber hatte jeder seine besondere Arbeit zu verrichten. Etliche fingen an zu metzgern, zu sieden und zu braten, so daß es aussah, als sollte eine lustige Schmauserei gehalten werden. Andere durchstürmten das Haus von unten bis oben. Noch andere machten von Tuch, Kleidern und allerlei Hausrat große Packen, als ob sie damit einen Krempelmarkt anstellen wollten; was sie aber nicht mitzunehmen gedachten, wurde zerschlagen und zugrunde gerichtet. Etliche durchstachen Heu und Stroh mit ihren Degen, als ob sie nicht Schafe und Schweine genug zu stechen gehabt hätten. Etliche schütteten die Federn aus den Betten und füllten da-

Plünderung eines Dorfes

für Speck, gedörrtes Fleisch und sonstiges Gerät hinein, als ob dann besser darauf zu schlafen wäre. Andere schlugen Ofen und Fenster ein, als hätten sie einen ewigen Sommer zu verkünden. Kupfer- und Zinngeschirr stampften sie zusammen und packten die verbogenen und verderbten Stücke ein. Bettladen, Tische, Stühle und Bänke verbrannten sie, obgleich viele Klafter dürres Holz im Hofe lagen. Häfen und Schüsseln mußten alle entzwei, entweder, weil sie lieber am Spieß Gebratenes aßen, oder weil sie allhier nur eine einzige Mahlzeit zu halten gedächten. Unsere Magd ward im Stall dermaßen mißhandelt, daß sie kaum noch gehen konnte. Den Knecht legten sie gebunden auf die Erde, steckten ihm ein Querholz in den Mund und schütteten ihm einen Melkkübel voll garstiger Mistjauche in den Leib — das nannten sie einen schwedischen Trunk. Dadurch zwangen sie ihn, eine Abteilung dahin zu führen, wo die übrigen Bewohner des Hofes sich versteckt hatten. Nicht lange währte es, und sie brachten auch meinen Knan, meine Meuder und unsere Ursele in den Hof zurück.

Nun fing man an, die Feuersteine von den Pistolen loszuschrauben und dafür meiner Mutter und Schwester die Daumen festzuschrauben und die armen Schelme so zu foltern, als wenn man Hexen brennen wollte. Mein Knan war meiner damaligen Ansicht nach der Glücklichste, weil er mit lachendem Munde bekannte, was andere unter Schmerzen und Wehklagen sagen mußten. Solche Ehre widerfuhr ihm ohne Zweifel nur darum, weil er der Hausvater war. Sie setzen ihn nämlich an ein Feuer, banden ihn, daß er weder Hände noch Füße regen konnte, und rieben seine Fußsohlen mit angefeuchtetem Salz ein, das ihm unsere alte Geis wieder ablecken mußte. Das kitzelte ihn so, daß er vor Lachen hätte bersten mögen. Mir kam das so spaßig vor, daß ich zur Gesellschaft, oder weil ichs nicht besser verstand, von Herzen mitlachen mußte. Unter solchem Gelächter bekannte er, daß er im Garten einen Schatz vergraben hätte, der an Gold, Perlen und Kleinodien viel reicher war, als man sonst bei einem Bauern hätte suchen mögen. Mitten in diesem Elend wandte ich Braten und war um nichts bekümmert, weil ich noch nicht wußte, wie das alles gemeint war. Ich half auch nachmittags die Pferde tränken, wobei ich zu unserer Magd in den Stall kam. Ich erkannte sie nicht gleich, so sehr war sie mißhandelt worden. Sie aber sprach zu mir mit schwacher Stimme: ‚O Bub, lauf weg; sonst werden dich die Krieger mitnehmen! Mach, daß du fortkommst; du siehst ja, wie so übel . . .' Mehr konnte sie nicht sagen."

Die Söldnerheere wurden zum Schrecken in Stadt und Land. Sie kämpften vielfach nur für Geld und Beute. Vielen war es ganz gleichgültig, auf welcher Seite sie standen, wenn nur die Belohnung recht groß war.
Aus der Zeit des Dreißigjährigen Krieges stammen viele Wörter der Soldatensprache. Vor allem durch die Franzosen wurden folgende Namen verbreitet: Infanterie, Kavallerie, Artillerie, Offizier, Leutnant, Rekrut, General, Muskete, Bajonett, Pistole, Kokarde, Tornister.
In dieser Zeit des Schreckens nahm die Vergnügungssucht der Menschen zu. Fremde Moden breiteten sich rasch aus. In vielen deutschen Städten machte sich das französische Stutzertum breit. Der Mann und die Frau auf dem Bild rechts sind nach der damaligen „neuesten Mode" gekleidet.

Eine Stadt erleidet den Krieg

Welche Lasten eine Stadt während des Krieges zu tragen hatte, zeigt das Beispiel der Stadt Kempten im Allgäu.
Die Stadt war bald in der Hand der kaiserlichen Truppen, bald in der der Union. Die Bürger hatten für die einquartierten Soldaten aufzukommen, die immer wieder die Stadt besetzt hielten. Auch durchziehende Truppen mußten verpflegt werden. Die Offiziere und Soldaten verlangten Getreide, Wein, Butter, Holz, für die Pferde Hafer und Stroh. Die Bürger hatten auch den Sold für Offiziere und Soldaten aufzubringen. So schwanden die Vorräte, Gut und Geld dahin. Um die auferlegten Bußen aufbringen zu können, um Plünderungen abzuwenden und Offiziere und Soldaten zu besänftigen, gaben die Bürger ihre letzten Gulden und Habseligkeiten: Silbergeschirr, kostbare Gürtel, Schuhe, Kleider, Sattelzeug, Wolltücher, Leinwand, usw. Die Bevölkerung verarmte so, daß sich die Stadt hohe Geldsummen leihen mußte, städtischen Grund und städtische Häuser verkaufte und Räte der Stadt in schweizerischen Städten um Geld für ihre Bürger baten. Dazu kamen die vielen Zerstörungen durch den wiederholten Kampf um die Stadt und die Lasten und Drangsale, die die Pest mit sich brachte. Die Stadt konnte die Waisen, Witwen und Kranken nicht mehr ernähren, so daß viele vor Hunger starben.

In den Büchern der Stadt sind für diese Zeit von 1609 bis 1644 nebenstehende Ausgaben verzeichnet.

Aber wahrscheinlich waren das nicht alle Ausgaben.
Sie werden insgesamt auf 800 000 bis 900 000 Gulden geschätzt (fl = Gulden).

für Beiträge an die Union	*35 880 fl*
für Reichsanlagen	*31 220 fl*
für Ankauf von Lebensmitteln und Holz	*11 000 fl*
an Maximilian von Bayern	*25 000 fl*
für Einquartierungen	*581 717 fl*
Ausgaben wegen der Pest	*3 000 fl*
	687 817 fl

1 fl war damals viel wert. Heute hätte er ungefähr den Wert von 40 DM.
1 fl = 60 Kreuzer, abgekürzt kr. – 1 Kreuzer hatte 4 Pfennig (Pf.)
Ein Pfund Ochsenfleisch kostete damals 3 kr. 2 Pf., Kalbfleisch 2 kr., Schweinefleisch 2 kr. 3 Pf.
Ein Knecht hatte einen Jahreslohn von 12 bis 16 fl, eine Magd 4 bis 6 fl.

Die Nöte der Stadt Kempten spiegeln sich auch in diesen Einwohnerzahlen aus der Zeit von 1618–1635 wider:

1618	*rund*	*6000*	*Einwohner*
1628	*rund*	*4000*	*Einwohner*
1633	*rund*	*3600*	*Einwohner*
1634	*rund*	*3200*	*Einwohner*
1635	*rund*	*900*	*Einwohner*

DER FRIEDENSSCHLUSS

Friedensbestimmungen

Im Jahre 1648, als Deutschland völlig darniederlag, trafen sich in Münster und Osnabrück die Abgesandten der kriegführenden Mächte. Die Abgesandten des Kaisers, der katholischen und protestantischen Fürsten, des schwedischen und französischen Königs verhandelten über die Friedensbedingungen. Im Friedensvertrag heißt es:
Artikel I
„Es sei ein christlicher, allgemeiner, immerwährender Friede und wahre und aufrichtige Freundschaft zwischen der heiligen Kaiserlichen Majestät, dem Hause Österreich und

allen seinen Verbündeten und Anhängern . . ., insbesondere . . . den Kurfürsten, Fürsten und Ständen des Reiches einerseits, und der heiligen Königlichen Majestät und dem Königreich Schweden und allen seinen Verbündeten und Anhängern . . ., insbesondere . . . den betreffenden Kurfürsten, Fürsten und Ständen des Reiches andererseits."
Artikel II
„Beiderseits sei immerwährendes Vergessen und Amnestie alles dessen, was seit Anbeginn dieser Unruhen . . . vom einen oder anderen Teil, hüben und drüben, feindlich begangen worden ist, so daß weder deswegen noch aus irgendeinem anderen Grund oder Vorwand einer dem andern künftig irgendwelche Feindseligkeit oder Unbill . . . antun soll."
Deutsche Gebiete mußten an Schweden, Frankreich, an Dänemark und Polen abgetreten werden. Holland und die Schweiz wurden selbständige Staaten. Die 300 deutschen Fürsten erhielten die volle Landeshoheit, d. h. sie durften ein eigenes Heer halten, Bündnisse abschließen, auch mit fremden Ländern, und eigene Münzen prägen. Der Kaiser war nur noch ein Fürst unter allen anderen Fürsten. Er war ohne jede Macht.

Friede — was ist das?

Viele wollten nicht glauben, daß es nun Frieden gab. Sie trauten dem Frieden nicht. So mancher hatte das Wort noch nie gehört.
In Nördlingen waren die Glocken seit vierzehn Jahren stumm. Und jetzt waren sie zum erstenmal wieder zu hören. „Was macht so?" fragten die Kinder. „Es läutet", sagten die Alten. „Steht auf, Kinder, es ist Fried im Land!" „Wer ist der Fried?" fragten die Kinder, „nimmt uns der Fried die Geiß weg und schlägt er uns den Vater blutig?" Sie fingen an zu weinen und verkrochen sich, ein jedes in sein bekanntes Versteck, und lauschten angstvoll nach dem fremden Getön.

Reformation und Dreissigjähriger Krieg

Umwälzende Neuerungen auf allen Gebieten des Wissens beeinflußten das Denken der Menschen in der beginnenden Neuzeit. In mehreren Ländern des Abendlandes traten Männer gegen die Verweltlichung der Kirche auf. Der Augustinermönch Martin Luther veröffentlichte 1517 seine 95 Thesen und leitete damit die Reformation ein. Mit seinen Reformforderungen geriet er in Gegensatz zur kirchlichen Lehre und wurde deshalb mit Acht und Bann belegt. Doch der Protestantismus breitete sich in weiten Teilen Europas aus. Luthers Bibelübersetzung trug viel dazu bei. Das Konzil zu Trient konnte die Kirchenspaltung nicht aufhalten. In der katholischen Kirche wurden Mißstände beseitigt, und das kirchliche Leben wurde erneuert.
In den letzten Jahrzehnten des 16. Jahrhunderts wurden die Gegensätze zwischen den katholischen und protestantischen Fürsten immer größer. Die katholischen Fürsten schlossen sich in der „Liga", die protestantischen in der „Union" zusammen. Es kam zu kriegerischen Auseinandersetzungen, in die ausländische Mächte, vor allem Frankreich und Schweden, eingriffen. Deutschland wurde zum Schlachtfeld der europäischen Völker. Im Jahre 1648, nach dreißig Jahren Krieg, trafen sich in Münster und Osnabrück die Abgesandten der kriegführenden Mächte. Deutschland wurde in 300 Fürstentümer geteilt und verlor große Gebiete.

DAS ZEITALTER UNBESCHRÄNKTER FÜRSTENMACHT

DIE GROSSEN MÄCHTE RINGEN UM DIE VORHERRSCHAFT

Es dauerte viele Jahrzehnte, bis sich die deutschen Länder von den Verheerungen des Dreißigjährigen Krieges erholt hatten. Die Frage „Wer soll nun Herr sein in Europa?" bewegte die Herrscher Frankreichs, Englands und Spanien. Jeder versuchte, seinem Land die Vorherrschaft zu erkämpfen. Zwischen England und Spanien war es schon 1588 zu einer entscheidenden Seeschlacht gekommen, die zur Vernichtung der spanischen Flotte, der berühmten Armada, geführt hatte. Trotz der reichen Besitzungen in Mittel- und Südamerika (Silber und Gold) gelang es Spanien nicht, diese Niederlage zu überwinden. England stieg zur ersten Seemacht der Welt auf.

Auf dem Festland setzte sich der französische König Ludwig XIV. das Ziel, die Vorherrschaft über die europäischen Mächte zu erringen. Glänzend begabte Minister hatten jahrzehntelang darauf hingearbeitet, daß ganz Frankreich vom Kabinett des Königs aus zentral regiert werde. Als Mazarin, einer jener Minister, starb, fragten die Räte den jungen Ludwig, wer ihnen nun die Befehle erteilen werde. Darauf erwiderte der König: „Nur noch ich!" 54 Jahre lang (1661–1715) regierte Ludwig XIV. Frankreich; in 33 Kriegsjahren erkämpfte er seinem Land die Vorherrschaft in Kontinental-Europa. Acht Jahre lang führte er Krieg um seine angeblichen Erbrechte in der Pfalz und 13 Jahre lang um die Erbfolge in Spanien. Frankreich wie Österreich waren erbberechtigt. Geschichtsforscher und Juristen bewiesen auf beiden Seiten, daß ihr Land in einem engeren Verwandtschaftsverhältnis zur spanischen Krone stehe. Beide Parteien suchten Bündnispartner. So kam es zu einem großen europäischen Krieg.

Wie die meisten Herrscherhäuser der damaligen Zeit stellte Ludwig XIV. alle Mittel in den Dienst der Politik: ein stets kriegsbereites Heer, Heirat, kluge Diplomatie. Er unterstützte das siegreiche Vordringen der Türken in Österreich, denn er wußte, daß es dem Kaiser dadurch unmöglich war, die Westgrenze seines Reiches zu verteidigen. So gelang es Ludwig XIV., das ganze Elsaß Frankreich anzugliedern. Zahlreiche deutsche Fürsten standen insgeheim im Dienst des Sonnenkönigs.

Ludwig XIV. von Frankreich

Bild unten:
Versailles
Gartenfront des Schlosses

Bild rechts:
Festliches Diner
der königlichen Familie

ALLES DREHT SICH UM DEN KÖNIG

Die Machtfülle Ludwigs erhielt ihren Glanz durch das Leben am Hofe. Hier war der Mittelpunkt der französischen Kultur. Auf der Höhe seiner Macht soll der König den Ausspruch getan haben: „Der Staat bin ich." Theateraufführungen, Konzerte und Feste erlebte man in Räumen, die von den berühmtesten Baumeistern der Zeit erbaut worden waren. In Versailles entstand das „Schloß aller Schlösser". Dichter schrieben eigens Stücke, die die Aufgabe hatten, den König in geistreicher Weise zu verherrlichen und zu unterhalten. Akademien für Musik und Baukunst stellten ihr Können ganz in den Dienst des Königs. Künstler umgaben den Fürsten und seinen Hof mit verschwenderischer Pracht.

In der Gestaltung der Innenräume erreichte die Barock- und Rokoko-Kunst ihre höchste Blüte. Das verdanken wir vor allem der Kunstfreudigkeit der Fürsten. Damals entstanden in Europa Kunstwerke, die wir noch heute bewundern.

Jeder Fürst wollte wie Ludwig XIV. absolut (= uneingeschränkt) herrschen und ein kleiner Sonnenkönig sein. Hundertfach wurde Versailles nachgeahmt, sein Glanz aber nie erreicht.

Sein Schloß Versailles ließ der König nahe Paris im ungünstigen Wald- und Sumpfgelände anlegen. Mehr als 30 Jahre bauten Tausende von Baumeistern, Handwerkern und Gärtnern an diesem Wunderwerk. Die Gartenfront des Schlosses ist 580 m lang und hat 375 Fenster. Hauptaufgabe von Versailles war es, den glänzenden Rahmen für das Hofleben Ludwigs XIV. abzugeben. Im Laufe des 18. Jahrhunderts entstanden in fast allen Ländern Europas kleine „Versailles". Die Fürsten gaben ihren Schlössern auch französische Namen:
Der preußische König Friedrich der Große ließ sich in Potsdam das Schloß Sanssouci (d. h. ohne Sorge) erbauen. Bei Stuttgart entstand auf Befehl von Herzog Karl Eugen das Lustschloß Solitude (Einsamkeit). Das Schloß Belvedere (Schöner Blick) wurde vor Wien erbaut.

Wie Liselotte von der Pfalz den französischen Hof erlebte

Liselotte war die Tochter des Kurfürsten von der Pfalz. Sie mußte auf Beschluß ihres Vaters den Bruder Ludwigs XIV. heiraten. Ihre Briefe geben uns ein lebendiges Bild vom Leben am Hof des Königs.
„Oft komme ich mir vor wie ein Vogel im goldenen Käfig. Da tänzeln mehr als 200 Hofdamen und Diener um mich herum, daß ich keinen Schritt allein tun kann. Das ist aber nichts gegen die Dienerschaft des Königs und der Königin. Es sollen bei 3000 zum Hofstaat gehören: Köche, Bäcker, Gärtner, Reiter, Edelknaben, Kammerdiener, Lakaien, Wäscherinnen, Mohren. Ein Festmahl des Königs kostet 300 000 Franken."
„Es herrscht hier in Versailles eine Pracht, die Du Dir nicht ausdenken kannst. An Marmor und Gold wurde nicht gespart. Edelsteine, Spiegel, Edelhölzer, Teppiche, wohin Du schaust. Köstliche Gemälde und Statuen an den Wänden. Und erst die Springbrunnen, Wasserkünste und Pavillons in dem riesigen Park. Denk Dir nur, alle Wege, Alleen und Wasserläufe der Anlage laufen im Schlafzimmer des Königs zusammen . . ."
Aus Liselottes Briefen spürt man oft die Sorge über die Verschwendung am Hof des Königs. Sie ahnt, daß dieser Überfluß zum Teil den Bauern und Handwerkern abgepreßt ist. Ergreifend spiegelt sich in ihren Briefen die Not ihrer Heimat wieder, die Ludwig XIV. nach dem Tode von Liselottes Vater überfällt und brandschatzt.

Liselotte von der Pfalz im Kreise ihres Hofstaates

Zum Entsetzen Liselottes behauptet Ludwig, für ihre Erbrechte einzutreten. In Wahrheit versucht er, seine Macht an den mittleren Rhein auszudehnen.
„Ich habe einen solchen Abscheu vor allem, daß alle Nacht, sobald ich ein wenig einschlafe, deucht mir, ich sei zu Heidelberg oder Mannheim und sähe alle die Verwüstung, und dann fahre ich aus dem Schlaf und kann nicht wieder einschlafen und kann mich des Weinens nicht enthalten."

Wie Ludwig XIV. regierte

Aus der Geschichte wissen wir, daß es dem deutschen Kaiser oft recht schwer fiel, die Unterstützung der Fürsten zu erhalten, wenn Gefahr drohte. Da gab es Kurfürsten, Fürsten, Herzöge, Fürstbischöfe, Pröpste, Äbte, Reichsritter und Reichsstädte, die alle ihre eigenen Rechte hatten. Der Kaiser mußte sie achten. Ohne Unterstützung der „Stände" war er so gut wie machtlos. Durch den unglücklichen Ausgang des Dreißigjährigen Krieges wurde die Macht des Kaisers noch mehr beschränkt, die Rechte der einzelnen Landesherren (Fürsten, Herzöge ...) erweitert.
In Frankreich dagegen war es den Vorgängern Ludwigs XIV. gelungen, die Rechte der weltlichen und geistlichen Fürsten immer mehr zu beschränken. Der Sonnenkönig schaltete den politischen Einfluß der Stände ganz aus. Er regierte absolut, d. h., er brauchte sich für sein Handeln vor niemandem zu rechtfertigen. Der Wille des Königs war Gesetz. Er konnte Steuern nach Belieben festsetzen, Kriege führen, Verträge abschließen oder brechen, Urteile der Richter willkürlich aufheben. Wie die meisten Herrscher seiner Zeit bestimmte der König die Religion seiner Untertanen. „Ein König, ein Recht, ein Glaube" lautete ein Grundsatz Ludwigs XIV. Diese Art und Weise, ein Land zu verwalten und zu regieren, nennen wir Absolutismus oder unbeschränkte Fürstenherrschaft. Heute noch erinnern Fremdwörter an die starke Ausstrahlung der französischen Hofkultur. Wer gebildet war, sprach französisch, kleidete sich nach französischer Mode und aß französische Gerichte.

Woher der Sonnenkönig das Geld nahm

Unter Ludwig XIV. wurde eine neue Wirtschaftsform entwickelt: der Merkantilismus. Das Wort Merkantilismus ist vom französischen Wort mercantile (kaufmännisch) abgeleitet (lat. mercator = Kaufmann). Der Handel spielte dabei die wichtigste Rolle.
Ludwig XIV. ließ prächtige Schlösser erbauen, er hielt prunkvoll Hof und führte viele Kriege; das alles kostete riesige Summen. Sicher: der König konnte die Steuern erhöhen, aber

das hätte nicht genügt. Er mußte mit seinen Beratern neue Geldquellen finden. Aus der Zeichnung kannst du die Grundgedanken der Wirtschaftsform herauslesen, die damals in Frankreich und anderen absolut regierten Ländern eingeführt wurde. Die Wirtschaft des ganzen Landes wurde vom königlichen Kabinett aus gelenkt. An den Grenzen wachten Zöllner über Ein- und Ausfuhr. Aus den neugewonnenen Kolonien (Afrika, Amerika) wurden Rohstoffe möglichst billig eingeführt. In den vom Staat aufgebauten Manufakturen (Großwerkstätten, Vorläufer der Fabriken) verarbeiteten Facharbeiter, die der König zum Teil im Ausland anwerben ließ, die Rohstoffe. Französische Porzellanwaren, Glasgefäße, Spiegel, Spitzen, Seidenstoffe, Teppiche, Schmuckwaren, Seifen und Parfüms wurden bald in aller Welt gehandelt. Aus billigen Rohstoffen entstanden teure Fertigwaren. So erschloß sich die französische Krone eine mächtige Geldquelle. Als andere Staaten, Österreich, Bayern, Preußen u. a. selbst Manufakturen errichteten, gingen natürlich die Geschäfte der französischen Wirtschaft zurück.

Die Herrschaft des Sonnenkönigs hatte viele Schattenseiten. Hinter der glänzenden Fassade seiner Regierung verbarg sich große Not. Wir erkennen dies aus zwei Briefen an den König:

„Ihre Völker, die Sie lieben müßten wie Ihre Kinder, sterben vor Hunger. Der Anbau der Äcker ist beinahe ganz aufgegeben, die Städte und Dörfer sind entvölkert, alle Gewerbe liegen darnieder und ernähren ihre Arbeiter nicht mehr. Frankreich ist nur noch ein trost- und brotloses Hospital. Das Volk, das Sie so geliebt hat, verliert Zuneigung, Vertrauen, ja alle Achtung vor Ihnen."

„Wenn die prächtige Jagdgesellschaft des Königs mit ihren Pferden durch reifende Kornfelder sprengt, können die Bauern den Herren nur zornig nachblicken. Wer sich wehrt, endet im Staatsgefängnis. Das Volk ist ohnmächtig und rechtlos. An den maßlosen Abgaben blutet das Land aus."

Der König lenkt

die Politik · *die Armee* · *die Kunst* · *die Wirtschaft*

Der König ernennt die Minister seines Kabinetts

Königliche Beamte verwalten das ganze Land nach den Weisungen der Minister

Geistlicher und weltlicher Adel verlieren mehr und mehr an Macht, behalten aber die alten Vorrechte

Bürger und Bauern tragen die Last der Steuern

Eine Gefahr eint die europäischen Staaten

Nach dem Westfälischen Frieden war Deutschland ein Bund von mehr als 300 selbständigen Staaten. Diese Schwäche kam der Großmacht im Westen, Frankreich, und der Großmacht im Osten, dem Türkenreich, gelegen. In jahrzehntelangen Kriegen hatten die Türken den Balkan in ihren Besitz gebracht. An der Donau entlang wollten sie nun nach Österreich und Deutschland vorstoßen. Österreich stellte sich dem Vormarsch entgegen. Was die Türken nicht erwartet hatten, geschah: Trotz ihrer Zersplitterung in viele Fürstenstaaten verbanden sich die Deutschen unter der Führung des Kaisers gegen die drohende Gefahr. Den Oberbefehl übertrug der Kaiser dem polnischen König.

Wien in Not

In der Donauebene liegt Österreichs Hauptstadt Wien wie eine Insel vor den unübersehbaren Scharen der Türken. Monatelang widersteht sie im Sommer 1683 den Angriffen des übermächtigen Feindes. Das ganze Abendland betet um die Abwendung der Gefahr. Die inneren Zwistigkeiten in Deutschland sind vergessen, da es gilt, die Bedrohung abzuwenden. Der Papst, die Bischöfe und die Gläubigen geben Spenden, damit das Heer bezahlt werden kann. Karl von Lothringen, Max Emanuel von Bayern, Johann Georg von Sachsen und der Polenkönig Johann Sobieski vereinen eine Heeresmacht von 65 000 Mann. Sie siegen in der entscheidenden Schlacht am Kahlenberg. Die Festung Wien, Österreich und das Abendland sind von der Türkengefahr befreit. Das Läuten der Kirchenglocken trägt die Nachricht vom Sieg in das entlegenste Dorf. Von dem 65 000 Mann starken Aufgebot war das dreimal so große türkische Heer bezwungen worden. Nach der Befreiung Wiens bereitete man eine großangelegte Offensive vor.

Belgrad wird eingenommen

Stück um Stück werden Ungarn, Siebenbürgen und Serbien in den folgenden Jahrzehnten den Türken entrissen. Im Jahre 1688 nahm Max Emanuel von Bayern die Stadt Belgrad im Sturm. Kundschafter des Kurfürsten hatten die Festung Belgrad für uneinnehmbar erklärt. Mauern, Erdwälle, Gräben und Palisaden schützen die Stadt. Max Emanuel ordnet dennoch die Belagerung an: „Belgrad muß fallen." Der Fürst läßt Geschütze heranholen und Breschen in die Mauern schießen. Tausende mit Sand gefüllte Säcke werden in die Gräben geworfen. Am 6. September 1688 befiehlt Max Emanuel den Sturm. Ein erbittertes Ringen um jeden Fuß Mauer und Graben beginnt. Auf beiden Seiten sind die Verluste arg. Die Türken verteidigen sich verbissen. Die Angriffe der Bayern und Österreicher drohen zu erlahmen. Plötzlich sehen sie ihren Feldherrn mit blitzendem Degen im vordersten Getümmel. Die Kühnheit des Fürsten reißt seine Soldaten mit. Belgrad wird genommen. Max Emanuel erhielt von den Türken den Ehrennamen „der blaue König". Dies kam von den blauen Uniformen der bayerischen Soldaten. In Europa nannte man ihn den „Schrecken der Türken" und „die Hoffnung Ungarns". Zusammen mit dem Markgrafen Ludwig Wilhelm von Baden beseitigte er die Türkenherrschaft in ganz Ungarn.

Prinz Eugen

Der bedeutendste Feldherr und Staatsmann jener Zeit war Prinz Eugen. Heute noch ist sein Andenken lebendig.
Eugen von Savoyen war von kleiner, zierlicher Gestalt. Sein Vater stammte aus Italien, erzogen wurde „Eugenio" in Frankreich, sein Lebenswerk aber gehörte Österreich. Der Prinz sollte wie sein Vater französischer Offizier werden. Als er Ludwig XIV. um Aufnahme in die Armee bat, lachte dieser spöttisch und äußerte, daß er vielleicht für das Kloster, aber nicht für die Armee geschaffen sei. Dieses Urteil sollte der Sonnenkönig noch oft bereuen. Denn Prinz Eugen schlug nicht nur die Türken entscheidend, er besiegte auch mehrmals die französischen Truppen im spanischen Erbfolgekrieg.
Dennoch stand es schlimm um Kaiser und Reich. Gleichzeitig mit den Türken im Osten galt es, die Franzosen im Westen abzuwehren. Prinz Eugen gelang es, diese schwere Aufgabe zu lösen. In Italien und Frankreich, in Bayern, in Ungarn und in Serbien kämpfte er an der Spitze seiner Soldaten. Siege machten ihn nicht stolz, Niederlagen ließen ihn nicht verzweifeln.

Prinz Eugen (Stahlstich nach einem Gemälde). Aus der Zeit der Türkenkriege stammt das Volkslied „Prinz Eugen, der edle Ritter ..."

Mehr als fünfzig Jahre diente Eugen dem Reich und dem Haus Habsburg. Er sicherte die militärischen Erfolge durch kluge Politik. Dabei fand er noch Zeit, sich in den Friedensjahren der Kunst zu widmen. Vor den Toren Wiens ließ er sich das Schloß „Belvedere" bauen. Hier legte er eine Sammlung wertvoller Gemälde und Bücher an. Über alles liebte er die Abende, an denen Musiker zu Gast waren und die Werke italienischer Meister erklangen.

„Ulmer Schachtel", floßähnliches, großes Boot, das die Donau ab Ulm befahren konnte.

Deutsche Bauern ziehen nach Ungarn

Die Türkenkönige hatten Ungarn verwüstet. Verbrannte Dörfer, entvölkerte Städte, Felder, Unkraut überwuchert, gaben Zeugnis von den Kämpfen. Prinz Eugen erkannte, daß die weiten Ebenen an Donau und Theiß besiedelt werden mußten, um sie gegen weitere Einfälle der Türken zu sichern. Er schickte Werber in die Nachbarländer und lud Bauern und Handwerker ein, sich in Ungarn und Siebenbürgen anzusiedeln. Viele Bauern aus den dichtbesiedelten deutschen Ländern folgten dem Ruf.
Die Schwaben stellten den Hauptteil der Neusiedler. Auf den „Ulmer Schachteln" fuhren sie die Donau hinunter. In Wien erhielten sie Saatgut und Geld für das erste Jahr. Bei ihrer Ankunft in Budapest wurde ihnen bereits mitgeteilt, wo sie sich ansiedeln sollten. Mit unermüdlichem Fleiß machten sich die Siedler ans Werk. Häuser und Höfe nach heimatlichem Vorbild wurden errichtet, verwüstete Felder bebaut, die Donau gebändigt, Sumpfland entwässert, Straßen und Wege angelegt. Friedlich lebten die „Donauschwaben" mit den Ungarn und den anderen Völkergruppen (Slowaken, Kroaten, Serben, Rumänen) zusammen. Trotzdem waren die ersten Jahre für die Siedler hart.

DER AUFSTIEG PREUSSENS

Der Grosse Kurfürst und sein Nachfolger

Noch während des Dreißigjährigen Krieges spielte Brandenburg-Preußen unter den deutschen Fürstenstaaten keine besondere Rolle. Die Führung Österreichs war unumstritten. Die Gebiete der brandenburgischen Hohenzollern lagen weit auseinander. Westlich des Rheins besaßen sie Kleve, östlich der Weichsel Preußen; den Mittelpunkt bildete Brandenburg mit Berlin als Hauptstadt.
Als Friedrich Wilhelm im Jahre 1640 Kurfürst von Brandenburg wurde, übernahm er ein zerstörtes und verwüstetes Land, das schwedische und kaiserliche Truppen wiederholt besetzten. Der Kurfürst wollte seinen stark zersplitterten Länderbesitz vereinen und sein Fürstentum zu Macht und Ansehen führen. Geschickt und diplomatisch hochbefähigt trieb er seine Außenpolitik. Er schloß sich jeweils der europäischen Mächtegruppe an, die seinen politischen Zielen Vorteile brachte. Im Westfälischen Frieden war dem Kurfürsten Hinterpommern zugesprochen worden. Auch Vorpommern mit der bedeutenden Hafenstadt Stettin hätte er gern seinem Besitz angeschlossen. Dieses Ziel konnte er aber nur erreichen, wenn er seine Machtgrundlagen verstärkte. Die Unterstützung durch Bündnispartner fand er zwar sehr wichtig, aber die „eigenen Kräfte" des Staates schätzte er noch höher ein. So stellte

er ein stehendes und gutausgerüstetes Heer auf und erhöhte die Zahl der Soldaten auf 30 000 Mann. Er selbst stand als oberster Befehlshaber an der Spitze. Von den Soldaten wie auch von den Untertanen des Staates wurde absoluter Gehorsam verlangt. Die für das Heer notwendigen Mittel brachte der Kurfürst durch Steuererhöhungen auf, die er bei den Ständen durchsetzte. Betroffen davon wurden vor allem die Bürger in den Städten und die Bauern auf dem Lande. Welch harten Gesetzen die Bauern unterworfen wurden, zeigt folgende Aufstellung:

1. Will ein Bauer sein Land verkaufen, so braucht er die Erlaubnis seines Herrn.
2. Niemand darf ohne Erlaubnis seines Herrn heiraten.
3. Alle Bauern sind verpflichtet, zur Aussteuer der Tochter des Herrn beizutragen.
4. Jeder Bauer muß ohne Rücksicht auf seine eigene Arbeit zu jeder Zeit mit seiner Familie zu Frondiensten beim Herrn bereit sein.
5. Als höchster Richter wird der jeweilige Herr eingesetzt.

Der Adel blieb im wesentlichen verschont.
Mit Hilfe des verbesserten Heeres gelang es dem Kurfürsten, die Schweden aus seinem Land zu vertreiben. Aus seinem weitverstreuten Besitz bildete er einen zusammenhängenden und zentral regierten Staat. Durch seine geschickten politischen Schachzüge gewann der Kurfürst im Jahre 1660 die Loslösung Preußens von der polnischen Lehnshoheit. Damit wurde Friedrich Wilhelm gleichzeitig zu einem reichsunabhängigen Fürsten. Noch zu seinen Lebzeiten wurde Friedrich Wilhelm der Große Kurfürst genannt.
Als er im Jahre 1688 starb, hinterließ er seinem Sohn Friedrich einen zentralistisch geordneten Staat mit einem starken Heer und eine nach dem Merkantilsystem organisierte Wirtschaft. Der Große Kurfürst hatte versucht, alle Kräfte des Staates zusammenzufassen und kraft seines Herrscheramtes zu lenken.

Der erste preussische König

Im Jahre 1701 ließ sich der Sohn des Großen Kurfürsten in Königsberg zum König von Preußen krönen; denn nur diesem außerhalb des Reichsverbandes stehenden Land konnte die Königswürde verliehen werden. Doch an prunkvoller Hofhaltung fand der junge König mehr Freude als an der Ausübung der Regierungsgeschäfte. König Friedrich I. besaß nicht die Ausdauer und politische Befähigung seines Vaters. Trotz seiner aufwendigen Hofhaltung erreichte er kein hohes Ansehen bei den anderen Fürsten. Schließlich wußte er nicht mehr, woher er das viele Geld nehmen sollte, das sein verschwenderisches Leben verschlang. Ein von ihm benannter, aber sehr befähigter Minister führte die Politik des Großen Kurfürsten fort. Dank seines Einsatzes und des Einflusses von Friedrichs Gattin, Sophie Charlotte, wurde im Jahre 1694 die Universität Halle gegründet, zwei Jahre danach entstand in Berlin die Akademie der Künste und 1700 am selben Ort eine Gesellschaft der Wissenschaften, die spätere Akademie der Wissenschaften.

Friedrich Wilhelm I., der Soldatenkönig

Im Jahre 1713 starb der verschwenderische König. Sein Sohn, Friedrich Wilhelm I., folgte ihm auf den preußischen Thron. Der junge König erbte aber nicht nur die Königskrone, er mußte auch einen Berg von Schulden übernehmen. Deshalb setzte Friedrich Wilhelm I. zunächst alles daran, den Staatshaushalt in Ordnung zu bringen. Er ging hart gegen die Günstlingswirtschaft vor. Das Amt des Finanzministers und Feldmarschalls vereinigte er in der Person des Königs. Der König sparte, wo es möglich war. Er löste den Hofstaat seines Vaters zum größten Teil auf, so daß die Kosten für die Hofhaltung von 276 000 Taler auf 56 000 sanken. Für die königliche Tafel durften täglich nur noch 33 Taler ausgegeben werden. Er entließ die Hälfte der Dienerschaft. Etwa 7 Zentner an Gold- und Silbergeräten ließ er einschmelzen. Auch die Aufwendungen für die Jagd schränkte er ein, obwohl er ein begeisterter Jäger war. Unermüdlich sorgte er sich um die Entwicklung von Gewerbe und Landwirtschaft. Mit Hilfe des Staates wurden neue Manufakturen errichtet. Durch Schutzzölle und Einfuhr- und Ausfuhrverbote wollte der König das einheimische Gewerbe schützen. So schickte er z. B. die „Kaffeeschnüffler" aus. Sie sollten diejenigen aufspüren, die geschmuggelten, billigen Bohnenkaffee tranken.

Menschen hielt Friedrich Wilhelm für den „größten Reichtum" eines Staates. Viele Dörfer waren damals nahezu entvölkert. Überall zeigten sich noch die Folgen des Dreißigjährigen Krieges. Viele Menschen hatte die Beulenpest dahingerafft. Der König brauchte Menschen für das dünn besiedelte Land. Als der Erzbischof von Salzburg die Protestanten aus seinem Land vertrieb, nahm sie Friedrich mit offenen Armen auf. 20 000 Einwanderer fanden in Preußen eine neue Heimat. Sie besiedelten Gebiete an der Oder und in Ostpreußen. Aus sumpfigem und ödem Land schufen sie blühende Landschaften.

Mit eiserner Strenge achtete der König darauf, daß seine Beamten die Befehle ausführten. Er duldete keine Bequemlichkeit und Lässigkeit.

Als sich einige Beamte weigerten, sich von Königsberg nach Tilsit versetzen zu lassen, bestrafte er sie mit Festungshaft.

Preussen wird eine Militärmacht

Durch Einsparungen und größere Einnahmen gelang es dem König, den Schuldenberg seines Vaters zu beseitigen. Friedrich Wilhelm I. brauchte aber auch viel Geld für sein

Friedrich Wilhelm I. mit den „langen Kerlen". Sie waren das erste regelrechte Militär: einheitlich uniformiert und auf den Exerzierplätzen gedrillt. Im Gegensatz dazu wirkte das übrige Heer in bezug auf Kleidung und Ausrüstung geradezu malerisch.

Heer. Der König wußte, daß nur ein großes und starkes Heer den Aufstieg Preußens sichern konnte. Das „stehende" Heer verschlang etwa dreiviertel des gesamten Jahreseinkommens. Im Vergleich zur Bevölkerungszahl anderer Länder besaß Preußen ein sehr großes Heer.

Länder	*Bevölkerung*	*Heer*
Frankreich	*20 Millionen*	*150 000*
Habsburger Länder	*20 Millionen*	*105 000*
Preußen	*3 Millionen*	*83 000*

Mehr als die Zahl der Soldaten galt ihre harte Ausbildung. Prügel waren an der Tagesordnung. „Räsonnieren" wurde nicht geduldet, der Soldat hatte nur zu gehorchen. Mit unmenschlichem Drill verbrachten die Soldaten ihre 20jährige Dienstzeit.

So war es kein Wunder, daß viele versuchten zu entfliehen. Wurde aber ein Fluchtversuch entdeckt, so wurde der Soldat beim Spießrutenlaufen halb tot geschlagen. Mancher junge Mann floh schon vor Antritt seiner Militärzeit ins rettende Ausland.
Eine besondere Vorliebe hatte der König für „lange Kerls". Für ihre Anwerbung gab der sonst so sparsame König viel Geld aus. Oft aber wurden besonders große Männer mit Gewalt in die Riesengarde nach Potsdam verschleppt. Mit Stolz sah der König den „langen Kerlen" beim Exerzieren zu.
Obwohl der König große Geldbeträge für das Heer ausgab, führte er seine Truppen jedoch nie ins Feld. Das Heer sollte seine Feinde vor allem abschrecken. Nur in einem gerechten Krieg sollte es nach seiner Meinung eingesetzt werden.
Als der Soldatenkönig im Jahre 1740 starb, hinterließ er seinen Erben ein geordnetes Land. Mit Strenge und Zucht hatte er Preußen zu Macht und Ansehen verholfen. Preußen war nun ein Rivale Habsburgs.

FRIEDRICH DER GROSSE FÜHRT PREUSSEN ZUR GROSSMACHT

Der Kronprinz Friedrich

Der Soldatenkönig hatte seine Familie ebenso wie sein Land mit dem Korporalstock regiert. Unter der Strenge und harten Zucht des Königs litt vor allem der Kronprinz Friedrich. Er hatte andere Interessen, als sein Vater von ihm erwartete. Er beschäftigte sich zum Unwillen des Königs mit Flötenspiel und Büchern. Der Vater aber wollte aus dem Kronprinzen einen harten Soldaten machen. Wenn es nötig war, sollte sogar der Stock helfen. Daher beschließt der Kronprinz, mit seinem Freund, Hans Hermann von Katte, nach England zu fliehen. Der Plan wird entdeckt. Der König läßt von Katte hinrichten, und der Kronprinz wird zu strenger Haft verurteilt. Prinz Friedrich erkennt, wie ausweglos seine Lage ist, und fügt sich in Zukunft dem Willen seines Vaters. Nach dem Tode des Vaters im Jahre 1740 wurde er als Friedrich II. König von Preußen.

Friedrich vergrössert das Staatsgebiet

Die Hälfte seiner Regierungszeit stand Friedrich im Krieg gegen seine Nachbarn. Als seinen Hauptgegner betrachtete Friedrich Österreich. Dreimal überfiel er mit seinem Heer das Reich Maria Theresias. Dabei ging es ihm vor allem um die Stärkung der preußischen Vormacht in West- und Norddeutschland und um den Besitz Schlesiens. Zeitweise mußte sich Preußen gegen die verbündeten Großmächte Österreich, Rußland und Frankreich behaupten. Friedrich erlangte den Ruf eines immer siegreichen Feldherrn.
Am Vorabend einer Schlacht sprach er folgendes zu seinen Truppen: „Es ist fast keiner unter Ihnen, der sich nicht durch eine große, ehrenvolle Handlung ausgezeichnet hätte, und ich schmeichle mir daher, Sie werden bei vorfallender Gelegenheit nichts an dem mangeln lassen, was der Staat von Ihrer Tapferkeit zu fordern berechtigt ist."
Die Kehrseite dieses Ruhmes sah traurig aus. Weite Landstriche einst blühender Länder – Schlesien, Böhmen, Sachsen, Brandenburg – waren verödet. Friedrich bemühte sich, die Schäden der Kriege zu überwinden. Er reiste oft durchs Land und kümmerte sich um alles. Neue Straßen und Kanäle wurden gebaut, Sümpfe trockengelegt, Dörfer mit Schulen ausgestattet.

Der aufgeklärte Absolutismus Friedrichs II.

Friedrich war der Meinung, daß die Menschen dazu erzogen werden müßten, in Freiheit und Verantwortung zu leben und im Guten miteinander auszukommen. Sein Ziel war es, die Bevölkerung aufzuklären, d. h. ihnen möglichst viel Wissen zu vermitteln und ihnen jeden Aberglauben zu nehmen. Die Vernunft sollte im Staatswesen und im Zusammenleben der Menschen herrschen. Der König sah sich selbst als absoluten Fürst, der jedoch dem Staat zu dienen hatte. Diese Regierungsform wird „aufgeklärter Absolutismus" genannt. Einige Stellen aus seinen Schriften erklären die Regierungspraxis Friedrichs des Großen:

1. „Die erste Bürgerpflicht ist, seinem Vaterlande zu dienen."
2. „Der Herrscher ist nicht zu seinem hohen Rang erhoben, man hat ihm nicht die höchste Macht anvertraut, damit er in Verweichlichung dahinlebe, sich vom Mark des Volkes mäste und glücklich sei, während alles darbt. Der Herrscher ist der erste Diener des Staates."
3. „Soll das Land glücklich sein, will der Fürst geachtet werden, so muß er unbedingt Ordnung in seinen Finanzen halten. Noch nie hat eine arme Regierung sich Ansehen verschafft."
4. „Katholiken, Lutheraner, Reformierte, Juden und zahlreiche andere christliche Sekten wohnen in Preußen und leben friedlich beieinander. Wenn der Herrscher aus falschem Eifer auf den Einfall käme, eine dieser Religionen zu bevorzugen, so würden sich sofort Parteien bilden und heftige Streitereien ausbrechen. Allmählich würden Verfolgungen beginnen, und schließlich würden die Anhänger der verfolgten Religion ihr Vaterland verlassen, und Tausende von Untertanen würden unsere Nachbarn mit ihrem Gewerbefleiß bereichern und deren Volkszahl vermehren."
5. „In einem Staate wie Preußen ist es durchaus notwendig, daß der Herrscher seine Geschäfte selbst führt. Denn ist er klug, wird er nur dem Staatsinteresse folgen, das auch das seine ist. Ein Minister dagegen hat, sobald seine eigenen Interessen in Frage kommen, stets Nebenabsichten. Er besetzt alle Stellen mit seinen Kreaturen, statt verdienstvolle Leute zu befördern, und sucht sich durch die große Zahl derer, die er an sein Schicksal kettet, auf seinem Posten zu befestigen."

Ein neues Gesetzbuch

Friedrich der Große reformierte das Recht in seinem Lande. Er schuf zunächst einen Stand von gründlich ausgebildeten Richtern. Sie wurden gut bezahlt, damit sie sich nicht so leicht bestechen ließen.

Der König schaffte auch die Folter ab. Er ließ ein neues Gesetzeswerk ausarbeiten, das „Allgemeine Landrecht für die preußischen Staaten" (1794). Wie hoch der König selbst das Recht einschätzte, geht aus folgendem Grundsatz hervor: „Die Gesetze und Verordnungen des Staates dürfen die natürliche Freiheit und Rechte der Bürger nicht weiter einschränken, als es der gemeinschaftliche Endzweck erfordert ... Dagegen steht einem jeden frei, seine Zweifel, Einwendungen und Bedenklichkeiten gegen Gesetze und andere Anordnungen im Staate so wie überhaupt seine Bemerkungen und Vorschläge über Mängel und Verbesserungen sowohl dem Oberhaupte des Staats als den Vorgesetzten der Departements (Ministerien) anzuzeigen."

Der einsame König

In den Stunden der Ruhe widmete sich Friedrich der Philosophie und der Musik. Er liebte es, sich mit geistreichen Menschen zu unterhalten. Dabei bevorzugte er die französische Sprache. Zahlreiche Briefe aus der Hand des Königs zeugen davon, wie meisterhaft er diese Sprache beherrschte.

Der alternde König lebte einsam in seinem Schloß Sanssouci. Er starb im Jahre 1786. In seinem „Politischen Testament" schrieb Friedrich der Große: „Ich weiß, daß der Augenblick des Todes den Menschen und seine Pläne vernichtet und daß alles in der Welt dem

Gesetz des Wandels unterliegt. Mit der Abfassung dieses politischen Testaments verfolge ich daher keine andere Absicht, als einem Piloten gleich, der die stürmischen Zonen des politischen Meeres kennt, meine Erfahrungen der Nachwelt mitzuteilen. Ich will die Klippen angeben, die sie zu meiden hat, und die Häfen, wo sie Zuflucht finden kann."

DIE DEUTSCHEN STAATEN UND DIE EUROPÄISCHEN MÄCHTE IN DER ZEIT VOR DEM SIEBENJÄHRIGEN KRIEG

Österreich erlebt einen Niedergang

Anders als in Preußen verlief die Entwicklung in Österreich. Kaum zwanzig Jahre nach den großen Siegen des Prinzen Eugen über die Türken ist der Niedergang Österreichs unter Kaiser Karl VI. offensichtlich. Zudem ist der Kaiser um das Erbe der österreichischen Länder besorgt, da er ohne männliche Nachkommen ist. Damit die Erblande nicht auseinanderfallen, bestimmte der Kaiser in der „Pragmatischen Sanktion" (grundlegendes Staatsgesetz), daß der habsburgische Länderbesitz ungeteilt an den männlichen oder weiblichen Erstgeborenen vererbt werden solle. Damit benannte er seine älteste Tochter Maria Theresia zu seiner Nachfolgerin. Offen blieb die Frage, wie sich die deutschen Fürsten und europäischen Mächte zu diesem habsburgischen Hausgesetz stellen würden.
Da wegen der aufwendigen Hofhaltung und Mißwirtschaft im Finanzwesen die Zahl der österreichischen Truppen sank und auch deren Ausrüstung mangelhaft war, wurde Österreich nun von der Unterstützung seiner Bündnispartner abhängig.
Als Kaiser Karl VI. im Jahre 1740 starb, mußten sich alle europäischen Herrscher von Bedeutung mit der Erbfolge in Österreich auseinandersetzen.

Der österreichische Erbfolgekrieg beginnt

Gleich nach dem Tode des Kaisers erhoben Sachsen und Bayern Besitzansprüche auf Gebiete der österreichischen Erblande. Der französische König sah gleichfalls eine Gelegenheit, den habsburgischen Besitz zu schmälern.
Der gerade vor einigen Monaten zum König gewordene Friedrich II., der Große von Preußen glaubte ebenfalls, nun seine Stellung innerhalb der Mächte Europas durch Landzuwachs stärken zu können. Er erklärte im gleichen Jahre: „Ich fordere die vollständige und uneingeschränkte Abtretung von ganz Schlesien ... Will man mich um diesen Preis haben, so kann man sich fest darauf verlassen, daß ich die größten Anstrengungen machen werde, um die beklagenswerten Überreste dieses Hauses (Habsburg) zu erhalten und die Kaiserkrone auf das Haupt dieses Fürsten zu setzen. Will man jedoch auf meine Forderungen nicht ohne Umschweife und Bedingungen eingehen, ... werde ich mich, wenn auch mit Bedauern, gezwungen sehen, eine andere Partei zu ergreifen."
Angesichts der Haltung Bayerns, Sachsens sowie Frankreichs und angesichts des alten französisch-englischen Gegensatzes hoffte der junge König durch einen raschen Angriff die Lage zu seinem Vorteil verändern zu können. Damit beginnt die lange Kriegszeit mit Österreich, die erst im Jahre 1763 ihren Abschluß fand. In einem Schreiben rechtfertigt Friedrich II. sein Vorgehen: „Hätte ich noch länger gezaudert, ... so wäre von zwei Dingen eines geschehen: Entweder wäre die Unterhandlung mit dem Wiener Hof (wie es der Verlauf ja aufgezeigt hat) vollkommen fruchtlos geblieben, oder es hätten andere ... sich einer Provinz bemächtigt."

Preußen kann bei Mollwitz einen Sieg erringen (1741). Dies forderte andere große Mächte Europas zur Stellungnahme heraus. Zum Einmarsch der preußischen Truppen in Schlesien erklärte die österreichische Regierung: „Die Allianzen (Österreichs) mit Rußland und den Seemächten sind ganz Europa bekannt; sie haben bestanden, bevor preußische Truppen in Schlesien einrückten, und sie bestehen noch. Man ist sicher, daß die Ansicht der Alliierten keineswegs ist, die Königin müsse zu ihrer Sicherheit einen Teil ihrer Staaten opfern; vielmehr haben die genannten Allianzen zum Hauptzweck, sie in ihrer Gesamtheit zu erhalten."

Frankreich stellt sich auf die Seite Preußens, weil es viele gleich starke deutsche Länder und eine Verkleinerung der habsburgischen Länder wünscht. Auch die meisten Kurfürsten und Spanien schließen sich diesem Bündnis an.

England kommt Österreich zu Hilfe, denn es fürchtet eine Vormachtstellung Frankreichs auf dem europäischen Kontinent. In England rechnete man damit, daß Frankreichs Kräfte durch die festländischen Auseinandersetzungen zerrieben würden; um so leichter könne es dann in seinen Kolonien geschlagen werden.

Nach wechselvollen Kriegsoperationen besiegt Friedrich der Große im Jahre 1745 endgültig die Truppen Maria Theresias, gewinnt damit Schlesien für das Königreich Preußen und scheidet aus dem österreichischen Erbfolgekrieg aus.

Drei Jahre später (1748) schließen die übrigen europäischen Mächte, militärisch erschöpft, den „Frieden zu Aachen". Er bringt für alle am Krieg beteiligten Staaten keine endgültigen Entscheidungen, sondern ist letztlich nur ein Waffenstillstand. Die „Pragmatische Sanktion" wird anerkannt und damit die österreichischen Erblande als europäische Großmacht bestätigt. Unentschieden bleibt weiterhin die Stellung Österreichs im Reich. Wird es sich in Zukunft als stärkster deutscher Staat neben Preußen behaupten können?

In den Kolonien ging der Krieg zwischen England und Frankreich weiter. So ließ der Ausgang des österreichischen Erbfolgekrieges viele Fragen ungelöst.

DER AUSBRUCH DES SIEBENJÄHRIGEN KRIEGES

Der französisch-englische Kleinkrieg in den Kolonien, Indien und Nordamerika verschärft sich. Frankreich und England treffen fieberhaft Vorbereitungen für einen offen geführten Krieg. England, das ja in Österreich einen festen Bündnispartner besitzt, sucht weitere Verstärkung und findet sie in dem aufstrebenden Rußland und Preußen.

Friedrich II. inspiziert bei einem nächtlichen Kontrollgang eine Brücke und stößt dabei auf österreichische Offiziere. Diese waren so überrascht, daß sie vergaßen, den König zu verhaften.

Seit dem „Aachener Frieden" ist Maria Theresia vor allem daran interessiert, ihre einstige Machtstellung unter den deutschen Staaten wiederzugewinnen. Daher versuchte sie durch Reformen in der Staatsverwaltung, im Steuer- und Finanzwesen die Machtgrundlagen des Staates zu verstärken. Das Heeresaufgebot wird auf 150 000 Mann erhöht und gut ausgerüstet. Die Leitung der Außenpolitik hat sie dem politisch außerordentlich befähigten Grafen Kaunitz übertragen.
Auch Friedrich der Große bereitet sich auf die bevorstehenden militärischen Auseinandersetzungen vor, die unwiderruflich auf ihn zukommen. Eigentlich ist er aus dem österreichischen Erbfolgekrieg mit dem Vorsatz zurückgekehrt, nur noch Verteidigungskriege zu führen. Er erhöhte das Heer auf 154 000 Mann und verbesserte damit seine Schlagkraft. Aber noch immer betrug die Anzahl seiner Einwohner ein Drittel weniger als in Österreich, und Ostpreußen sowie die rheinisch-westfälischen Teile des Königreiches waren mit dem Kernland noch nicht vereinigt.
England fürchtet, das mit der englischen Krone erbrechtlich vereinigte Hannover zu verlieren. Es schließt daher mit Preußen einen Vertrag, in dem sich beide versprechen, jeglichen Durchmarsch fremder Truppen durch die deutschen Länder zu verhindern. Im Artikel 2 dieses Vertrages heißt es: „Falls wider Erwarten und in Verletzung des Friedenszustandes ... irgendeine fremde Macht Truppen in Deutschland unter welchem Vorwand auch immer einrücken ließe, werden die beiden hohen vertragschließenden Teile ihre Kräfte vereinigen, um sich dem Einmarsch oder Durchmarsch solcher fremder Truppen und einem derartigen Friedensbruch zu widersetzen und so die Ruhe in Deutschland gemäß der Absicht des gegenwärtigen Vertrages zu erhalten." Mit dieser Entscheidung glaubte Friedrich der Große, einen Krieg vom Festland abhalten zu können. Aber er trieb damit Frankreich auf die Seite Österreichs. Diesem österreichisch-französischen Bündnis treten Rußland, Sachsen und Bayern sowie die übrigen Großen des Reiches bei.
Auf seiten Preußens stehen Braunschweig, Hessen und England-Hannover. Wiederum eröffnet Friedrich der Große den Angriff (1756): Er marschiert in Sachsen ein, um Österreich gegenüber eine vorteilhafte Position zu gewinnen. Die Kriegslasten muß fast ausschließlich der preußische König tragen. Der Kampf ist in erster Linie eine Verteidigung des Staates Preußen.
Die Rechnung Englands geht auf. Frankreich verbraucht seine Kraft in den festländischen Auseinandersetzungen. Die Franzosen werden in Nordamerika besiegt. Im „Pariser Frieden" von 1762 erhält England Kanada, das Land östlich des Mississippi und Florida. Auch die westindischen Inseln sowie Ostindien gehen in den nächsten Jahren an England verloren.
Auf dem europäischen Kontinent führt eine allgemeine Kriegsermüdung der großen Mächte zum Abschluß des „Friedens von Hubertusburg" im Jahre 1763. Rußland, das sich vom Ausgang des Krieges Ostpreußen versprochen hatte, muß darauf verzichten. Preußen behält Schlesien, und Maria Theresia kann lediglich die kurbrandenburgische Zusage für die Kaiserwahl ihres Sohnes, Josephs II., gewinnen.

DIE EUROPÄISCHEN STAATEN NACH DEM SIEBENJÄHRIGEN KRIEG

England geht unbestritten als Sieger des Krieges hervor. Seine Stellung als stärkste Wirtschaftsmacht der Erde und seine Vorherrschaft auf dem Meere ist bis zum Ende des Ersten Weltkrieges unantastbar.
Dagegen verlor Frankreich sowohl innerhalb als auch außerhalb seiner Grenzen an Ansehen. Während der Kolonialkriege und des Siebenjährigen Krieges wird der Groll des französischen Volkes gegen den absolutistischen Staat immer stärker.

Preußen hat seine Großmachtstellung behaupten können und gewinnt die Anerkennung seiner Stärke durch die anderen europäischen Mächte. Trotz des Niedergangs unter Karl VI. kann Österreich seine Großmachtstellung behalten. Damit stehen sich zwei deutsche Großmächte gegenüber.
Rußland beteiligt sich, nachdem es zuvor abgeschieden von Europa gelebt hatte, an den mittel- und westeuropäischen Auseinandersetzungen und tritt damit ins Blickfeld Europas.

DER AUFSTIEG RUSSLANDS ZUR EUROPÄISCHEN GROSSMACHT

Der russische Staat entsteht

Rußland stand bis zur Mitte des 17. Jahrhunderts außerhalb der europäischen Auseinandersetzungen. Es hatte eine andere Entwicklung erlebt als die mittel- und westeuropäischen Staaten. Das Christentum lebte hier in der Form des griechisch-orthodoxen Glaubens fort. Die jahrhundertelange Mongolenherrschaft (seit 1242) hatte ihre Spuren hinterlassen. Die russischen Fürsten übernahmen die uneingeschränkte Regierungsform (Despotismus) der mongolischen Herrscher und unterwarfen wie diese einst die angrenzenden Fürstentümer. Von Moskau aus hatte der Großfürst Demetrius Donskoj im letzten Drittel des 14. Jahrhunderts seine Herrschaft bis an die Wolga ausgedehnt und im Jahre 1380 zum erstenmal

den Khan besiegt. Iwan III., der Große, eroberte etwa hundert Jahre später Nowgorod und erhielt bereits den Beinamen „Zar von ganz Rußland". Er beseitigte die Tatarenherrschaft und erweiterte sein Machtgebiet über die Grenze Europa—Asien bis an den Ob und schuf den russischen Einheitsstaat. Der Zar (Cäsar, Kaiser) galt als Erbe des byzantinischen Kaisertums und war Oberhaupt der griechisch-orthodoxen Kirche.
Bis zur Mitte des 17. Jahrhunderts ist bereits das gesamte Sibirien erobert. An der Westgrenze übte das russische Reich einen starken Druck auf Polen aus, im Südwesten drängte es gegen die Türken und im Norden gegen die Großmacht Schweden.

Zar Peter der Grosse vergrössert und stärkt Russland

Peter der Große, der in der Zeit von 1682 bis 1725 regierte, hatte viele Länder Westeuropas bereist und die Vorzüge abendländischer Kultur kennengelernt. Mit 25 Jahren besuchte er unter falschem Namen Deutschland, Holland und England. In Amsterdam arbeitete er einige Monate als Schiffszimmermann. Der junge Zar besuchte viele Manufakturen und warb um besonders tüchtige Handwerker, Techniker und Offiziere, die ihn nach Moskau begleiten sollten. In die Heimat zurückgekehrt, beseitigte der Zar die Machtbefugnisse der „Bojaren" (Hochadel). Nach französischem Muster ordnete er Handel und Gewerbe merkantilistisch, stellte nach westlichem Vorbild ein gut ausgebildetes Heer auf und erweiterte wesentlich die Seehandelsbeziehungen nach Westen. Ebenfalls nach französischem Muster errichtete er die Petersburger Akademie der Wissenschaften.
Die besondere Liebe des Zaren galt der Flotte. Beim Stapellauf eines Kriegsschiffes sagte Peter der Große in Anwesenheit vieler Adliger: „Brüder, ist wohl ein einziger unter Euch, der sich vor dreißig Jahren hätte vorstellen können, daß er das baltische Meer ... mit russischen Flotten bedeckt sehen würde? Hätte sich jemand vorstellen können, daß er Land-Armeen finden würde, wodurch uns Gott in den Stand gesetzt hat, solche erstaunlichen Eroberungen zu machen, so daß unsere Nation gegenwärtig von der ganzen übrigen Welt mit Bewunderung angesehen wird? Hätte sich jemand vorstellen können, daß er Schulen der Wissenschaften, Manufakturen und alle Gewerbe in dem Grade würde blühen sehen, daß uns die entferntesten Nationen ehren und sich um unsere Freundschaft bewerben?"

Nach Gordon

Im sogenannten „Nordischen Krieg" (1700—1721) verlor schließlich Schweden, das seit dem Westfälischen Frieden Großmacht war, seine Vorherrschaft im Ostseeraum an Rußland. Der Zar gewann Finnland, den Süden Kareliens, das Ingermanland, Livland und Estland. Schweden mußte damit seine einstige Großmachtstellung in Europa an Rußland abtreten.
Die weitere Ausdehnung Rußlands nach Westen, Norden und Süden hielten die beiden Staaten Preußen und Österreich fast zwei Jahrhunderte auf.

MARIA THERESIA, MUTTER UND KAISERIN (1717—1780)

Aus vielen Bildern und Berichten kennen wir das Aussehen Maria Theresias. Ob als junges Mädchen beim Ballspielen oder als Herrscherin dargestellt, immer wird ihre Schönheit und Natürlichkeit hervorgehoben. Anekdoten lassen erkennen, warum die Kaiserin so geliebt wurde.
Mitten in einer Aufführung des Burgtheaters erfuhr sie, daß ihr zweiter Sohn Leopold Vater geworden war. Voller Freude beugte sich die Kaiserin in der Pause über die Logen-

Kaiser Franz I. und Kaiserin Maria Theresia mit ihren Kindern

Nikolausbescherung in der kaiserlichen Familie

brüstung und rief ins Publikum: „Denkt's euch Leut, der Poldl hat an Buam, grad an meinem Hochzeitstag! Der is galant!" Die Wiener jubelten und wußten sich gar nicht zu fassen vor Freude.

Das sechsjährige Wunderkind Mozart wurde mit seinem Vater Leopold und seiner Schwester Nannerl von der Kaiserin in Schloß Schönbrunn empfangen. Aus einem Brief des Vaters erfahren wir: „Von den Majestäten wurden wir so gnädig aufgenommen, daß man mir dies nit glauben, sondern für eine Fabel halten wird. Genug! Der Wolferl ist der Kaiserin auf den Schoß gesprungen, hat sie um den Hals genommen und abgeküßt. Wir sind von 3 bis 6 bei ihr gewesen."

Als Mutter von fünf Söhnen und elf Töchtern kannte Maria Theresia die Bedeutung der Erziehung. Trotz schwerer Kriege begann sie mit der Errichtung öffentlicher Schulen.

Sie wollte, daß alle Kinder ihres Reiches die Volksschule besuchen. Das war damals eine unerhörte Forderung. Die Fürsten meinten, Bildung mache das Volk gefährlich.

Maria Theresia blieb nicht viel Zeit für ihre große Familie. Kaum hatte sie mit 23 Jahren den Thron bestiegen, fielen die Nachbarn über ihr Reich her. Die Kurfürsten von Bayern und Sachsen, die Könige von Frankreich und Preußen hielten die Gelegenheit für gekommen, sich Stücke des „österreichischen Länderkuchens" anzueignen.
Unerfahren in Fragen der Regierung mußte Maria Theresia um ihr Recht kämpfen. Die Lage war verzweifelt. Viele Räte hielten die Sache Österreichs für verloren. „Ohne Geld, ohne Armee, ohne Freunde" stand das Land da. Die Kaiserin aber ließ den Mut nicht sinken. Sie gewann die Hilfe der Ungarn und nahm den Kampf auf. Mehr als die Hälfte ihrer Regierungszeit (1740—1780) waren Kriegsjahre. Maria Theresia konnte ihr Erbe gegen die zahlreichen Angriffe behaupten. Freilich, auf „den schönsten Edelstein ihrer Krone" (so sagte sie selbst), auf Schlesien, mußte sie verzichten.
Wie eine Mutter sorgte sich die Kaiserin um den Aufbau ihrer Länder. So führte sie die Besiedlung Ungarns fort, die Prinz Eugen begonnen hatte. In Tausenden von Gemeinden wurden öffentliche Schulen errichtet. Waisen- und Krankenhäuser entstanden. Das Los der leibeigenen Bauern wurde durch Steuergesetze erleichtert. Es ist erstaunlich, daß die Kaiserin noch Zeit fand, in ungezählten Briefen ihren Kindern Ratschläge zu geben.
Mit tiefer Sorge blickte die Kaiserin auf ihren Ältesten, der als Joseph II. deutscher Kaiser wurde. Ohne Rücksicht auf die Überlieferung wollte er den ganzen Staat neu gestalten. Er reformierte ziemlich rücksichtslos die Gesetze der einzelnen Völker und Länder der Monarchie. In den Ämtern sollte zum Beispiel nur noch die deutsche Sprache gelten. Rund 800 Klöster wurden aufgehoben und bewährte Beamte, die sich nicht fügten, entlassen. Maria Theresia sah, daß ihr Sohn und Nachfolger vieles zerstörte, was sie aufgebaut hatte. Als die Kaiserin starb, trauerten ihre Untertanen wie um eine Mutter. Friedrich II. sagte: „Sie hat ihrem Thron Ehre gemacht und ihrem ganzen Geschlecht. Ich habe mit ihr Kriege geführt, aber ich bin nie ihr Feind gewesen."

EUROPA IM ZEITALTER DES ABSOLUTISMUS

Im 17. Jahrhundert begann sich in Europa eine neue Auffassung von der Herrschaft der Fürsten durchzusetzen. Ein Gelehrter aus Florenz vor allem, Niccolo Machiavelli (1469 bis 1527), entwickelte die Idee der unbeschränkten Herrschaft des Fürsten; die Könige Spaniens und Frankreichs verwirklichten sie als erste. Alle Macht im Staat sollte nun in der Hand des Herrschers liegen. Er allein konnte über Krieg und Frieden entscheiden, die Steuern bestimmen, die Wirtschaft kontrollieren. Einfuhr und Ausfuhr regeln, die Kunstrichtung vorschreiben und vieles andere mehr. Schritt für Schritt schalteten die Herrscher den Einfluß der Stände aus. Vielerlei Mittel — Heirat, Verträge, Krieg — wurden eingesetzt, um alle Gewalt im Kabinett des Königs zu vereinen. Das anschaulichste Beispiel absoluter, d. h. uneingeschränkter Fürstenherrschaft ist der französische König Ludwig XIV. Die europäischen Fürsten ahmten den Herrschafts-, Kunst- und Lebensstil des Versailler Hofes nach. In Deutschland bildete sich keine zentrale, absolute Herrschaft heraus. Es entstanden viele kleine „Versailles".
Rücksichtslos stürzten die absoluten Fürsten ihre Länder und Völker in immer neue Kriege. Preußen stieg unter der Führung Friedrich Wilhelms I. und Friedrichs des Großen zu einem mächtigen Militärstaat und zu einer europäischen Großmacht auf, ebenso Rußland unter der Herrschaft Peters des Großen.

UNVERGÄNGLICHE KUNST DES BAROCK

EIN NEUES LEBENSGEFÜHL

Der Dreißigjährige Krieg hatte rund ein Viertel der deutschen Städte und Dörfer dem Erdboden gleichgemacht. Die folgende Friedenszeit wurde zum Aufbau des Zerstörten genutzt. Aber man begnügte sich nicht damit, das Alte wiederherzustellen. Eine neue Art zu bauen kam auf, die alles Bisherige an Glanz und Formenfreude übertraf. Wie schon zur Zeit der Renaissance kamen die großen Anreger der neuen Kunst vor allem aus Italien und Frankreich. In den deutschen Fürstenstädten, Bischofssitzen und Abteien wurde der neue Stil begeistert aufgenommen. Seine Pracht entsprach dem starken Selbstbewußtsein der absoluten Herrscher. Aber auch das Volk hatte ein neues Lebensgefühl ergriffen. Es wurde bestimmt durch die neu gewonnene religiöse Tiefe (Reformation und Gegenreformation) und die Freude an der Schönheit der Welt. Das Wort Barock stammt aus dem Portugiesischen. Dort heißt „barocco" die unregelmäßige Perle. Dichtung, Malerei und auch die Musik wurden von diesem Stil beeinflußt. Monteverdi, Palestrina und Orlando di Lasso hießen die bedeutendsten Komponisten dieser Zeit.

Barockkirche mit Grundriß

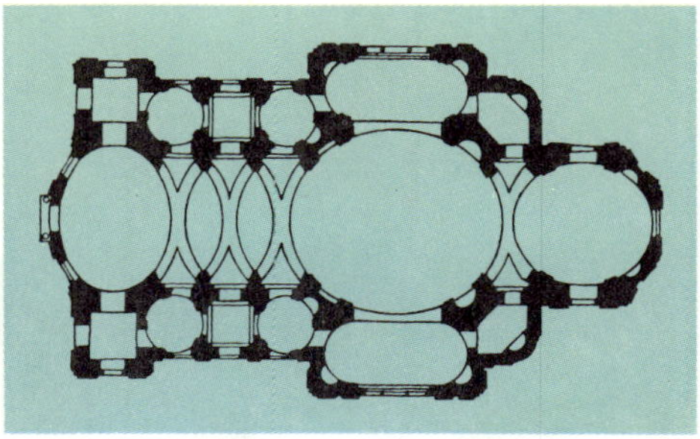

DIE BAUKUNST DES BAROCK

Eines der schönsten Werke der barocken Baukunst ist die Wieskirche im Allgäu. Ein Wallfahrtsbild zeigt den Heiland an der Geißelsäule. Der lichte, ovale Kirchenraum mit seinen bunten Gemälden, bewegten Statuen, Säulen und Fenstern ist ein einziger Jubel; Jesus an der Geißelsäule, von Wunden zerrissen, das Gesicht verzerrt vor Schmerz und Todesangst, zeigt den „Herrn der Welt" im äußersten Elend. Welch eine Spannung herrscht in diesem Raum! Und doch fügt sich alles zu wunderbarer Einheit und Harmonie.

Die Kirche „In der Wies" entstand im ausgehenden Barock – dieser Abschnitt heißt in der Kunstgeschichte Rokoko – und bedeutet den Höhepunkt im Schaffen der Brüder Dominikus (Baumeister) und Johann Baptist (Maler und Stukkateur) Zimmermann aus Wessobrunn.

Der größte Baumeister des deutschen Barock aber war Johann Balthasar Neumann. Er wurde zu Eger in Böhmen geboren (1687). Mit 23 Jahren kam er als armer Glockengießergeselle

nach Würzburg. Hier in der glanzvollen Bischofsresidenz am Main erwachten seine Begabung und Leidenschaft fürs Bauen. Er tritt als Ingenieur-Hauptmann in den Dienst des Fürstbischofs. Seine Arbeiten waren nicht zu übersehen. Er entwarf Pläne für Geschütze und Festungen, Brücken und Glasmanufakturen. Zu Weltruhm aber gelangt der „böhmische Feuerwerker" (so nannten ihn seine Neider) durch seine reifsten und schönsten Bauwerke des Barock: die Würzburger Residenz, Schloß Brühl, die Wallfahrtskirche Vierzehnheiligen und die Abteikirche zu Neresheim. „Ich bin sprachlos vor Erstaunen und Entzücken. Nirgendwo habe ich Großartigeres gesehen!" bekannte ein berühmter Baumeister aus Paris. „Keine Beschreibung kann uns den Zauber jener Kunstwerke vermitteln! Man muß eintreten in die Kirche von Vierzehnheiligen und still dieses Wunder auf sich wirken lassen. Es ist, als ob der geniale Baumeister Stein, Holz, Stuck, kurzum alles Material zu einem Jubellied verwandelt hätte."

MUSIK

Wenn von Barockmusik die Rede ist, denkt alle Welt zuerst an einen Namen: Johann Sebastian Bach. Das schönste Wort über ihn stammt von Ludwig van Beethoven: „Nicht Bach, sondern Meer sollte er heißen!" Unerschöpflich und großartig wie das Meer ist die Musik des Thomaskantors aus Leipzig.

In seinem Werk spüren wir die Spannung, in der die Menschen der Barockzeit standen. Erschütternd schildert Bach das Leiden und Sterben unseres Herrn in der „Matthäus-Passion". Der gleiche Bach aber besingt in einer lustigen Kantate den Kaffee und findet es nicht unter seiner Würde, zum Tanz aufzuspielen. An das Ende jedes seiner schier unzähligen Werke schreibt Bach die drei Buchstaben S. D. G., d. h. Soli Deo Gloria, Gott allein zur Ehre.

Bach wurde 1685 zu Eisenach in Thüringen geboren. Sein Vater war dort Stadtmusikus. Schon der Großvater und Urgroßvater Bachs waren Musikanten gewesen, und man erzählt, daß jeder zweite Organist jener Gegend um die Wartburg Bach geheißen habe. Früh verlor Bach seine Eltern. Sein Bruder Johann Christoph – von Beruf Organist – zog ihn auf und lehrte ihn das Klavier- und Orgelspiel.

Kaum 19 Jahre alt, erhält Bach die Organistenstelle in Arnstadt, ein Jahr später die in Mühlhausen, wo er jährlich 85 Gulden Gehalt bekommt. Offenbar ist ihm die Summe groß genug, um einen Hausstand zu gründen und zu heiraten. Mit seiner jungen Frau Maria Barbara übersiedelt er 1708 nach Weimar. Hier verdient er als Hoforganist und Kammermusiker sein Brot für sich und seine jährlich wachsende Familie. Sein Ruf als Organist und Klavierspieler verbreitet sich an den deutschen Fürstenhöfen.

Innenraum der Wieskirche mit Blick auf die Orgel

Im Jahre 1717 wird Bach Hofkapellmeister des jungen Fürsten von Anhalt-Köthen. Sechs Jahre später tritt er das Amt des Thomaskantors zu Leipzig an. Was er zu tun hatte, war Bach genau vorgeschrieben.

„... so soll der Kantor allen Fleiß aufwenden, damit die Knaben der Thomasschule im Singen wohl abgerichtet werden ... in der Kirche soll der Kantor sowohl an Sonn- als Festtagen, und zwar in beiden Hauptkirchen, morgens um 7 Uhr, nachmittags um ein Viertel nach 1 Uhr den Anfang machen mit dem Orgelspielen und Singen ... auch hat er jederzeit solche Musik auf eine dem Gottesdienst gemäße und der Gemeinde erbauliche Weise einzurichten ..."

Bis zu seinem Tode im Jahre 1750 versieht Bach sein anstrengendes Amt. Unübersehbar ist sein Lebenswerk: die Passionen nach Matthäus und Johannes, das Weihnachtsoratorium, Choräle, Lieder, Kantaten, Orgelwerke, Klavierstücke, die Brandenburgischen Konzerte ... 46 Bände umfaßt die Sammlung der Werke Bachs, dabei ging vieles verloren.

Noch berühmter war zu seiner Zeit jedoch ein anderer deutscher Musiker und Komponist: Georg Friedrich Händel. Sein Lebensweg führte ungleich steiler auf die Höhe des Weltruhms. Wie Bach wurde Händel in Mitteldeutschland (Halle) geboren, und zwar im gleichen Jahr (1685).

Aber Händel hält es nicht in der Enge der Heimat. Er reist gern. „Seine Opern schreibt er italienisch, seine Briefe französisch, in England hat er seine Wahlheimat, und doch ist er zeitlebens ein solider deutscher Musicus geblieben", sagte ein Bekannter von ihm. Bach, der Händel sehr bewunderte, soll kurz vor seinem Tod geäußert haben: „Händel, das ist der einzige, den ich sehen möchte, ehe ich sterbe, und der ich sein möchte, wenn ich nicht der Bach wäre."

Zu den größten Werken Händels gehört das Oratorium „Der Messias". Das große „Halleluja" ergriff den englischen König Georg II. derart, daß er sich beim Anhören erhob und alle Zuhörer aufforderte, dasselbe zu tun. Bei Aufführungen des „Messias" in England und Nordamerika wird diese Ehre Werk und Meister heute noch erwiesen.

LITERATUR

Der Text des Liedes „O Haupt voll Blut und Wunden" stammt von Paul Gerhardt, einem bedeutenden Dichter aus der Barockzeit. In seinen Liedern spiegelt sich seine Frömmigkeit wider, die sich durch das Leid, das ihm widerfahren war — vor allem durch die Schrecknisse des Dreißigjährigen Krieges —, noch vertieft hatte. Auf satirische Weise berichtet auch ein großer Erzähler, Hans Jakob Christoffel von Grimmelshausen, in seinem Roman „Simplicius Simplicissimus" von den Erlebnissen eines Soldaten in diesem Kriege. Der eltern- und heimatlose Simplicius, der Held des Romans, wird von einem Einsiedler erzogen. Nach einem abenteuerlichen Soldatenleben bereist er die Welt und übt die verschiedensten Berufe aus. Am Ende seines Lebens zog er sich wieder in die Einsamkeit zurück.

Mit der Zeit verloren jedoch die Schöpfungen der Barockdichter den Zusammenhang mit dem Leben. Übertriebene und gekünstelte Formulierungen und Wortspiele sind Kennzeichen der späteren Barocklyrik.

REGISTER

BILDNACHWEIS

Albertina, Wien, 92 rechts, 121 links, 122 – Archiv für Kunst und Geschichte, Berlin, 76 unten, 115 – Bavaria Verlag, Gauting, 95 – Bayerische Staatsbibliothek, München, 15, 53, 108 oben, 112, 119 – Bibliotheca Vaticana, Rom, 25 – Bibliothèque Nationale, Paris 97 – Bibliothèque Royale de Belgique, Brüssel, 73 unten – Cosmopress, Genf, 73 oben – Deutscher Kunstverlag, München, 82 – Giraudon, Paris, 76 oben, 92 links, 136 – Graphische Sammlung, München, 114, 124 – Herzog-Anton-Ulrich-Museum, Braunschweig, 80 unten – Hirmer Verlag, München, 154 – Historia-Photo, Bad Sachsa, 20, 91, 106 oben – Holle-Verlag, Baden-Baden, 89 – Keystone, München, 31 links – Woldemar Klein Verlag, Baden-Baden, 57 – Kunsthistorisches Museum, Wien, 16 oben, 151 – Lutetia, München, 123 – Foto Marburg, 23, 134 unten – Österreichische National-Bibliothek, Wien, 16 unten, 83 – Paul Popper Ltd., London, 31 rechts – Mit Genehmigung des Karl Rauch Verlag, Düsseldorf, entnommen aus: „Der Hof Ludwigs XIV. in Augenzeugenberichten" von Gilette Ziegler, 135 – Schmitt-Glassner, Stuttgart, 62 – Schweizer Landesmuseum, Zürich, 44 – Schweizer Verkehrszentrale, Zürich, 45 – Verlag E. A. Seemann, Köln, 147 – Staatsbibliothek Preussischer Kulturbesitz, Berlin, 93, 94, 108 unten, 120, 129, 130 oben, 134 oben – Städtische Kunstsammlung, Augsburg, 59.

WIR ERLEBEN DIE GESCHICHTE

Ein Arbeitsbuch für den Geschichtsunterricht

7. SCHULJAHR

von Dr. Johannes Hampel

BAYERISCHER SCHULBUCH-VERLAG

Zum lernmittelfreien Gebrauch an Hauptschulen in Nordrhein-Westfalen genehmigt:
KMIC 5.82-2 L.Nr. 1.829/71 H vom 9. 2. 1972

1973
Verlegt im Bayerischen Schulbuch-Verlag
München 19, Hubertusstraße 4 · ISBN 3-7627-6022-5
Einband: Rita Schwilgin
Illustrationen: Rita Schwilgin, Siegfried Peiler
Druck: Hanns Lindner, München

INHALTSVERZEICHNIS

England wird ein moderner Verfassungs- und Industriestaat

Hafenleben in Bristol
(Gemälde aus dem 18. Jahrhundert)

Der König verliert die absolute Herrschaftsgewalt

1 Urkunde der „Magna Charta Libertatum", die von König Johann ohne Land besiegelt und den Baronen ausgehändigt wurde (1215)

2/3 Vorder- und Rückseite des Siegels, mit dem die Urkunde der „Magna Charta Libertatum" versehen wurde. Vorderseite: Der König auf dem Thron sitzend; Rückseite: Der König zu Pferde mit Schwert als Symbol für die weltliche Macht

Die „Magna Charta Libertatum"

Der König von England herrschte bis zum Jahre 1215 ohne Kontrolle durch die Stände. Als Reichsoberhaupt traf er alle wichtigen Entscheidungen selbst. Ihm zur Seite stand eine Versammlung, die sich aus hohen weltlichen und geistlichen Adligen zusammensetzte und den König in Rechts- und Lehnsangelegenheiten beriet. Diese Auserwählten des Königs waren keine Vertreter des englischen Volkes. Der König berief sie nach seinem Gutdünken, wenn er ihren Rat brauchte. Die Beschlüsse faßte er allein.
Mit der Regierungszeit des Königs Johann ohne Land (1199—1216) begann ein neues Zeitalter in der Geschichte Englands. Johann ohne Land hatte große Teile seines Reiches, die die englische Krone in Frankreich besaß, aufgeben müssen. Die vielen Feldzüge, die er um die Wiedergewinnung dieser Gebiete führte, vermehrten seine Geldausgaben. Durch außergewöhnliche Erhöhung der Abgaben aus den Grafschaften, der königlichen Renten und direkten Steuern der Städte und Klöster versuchte er, seinem Geldmangel abzuhelfen. Diese Finanzpolitik machte ihn unter seinem Volk sehr unbeliebt. Auch die Großen des Landes, die Barone, hatte sich Johann ohne Land durch willkürliche Maßnahmen (z. B. Einziehung von Lehen) und Erpressungen zum Feind gemacht. Darüber hinaus lag er im Streit mit Frankreich und dem Papst.
Angesichts dieser Lage konnten es die Barone

1

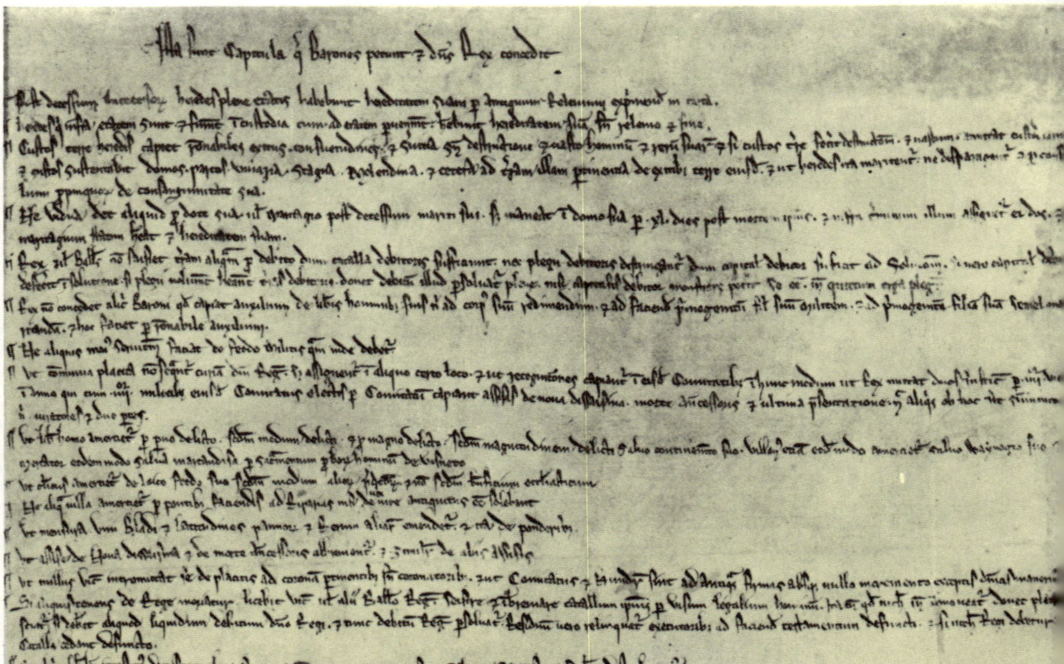

2

3

auf eine Machtprobe ankommen lassen. Sie kündigten dem König das Treueversprechen und verlangten von ihm die Erfüllung bestimmter Forderungen. Nach den Verhandlungen von Runnymede (östlich von Windsor) im Juni 1215 setzte der König sein Siegel unter eine große Freiheitsurkunde, die in die Geschichte als die „Magna Charta Libertatum" („Der große Freiheitsbrief") eingegangen ist. Es heißt darin:

„Kein freier Mann soll verhaftet oder eingekerkert oder um seinen Besitz gebracht oder geächtet oder verbannt oder sonst in irgendeiner Weise ruiniert werden, und wir werden nicht gegen ihn vorgehen oder gegen ihn vorgehen lassen, es sei denn auf Grund eines gesetzlichen Urteils von Standesgenossen oder gemäß dem Gesetze des Landes.

Wir werden niemandem Recht oder Gerechtigkeit verkaufen oder verweigern oder verzögern ...

Und sogleich nach Wiederherstellung des Friedens werden wir alle ausländischen Ritter, Bogenschützen, Dienstleute und Söldner aus dem Königreiche entfernen, die mit Pferden und Waffen zum Schaden des Reiches hergekommen sind ...

Nachdem wir aus Liebe zu Gott und zur Wiederherstellung geordneter Zustände in unserem Königreich und zur besseren Beilegung unseres Streites mit den Baronen alle die genannten Dinge bewilligt haben, so wollen wir nunmehr auch, daß sie sich ihrer in voller und fester Beständigkeit auf ewige Zeiten erfreuen können, und geben und gewähren ihnen daher die nachstehende Sicherheit. Die Barone sollen unter ihren Standesgenossen im Königreich fünfundzwanzig auswählen, welche sie wollen, und diese fünfundzwanzig sollen nach all ihren Kräften den Frieden und die Freiheiten, die wir ihnen gewährt und durch die gegenwärtige Urkunde bestätigt haben, wahren und festhalten und dafür sorgen, daß sie auch von anderer Seite gewahrt werden, und zwar in folgender Weise: Falls wir ... oder (sonst) einer von unseren Amtsleuten sich in irgendeiner Sache gegen irgend jemand vergeht und irgendeine der Bestimmungen des Friedens und der Sicherheit übertritt, und falls dieses Vergehen vieren unter den fünfundzwanzig genannten Baronen bekannt wird, so sollen diese vier Barone zu uns oder, im Falle unserer Abwesenheit außer Landes, zu unserem Justitiar (Rechtsvertreter) kommen und uns die Übertretung vorlegen, und sie sollen fordern, daß wir diese Übertretung unverzüglich wiedergutmachen ... diese fünfundzwanzig Barone sollen dann zusammen mit der Gemeinde des ganzen Landes uns auf jede mögliche Weise pfänden und bedrängen, durch Wegnahme unserer Schlösser und Länder und Besitzungen und wie sie es sonst noch können, bis die Sache nach ihrem Gutdünken ins Reine gebracht ist; nur soll dabei unsere Person und die Königin und die unserer Kinder unangetastet bleiben. Und wenn die Sache in Ordnung ist, sollen sie uns wieder gehorchen wie bisher."

Das Parlament bildet sich heraus und beschränkt die Macht des Königs

Auf der Grundlage dieses Freiheitsbriefes von 1215, der die Macht des Königs begrenzte und den einzelnen Bürgern unveräußerliche Rechte zusicherte, entwickelte sich das moderne englische Verfassungsrecht. Natürlich wurde die Freiheitsurkunde von Königen und Fürsten oft in Frage gestellt, aber nie mehr gelang es, die einmal bestätigten Rechte zurückzunehmen. Die

Grundidee der „Magna Charta Libertatum" wurzelt so tief im Rechtsbewußtsein des englischen Volkes, daß es bis heute auf eine geschriebene Verfassung verzichtete, in der alle geltenden Rechte aufgezeichnet sind. Die Kontrolle darüber, daß die gewährten Freiheiten nicht verletzt würden, übernahm das Parlament, das sich bereits im Laufe des 13. Jahrhunderts herausbildete. In den Parlamenten waren zunächst nur Vertreter des höheren Adels. Allmählich wurden aber auch, besonders bei Beratungen von Steuer- und Finanzfragen, Vertreter der Städte und des niederen Adels hinzugezogen. Im „Model Parliament" („Musterparlament") von 1295, das König Edward I. wegen seiner gleichzeitigen Kriege gegen Frankreich, Schottland und Irland einberufen mußte, waren erstmalig alle Bevölkerungsschichten vertreten. Unter Vorsitz des Königs beriet das Parlament von nun an wesentliche Fragen der Innen- und Außenpolitik Englands und verabschiedete Beschlüsse. Aber es lag weiterhin im Belieben des Königs, das Parlament einzuberufen oder nicht. In Fragen der Steuer- und Finanzpolitik war er jedoch wegen seines hohen Geldbedarfs auf die parlamentarische Unterstützung angewiesen.
Die weitere Entwicklung des Parlaments führte schon sehr bald, bereits im Laufe des 14. Jahrhunderts, zur Trennung in ein Oberhaus („House of Lords") und Unterhaus („House of Commons"). Die „Commons" vertraten den niederen Adel aus den Grafschaften und die reichen Städte. Sie waren die eigentlichen Geldgeber des Königs und berieten in gesonderten Sitzungen, was vermutlich zur Trennung vom Oberhaus führte. Das Oberhaus setzte sich aus den Abgeordneten des hohen geistlichen und weltlichen Adels zusammen.

Königtum und Parlamentarismus geraten in Konflikt

König Karl I. schaltet das Parlament aus

Wie auch die übrigen Herrscher in Europa versuchte der englische König Karl I. (1625–1649) im 17. Jahrhundert die unumschränkte Regierungsgewalt (Absolutismus) in seinem Land einzuführen. Er erhob ohne die Zustimmung des Parlaments neue Steuern, erhöhte die Zölle und ließ Gegner seiner Politik einkerkern. In königlichen Gerichtshöfen ließ er Recht sprechen und begünstigte die Katholiken, wodurch die religiösen Gegensätze im Volk von neuem aufbrachen. Es ist die Zeit, da viele Puritaner (calvinistische Protestanten), die unter dem absoluten Regime Karls I. nicht leben wollten oder in England verfolgt wurden, in die nordamerikanischen Kolonien auswanderten.
Im Parlament erhoben sich viele kritische Stimmen gegen die Maßnahmen des Königs. Daraufhin löste Karl I. das Parlament dreimal auf und regierte elf Jahre ohne Parlament. Schließlich zwangen ihn finanzielle Schwierigkeiten — er brauchte dringend Geld für einen Krieg gegen Schottland —, das Parlament von neuem einzuberufen. Wiederum bildete sich eine starke Gruppe unter den Abgeordneten, die an der Politik Karls I. heftig Anstoß nahmen. Als eine Schar Bewaffneter im Auftrag des Königs in das Parlament eindrang, um fünf führende Köpfe der königsfeindlichen Partei zu verhaften, war die allgemeine Empörung unter dem Volk groß. Ein Bürgerkrieg brach aus, und der König mußte fliehen.

Ein König wird zum Tode verurteilt

Unter der Führung Oliver Cromwells besiegte das Heer der Aufständischen den König und seine Anhänger in einem siebenjährigen Bürgerkrieg. Ein Sondergerichtshof, den Oliver Crom

Sitzung des englischen Parlaments vom 16. April 1641. In dieser Parlamentssitzung wurde der Earl of Strafford zum Verlust der bürgerlichen Ehrenrechte und zur Einziehung seines Vermögens verurteilt, weil er zwischen den Parteien hin und her schwankte. Einen Monat nach dieser Sitzung unterschrieb König Karl I. unter dem Druck des Parlaments und der aufgebrachten Bevölkerung von London das Todesurteil Straffords.

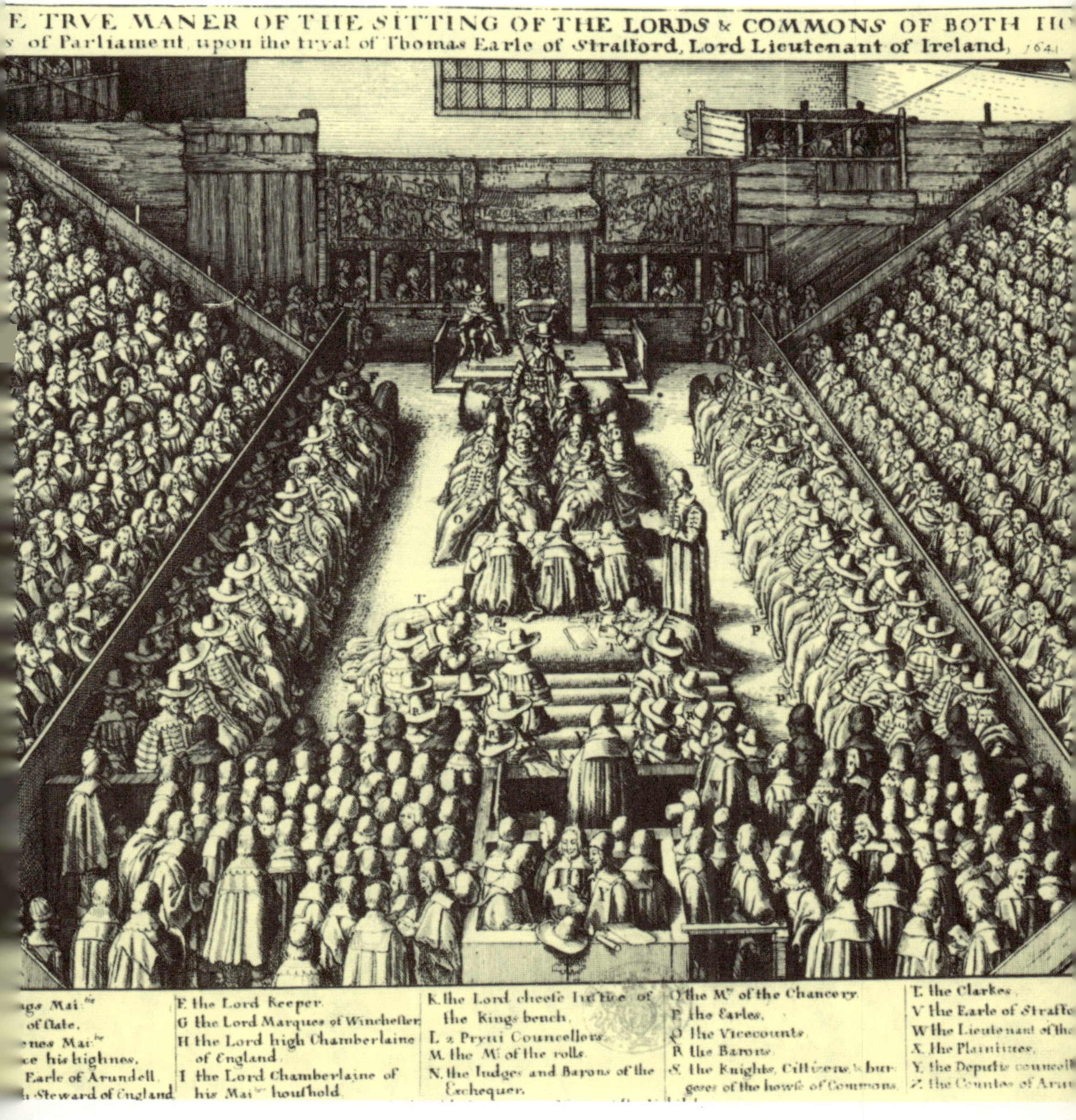

1

2

well zusammengestellt hatte (135 Abgeordnete: Offiziere und Juristen), machte dem König den Prozeß. Die Anklage hieß, der König habe die „überlieferten Grundrechte" des englischen Volkes verletzt und an ihrer Stelle ein tyrannisches Regiment errichtet. In einem Brief an einen Freund begründet Oliver Cromwell die Anklage folgendermaßen: „Obrigkeiten und Gewalten sind eine Einrichtung von Gott. Die jeweilige Art aber ist eine menschliche Einrichtung und begrenzt mit mehr oder weniger lockeren oder festeren Formen, je nach der jeweiligen Verfassung. Darum glaube ich aber noch nicht, daß die Obrigkeit sich alles erlauben darf und ihr immer ... Gehorsam gebührt, sondern es gibt nach allgemeinem Urteil Fälle, in denen es das Rechte ist, sich zu widersetzen."

Karl I. bezeichnete dieses Sondergericht als nicht rechtmäßig und erklärte, daß er sein Königtum ererbt habe und daher von seinen Untertanen nicht gerichtet werden könne. Gegen den Einspruch des Oberhauses, in dem nur noch 13 Lords vertreten waren, wurde Karl I. zum Tode verurteilt. In der Urkunde über die Urteilsverkündung, die von 58 Mitgliedern des Sondergerichtshofes mit Oliver Cromwell an dritter Stelle unterzeichnet ist, heißt es: „Da Karl Stuart, König von England, des Hochverrats und anderer Staatsverbrechen beschuldigt, überführt und ihretwegen verurteilt ist und bleibt, und das Urteil

3

1 König Karl I., er floh während des Bürgerkrieges zu den Schotten, die ihn 1647 an das englische Parlament auslieferten.

2 Oliver Cromwell betrieb die Hinrichtung König Karls I.

3 Hinrichtung Karls I. 1649

iber ihn am letzten Samstag durch diesen Geichtshof gesprochen wurde, nämlich zum Tode lurch Enthauptung, und dieses Urteil nun zu vollziehen ist, so heißen und gebieten Untereichnete euch (Vollzugsbehörde), dafür zu sorgen, daß besagtes Urteil voll und ganz vollogen werde, auf offener Straße vor Whitehall, norgen, am dreißigsten Tage des laufenden Monats Januar, in der Zeit zwischen zehn Uhr morens und fünf Uhr abends dieses selben Tages.)ies sei hiermit eure hinlängliche Vollmacht."

m 30. Januar 1649 wird König Karl I. von ngland zu Whitehall in London öffentlich hinerichtet.

n England wird die Republik usgerufen

lle Macht liegt beim „Rumpfparlament"

ach der Hinrichtung des Königs wurde die lonarchie abgeschafft und die Republik ausgefen: „Gesetz, wodurch das Volk von England ch als Republik und Freistaat erklärt und konituiert.

; sei durch das gegenwärtige Parlament und aft seiner Machtvollkommenheit verkündet d gesetzlich bestimmt, daß das Volk Englands d aller dazugehörigen Herrschaften und Geete hiermit als Republik (Commonwealth) und eistaat konstituiert, begründet und bestätigt erden soll und wird. Von nun an soll es als publik und Freistaat durch die höchste Autorität der Nation, nämlich die Vertreter des Volkes im Parlament, regiert werden sowie durch diejenigen, die diese zum Besten des Volkes als ihnen unterstellte Beamte und Minister ernennen und einsetzen werden, und zwar ohne König oder Oberhaus."

Das bedeutete, daß alle Macht, die bisher dem König zusammen mit den beiden Häusern zustand, nun auf einen kleinen verbliebenen Teil von Abgeordneten im Unterhaus, dem sogenannten „Rumpfparlament", beschränkt war. Das „Rumpfparlament", das im Jahre 1649 nur noch 1/5 der ursprünglichen Sitze im Parlament umfaßte, vertrat nur eine kleine Minderheit des englischen Volkes. Es waren die Independenten („Unabhängigen"), die in den Auseinandersetzungen mit Katholiken und Anglikanern im Parlament den Sieg davongetragen hatten. Die Independenten forderten die völlige Selbständigkeit der christlichen Gemeinde, die von jeglicher Kirche unabhängig ist. Sie lehnten daher das anglikanische Staatskirchentum und überhaupt jede Art von Kirchenregiment, also auch die katholische Kirchenverfassung, ab. Diese religiöse Selbstbestimmung wurde ebenso dem Einzelmenschen zugebilligt. Auch in weltlichen Dingen sollte jeder einzelne seine Entscheidungen selbst treffen können.

Das „Rumpfparlament" beschloß Gesetze, beaufsichtigte die Rechtsprechung, ernannte Generäle und Admirale, kontrollierte die Verwaltungsbehörden des Landes und enteignete königstreue Grundbesitzer. Ein von ihm beauftragter Staatsrat, der aus 41 Mitgliedern bestand und jährlich neu gewählt wurde, übte die Regierungsgeschäfte aus. Der Staatsrat setzte sich aus Berufsoffizieren, Kaufleuten, Juristen und Vertretern des niederen Adels zusammen.

Oliver Cromwell löst das Parlament auf und errichtet eine Diktatur

Der „Staatsstreich" Oliver Cromwells

Während die Abgeordneten des „Rumpfparlaments" fast pausenlos tagten, führte das englische Heer mit Oliver Cromwell an der Spitze Kriege gegen Irland, Schottland, die Niederlande und Spanien. Denn die Hinrichtung Karls I. hatte im katholischen Irland und im katholischen Teil Schottlands zu Aufständen gegen die junge parlamentarische Republik geführt. Auch die Monarchen Europas (z. B. in Schweden, Dänemark, den Niederlanden, Spanien) waren sehr beunruhigt und sahen in der parlamentarischen Regierungsform Englands eine Gefahr für ihr eigenes Königtum.

Als der Widerstand in Irland und Schottland mit Gewalt und großem Blutvergießen gebrochen, als die Großmacht Spanien bezwungen war und der Handelskrieg mit den Niederlanden seinem Ende zuging, verübte Oliver Cromwell einen Staatsstreich. Er war verärgert darüber, daß trotz vierjähriger fast ununterbrochener Tagungen des „Rumpfparlaments" noch keine zufriedenstellende Verfassung ausgearbeitet war. Zudem debattierten die Abgeordneten gerade darüber, die Macht des „Rumpfparlaments" für ewig zu beschließen. Mit der vollen Unterstützung der Armee und einer Kompanie Soldaten trieb Oliver Cromwell das „Rumpfparlament" auseinander. Aber wer sollte an seine Stelle gesetzt werden: Der König war hingerichtet, das Oberhaus bestand nicht mehr, und das Unterhaus wurde gerade aufgelöst?

Cromwell an der Spitze eines Polizeistaates

Durch einen Rat der Offiziere ließ Oliver Cromwell ein neues Parlament einberufen (1653), in dem allerdings wiederum die katholischen und anglikanischen Bevölkerungsteile nicht vertreten waren, sondern nur die Independentengemeinden. Zum erstenmal aber erhielten irische und schottische Abgesandte Sitze im Parlament, das als „Parlament der Heiligen" in die Geschichte eingegangen ist. Es beriet und beschloß die Gesetze. Oliver Cromwell übte als Lordprotektor die Regierungsgewalt aus und hatte gleichzeitig den Oberbefehl über das Heer. Aber von Anfang an kam es zwischen ihm und dem „Parlament der Heiligen" zu Streitigkeiten. Der Lordprotektor hatte ohne Parlamentsbewilligung Steuern und Zölle erhoben, Bürger ohne Gerichtsverfahren in Gefängnissen festgesetzt. Richter, die Klagen und Beschwerden von Bürgern als rechtmäßig anerkannten, wurden aus ihren Ämtern entlassen oder in manchen Fällen sogar verhaftet. Oliver Cromwell hatte in England einen Polizeistaat geschaffen. Er teilte das Land in zehn Teile, an deren Spitze er jeweils einen Major-General mit einem Truppenaufgebot setzte. Die Offiziere dieser Truppen kontrollierten die örtlichen Verwaltungsbehörden und hatten dafür Verantwortung zu tragen, daß das Volk puritanisch lebte. Das bedeutete z. B., daß auf das in England so beliebte Pferderennen verzichtet werden mußte. Tanz, Vergnügen und Theateraufführungen waren verboten und die Gasthäuser wurden geschlossen. All diese Maßnahmen machten das Cromwell-Regime sehr unbeliebt. Es verbreitete Angst und Schrecken unter der Bevölkerung.

Als die Unzufriedenheit im Parlament immer größer wurde und einige Abgeordnete ihren Unmut auch lautstark äußerten, löste es Oliver Cromwell kurzerhand auf. Dies tat er in der Folgezeit noch mehrere Male, auch mit Waffengewalt. Seine Ansprache vor dem letzten Parlament beschloß Oliver Cromwell mit dem Sat

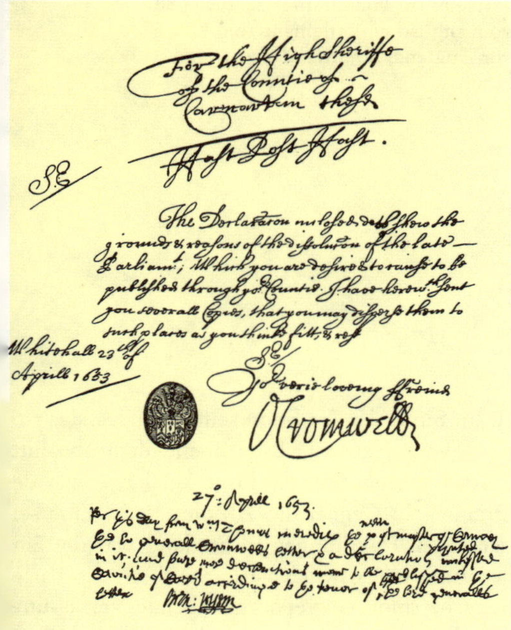
For the High Sheriffe
of the County of
Carmarthen these

Hast Post Hast.

The Declaration inclosed, which shews the
grounds & reasons of the dissolution of the late
Parliament; which you are desired to cause to be
published through yor County. I have herewith sent
you severall Copies, that you may disperse them to
such places as you think fitt; & rest

Whitehall 23th
Aprill 1653

Yo[r] verie loving friend
O Cromwell

27: Aprill 1653

Schreiben Oliver Cromwells aus Whitehall vom 23. April 1653, in dem er die Auflösung des Parlaments verfügt

Ich löse hiermit dieses Parlament auf und überasse es Gott, über euch und mich zu richten!"
)liver Cromwell war es nicht gelungen, auf der ;rundlage einer Verfassung und mit der Zutimmung des Parlaments zu regieren. Er stützte eine Herrschaft auf Armee, Gewalt und dikatorische Maßnahmen. Im Volk war er so veraßt, daß er seinen Regierungssitz im Whiteall Palace nur unter stärkstem Schutz verlassen onnte. Die ihm von einer kleinen Gruppe des Iittelstandes angetragene Königskrone mußte : unter dem Druck der Armee ablehnen. Im ommer 1658 starb Oliver Cromwell.

ı England scheitert der .bsolutismus

ie „Habeas-Corpus-Akte" garantiert die per- nliche Freiheit des einzelnen

n Parlament, das man nach dem Tode Oliver romwells neugewählt hatte, berief Karl II. 660–1685), den Sohn des hingerichteten Kö- gs, auf den englischen Thron zurück. Vorsich- ;er und diplomatischer als sein Vater versuchte ch er, absolutistische Herrschaftsformen ein- führen und danach zu regieren. Er griff willkürlich in die Rechtsprechung ein und bevorzugte die Katholiken, während das Parlament die Anglikaner begünstigte. Wiederum wanderten viele Puritaner, ein Drittel der damaligen Bevölkerung Englands, in die nordamerikanischen Kolonien aus.

Da König Karl II. wiederholt Bürger seines Landes länger in den Gefängnissen hielt, als gesetzlich zulässig war, und Prozesse willkürlich hinausgezögert wurden, setzte das Parlament die „Habeas-Corpus-Akte" durch. Die Bestimmungen dieses Staatsgrundgesetzes von 1679 sind ein wichtiger Schritt zum Schutz der Bürger vor Übergriffen der staatlichen Gewalt. Danach mußte jeder Verhaftete innerhalb von drei Tagen einem Richter vorgeführt werden. Dieser oder ein Gerichtshof leitete die Ermittlungsuntersuchung und entschied, ob ein Haftbefehl ausgestellt wurde oder nicht. Weiter heißt es in der Urkunde: „Falls ein Beamter ... die obenerwähnten Schritte unterläßt oder sich weigert, sie auszuführen, ... so hat er gegenüber dem Häftling oder der gekränkten Partei beim ersten Vergehen die Summe von 100 Pfund, beim zweiten Vergehen die Summe von 200 Pfund verwirkt, und hiermit kann er sein Amt nicht mehr innehaben oder verwalten." Gemeint sind die Sheriffs und Kerkermeister, die sofort alle Schritte zu unternehmen hatten, um den Gefangenen binnen einer Frist von drei Tagen dem Richter vorzuführen.

Damit war die persönliche Freiheit des Bürgers gesetzlich geschützt, und willkürliche Verhaftungen wurden ausgeschlossen. Auch in der Verfassung der Vereinigten Staaten von Amerika spielte dieses Grundrecht eine große Rolle. In der Folgezeit ging es in alle freiheitlichen Verfassungen der Neuzeit ein.

Wilhelm III. von Oranien wurde 1688 vom englischen Parlament zum König von England, Schottland und Irland berufen.

Die „Glorreiche Revolution"
(„Glorious Revolution") im Jahre 1688

Die erworbenen Grundrechte der englischen Bürger waren aufs neue gefährdet, als Jakob II., ein Bruder Karls II., den Thron bestieg. Wie seine Vorgänger versuchte er, das unumschränkte Königtum wiederherzustellen. Er förderte vor allem die Katholiken und verschaffte ihnen wichtige Ämter im Staat. Die anglikanische Mehrheit im Parlament versuchte er zu schwächen, indem er auch den verschiedenen puritanischen Richtungen Privilegien zubilligte. Als er schließlich versuchte, Katholiken und andere nichtanglikanische Gläubige in wichtige Ämter zu setzen, kam es zum offenen Widerstand gegen den König und zum Umsturz. Jakob II. flieht nach Frankreich und wird „ohne Schwertstreich" abgesetzt. Da die Anhänger der absoluten Königsherrschaft viel zu gering waren, blieb dem Land ein weiterer Bürgerkrieg erspart. Stolz sprechen die Engländer von der „Glorious Revolution", in der kein Blut floß.
Von führenden Köpfen der beiden großen Parlamentsparteien, den Whigs (Königstreue) und Tories (Gegner der katholischen Könige), wurde dem Statthalter der Niederlande, Wilhelm von Oranien, die englische Krone angetragen. Wilhelm III. von Oranien, der das Angebot annahm, war ein Enkel des hingerichteten Königs Karl I. und Schwiegersohn des geflohenen Jakob II. Im Sinne der Tradition seines Landes, das sic 1581 vom Hause Habsburg und dem absoluti stisch regierten Spanien losgesagt hatte, war de Oranier ein Gegner des Absolutismus. Eine sei ner ersten Handlungen in England war die Ein berufung eines neuen Parlaments. Dieses Parla ment beschloß eine epochemachende Verfassung die als das wichtigste Ergebnis der „Glorreiche Revolution" gilt. Es ist die „Bill of Rights", i der die Rechte des Königs und des Parlament gegeneinander abgegrenzt werden.

Die „Bill of Rights"

In der „Bill of Rights" ist der Grundsatz de Volkssouveränität garantiert. Für das souverän Volk handelt das Parlament. Wilhelm III. vo Oranien empfängt als erster Monarch die Kö nigswürde aufgrund einer Konstitution, ein Verfassung. Man nennt eine solche Herrschaft form „konstitutionelle Monarchie"; in ihr we den Königsherrschaft und Volksherrschaft ve einigt. England öffnet damit den Weg zu ein demokratischen Herrschaftsordnung, ohne d Tradition seines Königtums aufzugeben.
Nach der „Bill of Rights" konnten Gesetze n gemeinsam vom König, den Lords und Commo erlassen und wieder aufgehoben werden. D Königtum unterstand den Gesetzen.
Wichtige Bestimmungen der „Bill of Right lauten: „Die in Westminster versammelten geis lichen und weltlichen Lords und Gemeinen, d gesetzmäßige, vollständige und freie Vertretu aller Stände des Volkes in diesem Königrei legten am 13. Tag im Februar unseres Her 1689 Ihren Majestäten, zu der Zeit genannt u bekannt unter dem Namen und Titel Wilhe

John Locke, englischer Philosoph, floh aus politischen Gründen vorübergehend nach Frankreich und kehrte mit Wilhelm von Oranien nach England zurück.

ınd Maria, Prinz und Prinzessin von Oranien, lie in eigener Person anwesend waren, eine gevisse geschriebene Erklärung vor, welche von ›ben angeführten Lords und Gemeinen in folgenden Worten ausgestellt wurde . . . :

)ie angemaßte Befugnis, Gesetze oder die Ausührung von Gesetzen durch königliche Autoität ohne Zustimmung des Parlaments aufzuıeben, ist gesetzwidrig . . .

)ie Errichtung des früheren außerordentlichen ;erichtshofes für kirchliche Rechtsfälle sowie alle nderen Kommissionen und Gerichtshöfe ähncher Natur sind gesetzwidrig und gefährlich . . .

s ist das Recht des Untertans, dem König Bittchriften einzureichen, und jede Untersuchungsaft sowie Verfolgung wegen solch einer Petition :t gesetzwidrig.

s ist gegen das Gesetz, es sei denn mit Zustimıung des Parlaments, eine stehende Armee im önigreich in Friedenszeiten aufzustellen oder zu alten . . .

ie Freiheit der Rede und der Debatten und Verandlungen im Parlament darf von keinem Gechtshof oder sonstwie außerhalb des Parlaments ngefochten oder in Frage gestellt werden . . .

n vollen Vertrauen, daß Seine Hoheit der Prinz on Oranien seine diesbezügliche Erklärung erıllen und sie gegen Verletzung ihrer hiermit ıgesicherten Rechte sowie gegen alle sonstigen ngriffe auf ihre Religion, Rechte und Freiheiten schützen wird, beschließen die zu Westminster versammelten geistlichen und weltlichen Lords und Gemeinden, daß Wilhelm und Maria, Prinz und Prinzessin von Oranien, König und Königin von England sein und als solche erklärt werden sollen."

In der Schrift „Abhandlung über die Herrschaft" (1689) von dem englischen Philosophen und Staatsdenker John Locke werden die Begriffe der „Volkssouveränität" und der „Gewaltenteilung" begründet und erläutert:

„Da die Menschen von Natur frei, gleich und unabhängig sind, kann niemand aus diesem Zustand vertrieben und der politischen Gewalt eines anderen unterworfen werden, es sei denn mit seiner eigenen Einwilligung . . .

In allen Fällen, so lange die Regierung besteht, ist die Legislative (die gesetzgebende Körperschaft) die höchste Gewalt. Denn, wer einem anderen Gesetze geben kann, muß notwendigerweise höher stehen als er, und da die Legislative nicht anders Legislative der Gesellschaft ist als durch ihr Recht, für alle Teile und jedes Mitglied der Gesellschaft Gesetze zu geben, Regeln für ihre Handlungen aufzustellen und Macht zur Vollziehung zu erteilen, wo sie überschritten werden, so muß die Legislative unter allen Umständen die höchste, und alle Gewalten in anderen Gliedern oder Teilen der Gesellschaft müssen von ihr abgeleitet und ihr untergeordnet sein."

Die Begrenzung der Macht des Königs durch das Parlament und durch unabhängige Richter ist das Ergebnis eines langen politischen Ringens. In England und in den Niederlanden setzte sich diese Teilung der Gewalten zuerst durch. Vermutlich haben sich auch deshalb in beiden Ländern die Königshäuser bis heute halten können.

Siegel Karls II. von 1662. Es drückt symbolisch das Streben der englischen Krone nach der Herrschaft über die Meere aus.

Spanische Armada. 30 000 Mann Besatzung sollten in England an Land gebracht werden. Der Angriff wurde abgewehrt; den Rest der Flotte vernichtete ein Sturm.

꞉nglands Aufstieg zur führenden ᐟVirtschaftsmacht

'panien und Portugal verlieren das Wettrennen

n Wettlauf um den Gewinn überseeischer Geiete lagen Spanien und Portugal im 16. und 7. Jahrhundert an der Spitze. In Süd- und Mitㆍlamerika, aber auch im Süden Nordamerikas Kalifornien, Florida, Texas), auf den Philippien und zahllosen Inseln aller Ozeane errichteten panische Kaufleute und Soldaten Stützpunkte. ie Portugiesen setzten sich in Brasilien, Indien, af den Molukken und in Ostasien fest. Frankich, England und die Niederlande spielten zuächst nur Nebenrollen.

ne Wende bringt das Jahr 1588. Im Kanal ommt es zu einer Schlacht zwischen der spachen Armada und der englischen Flotte. Die it 2400 Geschützen ausgerüsteten spanischen hiffe werden von den zahlenmäßig schwächen, aber schnelleren der Engländer besiegt. Auf r Flucht zu den heimischen Häfen wurde der est der stolzen Armada ein Opfer wilder Stüre. Der Weg Englands zur Gründung von Konien und zur Beherrschung des Seehandels war i. Die Niederlande, Portugal, Frankreich, Vedig und die deutschen Hansestädte mußten nließlich den Vorrang Englands hinnehmen.

dien im Osten und Nordamerika im Westen ırden die Eckpfeiler britischer Macht. Oliver omwell bestimmte 1651 in der Navigationste, daß Waren nach England und seinen Konien nur auf englischen oder zur Hälfte mit gländern bemannten Schiffen gebracht werden ɾften. Der englische Kaufmann kontrollierte die wirtschaftliche Entwicklung in den Koloɲn und im Mutterland. Er sammelte Kapital das den bibeltreuen Calvinisten als ein Zein göttlichen Segens erschien. Wiederum aus aubensgründen achteten sie den Lebensgenuß ing, was wesentlich zur Vermehrung des ichtums beitrug.

Die „industrielle Revolution" in England

Über die Ursachen, die zur Entfaltung des industriellen Zeitalters führten, schreibt ein englischer Historiker:

„Die Gründe für die Entwicklung der industriellen Revolution in Großbritannien waren, daß dieses Land bereits durch das Kapital beherrscht wurde, ... daß es große sich ausweitende Märkte, eine freie Einwohnerschaft, politische Sicherheit und große Erfahrung im Überseehandel besaß, daß es bequemen Zugang zu den überseeischen Märkten durch seine geographische Lage und seine Schiffahrt hatte, während seine Eisen- und Kohlengruben es mit den wertvollsten Rohstoffen versahen ... Großbritannien wurde schließlich die Werkstatt der Welt."

(Aus L.C.A. Knowles, England und die industrielle Revolution, London 1921).

In den Hafenstädten der Britischen Inseln, vor allem in London, hatte sich ein kapitalkräftiges Bürgertum herausgebildet, das nicht nur den Welthandel bestimmte, sondern auch wesentlich die Entwicklung zur industriellen Gesellschaft beschleunigte. Die Kaufleute und Seefahrer waren risikofreudig, unternehmungslustig und bibelgläubig. Sie fühlten sich als politisch freie Bürger und glaubten, auf die einzig richtige Art zu leben.

Die Textilerzeugung war im 17. und 18. Jahrhundert der wichtigste Zweig der englischen Wirtschaft. Anfangs wurde nur die Schafwolle des Inlandes verarbeitet. Mit der Gründung von Kolonien in Nordamerika gewann die Baumwolle als Rohstoff immer mehr an Bedeutung. Zwischen den Arbeitsgängen des Spinnens und Webens bestand ein großes Mißverhältnis. Um für einen Weber das Garn zu liefern, waren zehn Spinner nötig. Dies gab den Anstoß dazu, nach rationelleren Produktionsmethoden zu suchen.

1

1 Dampfmaschine von James Watt (1769; Nachbildung)

2 Jenny-Spinnmaschine von Hargreaves für Handbetrieb (1764; Nachbildung)

3 Mechanischer Webstuhl von Cartwright (1784; Graphik des 19. Jahrhunderts)

Im Jahre 1764 erfand der Weber James Hargreaves die erste Spinnmaschine, die er nach seiner Tochter „spinning Jenny" nannte. Schon nach wenigen Jahren hatte sich die Maschine durchgesetzt. Das Verhältnis zwischen Spinnern und Webern entwickelte sich nun umgekehrt. Eine „Jenny" versorgte zehn Weber mit Garn. Die Erfindung einer Webmaschine war die nächste Notwendigkeit. Den ersten mechanischen Webstuhl konstruierte der englische Pfarrer Cartwright in der Zeit zwischen 1784 und 1788. Als 1784 die Dampfmaschine — erfunden von James Watt — als Antriebskraft hinzukam, war für England das Tor zum Zeitalter der Technik und Industrie aufgestoßen. Ein Industriezweig rief den anderen auf den Plan. Eisen und Stahl wurden gebraucht für die Herstellung der Maschinen; dafür waren wiederum Kohle- und Erzgewinnung die Voraussetzung. Schon 1779 wurde die erste Brücke und 1790 das erste Schiff au Eisen gebaut.

Diese neuen Entwicklungen veränderten das Le ben der Menschen einschneidend. Sie waren nu nicht mehr zu Hause — als Handwerker — täti sondern sie mußten zum Standort der Maschine gehen, um sie bedienen zu können. Die Arbeits stätten wurden aber trotzdem noch Manufak turen genannt, was wörtlich Handarbeitsstätte heißt; sie waren die Vorläufer der späteren F briken.

Eine andere Folge der Veränderungen, die dur das Zeitalter der Industrialisierung heraufg führt wurden, war das sprunghafte Ansteige der Bevölkerung. Von 1760 bis 1800 wuchs die Einwohnerzahlen in

Manchester	von 17 000 auf 100 000
Birmingham	von 30 000 auf 75 000
Leeds	von 15 000 auf 60 000

2

3

?arlamentarismus und ,,industrielle Revolution" begründen den modernen Staat in England

ngland gilt als Ursprungsland des Parlamen-arismus. Diesen Ruf erwarb es sich während arter Auseinandersetzungen zwischen König-ım und Parlament. Von der Versammlung ho-er weltlicher und geistlicher Adliger, die der önig nach Belieben berufen konnte, bis zur Bill of Rights" (1689) vergingen viele Jahr-underte.

ie „Magna Charta Libertatum" (1215) schränk- erstmalig die absolute Königsherrschaft ein nd bestätigte jedem einzelnen Bürger unver-ıßerliche Rechte. Noch im gleichen Jahrhundert ıtwickelte sich das Parlament, das die Einhal-ıng der gewährten Freiheiten kontrollierte und ıter Vorsitz des Königs wichtige Fragen der ınen- und Außenpolitik mitentschied.

ı 17. Jahrhundert gerieten König und Parla-ent in einen schweren Konflikt. Wiederholt rsuchten die englischen Könige, beginnend mit ırl I. bis Jakob II., die unumschränkte Regie-ıngsform (Absolutismus) einzuführen. Der ımpf endete mit der „Glorious Revolution" 688), die unblutig verlief. Das englische Volk ihlte einen neuen König, Wilhelm III. von anien. Zwar blieb die Krone weiterhin erblich, er das Parlament trat als Vertretung aller Gruppen der Gesellschaft gleichberechtigt neben den König. In der „Bill of Rights", dem wichtigsten Ergebnis der „Glorreichen Revolution", sind die Grenzen der königlichen und parlamentarischen Macht genau abgesteckt. In den Parlamentsreformen des 18. und 19. Jahrhunderts mußten König und Oberhaus weitere Einbußen ihrer Macht hinnehmen. Das Unterhaus wird zum eigentlichen Zentrum der politischen Macht, der Ministerpräsident (Premierminister) deren ausführendes Organ.

Wegweisend für viele andere Länder wurde auch Englands wirtschaftliche Entwicklung. In seinen Hafenstädten Manchester, London, Liverpool usw. kündigte sich das neue Zeitalter an, das oft mit dem Schlagwort „Kapitalismus" bezeichnet wird. Hier vollzieht sich jene „urbane Konzentration" von Umschlags-, Börsenplatz und Produktionsstätte. Erfindergeist, Erwerbssinn und puritanische Lebensführung bewirken den Aufstieg der Britischen Inseln zum geistigen, wirtschaftlichen und politischen Zentrum der „Alten und Neuen Welt". In dem Ausspruch „Rule Britannia, Britannia, rule the waves!" („Herrsche, Britannien, Britannien, beherrsche die Meere!") sind die Grundlagen für die Politik der nächsten Jahrhunderte enthalten.

?5

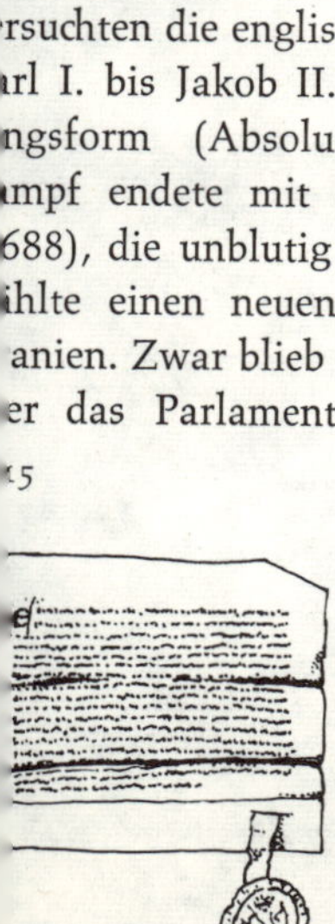

?gna Charta ?ertatum

13. Jahrhundert

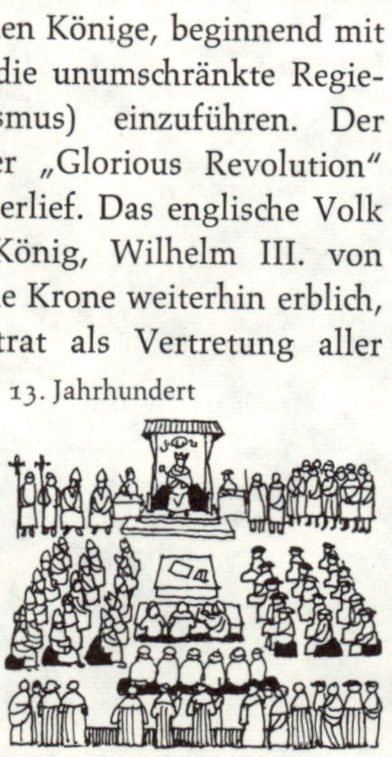

Entstehung des Parlaments

1688

Glorreiche Revolution
Wilhelm III. wird König

1769

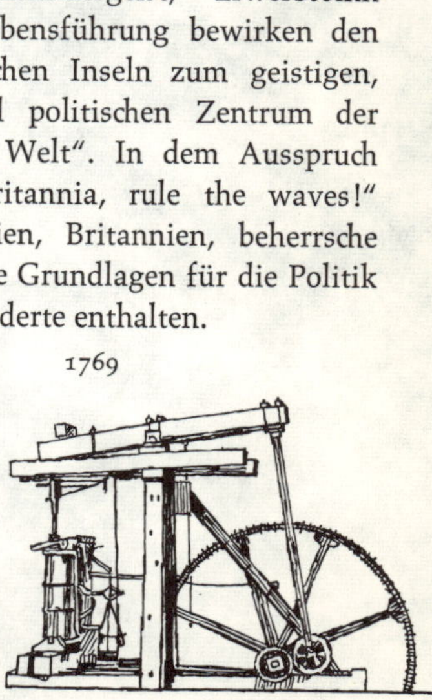

Erfindung der
Dampfmaschine

Die Vereinigten Staaten von Amerika entstehen

Die Unterzeichnung der Unabhängigkeitserklärung der Vereinigten Staaten von Amerika am 4. Juli 1776

Europäer und „Amerikaner"

Karte 1:
Europäische Kolonien in Nordamerika um 1650

Karte 2:
Europäische Kolonien in Nordamerika um 1750

Md.	=	Maryland;	Mass.	=	Massachusetts
Va.	=	Virginia;	N. H.	=	New Hampshire
Ga.	=	Georgia;	R. I.	=	Rhode Island
La.	=	Louisiana;	Conn.	=	Connecticut
Fla.	=	Florida;	N. J.	=	New Jersey
			Del.	=	Delaware

)ie Besiedlung Amerikas

Jach der Entdeckung Amerikas durch Christoph Kolumbus (1492) setzten sich vor allem die Spaıier und Portugiesen in dem neuen Erdteil fest. ›ie eroberten ganz Süd- und Mittelamerika, wo ie auf hochentwickelte Kulturen stießen, z. B. uf die Staaten der Azteken und Mayas in Me-iko und der Inkas in Peru. Diese einheimischen taatswesen und Städte, in denen Kunsthandyerk, Wissenschaft und Handel blühten, wurden in Opfer der Eindringlinge. Diejenigen, die in en Kämpfen nicht umgekommen waren, wurden ur Zwangsarbeit herangezogen. Das bedeutete ür die Einheimischen ein Leben in Sklaverei.
›ie Küsten Nordamerikas blieben von der Koloisation lange unberührt. Erst zu Beginn des 7. Jahrhunderts gründeten hier Europäer dauerafte Siedlungen (Kolonien). Engländer, Franzoın, Spanier, Holländer, später auch Deutsche beannen die Wälder zu roden, feste Blockhütten zu richten, den Boden mit Tabak, Mais und süßen artoffeln — Früchte, die sie von den Indianern ınnengelernt hatten — zu bebauen. Zwischen ın einzelnen Kolonien bestand kaum Verbinıng. Die Franzosen stießen vom Sankt-Lorenzrom aus in das Gebiet der Großen Seen und in ıs Mississippital bis an den Golf von Mexiko r. Die Spanier besiedelten die Halbinsel Florida ıd von Mexiko aus den Südwesten. Die Holländr errichteten an der Mündung des Hudson die iederlassung Neu-Amsterdam (später New ›rk). Die Engländer faßten im Mittelteil der ıtküste Fuß (vgl. Karte 1!).

Nordamerika entstehen 13 englische Kolonien

e Heimatländer der Siedler betrachteten die ›lonien in Nordamerika als ihr Eigentum. Sie rsuchten, möglichst große Teile des „amerika-

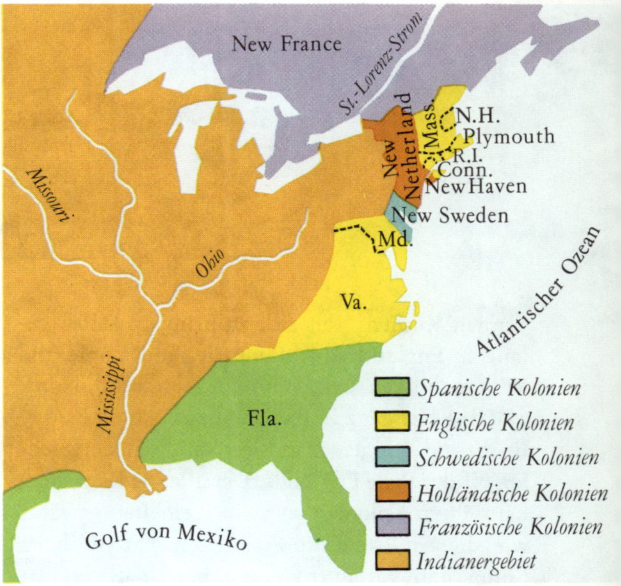

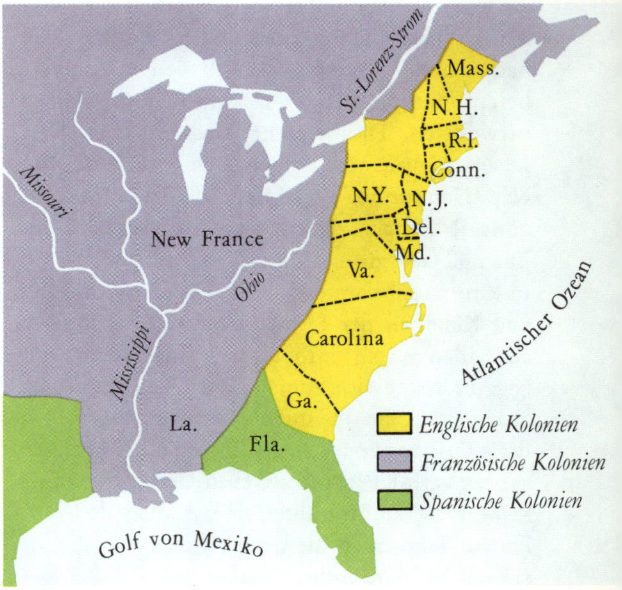

nischen Kuchens“ an sich zu bringen. Dabei gelang es England, durch langwierige Kämpfe und Verhandlungen, besonders mit Frankreich, Nordamerika fast ganz in die Hand zu bekommen.
In diesem Ringen stand ein Großteil der Siedler auf der Seite Englands. Denn keine Regierung hatte ihren Kolonien so viele Freiheiten gewährt wie die englische. In Freibriefen hatten ihnen König und Parlament zugesichert, daß sie ihre Angelegenheiten selbst regeln sollten. Im Verlauf des 17. und 18. Jahrhunderts bildeten sich nacheinander 13 englische Kolonien in Amerika heraus, die sich fast wie selbständige Staaten verwalteten. Dies waren: Massachusetts, New Jersey, New York, Rhode Island, Connecticut, New Hampshire, Pennsylvania, Delaware, Virginia, Maryland, North Carolina, South Carolina und Georgia.
In einem unbekannten Erdteil war durch Fleiß und Kühnheit der Siedler ein Land entstanden, das einen Strom europäischer Einwanderer anzog. Er setzte sich zum Großteil aus Menschen zusammen, die in ihrer alten Heimat wegen ihres Glaubens oder wegen ihrer politischen Ansichten verfolgt wurden. Neben Unternehmungslust und Tatkraft brachten sie vor allem den Willen zur Freiheit in die neue Heimat mit, die sie sich als Pioniere erobern mußten.

Die Kehrseite der Kolonisation

Die Indianer

Je weiter der „Weiße Mann“ vordrang, dest kleiner wurden die „Jagdgründe“, der Lebens raum der Indianer. Es kam zu erbitterten Kämp fen zwischen „Grenzern“ und Indianern. Au zeichnungen in indianischer Bilderschrift un Protokolle, die über Verhandlungen zwische amerikanischen Regierungsvertretern und Indi nerhäuptlingen geführt wurden, beschreiben d Kolonisation Nordamerikas aus der Sicht der I dianer. Der folgende Text stammt von Tecumse Häuptling des Stammes der Shawnees aus de Mittelwesten und Süden. Er sagte zu den Ang hörigen seines Stammes:
„Wo sind heute die Pequot? Wo sind die Narr gansett, die Mohicans, die Pokanoket und vie andere einst mächtige Stämme unseres Volke Habgier und Gewalt des Weißen Mannes hab sie dahinschwinden lassen wie Schnee in d Sommersonne.
Werden auch wir uns ohne Kampf vernicht lassen, unsere Heimstätten aufgeben, uns Land, das uns der Große Geist verliehen, d Gräber unserer Toten und alles, was uns teu

New York zu Beginn des 18. Jahrhunderts

Zusammenstoß zwischen Indianern und Weißen. Die meisten der indianischen Stämme überlebten die Kämpfe nicht. Die übrig geblieben waren, wurden im Laufe der Zeit in Reservaten zusammengepfercht.

und heilig ist? Ich weiß, ihr werdet mit mir rufen: Niemals! Niemals!"
Tecumseh verlor in einer Schlacht mit den Weißen im Jahre 1812 sein Leben, und auch sein Stamm mußte wie schon vor ihm viele andere sein Gebiet abtreten.
Wamditanka („Großer Adler") war in der Mitte des 19. Jahrhunderts Häuptling der Santee-Sioux, einem der mächtigsten Stämme im Westen, der seine Jagdgründe in den waldreichen Gebieten von Minnesota hatte. Auch Wamditanka hatte dieses Land nicht kampflos übergeben. Wie er über die Eindringlinge dachte, ergibt sich aus dem folgenden Ausspruch:
„Die Weißen haben immer versucht, die Indianer dazu zu bringen, ihr Leben aufzugeben und wie die Weißen Männer zu leben — Land zu bebauen, schwer zu arbeiten und zu tun, was sie taten —, doch die Indianer wußten nicht, wie man das tut und wollten es auch nicht ... Hätten die Indianer versucht, die Weißen dazu zu bringen, so zu leben wie sie, dann hätten die Weißen sich gewehrt, und das taten auch viel Indianer."
Ein anderer Indianerführer, ein Yamparika-Co manche, der bereits in einem Reservat lebte, nac seinen Erlebnissen gefragt, erzählt (etwa 1872)

„Wenn die Texaner nicht in mein Land gekom men wären, dann hätte es Frieden gegeben. Ab von dem, was ihr uns gelassen habt, könne wir nicht leben. Die Texaner haben uns d Plätze weggenommen, wo das Gras am üppi sten wuchs und das Holz am besten war. Hätte wir sie behalten, so hätten wir vielleicht geta was ihr wollt. Aber jetzt ist es zu spät. D Weiße Mann hat das Land, das wir lieben, u wir wollen nur noch durch die Prärie ziehe bis wir sterben."
(Aus: D. Brown, Begrabt mein Herz an der Bi gung des Flusses, Hamburg 1972)

Der letzte verzweifelte Widerstand der Indian endete im heutigen Oklahoma am „Pfad der Tr nen". Alle indianischen Stämme, ob sie nun g

Der Häuptling des Stammes der Shawnees, Tecumseh, verhandelt mit General Harrison, der eine Niederlage hinnehmen mußte. Doch der Sieg der Indianer war nur von kurzer Dauer. In weiteren Kämpfen verloren die Shawnees ihr Land und Tecumseh fiel.

n den Südstaaten war das chicksal der Neger auf den lantagen besonders hart. Mit rastischen Methoden sollten ie Aufseher im Auftrag der lantagenbesitzer für eine teigerung der Arbeitsleistung orgen.

ämpft hatten oder eine friedliche Einigung suchn, wurden gleichermaßen geschlagen, westvärts getrieben oder in kleinen Reservaten angeedelt. Dasselbe geschah im Süden und Südesten Nordamerikas.

ur vereinzelt hatten Proteste der Indianer Erolg, als sie auf ihre Verträge mit den Weißen, uf die Annahme des Christentums und auf die nderung ihrer Lebensweise verwiesen. Doch alten solche Vertragsabschlüsse meistens nur orübergehend. So war den Indianern z. B. der oden Indianas für alle Zeiten zugesichert worn, aber schon bald nach Zustandekommen s Vertrags bemächtigten sich die Weißen des andes.

den letzten Jahrzehnten bemüht sich die amekanische Regierung um die Erhaltung der noch stehenden Indianerstämme in den Reservaten, ren Territorien in der Zeit zwischen 1900 bis 30 noch einmal um mehr als zwei Drittel vereinert wurden.

Die Negersklaverei und ihre Folgen

Seit Beginn des 16. Jahrhunderts wurden nach Amerika Neger als Arbeitssklaven aus Afrika „importiert". Als auf den Pflanzungen spanischer und portugiesischer Besitzungen in Amerika ein Massensterben indianischer Sklaven eingesetzt hatte, schlug der einflußreiche Geistliche und Geschichtsschreiber Bartolomé de Las Casas aus Mitleid für die Indianer vor, Negersklaven aus Afrika einzuführen. Man erwartete von ihnen, daß sie für die schwere körperliche Arbeit besser geeignet seien als die Indianer. Auf Initiative von Las Casas erteilte Kaiser Karl V. flämischen Kaufleuten das Recht, Arbeitssklaven an europäische Siedler in Amerika zu verkaufen (1517). Damit beginnt die Geschichte des organisierten Sklavenhandels europäischer Kolonisten in Übersee. Anfangs lag das Geschäft mit den Sklaven in der Hand der Holländer. Aber schon im 17. Jahrhundert beteiligten sich auch die Engländer an dem einträglichen Handel. In der Zeit

Die Tabelle zeigt den Anteil der Arbeitslosen bei Negern und anderen Minderheiten. Gemessen an den vorhandenen Arbeitskräften beträgt ihr Anteil 7,9%, der Anteil der Weißen 4,4%.

„Bostoner Tea-party" 1773. „18 000 Pfund Tee für ein Fischfrühstück! Wo bleibt König Georg, der Gastgeber?" rufen die Menschen, die sich am Hafen versammelt hatten.

Stand von 1970	Gesamtbevölkerung	Vorhandene Arbeitskräfte	Beschäftigte	Arbeitslose
Insgesamt	203 165 699	82,7 Mill.	78,627 Mill.	4,089 Mill.
Weiße	177 612 309	76,376 Mill.	73,824 Mill.	3,337 Mill.
Neger und andere Minderheiten	24 553 390	9,507 Mill.	4,803 Mill.	752 000

von 1680–1786 brachten englische Kaufleute ungefähr 2,13 Millionen Sklaven von Afrika nach Amerika. Verständnis für ihre hoffnungslose Lage fanden die nordamerikanischen Negersklaven zuerst bei der religiösen Sekte der Quäker, die sich von Pennsylvania aus für die Abschaffung der Negersklaverei einsetzte und ihr Verbot innerhalb der Nordwestterritorien im Jahre 1787 erreichte. Anders dagegen war die Lage vor allem in den Südstaaten, wo die Neger wie eine Ware gehandelt und auf den Plantagen rücksichtslos ausgebeutet wurden. Die Beibehaltung der Negersklaverei in den Südstaaten verschärfte die Gegensätze zwischen Nord und Süd immer mehr. Als sich die Südstaaten 1860/61 von der Union lossagten (Sezession), begann ein amerikanischer Bürgerkrieg, der sogenannte Sezessionskrieg, der mit dem Sieg der Nordstaaten endete (1865). Die Verfassung der USA verbot nun in allen Bundesstaaten jegliche Sklaverei und gewährte den Negern die bürgerlichen Rechte. Aber welches Schicksal erwartete die Neger?

Nach Aufhebung des Sklavenwesens wurden die Neger Landarbeiter oder kleine Pächter auf den Gütern der weißen Grundbesitzer. Gegner der Gleichberechtigung verwehrten ihnen durch Stimmenkauf und ungesetzliche Maßnahmen, besonders in den Südstaaten, das Wahlrecht. Der Geheimbund Ku-Klux-Klan, der nach dem Bürgerkrieg im Staate Tennessee gegründet wurde, verbreitete mit terroristischen Anschlägen, die in der Tötung von Farbigen (Lynchjustiz) gipfelten, Angst und Verzweiflung unter den Negern. Da trotz aller Bemühungen der Bundesregierung die strikte Rassentrennung in den Südstaaten bis in die jüngste Zeit anhielt (Eheverbot zwischen Schwarzen und Weißen, getrennte Schulen, getrennte Abteile in den öffentlichen Verkehrsmitteln, teilweise auch getrennte Kirchen), verließen viele Landarbeiter mit fortschreitender Industrialisierung ihre südliche Heimat. In den Städten des Nordens suchten sie als Tagelöhner eine neue Existenz. Wenn sie jedoch überhaupt Arbeit fanden, so waren es in der Regel die primitivsten Handreichungen. In den Randgebieten der großen Industriestädte, vor allem des Nordens, bildeten sich Neger-Gettos (z. B. Harlem in New York), wo das Elend einer ehemals versklavten farbigen Minderheit bis heute anhält.

Die Lösung vom Mutterland

Steuererhöhungen führen zum Konflikt

Parlament und König in London beschlossen in der Mitte des 18. Jahrhunderts, von den Kolonien mehr Steuern zu fordern; Zucker, Tee, Wein, Glas und Papier sowie andere aus Europa eingeführte Handelsgüter wurden sprunghaft teurer. Die Rohstoffe der Kolonien aber – Tabak, Indigo, Baumwolle und Pelze – sollten weiterhin billig an das Mutterland geliefert werden.

Die neuen Bestimmungen bringen den Handel Amerikas fast zum Erliegen. Allerorten kommt es zu stürmischen Volksversammlungen. Die gewählten Vertreter aller Kolonien erklären: „Keine Steuer ohne unsere Zustimmung". Jahrelang zieht sich das zähe Ringen zwischen den Kolonien und dem Mutterland hin. Die Siedler schließen sich immer enger gegen die englische Regierung zusammen. Sie erzwingen die Aufhebung der meisten Steuern. Eine Ausnahme

leibt: die Teesteuer. Die Amerikaner verzichten uf den Tee und weigern sich, die englischen 'eeschiffe zu entladen. Doch die Regierung will ie Ausladung des Tees erzwingen.

n Hafen von Boston liegen im Herbst 1773 rei der verhaßten Teeschiffe. Der englische Gouerneur befiehlt die Löschung der Fracht. Doch ie Bostoner Bürger fordern die Kapitäne der chiffe auf, den Hafen zu verlassen.

ines Nachts schleichen sich dicht besetzte Ruderoote an die drei Schiffe heran. Bewaffnete Booner, die sich als Indianer verkleidet haben, stürmen die Decks. Hilflos müssen die engschen Matrosen zusehen, wie binnen drei Stunen die wertvolle Ladung zu den Fischen gehickt wird. Jede Teekiste, die ins Wasser umpst, wird von den Jubelrufen einer Volksenge am Ufer begleitet.

arauf läßt der englische König den Hafen von oston durch Kriegsschiffe sperren, hebt die Freiiten der Kolonie Massachusetts auf und stellt unter Kriegsrecht. Das bedeutet: keine freien Versammlungen mehr, Ablieferung der Waffen, Zensur der Zeitungen, Ausgangssperre während der Nacht. In den Kolonien wächst die Empörung. Der Volksrat von Massachusetts fordert zur Bildung eines amerikanischen Volksheeres auf. „Wir gehören zusammen! Wir sind nicht mehr Virginier und New Yorker und Georgier, wir sind freie Amerikaner!" Noch erheben sich Stimmen, die vor dem Bruch mit dem Mutterland warnen.

Die englischen Kolonien in Nordamerika verkünden ihre Unabhängigkeit

Als aber der König die Kolonisten zu Aufrührern erklärte und bei den deutschen Fürsten Regimenter kaufte, um sie zur Bestrafung der Abtrünnigen einzusetzen, waren die englischen Siedler zum äußersten entschlossen. Die Kolonien bildeten eine Art Regierung. Ein Tabakpflanzer aus Virginia, George Washington, wird zum Oberbefehlshaber des Bundes ernannt. Drei hervorragende Abgeordnete des Kongresses —

Thomas Jefferson, John Adams und Benjamin Franklin – erhalten den Auftrag, eine Erklärung über die Unabhängigkeit der „Vereinigten Kolonien von Amerika" auszuarbeiten.
Am 4. Juli 1776 wurde die Unabhängigkeitserklärung, die „Declaration of Independence", verkündet.

„ . . . Wir erachten diese Wahrheiten für selbstverständlich: daß alle Menschen gleich geschaffen sind, daß sie von ihrem Schöpfer mit gewissen unveräußerlichen Rechten begabt sind, daß dazu Leben, Freiheit und Streben nach Glück gehören. Daß, diese Rechte zu sichern, Regierungen unter den Menschen eingesetzt sind, die ihre rechtmäßigen Befugnisse von der Zustimmung der Regierten herleiten . . .
Wir, die Vertreter der Vereinigten Staaten von Amerika, versammelt im Allgemeinen Kongreß, rufen deshalb den höchsten Richter der Welt zum Zeugen an für die Rechtlichkeit unserer Absicht. Im Namen und in Vollmacht des guten Volkes dieser Kolonien geben wir feierlich bekannt und erklären, daß diese Vereinigten Kolonien sind und von Rechts wegen sein sollen freie und unabhängige Staaten, daß sie von jeder Untertanenpflicht gegen die britische Krone befreit sind und daß jeder politische Zusammenhang zwischen ihnen und dem Staate Großbritannien völlig gelöst ist . . ."

Heute noch begehen die Bürger der USA den 4. Juli als den Feiertag ihrer Freiheit. Im Jahre 1776 war für die Unterzeichner der Erklärung diese Freiheit noch bedroht. Als Benjamin Franklin unterschrieb, soll er gesagt haben: „Meine Herren, jetzt müssen wir alle zusammenhängen, oder jeder von uns wird einzeln gehängt."

Der Freiheitskrieg

Hervorragende Männer an der Spitze des Freiheitskampfes

Ein unerbittlicher Krieg entbrannte zwischen dem englischen Königreich und der jungen Republik. General Washington stand vor einer übermenschlichen Aufgabe. Mit einem schlecht ausgebildeten Heer von Freiwilligen (Milizen) sollte er das geschulte, glänzend ausgerüstete Heer der Engländer schlagen. Überdies beherrschten diese mit ihrer Flotte das Meer. Insgesamt dauerten die Kämpfe um die Unabhängigkeit 7 Jahre. Siege und Niederlagen wechselten ständig. De Held dieses Ringens war George Washington. Er verpfändete sein gesamtes Vermögen für di Sache des Vaterlandes und nahm während de Krieges keinen Sold.
In einem Brief schrieb er Ende 1777: „Wir sin ohne Geld, ohne Proviant und ohne jeden or dentlichen Nachschub. Wir sind ohne zureichend Kleidung, und wenn die Dinge so weitergehen werden wir bald auch ohne Leute sein . . . Mi wird es wie ein Wunder sein, wenn wir uns noc länger behaupten können."

Das Mutterland erkennt die Unabhängigkeit de Kolonien an

Die Vereinigten Staaten fanden in Frankreic einen mächtigen Bundesgenossen. Der franzö sische König schickte Truppen, Waffen, Mun tion, vor allem aber seine Flotte. Große Ve dienste um die Ausbildung der amerikanische Soldaten erwarb sich auch der preußische Baro Friedrich Wilhelm von Steuben, der frühere A jutant Friedrichs des Großen. Entscheidend f den endgültigen Sieg war aber die Entschlossen heit und Opferbereitschaft der Bürger, für ih Rechte auf Freiheit und Selbstbestimmung all einzusetzen. Im Jahre 1783, nach dem Sieg d Kolonisten bei Yorktown, erkannte England d

Die Sklaven in den USA bejubeln die Aufnahme der Menschenrechte in die Verfassung.

Unabhängigkeit der Vereinigten Staaten von Amerika an.
Der spanische Botschafter schrieb damals an seinen König: „Diese Republik ist als Zwerg auf die Welt gekommen. Eines Tages aber wird sie ein Riese sein. Bauern und Handwerker aller Nationen werden dorthin strömen, wo es Gewissensfreiheit gibt. Diese unternehmungslustigen Menschen werden sich über das unermeßliche Land ausbreiten, wo man die Vorteile einer neuen Regierung genießt, die sich das Volk selbst gegeben hat . . ."

Der Friede stellte die erkämpfte Freiheit in Frage. Das Heer lief auseinander. Jeder wollte sich endlich wieder um seine Farm, seine Werkstatt, seinen Handel kümmern. Viele Abgeordnete vertraten den Standpunkt, jeder der 13 Staaten solle wieder ganz für sich sein. Andere wollten die Staaten auflösen und einen Zentralstaat nach dem Muster Frankreichs aufbauen. Haß und Streit verdarben das politische Leben. Washington, der sich nach dem Krieg auf seine Farm in Virginia zurückgezogen hatte, schrieb an seinen Freund: „Welch ein Triumph für die Anhänger des Absolutismus! Sie können jetzt sehen, daß wir gar nicht in der Lage sind, uns selbst zu regieren, und daß eine politische Ordnung, die auf der Freiheit des einzelnen Bürgers gründet, eine trügerische Phantasie ist."

Die Teilung der Gewalten setzt sich durch

Es dauerte einige Jahre, bis sich die streitenden Parteien auf eine gemeinsame Verfassung einigten. Daneben blieben die Verfassungen der Einzelstaaten bestehen. Von vornherein war damit die politische Gewalt verteilt. Besonders bedacht waren die Abgeordneten darauf, nie einen Diktator an die Herrschaft kommen zu lassen. Daher teilten sie die Gewalt zwischen Kongreß (Gesetzgebung), Präsident (vollziehende Gewalt) und Oberstem Gerichtshof (richterliche Gewalt). Geteilt wurde auch die Gewalt zwischen der Regierung des Bundes mit dem Sitz in Washington und den Regierungen der Einzelstaaten (heute 50) mit dem Sitz in der jeweiligen Hauptstadt. An der Spitze der Regierungen der Staaten stehen vom Volk direkt gewählte Gouverneure.
Der Kongreß besteht aus zwei Kammern, dem Senat und dem Repräsentantenhaus. Jeder Staat entsendet ohne Rücksicht auf seine Größe zwei Senatoren. Die Zahl der Abgeordneten im Repräsentantenhaus hängt von der Bevölkerungszahl des einzelnen Staates ab. Gesetze können nur mit Zustimmung beider Kammern beschlossen werden. Der Präsident wird alle vier Jahre vom Volk gewählt. Seine Macht ist sehr groß, weil er dem Kongreß nicht direkt verantwortlich ist. Er ist zugleich Regierungschef und Staatsoberhaupt. Der Oberste Gerichtshof wacht über

1 George Washington, der erste Präsident der Vereinigten Staaten von Amerika

2 Abraham Lincoln mit seinem Sohn

3 John F. Kennedy

die Durchführung der Gesetze. Er kann auch Gesetze, die er für verfassungswidrig hält, verbieten. Die Richter des „Supreme Court", des obersten Bundesgerichts, werden vom Präsidenten auf Lebenszeit ernannt und können durch niemand abgesetzt werden. Die Verfassung (Constitution) trat 1789 in Kraft.

Wichtige Sätze aus der Verfassung der USA und ihre Wirkung auf andere Völker

„Wir, das Volk der Vereinigten Staaten von Amerika, beschließen diese Verfassung, um eine vollkommenere Union zu bilden, für die Gerechtigkeit zu sorgen, die Ruhe im Innern zu sichern, Vorsorge für die gemeinsame Verteidigung zu treffen, dem Allgemeinwohl zu dienen und die Segnungen der Freiheit uns und unseren Nachkommen zu sichern.

Grundrechte: Der Kongreß darf kein Gesetz erlassen, das die freie Ausübung der Religion hindert oder die Freiheit der Rede oder der Presse oder das Recht des Volkes, sich friedlich zu versammeln, einschränkt.

Das Recht des Volkes, Waffen zu besitzen und zu tragen, darf nicht beschränkt werden.

In Friedenszeiten darf kein Soldat ohne Zustimmung des Hauseigentümers in irgendeinem Haus einquartiert werden.

Das Recht des Volkes auf Sicherheit der Person, der Häuser, der Papiere und des Eigentums, gegen unbillige Verhaftungen, Durchsuchungen und Beschlagnahmungen darf nicht verletzt werden . . ."

Die Grundgedanken dieser Verfassung tauchen in fast allen Verfassungen der Neuzeit auf. Auch das Grundgesetz der Bundesrepublik zeigt Ähnlichkeit mit der „Constitution" der USA.

Das amerikanische Beispiel, Freiheit und Selbstbestimmung durchzusetzen, hatte weitreichende Folgen. Es wirkte unmittelbar auf Entstehung und Verlauf der Französischen Revolution sowie auf den Freiheitskampf der Völker Mittel- und Südamerikas.

George Washington — der erste Präsident der Vereinigten Staaten von Amerika (1789–1797)

Erster Präsident der USA wurde George Washington. Zweimal übertrug ihm das Volk dieses Amt. Was er im Krieg um die Unabhängigkeit als Soldat begonnen hatte, vollendete er durch sein Wirken als Staatsmann: die innere und äußere Sicherheit der Union, die Freiheit und Selbstbestimmung der Bürger. Sein Andenken lebt in den Herzen der Amerikaner und ungezählter freiheitsliebender Menschen in aller Welt fort. Nach ihm wurde die Hauptstadt der Vereinigten Staaten „Washington" benannt.

Abraham Lincoln, Präsident der USA von 186 bis 1865, faßte das Wesen der amerikanischen Demokratie in dem Satz zusammen: „Wir sind stets zu dieser großen Aufgabe verpflichtet, daß diese Nation unter Gott wiedergeboren werde in Freiheit und daß die Herrschaft des Volkes durch das Volk für das Volk nicht vergehe von der Erde."

John F. Kennedy, Präsident der USA von 196 bis 1963, äußerte sich in ähnlichem Sinne: „Wir bekennen uns zu dem revolutionären Glauben unserer Väter, daß die Rechte des Menschen ein Geschenk Gottes sind, das ihm keine irdische Macht nehmen darf."

1

2

3

Amerika hat eine junge Geschichte

An der Ostküste Nordamerikas gründeten Siedler aus vielen europäischen Ländern im Laufe des 17. und des 18. Jahrhunderts Niederlassungen. Auswanderer, die ihre europäische Heimat aus religiöser, politischer oder wirtschaftlicher Not, Abenteuerlust oder in einzelnen Fällen wegen eines kriminellen Vergehens verlassen hatten, bauten sich hier ein neues Leben auf. Das Vordringen der Kolonisten vom Osten Nordamerikas nach Westen, Süden und Südwesten führte zu blutigen Auseinandersetzungen mit den einheimischen Indianerstämmen, die, wenn sie nicht ausgerottet wurden, in kleinen Reservaten Siedlungsgebiete zugesichert erhielten.
Als der englische König 1776 die Kolonien mit drückenden Steuern belegen wollte, erklärten sich 13 Kolonien unabhängig; in einem schweren Krieg behaupteten sie unter Führung George Washingtons ihre Freiheit. Sie gaben sich eine Verfassung, die den Bürger vor dem Mißbrauch der staatlichen Macht schützen sollte. Die Dreiteilung der politischen Gewalt sowie die Machtverteilung zwischen Bundesstaat und Einzelstaaten sollten ein für allemal den Mißbrauch der Macht verhindern.
Eine schwere Belastung des Ansehens der USA bedeutet es, daß es bis heute nicht gelungen ist, die Bevölkerungsgruppen der Neger und Indianer in befriedigendem Maße sozial einzugliedern. Obwohl der Anteil der farbigen Minderheiten an der Gesamtbevölkerung nur 13,9% ausmacht, haben sie über ein Viertel der Arbeitslosen zu tragen.
Zu einer weiteren Beeinträchtigung ihres Rufes in der Welt kam es im 19. und 20. Jahrhundert, als die USA ihre wirtschaftliche Macht gegenüber schwachen Partnern, vor allem in Mittel- und Südamerika, rücksichtslos ausspielten.

1492

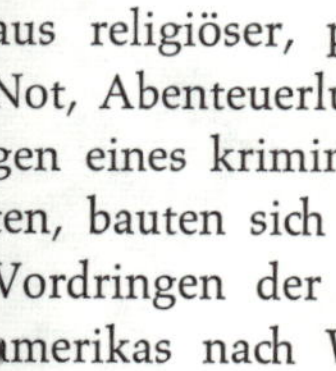

Christoph Kolumbus entdeckt Amerika

Beginn des 17. Jahrhunderts

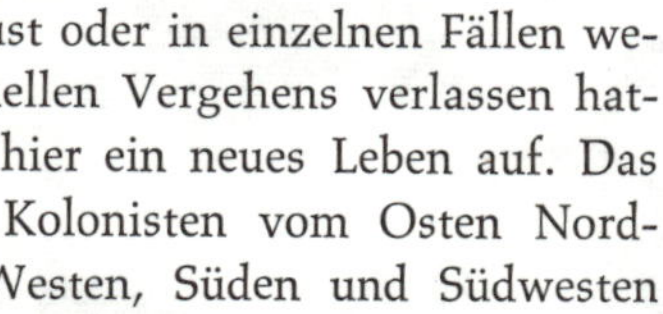

Europäische Siedler lassen sich in Nordamerika nieder

1776

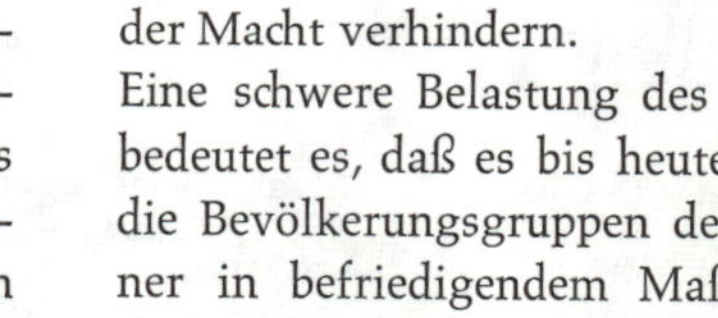

Unterzeichnung der Unabhängigkeitserklärung

1787

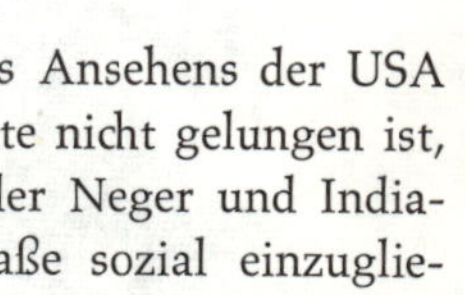

Verfassung der Vereinigten Staaten

Die Französische Revolution

Zeitgenössische Karikatur, die das Verhältnis der drei Stände zueinander darstellt. Der Bürger wird erdrückt von dem Gewicht der Kirche und des Adels. Auf dem Stein steht der Name der verhaßten Steuer „Taille“.

Wie es dazu kam

Der König entmachtet den Adel

König Franz I. (1515–1547) leitete die absolutistische Epoche in Frankreich ein. Ziel seiner Politik war die Stärkung der Königsgewalt auf Kosten des Adels. Dies erreichte er, indem er die Stände nicht mehr berief und nach seinem Gutdünken die Gesetze des Landes erließ. Proteste des Parlaments (oberster Gerichtshof) in Paris, in dem bisher die Großen des Landes die Gesetze geprüft und gebilligt hatten, wurden vom König zurückgewiesen. Der König schuf eine zentrale Finanzverwaltung und teilte das Land in übersichtliche Verwaltungseinheiten, die von der Hauptstadt aus gelenkt wurden.

Nach dem Vorbild der italienischen Renaissancefürsten entfaltete Franz I. eine prachtvolle Hofhaltung. Den Sitz der Könige verlegte er von der Burg in das Schloß, das zum Mittelpunkt eines glänzenden Hofstaates wurde. Hierher zog er den Adel seines Reiches, entfremdete ihn seinen ursprünglichen politischen Aufgaben und übertrug ihm als Entschädigung höfische Ämter. Auch die Selbstverwaltung und die Vorrechte der Städte schränkte Franz I. ein und übertrug die Verwaltung königlichen Kontrollbeamten. Ebenso behielt er sich die letzte Verfügungsgewalt über den großen Kirchenbesitz vor.

Unter Ludwig XIV. erlebte das absolutistische Regierungssystem seinen Höhepunkt. Der König war Herr über Leben, Freiheit, Glauben und Eigentum seiner Untertanen. Jeder, der im Adelsstand Rang besaß, Herzöge, Marquis, Grafen, Barone, oder etwas gelten wollte, zog nach Versailles an den Hof des Königs. Die Stände und ihre Vertreter hatten alle politischen Rechte verloren. Die Räte des Königs gaben von Paris aus ihre Befehle an die Provinzen und Gemeinden und setzten willkürlich Steuern und Abgaben fest.

Doch die verschwenderische Hofhaltung, die luxuriöse Bautätigkeit, Heer und Beamtentum kosteten viel Geld. Schon während der Regierungszeit Ludwigs XIV. deckten die Einnahmen des Staates die Ausgaben nicht mehr. Das Staatsdefizit vergrößerte sich unter seinen Nachfolgern noch weiter und führte schließlich kurz vor der Großen Revolution zum Staatsbankrott.

Die Lage der Bauern

Die politische Entwicklung zum Absolutismus hatte das Verhältnis zwischen Adel und Bauern sehr verändert. Bevor Frankreich von absolutistischen Königen regiert wurde, herrschten adlige und hohe geistliche Herren selbständig in ihren Gebieten. Gericht, Verwaltung und Verteidigung lagen in ihren Händen. Die Bauern leisteten dafür Steuern, Abgaben und Frondienste. Die Grundherren sorgten für den Schutz der Bauern und vertraten ihre Rechte vor Gericht, so daß die verschiedenen Abgaben und Dienste der Bauern mit einer Gegenleistung des Grundherren vergolten wurden. Aber nun, da diese einstigen politischen Rechte des Adels an den König und dessen Bevollmächtigte übergegangen waren und als das persönliche Band zwischen Bauern und Grundherren zerrissen war, gab es für die Feudallasten der Bauern keine vernünftige Begründung mehr. Trotzdem wurden sie beibehalten. Die Bauern hatten sowohl ständige und feste Renten in Naturalien oder Geld zu leisten als auch zu besonderen Anlässen Abgaben zu entrichten. Hinzu kamen noch die Steuern, die an den Staat zu bezahlen waren, und der Kirchenzehnt; besonders bedrückend wurde die Taille empfunden, eine Grund- und Einkom-

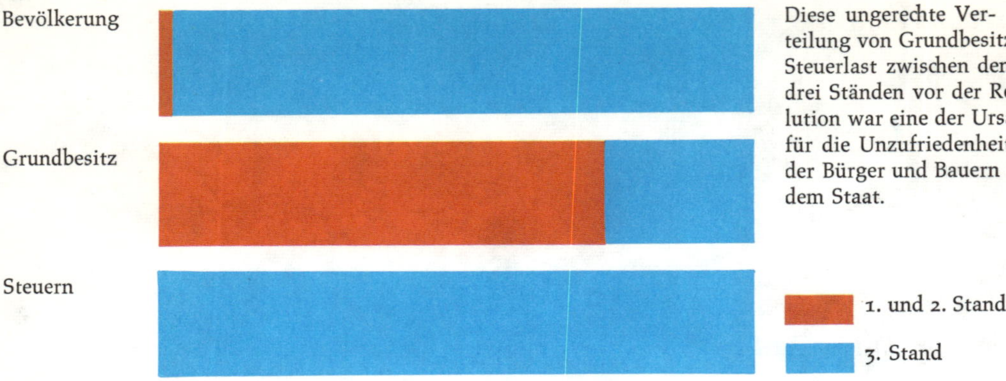

Diese ungerechte Verteilung von Grundbesitz und Steuerlast zwischen den drei Ständen vor der Revolution war eine der Ursachen für die Unzufriedenheit der Bürger und Bauern mit dem Staat.

menssteuer, die von Bürgern und Bauern zu entrichten war.
Der größte Teil der Bauern waren Kleinbauern, deren Besitz kaum ausreichte, die Familien zu ernähren. Sie waren in der Regel von einem Nebenverdienst abhängig, den sie sich durch Heimarbeit zu verschaffen suchten. In Gebieten, wo sich keine Hausindustrie entwickelt hatte bzw. deren Erzeugnisse keinen Absatz fanden, war für viele das Betteln und Vagabundieren der einzige Ausweg. Ferner stiegen im Laufe des 18. Jahrhunderts die Preise und Lebenshaltungskosten stark an, so daß sich die Lage der Bauern immer mehr verschlechterte. Rund 20 Millionen der französischen Bevölkerung – die Gesamtbevölkerung betrug 25 Millionen – waren davon betroffen, die übergroße Mehrheit.
Ein Bittsteller schreibt:
„In Ew. Majestät Namen verlangt man von uns fortwährend Geld. Man macht uns Hoffnung, daß das ein Ende nehmen werde, aber es wurde von Jahr zu Jahr ärger. Wir sind mit Steuern aller Art überhäuft. Es schmerzt uns sehr, daß die Reichen am wenigsten zahlen. Geistliche und Adlige, die die schönsten Güter besitzen, zahlen nichts. Sollte nicht jedermann nach seinen Verhältnissen besteuert werden?"
In einer anderen Bittschrift heißt es:
„Wir haben Ihnen schon auseinandergesetzt, wie das Wild unsere Ernten verwüstet. Sollen wir es ruhig ansehen, wie unsere Felder zerstört werden, so daß das Korn nicht einmal zur Reife kommt? Müssen wir es dulden, wenn durch die Verheerungen des Wildes die Arbeit eines ganzen Jahres vernichtet wird; und alles nur, damit die gräflichen Herrschaften genug Hirsche, Rehe und Wildschweine für ihre Jagdvergnügen haben?"

Bürgertum und Besitzlose

Zusammen mit den Bauern bildeten die Bürger den dritten Stand. Gemeinsam hatten Bürger und Bauern die gesamte Steuerlast zu tragen. Der erste und zweite Stand, Adel und Geistlichkeit, waren von jeglichen Steuern befreit. Auch der Zugang zu den wichtigen Staatsämtern war Angehörigen des dritten Standes verschlossen; nur Adlige waren zugelassen. Angesichts dieser gewaltigen Benachteiligung entstand im Bürgertum ein tiefer Groll gegen Adelsstand und König. Innerhalb des Bürgertums hatte sich im Laufe des 18. Jahrhunderts eine vermögende Schicht herausgebildet, die aus Kaufleuten, Manufakturbesitzern, Bankiers und Steuerpächtern bestand. Auf ihre kaufmännische Initiative hin gelang es – trotz der Geldschwierigkeiten des Staates und des Königs –, den Außenhandel vom Beginn des 18. Jahrhunderts bis kurz vor Ausbruch der Großen Revolution zu vervierfachen. Die wirtschaftliche Überlegenheit gegenüber dem Adel war offensichtlich geworden und steigerte das Selbstbewußtsein dieser bürgerlichen Schicht. Andererseits führte die Rechtsordnung den Bürgern ständig vor Augen, daß sie Menschen zweiter Klasse waren.
Unter den Adligen gab es einige Einsichtige, die den Widersinn dieses Verhältnisses zwischen Bürgertum und den ersten beiden Ständen erkannten. Der Marquis de Bouillé schreibt in seinen Memoiren (Lebenserinnerungen): „Die Bürger haben im allgemeinen eine Erziehung genossen, deren sie nötiger bedürfen als die Adligen, von denen die einen ohne jedes Verdienst oder Tauglichkeit dank ihrer Geburt oder ihres Vermögens die ersten Stellen im Staate einnahmen, während die anderen in nachgeordneten Stellen

vegetieren. Ihnen allen aber waren in Paris und den großen Städten die Bürgerlichen an Reichtum, Talent und persönlichem Verdienst überlegen. In der Provinz besaßen sie dem Landadel gegenüber dieselbe Überlegenheit; sie waren sich ihrer bewußt. Dabei fühlten sie sich überall gedemütigt; durch die Heeresordonnanzen sahen sie sich von den höheren Dienstgraden in der Armee ausgeschlossen, genauso in gewisser Hinsicht vom hohen Klerus, da Bischöfe und Großvikare den Reihen der Adligen entnommen wurden; die obere Magistratur (Verwaltung und Gericht) lehnte sie ebenfalls ab, weil auch diese Körperschaften nur noch Adlige zuließen." Die Mehrheit des Adels war jedoch nicht bereit, auf ihre Vorrechte zu verzichten.

Neben diesem wohlhabenden Bürgertum gab es noch die Schicht des Kleinbürgertums, dessen wirtschaftliche Lage sich im Laufe des 18. Jahrhunderts stetig verschlechterte. Es waren die kleinen Handwerker und Händler, deren Einnahmen teils gleichgeblieben waren, teils sich verringert hatten, während die Preise allmählich anstiegen. Viele von ihnen mußten aus diesen Gründen ihre Selbständigkeit aufgeben; zudem wurde die Konkurrenz der sich entwickelnden Industrie ständig größer. Ein Teil der Gesellen, die früher in den Handwerksbetrieben gearbeitet hatten, und viele der einstmals selbständigen Handwerker arbeiteten nun für geringen Lohn in den Werkstätten der Manufakturen: Sie bildeten den Stand der Arbeiter, die außer ihrer Arbeitskraft keinen Besitz hatten. Darüber hinaus besaßen sie, wie ihre Herren, keinerlei politische Rechte. Alle Entscheidungen für Frankreich fielen im Kabinett des Königs.

Adel und Geistlichkeit

Die beiden ersten Stände, Adel und Geistlichkeit, stellten eine krasse Minderheit dar. Von 25 Millionen Franzosen gehörten etwa 200 000 dem Adelsstand und 150 000 der Geistlichkeit an.

Adlig zu sein hieß, von Geburt an zum bevorrechteten Stand zu gehören. Angehörige des Adelsstandes waren nicht nur steuerfrei, sondern erhielten darüber hinaus noch die Feudalrenten von den Bauern. In Heer und Beamtentum, den Grundsäulen des absolutistischen Staates, nahmen die Adligen die höchsten Stellen ein. Inzwischen waren die Ämter in den Familien erblich geworden und konnten sogar verkauft oder käuflich erworben oder verpachtet werden. Mit dem Kauf eines Amtes erwarb der Käufer gleichzeitig den Adelstitel und damit alle Standesvorteile. Doch welche Folgen hatte diese Entwicklung? Eine Auswahl der Staatsbeamten nach ihrer Fähigkeit war durch die Erblichkeit und den Ämterkauf unmöglich gemacht. Schon im 17. Jahrhundert klagten große Staatsmänner wie Colbert, Minister unter Ludwig XIV., über die viel zu große Zahl der Beamten und deren unzureichende Fähigkeiten. Colbert schreibt: „Es gab Prozesse, die 30, 40 und 50 Jahre dauerten." „Die Verhältnisse ermöglichten es", so schreibt Colbert weiter, „daß Kinder, die erst die Schule verlassen hatten, über Leben und Vermögen der Untertanen entscheiden und zu den bedeutendsten Angelegenheiten des Staates ihre Stimme abgeben." Daran hatte sich auch im 18. Jahrhundert nichts geändert; die Zustände hatten sich eher noch verschlimmert. In einer Denkschrift an Ludwig XVI. heißt es: „Der Arme wagt gar nicht, eine Rechtsentscheidung zu beantragen, da seine beschränkten Mittel es ihm nicht gestatten." Unter

Auf Kosten des dritten Standes führte der Adel ein von materiellen Sorgen freies Leben.

dem Deckmantel des Rechts wurden die Prozesse so geführt, daß sie einen möglichst hohen Gewinn für den Inhaber eines Gerichtsamtes brachten.

Längst war es bei den Adligen Sitte, nicht mehr ständig auf dem Land zu leben, sondern seine Tage in der Stadt zu verbringen, möglichst in der Nähe des Hofes; denn hier waren die einträglichsten Ämter und Pfründen zu haben. Die Bewirtschaftung des Besitzes überließ man einem Verwalter oder Pächter, der mit Härte und Schikanen die Feudalleistungen der Bauern eintrieb; auch er wollte am Gewinn beteiligt sein.

Bei Verlust ihres Standes war es den Adligen verboten, durch Arbeit ihren Lebensunterhalt zu verdienen. Wie nachteilig sich eine solche Gesellschaftsordnung auf die Aristokratie auswirken mußte, schildert ein Protokoll der Stadt Redon aus dem Jahr 1788. Darin wird festgestellt, „daß die Zahl der Adligen eine schwere Bürde ist, die auf den am stärksten belasteten Teil der Nation (3. Stand) drückt; diese Plage ist vielleicht noch unausstehlicher als alle Steuerpächter zusammen . . . , weil das Vorrecht der Abstammung das Talent lahmlegt und alle tugendhaften Ansätze erstickt. Die Sucht, adlig zu werden, ist wie ein seuchenhaftes Fieber, das nach und nach alle Franzosen erfaßt, die 7000 oder 8000 Livres Einkommen besitzen. Die Leichtigkeit, dem dritten Stand zu entfliehen, beraubt den Handel und die Landwirtschaft ihrer besten Kräfte.“

Die höhere Geistlichkeit, Erzbischöfe, Bischöfe, Domkapitulare, Kapitulare, entstammte ebenfalls dem Adel. Angehörigen des dritten Standes war es nicht möglich, in die höheren geistlichen Ämter aufzusteigen; aus ihrer Schicht gingen die Priester der Städte und Dörfer, der niedere Klerus, hervor. Die Mehrzahl dieser Priester lebte erbärmlich wie ihre Standesgenossen und wie der größte Teil des französischen Volkes. So bestand zwischen hoher und niederer Geistlichkeit eine tiefe Kluft.

In keiner europäischen Monarchie des 18. Jahrhunderts zeigte die ständische Ordnung so viel Widersprüche und Mißstände wie in Frankreich.

Auch der Adel ist unzufrieden

In England schützte die „Habeas-Corpus-Akte (1679) die Freiheit jedes einzelnen Bürgers. Di französische Rechtsordnung gab solche Garantie nicht. Der König oder einer seiner Ministe konnten jederzeit Haftbefehle ausstellen. Si wurden bei verschiedensten Angelegenheite angeordnet und in vielen Fällen dazu benutz Rivalen aus dem Weg zu räumen. Einen Schu vor willkürlichen Verhaftungen gab es wede für Angehörige des dritten noch der beide ersten Stände. Im 18. Jahrhundert gingen solch willkürlichen Haftanordnungen in die Tausend Graf Mirabeau, Wortführer der späteren Nati nalversammlung, schreibt über den Mißbrau dieses Rechts: „Hier rächt ein unversöhnlich Minister einen witzigen Einfall, ein Epigram ein Gedicht, hier straft er eine Unvorsichtigk

Huldigung an Rousseau (aus seinem Buch „Vom Gesellschaftsvertrag")

oder eine Rede, auf die sich leicht eine Verleumdung gründen läßt ... Er opfert einen Mitschuldigen, den er nicht mehr braucht und der ihm gefährlich werden kann." So herrschte auch im Adel Unzufriedenheit über absolutistische Regierungspraktiken.

Die geistige Welt des 18. Jahrhunderts

Seit dem Ende des 17. und während des 18. Jahrhunderts setzte sich eine neue Geistesrichtung, die Aufklärung, durch. Sie hielt die Vernunft für die wesentlichste Eigenschaft des Menschen und erkannte nur das an, was durch sie erklärbar war. Auch das menschliche Zusammenleben, so glaubten die Aufklärer, sei durch vernünftige Prinzipien zu regeln. Niemand habe von Natur aus das Recht, über andere zu herrschen. Freiheit, Gleichheit, Sicherheit und Eigentum sind Rechte, die jedem zustehen. Ausschließlich auf diesen Grundlagen haben die Gesetze im Staate aufzubauen.

Doch in welchem Widerspruch standen solche Lehren zu den tatsächlichen Verhältnissen in Frankreich! Schriftsteller und Gelehrte sagten der bestehenden Ordnung in ihren Werken den Kampf an. Die bedeutendsten unter ihnen waren Rousseau, Montesquieu und Voltaire.

Jean-Jacques Rousseau (1712–1778) geht davon aus, daß von Natur aus alle Menschen die gleichen Rechte haben. Dieser Naturzustand erscheint ihm als der ideale. Er sagte: „Alles, was aus den Händen des Schöpfers hervorgeht, ist gut. Alles entartet unter der Hand des Menschen", daher seine Forderung „Zurück zur Natur". In seinem Buch „Vom Gesellschaftsvertrag" (1762), das sowohl vom Adel als auch vom Bürgertum gelesen wurde und weite Verbreitung fand, entwickelt Rousseau seine Gedanken über die Zustände im Frankreich des 18. Jahrhunderts und beschreibt, wie eine neue Ordnung aussehen sollte:

„Der Mensch wird frei geboren, und überall ist er in Banden. Mancher hält sich für den Herrn seiner Mitmenschen und ist doch mehr Sklave als sie. Wie haben sich diese Umwandlungen zugetragen? Ich weiß es nicht. Wer kann ihnen Rechtmäßigkeit verleihen?

Solange ein Volk durch Gewalt gezwungen wird zu gehorchen, so tut es wohl, wenn es gehorcht; sobald es sein Joch abzuschütteln imstande ist, so tut es noch besser, wenn es dasselbe von sich abwirft." (1. Buch, 1. Kapitel)

„Da kein Mensch eine natürliche Gewalt über seinesgleichen hat und da die Stärke kein Recht gewährt, so bleiben also die Verträge als einzige Grundlage jeder rechtmäßigen Gewalt unter den Menschen übrig ... Auf seine Freiheit verzichten heißt auf seine Menschheit, die Menschenrechte, ja selbst auf seine Pflichten verzichten." (1. Buch, 4. Kapitel)

„Bei der Untersuchung, worin denn eigentlich das höchste Wohl aller besteht, wird man finden, daß es auf zwei Hauptgegenstände hinausläuft: Freiheit und Gleichheit." (2. Buch, 7. Kapitel)

1  2  3 

Der Rechtsgelehrte Charles de Montesquieu (1689—1755) forderte in seiner Schrift „Vom Geist der Gesetze" (1748), daß die Macht des Königs ähnlich wie in England aufgeteilt werden müsse. Nach seiner Ansicht sollte sie von drei Gruppen ausgeübt werden: Das Volk gibt sich durch seine Vertreter die Gesetze selbst (gesetzgebende Gewalt), der König sorgt für die Durchführung der Gesetze (vollziehende Gewalt), unabhängige Richter wachen darüber, daß die Gesetze von allen Staatsbürgern eingehalten werden (richterliche Gewalt). Montesquieu ist davon überzeugt, daß die Vereinigung der Gewalten in einer Hand oder Person zu Despotie und Tyrannenherrschaft führt. Die Grundidee von der Teilung der Gewalten ist in allen Verfassungen der modernen Demokratien enthalten. Montesquieu hatte damit eine große geschichtliche Wirkung.

In seinen Schriften und Briefen bekämpfte François-Marie Voltaire (1694—1778) die Vorrechte des Adels und der Geistlichkeit. Er spricht den Königen das Recht ab, ihre Herrschaftsrechte von Gott herzuleiten. Nach Voltaire lagen sie ursprünglich bei der Nation, beim Volk, verkörpert im dritten Stand. Er fordert daher die Freiheit der Person, des Eigentums und der Meinungsäußerung. Diese Rechte sind unantastbare Rechte des Menschen. Voltaire hatte eine große Wirkung auf seine Zeitgenossen. In einer zeitgenössischen Würdigung des Schriftstellers heißt es: „Ich frage die ganze lebende Generation, alle, die selbständig denken und sich über die Vorurteile zu erheben gelernt haben, ob sie es nicht Voltaire verdanken. Seine unermüdliche Ausdauer weckte selbst die Faulen auf, und nie erlaubte er seinem Jahrhundert über einer Wahrheit einzuschlafen. Seine scharfsinnige Belehrung, seine geistvolle Kritik, sein beißender Spott bildeten die dauernde Geißel der Vorurteile . . . Alle Prinzipien der Freiheit, die ganze Saat der Revolution sind in seinen Schriften enthalten. Er hat sie vorausgesagt; er hat sie gemacht."

Durch ein 35bändiges Lexikon, in dem das gesamte Wissen der Zeit zusammengefaßt war, fanden die Lehren der Aufklärung weite Verbreitung. Das Werk entstand unter der Leitung Diderots, d'Alemberts und vieler anderer Gelehrter. Auch Rousseau, Montesquieu und Voltaire gehörten zu den Herausgebern.

Das Staatsdefizit — Anlaß für Reformversuche

Als der erst 20jährige Ludwig XVI. am 10. Ma 1774 zum König von Frankreich ausgerufe wurde, lastete auf dem Staat bereits eine unge heure Staatsschuld von 40 Millionen Livres, da entspricht heute einer Summe von etwa 400 Mil lionen DM. Entstanden war sie bereits unte seinem Vorfahren Ludwig XIV. und hatte sic unter seinem Großvater Ludwig XV. weite vergrößert. Die Gründe für das Defizit sind in absolutistischen System selbst zu finden. Di Kosten für Beamtenschaft und Heer, für di vielen Kriege, den luxuriösen Hofstaat und di Errichtung von prunkvollen Bauten überstiege die Staatseinnahmen. Darüber hinaus erhielte der hohe Adel und die königliche Familie ohr besondere Verdienste hohe Zuwendungen un Pensionen, die ebenfalls aus der Staatskasse be zahlt wurden.

Im Jahr 1781 z. B. erhielt der königliche Hau halt 25,7 Millionen Livres, 8 Millionen Livr bekam das Haus des Grafen von Artois (Brud

1 Voltaire, einer der bedeutendsten Philosophen der Aufklärung, glaubte daran, daß sich das Zusammenleben der Menschen mit den Prinzipien der Vernunft regeln ließe.
2 Montesquieu hatte mit seiner Lehre von der Gewaltenteilung einen großen Einfluß auf die modernen Verfassungen.
3 Rousseau forderte in seinem „Gesellschaftsvertrag" den politisch mündigen Bürger.
4 Ludwig XVI.

des Königs), 28 Millionen Livres wurden für Pensionen an Adlige und Günstlinge des Hofes gegeben; die öffentliche Armenfürsorge dagegen betrug nur 900 000 Livres. Ein Prinz erhielt im Jahr 1783 ein Schloß in der Nähe von Paris im Werte von 16 Millionen Livres geschenkt, für die Brüder des Königs wurden im gleichen Jahr Schulden in der Höhe von 14 Millionen Livres bezahlt. Einflußreiche Familien, z. B. die Polignacs, erhielten auf Fürsprache der Königin ohne jegliche Gegenleistung wiederholt Zuwendungen. Die Öffentlichkeit wußte um diese Verschwendung von Staatsgeldern, und immer wieder kritisierte das Parlament deswegen den Hof.

Doch der König war nicht in der Lage, diese Mißstände zu beseitigen. Obwohl er nicht so verschwenderisch war wie seine Vorgänger und Reformen befürwortete, erwies er sich nicht als die geeignete Persönlichkeit, die schweren Probleme seines Landes zu lösen. Er war leicht beeinflußbar, schwankte in seinem Urteil, scheute Entscheidungen und den politischen Kampf. Zudem stand er in späteren Jahren stark unter dem Einfluß seiner Gattin, Marie Antoinette, die ständig in höfische Intrigen verwickelt war. So entließ der König seinen fähigsten Finanzminister, den Baron de Turgot, schon nach zweijähriger Amtszeit. Turgot gelang es als einzigem Finanzminister Ludwigs XVI., das Staatsdefizit auf [illegible]4 Millionen Livres zu verringern. Turgot, der ein Anhänger der Aufklärung war, wollte in seinem Regierungsprogramm die Gleichheit vor der Steuer durchsetzen; denn wie konnte es gerecht sein, daß nur diejenigen Steuern zahlen, die nichts besitzen und darüber hinaus noch ohne Bezahlung für die Reichen arbeiten sollen? Ferner forderte Turgot Gewerbe- und Handelsfreiheit und die Abschaffung der Feudallasten und Frondienste der Bauern. Die liberale Wirtschaftsreform hielt er für die denkbar beste. Jeder, so sagte er, habe „das Recht auf Arbeit"; es ist das „heiligste und unverjährbarste Eigentumsrecht". Mit solchen Forderungen machte sich Turgot die Stände der Bevorrechteten zum Feind. Auch gegen die Hofausgaben nahm er heftig Stellung; er schrieb an den König: „Sie müssen das Elend derjenigen, denen man das Geld zuweilen durch die härtesten Zwangsmaßnahmen zu entreißen genötigt ist, mit der Lage der Menschen vergleichen, die die höchsten Ansprüche an Ihre

4

Bettlerszenen gehörten in den Hungerjahren 1788/89 zum alltäglichen Straßenbild.

Freigebigkeit stellen." Die Kürzungen des Hofetats verzieh ihm die Königin nicht, die wie die ersten Stände seine Entlassung forderte. Schließlich wurde auch der König schwankend und vermutete persönliches Machtstreben bei Turgot. Mit der Absetzung Turgots als Finanzminister scheiterten die Reformversuche, deren Verwirklichung für Frankreich eine Revolution von oben bedeutet hätte.

Den Nachfolgern Turgots ging es vor allem um ihre persönlichen Vorteile; zu sehr waren sie bemüht, sich mit dem Hof, Adel und der öffentlichen Meinung gut zu stellen. Das Staatsdefizit schnellte wieder in die Höhe, wuchs im Jahr 1783 auf 80 Millionen und erreichte 1787 eine Summe von 115 Millionen. Am 16. August 1788 war die Staatskasse leer! Der Königin gab man den Beinamen „Madame Defizit". Der österreichische Botschafter schreibt über die öffentliche Meinung: „Es ist kaum zu glauben, mit welcher Kühnheit man sich öffentlich über den König, die Prinzen und die Minister ausspricht ... Selbst wenn man die Menschen zu Tausenden ins Gefängnis würfe, würde man dem Übel nicht beikommen."

Am 24. August 1788 mußte der Staatsbankrott erklärt werden. Es blieb kein anderer Ausweg, als die Generalstände, d. h. die Vertreter aller drei Stände, einzuberufen, um die Staatskrise zu beheben.

Die Hungerjahre 1788/89

Die Jahre 1788/89 gehören zu den härtesten des Jahrhunderts. Im Sommer 1788 vernichteten ungewöhnliche Gewitter und Hagelstürme die Ernte überwiegend. Auch in nicht betroffenen Gebieten brachte die Ernte nicht den erwarteten Ertrag. So waren im folgenden Winter, der sei- Menschengedenken der kälteste war, nicht ge- nügend Getreidevorräte vorhanden. Auf den übermäßig kalten Winter folgte ein warmer Frühling, der große Überschwemmungen brachte Bei der Knappheit des vorhandenen Getreide stiegen die Brotpreise teils um das Doppelte. Di Lage war um so schlimmer, als gleichzeitig di Industrie in eine Krise geraten war. Eine Sen- kung der Einfuhrzölle 1786 hatte zur Folge, da der französische Markt mit billigeren englische Waren überschwemmt wurde. Die Preise der ein- heimischen Produkte fielen so stark, daß viel Betriebe schließen mußten. Stadt und Land hun- gerten. Das Elend, besonders der arbeitende Klasse, war groß. In Lyon wurden von 58 00 Beschäftigten 20 000 arbeitslos. In Abbéville ga es 12 000—15 000 Arbeitslose. Viele Städter zoge bettelnd durch die Dörfer; Revolten brachen a den verschiedensten Orten aus. In Paris wurc von hungernden Arbeitslosen eine Papierfabri gestürmt. Das war die Lage des größten Teil der Bevölkerung im Frühjahr 1789: „Vollstän- diges Darniederliegen und Stillstand des Han- dels, Verfall der Manufakturen, Arbeitsmang Entlassung und Untätigkeit der Arbeiter, d keine andere Hilfsquelle als den Bettelsack a dem Rücken und den Stock in der Hand haben

Die alte Ordnung zerbricht

Eröffnungssitzung der Reichsstände vom 5. Mai 1789 im Saal des Versailler Schlosses. Unter dem Baldachin der König mit seinem Hofstaat, rechts die Geistlichkeit, links der Adel, gegenüber der dritte Stand.

Der König beruft die Stände ein

Zu Beginn des Jahres 1789 schrieb die Regierung die Wahl der neuen Ständevertreter aus. Erregt wurde diese Botschaft von allen Ständen im Lande aufgenommen; erhoffte man doch von einer solchen Ständeversammlung nicht nur die Lösung der Steuerfrage, sondern die Schaffung einer neuen Rechtsordnung im Sinne der Aufklärung.

Seit 1614 waren die Stände nicht mehr zusammengetreten. Die Verhältnisse hatten sich seitdem sehr verändert. Neue Provinzen waren hinzugekommen und das Bürgertum war wirtschaftlich erstarkt. Schon entbrannte ein Kampf darüber, ob man bei der alten Form bleiben und nach Ständen getrennt beraten und abstimmen sollte, oder aber sollten die Beratungen gemein-

Aufforderung des Zeremonienmeisters an die Abgeordneten, den Saal zu räumen. Mirabeau antwortet ihm, daß die Nationalversammlung nur der „Gewalt der Bajonette“ weichen werde. (Gemälde von Eugène Delacroix, 1798–1863)

sam geführt und nach Köpfen abgestimmt werden, wie es der dritte Stand wünschte? Dieser forderte ferner die doppelte Zahl von Abgeordneten für sich, d. h. 600. Der König billigte diese Forderung, denn er hoffte in der Steuerfrage auf Unterstützung gegen die beiden ersten Stände, die je 300 Abgeordnete in die Ständeversammlung entsenden durften. Versailles wurde als Tagungsort bestimmt.
Am 5. Mai 1789 wurde die Versammlung in einem Saal des Versailler Schlosses eröffnet. Zum letzten Male wird die alte Ordnung sichtbar. Der König verlangte zum Ärger des dritten Standes, daß die Abgeordneten nach dem mittelalterlichen Zeremoniell gekleidet waren. Die Prälaten, Erzbischöfe und Bischöfe trugen ihre Chorröcke und violetten Roben, der Adel kleidete sich aufwendig mit Federhüten, Goldaufschlägen und Spitzenschmuck. Den Abgeordneten des dritten Standes war die schwarze Robe des Magistrats vorgeschrieben. Für die aus Paris herbeiströmenden Massen war es jedoch leicht, die Vertreter ihres Standes zu erkennen. Der Unmut unter den Abgeordneten des dritten Standes wurde noch weiter gesteigert, als der König die Vertreter des Adels und Klerus zuerst durch die großen Türen einziehen ließ, während sie selbst einige Stunden im Regen stehen mußten, bis sie endlich durch eine Seitentür in den Sitzungssaal eingelassen wurden. Der König eröffnete die Sitzung und erläuterte den Grund für die Einberufung der Stände: „Die Staatsschuld, welche bei meiner Thronbesteigung schon sehr groß war, ist unter meiner Regierung noch gewachsen, die Vermehrung der Steuern war die notwendige Folge.“ Nach diesen Worten begründete der König seine Forderung, die Steuern auf alle Stände zu verteilen. Der Beifall, den die Rede fand, läßt erkennen, daß sogar ein Teil der Geistlichen und Adligen bereit war, auf seine Vorrechte zu verzichten. Aber schon am nächsten Tag, als man einzelne Fragen besprechen wollte, kam es zu keiner Einigung darüber, ob man gemeinsam oder jeder Stand für sich beraten und beschließen solle. Der dritte Stand war für gemeinsame Sitzungen; ebenfalls ein großer Teil des hohen Klerus, denn er fürchtete, daß sich sonst die Priester mit dem dritten Stand solidarisch erklären würden.

Die Nationalversammlung wird ausgerufen

Nach wochenlangem Streit, in dem die Geistlichkeit zwischen Adel und drittem Stand zu vermitteln suchte, erklärten sich die Abgeordneten des dritten Standes am 17. Juni 1789 zur Nationalversammlung als der alleinigen Vertretung des Volkes und der Nation. Dieser Beschluß erfolgte auf Antrag des Abbé Sieyès, der schon vorher in seiner Schrift „Was ist der dritte Stand?“ diesen als die wahre Nation bezeichnet hat. Sieyès schreibt: „Was ist der dritte Stand? – Alles. Was ist er bisher gewesen? – Nichts. Was verlangt er? Etwas zu werden.“ Im Ballhaus von Versailles schwören sich die Abgeordneten, nicht eher auseinander zu gehen, bis das Königreich eine Verfassung habe. Sprecher der Nationalversammlung wurde Graf Mirabeau (1748 bis 1791), der sich, von seiner Familie verstoßen, von den Bürgern der Stadt Aix als Abgeordneter wählen ließ.

Ballhausschwur vom 20. Juni 1789 (Gemälde von Jacques-Louis David, 1748—1825)

Die beiden ersten Stände werden eingeladen, der Nationalversammlung beizutreten. Der Einladung folgt der Klerus nach einem Mehrheitsbeschluß. Der König jedoch befiehlt, im Sinne der alten Verfassung getrennt nach Ständen und nur mit seiner Zustimmung zu beraten. Er schickt seinen Zeremonienmeister, damit er die Abgeordneten aus dem Saal weise. Mirabeau antwortet diesem: „Wer gibt Ihnen den Befehl? Wer gibt uns gebieterische Gesetze? Ihr Auftraggeber muß sie von uns erhalten, von uns . . . die wir für das Glück von 25 Millionen Menschen verantwortlich sind." Als der Zeremonienmeister seinen Befehl von neuem ausspricht, ruft Mirabeau: „Sagen Sie denen, die Sie geschickt, daß wir hier sind durch den Willen der Nation und

nur der Gewalt der Bajonette weichen werden." Nach dieser aufregenden Szene beruhigte Sieyès die Abgeordneten: „Meine Herren, wir haben geschworen, das französische Volk wieder in seine Rechte einzusetzen; wir sind heute, was wir gestern gewesen. Beraten wir weiter." Hunderttausende Pariser strömten nach Versailles und protestierten gegen die Haltung des Königs. Unter dem Druck der öffentlichen Meinung gab der König nach und befahl den übrigen Abgeordneten der beiden ersten Stände, der Nationalversammlung beizutreten. Sie bezeichnete sich nun als „Verfassunggebende Versammlung". Ein erster Sieg war über das alte System errungen.

Die Erstürmung der Bastille

Während nun die Nationalversammlung in Versailles pausenlos tagte und die alte Ständeordnung aufzuheben beschloß, zog der König Truppen in Paris zusammen. Graf Mirabeau warnte den König: „Die Soldaten werden nicht vergessen, wer wir sind; sie werden in uns ihre Eltern und Freunde erkennen ... sie sind ein Teil der Nation, die uns die Sorge um ihre Freiheit, ihr Eigentum und ihre Ehre übertragen hat." Mirabeau forderte vom König den Abzug der Truppen und die Aufstellung einer Bürgerwehr. Die Antwort des Königs war ausweichend, so daß Nationalversammlung und Bevölkerung mit militärischen Auseinandersetzungen rechnen mußten.

In Paris jagt ein Gerücht das andere. Es heißt, der König wolle die Nationalversammlung durch Waffengewalt auflösen und die Führer des dritten Standes verhaften. Die Brot- und Fleischpreise steigen weiter; in den Vorstädten wird geplündert. Ein heißer Sommer lastet auf dem Land. Die Getreideernte ist auch in diesem Jahr dürftig. Es besteht wenig Aussicht auf ein Sinken der Lebensmittelpreise. Das Volk hungert.

Da trifft am 12. Juli 1789 die Nachricht ein, der König habe den im Volk sehr beliebten Jacques Necker, der die Einberufung der Generalstände beim König durchgesetzt hatte, und die übrigen Minister entlassen. Die Erregung der Bevölkerung ist unbeschreiblich. Die Börse muß schließen. Die Geschäftsleute protestieren, denn sie glauben, daß nur Necker in der Lage sei, den Staatsbankrott abzuwenden. Volksredner, die im Palais Royal auftreten, steigern die Erregung der Massen weiter. Einer von ihnen, Camille Desmoulins, ruft dem Volk zu: „Kein Augenblick ist zu verlieren! Die Entlassung Neckers ist die Sturmglocke einer Bartholomäusnacht der Patrioten! Die Bataillone der Schweizer und Deutschen (königliche Truppen) werden uns heute noch den Garaus machen. Nur ein Ausweg bleibt uns: zu den Waffen zu greifen."

Auch die Nationalversammlung verurteilt in einer Note an den König die Entlassung de

Camille Desmoulins ruft am 12. Juli 1789 im Palais Royal zu den Waffen.

Nächtlicher Zug der Pariser durch die Stadt (12./13. Juli 1789), um einen Angriff der königlichen Truppen abzuwehren

Minister als einen willkürlichen Akt. In Paris wird der Widerstand organisiert; eine Bürgerwehr wird aufgestellt. Die alte Stadtverwaltung wird durch die Kommune, eine Bürgerversammlung, ersetzt. Die Lage spitzt sich weiter zu: Brotläden, Geschäfte, Waffendepots werden geplündert. Der König verstärkt die Truppen in ler Hauptstadt; doch haben sie Befehl, kein Blut zu vergießen. Am 14. Juli frühmorgens verbreitet sich in Paris das Gerücht, daß die königichen Truppen aus ihren Stützpunkten ausücken. Man will sich verteidigen und sucht nach weiteren Waffen. Eine Menge entschlossener Bürger besetzt den Invalidenbau, das Zeughaus ler Armee, wo etwa 32 000 Gewehre liegen, lie zusammen mit einigen Kanonen verteilt wer-len. Von hier aus zieht die Menge zur Bastille iner Zwingburg aus dem Mittelalter, die einige ahrhunderte als Staatsgefängnis diente. Hier atte man neben Kriminellen viele politische Gegner des Absolutismus eingesperrt: Politiker, chriftsteller, Gelehrte. Die Bastille verkörperte n den Augen der Pariser den Despotismus der bsoluten Könige. Auch jetzt glaubte man viele olitische Gefangene hinter ihren Mauern.

ie Bastille war mit einer Truppe von 100 Mann esetzt. Die Zugbrücken sind wie in Kriegszeiten ufgezogen. Da gelingt es einigen, die Zugbrük-en herabzuziehen und den Außenhof zu stür-nen. Die Verteidiger eröffnen das Feuer und es ibt Tote. Doch die Menge dringt weiter vor, und der Kommandant kapituliert, nachdem ihm freies Geleit zugesichert war. Aus Wut über die Gefallenen wird er jedoch mit einigen Offizieren auf dem Weg ins Rathaus getötet, ihre auf Piken gesteckten Köpfe werden tagelang in den Straßen herumgetragen. Der französische Schriftsteller und Politiker Chateaubriand, der als junger Mann die Erstürmung der Bastille miterlebt hatte, berichtet: „Man fuhr in Fiakern die Sieger der Bastille durch die Stadt. Die Vorübergehenden zogen ehrerbietig den Hut vor diesen Helden. – Jetzt eilen die Sachverständigen herbei, um die Bastille zu untersuchen. Unter Zelten werden Cafés errichtet. Es herrscht ein Gedränge wie auf Jahrmärkten. Eine Menge Wagen fährt vorüber oder hält am Fuße der Türme, von denen man Steine unter einem Staubwirbel herabwirft. Elegant gekleidete Damen, junge Modeherren mischen sich unter die halbnackten Arbeiter, die unter dem Beifallsgeschrei der Menge die Mauern einreißen. Hier sammeln sich die berühmtesten Redner, die bekanntesten Schriftsteller und Maler, die vornehmsten Fremden und Gesandten von ganz Europa. Das alte Frankreich kam her, um zu enden, das neue, um zu beginnen."

Der König kapitulierte. Am 15. Juli sprach er vor der Nationalversammlung: „Ich bin ganz eins mit der Nation, ich vertraue mich ganz Ihnen an. Helfen Sie mir in diesem Augenblick, das Wohl des Staates zu sichern; ich erwarte es

1

von der Nationalversammlung." Der König sicherte zu, die Truppen aus der Stadt abzuziehen und Necker wieder zu berufen. Aus der Bürgerwehr wurde die Nationalgarde, an deren Spitze Lafayette, der im amerikanischen Unabhängigkeitskrieg auf seiten der Nordamerikaner gekämpft hatte, gestellt wurde. Der König war mit allem einverstanden.

Unruhen in ganz Frankreich

Die Nachricht vom Sturm auf die Bastille verbreitete sich wie ein Lauffeuer über das ganze Land. In vielen Städten, vor allem in denen, die direkte Postverbindung nach Paris hatten, über nahmen Aufständische die Verwaltung, grün deten Bürgerwehren und besetzten die Waffen lager. Ausschüsse lösten die alten Behörden ab Das Land war mobilisiert. Auf dem Lande wur den von den Bauern die Schlösser gestürmt, ge plündert und in Brand gesetzt. Die Bauern ver langten von ihren Grundherren die Auslieferun der Archive, wo ihre Schulden und Abgaben auf gezeichnet waren. Die Feudallasten, die man jahr hundertelang entrichtet hatte, wurden verwe gert.

Eine große Anzahl der Adligen ging in die Em gration. Ihre Güter wurden beschlagnahmt un verstaatlicht.

Eine neue Ordnung entsteht durch die Verfassunggebende Versammlung

1 Der Sturm auf die Bastille am 14. Juli 1789

2 Tanz um den Freiheitsbaum

3 Das Volk im Besitz der Waffen

2

Verkündung der Menschen- und Bürgerrechte

Die Nationalversammlung ist über die Vorgänge in den Provinzen beunruhigt. Ein Abgeordneter, der damit beauftragt war, einen Bericht über die Lage der Nation zu geben, beschrieb die Vorgänge folgendermaßen: „Nach den Nachrichten aus allen Provinzen scheint es, daß jeglicher Besitz die Beute sträflichster Plünderung ist. Schlösser werden verbrannt, Klöster zerstört, Pächtereien geplündert. Die Steuern, die Feudalabgaben, alles ist dahin. Die Gesetze sind ohne Kraft, die Magistrate ohne Autorität, das Recht ist nur noch ein Phantom; man sucht es vergeblich in den Gerichtshöfen." Die Nationalversammlung befürchtete, daß Frankreich in Anarchie versinkt. Eine neue Ordnung mußte geschaffen werden.

Angehörige des ersten und zweiten Standes beantragten unter dem Druck der Revolution selbst die Aufhebung ihrer Vorrechte. In der Nacht vom 4./5. August beschlossen die Abgeordneten

3

der Nationalversammlung, was vom Großteil des Volkes ersehnt wurde: Beseitigung der persönlichen Abhängigkeit der Bauern und des Frondienstes, Ablösung der herrschaftlichen Gerichtsbarkeit, Aufhebung des herrschaftlichen Jagdrechts, Erlaß des Kirchenzehnten, Gleichheit vor der Steuer, Zulassung aller zu allen Ämtern, Unterbindung des Ämterkaufs, Verstaatlichung der Schulen usw.

Diese Beschlüsse bedeuteten das Ende der alten Ordnung. Graf Mirabeau faßte die Bedeutung dieser Nacht mit folgenden Worten zusammen: „All diese Beschlüsse sind unwiderruflich. Sie sind Gemeingut des Vaterlandes geworden, und es gibt keinen Franzosen, der daran etwas ändern könnte."

Kurz danach verkündete die Nationalversammlung die Menschen- und Bürgerrechte, die im wesentlichen den Bestimmungen der Verfassung der Vereinigten Staaten von Amerika entsprachen. Hier die grundlegenden Artikel:

„Artikel 1. Die Menschen werden frei und an Rechten gleich geboren und bleiben es. Die gesellschaftlichen Unterschiede können nur auf den allgemeinen Nutzen begründet werden.

Artikel 2. Der Zweck jeder staatlichen Vereinigung ist die Erhaltung der natürlichen und unverjährbaren Menschenrechte. Das sind die Rechte auf Freiheit, Eigentum, Sicherheit und Widerstand gegen Unterdrückung.

Artikel 3. Der Ursprung jedes Hoheitsrechts liegt wesentlich in der Nation. Keine Körperschaft, kein Individuum kann mit einer Machtvollkommenheit bekleidet werden, die nicht ausdrücklich von ihr ausgeht.

Artikel 4. Die Freiheit besteht in der Macht, alles das zu tun, was einem anderen nicht schadet; die Ausübung der natürlichen Rechte eines jeden Menschen hat also nur die Grenzen, die den anderen Gliedern der Gesellschaft die gleichen Rechte und ihren Genuß sichern. Diese Grenzen können nur durch das Gesetz bestimmt werden."

Die in der Verfassung von 1[…] garantierte Pressefreiheit fü[…] über Nacht zur Gründung vi[…] Zeitungen und Zeitschriften, […] den Verkäufern förmlich aus […] Händen gerissen wurden.

Ein französischer Patriot bedient mit einer Handkurbel eine elektrische Maschine, die durch die Throne Europas Strom sendet und sie somit zu einer unsicheren Sitzgelegenheit macht. (Karikatur)

Die alte Ordnung soll wiederhergestellt werden

Die neue Verfassung

Nach wochenlangen Verhandlungen verabschiedete die Nationalversammlung schließlich die Verfassung, die der Forderung nach Gewaltenteilung entsprach. Dem König verblieb die ausführende Gewalt. Weil der König in der Ausübung seiner Macht an die Verfassung (Konstitution) gebunden war, nennt man eine solche Staatsform „konstitutionelle Monarchie". (Vergleiche den Abschnitt „In England scheitert der Absolutismus"!) Die Gesetze können nur von der Gesetzgebenden Versammlung beschlossen werden.

Heftig kritisiert wurde die Neuregelung des Wahlrechts, das an ein bestimmtes Einkommen gebunden war. Zum Abgeordneten konnte nur der gewählt werden, der Grundbesitz hatte und eine Steuer im Wert von einer Silbermark entrichtete (54 Francs; der Livre als Währungseinheit wurde abgeschafft). Nur 50 000 von 25 Millionen Franzosen konnten Abgeordnete wählen. Lohnabhängige und Unbemittelte blieben vom politischen Leben ausgeschlossen.

Robespierre, ein Rechtsanwalt aus Arras, nahm am schärfsten gegen diese Wahlbedingungen Stellung. Er sagte, daß die Menschenrechte verletzt würden, wenn man das Wahlrecht von Eigentum und Steuersatz abhängig macht. Jeder müsse das Recht haben, zu wählen und gewählt zu werden. Auch Graf Mirabeau und Rousseau waren gegen dieses Gesetz, das jedoch mit 453 gegen 443 Stimmen beschlossen wurde.

Mit der Verabschiedung der Verfassung hatte die Nationalversammlung ihre Aufgabe erfüllt. Sie löste sich auf und machte einer neuen, der Gesetzgebenden Versammlung, Platz (1. Oktober 1791).

Der Konflikt zwischen König und Revolution

Ludwig XVI. erkannte die neue Ordnung nur nach außen hin an. Mit dem Verzicht des Adels und des Klerus auf alle Vorrechte war er eigentlich nicht einverstanden. Schon wenige Tage nach der denkwürdigen Sitzung vom 4./5. August 1789 schrieb er an den Erzbischof von Arles: „Ich werde niemals eine Beraubung meines Klerus und Adels zulassen; ich werde Gesetzen dieser Art meine Zustimmung nicht geben. Die Begeisterung, die sich aller Stände bemächtigt hat, berührt meine Seele kaum."

Die Erstürmung der Bastille und die Aufstände in der Provinz waren für viele Adlige das Fanal, Frankreich zu verlassen. Sie gingen nach Luxemburg, in die Schweiz, nach Trier oder Koblenz. Von hier versuchten sie, den Widerstand gegen die Revolution zu organisieren. Auch der König hatte zunächst an Flucht gedacht, diesen Plan aber dann wieder verworfen. Er glaubte, daß er die alte Ordnung eher wiederherstellen könne, wenn er bliebe und zum Schein die neue Ordnung anerkenne.

In Geheimbotschaften nahm er Verbindung mit den Monarchen Europas auf. Ludwig XVI. schlug ihnen vor, das französische Königtum in einer gemeinsamen Zusammenkunft vor der Welt zu rechtfertigen. Da sich Ludwig jedoch immer wieder mit der Nationalversammlung solidarisch erklärte, mißtrauten ihm die europäischen Herrscher.

Gegen Ende des Jahres 1789 hatte sich die Lage weiter verschärft. Tausende von Parisern strömten täglich nach Versailles und nahmen auf den Tribünen an den Sitzungen der Nationalversammlung teil. Ihren Lieblingen jubelten sie zu, Verteidiger der alten Ordnung bedrohten sie. Der Hunger wütete weiter.

Ein Hungermarsch nach Versailles sollte König

1

und Nationalversammlung an das Elend der Pariser Bevölkerung erinnern. Auch forderte die demonstrierende Masse, daß der König seinen Sitz nach Paris verlegen sollte. Aufständische stürmten die Räume der Nationalversammlung und das Schloß. Unter dem Druck der Volksmenge zog die königliche Familie in das Tuilerienschloß in Paris, wo sie von der Nationalgarde scharf bewacht wurde. Die Nationalversammlung folgte bald nach; noch mehr als zuvor standen ihre Beratungen unter dem Einfluß der Menge, die mit Zwischenrufen ihrer Meinung Ausdruck gab. Ein neuer Beschluß, das Staatsgesetz über die Geistlichkeit (Nov. 1790), bringt nun den offenen Konflikt zwischen dem König und der Revolution. Es enthält folgende Bestimmungen: Der Kirchenbesitz wird in Nationalgüter umgewandelt und die Geistlichen werden zu Staatsbeamten, die den Eid auf die Verfassung schwören müssen.

Der Papst mißbilligte diese Kirchenverfassung ausdrücklich. Mehr als die Hälfte der Priester verweigerten den Eid. Nur 4 von 133 Bischöfen leisteten ihn. Die Eidverweigerer wurden entlassen und durch konstitutionelle Bischöfe ersetzt, die jedoch der Papst exkommunizierte. Auch der König war ein scharfer Gegner des neuen Priestergesetzes. Er weigerte sich, von einem Priester die Osterkommunion zu empfangen, der den Eid auf die Verfassung geschworen hatte. Er faßte nun endgültig den Entschluß zur Flucht.

Der König will fliehen

Der König nimmt von neuem Verbindung mi ausländischen Herrscherhäusern auf (z. B. mi Spanien und Österreich). Die Flucht wird gena geplant. Am 20. Juni 1791 ist es soweit. Ver kleidet und mit falschen Papieren verläßt di königliche Familie Paris. Die Flüchtlinge kom men bis Varennes. Hier wird der König erkann und die Nationalgarde verständigt, die die Fluch verhindert.

Wie ein Lauffeuer verbreitet sich die Nachrich über den Fluchtversuch des Königs. Die Natic nalversammlung befiehlt bei Bekanntwerden de Flucht die Aushebung von 100 000 Freiwillige und mobilisiert die Nationalgarden; denn ma fürchtet ausländische Einmischung. Von Natic nalgarden umschlossen, wird die königliche Fa milie nach Paris zurückgeführt, wo sie nun in de Tuilerien streng bewacht wird.

Radikal-republikanische Gruppen in der Nati nalversammlung fordern die sofortige Absetzur des Königs. Aber noch besitzen die gemäßigte Abgeordneten das Übergewicht. Sie setzen durc daß der König weiterhin die ausübende Gewa behält, wenn er die Verfassung unterschreil Denn noch ist die ausländische Gefahr nicht vo über. Der deutsche Kaiser hatte in einem Mar fest wissen lassen (6. Juli 1791), daß die B ziehungen beider Staaten ernsthaft gefährd werden, wenn Ludwig XVI. nicht geschont wi Der König erkannte die neue Verfassung an.

2

‹ Am 5. Oktober 1789 zogen Tausende von 'rauen nach Versailles, um gegen die hoff-ıungslose Lage in der Hauptstadt zu de-ıonstrieren.

Über die Vorgänge in Frankreich ›eunruhigt, trafen sich Kaiser ‚eopold II., König Friedrich Vilhelm II. und Prinz Graf von ‚rtois, emigrierter Bruder des 'ranzösischen Königs, in Pillnitz.

)ie Stellung der europäischen Fürsten ur Französischen Revolution

)ie europäischen Herrscher verfolgten die Ereig-isse in Frankreich mit großer Sorge. Sie fürch-:ten, daß die „neuen Ideen" auch in ihren Län-ern die Unzufriedenheit der Bauern und Bürger erstärken könnten.

atsächlich wurde die Botschaft von der „Frei-eit, Gleichheit und Brüderlichkeit aller Men-:hen" überall begeistert aufgenommen. Wie ›llten nun die Fürsten Europas diese gefährliche ewegung aufhalten?

:hon wenige Wochen nach dem Fluchtversuch udwigs XVI. trafen sich Kaiser Leopold II., ruder der französischen Königin Marie Antoi-:tte, und König Friedrich Wilhelm II. von Preu-:n in Pillnitz. Sie schickten eine Botschaft an ıgland, Rußland und Spanien, in der sie die 'onarchen aufforderten mitzuhelfen, den fran-›sischen König in seine Rechte wieder voll ein-:setzen und die „alte Ordnung" wiederherzu-ellen (Pillnitzer Deklaration, 27. August 1791).

Frankreich unter der Herrschaft des Nationalkonvents

Der Beginn der Revolutionskriege – Der König wird abgesetzt

In Frankreich war man über die Pillnitzer Deklaration sehr entrüstet. Die Gesetzgebende Versammlung beschloß die Kriegserklärung an Österreich und Preußen (20. April 1792). Der Krieg schien ihr der einzige Ausweg zu sein, die Errungenschaften der Revolution zu retten.

Das Heer Preußens und des Kaisers wurde vom Herzog von Braunschweig geführt. In einer scharfen Erklärung drohte dieser den Franzosen harte Strafen an, wenn sie sich nicht sofort wieder ihrem König unterwerfen. „Ewig unvergeßliche Rache", ja „gänzliche Zerstörung" werde Paris treffen, wenn dem König ein Leid geschehe. Dieser Aufruf des braunschweigischen Herzogs erregte die Gemüter der Franzosen sehr, glaubte man doch, der König stehe mit den Alliierten in Verbindung.

Unter der Führung Dantons, der zusammen mit Robespierre an der Spitze des radikal-republikanischen Flügels der Gesetzgebenden Versammlung stand, tagte im Rathaus von Paris die „Kommune". Mit ihrer Zustimmung stürmten am 10. August 1792 Aufständische und Nationalgardisten die Tuilerien, die unter großem Blutvergießen eingenommen wurden. Es erfolgte die Absetzung des Königs. Er und seine Familie kamen in den Festungsturm des Temple (Staatsgefängnis); hier sollte er den Prozeß abwarten.

Die Republik wird eingeführt

Die Absetzung des Königs bedeutete auch das Ende der Monarchie. Die Neuwahlen vom 21. September 1792 brachten eine neue Nationalversammlung, den Nationalkonvent, der die Republik ausrief. Im Nationalkonvent waren nun die radikalen Anhänger der Revolution, die Jakobiner, zur stärksten Partei geworden. Ihren

1

1 Das Siegel der Französischen Republik enthält vor allem Sinnbilder der römischen „res publica" (= Staat) eine Frau, die sich auf das Liktorenbündel stützt und auf dem Zepter die phrygische Mütze (Freiheitsmütze) häl
2 Robespierre, der mächtigste Mann des Wohlfahrtsausschusses. Er war besessen von der Idee, dazu berufen zu sein, das „Reich der Tugend" zu verwirklichen; dabei wurde er am Tode Tausender von Menschen schuldi
3 Danton schaltete zusammen mit Robespierre unter großem Blutvergieß die gemäßigte Partei der Girondisten aus; schließlich wurde er selbst durch Robespierre gestürzt.
4 „In Freiheit leben oder sterben" – diesen Leitspruch wählte eine der viel republikanischen Vereinigungen, dere Mitgliedskarte hier abgebildet ist.

2

3

4

Namen gaben sie sich nach ihrem Versammlungsort, dem St.-Jakobs-Kloster in Paris. Ihre Führer waren der Rechtsanwalt Maximilien de Robespierre und Georges Danton, ebenfalls Rechtsanwalt. Die gemäßigte Partei des Konvents, die Girondisten – so genannt, weil ihre führenden Männer aus der Provinz Gironde stammten –, wurden nach und nach einflußloser. Die Jakobiner warfen ihnen Verrat an der Einheit der Nation vor, weil sie den Provinzen die Selbstverwaltung geben wollten. Dagegen strebten die Jakobiner danach, ganz Frankreich von Paris aus zu beherrschen.

Als stärkste Partei setzten die Jakobiner ihr Regierungsprogramm durch. Die ausführende Ge walt erhielt der Wohlfahrtsausschuß; dem Si cherheitsausschuß unterstanden die Verteidi gungsfragen; das Revolutionstribunal (auße ordentlicher Gerichtshof) hatte die Gegner d Revolution zu überwachen und abzuurteilen. D gesetzgebende Gewalt lag beim Nationalkonven der dem Wohlfahrtsausschuß schon bald unb schränkte Vollmachten gab.

Der erste Vorsitzende des Wohlfahrtsausschuss wurde Danton. Er wünschte vor allem baldige Frieden mit den Alliierten, um die junge Rep blik zu festigen. Mit den gemäßigten Grupp im Nationalkonvent strebte er den Ausgleich a

5

6

Wie das Volk mit der königlichen
milie umgehen sollte, drückt diese
itgenössische Karikatur aus.
Der König nimmt kurz vor seiner
nrichtung Abschied von seiner
milie.

hreckensherrschaft und Diktatur

nter dem Druck der heranrückenden preußi-
ıen Armee ließ Danton alle Anhänger des
nigs schonungslos verfolgen. Listen von „Ver-
wörern" wurden angefertigt. Volksgerichte
lten unzählige Todesurteile. Durch die soge-
nnten Septembermorde (vom 2.–5. 9. 1792)
men auf Veranlassung Dantons in Paris 1600
nschen um, davon 300 Priester, die den Eid verweigert hatten. Die übrigen der Getöteten waren meistens Häftlinge, die man in den Gefängnishöfen niedermetzelte. Als im Frühjahr 1793 in den Provinzen Aufstände gegen die Konventsherrschaft ausbrachen (in Marseille, Bordeaux, Toulouse, Lyon usw.), wurden sie grausam niedergeschlagen. Massenexekutionen folgten, denen Tausende zum Opfer fielen.

Im Herbst 1792 wurde der König des Hochverrats angeklagt und nach heftigen Auseinandersetzungen zwischen Gemäßigten und Radikalen in einer öffentlichen Abstimmung zum Tode verurteilt. Am 21. Januar 1793 starb er durch die Guillotine; einige Monate später folgte

Mit dem Machtantritt Dantons wurden in allen Teilen Frankreichs Revolutionstribunale eingerichtet.

ihm seine Frau auf die gleiche Weise in den Tod Der zweitmächtigste Mann im Nationalkonven und Wohlfahrtsausschuß war Robespierre. E war bei Einberufung der Generalstände als Abgeordneter des dritten Standes von Arras nad Versailles geschickt worden. Graf Mirabea

22 Girondisten werden am 31. Oktober 1793 zur Guillotine geführt. (Lithographie von Denis-Auguste-Marie Raffet, 1804–1860)

)as Ende der
;chreckensherr-
:haft: Am
7. Juli 1794
verden Robes-
ierre und
eine Anhänger
ingerichtet.

igte damals über ihn: „Dieser Mann wird es
eit bringen, denn er glaubt, was er sagt." Für
obespierre war die Gesinnung das Entschei-
ende in der Politik. Nur eine politische Über-
eugung ließ er gelten: die Errichtung der Herr-
haft des Volkes. Er glaubte, den Volkswillen
kennen und versuchte ihn mit allen Mitteln
verwirklichen. Sein Endziel war eine „tugend-
afte Gemeinschaft" der Menschen, in der es
eine Korruption und keinen Egoismus gibt und
e Menschen nur gute Eigenschaften besitzen.
a aber nach Meinung Robespierres die meisten
enschen für diesen Gedanken noch nicht reif
aren, bliebe dem Gesetzgeber nichts anderes
rig, die Menschen mit Gewalt oder Terror in
s „Reich der Tugend" zu führen. Robespierre
gt: „Ohne den Terror ist die Tugend machtlos,
il der Terror nichts anderes ist als eine
ompte, strenge und unbeugsame Justiz."
elstrebig ging Robespierre daran, seine Vor-
llungen zu verwirklichen. Dazu gehörte, seine
litischen Gegner auszuschalten und radikale
setze zu schaffen. Sein Einfluß wurde immer
rker. Im Kampf gegen Danton, der ihm eine
versöhnliche Politik betreibt, geht Robespierre
Sieger hervor. Danton wird verhaftet und
gerichtet (5. April 1794). Robespierre tritt an seine Stelle. Neue Terrorgesetze verliehen den Revolutionstribunalen, die im ganzen Land eingerichtet wurden, die Entscheidungsgewalt über Leben und Tod. Anhänger des Königs, Girondisten, Dantonisten, Priester, Mönche, selbst Parteifreunde, als Gegner der Revolution verdächtigt, wurden im Schnellverfahren abgeurteilt und dann enthauptet, erschossen, ertränkt. Aufgrund dieser „Blutgesetze" starben täglich 60 bis 80 Menschen in Frankreich.

So glaubte sich Robespierre im Frühjahr 1794 im Besitze der Allmacht, die es ihm erlaubte, den Staat ganz im Sinne seiner Ideale zu gestalten. Auch Christentum und Kirche sollten beseitigt werden. An ihre Stelle führte Robespierre den Kult des „Höchsten Wesens" ein. Die Kathedrale von Notre-Dame in Paris wurde zum „Tempel der Vernunft" erklärt.

Als Robespierre vor dem Konvent eine weitere „Säuberung" in den eigenen Reihen ankündigte, fühlten die Konventsmitglieder ihr Leben bedroht. Es kommt zu einer Verschwörung gegen die Diktatur, die am 27. Juli 1794 zum Sturz Robespierres führt. Kurz danach wird er zusammen mit seinen Anhängern guillotiniert und dem „Reich der Tugend", das mit Gewalt und Terror errichtet worden war, ein Ende gesetzt.

Das Direktorium herrscht

Die Hinrichtung Robespierres setzte der Terrorherrschaft ein Ende. Der Nationalkonvent beschloß eine neue Verfassung. Nach ihr übte ein fünfköpfiges Direktorium die Regierungsgewalt aus; es war auf 5 Jahre gewählt. Die gesetzgebende Gewalt lag beim „Rat der Alten" (250 Abgeordnete) und dem „Rat der 500", der das Direktorium ernannte. Im „Rat der 500" wurden die Gesetze eingebracht und beraten, im „Rat der Alten" wurden sie noch einmal geprüft und als rechtskräftig erklärt. Das Wahlrecht war wieder wie zu Beginn der Revolution auf das besitzende Bürgertum beschränkt.

Dem Direktorium (1795–1799) gelang es, die inneren Zustände Frankreichs für einige Jahre in geordnete Bahnen zu lenken.

Die Revolutionskriege — Volksheer gegen Söldnerheer

Noch immer führte Frankreich Krieg, der 1792 mit der Kriegserklärung an Österreich und Preußen eröffnet worden war. Die feindlichen Armeen drangen in Frankreich ein, weil man fürchtete, die revolutionären Ideen könnten auch auf die eigenen Monarchien übergreifen. Nach der Hinrichtung Ludwigs XVI. waren der österreichisch-preußischen Koalition England, Holland Spanien, Sardinien, Neapel, Portugal und da Deutsche Reich beigetreten. Während heftige innenpolitischer Kämpfe mußte Frankreich gege Europa Krieg führen.

Der Vormarsch preußischer Truppen nötigte di Revolutionsregierung zu einer Heeresreform Neben der Nationalgarde mußten Regimente von Freiwilligen gebildet werden. Ein Heer vo 600 000 war in Kürze zusammengestellt. Dies jungen Männer kämpften aus anderen Gründe als die Söldnerheere der Alliierten. Es galt, da revolutionäre Frankreich zu verteidigen. Zugleic fühlten sich die Freiwilligen dazu berufen, auc den anderen Völkern die neuen Freiheiten z bringen. Im Auftrag des Straßburger Bürge meisters dichtete und komponierte ein Offizi der Nationalgarde das Marschlied der Freiwi ligen von Marseille, die „Marseillaise", die sp tere Nationalhymne.

Dieser Revolutionskrieg endete 1797 mit eine Sieg der französischen Nation. Frankreich konn sein Territorium bis zum linken Rheinufer au dehnen. Die betroffenen deutschen Fürsten mu ten im Deutschen Reich anderweitig entschädi werden.

Zu den beliebten Vergnügungen der Pariser Gesellschaft gehörten Glücksspiele.

Die Anfangstakte der „Marseillaise", der späteren französischen Nationalhymne (zeitgenössischer Druck)

ie „Große Revolution" wirkt bis eute nach

ie Revolution von 1789 versetzte dem Absolusmus in Frankreich den Todesstoß. Die Standesnterschiede wurden beseitigt und eine Volksertretung gleichberechtigter Bürger geschaffen. on nun an sollten alle Bürger teilhaben an der errschergewalt; sie sollten selbst bestimmen, er regiert. Persönliche Leistung und Charakter llten über den Aufstieg entscheiden, nicht aber eburt und Herkunft.

einem blutigen Bürgerkrieg und in harten ämpfen gegen die „alten Mächte" festigte das anzösische Volk seine neue Herrschafts- und esellschaftsordnung. Frankreich wurde zum Land bürgerlicher Freiheit und der Gleichheit aller vor dem Gesetz. In allen Teilen der Welt nahmen sich politisch wache Menschen die französischen Revolutionäre zum Vorbild. In Mittel- und Südamerika, aber auch in Europa entstanden nationale Bewegungen, die auf die Beseitigung der Fürstenherrschaft und die Durchsetzung der Menschen- und Bürgerrechte gerichtet waren.

Die Grundgedanken der Französischen Revolution bestimmten auch unsere politische Ordnung. Ihre Verwirklichung ließ freilich in Deutschland noch lange auf sich warten. Erst 1918 wurde die Republik ausgerufen.

789

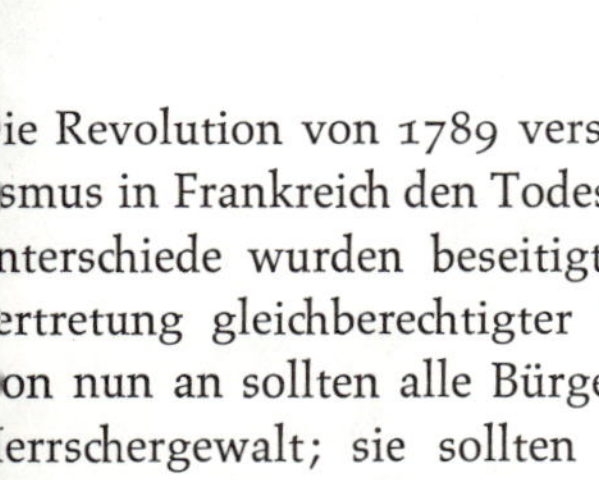

rm auf die Bastille
sbruch der Revolution

1791

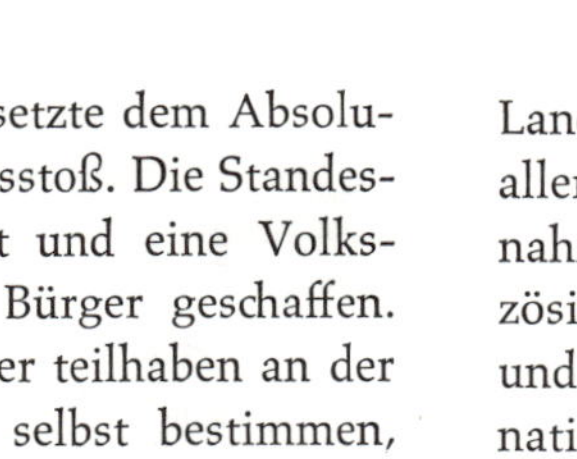

Verabschiedung der Verfassung

1792

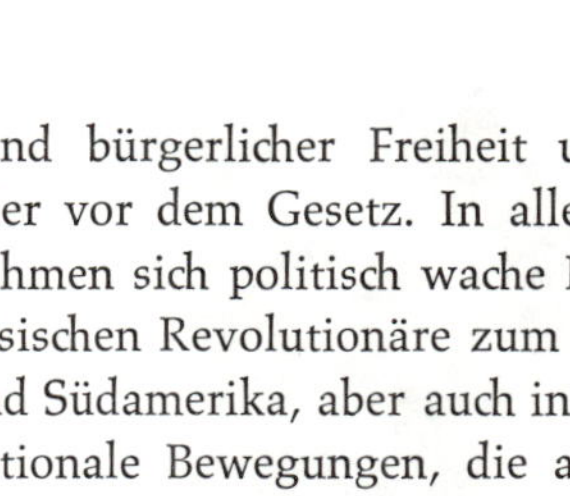

Frankreich wird Republik

1793/94

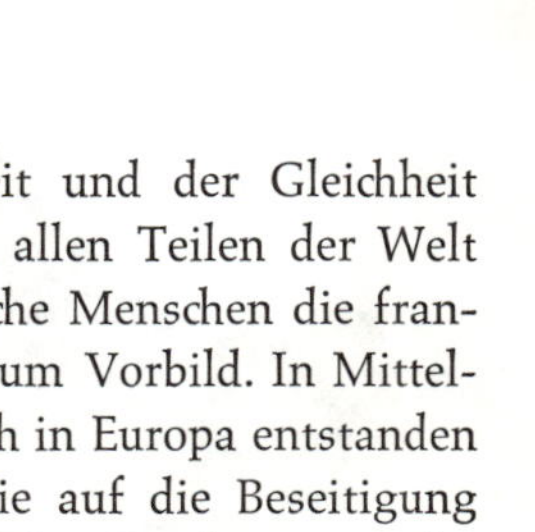

Schreckensherrschaft und Diktatur

Die Zeit Napoleons

Anbruch einer neuen Zeit: Die Begeisterung über die junge Republik entlud sich in Festen und Gelagen der Bürger und Soldaten.

Ein Bürger wird Kaiser

Herkunft und Werdegang Napoleons

Napoleon Bonaparte wurde 1769 auf der Insel Korsika als Sohn eines verarmten Advokaten geboren. Ein Jahr zuvor hatte die Mittelmeerrepublik Genua die Insel Korsika für zwei Millionen Franken an die französische Regierung verkauft; denn immer wieder hatten sich die Korsen gegen die genuesische Fremdherrschaft erhoben. Auch gegen ihre neuen französischen Herren kämpften die Korsen. Doch ihr Freiheitskampf, an dem auch die Eltern Napoleons teilgenommen hatten, endete mit einer Niederlage. Korsika wurde dem französischen Staat angeschlossen.
Die kinderreiche Familie Bonaparte lebte in sehr bescheidenen Verhältnissen. In der Erziehung seiner Kinder war der Vater auf Freistellen in königlichen Erziehungsanstalten angewiesen. Er schickte Napoleon als Zehnjährigen auf das Kolleg in Autun, wo dieser erst einmal die französische Sprache erlernen sollte. Napoleon hatte ein hitziges, aufbrausendes Wesen, doch gegenüber seinen Kameraden war er verschlossen. Seine ärmliche Kleidung und die noch mangelhafte französische Aussprache forderten den Spott der Kameraden heraus.
Auch in der Militärschule von Brienne in der Champagne, wo Napoleon Offiziersanwärter wurde, war es nicht anders. Napoleon fühlte sich als Korse und gab dies auch seinen Mitschülern gegenüber zu erkennen. Lange dauerte es, bis er die französische Sprache beherrschte; noch in späterer Zeit fiel er in erregten Augenblicken ins Italienische. Seine Lieblingsfächer waren Geschichte, Geographie und Mathematik. Die Lektüre über die Taten Alexanders des Großen zog er dem Umgang mit seinen Kameraden vor.
Nach viereinhalb Jahren Brienne kam Napoleon auf die Militärschule nach Paris. Sie galt als die beste Ausbildungsstätte für Offiziere. Reiche und namhafte Adelsfamilien sandten ihre Söhne auf diese Schule. Napoleon war unter ihnen der „Spartaner“, der bescheiden lebte und seine freie Zeit den Büchern über Kriegsgeschichte und Staatsphilosophie widmete. Napoleon litt nun nicht mehr unter den Hänseleien seiner Kameraden; sein Selbstbewußtsein war stärker geworden. Den Beinamen „Spartaner“ faßte er als Auszeichnung auf. Sein Geschichtslehrer beurteilte ihn damals so: „Korse von Natur und Charakter, wird er es weit bringen, wenn die Umstände ihn begünstigen.“
Im Herbst 1785 war Napoleons Ausbildung beendet. Napoleon wurde Unterleutnant bei einem Artillerieregiment in Valence. Endlich war er nicht mehr abhängig von Freistellen und von seiner Familie, wenn auch der Sold bescheiden war. Noch immer ging ihm das Schicksal und die Unabhängigkeit Korsikas über alles.

Napoleon erlebt die Große Revolution

Napoleon war ein Befürworter der Französischen Revolution. Die Bevorzugung der beiden ersten Stände hielt er für ein großes Unrecht und das herrschende absolutistische Regierungssystem lehnte er als veraltet ab. Als Hauptmann in Valence trat er einem republikanischen Klub bei, in dem die neue Verfassung und die Ereignisse der Revolution diskutiert wurden. Der „Korse“ stand auf seiten der Republikaner und wünschte nach der mißlungenen Flucht des Königs dessen Aburteilung; denn die Nationalversammlung behandelte Korsika nicht wie der König als erobertes Land, sondern als gleichberechtigte Provinz. Napoleon wollte die Errungenschaften der Re-

Unterschrift Napoleons aus dem Jahre 1806

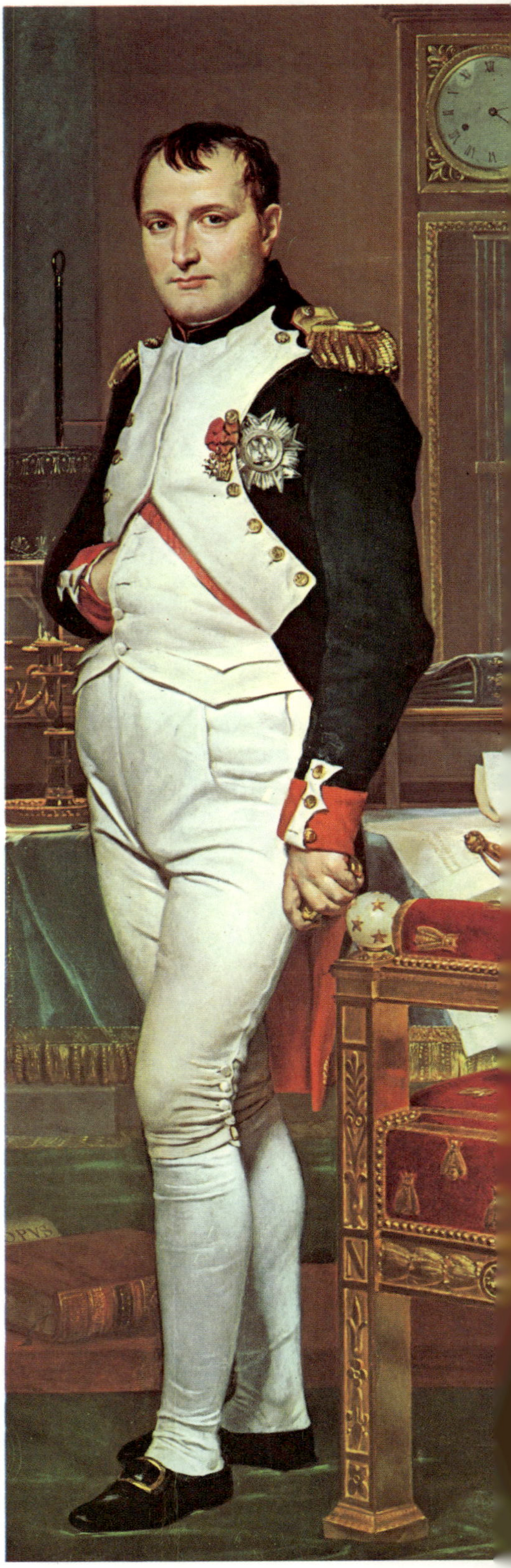

volution auch in seiner Heimat verwirklicht wissen.
Nach Paris beordert, erlebte Napoleon jenen 10. August 1792 mit, an dem Aufständische und Nationalgardisten die Tuilerien unter großem Blutvergießen stürmten. Das Hinmorden der Schweizergarde, der Leibgarde des Königs, stieß ihn ab. Er verurteilte sowohl das Verhalten der Menge wie die Schreckensherrschaft des Wohlfahrtsausschusses. Mit den Jakobinern verbanden ihn nur die Bejahung der Revolution und die Ablehnung der alten Ordnung. Bald sah er in ihnen nur noch „Wahnsinnige".
Das Erlebnis und der Sieg der Revolution veränderten Napoleons Verhältnis zu Frankreich. Er sah nun in Frankreich eine „aufgeklärte, mächtige und edle Nation", die „frei geworden ist und die will, daß auch wir (Korsen) es würden". Napoleon entschied sich für Frankreich. In seiner korsischen Heimat hatten inzwischen die Verfechter der Unabhängigkeit Korsikas die Oberhand gewonnen. Die Familie Bonaparte wurde gezwungen, die Insel für immer zu verlassen (Juni 1793).

Napoleon wird Oberbefehlshaber

Ein wichtiges Ereignis für den Aufstieg Napoleons und für Frankreich war die Verteidigung Toulons (August 1793). Es war in der Zeit der Revolutionskriege. Englische Truppen standen kurz vor der Einnahme Toulons, der Seehafen war bereits von ihnen besetzt. In der Stadt selbst herrschten die Gegner des Konvents. Schlechtausgerüstete Revolutionstruppen unter der Führung Carteauxs, der durch eine schwere Verwundung ausfiel, lagerten vor der Stadt. In diesem

Napoleon vor seinem Schreibtisch (Gemälde von Jacques Louis David, 1748–1825)

EXIT LIBERTÉ a la FRANCOIS! — or — BUONAPARTE closing the Farce of Egalité, at St. Cloud near Paris Nov. 10th 1799.

Napoleon vertreibt die Idee der Freiheit aus Frankreich.

Moment war auch Napoleon in der Nähe, denn eine Familie war kurz vorher auf der Flucht von Korsika in Toulon gelandet. Ein Freund, der Ab- ;eordnete Saliceti, übertrug Napoleon die Füh- ung der Revolutionstruppen, die gegen äußere nd innere Feinde zu kämpfen hatten. Napoleons enau überlegter Angriffsplan, von den Kon- entskommissaren befürwortet, führte zum Er- olg. Die englischen Schiffe verließen den Hafen; 'oulon wurde eingenommen. Napoleon erhielt ie Beförderung zum Brigadegeneral und größere ufgaben: Er wird Küsteninspekteur und Ar- llleriekommandant der Italienarmee.

Der Sturz Robespierres und des Wohlfahrtsaus- chusses brachte Napoleon in Schwierigkeiten; enn er hatte mit Jakobinern verkehrt, beson- ers mit dem jüngeren Bruder Robespierres, Au- uste, und war von ihnen gefördert worden. 'apoleon wurde sogar deswegen aus der Liste er diensttuenden Generale gestrichen. Doch och bedrohten die alten Mächte Europas die inge französische Republik, und auch die innere efahr war noch nicht ganz vorüber. Das irektorium brauchte gute Offiziere und erin- erte sich der Verdienste Napoleons. Zunächst urde er Zweitkommandierender bei der Nieder- hlagung eines Aufstandes. Von neuem konnte militärische Erfolge nachweisen. Auch dar- ber, wie man den Krieg gegen die europäischen Mächte, der nun schon drei Jahre andauerte, be- den könne, hatte Napoleon nachgedacht. Napoleon legte dem Direktorium einen Plan vor und konnte es davon überzeugen, daß der Krieg gegen Österreich in Oberitalien entschieden werden müßte. Bonaparte wurde zum Divisionsgeneral und zum Kommandeur der Armee des Innern ernannt. Einige Monate danach erhielt er den Oberbefehl über die französische Italienarmee.

Frankreich schließt Frieden mit Preußen und Österreich

Napoleon fand ein zerrüttetes und zerlumptes Heer vor. Die Waffen waren verrostet, die Uniformen zerfetzt. Schon nach kurzer Zeit hatte er die Herzen seiner Soldaten erobert. Er diktierte einen Tagesbefehl an seine Truppen: „Soldaten, Ihr habt in 14 Tagen sechs Siege erfochten. Es hat Euch an allem Notwendigen gefehlt, Ihr habt Schlachten gewonnen ohne Kanonen, Flüsse ohne Brücken überschritten, Eilmärsche ohne Stiefel gemacht, biwakiert, häufig sogar ohne Brot. Aber Ihr habt noch nichts getan im Vergleich zu dem, was noch zu tun übrig bleibt. Ich will Euch in die fruchtbarsten Ebenen der Welt führen. Reiche Provinzen, große Städte werden in Eurer Gewalt sein; Ihr werdet dort Ehre, Ruhm und Reichtum finden . . ."

Den Italienern rief er zu: „Völker Italiens! Die französische Armee kommt, Eure Ketten zu sprengen. Das französische Volk ist der Freund

Mit Hilfe seines Bruders Lucien stürzt Napoleon am 9. November 1799 das Direktorium. Die Truppen jagen die Abgeordneten auseinander. (Gemälde von François Bouchot, 1800–1842)

aller Völker. So eilt ihm entgegen! Vertraut uns! Wir kämpfen nicht gegen Euch, sondern einzig gegen Eure Tyrannen! ... Friede den Hütten, Krieg den Palästen!"
Nach wenigen Monaten beherrschte Napoleon ganz Oberitalien. Eine Siegesnachricht jagte die andere. Europa horchte auf. Ein neuer Held zeigte sich der Welt: Napoleon Bonaparte. Nachdem Preußen bereits Frieden geschlossen und auf die linksrheinischen Gebiete verzichtet hatte, wurde nun auch Österreich gezwungen, Frieden zu schließen. Der Kaiser willigte in die Abtretung des linken Rheinufers und der habsburgischen Niederlande ein und erhielt dafür Teile der Republik Venedig (Friede von Campoformio, 1797). Dies bedeutete das Ende des Ersten Koalitionskrieges, der im Jahr 1792 mit der Kriegserklärung an Österreich begonnen hatte.

Der Kampf gegen England

Noch blieb England übrig als Feind. Es fühlte sich herausgefordert, nachdem jetzt die Niederlande und die Rheinmündung zu Frankreich gehörten. Außerdem hatte Frankreich seine Mittelmeerstellung durch die Eroberung in Italien gestärkt. „Wir müssen England zertrümmern, dann liegt uns Europa zu Füßen", schrieb Napoleon an das Direktorium. Aber eine Landung auf den Britischen Inseln scheiterte an Englands Flotte, an „Wind und Wellen". „Zwölf Stunden Ruhe im Kanal und England ist erledigt!" behauptete der „Korse". „Nur in den Kolonien ist England tödlich zu treffen." So beschloß Napoleon, zuerst Ägypten, das zum Osmanischen Reich gehörte, zu erobern und damit den Zugang nach Indien zu gewinnen. Zuvor hatte er jedoch mit dem Direktorium vereinbart, den Befehl der Ägypten-Expedition jederzeit einem Untergebenen über-tragen und nach Paris zurückkehren zu können, denn Napoleon wollte auch auf die innere Entwicklung seines Landes Einfluß nehmen. Im Ma 1798 stach die Expeditionsflotte mit 500 Schiffe aus dem Hafen von Toulon in See. Bei Alexandria gingen die Franzosen an Land. Der Marsch führte durch die Sandwüste. Unweit der Pyramiden kam es zur Schlacht mit einheimische Truppen, die unterlagen. Da erreichte den Siege eine Hiobsbotschaft: Der britische Admiral Nelson hat die französische Flotte bei Abukir nah Alexandria zur Schlacht gezwungen und vernichtet.
Auch vom Direktorium in Paris trafen schlecht Nachrichten ein. Unter den Direktoren ware heftige Machtkämpfe entbrannt. Geschäftemacherei, Gewinnsucht und Verantwortungslosigkeit bestimmten das öffentliche Leben in Frankreich. Außerdem traten auf Englands Betreibe auch Rußland, Österreich, Portugal, Neapel un die Türkei in den Krieg gegen Frankreich ei Der Zweite Koalitionskrieg gegen Frankreic brach aus (1799–1802). In Frankreich droh eine Hungersnot.
Als Napoleon diese Ereignisse berichtet wurde verließ er sein Heer in Ägypten, übertrug de Oberbefehl einem Untergebenen, wagte d Fahrt über das Mittelmeer, das von britische Schiffen bewacht war, und eilte nach Paris.

Napoleon setzt das Direktorium ab

Als Napoleon in Paris eintraf, hatte ein Mitglie des Direktoriums den Staatsstreich bereits g plant. Es war kein anderer als Abbé Sieyès, d

erfasser der Schrift „Was ist der dritte Stand?". r glaubte, daß nur eine Diktatur Frankreich die nere Ordnung und den Frieden wiedergeben önne. Napoleon kam gerade recht, denn Sieyès rauchte zur Ausführung seines Planes einen fahrenen Offizier. „Sie sind der Kopf, und für les weitere bin ich der Arm", soll Napoleon Sieyès gesagt haben. Doch würde Napoleon it diesem Platz zufrieden sein?

m Tage vor dem Umsturz hatte Napoleon den irektoren in den Tuilerien zugerufen: „Was bt ihr mit diesem Frankreich gemacht, das ich ch so glanzvoll hinterlassen habe!" Zu spät kannte Sieyès, daß sich Napoleon selbst an die itze einer neuen Regierung stellen wollte. Am 9. November 1799 war es soweit. Der Rat der 500 hatte sich in St. Cloud, dem ehemaligen Sommersitz des Königs, versammelt. Präsident des Rates war der Bruder Napoleons Lucien, der dafür gesorgt hatte, daß die Sitzung hier stattfand. Unter dem Vorwand, eine Verschwörung sei im Gange, hatte man vor den Toren des Sitzungsgebäudes Truppen zusammengezogen, die den Verschwörern treu ergeben waren. Als Napoleon den Sitzungssaal betrat, riefen ihm die Abgeordneten zu: „Nieder mit dem Tyrannen!" Er wurde bedroht und tätlich angegriffen. Daß der Staatsstreich trotzdem gelang, war der Geschicklichkeit des Bruders von Napoleon zu verdanken. Er gab den Truppen den Befehl, die

Vertreter des Volkes auseinanderzujagen. Viele Abgeordnete flüchteten aus den Fenstern. Am selben Tag wurde das Direktorium abgesetzt und Napoleon als Erster Konsul ausgerufen. Zusammen mit Sieyès und Ducos bildete er die neue Regierung.

Das Volk reagierte befriedigt auf die Ereignisse; denn was Napoleon bisher für die französische Nation geleistet hatte, verhieß auch für die Zukunft das Beste. Man war sicher, daß Napoleon die Errungenschaften der Revolution sichern könne. Als der Bruder Ludwigs XVI., der im Exil lebte, Napoleon bat, ihm den französischen Königsthron zurückzugeben, antwortete ihm der „Korse": „Sie können nicht Ihre Rückkehr nach Frankreich wünschen; Sie müßten über hunderttausend Leichen marschieren. Opfern Sie Ihr Interesse der Ruhe und dem Glück Frankreichs. Die Geschichte wird es Ihnen anrechnen."

Napoleon als Erster Konsul

Gleich nach dem Staatsstreich ließ Napoleon eine neue Verfassung ausarbeiten. Nach vier Wochen war sie zusammengestellt und umfaßte 95 Artikel. Sie sollte nach seinem Ausspruch die wichtigsten Ergebnisse der Revolution verwirklichen. Ihr Leitgedanke lautete: „Die Revolution ist zu den Grundsätzen zurückgekehrt, von denen sie ausging; sie ist zu Ende." Eine Volksabstimmung bestätigte die Verfassung.

Doch wie sah die Wirklichkeit aus? Zunächst schaltete Napoleon seine Gegenspieler Sieyès und Ducos aus; sie wurden mit ehrenvollen und hohen Ämtern abgefunden. Napoleon selbst sicherte sich als Erster Konsul die Macht für zehn Jahre. Ein Senat wachte über die Einhaltung der Verfassung; seine Angehörigen, insgesamt 80, erhielten gute Gehälter und konnten lebenslang im Amt bleiben. Bedeutenden und ehrgeizigen Männern behielt Napoleon die Senatorenposten vor, um sie zufriedenzustellen. Die gesetzgebenden Körperschaften, insgesamt 400 Mitglieder umfassend, wurden auch das „Korps der Stummen" genannt, weil während ihrer Sitzungen keine Diskussionen mehr stattfanden. Der Erste Konsul regierte mit und durch den Staatsrat der aus 40 Mitgliedern bestand. Das allgemeine Wahlrecht bestand zwar noch; es war jedoch so angelegt, daß nur eine kleine Gruppe der Bevölkerung wählen durfte und wählbar war.

Wohn- und Herrschersitz Napoleons wurden die Tuilerien, von wo aus auch einst die absoluten Könige geherrscht hatten. Der „Korse" ist sich seiner Macht bewußt. Alle können in seinem Staat ein Amt erhalten, Jakobiner, Adlige oder Königsanhänger, wenn sie nur sein Herrschaftssystem bejahen.

Als Napoleon den Kampf gegen die zahlreiche Gegner erneut aufnahm, wendete sich da Kriegsglück wieder zugunsten Frankreichs. Durc siegreiche Feldzüge gewann der Erste Konsu das Vertrauen des Volkes. Die Soldaten liebte und verehrten ihn. Er sorgte für sie, kannte doch ihr Leben aus eigener Erfahrung. Die Ta fersten und Tüchtigsten berief er zu Offizieren ohne Rücksicht auf ihre Herkunft. Für die Krieg waisen errichtete er eigene Schulen, wo sie a Kosten des Staates ausgebildet wurden. D Witwen der Gefallenen erhielten ausreichen Renten.

Frankreich begann sich unter der klugen Führun des Ersten Konsuls zu erholen. Die Industr blühte auf, selbstbewußte Bauern arbeiteten a eigenem Boden, eine zentral gelenkte Verwa

Nachdem Napoleon seine politischen Gegner ausgeschaltet hatte, ließ sich der „Konsul auf Lebenszeit" von seinen beiden ihm völlig ergebenen Konsuln die Kaiserwürde antragen.

Titelblatt des Code civil, 1807–1814, auch Code Napoléon genannt. Diese Gesetzesaufzeichnung regelt das französische Zivilrecht auf der Grundlage der Gleichheit aller vor dem Gesetz, Freiheit des Individuums und des Eigentums. Der Code Napoléon wurde in einigen Rheinbundstaaten eingeführt.

CODE CIVIL

DES

FRANÇAIS.

ÉDITION ORIGINALE ET SEULE OFFICIELLE.

À PARIS,

DE L'IMPRIMERIE DE LA RÉPUBLIQUE.

An XII. 1804.

tung teilte das Land einheitlich in Verwaltungsbezirke ein, die leicht überschaubar waren. Zahlreiche Adlige und Geistliche, die wegen der Revolution ins Ausland geflüchtet waren, kehrten heim. Es gelang Bonaparte, den Staat schuldenfrei zu machen. Das war seit vielen Jahrzehnten nicht mehr der Fall gewesen. Sicherheit und Wohlstand wuchsen.

Im Interesse der inneren Ordnung und des religiösen Friedens führte Napoleon die Versöhnung mit der katholischen Kirche wieder herbei. Denn Napoleon war davon überzeugt: „Nur die Religion kann dem Staat eine feste und dauerhafte Stütze geben. Eine Gesellschaft ohne Religion ist wie ein Schiff ohne Kompaß." Napoleon sagte ferner, „wenn Sie dem Volke den Glauben nehmen, haben Sie bald nur Straßenräuber"; und Frankreich war ein christliches Land, ein katholisches Land. Nach langen Verhandlungen mit dem Papst kam am 16. Juli 1801 das Konkordat zustande. Der Katholizismus wurde zur „Religion der Mehrheit der Franzosen" erklärt. Die Aussöhnung mit der Kirche brachte Napoleon viele Sympathien, vor allem unter der Landbevölkerung, was sich bei einer weiteren wichtigen Volksabstimmung für ihn äußerst vorteilhaft auswirken sollte.

Napoleon als Kaiser

Napoleon wollte die Alleinherrschaft in Frankreich. Eine günstige Gelegenheit bot sich, als er gerade noch rechtzeitig einem Attentat entging. Da er die Täter in den Reihen der Jakobiner vermutete, ließ er sie verhaften und deportieren. Es stellte sich jedoch sehr bald heraus, daß das Attentat von Königstreuen angezettelt war; auch diese verfolgte er nun. Aber auch die Jakobiner mußten in der Verbannung bleiben. So hatte Napoleon auf diese Weise seine wichtigsten Gegner ausgeschaltet. Nun ging er daran, seine Macht auszubauen und auf seine Person zu beschränken; ebenso lag ihm die Nachfolgefrage am Herzen.

Auf Vorschlag des Senats, in dem vor allem Günstlinge Napoleons saßen, wurde eine Volksabstimmung durchgeführt, die den „Korsen" zum Konsul auf Lebenszeit ernannte (1802). Napoleon erhielt zugleich das Recht, seinen Nachfolger selbst zu bestimmen. Auch eine neue Verfassung ließ er ausarbeiten; dabei ging er von dem Grundsatz aus: „Eine Verfassung muß so gemacht sein, daß sie die Handlungsweise der Regierung nicht stört und diese nicht zwingt, die Verfassung zu verletzen." Die neue Verfassung verlieh Napoleon praktisch die Macht eines absoluten Königs, denn alle Einrichtungen des Staates waren von ihm abhängig geworden: Er ernannte die Senatoren; er konnte jederzeit die Verfassung durch Senatsbeschlüsse ergänzen oder abändern; er behielt sich das Recht vor, Verträge abzuschließen, Begnadigungen auszusprechen; er ernannte den Zweiten und Dritten Konsul; er vergab die Ämter bis hinunter zum Friedensrichter. Napoleon vereinigte in seiner Person alle Herrschaftsrechte. Die Grundlagen dafür hatte er selbst geschaffen.

Krönungszeremonie in der Kirche Notre-Dame zu Paris. Napoleon setzt seiner Gattin Josephine die Krone aufs Haupt. (Ausschnitt aus dem Gemälde von Jacques Louis David)

Zur Macht fügte Napoleon den Glanz. Der 1. Ar-
ikel der neuen Verfassung lautete: „Napoleon
Bonaparte, gegenwärtig Erster Konsul der Re-
publik, wird Kaiser der Franzosen. In seinem
Namen wird durch die Richter, welche er ein-
etzt, Gerechtigkeit geübt." Der 2. Artikel lau-
ete: „Die Kaiserwürde ist erblich im Mannes-
tamm nach dem Recht der Erstgeburt. Frauen
ind für immer ausgeschlossen." Die neue Ver-
assung wurde dem Volk vorgelegt. Das Ergebnis
var ähnlich wie bei der Wahl Napoleons zum
Konsul auf Lebenszeit. Der Senat rief Napoleon
um „Kaiser der Franzosen" aus.
Am 2. Dezember 1804 fand in der Kathedrale
von Paris die Kaiserkrönung statt. Alle Bischöfe
rankreichs waren anwesend. Der Papst selbst
var aus Rom gekommen, um die Krönung zu
ollziehen. Napoleon wollte aller Welt zeigen,
aß sein Kaisertum die Wiederherstellung des
eiches Karls des Großen sei. Der Papst salbte
Napoleon die Stirn, Arme und Hände. Als er
em Knienden die Krone aufsetzen wollte, erhob
ich dieser und setzte sich die Krone selbst aufs
Haupt. Ebenso krönte er seine Gemahlin. Der
apst setzte trotzdem die Weihezeremonien fort.
r hatte verstanden, was Bonaparte sagen wollte:
Diese Krone verdanke ich mir selbst, meiner
rmee und der französischen Nation!"
Mit ausdrücklicher Bestätigung des Volkes war
apoleon erblicher Kaiser der Franzosen gewor-
en; der Königstitel wäre für ihn nicht in Frage
kommen, denn erst vor zwölf Jahren hatte
an die Bourbonen abgesetzt. Die Erinnerung
das Königtum war noch zu lebendig. Nach
r Weihe gab Napoleon dem Papst zu verste-
en, daß ihm, wie einst Karl dem Großen, die
hutzherrschaft über die Kirche zustehe und er
eine Einmischung in seine Politik dulde.

Napoleon beherrscht Europa

Das alte Reich löst sich auf

Napoleon war Herr einer geeinten Nation. Wie sah es dagegen mit der Macht des deutschen Kaisers aus? Der Habsburger Franz II. trug die Krone des „Heiligen Römischen Reiches Deutscher Nation". Dies war nur noch ein ehrwürdiger Name, mehr aber nicht. Die Deutschen gehorchten rund 1000 „Obrigkeiten". Wer von München nach Hamburg reisen wollte, mußte eine Unzahl von Schlagbäumen passieren. Napoleon nützte die Zerrissenheit Deutschlands geschickt aus. Er hatte nach Beendigung des Zweiten Koalitionskrieges seine Macht bis an den Rhein ausgedehnt. Eine Reihe von Reichsfürsten verlor dadurch Teile ihres Besitzes. Napoleon setzte durch, daß sie beim sogenannten „Reichsdeputationshauptschluß" (1803) mit den Ländereien der Klöster, Bischöfe und Reichsstädte entschädigt wurden. Dies bedeutete u. a. Aufhebung der politischen Herrschaft geistlicher Obrigkeit, Verstaatlichung kirchlicher und klösterlicher Schulen, Übernahme des Kirchengutes durch den Staat. Napoleon hatte die Absicht, die Macht des deutschen Kaisers zu schwächen und die der Fürsten zu stärken. Darum gliederte er über 100 kleine Territorien den Staaten mittlerer Größe an. Die Menschen jener Gebiete fragte niemand nach ihren Wünschen. Die Fürsten dieser Länder, Bayern, Württemberg, Baden, Hessen und Preußen, begrüßten die Entscheidungen Napoleons; denn sie brachten ihnen große Vorteile, vor allem Machtzuwachs.

Die Enteignung kirchlichen Eigentums jeglicher Art durch den Staat nennt man auch Säkularisation. In den norddeutschen Staaten hatte bereits die Reformation zur Säkularisation der geistlichen Herrschaften geführt. Auf Veranlassung Napoleons wurden nun die süd- und westdeutschen Gebiete, die Kurfürstentümer von

Köln, Mainz, Trier, das Erzbistum Salzburg, 18 Reichsfürstbistümer, rund 80 Abteien und über 200 weitere Klöster säkularisiert.

Über die Durchführung der Säkularisation berichten einige Zeugnisse sehr lebendig. In Bayern wurde der Historiker Johann Christoph von Aretin vom Kurfürsten mit der Aufgabe betraut, alle bayerischen Abteien zu bereisen, um aus den Klosterbibliotheken die wichtigsten und wertvollsten Bücher für die Hof- und Zentralbibliothek in München auszuwählen. Hier sollte das in den Klöstern verstreut liegende Schrifttum gesammelt und allen wissenschaftlich Interessierten zugänglich gemacht werden. Aretin hat diese Säkularisation sehr begrüßt und schreibt in seinen „Briefen über meine literarische Geschäftsreise in die bairischen Abteyen": „Polling, den 25. April 1803: Vor 4 Tagen kamen wir hier an. Ungeachtet wir unausgesetzt arbeiten, werden wir doch noch einige Tage nötig haben, um die ganze Bibliothek zu durchgehen. Sie besteht aus mehr als 80 000 Bänden, und enthält die seltensten und kostbarsten Werke in allen Fächern."

Leider gibt es auch Beispiele dafür, daß Kunstwerke durch die Säkularisation zerstört wurden oder verlorengingen. Bücher und mittelalterliche Handschriften aus dem Kloster Rohr (Niederbayern) wurden zum Ausfüllen von Straßenlöchern verwendet. Die berühmte Orgel des Klosters Fürstenfeld wurde auseinandergerissen, die Pfeifen an Kinder verschenkt.

Die Maßnahmen Napoleons beunruhigten den deutschen Kaiser Franz II. zutiefst. Er mußte ernsthaft um seine Vormachtstellung in Europa fürchten; denn der Einfluß Napoleons wurde immer größer. So entschloß sich Franz II., England in seinem Kampf gegen Frankreich zu unterstützen. Außerdem schloß er mit dem russischen Zaren ein Bündnis (April 1805). Auch Zar Alexander fürchtete ein weiteres Übergreifen Frankreichs. Schweden trat ebenfalls diesem Bündnis bei. Preußen verhielt sich zunächst noch neutral.

Der Dritte Koalitionskrieg gegen Frankreich beginnt (1805). Die deutschen Mittelstaaten kämpfen auf seiten Napoleons. Französische Heere und die ihrer Bündnispartner drangen bis Wien vor und besetzten es. Am Jahrestag der Krönung Napoleons (2. Dez. 1805) wurde die Dreikaiserschlacht bei Austerlitz geschlagen: Napoleon besiegte die russisch-österreichischen Truppen. Die Niederlage kostete Österreich Tirol, das es an Bayern abtreten mußte, und Venedig, das an Italien kam (Friede von Preßburg, 26. Dez. 1805). Bayern und Württemberg wurden Königreiche, die bis zum Ende des 1. Weltkrieges bestanden.

Außer Bayern und Württemberg sagten sich noch 14 andere süd- und westdeutsche Fürstentümer von Kaiser und Reich los. Sie gründeten den Rheinbund, der unter dem Schutz Napoleons stand (1806). Die Rheinbundfürsten verpflichteten sich, ihm 63 000 Soldaten zu stellen. Kaiser Franz II., der sich seit 1804 Franz I., Kaiser von Österreich, nannte, legte nun die römisch-deutsche Kaiserkrone nieder. Das „Heilige Römische Reich Deutscher Nation" hörte auf zu bestehen.

Preußen bricht zusammen

Der nächste Schlag Napoleons traf Preußen. Streitpunkt war das Kurfürstentum Hannover, das zu Beginn des 18. Jahrhunderts durch Erbfolge an den König von Großbritannien gekom

Ergebnis der Dreikaiserschlacht von Austerlitz. Noch ist Napoleon Sieger und Herr über Europa. (Karikatur)

men war. Der englische König verwaltete es in Personalunion mit seinem Königreich. Preußen hatte wiederholt versucht, dieses deutschsprachige Land seinem Staat anzugliedern (z. B. 1801 und 1802). Es zog sich jedoch immer wieder zurück, weil es den Konflikt mit England scheute. Schließlich besetzte Napoleon das Kurfürstentum Hannover. Da ihm am Frieden mit England sehr viel lag, bot er es dem englischen König in Verhandlungen an. Preußen sah sich für seine bisher strikt eingehaltene Neutralität nicht genügend belohnt. Auch die öffentliche Meinung in Preußen forderte, daß man die Erniedrigungen des „Korsen" nicht mehr hinnehmen könne. Friedrich Wilhelm III. stellte am 7. Oktober 1806 den Franzosen das Ultimatum, das gesamte deutsche Gebiet zu räumen. Sieben Tage später fand die Doppelschlacht bei Jena und Auerstedt statt, in der Napoleon die preußischen Truppen vollständig besiegte. Ihre Anführer waren der König selbst und derselbe Herzog von Braunschweig, der zu Beginn der Revolutionskriege gedroht hatte, er werde das aufständische Paris gänzlich zerstören. Die Niederlage war vernichtend. Die Verantwortung dafür hatten die Heerführer zu tragen, die sich der längst veralteten Kampfmethoden Friedrichs des Großen bedienten. Nur wenige, damals noch unbekannte Männer wie Blücher, Yorck und Gneisenau hatten in der allgemeinen Verwirrung Besonnenheit bewahrt.
Nach der Schlacht floh der König mit seiner Gattin Luise nach Ostpreußen. In Berlin ließ er seine Verwaltungsbeamten und Minister zurück, denen er vorher noch aufgetragen hatte, „dafür Sorge zu tragen, daß Napoleon gut empfangen, als Gast behandelt und auf Kosten des preußi-

Napoleon am Grabmal Friedrichs des Großen

Zar Alexander und Kaiser Napoleon verabschieden sich auf der Memel in Tilsit, wo sie 1807 den Frieden von Tilsit geschlossen hatten.

Königin Luise, die Gattin König Friedrich Wilhelms III. von Preußen, erbat in einer persönlichen Unterredung mit Napoleon in Tilsit vergeblich mildere Friedensbedingungen für Preußen.

schen Schatzamtes untergebracht wird". Der Gouverneur von Berlin ließ in der Stadt verkünden: „Der König hat eine Schlacht verloren. Jetzt ist Ruhe die erste Bürgerpflicht."
An der Spitze seiner Garde marschierte der Kaiser im Triumphzug in Berlin ein. In Potsdam besuchte er das Grab Friedrichs des Großen; denn er verehrte diesen Preußenkönig ganz besonders. Hut und Degen Friedrichs des Großen wurden als Siegeszeichen nach Paris gesandt. Vom Brandenburger Tor holten die Franzosen das Viergespann der Siegesgöttin herab und brachte es ebenfalls nach Paris.
Die überwältigende Mehrheit des deutschen Vol

Während eines Balles im herzoglichen Schloß von Weimar begegnen sich Napoleon und Wieland (1808). Beide führen ein gelehrtes Streitgespräch über Tacitus. Von der Persönlichkeit Wielands beeindruckt, macht ihn Napoleon zum Ritter der Ehrenlegion.

kes nahm den Zusammenbruch des preußischen Staates gleichgültig zur Kenntnis. Sie empfand den Krieg als eine Angelegenheit der Fürsten, mit der sie möglichst wenig zu schaffen haben wollte. Da Bürger und Bauern gegenüber dem Adel zu den politisch und wirtschaftlich Benachteiligten gehörten, ist es nicht verwunderlich, daß viele sogar den Sieg Napoleons wünschten und sich davon eine Verbesserung ihrer Lage versprachen.
Königin Luise schrieb nach der Niederlage bei Jena und Auerstedt an ihren Vater: „Wir sind eingeschlafen auf den Lorbeeren Friedrichs des Großen, welcher als Herr seines Jahrhunderts eine neue Zeit schuf. Wir aber sind mit derselben nicht fortgeschritten und deshalb überflügelt sie uns."
Die letzten Reste des preußischen Heeres vereinigten sich jenseits der Oder mit den verbündeten Russen, die jetzt eingriffen. Es kam zur Schlacht bei Preußisch-Eylau. Erstmals mußte sich Napoleon mit einem unentschiedenen Ausgang begnügen. Wenige Monate später trafen die Armeen Rußlands und Frankreichs bei Friedland in Ostpreußen aufeinander. Am Abend fluteten die Russen geschlagen über den Njemen zurück. Napoleon marschierte nicht weiter, sondern schloß den Frieden von Tilsit (1807). Preußen verlor alle Provinzen links der Elbe und mußte große Geldbeträge an Frankreich zahlen.

Der Wirtschaftskampf gegen England

Preußen und Österreich waren niedergeworfen. In Spanien und Holland regierten Napoleons Brüder als Könige, in Neapel herrschte sein Schwager. Die Rheinbundstaaten und das von Napoleon errichtete Großherzogtum Warschau standen fest zu ihrem Schutzherrn. Mit Rußland bestand seit Tilsit (1807) ein Friedensvertrag, durch den der Zar die Herrschaft des französischen Kaisers über große Teile Europas anerkannte. Dies war der Höhepunkt von Napoleons Macht.
Allein England stand ungebrochen. Wiederholt hatte seine Flotte Siege über die französische errungen. Geschützt durch die Insellage, geführt von unerschrockenen Staatsmännern, die das Volk hinter sich hatten, bildete England ein unbezwingbares Bollwerk. Die einzige Möglichkeit, die Briten zu zermürben, sah Napoleon in einem Wirtschaftskrieg. So verhängte er im Jahre 1806 eine vollständige Sperre des Handels mit England. Er arbeitete persönlich die Bestimmungen aus und zwang die Staaten des Kontinents, sich der Sperre anzuschließen. Mit Hilfe dieser „Kontinentalsperre" sollte der „letzte Feind" in die Knie gezwungen werden.

Aus dem Berliner Erlaß Napoleons:
„1. Die britischen Inseln sind in Sperrzustand erklärt.
2. Jeder Handelsverkehr und Briefwechsel mit den britischen Inseln ist untersagt.
3. Jede Ware, die einem Engländer gehört oder die aus England und seinen Kolonien stammt, wird beschlagnahmt.
4. Kein Fahrzeug, das aus England oder englischen Kolonien kommt oder dort seit Veröffentlichung dieser Verordnungen war, darf in irgendeinem Hafen aufgenommen werden.

Französisches Kaiserreich
von Napoleon abhängige Staaten
mit Napoleon verbündete Staaten
von Napoleon unabhängige Staaten
Kontinentalsperre Napoleons gegen England

Napoleon betrachtet die auf dem Kontinent hergestellten Zuckerhüte. Die Gewinnung von Zucker aus Zuckerrüben (statt aus Zuckerrohr) war eine Folge der Kontinentalsperre.

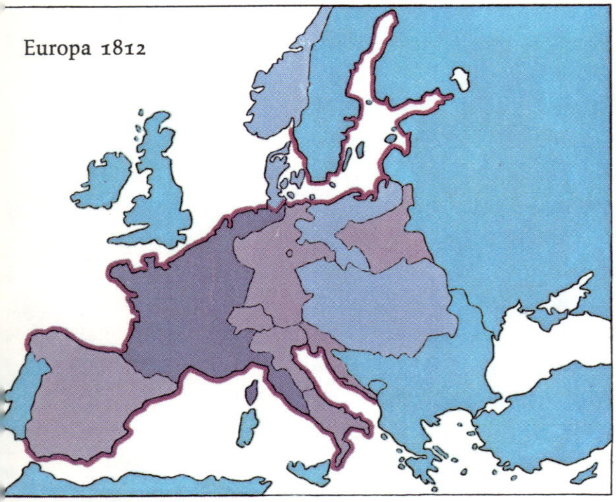

5. Jedes Fahrzeug, das durch falsche Angaben diese Bestimmung umgeht, wird eingezogen."
Ein Heer französischer Zollbeamter und Soldaten wachte über die Einhaltung der Kontinentalsperre. Es konnte aber nicht verhindern, daß sich an den Küsten des Kontinents ein lebhafter Schmuggel entwickelte. Die englischen Handelsgüter waren in Europa sehr begehrt; auch England benötigte dringend die Waren des Kontinents.
Der Unmut der kontinentalen Europäer über die harten Maßnahmen des französischen Kaisers machte sich in geheimen Flugblättern Luft: „Wie schrecklich leidet nun aber der Kontinent. Nach England gingen einst aus Deutschland Getreide, Hanf, Flachs, Wolle, Garne, Leinen – aus Norwegen getrocknete Fische, Bauholz, Eisen, Kupfer – aus Rußland Getreide, Holz, Hanf und Talg. Nun liegt das alles nutzlos im Speicher. – Auch fehlen uns die Waren, die England lieferte. Ohne Baumwolle und Färbemittel können neu eingerichtete Fabriken nicht arbeiten; unseren Kranken mangeln nötige Arzneien; Kaffee und Zucker sind unerschwinglich."
Auch die Engländer litten schwer unter der Handelssperre. Zahlreiche Fabriken mußten ihre Arbeiter entlassen, weil der Handel fast zum Erliegen kam. In den Hafen- und Industriestädten brachen Unruhen aus. Napoleon glaubte fest an den Erfolg seines Wirtschaftskrieges. Er verrechnete sich. Das englische Volk hielt sechs Jahre lang durch. Seine zähe Entschlossenheit, dem „Korsen" zu widerstehen, wuchs von Jahr zu Jahr.
Die Kontinentalsperre brachte auch einige Vorteile: Das Verfahren, Zucker aus Zuckerrüben zu gewinnen, wurde entwickelt, und die französischen und niederrheinischen Leineweber konnten in Ruhe ihre Industrie aufbauen. Die Baumwollverarbeitung in Sachsen blühte wieder auf, nachdem sie der englischen Konkurrenz fast zum Opfer gefallen war.

Auf dem Erfurter Kongreß traf Napoleon mit dem russischen Zaren Alexander I. und deutschen Fürsten zusammen (1808). Auch Talleyrand, bis vor einem Jahr noch Außenminister Napoleons, war nach Erfurt gekommen; in Geheimgesprächen bestärkte er Alexander I. in der Idee des Widerstandes gegen Napoleon.

Um die Sperre gegen England fortführen zu können, mußte Napoleon ganz Europa unter Kontrolle halten. Er stationierte in den meisten Ländern französische Truppen. Durch immer schärfere Maßnahmen versuchte der Kaiser, die Sperre gegen England aufrechtzuerhalten. Erstmalig flammte im Jahre 1808 in Spanien ein Aufstand gegen die Fremdherrschaft auf. Die Marschälle des Kaisers wurden von den Spaniern geschlagen. Napoleon eilte von Erfurt, wo er die Regenten von ganz Europa zu einem glänzenden Fürstentag versammelt hatte, nach Spanien. Es gelang ihm, die Ruhe wiederherzustellen. In den abgelegenen Gebieten des Landes aber begann nun ein zermürbender, jahrelanger Kleinkrieg (Guerilla) der Rebellen. Auch in anderen Ländern Europas erwachte der Wille zum Widerstand. Mittelpunkte dieser Bewegung waren Preußen und Österreich (Tirol).

Als Herrscher über den Kirchenstaat hatte sich Papst Pius VII. geweigert, die Kontinentalsperre zu beachten und die Beziehungen zu England abzubrechen. Daraufhin ließ Napoleon Rom besetzen und den Kirchenstaat annektieren. Der Papst exkommunizierte den Kaiser. In der Nacht vom 5./6. Juli 1809 antwortete Napoleon auf die Exkommunikation: Der Papst wurde entführt und mußte fünf Jahre lang zunächst in Florenz, dann Avignon und zuletzt in Savona in der Verbannung leben. Erst der endgültige Sieg der europäischen Völker über Napoleon brachte auch dem Papst die Freiheit.

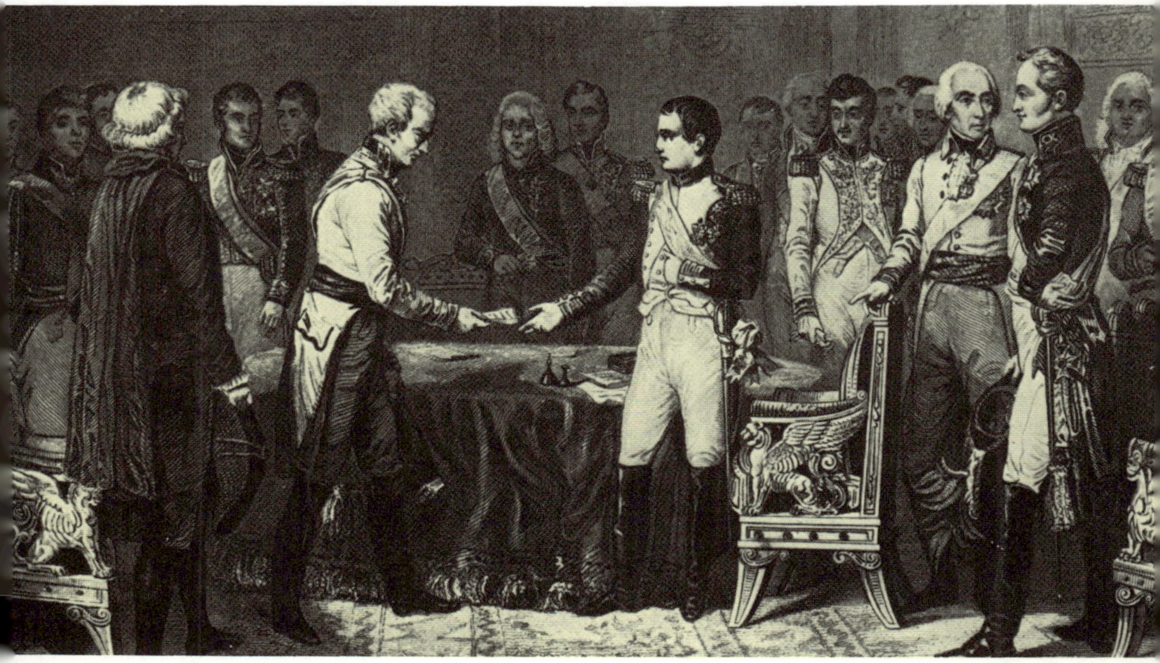

In Deutschland erwacht die patriotische Bewegung

Der Freiherr vom Stein arbeitet Reformen aus

In Österreich und Preußen kamen fortschrittliche Staatsmänner zu der Einsicht, daß gewisse Errungenschaften der Französischen Revolution auch ihren Staaten große Vorteile bringen könnten. Als wichtigstes erschien ihnen zunächst, die Menschen vom Untertanengeist zu befreien und die Bürger aktiv am politischen Leben teilnehmen und wichtige Fragen mitentscheiden zu lassen. Der Staatsmann, der dem deutschen Bürger größere politische Freiheit und Wirkungsmöglichkeit zu geben versuchte, war der nassauische Freiherr vom Stein. Begeistert und erfolgreich stellte er sich in den Dienst der Erneuerung und Befreiung. Als preußischer Minister für Wirtschaft, Finanzen und Handel hatte er den völligen Zusammenbruch des Staates Preußen 1806 erlebt. Er erkannte, daß nur eine grundlegende Erneuerung Rettung bringen konnte. Stürmisch forderte er den König auf, in seinem Staate Reformen durchzuführen. Da Stein „so wenig ehrerbietig" geschrieben hatte, wurde er von König Friedrich Wilhelm III. als „widerspenstiger, trotziger, hartnäckiger und ungehorsamer Staatsdiener" entlassen. Von Königsberg aus reiste Stein nach Nassau a. d. Lahn. Hier, im Schloß seiner Vorfahren, fand er Zeit, über die Ursachen des Zusammenbruchs und über die notwendigen Reformen nachzudenken. Die Kernfrage hieß für ihn: „Wie soll aus einem Volk unfreier Untertanen ein Volk freier Bürger werden?" In einer Denkschrift faßte Stein seine Vorschläge zusammen. Schon bald wurde es ihm möglich, einen Teil der Pläne zu verwirklichen. Denn der preußische König suchte nach einem fähigen Mann, der die Staatsgeschäfte leiten konnte. Napoleon, der von dem Zerwürfnis zwischen Stein und dem König wußte, riet: „Nehmen Sie den Baron vom Stein, das ist ein Mann von Geist." Als Besiegtem blieb dem König kar keine andere Wahl, als den Freiherrn vom Stein zum leitenden Minister des preußischen Staates zu berufen.

Stein stellte alle Bedenken — kränkende Entlassung, Besetzung des Landes durch die Franzosen, eigene schwere Krankheit — zurück und übernahm im Herbst 1807 die Leitung der Staatsgeschäfte. Unverzüglich begann er mit den Reformen, die von den Gegnern eine „Revolution von oben" genannt wurden.

Die Bauernbefreiung

Das erste Reformgesetz leitete die Bauernbefreiung in Preußen ein. Stein hatte auf seinen Reisen durch die norddeutschen Staaten die Not der erbuntertanen, fronenden Bauern gesehen. Er verglich die „abgerackerten Mietlinge" mit den freien Bauern in Westfalen und erkannte, daß nur ein freier Bauernstand die Grundlage des erneuerten Staates werden konnte. „Die Freiheit des Vaterlandes können wir nur mit freien Menschen erringen!"

Der Dichter Ernst Moritz Arndt, der den Freiherrn häufig auf seinem Gut besuchte, erzählt „Dieser Ritter war kein Junker, der nur um sich greifen und auf Kosten der Bauern und Kleinen das Gebiet seiner Schlösser und Forsten fein abrunden wollte. Nein! Das war sein Wunsch daß die Familien der kleinen und großen Bauern ebenso im Besitz der Häuser und Felder ihrer Väter geschützt und befestigt würden, als die Söhne der Grafen und Freiherrn. Er war wirklich der treue, freundliche Nachbar und Freund der freien Bauern.

Wie oft bin ich mit ihm auf unseren Spazier-

Freiherr vom Stein

ʒängen in die Häuser dieser guten Bauern ge-
ʒangen, wo wir uns nach Landessitte bewirten
ießen. Immer wieder gab mir der Freiherr seine
Ansicht zu erkennen, daß der Schloßherr nichts
Besseres sein solle als der erste freie Bauer."
Durch das Edikt (Gesetz) vom 9. Oktober 1807
ollten die im alten preußischen Staat bestehen-
len Schranken zwischen den einzelnen Ständen
ınd Berufen abgetragen werden. Zahlreiche Vor-
echte der Adligen verschwanden. Stein wollte
ıach und nach alle Privilegien beseitigen. Seine
Amtszeit war dafür zu kurz.
Die wichtigsten Bestimmungen des Edikts von
807: „Jeder Einwohner unserer Staaten (König-
eich Preußen) ist ohne alle Einschränkungen in
eziehung auf den Staat zum eigentümlichen und
andbesitz von Grundstücken aller Art berech-
gt; der Edelmann also zum Besitz bürgerlicher
nd bäuerlicher Güter und der Bürger und Bauer
uch zum Besitz adliger Grundstücke ... Jeder
delmann ist ohne Nachteil seines Standes be-
ıgt, bürgerliche Gewerbe zu treiben, und jeder
ürger oder Bauer ist berechtigt, aus dem Bau-
rn- in den Bürger- und aus dem Bürger- in den
auernstand zu treten. Mit dem Martinitag 1810
ört alle Gutsuntertänigkeit in unseren sämt-
chen Staaten auf. Nach dem Martinitag 1810
ibt es nur noch freie Leute ..."
Iit diesem Edikt ging eine jahrhundertealte
ehnsucht der Bauern in Erfüllung. Endlich wa-
ren sie freie Staatsbürger! Sie mußten nun nicht mehr den Gutsherrn um die Heiratserlaubnis bitten; ihre Kinder konnten den Beruf frei wählen; die willkürliche Rechtsprechung der Grundherrn verschwand.

Die neue Städteordnung

Im Jahre 1809 führte Stein für das Königreich Preußen eine neue Städteordnung ein. Er wollte, daß die Städte ihre Angelegenheiten selbst verwalten. Bisher hatte der König die Beamten und Bürgermeister eingesetzt. Häufig hatte er ausgediente Offiziere und Feldwebel, die gar nichts von der Verwaltung verstanden, an die Spitze der Gemeinden gestellt. Die neue Ordnung sah vor, daß die Bürger aus ihrer Mitte Stadtverordnete wählten. Diese wiederum wählten aus ihren Reihen den Magistrat. Für das Amt des Oberbürgermeisters wählten die Stadtverordneten 3 Kandidaten, von denen einer durch die Bestätigung des Landesherrn zum Oberbürgermeister ernannt wurde.
In einem Brief an den preußischen Staatsmann Hardenberg erklärte Stein, was er durch die neue Städteordnung erreichen wollte: „Man muß die Nation daran gewöhnen, ihre eigenen Geschäfte zu verwalten ... Die Menschen müssen an selbständiges Handeln und Entscheiden langsam gewöhnt werden; sie sollen erst die Schule der Gemeindeselbstverwaltung durchmachen, ehe sie daran gehen können, große nationale Interessen zur Diskussion zu stellen ..."
Stein reformierte auch die obersten preußischen Staatsbehörden. Die Minister wurden mit wirklicher Verantwortung ausgestattet. Bisher waren sie im Grunde Befehlsempfänger des Königs.

1

1 Die Gründung der Universität Berlin (1809) war eine persönliche Leistung Wilhelm von Humboldts.

2 Johann Wolfgang von Goethe (1749–1832), größter deutscher Dichter, prägte als universeller Denker das europäische Geistesleben auf vielen Gebieten.

3 Unter der Leitung Wilhelm von Humboldts (1767–1835) begann die Umgestaltung des preußischen Bildungswesens.

2

3

Die alte Städteordnung (Absolutismus)

Der König bestimmt

Bürgermeister und Beamte

Die Bürger haben keinen Einfluß auf die Verwaltung ihrer Stadt

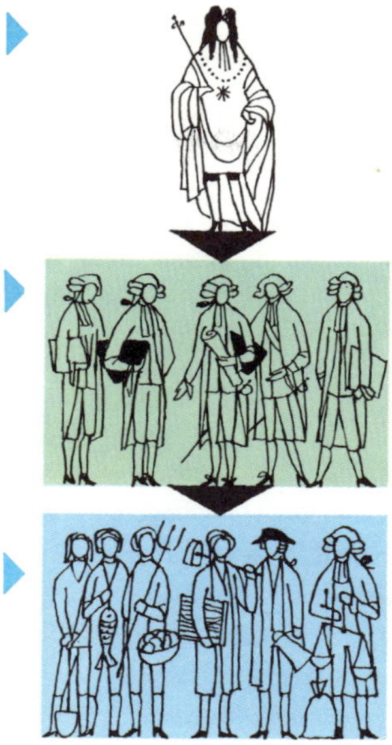

Die neue Städteordnung (Selbstverwaltung)

Der Magistrat wählt 3 Kandidaten für das Amt des Oberbürgermeisters. Einer davon wird durch den Landesherrn ernannt

Stadtverordnete wählen den Magistrat

Die Bürger wählen Stadtverordnete (Stadträte)

Stein wollte freie, verantwortungsbereite Männer als Träger von Ämtern. Er haßte den alten Untertanengeist, der nur zur Verstellung und Heuchelei verleitete. Nicht nach Abstammung und Verwandtschaft sollte bei der Besetzung wichtiger Stellen entschieden werden, sondern nach lauterer Gesinnung und Fähigkeit.
Die Reformen Steins waren auf zwei große Ziele gerichtet: die Überwindung des Untertanengeistes und die Befreiung des Vaterlandes von der französischen Abhängigkeit.

Stein verliert sein Amt als leitender Minister

Da Stein sowohl die politische Freiheit des einzelnen als auch für die Nationen forderte, war er ein leidenschaftlicher Gegner der französischen Vormundschaft. Ein Brief, in dem Stein von der notwendigen Erhebung gegen Napoleon sprach, gelangte in die Hände der französischen Polizei. Der Reformer verlor sein Amt. Nur 14 Monate hatte er regiert. In dieser kurzen Zeit hatte er Preußen reformiert und damit den Grund gelegt für die Erhebung gegen Napoleon. Sein Anliegen war die Vereinigung aller deutschsprachigen Länder in einem Staat. Das meint er, wenn er sagt: „Ich habe nur ein Vaterland, das heißt Deutschland." Ein Befehl des französischen Kaisers zwang Stein zur Flucht nach Österreich, später nach Rußland. Der Same der Freiheit und Demokratie, der in den Reformen des Freiherrn vom Stein enthalten war, konnte sich nur langsam entfalten. Der Untertanengeist erwies sich in Deutschland als ungemein zählebig.

Weitere Reformen

Weit in die Zukunft reichte die von Stein in Angriff genommene und von seinem Nachfolger Hardenberg dann durchgeführte Schulreform. Wie in Frankreich wurde die allgemeine Schulpflicht für alle Kinder eingeführt. Damit erhielten endlich die unteren Schichten Zugang zu Büchern und Zeitungen, eine Voraussetzung für die Teilnahme am politischen Leben.
Zu einem Zentrum der geistigen Erneuerung entwickelte sich die 1809 gegründete Universität Berlin. Sie trägt heute noch den Namen ihres Gründers Wilhelm von Humboldt. Dieser Gelehrte wollte, „daß sich der Staat aus den geistigen Kräften erneuere, damit so ersetzt werde, was er materiell verlor".

Andreas Hofer an der Spitze des Tiroler Landsturms (Gemälde von Joseph Anton Koch, 1768–1839)

Während Stein und Hardenberg durch Reformen den preußischen Staat modernisierten, Goethe, Schiller und die Gebrüder Humboldt der klassischen Bildungsidee zu neuem Leben verhalfen, erlebte die romantische Malerei ihren Höhepunkt. Ein beherrschendes Motiv dieser neuen Kunstrichtung war die Landschaft. (Gemälde von Caspar David Friedrich, 1774–1840)

Stein, Hardenberg, W. v. Humboldt, um die wichtigsten preußischen Reformer zu nennen, schufen die Grundlagen für den Aufstieg ihres Landes zur führenden Macht unter den deutschen Staaten. Zunächst aber galt es, die Vorherrschaft Napoleons zu brechen. Auf dieses Ziel waren vor allem die Bemühungen der Heeresreformer Scharnhorst und Gneisenau gerichtet.

Die Grundgedanken der Heeresreform waren eine Folge der Staatsreform. Als Ziel schwebte den Generalen ein Soldat vor, der sein Vaterland liebt und es aus freiem Entschluß verteidigt. Daher wurden körperliche Strafen verboten und die sogenannten „Junkerstellen" (Offiziersposten für Adlige) abgeschafft. Nur noch Kenntnisse und Tapferkeit sollten über den Aufstieg entscheiden, nicht mehr Herkunft und Reichtum.

Endlich entfielen 1812 auch in Preußen die Bestimmungen, durch die die Juden seit Jahrhunderten zu Bürgern zweiter Klasse degradiert worden waren. Sie wurden gleichberechtigte Staatsbürger und trugen entscheidend zum Aufschwung von Kunst, Wissenschaft und Wirtschaft bei.

Die Reformen atmeten den Geist der Französischen Revolution. Entsprechend groß waren die Widerstände von Adel und hohem Klerus. Von wenigen Ausnahmen abgesehen, versuchten sie, die Durchführung zu verhindern. So kam es, daß der Entwurf Steins von Hardenberg nur teilweise verwirklicht werden konnte. Die führenden Schichten — durch die lange Zeit des absoluten Königtums politisch unfähig geworden — begriffen weder die nationalen noch die humanen Absichten der Reformer. Die Grundherren waren der Überzeugung, daß gebildete Menschen schwerer zufriedenzustellen sind als Leibeigene. Die Kirchenfürsten fürchteten Aufklärung und Revolution, weil der aufgeklärte Mensch das Herkömmliche in Frage stellen könnte; zudem war die Säkularisation, die Enteignung kirchlichen Besitzes durch den Staat, in der Regel eine Folge der Revolution (vgl. die Französische Revolution).

Österreich kämpft um seine Freiheit

Der Freiherr vom Stein war zunächst nach Öster reich geflohen. Hier fand er die innere Bereit schaft zum Kampf gegen Napoleon. Stein be stärkte Erzherzog Karl in der Absicht, Frankreic von neuem den Krieg zu erklären. Seine Be mühungen, auch Preußen für einen Krieg gege Napoleon zu gewinnen, waren vergeblich. Öster reich mußte diesen Schritt allein tun. Im Jahr 1809 begann Österreich den Krieg gegen Napo leon. In der Schlacht bei Aspern (in der Nähe vo Wien) erlitt der „Korse" zum ersten Male ein Niederlage. In einer weiteren Schlacht schlu Napoleon jedoch die Österreicher (bei Wagram Die Kämpfe waren auf beiden Seiten äußers verlustreich. Die Verteidigung Tirols führt der Gastwirt Andreas Hofer an. Obwohl e ihm und seinen Truppen einige Male glückt die Franzosen und Bayern, die als Bündni

Geschlagen und von Hunger und Kälte völlig entkräftet, ziehen sich die Truppen Napoleons aus Rußland zurück.

Die Macht Napoleons zerbricht

Der Feldzug gegen Rußland 1812

partner Napoleons auf seiten Frankreichs kämpften, zu schlagen, mußten sie schließlich doch den Kampf aufgeben. Andreas Hofer floh mit seiner Familie in die verschneiten Berge. Ein Verräter lieferte ihn den Franzosen aus. In Mantua wurde er standrechtlich erschossen. Zahlreiche Erzählungen, Denkmäler und Lieder halten heute noch die Erinnerung an den Tiroler Volkshelden wach. Der Krieg gegen Frankreich endete mit dem Frieden von Wien (1809) und brachte Österreich weitere territoriale Verluste. Wieder war es Napoleon gelungen, den Krieg zu seinen Gunsten zu entscheiden.

Zar Alexander lockerte die Bestimmungen der Festlandsperre. Sein Land brauchte den Handel mit England. Immer häufiger liefen englische Schiffe unter russischer Flagge St. Petersburg an und tauschten Waren aus. Napoleon mußte erkennen, daß durch das Vorgehen Rußlands sein Ziel, „England den Gnadenstoß zu geben", unerreichbar wurde. Er rüstete eine Riesenarmee aus, um Rußland zu erobern. Alle Länder des beherrschten Europa hatten Hilfstruppen zu stellen.
Ein Augenzeuge berichtet über den Auszug der gewaltigen Armee: "Im Frühsommer 1812

Napoleon hat eine schwere Niederlage hinnehmen müssen. Daß er seine Vormachtstellung in Europa verlieren wird, zeichnet sich jetzt schon ab.

välzten sich die Heersäulen der kriegsgeübten ranzösischen Armee nach Osten. Durch Dresden ogen sie in dichtgedrängten Massen. An der pitze zog der durchdringende Lärm der Tromneln und Pfeifen, dann die kräftigen Gestalten er Pioniere mit blinkenden Äxten, Schaufeln nd Sägen. Hinter den Soldaten knarrten und olterten schier endlose Reihen von Wagen mit 'erpflegung, Futter für die Pferde und Munition. o ging es Tag für Tag, Woche für Woche unter nseren Fenstern vorbei, Mann an Mann, Regiment an Regiment. Dies war eine glänzende, reffliche Armee, wie sie die Welt noch nicht gesehen hatte.

ber auch die Truppen aus Bayern, Österreich, Ingarn, Preußen, Polen, Spanien und Italien onnten sich sehen lassen. Sie standen nun alle nter dem Oberbefehl des Franzosenkaisers. Iehr als 600 000 Mann überschritten im Somer 1812 die russische Grenze." Unendlich weit ehnen sich vor den Soldaten die Ebenen Rußnds. Die russischen Truppen ziehen sich kampfs zurück. Brennende Dörfer, zerstörte Brücken, erseuchte Brunnen kennzeichnen ihren Weg. er Feind soll nichts vorfinden: keine Quartiere, ein Futter für die Pferde, keine Vorräte, nicht nmal Wasser.

Was nützt es, daß Napoleon einen Sieg über die Russen erringt! Er führt ein müdes, entmutigtes Heer in das von den Bewohnern verlassene Moskau. Gegen den Befehl des Kaisers beginnen die Soldaten zu plündern. Sie wollen endlich für ihre Mühen belohnt werden. Wenige Tage nach dem Einmarsch beginnt es in einigen Vorstädten zu brennen.

Als die Offiziere erkennen, daß die Brände planmäßig von russischen Patrioten gelegt werden, ist es zu spät. Moskau verwandelt sich in ein Feuermeer. Die „große Armee" ist ohne Winterquartiere. Napoleon befiehlt den Rückzug.

Da begann unerwartet früh ein sehr kalter Winter. Hier ein Auszug aus dem Tagebuch eines württembergischen Leutnants: „Die Witterung nahm am 6. November eine furchtbare Wendung: Der Himmel verfinsterte sich, schwere Wolken senkten sich tief herab, und der bisherige Regen ging in anhaltendes Schneegestöber über. Große Scharen von Krähen erwarteten nur den Augenblick, über die Leichname herfallen zu können. Eine Notbrücke brachte uns über den Dnjepr. Gegen Abend fuhr die Wagenburg beim verbrannten Dorf Pnewa auf. In welchem Zustand sich die Verwundeten befanden, vermag ich kaum zu schildern. Da lagen sie wie einge-

1

2

1 Gerhard von Scharnhorst, preußischer General, leitete die preußischen Heeresreformen: Beförderung nach Leistung, Abschaffung entehrender Strafen, aufgelockerte Gefechtsführung, allgemeine Wehrpflicht.

2 August Graf von Gneisenau wurde nach Scharnhorsts Tod (1813) Generalstabschef Blüchers. Durch besonnenes Verhalten in den Kämpfen bei Ligny war er am Sieg über Napoleon entscheidend mitbeteiligt.

3 Die Bevölkerung unterstützt den Befreiungskrieg durch Geld und Spenden aller Art.

schneite Tote auf den russischen Wägelchen. Mehrere wurden als tot befunden in den Schnee geworfen, der nun ihr Grab wurde. Anfangs bezeichnete ein Schneehügel die Stelle, wo der Tote lag, aber bald war jede Spur in der unabsehbaren Wüste verschwunden. Schlecht bekleidet, ohne Nahrung und ohne stärkende Getränke zog alles stumm über die weite Schneefläche hin. Diese unerhörten Leiden mußten endlich alle kriegerische Haltung des Heeres brechen. Niemand befahl, niemand gehorchte mehr ..."
Napoleon verließ die Armee. Er eilte nach Frankreich, um neue Heere aus dem Boden zu stampfen.
Als Alexander die Verfolgung des geschlagenen Feindes an der russischen Grenze abbrechen wollte, bedrängte ihn Freiherr vom Stein, den Krieg bis zur Befreiung Europas fortzusetzen. Der Zar entschloß sich zur Fortführung des Krieges.

Die Völker Europas befreien sich

Die Jahre der Demütigung und des Wartens waren für die preußischen Reformer nur schwer zu ertragen. Die Generale Scharnhorst und Gneisenau hatten bereits Pläne zur Befreiung der deutschen Länder ausgearbeitet.
Einst hatte Napoleon mit der Parole „Friede den Hütten – Krieg den Palästen" und mit dem „Code civil", einem allgemeinen Gesetzbuch, die unteren Schichten der europäischen Völke für sich eingenommen. Im „Code civil", auc „Code Napoléon" genannt, hatte er in Frankreic Gesetze im Geiste der Französischen Revolutio verwirklicht: Gleichheit vor dem Gesetz, Freiheit des Individuums und des Eigentums, Trennung von Kirche und Staat. Doch der Wirtschaftskrieg gegen England führte ihn zu imme weiteren Eroberungen und entpuppte ihn al Diktator, dem es vor allem um die Vormach Frankreichs in Europa ging, mit ihm an de Spitze. Schließlich mußten deutsche Truppen fü französische Interessen gegen Österreich un Rußland kämpfen, wodurch die Abneigung gegen den „Korsen" noch vergrößert wurde.
Inzwischen war auch in den deutschen Länder das Nationalbewußtsein erwacht. Eine tiefgreifende Besinnung auf die eigene Geschichte un Sprache, die eigene Kunst und das Recht setzt ein. Volkslieder, Sagen und Erzählungen wurde gesammelt und herausgegeben; so veröffentlichte z. B. Joseph von Görres die „Teutsche Volksbücher" (1807).
Die Reformen Steins, Hardenbergs, Humboldts Gneisenaus und Scharnhorsts hatten die rechtliche und politische Lage der Bauern, Bürger un Soldaten in Preußen bedeutend gefördert. Ma wollte nun die französische Bevormundung nic mehr dulden. Es ergingen Aufrufe und Manifeste solcher Männer an das Volk, sich am Befreiungskampf zu beteiligen.

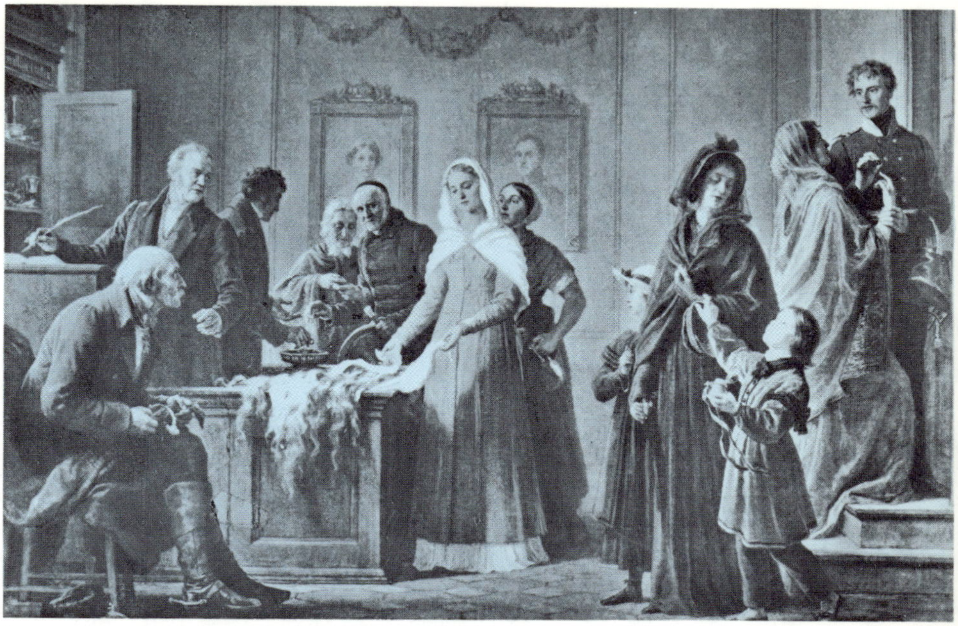

3

Iach langem Zögern, denn der preußische König ürchtete die völlige Vernichtung seines Staates urch Napoleon, schloß Friedrich Wilhelm III. ach dem französischen Rückzug ein Bündnis nit Rußland. Dazu hatte sich der preußische Cönig nach Breslau begeben, um vor einem Iandstreich der Franzosen sicher zu sein. Die eiden Mächte Rußland und Preußen verpflichteten sich, die Waffen nicht eher niederzulegen, is alle deutschen Länder von den Franzosen bereit sind. Die Rheinbundstaaten blieben jedoch apoleon vorerst treu, denn ihnen hatte der Korse" große Vorteile gebracht (vgl. S. 67 f.).

'on Breslau aus ruft Friedrich Wilhelm III. zum ampf auf:

An mein Volk!
. . Wir erlagen der Uebermacht Frankreichs. Der rieden, der die Hälfte Meiner Unterthanen Mir ntriß, gab uns seine Segnungen nicht; denn er hlug uns tiefere Wunden, als selbst der Krieg. as Mark des Landes ward ausgesogen, die auptfestungen blieben vom Feinde besetzt, der ckerbau ward gelähmt so wie der sonst so hoch ebrachte Kunstfleiß unserer Städte. Die Freiheit es Handels ward gehemmt, und dadurch die uelle des Erwerbs und des Wohlstands veropft. Das Land war ein Raub der Verarmung . Brandenburger, Preußen, Schlesier, Pomern, Lithauer! Ihr wißt was Ihr seit fast sieben Jahren erduldet habt, Ihr wißt was euer trauriges Los ist, wenn wir den beginnenden Kampf nicht ehrenvoll enden . . . Gedenkt des großen Beispiels unserer mächtigen Verbündeten der Russen, gedenkt der Spanier, der Portugiesen. Selbst kleinere Völker sind für gleiche Güter gegen mächtigere Feinde in den Kampf gezogen und haben den Sieg errungen. Erinnert Euch an die heldenmüthigen Schweitzer und Niederländer . . .

Friedrich Wilhelm"

Tausende meldeten sich freiwillig und viele, die durch Krankheit oder Alter behindert waren, unterstützten die Truppen durch Geld und Spenden. Neben den freiwilligen Jägern und der Landwehr bildeten sich die Freikorps, die sich aus Freiwilligen jener deutschen Länder zusammensetzten, deren Heimat noch unter Napoleonischer Herrschaft stand. Das berühmteste Korps sammelte sich unter der Führung des Freiherrn von Lützow. 120 000 Mann standen schon nach wenigen Wochen im Feld. Die meisten von ihnen trugen nur graues Leinenzeug oder abgeänderte Bauernröcke. Ein Teil der Landwehr konnte nur mit Pickeln und Beilen bewaffnet werden. Es fehlte an Waffen, an Munition und Geräten, an Fahrzeugen und Pferden. Dennoch glaubte man an den Sieg.

Schon die ersten Gefechte mit den Franzosen zeigten, daß das preußische Heer von einem neuen Geist beseelt war. Die Feinde wurden ge-

Schlacht bei Waterloo
18. Juni 1814

schlagen und über die Elbe zurückgedrängt. Da rückte Napoleon selbst mit einem Heer aus Frankreich heran. Er siegte bei Lützen, zum zweitenmal bei Bautzen, unterstützt von Rheinbundtruppen. Die verbündeten Russen und Preußen zogen sich unter harten Kämpfen, aber in bester Ordnung nach Schlesien zurück. Mut und Vertrauen waren keineswegs gebrochen. Noch immer stand Österreich abseits. Nach langem Zögern schloß es sich dem russischen und preußischen Bündnis an. Auch England unterzeichnete Beistandsverträge mit Rußland, Preußen und Österreich. Das Bündnis der vier Großmächte, das Napoleon so viele Jahre verhindert hatte, war zustande gekommen.

Die Entscheidung fällt bei Leipzig

Mehrmals stellten sich im Herbst 1813 die französischen Armeen den Verbündeten zur Schlacht. Nur wenn Napoleon an der Spitze seines Heeres stand, siegten die Franzosen. Aber Mitte Oktober 1813 wurde er in der Völkerschlacht bei Leipzig entscheidend geschlagen. Endlich entschloß sich auch Bayern, sich am Kampf gegen Napoleon zu beteiligen, war doch die Niederlage Bonapartes unabwendbar. Es gelang Napoleon noch, mit einem Teil seines Heeres über den Rhein zu flüchten. Der Rheinbund wurde aufgelöst.

Noch vor dem Ende des Jahres 1813 marschierten die Verbündeten in Frankreich ein. Paris wurde eingenommen. Napoleon mußte abdanken und erhielt die Insel Elba als Wohnsitz und selbständiges Fürstentum zugewiesen. Die Bourbonen erhielten den französischen Thron zurück. Napoleon hatte jedoch immer noch nicht aufgegeben.

Die „Herrschaft der Hundert Tage"

Die Nachrichten aus Wien, wo die Fürsten und Diplomaten Europas zu einem Kongreß zusammengekommen waren, drangen bis zu Napoleon auf die Insel Elba. Auch aus Frankreich, wohin er rege Beziehungen unterhielt, erreichten ihn Berichte. Sie informierten ihn darüber, daß die Stellung des bourbonischen Königs Ludwig XVIII. noch ungefestigt war und große Teile des Volkes über Einrichtungen, die der König wieder einführte, unzufrieden waren. Währenddessen stritten die Großmächte Europas in Wien um die Verteilung der Beute, um Länder und Grenzen. Die Uneinigkeit der Sieger von 1813 und die Unbeliebtheit des französischen Königs weckten in Napoleon neue Hoffnungen. Er faßte den Entschluß, nach Frankreich zurückzukehren.

Am 1. März 1814 landete Napoleon mit etwa 1000 Getreuen an der südfranzösischen Küste. An seine alten Soldaten richtete er den Appell: „Soldaten! Sammelt euch unter der Fahne eures Kriegsherrn! Sein Leben gehört euch. Seine Rechte sind eure, des Volkes Rechte. Der Sieg wird im Sturmschritt vorangehen, der Adler der Trikolore von Kirchturm zu Kirchturm fliegen bis zu den Türmen von Notre-Dame in Paris."

Doch Napoleon hatte sich in einigen wichtigen Punkten getäuscht. Er hatte bei seinem Unternehmen nicht daran gedacht, daß die Armeen der Verbündeten noch immer kampfbereit waren. Sicher konnte er jedoch mit der Anhänglichkeit seiner alten Soldaten rechnen, die ihn noch immer sehr verehrten. Auf seinem Marsch nach Paris konnte er die Einheiten, die eigentlich seinen Vormarsch aufhalten sollten, mühelos für sich gewinnen. Die Begeisterung im Land war groß. Der König mußte fliehen. Mit unvorstellbarem Jubel wurde Napoleon in Paris empfangen.

Kuriere brachten die Nachricht vom Einzug Napoleons in Paris nach Wien. Dort schlug sie wie eine Bombe ein. Napoleon entsandte Boten nach Wien und bot Verhandlungen an. Sein Schwiegervater, der österreichische Kaiser, sollte vermitteln. Doch die Angebote Napoleons wurden

Napoleons Lebensstufen (Karikatur)

Napoleon auf St. Helena

Fürst Metternich war einer der geschicktesten Diplomaten seiner Epoche. In der letzten Phase des Kampfes gegen Napoleon riß er die diplomatische Führung an sich und bestimmte auf dem Wiener Kongreß die Neuordnung Europas entscheidend mit.

abgelehnt. So mußten wiederum die Waffen entscheiden.

Metternich, dem führenden Staatsmann Österreichs, gelang es, die großen europäischen Staaten zu einem Waffenbündnis zusammenzuschließen. Die Armeen Österreichs, Preußens, Englands und Rußlands marschierten gemeinsam gegen Frankreich. Napoleons gefährlichste Gegner waren der preußische Marschall Blücher und der britische General Wellington. Die Entscheidung fiel bei Waterloo im Juni 1815. Damit ging die „Herrschaft der Hundert Tage" zu Ende. Napoleon war jetzt endgültig besiegt. Die Franzosen mußten fliehen. Napoleon versuchte, nach Amerika zu entkommen. Doch englische Kriegsschiffe setzten den abgedankten Kaiser gefangen und brachten ihn auf die einsame Felseninsel St. Helena, weit draußen im Atlantischen Ozean. Wenige Getreue gingen mit ihm in die Gefangenschaft.

Auf St. Helena

In der Verbannung schrieb Napoleon seine Memoiren, in denen er versuchte, seine Person in ein möglichst günstiges Licht zu setzen. Er schreibt: „Auch das Unglück hat seinen Heroismus und seinen Ruhm. In meiner Laufbahn gab es kein Mißgeschick. Wenn ich auf dem Thron gestorben wäre und in den Wolken meiner Allmacht, wäre ich für viele Menschen unvollkommen geblieben. Heute kann man mich, dank des Unglücks, beurteilen, so wie ich wirklich bin." Napoleon betrachtet sich in seinen Erinnerungen als die Person, die die Revolution vollendet hat; er habe das Chaos bezwungen und die Ordnung wiederhergestellt. Weiter sagt er, daß er die Völker Europas nicht unterdrücken, sondern ihnen die Errungenschaften der Französischen Revolution bringen und ihr nationales Selbstbewußtsein erwecken wollte. Er habe die Einheit Europas angestrebt, in dem die Gesetze der Vernunft walten und ewiger Frieden herrschen sollte. Dahin habe ihn das Schicksal, die Vorsehung und die Macht der Umstände gedrängt. Gott, Schicksal und Vorsehung bedeuteten für Napoleon ein und dasselbe. Auch die vielen Kriege und Eroberungen, zu denen er seiner Meinung nach gezwungen worden war, hätten allein diesem einzigen großen Ziel gedient. Widrige Umstände, so sagt er, hinderten ihn daran, diesen Auftrag zu erfüllen.

So schuf Napoleon durch seine Lebenserinnerungen seine eigene Legende, die Napoleonlegende. Die nun einsetzende Restauration (Wiederherstellung alter Zustände) in Frankreich begünstigte den Nachruhm Napoleons. Die Abneigung gegen das bourbonische Königtum im französischen Volke war groß. Mehr denn je begeisterte es sich für Napoleon. 1830, Napoleon war inzwischen 9 Jahre tot, erreichte die Begeisterung ihren Höhepunkt. Es war das Jahr der Julirevolution. Der Bourbone Karl X. mußte abdanken, und an seine Stelle wurde der „Bürgerkönig" Louis Philippe, der liberale Herzog von Orléans, gewählt. Er stellte die Napoleonlegende in den Dienst seiner Politik, war doch das Bürgertum die Hauptstütze seiner Macht. Die Leiche Napoleons wurde 1840 nach Paris überführt und im Invalidendom beigesetzt.

Der Wiener Kongreß (1814/15)

Fürst Metternich — die beherrschende Persönlichkeit des Wiener Kongresses

Aus allen Teilen Europas versammelten sich Fürsten und Diplomaten im September 1814 in Wien, um über die Neuordnung des Kontinents zu beraten. Die wichtigsten Entscheidungen wurden zwischen den Siegermächten Österreich, England, Rußland und Preußen ausgehandelt. Fürst Metternich, der Außenminister Österreichs, leitete die schwierigen Verhandlungen. Er wurde der „Dirigent des Kongresses" genannt. Sein Ziel war es, in Europa ein Gleichgewicht der Kräfte herzustellen, um so den Frieden zu sichern. Aus diesem Grund wurde auch Frankreich wieder unter die Großmächte aufgenommen. Talleyrand, der Vertreter Frankreichs, war neben Metternich der bedeutendste Diplomat des Kongresses. Seiner geschickten Politik hatte es Frankreich zu verdanken, daß es in Wien als ebenbürtiger Partner geachtet wurde, obgleich es noch einmal für kurze Zeit unter die Fahnen Napoleons getreten war.

Einen starken Einfluß auf den Ausgang der Verhandlungen in Wien übte auch Zar Alexander I. aus. Die Vereinigung des Königreiches Polen mit Rußland sollte von den übrigen europäischen Großmächten anerkannt werden. Der preußische König Friedrich Wilhelm III. kam in Begleitung seiner Minister Karl August von Hardenberg und Wilhelm von Humboldt. Es ging ihnen darum, Preußen innerhalb der deutschen Staaten eine führende Stellung zu sichern.

Wien war eine Versammlung der Fürsten. Glänzende Feste fanden statt. „Geht der Kongreß auch nicht voran, so tanzt er doch wenigstens!" sagte ein geflügeltes Wort.

Erzherzog Johann von Österreich, ein Mann, dessen Herz dem Volk gehörte, äußerte sich voller Abscheu über seine Standesgenossen: „Sie haben alle den Drang nach Eroberung. Diese Männer, die sich gegen den Ehrgeiz Napoleons zusammentaten, haben seine Grundsätze angenommen. Niemand denkt daran, die Völker glücklich zu machen, und die Moral Europas ist tiefer denn je gesunken."

Die Neuordnung Europas

Die Völker erwarteten vom Wiener Kongreß freiheitliche Verfassungen, die Anerkennung der Menschenrechte und nationale Einigung. Die Freiheitskriege hatten gezeigt, daß das Schicksal des Vaterlandes seinen Bürgern und nicht nur den Fürsten anvertraut ist. Die Männer des Wiener Kongresses dachten noch anders. Sie leiteten wie die meisten Monarchen seit der Karolingerzeit ihre Herrschaft von Gott her (Gottesgnadentum). Sie glaubten daher, über Völker und Länder nach ihrem Ermessen entscheiden zu können. Die Neuordnung Europas 1814/15 erfolgte allein nach dem Willen der Monarchen. In der sogenannten Kongreßakte wurden die Bestimmungen des Wiener Kongresses festgelegt. Damit hatte er seine Aufgabe erfüllt: die Ordnung nach den Wirren der Französischen Revolution und der darauffolgenden Kriege wiederherzustellen. Unter „Ordnung" wurde die Erneuerung der Autorität der Fürsten verstanden. Daher gilt der Wiener Kongreß auch als Einleitung der Epoche der Restauration.

Österreich verlor vor allem seine Besitzungen am Rhein. Es mußte Belgien an die Niederlande und den Breisgau an Baden und Württemberg abtreten. Dafür erhielt es seine alten Gebiete zurück, die es in den Kriegen gegen Frankreich verloren hatte: Tirol, Vorarlberg, Kärnten, Krain, Triest, Galizien, Mailand, Venetien, Salzburg und das Innviertel. Die Fürstentümer Toskana, Modena und Parma erhielten Regenten aus dem Hause Habsburg.

Preußen erhielt seine früheren Gebiete wieder zurück, dazu fast ganz Westfalen, die Rheinprovinz, Schwedisch-Vorpommern und Teile Sachsens. Der östliche und westliche Teil des Staates blieben voneinander getrennt. Bayern be-

1 Die europäischen Staatsmänner, die am Wiener Kongreß teilgenommen hatten:
1. von links stehend Wellington,
1. von links sitzend Hardenberg,
6. von links stehend Metternich,
3. von rechts sitzend Castlereagh,
2. von rechts sitzend Talleyrand,
2. von rechts stehend Wilhelm von Humboldt.

2 Länderschacher auf dem Wiener Kongreß (nach einer zeitgenössischen Karikatur). Von links nach rechts: die Vertreter Österreichs, Preußens, Rußlands, in der Mitte Metternich als zentrale Figur des Kongresses, dann folgen ein Vertreter des bourbonischen Herrscherhauses, Napoleon und dessen Sohn (Herzog von Reichstadt).

kam die linksrheinische Pfalz zurück, zudem wurde ihm das Gebiet von Würzburg angegliedert; auch die Reichsstädte Augsburg und Nürnberg wurden bayerisch, ebenso Ansbach und Bayreuth. Tirol kam wieder zu Österreich.

Rußland erhob Anspruch auf den größten Teil Polens, auf Finnland und auf Bessarabien. Seine Forderungen wurden erfüllt.

Schweden erhielt Norwegen, das bisher zu Dänemark gehört hatte.

Der Kirchenstaat, von Napoleon 1809 aufgehoben, wurde wiederhergestellt.

Bayern, Sachsen und Württemberg wurden als Königreiche bestätigt. Das ehemalige Kurfürstentum Hannover erhielt den Rang eines Königreiches und wurde an England zurückgegeben. England bekam ferner die Inseln Helgoland, Malta sowie das südafrikanische Kapland zur Festigung seiner Seemacht zugesprochen.

Frankreich mußte eine Million Franken an die Verbündeten zahlen und die geraubten Kunstschätze zurückgeben. Ludwig XVIII., der Bruder von Ludwig XVI., aus dem Geschlecht der Bourbonen, wurde König. Der Staat umfaßte ungefähr die gleichen Gebiete wie 1789. Bourbonen besetzten die Throne von Spanien und Neapel. Aus den ehemaligen österreichischen Niederlanden (Belgien) und den nördlichen Niederlanden wurde das Königreich der Vereinigten Niederlande gebildet.

Die deutschen Fürsten schlossen sich in Wien zum „Deutschen Bund" zusammen. Er umfaßte die beiden Großmächte Österreich und Preußen, die Mittelstaaten Bayern, Baden, Württemberg, Sachsen und Hannover, 28 kleinere Fürstentümer und die vier freien Städte Hamburg, Bremen, Lübeck und Frankfurt. Gegen den Willen der „Patrioten" blieben die Bundesmitglieder selbständige Staaten mit eigenem Heer, eigenen Grenzen, eigenem Geld. Frankfurt am Main wurde zum Sitz des Bundestages erklärt. Dieser Bundestag war eine Versammlung von Gesandten der einzelnen Staaten. Er hatte keine Macht und wenig Ansehen. Regiert wurde Deutschland in 35 Hauptstädten.
Im Geschichtsatlas lassen sich die Neuordnung Europas und die Grenzen der einzelnen Staaten ablesen. Der äußere Frieden war zwar für lange Zeit gesichert; um so heftiger aber gärte es im Innern fast aller Staaten. Die enttäuschten Völker protestierten gegen die Beschlüsse des Wiener Kongresses.
Es schien, als sollten die Opfer der Befreiungskriege umsonst gewesen sein. Viele Fürsten herrschten ähnlich wie zur Zeit des Absolutismus. Um so stärker wurde der Drang nach Freiheit. Ein Flugblatt aus dem Jahre 1816, das Studenten geheim druckten und verteilten, enthält die Wünsche des Volkes:

„Im Namen aller, die für die Freiheit starben!
Wir wollen ein einiges, deutsches Vaterland, in dem jeder Bürger die gleichen Rechte und die gleichen Pflichten hat.
Wir wollen eine Volksvertretung, die dem Land eine Verfassung und neue Gesetze gibt.
Wir wollen, daß niemand ohne Befehl des Richters verhaftet werden kann.
Wir wollen für alle deutschen Städte und Gemeinden die Selbstverwaltung.
Wir wollen Freiheit in Wort und Schrift,
Freiheit für Glauben und Gewissen."

1

2

3

1 Ludwig van Beethoven (1770–1827) widmete seine 3. Sinfonie Napoleon. Als sich dieser zum Kaiser krönte, beseitigte er die Widmung.
2 Friedrich von Schiller (1759–1805), lehnte sich in seinen Dramen gegen die Willkürherrschaft der absoluten Fürsten auf.
3 Immanuel Kant (1724–1804); seine Philosophie übte auf die Nachwelt einen starken Einfluß aus.

Nach einem Mann mußte sich ganz Europa richten

Aus den Wirren der Revolutionszeit war der „Korse" Napoleon als Herrscher über Frankreich hervorgegangen. Er hatte es verstanden, den revolutionären Schwung des französischen Volkes in den Dienst seiner politischen Pläne zu stellen. Siegreiche Feldzüge und eine zielstrebige Außenpolitik dienten ihm zur Errichtung eines riesigen Herrschaftsgebietes, das den Großteil Europas umfaßte.
Mit der Parole „Friede den Hütten, Krieg den Palästen" gewann er die Herzen der „Untertanen" auch fremder Staaten. Er erweckte sie zu eigener politischer Aktivität. Seine Reformen im Innern – das bürgerliche Gesetzbuch (Code Napoléon), einheitliche Maße und Gewichte, Schul- und Wehrpflicht – waren vorbildlich.

Der Einfluß Napoleons auf die Entwicklung in Deutschland war außergewöhnlich. Auf sein Betreiben wurde die Säkularisation durchgeführt. Mehr als 100 selbständige geistliche Territorien wurden den Fürsten gegeben, die mit ihm verbündet waren. Bayern und Württemberg wurden Königreiche (1806). Im gleichen Jahr hörte das „Heilige Römische Reich Deutscher Nation" auf zu bestehen.
Angeregt durch die Entwicklung in England und in Frankreich leitete der Freiherr vom Stein in Preußen Reformen ein: Bauernbefreiung, Gemeindeselbstverwaltung, Staats- und Schulreform. Hardenberg setzte sein Werk fort: Gewerbefreiheit, Anerkennung der Bürgerrechte (Emanzipation) für die Juden, Heeresreform. In den Befreiungskriegen bewährte sich der „neue Geist".
Napoleon wurde nach der Katastrophe des Rußlandfeldzuges von den europäischen Völkern besiegt. Der Wiener Kongreß stellte das europäische Gleichgewicht wieder her. Aber der Gedanke nationaler Einigung und der Wunsch nach einer Verfassung, die durch die Französische Revolution und durch Napoleon zu kräftigem Leben erweckt worden waren, wurden noch nicht verwirklicht. Die politischen Auseinandersetzungen des 19. und 20. Jahrhunderts werden entscheidend durch diese beiden Ideen bestimmt sein.

1799

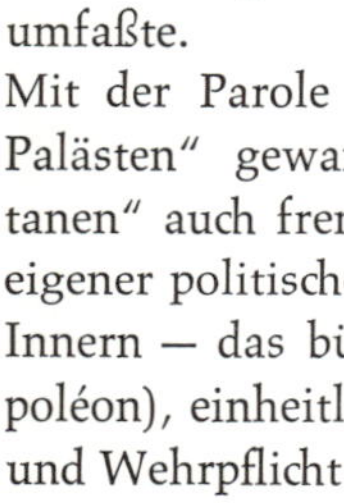

Erster Konsul

1804

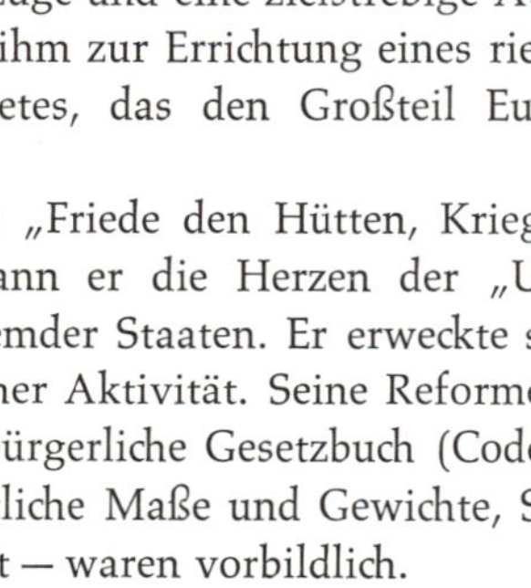

Kaiserkrönung

1806

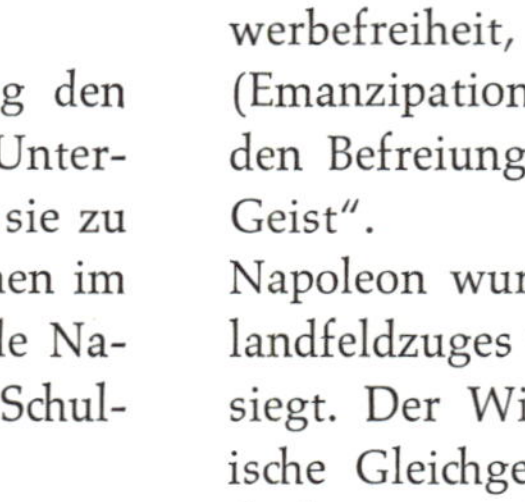

Kontinentalsperre

1814/15

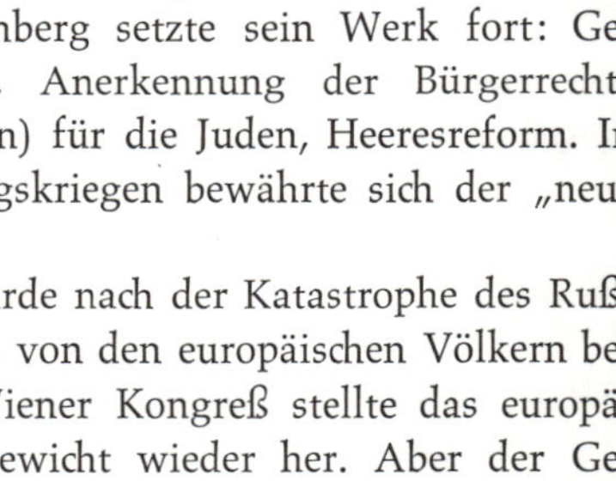

Wiener Kongreß

Der Kampf um Freiheit und Selbständigkeit

Im Anschluß an die Julirevolution in Frankreich (1830) griffen die Unruhen auch auf Deutschland und andere europäische Staaten über. Die Abbildung auf dieser Seite stellt die Studentenunruhen in Frankfurt 1833 dar.

Metternich — jahrzehntelang der „Kutscher Europas" (1815—1848)

„Österreichs Glück, Europas Frieden, Ordnung und Recht"

Nach Napoleons Verbannung auf St. Helena nahm der österreichische Staatskanzler, Fürst Metternich, die erste Stelle unter den Staatsmännern Europas ein. Viele bezeichneten ihn als den eigentlichen Sieger über Napoleon, weil er sich um das Zustandekommen des europäischen Bündnisses besondere Verdienste erworben hatte. Andere nannten ihn den „Kerkermeister der europäischen Völker".

Auf Napoleons Wunsch hatte einst Metternich die diplomatische Vertretung Österreichs in Paris übernommen. Hier lernte er das politische Spiel gründlich kennen. Kaiser Franz I. ernannte ihn 1809 zum Außenminister und später zum Staatskanzler der Donaumonarchie. „Österreichs Glück, Europas Frieden, Ordnung und Recht" — wie er es verstand —, nach diesem Grundsatz regierte Metternich. Die Größe Österreichs war sein Leitgedanke, der in allen diplomatischen Abkommen erkennbar ist. Deshalb bekämpfte er die „nationale Idee"; diese bedeutete, daß jedes Volk seinen eigenen Staat erhalten soll. Er wußte, daß der Sieg dieser politischen Anschauung das Ende des österreichischen „Vielvölkerstaates" mit sich bringen würde. Aus diesem Grund setzte er sich auch für die Erhaltung der Monarchie ein. Der „legitime", erbberechtigte Fürst und, wie manche immer noch glaubten, „Herrscher von Gottes Gnaden" sollte die Regierungsgewalt über sein Reich ausüben, ohne Rücksicht auf nationale Verschiedenheiten. Das war für die gesamte Donaumonarchie der österreichische Kaiser. So sollte durch das Haus Habsburg der Bestand dieses Reiches gesichert werden. Ein weiteres politisches Ziel Metternichs war es, Österreich die Vormachtstellung unter den deutschen Staaten zu garantieren.

Metternich und die nationale Frage

Die patriotisch-nationale Bewegung der erwachenden Völker fand in Metternich ihren Gegenspieler. Er hatte den einzelnen Fürsten volle Souveränität zugesagt und schon dadurch eine gemeinsame Regierung der deutschen Staaten unmöglich gemacht. Seine „Einigung" Deutschlands bestand darin, daß er einen lockeren Staatenbund gründete, den Deutschen Bund, dem 39 selbständige und unabhängige Staaten bzw. Städte angehörten. Über die gemeinsamen Angelegenheiten des Reiches sollte im sogenannten Bundestag in Frankfurt unter dem Vorsitz Österreichs beraten werden. Der Wunsch nach nationaler Einigung blieb ebenso unerfüllt wie das Verlangen nach einer freiheitlichen Verfassung. So wurde Metternich zum meistgehaßten Mann der nationalen und liberalen Kreise in den deutschen Ländern. Er wird zum Sinnbild der Epoche der Restauration, die durch den Wiener Kongreß und die „Heilige Allianz" (1815) eingeleitet wurde.

Das Bündnis der „Heiligen Allianz" kam auf Betreiben des russischen Zaren Alexander I. zustande. Der Zar, der Kaiser von Österreich und der König von Preußen versprachen sich brüderliche Unterstützung für den Fall, daß die Religion, der Frieden und die Gerechtigkeit — wie man sie im herkömmlichen Sinne verstand — verletzt würden. Das Bündnis der drei Monarchen, dem fast alle europäischen Herrscher nach und nach beitraten, war zur Wahrung ihrer „geheiligten Rechte" auf den Thron geschlossen worden. Königtum, Adel und Kirche sollten den Bestand der alten Ordnung, d. h. die absolutistisch-patriarchalische und christliche Staatsordnung, sichern und gegen die revolutionären Kräfte vorgehen.

Studenten verbrennen vor der Wartburg Sinnbilder der alten Ordnung (1817).

Karikatur auf die Unterdrückung der Rede- und Pressefreiheit

Studenten auf der Wartburg

Der Ausgang des Wiener Kongresses enttäuschte vor allem die Jugend. Für die Freiheit und für ein einiges deutsches Vaterland war sie ins Feld gezogen; mit Fürstenherrschaft und mit 39 „Vaterländern" mußte sie sich nun abfinden. Da schlossen sich in Jena freiheitlichgesinnte Studenten zu Burschenschaften zusammen. Ihr Ziel war ein freies Vaterland aller Deutschen. Als Zeichen ihrer Zusammengehörigkeit und Treue zum alten Deutschen Reich trugen sie über der Brust schwarzrotgoldene Bänder. Von Jena aus verbreiteten sich die Burschenschaften an allen deutschen Universitäten.

Im Oktober 1817 zogen 500 Burschenschaftler aus ganz Deutschland mit ihren Professoren hinauf zur Wartburg. Am Abend des 18. Oktober versammelten sich die Studenten mit brennenden Fackeln im Freien und entzündeten ein mächtiges Freudenfeuer im Gedenken an die siegreiche

1

1 Ludwig I. von Bayern, er ließ von seinem Hofbaumeister Leo von Klenze in München viele Bauten ausführen, die noch heute für das Stadtbild bestimmend sind.

2 Die „Neue Wache" in Berlin wurde im klassizistischen Stil erbaut. (Gemälde von Wilhelm Brücke, 1800–1874)

Leipziger Völkerschlacht. Ein Student hielt eine flammende patriotische Rede. Wie Luther vor 300 Jahren die Bannbulle ins Feuer geworfen hatte, so verbrannten jetzt Studenten Symbole der verhaßten Fürstenherrschaft: Zopf, Korporalstock, Zieruniform, Polizeigesetze und andere Schriften.
Die Kundgebung auf der Wartburg versetzte die Fürsten in Erregung. Sie bangten um ihre Unabhängigkeit und sahen ihre Macht gefährdet: „Die Burschenschaftler sind Revolutionäre! Sie wollen uns stürzen!" Da ermordete der Student Karl Sand den russischen Staatsrat August von Kotzebue. Dieser hatte sich durch abfällige Berichte an den Zaren über die Zustände in Deutschland den Haß der Studenten zugezogen. Fürst Metternich benützte den Mord, um scharfe Maßnahmen gegen die nationale und liberale Bewegung zu ergreifen.
Metternich rief die deutschen Fürsten nach Karlsbad (1819). Dort verfaßten sie die sogenannten Karlsbader Beschlüsse: Auflösung der Burschenschaften und Verbot der Farben Schwarz-Rot-Gold, Überwachung der Universitäten und Professoren, Zensur aller Zeitungen und Schriften . . . Die Sehnsucht nach nationaler Einheit und bürgerlicher Freiheit wurde mit Polizeigewalt unterdrückt.

Bayern erhält eine Verfassung

Als die deutschen Fürsten ihre Völker zum Kampf gegen Napoleon brauchten, hatten sie ihnen wiederholt eine Verfassung versprochen. Die meisten Herrscher dachten aber nach dem Wiener Kongreß nicht daran, ihr Versprechen zu erfüllen. Sie wollten wieder regieren wie vor der Großen Revolution. Nur keine Neuerungen! Der bayerische König, der schließlich sein Königtum Napoleon zu verdanken hatte, dachte anders. Er gab im Februar 1818 seinen Ministern und Staatsräten den Auftrag, nach dem französischen Vorbild der Charte eine neue Verfassung auszuarbeiten. Grundlage der Beratungen war die bayerische Verfassung von 1808. Sie hatte den Städten und Landgemeinden das Recht der Selbstverwaltung eingeräumt. Das bedeutete: Die Bürger in den Städten und die Bauern auf dem Dorf wählten ihre Vertreter selbst. Der Bürgermeister und seine Mitarbeiter verwalteten in ihrem Auftrag die Stadt- und Landgemeinden.
Am 26. Mai 1818 läuten alle Glocken, die Kanonen schießen Salut, und ein glänzender Zug bewegt sich durch die Straßen Münchens. Siebenmal hält der Zug an, und jedesmal verkündet der Herold aus der Verfassung:
„Freiheit des Gewissens und gewissenhafte Scheidung dessen, was des Staates und der Kirche ist. Freiheit der Meinungen mit gesetzlichen Beschränkungen gegen den Mißbrauch. — Gleiches Recht der Eingeborenen zu allen Graden des Staatsdienstes und Wehrdienstes. Gleichheit vor dem Gesetz. Unparteilichkeit und Unaufhaltbar

2

:eit der Rechtspflege. Ordnung durch alle Teile les Staatshaushalts!"
Jnd vor allem, so heißt es in der Verfassung veiter, erhält Bayern: „Eine Ständeversammung – hervorgehend aus allen Klassen der im taate ansässigen Staatsbürger".
Jach dem Herzogtum Nassau (1814) und Sachen-Weimar (1816), wo Goethe als Erster Miniter regierte, hatten nun im Jahre 1818 Bayern nd Baden und ein Jahr darauf auch Württemerg eine Verfassung bekommen, gut 30 Jahre or Preußen, 40 Jahre vor Österreich.
ie radikalen Demokraten waren aber noch eineswegs zufrieden. Sie kritisierten, daß die 'erfassungen der süddeutschen Staaten aufrund „einsamer Entschlüsse" der Monarchen ıstande gekommen waren. Nach ihrer Auffasng müßte eine echte Verfassung zwischen dem wählten Parlament und dem Herrscher aushandelt werden. Sie dachten bei dieser Fordeng an die Vorgänge der „Glorious Revolution" ɔn 1688 und an die Verfassungsentwicklung in en Vereinigten Staaten von Amerika. Vor allem ɔer erinnerten sie an die Französische Revotion.

In ganz Europa gärt es

Die „liberale" und „nationale" Idee führte in den verschiedenen Ländern Europas zu Aufständen und kleineren und größeren Revolutionen. Ziel der Liberalen waren freiheitliche Verfassungen mit gesicherten Grundrechten. Dasselbe wollten die Nationalen unter gleichzeitiger Einigung aller gleichsprachigen Völker zu Nationen: ein Volk – eine Nation – ein Staat.

Der Freiheitskampf der Griechen

Die Deutschen blickten besonders auf ein Land, dessen glanzvolle Geschichte ihnen aus den Schulbüchern bekannt war: Griechenland. Jahrhundertelang hatten die Osmanen (Türken) den Balkan beherrscht. Nun, in den Jahren 1821 bis 1829, gelang es der nationalen Bewegung in Griechenland, die osmanische Fremdherrschaft zu beseitigen. Durch einen Vertrag schufen die Großmächte im Jahre 1830 den unabhängigen Staat Griechenland. Im Jahre 1832 wurde Otto, der Bruder des bayerischen Königs Ludwig I., zum König von Griechenland gewählt. Mit bayerischen Künstlern und Beamten zog er in den

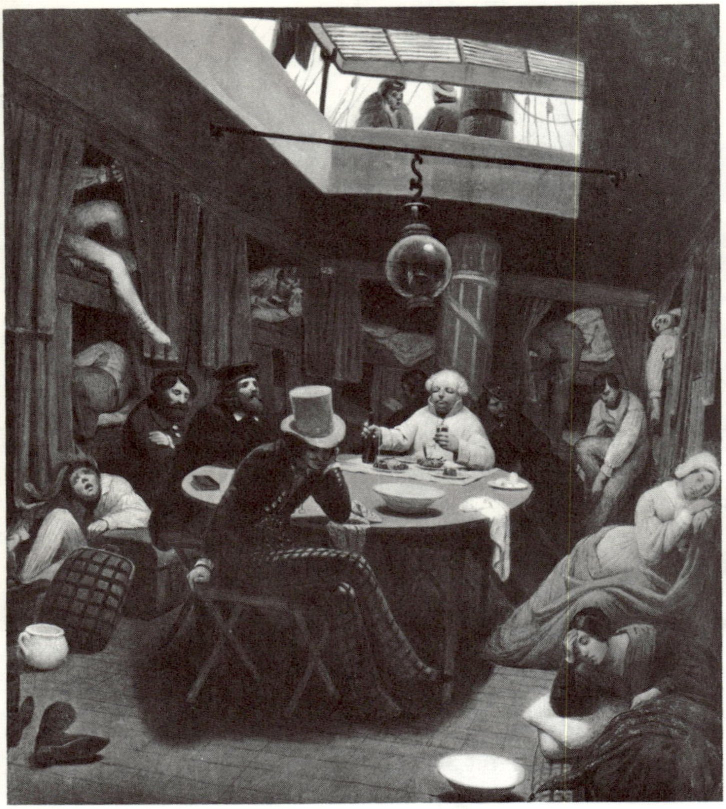

Dieses Balkendiagramm gibt Aufschluß über den Umfang der Auswanderungsbewegung von 1821–1870.

◀ Auf einem Auswandererschiff. Die Auswanderung spielte während des ganzen 19. Jahrhunderts eine große Rolle. Politischer und religiöser Zwang, aber auch wirtschaftliche Not und Abenteuerlust waren die Hauptgründe für das Verlassen der Heimat.

Süden. Noch heute findet man in Griechenland die Namen bayerischer Familien aus jener Zeit. Mit Griechenland verbanden sich sowohl bei den griechischen als auch bei den übrigen europäischen Freiheitskämpfern Ideen wie „Freiheit", „Größe in der Vergangenheit", „Kultur", als deren Träger sich die gebildeten Menschen Europas fühlten.

Die Julirevolution in Frankreich (1830)

Napoleon hatte erstmals in Frankreich ein umfassendes Gesetzbuch, den „Code civil", für die Staatsbürger erlassen. Dieses bürgerliche Gesetzbuch wurde zur Grundlage der Gesetzgebung und Rechtsprechung in vielen anderen Staaten. Als unter den Königen, die auf Napoleon in Frankreich folgten, Errungenschaften der Revolution in Frage gestellt wurden, erhob sich im Jahre 1830 das Volk gegen König Karl X. In ihm sah es einen Herrscher, der die alten Zustände wiederherstellen wollte. Die Wahlen sollten kontrolliert, das Wahlgesetz geändert und die Pressefreiheit abgeschafft werden. Das Voll fühlte sich hintergangen. Die Pariser Bürge griffen zu den Waffen. Der Aufstand zwang Karl X. zur Flucht. Der Thron war frei. Die Bürger gaben aus eigener Macht dem liberalen Herzog Louis Philippe von Orléans die französische Königswürde. Man nannte ihn daher den „Bürgerkönig". Das Bürgertum hatte seine Macht im Staate bewiesen. Sein König regierte unter de Revolutionsfahne, der Trikolore.

Unruhen in Deutschland

Nur in wenigen Ländern war der Wunsch nac einer Verfassung erfüllt worden. Die liberal denkenden Männer mußten erkennen, daß ihr Macht zu gering war. Viele Enttäuschte verließe daher Deutschland, um dem politischen Zwan zu entgehen. Die USA wurden das begehrtes Ziel der Auswanderer. Dort fanden sie politisch und religiöse Freiheit.

Andere versuchten die Zustände im eigene Lande zu ändern. Sie forderten mehr Rechte fi

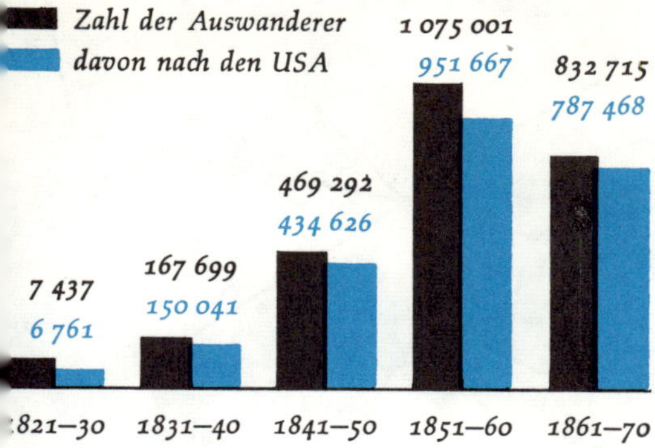

ılle bei der Gestaltung öffentlicher Angelegen-ıeiten. Sie verlangten vor allem die Pressefrei-ıeit und eine allgemeine Verfassung. Doch nur venige vertraten vorerst diese Ideen. Der größte Teil der Deutschen lebte in bürgerlicher Zufrie-lenheit. Man wollte Ruhe in der gewohnten Ordnung. Die Erinnerung an die Auswüchse der ranzösischen Revolution war noch zu lebendig. n den Geschichtsbüchern wurde die große Be-reiungsbewegung als ein „Meer von Blut und Tränen" dargestellt.

Die Furcht der Fürsten vor den „Patrioten" zeigte ich anläßlich des Hambacher Festes 1832. Als ie Umwälzungen in Frankreich noch die Ge-ıüter erregten, trafen sich in Hambach (bei Neu-tadt a. d. Weinstraße) Studenten und Bürger nter der schwarzrotgoldenen Fahne. Die Ver-ammlung forderte Freiheit für alle und Herr-chaft des Volkes. Die Rechte des einzelnen soll-en geschützt werden. Um dieses Ziel zu errei-ıen, sollten die Fürsten nach französischem Vor-ild abgesetzt werden. Doch der Volksaufstand nterblieb, und ein Umsturzversuch in Frankfurt, en Studenten angeführt hatten, schlug fehl. Dieses Ereignis gab Metternich wieder einen ge-gneten Grund, die „Demagogen" (Volksver-ihrer) politisch zu verfolgen.

er Aufstand der Polen (1830/31)

m Ende des 18. Jahrhunderts hatten die Groß-ächte Österreich, Rußland und Preußen das önigreich Polen unter sich aufgeteilt. Nach der bdankung des Königs Stanislaus II. August atte Polen als Staat aufgehört zu existieren. Der tzte Teil Polens, das Herzogtum Warschau Kongreßpolen), war als Königreich Polen an den Zaren von Rußland (Personalunion) gekommen. Nach den drei „Polnischen Teilungen" (1772, 1793 und 1795) lebten die Polen größtenteils unter russischer Herrschaft. Ihr größter Wunsch war jedoch ein eigener Nationalstaat. Deshalb erhoben sie sich 1830 gegen die Fremdherrschaft. Der Zar warf den Aufstand grausam nieder. Der preußische König verweigerte den fliehenden Freiheitskämpfern das politische Asyl, um Rußland einen Gegendienst für dessen Hilfe beim Befreiungskampf gegen Napoleon zu leisten. Eine Welle der Empörung ging durch Europa.

Der Dichter Ludwig Uhland schrieb damals:

„Polen wäre nicht untergegangen, und diese alte Vormauer Deutschlands und des gesamten mitteleuropäischen Festlandes wäre nicht gefallen, wenn es eine freie deutsche Nationalgesinnung gegeben hätte."

Seitdem übernahmen polnische Flüchtlinge in den Revolutionen der anderen europäischen Gastländer oft führende Rollen, um den revolutionären Gedanken zu verwirklichen. Auch in Deutschland trug das Schicksal des polnischen Volkes viel zum Erwachen des Nationalgefühls bei und verstärkte den Unwillen gegen die Fürsten. Aber der größte Teil des Volkes blieb noch immer politisch stumm. Ein typisches Sprichwort jener Zeit hieß: „Politisch Lied — ein garstig Lied."

Die Zollschranken fallen

Plan Friedrich Lists, nach dem das deutsche Eisenbahnnetz angelegt wurde (1833)

Die Folgen der Vielstaaterei

Der Deutsche Bund bestand aus 39 Staaten. Jeder Staat besaß eigenes Geld, eigene Maße und Gewichte, eine eigene Hauptstadt, eigene Grenzen. Dies bedeutete innerhalb Deutschlands eine Unzahl von Zollschranken, die den Verkehr hemmten, den Handel erschwerten und die Waren verteuerten. Die meisten Deutschen waren über diese Zustände erbittert. Wenn schon die nationale Einigung nicht erreichbar schien, so wollte man doch wenigstens die wirtschaftlichen Schranken zwischen den deutschen Staaten beseitigen. Der Dichter Friedrich Hebbel spottete in einem Gedicht über die deutsche Kleinstaaterei:

Grenzschwierigkeiten

Es flog in X. mein Hut mir ab,
natürlich über die Grenze,
und als ich ihn wiederzuholen lief,
da gab's vertrackte Tänze.

Ich durfte den deutschen Nachbarstaat
nicht ohne Paß betreten,
und da ich bloß spazieren ging,
so hatt' ich mir keinen erbeten.

Das tat ich nun; auch wurde ich
in Gnaden damit versehen,
doch war's um meinen armen Hut
trotz alledem geschehen.

Der war schon längst im dritten Staat
und blieb auch dort nicht liegen,
ihn ließ der schadenfrohe Wind
ein Dutzend noch durchfliegen.

Was half mir nun der gute Paß,
den ich in X. genommen?
Zehn neue braucht' ich an einem Tag,
da war nicht nachzukommen.

Schlimmer als für den Verlierer des Hutes ware
die Zollschranken für die Kaufleute. Viele vo
ihnen schlossen sich schon 1819 im Deutsche
Handels- und Gewerbeverein zusammen.

Friedrich List kämpft für wirtschaftliche Einigun

Als Wortführer des im Jahre 1819 gegründete Deutschen Handels- und Gewerbevereins verfaß der Professor Friedrich List eine Denkschrift, d er an die Bundesversammlung in Frankfurt ric tete. Darin heißt es:
„In einem Lande, wo die Mehrzahl der Fabrik zugrunde gegangen ist oder ein sieches Leb kümmerlich dahinschleppt, wo die Messen u Märkte mit Waren fremder Nationen angefü sind, wo die Mehrzahl der Kaufleute fast untät geworden ist, bedarf es da noch eines näher

Friedrich List setzte sich als Volkswirtschaftler und Wirtschaftspolitiker für den Wegfall der Zollschranken ein.

Beweises, daß ein Übel den höchsten Grad erreicht hat?
Unzählige Zoll- und Mautlinien lähmen in Deutschland den Verkehr im Innern und bringen ungefähr dieselbe Wirkung hervor, wie wenn jedes Glied des menschlichen Körpers unterbunden wird, damit das Blut ja nicht in ein anderes überfließe."
Doch die Denkschrift landete in den Papierkörben der Bundesgesandten zu Frankfurt. List wurde als „Demagoge" (Volksaufwiegler) verhaftet und erst gegen das Versprechen, nach Amerika auszuwandern, freigelassen. In Pennsylvania beteiligte er sich an der Erschließung eines Kohlebergwerks und erwarb ein erhebliches Vermögen. Als er 1830 in die Heimat zurückkehrte, setzte er dieses aufs Spiel, um den Bau der Eisenbahn Leipzig–Dresden voranzutreiben. Er sah im Eisenbahnbau das beste Mittel, Deutschland wirtschaftlich zu einigen.

Die Gründung des Zollvereins

Inzwischen hatten immer mehr Staatsmänner erkannt, daß es mit den Zöllen so nicht weitergehen könne. Preußen schaffte als erster deutscher Staat alle Binnenzölle ab, ja, es schloß sich 1828 mit Hessen-Darmstadt zu einem einheitlichen Zollgebiet zusammen; noch im gleichen Jahr verbanden sich Bayern und Württemberg zu einem Zollverein; die mitteldeutschen Staaten folgten. Endlich kam es nach zähen, langwierigen Verhandlungen zur Bildung des Deutschen Zollvereins. In der Neujahrsnacht 1833/34 fielen die Zollschranken zwischen den meisten deutschen Staaten. Österreich trat dem Deutschen Zollverein nicht bei.

In einem zeitgenössischen Bericht heißt es: „Dies war eine denkwürdige Silvesternacht: In langen Zügen hielten an den deutschen Binnengrenzen vor den Schlagbäumen die Wagen. Eingemummt in ihre schweren Pelze stehen die Fuhrknechte bei ihren Pferden. Noch nie herrschte unter den Wartenden eine so frohe Stimmung. Es ist das letzte Mal, daß sie hier mitten in Deutschland auf mürrische Zöllner warten müssen. Wieviel Ärger, wieviel unnützer Zeit- und Geldverlust wird ihnen ab morgen erspart bleiben: Pflastergeld, Brückenzoll, Wechselzwang, Zollkontrolle, Umschlagszwang, Einfuhrzoll, Ausfuhrzoll, Durchgangszoll, Stapelvorschriften, Wegeordnungen ... mit einem Schlag fällt all dieser Unsinn fort. Von Köln bis Königsberg zollfreie, ungehinderte Fahrt! Vom Turm schlägt es zwölfmal. – Jahreswechsel!"
Trotz der Bildung des Deutschen Zollvereins machte die politische Einigung der deutschen Länder kaum Fortschritte, weil die politische Macht immer noch in den Händen der Fürsten und des Adels lag. Sie hatten kein Interesse, die nationale Bewegung zu fördern, weil dadurch viele Throne und Vorrechte überflüssig geworden wären. Die Bildung des Zollvereins ermutigte und verstärkte jedoch die nationalen und liberalen Kräfte des Bürgertums in den deutschen Ländern.

Das Sturmjahr 1848/49

Die Februarrevolution in Paris

Der Bürgerkönig Louis Philippe hatte 1830 versprochen, nach den Grundsätzen der parlamentarischen Monarchie zu regieren. Die Völker Europas blickten mit Bewunderung nach Paris, wo es gelungen schien, die alte Ordnung (Königtum) mit der neuen (Volksherrschaft) zu verbinden. Aber der Schein trog.
Das Wahlrecht stand nur denen zu, die ein gewisses Steueraufkommen erbrachten. Die Mehrheit der kleinen Bürger und vor allem die durch die Industrialisierung schnell wachsende Arbei terschicht waren davon ausgeschlossen. Bestre bungen zur Reform des Wahlrechts wurden ähn lich unterdrückt wie in den anderen Staaten.
Bei einer Demonstration der Arbeiter kommt e am 24. 2. 1848 zu Kämpfen mit der Polizei. Al die Regierung Militär einsetzt, beginnt in gan Paris der Aufstand. Die königlichen Truppe werden aus der Hauptstadt vertrieben. Der Kö nig muß abdanken und flieht nach England. Di Revolutionäre rufen die Republik aus. Eine Na tionalversammlung, aus freien, geheimen, allge meinen Wahlen hervorgegangen, soll dem Staa eine Verfassung geben. Aber die Spannunge zwischen den Gruppen des Bürgertums un denen der Arbeiterschaft sind unüberbrückbar. E kommt im Juni zur ersten Arbeiterrevolutio der Neuzeit, die aber im Namen der National versammlung niedergeschlagen wird.
Der Ruf nach dem starken Mann, der für Ru und Ordnung sorgen soll, macht Louis Napo léon, einen Neffen des früheren Kaisers, zu Präsidenten. Wie Napoleon I. versteht er es, di Republik auszuhöhlen und sich schließlich vo Volk mit großer Mehrheit als Napoleon III. zu erblichen Kaiser der Franzosen wählen zu lasse

1

Revolutionen überall in Europa

Zündstoff für das Aufbegehren breiter Schicht hatte sich in der Ära Metternich zur Genüge a gesammelt. Die Forderungen der Nationalen u Liberalen waren nirgends erfüllt. Es gab kei Pressefreiheit, keine Volksvertretung, die dies Namen verdiente, kein unabhängiges Richte tum, keine geeinte deutsche Nation und kei gemeinsame Verfassung.

2

ı Revolution in Paris 1848. Aufständische stürmen den Thronsaal der Tuilerien.

2 Die Unterdrückten Europas erheben sich. Pressefreiheit, Volksvertretungen und nationale Einigung war den meisten Völkern vorenthalten geblieben. Die Abbildung zeigt einen deutschen Demonstrationszug in der Zeit des Vormärz.

3 Die Karte veranschaulicht die Brennpunkte der Aufstände 1848/49.

4 Das Plakat verkündet die Ziele der Aufständischen von 1848.

3

4

ein Wunder, daß der Funke aus Paris rasch übersprang. Drei Tage nach den Unruhen in Paris fand in Mannheim eine Massenversammlung statt, die all das verlangte, was die Freiheitskämpfer 1812/13, die Studenten auf der Wartburg und die Teilnehmer des Hambacher Festes gefordert hatten: die Einigung Deutschlands, eine freiheitliche Verfassung, Menschenrechte für alle ...

Barrikadenkämpfe am Berliner Alexanderplatz
in der Nacht vom 18./19. März 1848

In Wien richtete sich der ganze Haß der Revolutionäre gegen Metternich. Der Kaiser mußte dem Druck der Straße nachgeben und den Kanzler entlassen. Dieser floh Hals über Kopf nach England. Jubel erhob sich in allen Städten des Habsburgerreiches, als der Sturz des mächtigen Mannes bekannt wurde. Die nationalen Gruppen des Vielvölkerreiches hielten die Stunde ihrer politischen Selbständigkeit für gekommen.

Der nationale Führer der *Ungarn,* Ludwig Kossuth, proklamiert eine ungarische Regierung und ruft zur Trennung von Österreich auf.
In *Prag* treten Vertreter fast aller slawischen Völker zum ersten panslawischen Kongreß zusammen. Radikale Vertreter fordern einen gemeinsamen Staat für alle Slawen, andere befürworten den Verbleib in der Donaumonarchie, aber die Selbstbestimmung aller Völker.

Die *Mailänder* Bürger vertreiben die österreichischen Beamten und Soldaten; in *Venedig* wird die Republik ausgerufen.

In *Krakau* erheben sich nationalbewußte Polen gegen Habsburg. Österreich droht in seine Teile auseinanderzufallen.

In *Berlin* führen die Berichte aus Paris und Wien dazu, daß König Friedrich Wilhelm IV. ım März 1848 feierlich verspricht, Preußen eine Verfassung mit gewählter Volksvertretung zu geben, an der Einigung Deutschlands mitzuwirken und die Pressefreiheit anzuerkennen. Eine Revolution scheint nun überflüssig. Die Berliner versammeln sich vor dem Schloß, um dem König zu danken.

Plötzlich peitschen Schüsse über den Platz. Einige Wachsoldaten hatten die Nerven verloren. Die Menge fühlt sich durch den König verraten. Der Ruf nach Revolution verbreitet sich in Windeseile durch die Stadt. Barrikaden werden errichtet. Das Volk bewaffnet sich. Schwere Kämpfe zwischen den Truppen des Königs und der Bevölkerung fordern zahlreiche Opfer.

Friedrich Wilhelm IV. erläßt einen Aufruf „An meine lieben Berliner", um das Mißverständnis aufzuklären. Die Truppen werden zurückgezogen, eine Bürgerwehr sorgt für Ruhe und Ordnung. König und Königin werden gezwungen, den Toten der Revolution, die im Schloßhof aufgebahrt sind, die letzte Ehre zu erweisen. Als eine liberale Regierung ernannt wird, kehrt schnell Ruhe ein.

Wie in Berlin erreichen die Revolutionen in allen deutschen Hauptstädten ihre ersten Ziele: reformbereite Regierungen, Anerkennung der Presse-, Rede- und Versammlungsfreiheit, Einberufung einer Nationalversammlung zur Ausarbeitung einer Verfassung.

Vom Deutschen Bund zur Frankfurter Nationalversammlung

Das Professorenparlament

Während der revolutionären Ereignisse des Jahres 1848 trafen sich die Gesandten des Deutschen Bundes in Heidelberg. Sie hatten erkannt, daß der Bundestag in Frankfurt machtlos war, da seine Beschlüsse von den Fürsten der einzelnen Staaten fast nie gebilligt wurden. Die Fürstenmacht war bis zum Jahr 1848 ungebrochen. Nun aber, da die Fürsten nachgegeben hatten, hielten die Männer des Bundestags den Augenblick für gekommen, eine Verfassung für ganz Deutschland zu schaffen. Zu diesem Zweck sollte eine Verfassunggebende Nationalversammlung gewählt werden, die sich aus Vertretern des ganzen deutschen Volkes zusammensetzen sollte. Schon am 18. Mai 1848 trafen sich rund 600 gewählte Volksvertreter als Nationalversammlung in Frankfurt. Die Paulskirche wurde zum Ort für ihre Sitzungen bestimmt. Das Volk hatte viele bedeutende Persönlichkeiten in die Nationalversammlung entsandt: Dichter, Historiker, Theologen und Politiker. Der Volksmund nannte sie das „Professorenparlament". Der Bundestag löste sich auf, nachdem ja nun die Nationalversammlung zusammengetreten war.

Verkündung der Grundrechte des deutschen Volkes

Eine bleibende Leistung der Nationalversammlung war die Formulierung der Grundrechte. Sie sollten gewährleisten: das Reichsbürgerrecht für jeden Deutschen, Gleichheit vor dem Gesetz, Aufhebung der Standesunterschiede, Presse-, Glaubens- und Gewissensfreiheit, Gewerbefreiheit, Schutz des Privateigentums, Schutz vor willkürlicher Verhaftung . . .

1 Gedenkmünze zur Eröffnung der Nationalversammlung 1848

2 Einzug der Abgeordneten in die Paulskirche am 18. Mai 1848

3 Die Paulskirche von innen

1

2

Der Verfassungsentwurf der Nationalversammlung

Die zweite Aufgabe, der Entwurf einer Reichsverfassung, barg weit größere Schwierigkeiten in sich.

Zuerst mußte festgestellt werden, wie weit die Verfassung gelten sollte, d. h. welche Gebiete zum Reich gehörten. Natürlich dachte man zuerst an ein einheitliches Reichsgebiet einschließlich Österreichs, unter einem Kaiser, ähnlich wie es vor der Auflösung des Reiches im Jahre 1806 gewesen war. Deshalb bestellte die Nationalversammlung zunächst einen gemeinsamen Reichsverweser, Erzherzog Johann von Österreich. Doch schon hier zeigten sich die ersten Schwierigkeiten: Die Fürsten weigerten sich, die Frankfurter Beschlüsse anzuerkennen.

Die Nationalversammlung versuchte nun, die Unterstützung der beiden mächtigsten deutschen Staaten zu erhalten, Österreich und Preußen.

Der preußische König schien bereit, sich für die Sache eines geeinten Deutschland einzusetzen. Er hoffte, dadurch die Führung innerhalb Deutschlands zu gewinnen.

Österreich zeigte sich weniger geneigt, den Plan der Nationalversammlung zu unterstützen. Eine einheitliche deutsche Reichsverfassung wäre für die nationalen Gruppen der Donaumonarchie ein neuer Grund zur Empörung gewesen. Das aber konnte der Kaiser nicht aufs Spiel setzen. Die kaum hergestellte Ruhe sollte nicht durch neue Revolutionen gestört werden.

Eine andere Lösung drängte sich auf: der Ausschluß Österreichs aus dem Deutschen Reich. Um der Einigkeit Deutschlands willen wollte man auf Österreich verzichten und ein kleindeutsches Reich ohne die Donaumonarchie gründen. Ein

3

3ündnis sollte die beiden deutschen Staaten auch veiterhin innerlich verbinden. Deutscher Kaiser ollte der preußische König Friedrich Wilhelm V. werden. Aber der preußische König lehnte lie Kaiserkrone ab. „Einen solchen trügerischen Reif aus Dreck und Letten gebacken" wollte er ıicht tragen. Vor allem war ihm der Gedanke ınerträglich, die Krone aus den Händen von Volksvertretern zu empfangen, da an ihnen der „Ludergeruch der Französischen Revolution" ıänge.

\uflösung der Nationalversammlung

Der preußische König erklärte, daß er die inzwischen entworfene Verfassung nicht akzeptieren verde. Österreich weigerte sich, seinen Ausschluß aus dem Deutschen Bund zu vollziehen. 's rief seine Vertreter aus der Nationalversammıng zurück. Die Fürsten der übrigen Bundestaaten verfuhren ähnlich.

Die Nationalversammlung fiel auseinander. Der Versuch des deutschen Volkes, sein Schicksal elbst in die Hand zu nehmen, war mißlungen. ıber der alte Kurs der Fürstenpolitik war nach en Revolutionen von 1848 auch nicht mehr ıöglich.

In den Verfassungen siegt die Gewaltenteilung

Der Grundsatz der Gewaltenteilung setzte sich schließlich in den meisten deutschen Staaten durch. Dies bedeutete vor allem, daß gewählte Volksvertretungen bei der Gesetzgebung und bei der Festlegung der Steuern mitsprachen. Auch wurden die Bestimmungen über die Presse- und Redefreiheit gelockert. Ihren Hauptmakel freilich wurden diese Verfassungen nicht los: Es waren oktroyierte, vom Fürsten erlassene Verfassungen, die das Volk bis zum Ende der Fürstenherrschaft (1918) nicht als die seinigen annehmen konnte.

Auch in Österreich erließ der 19jährige Kaiser Franz Joseph I. 1849 eine Verfassung. In Wirklichkeit regierte er bis 1867 absolut. Offenbar ließ sich das Großreich anders nicht mehr zusammenhalten. So gelang es ihm nur mit Hilfe russischer Truppen, den Widerstand der nationalen Erhebung in Ungarn zu brechen. Doch die Idee der nationalen Selbständigkeit ließ sich nicht mehr ausrotten. Schon 1867 erreichten die Magyaren ihr Ziel innerhalb der Habsburgermonarchie. Aus dem Kaisertum Österreich wurde die k.u.k. (kaiserliche und königliche) Monarchie Österreich-Ungarn.

Diese Karikatur veranschaulicht die politische Situation 1848/49. Die Pferde des Fürsten, die an der deutschen Staatskarosse ziehen, sind bedeutend stärker als die immer kraftloser werdenden Pferde des deutschen Michels (Michel = Sinnbild des deutschen Volkes).

Die Revolution scheiterte — das Ende der Politik Metternichs

Führende Persönlichkeiten des deutschen Volkes hatten sich in der Paulskirche um eine Verfassung für das Deutsche Reich bemüht. Als der Entwurf fertig war, hatten die Fürsten kraft ihres Militärs die Macht wieder fest in ihrer Hand. Der revolutionäre Elan breiter Schichten war nach den Anfangserfolgen verflogen, und die gewählten Repräsentanten des Volkes in der Nationalversammlung waren zum gewaltsamen Umsturz nicht entschlossen und auch nicht in der Lage. Sie konnten sich nicht wie die Franzosen auf eine siegreiche Revolution berufen und nicht wie die Ungarn zum Abschütteln der Fremdherrschaft aufrufen.

So blieb das Werk der Paulskirche zunächst ohne sichtbaren Erfolg. Aber aus der Geschichte der Durchsetzung der Grundrechte und der Demokratie in Deutschland und in Europa ist das Jahr 1848 nicht wegzudenken. Immer wieder beriefen sich die Vorkämpfer eines demokratischen Deutschlands auf die Beschlüsse der Paulskirche. Selbst Bismarck konnte sich nicht ohne weiteres über sie hinwegsetzen. Die Schöpfer der Verfassung von Weimar (1919) griffen auf die Entwürfe von 1848 zurück, und auch in das Grundgesetz der Bundesrepublik Deutschland von 1949 gingen Aussagen von damals ein.

1819

Karlsbader Beschlüsse gegen freiheitliche Bestrebungen

1830

Julirevolution in Frankreich

1848/49

Revolutionen überall in Europa

1848/49

Frankfurter Nationalversammlung

Technik und Wissenschaft verändern die Welt

Atmosphärische Maschine, konstruiert von dem Engländer Thomas Newcomen um 1725. Solche Dampfmaschinen wurden vor allem zum Wasserpumpen in den Bergwerken benutzt.

Der Beginn des Maschinenzeitalters

Saal mit Spinnmaschinen einer englischen Baumwollspinnerei um 1835

Aus der Frühzeit der Eisenbahn: Die erste funktionierende Dampflokomotive konstruierte der Engländer George Stephenson (1829). Er lieferte auch die „Adler" für die erste deutsche Eisenbahnstrecke Nürnberg–Fürth.

Nie zuvor haben Erfindungen die Entwicklung der Technik so vorangetrieben wie am Ende des 18. und während des 19. Jahrhunderts. Das Leben einzelner und ganzer Völker wurde mit Beginn des neuen Zeitalters der Maschine umgestaltet. Eingeleitet wurde diese neue Epoche durch die Erfindung der Dampfmaschine (1769) und des mechanischen Webstuhls (s. S. 18).

James Watt, der Erfinder der Dampfmaschine (1736–1819)

Als kleiner Junge hatte James einmal beobachtet, wie der Dampf kochenden Wassers den Deckel eines Topfes hob. Von da ab reizte ihn der Gedanke, eine Maschine zu bauen, die die Dampfkraft auswertet. „Meine Gedanken waren immer bei den Versuchen", berichtet er über die Zeit seiner Experimente. „Ich wollte im Zylinder meiner Maschine Wärme speichern. Da fiel mir ein, daß Dampf sich ja ausdehnt. Würde man diesen Dampf in einen luftleer gemachten Zylinder leiten, so müßte er einen Kolben bewegen." Es gelang ihm die Konstruktion. Damit war das Prinzip der Dampfmaschine erfunden.

Watts Dampfmaschine, die ebenso als „Eiserner Engel" gerühmt wie als „Schwarzer Teufel" verflucht wurde, trat ihren Siegeszug an und verursachte radikale Änderungen: Bevor Watt die Dampfmaschine erfunden hatte, gab es kein Bergwerk, das tiefer als 30 Meter war. In jedem tieferen Schacht sammelte sich so viel Grundwasser, daß es durch die herkömmlichen Pferdepumpwerke nicht entfernt werden konnte.

Nachdem Watt seine Maschine weiter verbessert hatte, wurde sie nicht nur für Grubenpumpen verwendet: Die Münzanstalten trieben ihre Prägestöcke mit Dampfkraft, die neu erfundenen mechanischen Webstühle wurden mit Dampfmaschinen angetrieben und schließlich auch Schiffe und Lokomotiven.

Die erste Lokomotive wird gebaut

Warum sollte es z. B. nicht möglich sein, eine Maschine zu bauen, die mit Hilfe der Dampfkraft Wagen zog? Diese Wagen fuhren in den Bergwerken schon auf Schienen, wurden aber immer noch von Pferden gezogen.
George Stephenson beschäftigte sich schon mit diesem Problem, als er noch ein Kind war. Er wollte eine Maschine bauen, die sich auf Schienen bewegen konnte. Aber es gab da eine große Schwierigkeit: Mit 19 Jahren konnte er noch nicht einmal schreiben, lesen und rechnen. Dabei hätte er Fachbücher lesen müssen, um sein Vorhaben zu verwirklichen. Zwölf Stunden täglich schuftete George im Bergwerk; in Abendkursen holte er das Versäumte nach. In den wenigen Stunden, die noch blieben, beschäftigte er sich

1

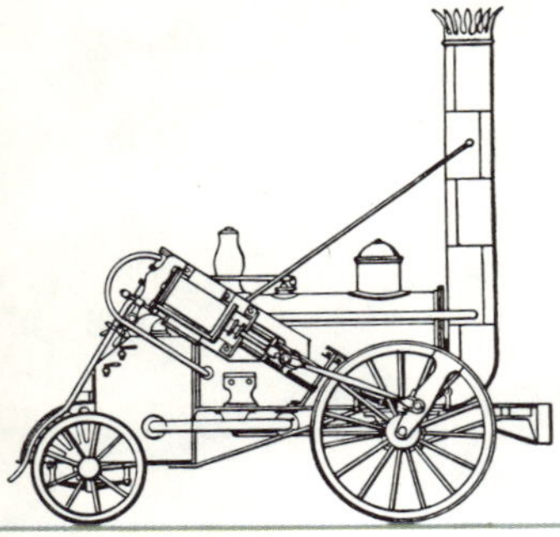

2

mit der Dampfmaschine, die er bald in allen Einzelheiten kannte. Um sich Bücher kaufen zu können, flickte er die Schuhe seiner Kameraden. Im Bergwerk rückte er bald zum Maschinenmeister auf. Eines Tages kam eine neue Pumpmaschine an. Aber sie funktionierte nicht. Man wollte sie schon wegstellen, doch Stephenson beschäftigte sich weiter mit der Ursache des Schadens, und es gelang ihm schließlich, die Maschine zu reparieren. Der Erfolg machte ihm Mut, und er bat den Grubenbesitzer um einen Kredit für die Konstruktion einer Dampfmaschine, die auf Schienen fahren kann. Die Bitte wurde ihm gewährt, doch der Grubenbesitzer verlangte, daß die Maschine schneller sein müsse als die Pferde. Stephenson suchte sich einige Schmiede, Schlosser und Hilfsarbeiter. Gemeinsam bauten sie eine Maschine auf vier Rädern mit einem langen Schornstein. An der linken Seite war der Dampfkolben festgemacht. In einem Kessel wurde der Dampf bereitet. Weil sich der Apparat von der Stelle bewegte, nannte man ihn Lokomotive (lateinisch: locus = Ort, motio = Bewegung).

Im Juli 1814 führte Stephenson seine Lokomotive vor. Aber man hätte ebenso ein Pferd davor spannen können, so langsam fuhr sie. Der Grubenbesitzer war darüber sehr verärgert und bezeichnete die Versuche Stephensons als „Spielerei"; er war nicht bereit, für weitere Experimente Geld zu geben.

Stephenson hatte inzwischen erkannt, daß er eine schwerere Maschine bauen mußte, um eine höhere Geschwindigkeit zu erreichen. Er fand einen Freund, der genug Geld hatte. Sie grün-

3

4

1 Die berühmte Lokomotive „Rocket" von George Stephenson; 1829 zog sie 13 t mit einer Geschwindigkeit von 25 km/h.

2 Stephensons „Planet"

3 Ankunft der „Elise" nach einer stürmischen siebzehnstündigen Fahrt von England über den Ärmelkanal und die Seine aufwärts im Jahre 1816. Als erstes Dampfschiff fuhr die kleine „Elise" aufs offene Meer.

4 Fahrkarte für die erste deutsche Eisenbahnstrecke

deten eine Maschinenfabrik und bauten in kurzer Zeit fünf neue Lokomotiven. Jede Lokomotive zog 64 000 kg. Von diesem Moment an wollten alle Grubenbesitzer Stephensons Maschine kaufen. Das nächste Ziel Stephensons war nun, Züge zu bauen, in denen Menschen fahren konnten. Von alten Postkutschen ließ er das Obergestell abnehmen und auf einen Unterbau von vier Rädern montieren. Sie wurden von den Dampfmaschinen gezogen.

Schnelle Fahrt auf eisernen Straßen

Aus einem ärztlichen Gutachten über das Eisenbahnfahren: „Ortsveränderung mittels irgendeiner Art von Dampfmaschinen sollte im Interesse der öffentlichen Gesundheit verboten sein. Die raschen Bewegungen können nicht verfehlen, bei den Fahrgästen das delirium furiosum (geistige Unruhe) hervorzurufen. Der Staat muß vor allem auch die Zuschauer vor dieser Krankheit schützen. Es ist daher unumgänglich nötig, daß eine Bretterwand, wenigstens 6 Fuß hoch, auf beiden Seiten der Bahn errichtet wird ..." Aber den Bau der ersten deutschen Eisenbahn konnte dieses Gutachten nicht aufhalten. Am 7. Dezember 1835 war es soweit. Die Ludwigsbahn zwischen Nürnberg und Fürth wurde als erste deutsche Eisenbahn eröffnet. Ein englischer Lokomotivführer war von der Fabrik ausersehen worden, ein Jahr lang in Deutschland zu bleiben, um die Stephenson-Lokomotive zu betreuen und um deutsche Schlosser zu Lokomotivführern und Werkmeistern auszubilden. In 9 Minuten erreichte die „Adler" mit ihren 5 Personenwagen von Nürnberg aus das 7 km entfernte Fürth. Der Jubel in den beiden Städten war groß. Die Gegner der Eisenbahn verstummten bald völlig.
Schon im Jahre 1838 wurde die Strecke Berlin—Potsdam eröffnet, ein Jahr später die erste Fernverbindung Leipzig—Dresden.

Die „Benz-Kutsche", die noch Ähnlichkeit mit einer Pferdedroschke hatte, war der „Vorläufer" unseres Autos.

Ein Wagen, der sich ohne Pferd und Schiene bewegt

Als man sich längst an das „Teufelswerk" Eisenbahn gewöhnt hatte, kam manchem der Gedanke, eine ähnliche Maschine zu bauen, mit der man auch durch die Straßen fahren konnte.
Carl Benz ist der Name des Mannes, der diese Idee verwirklichte. Gerade zu einer Zeit, als es ihm wirtschaftlich besonders schlecht ging, begann er mit seinem Vorhaben, Gasmotoren zu bauen. Gasmotoren werden mit brennbaren Gasen betrieben (Verbrennungsmotor), wobei durch Verbrennung eines Kraftstoff(Benzin)-Luft-Gemisches Arbeit geleistet wird. Es war in der letzten Nacht des Jahres 1879, als nach vielen Enttäuschungen der Zweitakter endlich funktionierte: In schönem, regelmäßigem Rhythmus kamen die Zündungen, hoben sich die Kolben. Nach Stunden lief der Motor noch. Benz war überglücklich, aber er gab sich mit diesem Erfolg nicht zufrieden. Obwohl er keinen Pfennig Geld hatte, gründete er die „Rheinische Gasmotorfabrik und Companie" und baute den „neuen liegenden Gasmotor, System Benz". Endlich kam Geld ins Haus. Seine alte Werkstatt behielt Benz. Trotz der „Ratschläge", seinen Motorwagen aufzugeben, arbeitete er weiter. Vom Zweitakter war er längst abgekommen. Einen Motor nach dem Viertakt-System wollte er nun bauen. Jedes einzelne Teil dazu mußte Benz selbst entwerfen und herstellen.
Im Jahre 1886 brachte Benz seinen Wagen in Mannheim auf die Straße. Seine Frau schob ihn mit den beiden Söhnen an. Einer mußte mit der Benzinflasche hinterherlaufen, damit der Vater nachfüllen konnte. Mit „Nebensächlichkeiten", wie einem Tank für Benzin, hatte sich Benz noch nicht befassen können. Bei einer Stundengeschwindigkeit von 11 km war das Hinterherlaufen nicht schwierig. Benz fuhr bei seiner ersten Fahrt 100 Meter.
Im Herbst 1888 fuhr das erste „Auto", der Patent- und Motorwagen Benz, durch die Straßen Münchens, von Carl Benz selbst gesteuert, elegant Kurven nehmend und den entgegenkommenden Fußgängern und Fuhrwerken ausweichend. Die Bewunderung der Münchner war allgemein.

Die Erfindung des Telefons

Philipp Reis war der Sohn eines Bäckers aus Gelnhausen. Sein Vater starb sehr früh, und Philipp kam in ein Erziehungsheim. Dort sah er allerlei physikalische Apparate. In seinen freien Stunden experimentierte er damit. Nach einer Lehre in einem Farbengeschäft studierte er Physik und wurde Naturkundelehrer.
„Eines Tages machte ich ein Kästchen aus dünnem Holz, ließ es oben offen und spannte eine Schweinsblase darüber. In die Mitte der Haut klebte ich ein dünnes Plättchen Platin. Dieses Plättchen berührte einen dünnen Platinstift. Er hatte Kontakt mit einem Element. Wenn in das Kästchen gesprochen wurde, vibrierte die

Philipp Reis baute den ersten Fernsprecher, den er 1861 während einer Sitzung des Physikalischen Vereins vorführte.

Schweinshaut. Dabei kam auch das Platinplättchen in Schwingung und berührte jedesmal den Stift. Bei jedem Kontakt wurde der elektrische Strom zu einem kleinen Apparat, dem Hörer, geleitet. Ganz schwach war darin die Stimme zu vernehmen." Philipp Reis nannte diesen Apparat Telefon (von griechisch „tele" = „fern" und „phon" = „Ton"). Bald unternahm er mit seinem Freund den entscheidenden Versuch. Es waren spannende Minuten. Wird mich der Apparat im Stich lassen? Reis sprach folgende Worte in das Gerät: „Die Pferde essen keinen Gurkensalat." Vom anderen Ende der Leitung kam die Antwort: „Du alter Schafskopf, das weiß ich schon längst!" Das war das erste Telefongespräch. 1861 führte Reis seinen Apparat einem größeren Kreis in Frankfurt am Main vor. Aber er fand nicht das geringste Verständnis. Kurz vor seinem Tod sagte er verbittert: „Ich habe der Welt eine große Erfindung geschenkt, anderen muß ich es überlassen, sie weiterzuführen." Das geschah auch.

Guglielmo Marconi ist der Erfinder der drahtlosen Telegrafie (1897).

Fünfzehn Jahre später konstruierte der englische Taubstummenlehrer Graham Bell ein besseres Fernsprechgerät. Bei dem Versuch, seinen Taubstummen zu helfen, beschäftigte er sich mit akustischen Experimenten. Dabei verwendete er auch das Telefon von Reis. Es gelang ihm, dessen Erfindung so zu verbessern, daß sie praktisch verwendbar wurde. Dieses Telefon machte Bell zum reichen Mann.

Durch das Telefon gelang es, die Kommunikation zu beschleunigen. Zum Beispiel konnten Bestellungen und Änderungen in Handel und Wirtschaft ohne Zeitverlust erfolgen. Die Menschheit wurde durch das Telefon mobiler.

Das erste Fernsprechamt wurde in New York errichtet. Es verfügte über 8 Leitungen und zählte 22 Teilnehmer.

Die drahtlose Nachrichtenübermittlung — eine weitere Erfindung des 19. Jahrhunderts

Die Nachrichtenübermittlung wurde im Laufe der Zeit immer mehr vereinfacht: Läufer, Reiter; Licht- und Rauchsignale; Morsezeichen durch Draht. Und nun dachten Menschen darüber nach, ob man nicht ohne den Draht auskommen könne.

Freilich erschien dieser Gedanke den meisten als unerfüllbarer Wunschtraum. Da gelang dem jungen Italiener Guglielmo Marconi, der auf diesem Gebiet experimentierte, einer seiner Versuche.

Eines Abends, es war im Jahre 1894, erklärte er seinem Vater: „Es gibt Physiker, die an die Existenz elektromagnetischer Wellen glauben, die zu ihrer Fortpflanzung keinen festen Stoff brauchen. Mit diesen Wellen experimentiere ich."

Einige Monate später weckte Guglielmo seine Mutter mitten in der Nacht. Sie stiegen zum Dachgeschoß hinauf. Guglielmo legte seine Hand auf eine Morsetaste und drückte auf den Taster. Aus dem Nebenzimmer tönte das Klingeln einer elektrischen Glocke. „Ist das nicht großartig? Die Glocke gehorcht meinen Befehlen, die ich durch die Luft gebe." Es war die erste drahtlose Übermittlung eines Signals. Marconi wollte seine Versuche, die er bisher im Zimmer gemacht hatte, nun über weite Strecken durchführen. Er fuhr nach England. 5 km vor der Südküste lag eine kleine Insel mit einem Leuchtturm. Auf diesem Leuchtturm wurde der Sender aufgebaut. Der Empfänger bekam seinen Platz an der Küste. Aber der Versuch mißglückte. Erst als der Empfangsapparat noch 20 m näher ans Meer geschafft worden war, konnte das Ticken gehört werden.

Am 12. Dezember 1901 gelang Marconi die erste drahtlose Verbindung zwischen Europa und Amerika. Seine Entdeckung wurde die Grundlage für die Entwicklung des Rundfunks und später des Fernsehens.

Die folgende Bildtafel veranschaulicht weitere wichtige Erfindungen und Neuerungen des 19. Jahrhunderts, die für die Herausbildung der modernen Welt entscheidend waren.

Otto Lilienthal mit seinem ersten Flugapparat (1891)

Hochrad

Nähmaschine

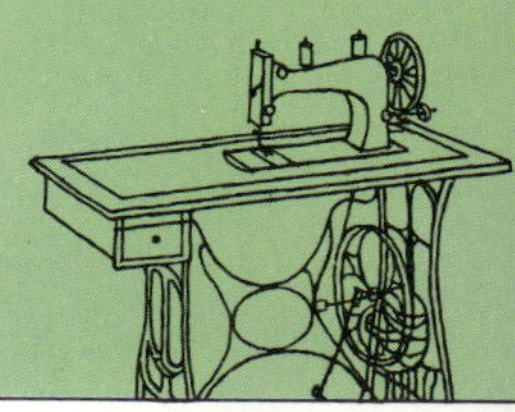

Anfänge der Fotografie
Aus der Geschichte der Fotografie
(Ende des 19. Jahrhunderts)

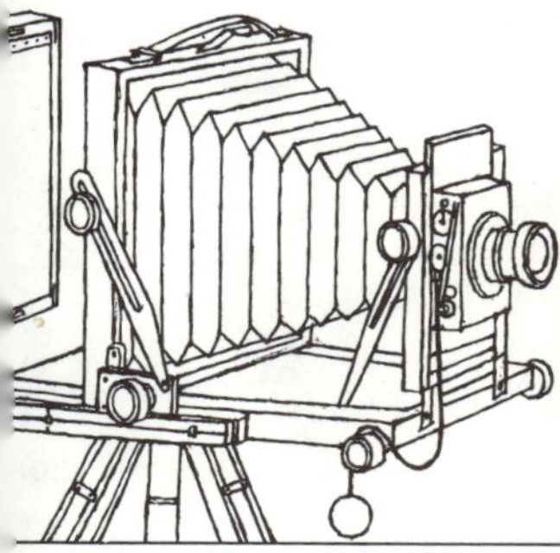

Erste elektrische Straßenbahn in Berlin (1881)

Grammophon um 1890

Schreibmaschine

Briefmarken und alter Postkasten (um 1850

Otto-Motor (1867)

Die erste Glühlampe (1879)

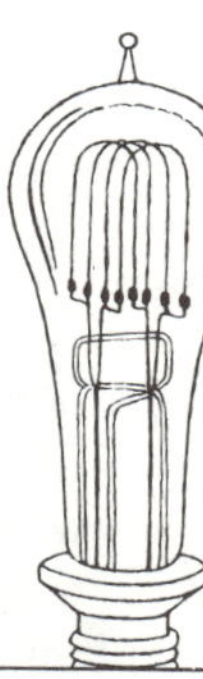

Zeitungsdruckmaschine (1866)

Brot für mehr Menschen — Kampf gegen die Krankheit

Justus von Liebig revolutioniert die Landwirtschaft

Vom Jahre 1800 bis 1960 stieg die Zahl der Erdbewohner von 750 Millionen auf rund 3 Milliarden; für das Jahr 2000 wird mit dem Ansteigen auf 5 Milliarden gerechnet. Kann unsere Erde so viele Menschen ernähren?
Wir müßten diese Frage mit „nein" beantworten, wenn nicht um die Mitte des 19. Jahrhunderts Justus von Liebig den Landwirten gezeigt hätte, wie sie durch künstlichen Dünger den Ertrag des Bodens steigern können. Durch ungezählte Boden- und Pflanzenuntersuchungen kam er den chemischen Vorgängen auf die Spur, die sich beim Wachstum im Boden und in der Pflanze abspielen. Als 21jähriger Professor baute er in Gießen ein verlassenes Wachlokal zum ersten chemischen Hochschullaboratorium Deutschlands aus. Hier führte er Tausende von Experimenten durch, hier erzog er seine Studenten zu klarem Denken und scharfem Beobachten. Spöttisch nannte man die Gießener Chemiestudenten „Professor Liebigs Sehtiere". Diese „Sehtiere" begründeten den Weltruf der chemischen Wissenschaft und Industrie. In einem Buch über die Chemie des Ackerbaues faßte Liebig 1840 seine Forschungen zusammen. Er schrieb:
„Empfängt der Boden von allen diesen Stoffen (den Nährsalzen), die er an die Pflanzen abgegeben hat, nichts zurück, so muß ein Zeitpunkt eintreten, wo er völlig erschöpft, völlig unfruchtbar selbst für Unkrautpflanzen werden muß. — Als Grundlage des Ackerbaues muß angesehen werden, daß der Boden in vollem Maße wieder erhalten muß, was ihm genommen wird; in welcher Form dies Wiedergeben geschieht, ob in der Form von Stallmist oder von Asche oder Knochen, dies ist wohl ziemlich gleichgültig. Es wird die Zeit kommen, wo man jede Pflanze, die man darauf erzielen will, mit dem ihr zukommenden Dünger versieht, den man in chemischen Fabriken bereitet."

Justus von Liebig machte auf allen Gebieten der Chemie grundlegende Erfindungen.

Justus von Liebigs erstes Chemielabor (Zeichnung, 1842)

Das Buch fand innerhalb weniger Jahre eine weltweite Verbreitung. Natürlich meldeten sich auch die Gegner zu Wort. Doch sie gaben ihren Widerstand auf, als Liebig auf Versuchsfeldern nachwies, daß sich die Ernte durch richtige Düngung verdoppeln, ja verdreifachen ließ. König Maximilian II. von Bayern berief ihn 1852 an die Münchener Universität. Aus allen Teilen der Welt kamen Chemiker und Landwirte, um „Agrikulturchemie" zu studieren.
Der durchschnittliche Ertrag für 1 ha Weizen konnte in Deutschland von 10 dz (1860) auf 28 dz (1930) gesteigert werden. Ähnlich ist das Verhältnis bei den anderen Kulturpflanzen. Auf Justus von Liebig trifft das Wort des englischen Schriftstellers Swift zu: „Der Mann, der bewirkt, daß zwei Ähren wachsen, wo vorher nur eine gedieh, hat seinem Vaterland mehr genützt als ein Feldherr, der 100 Schlachten gewonnen hat."

Vom Kampf gegen Krankheit und Tod

Nicht ganz 50 Jahre später half auch noch eine andere Entdeckung, das menschliche Leben zu schützen und zu erhalten. Es gelang, jene un

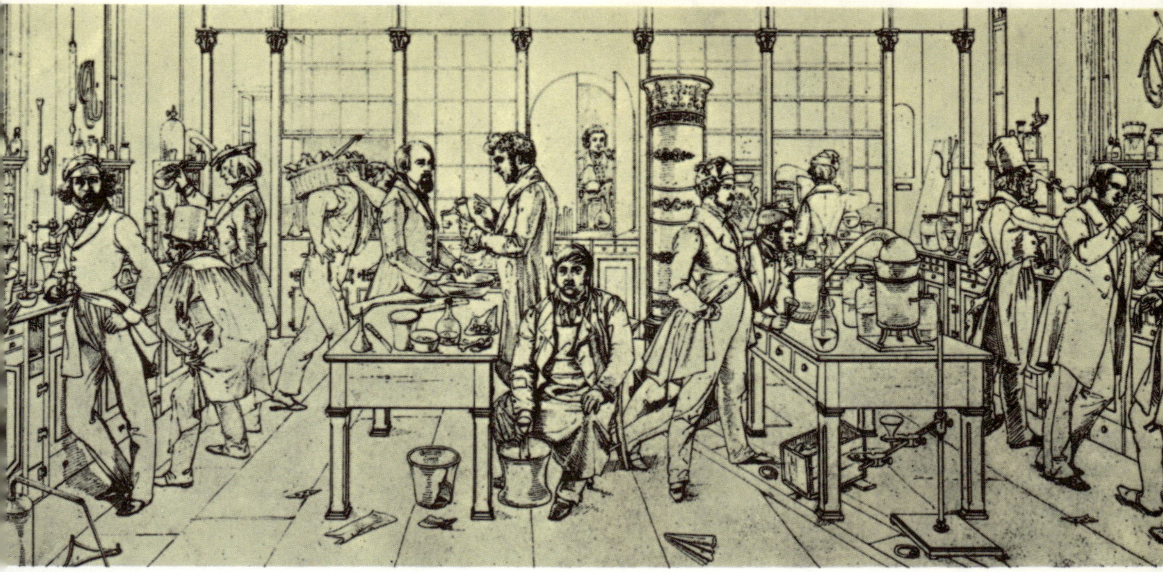

sichtbaren Schädlinge sichtbar zu machen, die die Erreger der Seuchen und Krankheiten sind.

Im kleinen Wollstein bei Posen lebte der Kreisarzt Robert Koch. Als in der Umgebung Wollsteins eine furchtbare Viehseuche, der Milzbrand, wütete, begann Koch mit seinen Forschungen. Er glaubte nämlich, daß Tierseuchen genau wie Menschenseuchen durch Krankheitserreger entstehen, die man finden und bekämpfen müsse. Es gelang ihm, den Erreger des Milzbrandes zu entdecken. Er wurde an das Kaiserliche Gesundheitsamt in Berlin berufen, erhielt Assistenten und ein Laboratorium. Jetzt besaß er die Instrumente, um den Kampf gegen den großen Feind der Menschheit, die Tuberkulose, aufzunehmen. 270 Experimente mußte er durchführen, bis er die blaugefärbten Tuberkelbazillen unter seinem Mikroskop entdeckte. Robert Koch setzte seine Forschungsarbeiten fort und suchte nach den Erregern anderer gefährlicher Seuchen und ansteckender Krankheiten, der Cholera, der Pest, der Lepra, der Schlafkrankheit, der Malaria und des Typhus.

Im Auftrag der Regierung unternahm Koch Forschungsreisen in die Seuchengebiete Europas, Afrikas und Asiens. In den Dorftümpeln Indiens, aus denen häufig Trinkwasser geschöpft wurde, fand Koch den Cholerabazillus. In Afrika entdeckte er die Erreger der Pest, der Schlafkrankheit und des Aussatzes. In Spitälern und Laboratorien beobachtete er unter Lebensgefahr die Kranken. Tausende von Präparaten fertigte er an, färbte und untersuchte sie.

In die Reihe berühmter Ärzte und Forscher, denen wir verdanken, daß unser Leben heute fast frei ist von der Angst vor Seuchen, gehören noch Semmelweis, Pasteur und Röntgen.

Der Wiener Arzt Ignaz Ph. Semmelweis entdeckte um 1845, daß das Kindbettfieber, an dem bis dahin jede fünfte Mutter gestorben war, durch peinliche Sauberkeit der Instrumente und Betten fast verschwand. Der französische Chemieprofessor Louis Pasteur fand 1862 in verdorbenem Bier mit Hilfe des Mikroskopes jene Kleinstlebewesen (Mikroben, Bakterien, Bazillen), die nahezu alle Krankheiten erregen. Er entdeckte, daß man die meisten durch Kochen töten kann. In unermüdlicher Forscherarbeit entwickelte er den Impfstoff (Serum) gegen die Tollwut.

Dreiundzwanzig Tage und Nächte hatte der Forscher Wilhelm Conrad Röntgen, damals in Würzburg lebend, mit seinen Mitarbeitern im Labor experimentiert. Da entdeckte er die Strahlen, die sonst Unsichtbares sichtbar machen können. Die Anwendung dieser Strahlen — man nannte sie später Röntgenstrahlen — ist heute selbstverständlich.

Robert Koch wies als erster im Milzbrandbazillus ein Kleinstlebewesen als spezifische Ursache einer Infektionskrankheit nach (1876).

Pasteur impft gegen die Tollwut.

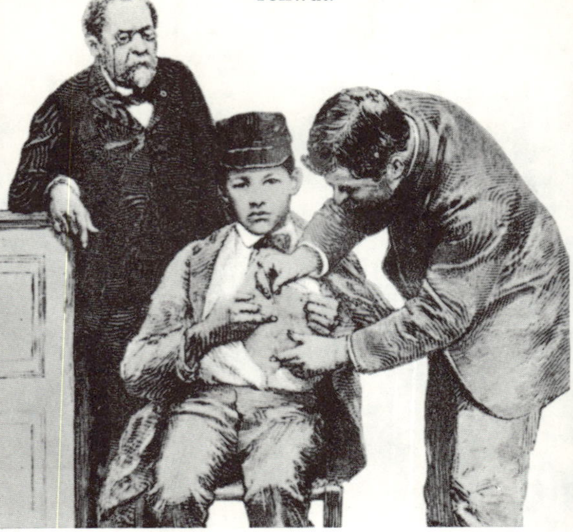

Menschliche Phantasie gestaltet die Materie

Wir können uns ein Leben ohne Fernsehen und Telefon, ohne Flugzeuge und Autos, ohne Staubsauger und Waschmaschinen kaum noch vorstellen. Und doch sind viele Menschen, die heute leben, älter als viele der genannten Erfindungen. Dabei hat das Zeitalter der Technik und Industrie erst begonnen. Die Erfindung der Dampfmaschine und des mechanischen Webstuhls leitete es ein. Wie einfach konnte James Watt seine ersten Versuche aufbauen und durchführen! Heute muß ein Maschinenbauer oder ein Raketentechniker viele Jahre studieren, um erst einmal zu wissen, was bisher geleistet wurde. Nur durch die Zusammenarbeit vieler hervorragender Wissenschaftler gelingen neue Entdeckungen und Erfindungen.

Heute hat sich der Mensch der ungeheuren Kräfte, die im Atom verborgen sind, bemächtigt, sich in die unendliche Weite des Weltraums gewagt und den Mond betreten. Aber noch immer bedrohen Krankheiten und neuerdings wieder Hunger die schnell wachsende Menschheit. Dazu kommen die Gefahren durch Verschmutzung der Luft, des Wassers, durch die Lärmbelästigung in einer immer mehr industrialisierten Welt. Die Regierungen der Industrieländer bemühen sich mehr und mehr um die Lösung der Umweltprobleme. Doch es stünden auch die technischen und finanziellen Mittel zur Verfügung, diese Gefahren einzudämmen, wenn die Völker aufhörten, diese Mittel für Wettrüsten und Kriege einzusetzen.

1829

Erste Dampflokomotive von Stephenson

1861

Philipp Reis führt den ersten Fernsprecher vor

1885

Benz baut das erste Automobil

1897

Erfindung der drahtlosen Telegrafie durch Marconi

Die soziale Frage

Die Entwicklung vom Handwerksbetrieb zur Fabrik veränderte das Leben der arbeitenden Klasse grundlegend. Das Bild stellt die Situation des Arbeiters in einem Eisenwalzwerk dar. (Gemälde von Adolf von Menzel, 1815–1905)

Vom Handwerksbetrieb zum Fabrikbetrieb

1

„Was für Gebäude waren es, in denen die ersten Fabriken etabliert wurden? Ich bin zurückgetaumelt, als mir die staubige, stinkende, heiße Luft durch die Tür entgegenschlug. Vielfach wurden alte Klöster, Schlösser und sonstige Baulichkeiten zu Fabriken umgebaut. Am gefürchtetsten war die Staubentwicklung in den Baumwollspinnereien. Die Räume waren erfüllt von umherfliegenden Baumwollteilchen und eine schwere Wolke von feinstem und grobem Staub schwebte über den Arbeitern und drang in ihre Atmungsorgane ein; der Lärm war so entsetzlich, daß man kein Wort verstehen konnte."

(Aus: Alfons Thun, Die Industrie am Niederrhein und ihre Arbeiter, Leipzig 1879)

1 Schmied in seiner Werkstatt, die meist nur aus einem Raum bestand

2 Dampfhammer eines Eisenwerks um 1860

3 Moderne Eisengießerei

4 Elendsviertel am Rande von Berlin um 1872

4

2

3

Not und Elend der Arbeiter

)ie Erfindungen des industriellen Zeitalters ver-
:infachten viele Arbeitsvorgänge, die vorher mit
›edeutend mehr Arbeitskräften verrichtet werden
nußten. Vorausschauende Unternehmer stellten
lie neuen Maschinen in ihren Handwerksbe-
rieben auf. Manufakturen entwickelten sich zu
'abrikbetrieben, die ein Vielfaches der früheren
'roduktion leisteten. Zwar wurden noch immer
'iele Arbeiter gebraucht, aber eine noch größere
'ahl konnte nicht eingesetzt werden. Da das
ıngebot an Arbeitskräften groß genug war,
nußten die Beschäftigten für niedrigste Löhne
rbeiten. Woher kamen die vielen Arbeitssuchen-
len?

)ie Landwirtschaft bot damals den meisten
venig gute Aussichten; viele Bauernsöhne und
öchter, die den Hof nicht geerbt hatten, und
'agelöhner zogen in die Industriestädte, wo sie
uf Arbeit in einer Fabrik hofften.

Iinzu kam ein sprunghaftes Ansteigen der Be-
ölkerung in den Städten. Ferner wurden zahl-
)se Handwerker brotlos, weil sie mit den billiger
'roduzierenden Fabriken nicht mehr konkur-
ieren konnten: Weber, Schmiede, Schlosser,
chreiner. Was blieb vielen übrig, als das „ehr-
are Handwerk" aufzugeben und Fabrikarbeiter zu werden? Sie wanderten in die Industrieorte und vergrößerten dort das Elend. Sie verkauften ihre Arbeitskraft an die Unternehmer, deren Ziel es war, möglichst billig zu produzieren und hohe Gewinne zu erzielen.

Der Handwerksmeister des Mittelalters hatte sich in der Regel für seine Gesellen verantwortlich gefühlt; die Zunftordnung verpflichtete ihn zu bestimmten sozialen Leistungen. In den ersten Jahrzehnten der Industrialisierung (1780—1850) gab es so gut wie keinen rechtlichen und sozialen Schutz für die Arbeiter. Sie wurden ausgebeutet und mußten für geringen Lohn 60 und mehr Stunden pro Woche arbeiten.

Viele Arbeiter hausten mit ihren Familien in armseligen Bretterbuden; keine Wasserversorgung, keine Abwasserkanäle! Die Löhne reichten kaum für Brot und Kartoffeln. Wer krank wurde, wem ein Unfall zustieß oder wer sich die Ungunst des Brotherrn zuzog, konnte über Nacht entlassen werden und war ohne Geld. Es gab weder eine Kranken- noch eine Unfallversicherung.

Die Entfremdung und die Kluft zwischen den Besitzenden (Kapitalisten) und den Lohnarbeitern (Proletariern) wurde immer größer. In den englischen Textilfabriken kam es in den 20er

Jahren des 19. Jahrhunderts zu ersten gewalttätigen Protesten gegen willkürliche Entlassungen und Lohnabzüge. Die Polizei trieb die Arbeiter auseinander. Nur langsam lernte die Arbeiterschaft, ihre Rechte zu vertreten.

Kinder als Arbeitssklaven

Dies ist eines der traurigsten Kapitel der Industrialisierung. Die Verhältnisse waren damals in allen Industrieländern ähnlich. Die Unternehmer suchten möglichst billiges „Arbeitermaterial". Sie fanden es in Frauen und Kindern.

Aus dem Brief eines englischen Vaters 1827: „Meinen Jungen pflegte ich, als er 7 Jahre alt war, auf meinem Rücken hin und her über den Schnee zu tragen. Er hatte 16 Stunden zu arbeiten. Ich kniete oft nieder, um ihn zu füttern, während die Maschine lief; denn er durfte sie nicht verlassen. Mir selbst gibt man keine Arbeit."

Aus einem amtlichen englischen Bericht 1832: „In vielen Fällen müssen Kinder schon mit vier Jahren in Bergwerken zu arbeiten beginnen; das gewöhnliche Alter zum Arbeiten ist das 8. un 9. Lebensjahr. Ein großer Teil der in diese Bergwerken in Wales arbeitenden Leute ist noc nicht 13 Jahre alt. Manchmal beträgt die Arbeits- zeit sechzehn aufeinanderfolgende Stunden .. Spielen, Schul- und Kirchenbesuch kennen di meisten überhaupt nicht . . ."

Ein Mädchen schildert seine Erlebnisse: „Zuerst mußte ich die Wettertüren öffnen un schließen, da war ich erst sechs Jahre alt und sa zwölf Stunden lang im engen, feuchten Gang völlig im Dunkeln, und mußte warten, bis di anderen mit den Rutschen kamen und durch wollten. Da hab' ich mich oft gefürchtet, wen es krachte und donnerte im Berg oder das Wasse tropfte — tropf — tropf — und ich so mutter seelenallein dasaß. Dann — als ich größer un kräftiger war — mußte ich die Kohle vom O schaffen. Dazu hatten wir große Kästen m Holzkufen, einer zog, der andere schob. Abe die Rutschen waren schwer, und der Boden wa holprig oder auch lehmig glatt, manchmal ging durch Wasser, manchmal auch steil bergauf. Ein

Kinderarbeit in den engen Stollen eines Kohlenbergwerks

Stelle war besonders schlimm, da war der Stollen so niedrig, daß die Rutsche gerade hindurchging, wir mußten auf allen Vieren kriechen, und wer hinten ging, kriegte die schweren Kohlenbrocken, die heruntergewischt wurden, auf Kopf und Rücken. Da arbeiteten wir oft zwei Schichten hindurch, also vierundzwanzig Stunden, um die Einfahrt zu sparen; die war schlimm: Wir wurden in Seilschlingen sitzend heraufgezogen oder hinuntergelassen. Einmal war ich so müde und paßte nicht auf, da klemmte ich mir die Finger ab und wurde entlassen."

Das englische Parlament verbot 1833 Fabrik- und Bergwerksarbeit für Kinder unter 9 Jahren; für 9–12jährige wurde die Arbeitszeit auf 9 Stunden täglich festgesetzt, für 13–18jährige auf 12 Stunden. Dieses „Fabrikgesetz" wurde als großer Fortschritt gefeiert. In Deutschland sah es ganz ähnlich aus. Als 1837 im Rheinischen Landtag ein Gesetz zum Schutz der Kinder beraten wurde, rief ein Abgeordneter aus Barmen den Gegnern des Gesetzes zu: „Könnten Sie, hochverehrte Herren, doch einmal die Jammerszenen mit ansehen, wenn die armen, zarten Kinder morgens früh um 5 Uhr in kaltem oder nassem Wetter weinend und widerstrebend von der Mutter in ein solches Gefängnis geschleppt werden, auch Ihnen würde es das Herz zerreißen." Mit 60:9 Stimmen wurde der Gesetzesvorschlag angenommen.

Heute ist Kinderarbeit durch Gesetz verboten.

Aus dem Jugend-Arbeits-Schutzgesetz vom 8. 8. 1960:

§ 7 „Eine regelmäßige Beschäftigung von Kindern, wenn auch nur mit leichten Arbeiten und zeitlich sehr begrenzt, darf heute nicht mehr geduldet werden."

§ 10 „Die tägliche Arbeitszeit der Jugendlichen (14–18jährige) darf 8 Stunden nicht überschreiten."

§ 19 „Jeder Jugendliche erhält im Jahr 24 Werktage bezahlten Urlaub, im Bergbau 28 Tage."

Was uns heute selbstverständlich erscheint, mußte in langen, teilweise blutigen Kämpfen durchgesetzt werden: der Schutz der arbeitenden Kinder, Frauen und Männer vor Ausbeutung, Sicherheit am Arbeitsplatz in Krankheit und Alter, gleiches Recht und gleiche Bildungschancen für alle Schichten unserer Gesellschaft. Diese Ziele sind noch nicht alle erreicht. Vieles ist besser geworden seit jener Zeit des Arbeiterelends. Aber damals wie heute stellen sich Verbesserungen nicht von selbst ein.

„Wir Weber sind keine Rebellen,
aber unser Elend ist zu groß!"

Wie schlimm die Folgen der „industriellen Revolution" für das Handwerk oft waren, zeigt der Weberaufstand von 1844.

Die schlesischen Weber (S. 125 auf dem Bild) haben sich zusammengerottet, um gegen ihre Feinde zu kämpfen: den Hunger, die Maschinen, rücksichtslose Fabrikanten, das Militär. „Wir sind keine Rebellen, aber unser Elend ist zu groß! Von stinkendem Pferdefleisch und Baumrinde können wir nicht leben!" antworten sie einem Fabrikherrn, der sie aufforderte, heimzugehen.

Wie es zum Aufstand der schlesischen Weber kam

In den Tälern des Riesengebirges wurden seit Jahrhunderten Flachsbau, Spinnerei und Weberei betrieben. Der Boden des Landes war zu schlecht, um die kinderreichen Familien zu ernähren. Durch die Kontinentalsperre (1806–1813) waren die Märkte in Übersee verlorengegangen. In England und in Belgien, im Rheinland und in Sachsen setzten sich mechanische Spinnmaschinen und Webstühle rasch durch. Gegen diese übermächtige Konkurrenz konnten sich die schlesischen Handweber nicht behaupten. Gewinnsüchtige Fabrikanten und Händler versuchten, die Notlage der Weber auszunutzen, und ließen

Schlesische Weber (Zeichnung von Käthe Kollwitz)

sie für Hungerlöhne in den Fabriken arbeiten. Ihre Frauen und Kinder mußten durch Heimarbeit dazuverdienen. Zeitgenössische Berichte schildern die Lage der schlesischen Weber:
„120 000 hungernde Weber, Spinner und Bleicher, die Frauen und Kinder nicht gezählt.
In Scharen ziehen die Weber aus den Gebirgsdörfern fort, um irgendwo beim Eisenbahnbau ihr Brot zu verdienen. Verendete Hunde und Katzen werden mit Freuden verzehrt. Die Rüben- und Kartoffelfelder der Gutsherren werden von Soldaten bewacht. Schon Kartoffelschalen mit Buttermilch gelten als Sonntagsessen. Der Wochenlohn einer ganzen Familie reicht zum Kauf von 2 Pfund Hirse. Fleisch kennen selbst 10jährige Kinder nur vom Hörensagen. Die Häuser der Weber bieten einen erbärmlichen Anblick."
„Vor den Fabriken rotten sich die empörten Weber zusammen. Sie erhalten Zuzug aus den Dörfern. Ein Lied klingt auf, das den Fabrikherren den Ernst der Lage zeigen müßte: ‚Ihr Schurken all und Satansbrut, ihr höllischen Dämone, ihr freßt den Armen Hab und Gut, und Fluch wird euch zum Lohne.'" „In Peterswaldau soll der Textilhändler Zwanziger die Klage einer Heimarbeiterin über den geringen Lohn mit dem höhnischen Satz beantwortet haben: ‚Ich kriege euch noch dazu, daß ihr für einen Quarkkäse arbeiten müßt. Wenn eure Kinder hungern, müßt ihr ihnen halt Häcksel (Stroh) geben.'"

Eines Tages ist das Maß voll. Die verzweifelten Weber zertrümmern die Maschinen, die Häuser einiger verhaßter Fabrikherren werden geplündert, Warenlager vernichtet, Militär schießt ins Volk. Den Webern bleibt nichts übrig, als verängstigt in ihre Dörfer zurückzukehren.
„Die Ordnung ist wiederhergestellt!" meldet der Hauptmann nach Berlin. Von den 11 erschossenen Webern, von den Verwundeten, vom unbeschreiblichen Elend der Witwen und Waisen, von der Qual der Anführer, die zum Teil lebenslänglich in die Zuchthäuser müssen, darf in den Zeitungen nicht berichtet werden. Der Aufstand der schlesischen Weber brach zusammen, aber in ganz Deutschland erwachte nun das Interesse am Schicksal der Arbeiter.

Heinrich Heine empfand in einem Gedicht die Not der schlesischen Weber mit. Die erste Strophe dieses Gedichts lautet:

„Im düstern Auge keine Träne,
Sie sitzen am Webstuhl und fletschen die Zähne,
Deutschland, wir weben dein Leichentuch,
Wir weben hinein den dreifachen Fluch,
Wir weben, wir weben!"

Der schlesische Dichter Gerhart Hauptmann hat 1892 in dem Drama „Die Weber" Elend und Aufruhr seiner Landsleute geschildert.

Die Arbeiter brauchen Hilfe

Schlesische Weber versuchen, das Tor einer Textilfabrik zu stürmen. (Zeichnung von Käthe Kollwitz)

Vereinzelte Versuche, die Lage der Arbeiter zu bessern

Die Situation der Arbeiter schien hoffnungslos: Hunger, Krankheiten infolge dumpfer Fabrikräume, Unfälle durch ungeschützte Maschinen, Kinderarbeit, Wohnungselend. Hinzu kam noch, daß ihnen die Teilnahme am politischen Leben verschlossen war. In den meisten Staaten Europas erhielten die Arbeiter erst in der zweiten Hälfte des 19. Jahrhunderts das Recht, eigene Abgeordnete in die Parlamente zu wählen. Die ersten, die den Arbeitern Erleichterungen verschafften, waren einzelne sozial denkende, verantwortungsbewußte Unternehmer. Im Unterschied zu anderen ging es ihnen nicht allein darum, den höchstmöglichen Gewinn zu erzielen. In Manchester (England) war das Elend der Arbeiter besonders groß. Hier traten auch die ersten Reformer auf. Robert Owen (1771–1858) stammte aus Wales und hatte in seiner Jugend die Not des Arbeiters aus nächster Nähe kennengelernt. Es gelang ihm, sich durch Fleiß und Intelligenz vom Laufjungen zum Leiter einer großen Spinnerei in Manchester hochzuarbeiten. Schließlich wurde er selbst Fabrikant. Vom ersten Tage an war ihm die Arbeiterfrage ein ernstes Anliegen. Die Kinderarbeit wurde in seinem Betrieb abgeschafft, die Arbeitszeiten verkürzt, Kindergärten und Schulen eingerichtet sowie Arbeiterwohnungen gebaut. Bis zu seinem Tod setzte sich Robert Owen für ein besseres Leben der Arbeiter ein.

1

In Deutschland bot Alfred Krupp (1812–1887) in Essen den Arbeitern seines Betriebes ähnliche soziale Einrichtungen. Er gründete Kranken- und Pensionskassen und bewahrte dadurch den erkrankten, invaliden und alten Arbeiter wenigstens vor der schlimmsten Not. Für die Familien seiner Betriebsangehörigen baute er eigene kleine Häuser, die in großen Arbeitersiedlungen zusammengefaßt wurden. Die Kehrseite dieser Maßnahme war, daß dadurch die Arbeiter in eine noch größere Abhängigkeit von der Firma gerieten.
Professor Ernst Abbe (1840–1905) aus Jena wandelte 1891 sein Unternehmen, das Zeisswerk, in die „Carl-Zeiss-Stiftung" um. Der Reingewinn kam nun allen zugute, die ihn erarbeitet hatten. Abbe wollte, daß sich die Arbeiter als Angehörige einer Werk-Gemeinschaft fühlten. Er richtete Kantinen ein, schuf Vortrags- und Schulsäle für die Arbeiter und erbaute Erholungsheime. Er setzte die tägliche Arbeitszeit auf 8 Stunden herab, schützte die Arbeiter vor ungerechter Kündigung und führte den bezahlten Urlaub ein. Das größte Aufsehen aber erregte die Gründung eines „Arbeiterausschusses", der aus gewählten Vertretern der Betriebsangehörigen bestand. Er hatte die Aufgabe, am Ausbau des Betriebes mitzuwirken, Verbesserungsvorschläge zu unterbreiten und Beschwerden der Arbeiter vorzubringen. Leider folgten nur wenige Unternehmer dem Beispiel Abbes.

Auch die Kirche nimmt sich der sozialen Frage an

In einem Mietshaus der Kölner Altstadt liegt ein Schustergeselle im Sterben. Sein Gesicht ist von den gefürchteten Blattern entstellt. Seit Tagen hat niemand seine armselige Dachkammer betreten. Er muß froh sein, wenn ihm seine Quartierleute einen Napf mit Essen und etwas zu trinken durch die Tür schieben. Weder Meister noch Mitgesellen lassen sich blicken. Sie fürchten die Ansteckung. Für Arzt und Arzneien ist kein Geld da. Adolf Kolping, der damals Schüler des Kölner Gymnasiums war, erfuhr von der Not dieses Gesellen. Ohne zu zögern eilte er an das Krankenbett und stand dem Verlassenen im Todeskampf bei. Das Elend der heimat- und herberglosen Gesellen und Arbeiter, das Kolping

2

3

4

5

6

1 Eisenwerk der Firma Borsig in Berlin
2 Ernst Abbe, Wissenschaftler und Sozialpionier
3 Adolf Kolping, der „Gesellenvater"
4 Bischof Wilhelm E. von Ketteler, der „Arbeiterbischof"
5 Johann H. Wichern, Begründer der Inneren Mission
6 „Vater" Bodelschwingh, u. a. Begründer der ersten Siedlungsbausparkasse
7 Aus Anlaß der 100-Jahr-Feier der Firma Krupp besichtigt Wilhelm II. die werkseigene Arbeitersiedlung.

7

einst als Schustergeselle am eigenen Leib kennengelernt hatte, wurde ihm in diesen Stunden wieder bewußt und bestärkte ihn in seinem Entschluß, Priester zu werden und sein ganzes Leben jungen Handwerkern zu widmen. In Elberfeld begann er sein Wirken. Gemeinsam mit einem Lehrer versammelte er die jungen Handwerker und Arbeiter zu geselligen Abenden. Er half ihnen in jeder Not: Wohnung, Essen, berufliche Weiterbildung . . .
So entstand 1846 der erste Gesellenverein, die erste Kolpingfamilie; wie Mitglieder einer Familie verpflichteten sich die Gesellen, einander zu helfen.
Kolping wurde nach Köln versetzt: Von hier aus drang das Anliegen des „Gesellenvaters" in alle Teile Deutschlands und in viele andere Länder.
Das Wirken Adolf Kolpings und des Mainzer Bischofs Ketteler gab in der katholischen Kirche den Anstoß, für die Rechte der Arbeiter einzutreten. Papst Leo XIII. verfaßte 1891 ein Rundschreiben, in dem er gerechten Lohn für alle Arbeiter, staatliche Fürsorge bei Krankheit und Arbeitslosigkeit und Eigentumsbildung (vor allem Eigenheime) für den 4. Stand forderte.

Von den evangelischen Christen sind an erster Stelle Johann Hinrich Wichern (Hamburg) und Friedrich von Bodelschwingh (Bethel bei Bielefeld) zu nennen. Wichern nahm sich der verwahrlosten Kinder und Jugendlichen an. Im Jahre 1848 predigte er am Grabe Martin Luthers zu Wittenberg: „Männer der Kirche, denkt an die Not der Menschen außerhalb der Kirchenmauern! Überall, wo die Reichen ihr Herz dem Elend verschließen und wo die Armen vor Not keine Kraft mehr haben, die Botschaft Christi zu hören, da müßt ihr eingreifen. Alles Predigen wird nichts helfen, wenn nicht zugleich für das leibliche Wohl unserer Brüder gesorgt wird!"
„Vater Bodelschwingh" erwarb Wohnhäuser und Bauernhöfe, in die er Arbeits- und Obdachlose aufnahm und ihnen geregelte Arbeit gab.

Gewerkschaften — Die Arbeiter helfen sich selbst

Das Wirken vereinzelter sozial denkender Persönlichkeiten konnte für die Gesamtheit der Arbeiterschaft keine wesentlichen Verbesserungen bringen. Der entscheidende Schritt zur Beseitigung des größten Arbeiterelends war die Grün-

dung von Gewerkschaften, die jeweils die Interessen einer bestimmten Berufsgruppe vertraten und durchzusetzen versuchten: Gerechte Löhne, tragbare Arbeitsbedingungen, Alters- und Krankenversicherung hießen die wichtigsten Ziele des Kampfes. Die ersten dieser Vereine, zunächst Gewerkvereine genannt, entstanden in England. In Deutschland waren sie zunächst verboten. Erst 1868 konnten sich die deutschen Arbeiter in Gewerkschaften organisieren.

Ein düsterer Winterabend vor 100 Jahren. Im rauchigen Saal einer Wirtschaft haben sich die Arbeiter der kleinen Fabrikstadt an der Ruhr zusammengefunden. Viele tragen noch die verschmutzten Arbeitskittel. Nach 12stündiger Arbeit sitzen sie teilnahmslos hinter ihren Bierkrügen. Fast widerwillig und mißtrauisch sind sie hergekommen. Sie wurden dazu aufgerufen, einen Redner anzuhören, der selbst Arbeiter ist, von seinem Fabrikanten aber als „Aufrührer" entlassen wurde.

Schon bei den ersten Worten ist ihre Müdigkeit wie weggeblasen. Sie spüren: Der ist wirklich von uns, er kennt unsere Not, er weiß aber auch einen Weg in eine bessere Zukunft. „Genossen, kennt ihr euren ärgsten Feind? Wißt ihr, warum ihr 12, 14 und 16 Stunden den Tag schuften müßt für einen Hungerlohn? Ist es der König? Nein! Ist es euer Fabrikant? Nein — ihr selbst seid es, eure Uneinigkeit . . . Wenn heute in eurer Fabrik 100 Arbeiter die Arbeit niederlegen, um den Fabrikanten zu zwingen, die Löhne zu erhöhen, was geschieht dann? Euer Herr lacht sie aus und jagt sie davon, weil am nächsten Tag 100 andere Arbeiter vorm Tor stehen und sich die Finger ablecken, wenn sie für den Ausbeuterlohn arbeiten dürfen. — Das wird so bleiben, bis ihr euch zusammenschließt und nicht nur an euren eigenen Bauch denkt, sondern auch an alle eure Arbeiterkameraden." Bis tief in die Nacht bleiben die Arbeiter mit dem „Aufrührer" zusammen. Sie beschließen die Gründung eines Vereins, dem alle Arbeiter ihres Betriebes beitreten sollen. Die gewählten Vorsitzenden werden ermächtigt, im Namen aller Mitglieder mit dem Unternehmer über die Löhne zu verhandeln

Streikende Arbeiter in Le Creusot, einem Zentrum des französischen Steinkohlebergbaus

Karl Marx und Friedrich Engels begründeten den wissenschaftlichen Sozialismus.

Titelblatt des „Kommunistischen Manifestes" von 1848

Manifest

der

Kommunistischen Partei.

Veröffentlicht im Februar 1848.

Proletarier aller Länder vereinigt Euch!

London.

Gedruckt in der Office der „Bildungs-Gesellschaft für Arbeiter"
von J. E. Burghard.

46, Liverpool Street, Bishopsgate.

und Lohnverträge abzuschließen. Gleichzeitig verpflichten sich die Angehörigen des Vereins, gemeinsam die Arbeit niederzulegen, wenn anders eine Besserung ihres Elends nicht zu erreichen ist.

„Allein seid ihr machtlos, geschlossen seid ihr stark. Eure stärkste Waffe ist der Streik!" Aus solchen Anfängen entstanden im Laufe der Jahrzehnte die Gewerkschaften.

Typisch für die deutsche Gewerkschaftsbewegung war die Herausbildung sogenannter Richtungsgewerkschaften. Die „Freien Gewerkschaften" standen der Sozialdemokratie nahe, die Hirsch-Dunckerschen Gewerkvereine waren national-liberal orientiert und standen den Unternehmern nahe, die christlichen Gewerkschaften arbeiteten vor allem mit der Zentrumspartei zusammen.

Wenn auch die Stoßkraft der Gewerkschaften durch die politische Zersplitterung geschwächt war, so leisteten sie doch Entscheidendes für die Hebung des Lebensstandards der Arbeiter. Mit der Waffe des Streiks setzten sie Druck hinter ihre Forderungen. In gemeinsamen Aktionen, durch Versammlungen und eigene Zeitschriften erweckten sie das politische Selbstbewußtsein der arbeitenden Menschen.

Das „Kommunistische Manifest"

Die Bemühungen einzelner Unternehmer, der Kirchen und der Arbeiter selbst beseitigten das Elend der Arbeiter natürlich nicht schlagartig. Die Lage der Arbeiter um die Mitte des vorigen Jahrhunderts war trostlos. Die Arbeiter bildeten die Klasse des Proletariats, die „wirtschaftlich abhängige, besitzlose Arbeiterklasse". Das Wort

Proletarier kommt aus dem Lateinischen: proles = Sprößling, Nachkomme. Es bezeichnete im alten Rom die unterste Schicht der Bevölkerung, deren einziger nennenswerter Besitz ihre Nachkommenschaft war.

Karl Marx und Friedrich Engels faßten 1847/48 die Hauptforderungen der Arbeiterklasse in einer Schrift, dem „Kommunistischen Manifest", zusammen. Gleichzeitig sollte dieses Dokument den Arbeitern einen Weg aus ihrer hoffnungslosen Lage weisen. Das „Kommunistische Manifest" enthält die Grundlage der marxistischen Lehre. Bis heute beschäftigt diese Schrift die Menschen in aller Welt. Darin heißt es:

„Ein Gespenst geht um in Europa — das Gespenst des Kommunismus. Alle Mächte des alten Europa haben sich zu einer heiligen Hetzjagd gegen dies Gespenst verbündet, der Papst und der Zar, Metternich und Guizot, französische Radikale und deutsche Polizisten ... Die Geschichte aller bisherigen Gesellschaft ist die Geschichte von Klassenkämpfen. Freier und Sklave, Patrizier und Plebejer, Baron und Leibeigener, Zunftbürger und Gesell, kurz, Unterdrücker und Unterdrückte standen in stetem Gegensatz zueinander, führten einen ununterbrochenen Kampf, der jedesmal mit einer revolutionären Umgestaltung der ganzen Gesellschaft endet oder mit dem gemeinsamen Untergang der kämpfenden Klasse ...

... Die politische Gewalt im eigentlichen Sinn ist die organisierte Gewalt einer Klasse zur Unterdrückung einer anderen. Wenn das Proletariat im Kampf gegen die Bourgeoisie sich notwendig zur Klasse vereint, durch eine Revolution sich zur herrschenden Klasse macht und als herrschende Klasse gewaltsam die alten Produktionsverhältnisse aufhebt, so hebt es ... die Existenzbedingungen des Klassengegensatzes, der Klassen überhaupt und damit seine eigene Herrschaft als Klasse auf. An die Stelle der alten bürgerlichen Gesellschaft mit ihren Klassen und Klassengegensätzen tritt eine Assoziation, worin die freie Entwicklung eines jeden die Bedingung für die freie Entwicklung aller ist ...

Mögen die herrschenden Klassen vor einer kommunistischen Revolution zittern. Die Proletarier haben nichts in ihr zu verlieren als ihre Ketten. Sie haben eine Welt zu gewinnen. Proletarier aller Länder vereinigt euch!"

Karl Marx (1818—1883) stammte aus einer Bürgerfamilie. Sein Vater war Rechtsanwalt beim Landgericht Trier. Beruflich war Marx nach dem Studium der Geschichte und Philosophie als Redakteur bei der liberalen „Rheinischen Zeitung" tätig, die schließlich verboten wurde. Die ständige Zensur und die mangelnde Geistesfreiheit brachten ihm immer wieder Schwierigkeiten mit den Behörden. Karl Marx verließ mit seiner Familie Deutschland und wählte Paris als seinen neuen Wohnsitz. Hier begann die Freundschaft mit Friedrich Engels (1820—1895), Sohn eines Wuppertaler Fabrikanten. Beide erarbeiteten verschiedene Schriften, in denen die Hauptgedanken der späteren marxistischen Lehre entwickelt wurden. Auf Betreiben der preußischen Regierung — so groß war die Wirkung der Schriften — mußte Karl Marx 1845 Paris verlassen und ließ sich in Brüssel nieder. Auch hier arbeitete er weiterhin mit Friedrich Engels zusammen. Beide gründeten in Brüssel den „Deutschen Arbeiter-Bildungsverein" und die „Demokratische Gesellschaft" und unterhielten rege Verbindungen zum „Bund der Kommunisten" in London. Der Londoner „Bund der Kommunisten" hatte Karl Marx den Auftrag gegeben, eine politische Flugschrift zu

schreiben, die er zusammen mit Friedrich Engels verfaßte und die als das „Kommunistische Manifest“ in die Geschichte eingegangen ist.
Karl Marx lebte mit seiner Frau Jenny von Westphalen und seinen Kindern in dürftigen Verhältnissen. Im Jahre 1848 wurde er auch aus Brüssel ausgewiesen. Danach hielt er sich vorübergehend in Deutschland auf und ging dann endgültig nach London, wo er bis zu seinem Tode blieb. Er widmete sich hier, finanziell unterstützt von Engels, vollkommen seiner wissenschaftlichen Arbeit, besuchte Arbeitervereinigungen sowie Kundgebungen und studierte das Leben des Proletariats in England. Tag für Tag ging er in das Britische Museum und schrieb an seinem Hauptwerk „Das Kapital“.

Die Sozialistische Arbeiterpartei Deutschlands

Die Lehren von Marx und Engels wurden schnell bekannt und übten einen starken Einfluß aus. Beide lieferten mit ihren Schriften die geistigen Waffen für die Auseinandersetzungen der Arbeiter mit den Unternehmern. Arbeiter schlossen sich zu Vereinen und politischen Parteien zusammen, um für ihre Rechte zu kämpfen. Das Programm vieler Arbeitervereine war nicht nur auf die Verbesserung sozialer Notstände, sondern auf die Änderung der bestehenden Gesellschaftsordnung ausgerichtet.
In Deutschland gründete Ferdinand Lassalle 1863 den „Allgemeinen Deutschen Arbeiterverein“. Eines seiner Ziele war, Abgeordnete in den Reichstag zu bringen, die die Interessen der Arbeiterschaft vertreten sollten. Neben sozialen Verbesserungen forderte der Verein auch eine demokratischere Regierungsform. Er versuchte

1 Fahne des Allgemeinen Deutschen Arbeitervereins in Breslau

2 Ferdinand Lassalle spricht in einer Arbeiterversammlung.

1

2

mit friedlichen Mitteln sein sozialistisches Programm durchzusetzen, wobei ihn nur die Verhältnisse in Deutschland interessierten. Im Jahre 1875 vereinigte sich der „Allgemeine Deutsche Arbeiterverein" mit der „Sozialdemokratischen Arbeiterpartei", die August Bebel und Wilhelm Liebknecht 1869 gegründet hatten. Die neue große Partei hieß nun „Sozialistische Arbeiterpartei Deutschlands". Bebels Partei hatte jedoch im Unterschied zu Lassalles Arbeiterverein eindeutig marxistische Ziele, d. h. sie führte den Klassenkampf auf internationaler Ebene und wollte eine Revolution der bestehenden Gesellschaftsordnung.

Im Reichstag war die nun vereinigte „Sozialistische Arbeiterpartei Deutschlands" im Jahre 1877 mit zwölf Abgeordneten von insgesamt 400 vertreten. Innerhalb dieser Partei hatte die marxistische Gruppe gegenüber den Lassalleanern die Oberhand gewonnen. Daher trennten sich die beiden Richtungen bald. Aus der Gruppe der Linksradikalen ging 1919 nach dem Vorbild der bolschewistischen Partei Lenins die „Kommunistische Partei Deutschlands" (KPD) hervor. Die gemäßigten Sozialisten verblieben in der seit 1890 so bezeichneten „Sozialdemokratischen Partei Deutschlands" (SPD). Diese Partei sah im Laufe der Entwicklung von manchen Forderungen des Karl Marx und Friedrich Engels ab (etwa Beseitigung des Privateigentums). Sie zog sich daher die Gegnerschaft der „wahren Marxisten" zu. Diese glaubten, daß die Arbeiterklasse nur durch Klassenkampf, radikale Änderung der Gesellschaft und nur durch eine Revolution zu ihrem Recht kommen könne.
Die Entwicklung in den Industrieländern des Westens zeigte, daß es den sozialreformerischen

Eine Sitzung des Sozialistenkongresses
im „Hofjäger“ zu Halle/Saale, 1890

Kräften gelang, eine Gesellschafts- und Wirtschaftspolitik durchzusetzen, die den Kapitalismus für die Arbeiter erträglicher machte.

Der Staat greift durch Sozialgesetze ein

In ihrem Kampf mußte die Sozialistische Arbeiterpartei gegen einen Mann auftreten, dem die Forderungen der Arbeiter verdächtig waren: Otto von Bismarck. Ein Attentatsversuch auf Kaiser Wilhelm I. im Jahre 1878 bot ihm willkommenen Anlaß, die Partei zu verbieten und alle Arbeitervereine aufzulösen. Mehr als 1000 Arbeiterführer wurden in die Gefängnisse geworfen. Diese Maßnahmen hatten zweierlei zur Folge: Durch das Verbot hatte Bismarck die Arbeiter herausgefordert und gegen den Staat eingenommen. Andererseits mußte sich Bismarck nun selbst um die Verbesserung der Lebensverhältnisse der Arbeiter bemühen, um die Organisation der Arbeitermassen überflüssig zu machen und ihre Gegnerschaft zum Staat abzubauen.
Bismarck legte dem Reichstag folgende Gesetze vor, die beschlossen und ausgeführt wurden:

1. Das Gesetz über die Krankenversicherung (1883): Alle Fabrikarbeiter mußten der staatlich geleiteten Krankenversicherung beitreten. Der Arbeiter zahlte zwei Drittel, der Unternehmer ein Drittel des Beitrages. Dafür erhielt jeder kostenlos ärztliche Hilfe und Medizin; wenn der Arbeiter erkrankte, wurde 26 Wochen lang der halbe Lohn weitergezahlt.
2. Das Gesetz über die Unfallversicherung (1884): Für alle Arbeiter mußten die Unternehmer eine Unfallversicherung bezahlen. Wer an seinem Arbeitsplatz schwer verunglückte und arbeitsunfähig wurde, erhielt zwei Drittel seines Lohnes als Rente, Witwen 20%.
3. Das Gesetz über die Invaliden- und Altersversicherung (1889): Es bestimmte, daß ein Teil des Lohnes (rund 5%) für die Invaliden- und Altersrente abgezogen wurde. Nun brauchte der Arbeiter nicht mehr vor dem Alter zu zittern. Der Staat garantierte jedem eine Invaliden- und Altersrente.

Diese Sozialgesetzgebung war beispielhaft und wurde in vielen Staaten Europas nachgeahmt.
Kaiser Wilhelm II. lud 1890 zu einer Arbeiterschutzkonferenz nach Berlin ein, die Vorschläge zur vollen Beseitigung der Kinderarbeit, zum besseren Schutz der Frau am Arbeitsplatz und zur Vermeidung von Arbeitsunfällen ausarbeitete. Schließlich wurde 1912 der Versicherungsschutz für Angestellte und für Hinterbliebene durch entsprechende Gesetze eingeführt.
Aber weder Bismarck noch Wilhelm II. gelang es, die Arbeiter ganz mit der bestehenden Gesellschaft zu versöhnen. Zu tief hatte sich der Groll über die Sozialistengesetze (1878–1890) ins Bewußtsein eingegraben. Und obwohl die SPD inzwischen zur stärksten Partei im deutschen Reichstag geworden war, blieb sie aufgrund der Verfassung – wie die übrigen Parteien auch – von der politischen Macht ausgeschlossen. Adel und Großbürgertum besetzten alle entscheidenden Positionen.
Durch das Zusammenwirken vieler Kräfte wurde zwar das ärgste Elend der arbeitenden Menschen überwunden, doch blieb die unmittelbare Abhängigkeit vom Lohn bis heute erhalten. Die Bildung von Eigentum in der Hand der arbeitenden Menschen ist daher eines der wichtigsten Ziele der Sozialpolitik.

1

1 Die meisten Frauen des Bürgertums verrichteten häusliche Arbeiten.

2 Bertha von Suttner, österreichische Schriftstellerin, erhielt 1905 den Friedensnobelpreis.

3 Marie Curie, entdeckte mit ihrem Mann das Radium.

4 Elsa Brändström, der „Engel von Sibirien", stellte ihr Leben in den Dienst deutscher Kriegsgefangener.

5 Hilfsarbeiterinnen in einer Setzerei

Die Frauen fordern gleiches Recht

Im „Lied von der Glocke" schildert Friedrich von Schiller, wie um 1800 die Aufgabe der Frau gesehen wurde:

„Und drinnen waltet
die züchtige Hausfrau,
die Mutter der Kinder,
und herrschet weise
im häuslichen Kreise
und lehret die Mädchen
und wehret den Knaben
und reget ohn' Ende
die fleißigen Hände
und mehrt den Gewinn
mit ordnendem Sinn
und füllet mit Schätzen die duftenden Laden
und dreht um die schnurrende Spindel
den Faden."

An diesem Bild der Frau hat sich vieles geändert. Das Spinnrad ist aus unseren Wohnungen verschwunden, und die Frau ist aus dem „häuslichen Kreis" herausgetreten.

Vor 80 Jahren wäre die Liste der Frauenberufe sehr kurz gewesen, wenn wir die Frauen- und Kinderarbeit in den Fabriken einmal ausnehmen. Es galt damals für ein Mädchen aus sogenanntem besseren Hause als unfein, einen Beruf zu erlernen. Die Töchter lernten bei ihren Müttern kochen, nähen und haushalten. In der Ehe war der Mann der Vormund seiner Frau. Sie durfte weder über ihr Eigentum verfügen noch Verträge abschließen. „Für unsere eigenen Füße haben wir Frauen gar keinen Raum, müssen sie nur immer dahin setzen, wo der Mann eben stand oder stehen will", klagte zu Beginn des 19. Jahrhunderts eine geistvolle Frau.

Mit der feinmechanischen, der chemischen und der Textilindustrie entstanden viele Arbeitsplätze, die vorteilhaft mit Frauen besetzt werden konnten. Aus den Büros waren die „Schreibmamsells" und Sekretärinnen bald nicht mehr wegzudenken. Sie leisteten ausgezeichnete Arbeit. Trotzdem wurden sie viel schlechter bezahlt als ihre männlichen Kollegen.

Ein Lohnvergleich aus dem Jahre 1900 macht uns das klar.

Wochenlohn für	Frauen	Männer
Textilindustrie	10–18 Mark	20–38 Mark
optische Industrie	12–22 "	14–42 "
chemische Industrie	12–20 "	26–48 "

2

3

4

Heute gilt: gleiche Leistung — gleicher Lohn, aber in der Praxis wird immer noch dagegen verstoßen. Die Berufschancen der Frauen entsprechen auch heute noch nicht dem Verfassungsgebot der Gleichheit.

Besonders schwierig war es für die Frauen, einen akademischen Beruf (Ärztin, Lehrerin, Rechtsanwältin) zu ergreifen. Noch 1893 lehnte es der deutsche Reichstag ab, Frauen das Medizinstudium zu gestatten.

Eine der ersten deutschen Ärztinnen war Franziska Tiburtius; sie mußte in Zürich studieren. Aber auch dort gab es Schwierigkeiten. In ihren Erinnerungen schreibt sie:

„Bei unserem ersten Erscheinen im Präpariersaal gab es einen unangenehmen Auftritt. Es war unter den Studenten bekannt geworden, daß die ‚Frauenzimmer' zum erstenmal kommen würden. Als wir eintrafen, war der Saal dicht gefüllt, und es erhob sich ein wüster Lärm. Schreien, Johlen, Pfeifen usw. Da hieß es ruhig Blut bewahren . . ."

Dr. Tiburtius errichtete in Berlin die „Klinik weiblicher Ärzte", in der Tausende von Patientinnen 25 Jahre lang Hilfe und Heilung fanden. Trotzdem blieb ein berühmter Berliner Professor der Medizin bei seinem Urteil:

„Ich halte die Frauen zum akademischen Studium und zur Ausübung der entsprechenden Berufe in körperlicher und geistiger Beziehung für völlig ungeeignet."

In den beiden Weltkriegen erfüllten die Frauen Aufgaben, die ihnen niemand zugetraut hätte. In der Schule und auf dem Bauernhof, in der Fabrik und im Krankenhaus mußten sie die Männer ersetzen. Millionen Gefallener ließen ihre Kinder als Halbwaisen zurück. In allen Kriegsländern übernahmen die Mütter die schwere Sorge für die Familie.

Als die Weimarer Verfassung 1919 für Deutschland bestimmte: „Männer und Frauen haben grundsätzlich dieselben staatsbürgerlichen Rechte und Pflichten", empfanden dies die meisten Bürger als selbstverständlich. Trotzdem ist es bis heute nicht gelungen, die volle Gleichstellung der Geschlechter zu erreichen. Bedenklich ist, daß von den Abgeordneten unserer Volksvertretung weniger als 10% Frauen sind.

5

1 2 3

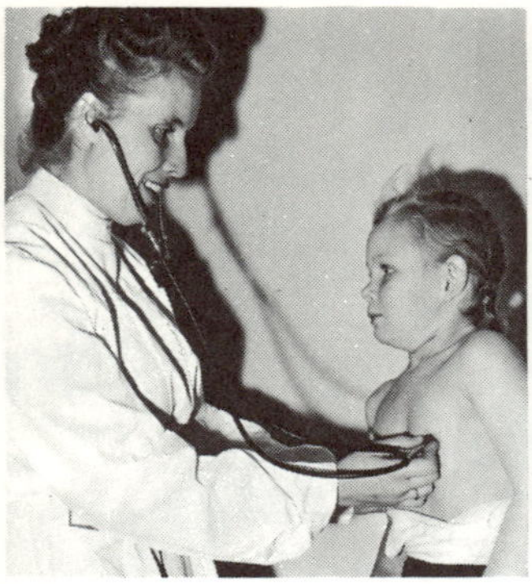

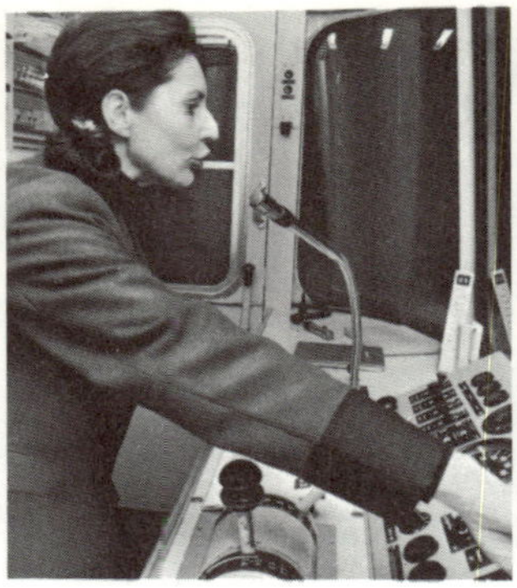

Frauenberufe von heute:

1 Kinderärztin

2 U-Bahn-Fahrerin

3 Glasinstrumentenmacherin

Die soziale Frage bewegt die Politik

Mit dem Heraufkommen der industriellen Revolution vollzogen sich in den betroffenen Gesellschaften, vor allem in England, Deutschland und Frankreich, tiefe Wandlungen: An die Stelle der Handwerksbetriebe traten Fabriken; die Industrieorte wuchsen sprunghaft an (Verstädterung). Die Abhängigkeit der Lohnarbeiter brachte deren Ausbeutung mit sich; die Klassengegensätze verschärften sich.

Einzelne Persönlichkeiten erkannten die Mißstände und versuchten sie zu mildern. Die Arbeiter trugen durch Zusammenschlüsse in Gewerkschaften und Parteien selbst entscheidend zur Überwindung ihrer Not bei. Der Staat griff mit Sozialgesetzen ein.

Karl Marx und Friedrich Engels schufen die Grundlagen des „wissenschaftlichen Sozialismus". Ihre Ideen wurden zu einer geschichtsbildenden Kraft ersten Ranges. Die von ihnen inspirierte Arbeiterbewegung spaltete sich in die kommunistischen Parteien, die durch Revolution und Klassenkampf die kommunistische Gesellschaft herbeiführen wollen, und die sozialdemokratischen Parteien, die durch eine soziale Politik die Klassengegensätze in den kapitalistischen Ländern abbauen wollen.

Die Gleichberechtigung der Frau ist heute gesetzlich gesichert, in der Praxis läßt sie jedoch zu wünschen übrig.

1848

Manifest

der

Kommunistischen Partei.

Kommunistisches Manifest von Marx und Engels

1863

Lassalle gründet den Allgemeinen Deutschen Arbeiterverein

1875

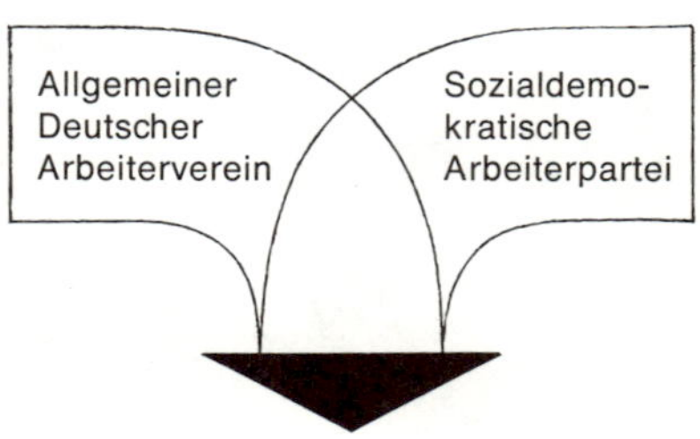

Entstehung der Sozialistischen Arbeiterpartei Deutschlands

1883—1889

Sozialgesetzgebung

Vom Deutschen Bund zum Kaiserreich

Bismarck als Weichensteller Europas (zeitgenössische Karikatur aus der politisch-satirischen Zeitschrift „Kladderadatsch")

Österreich und Preußen ringen um den ersten Platz

Bismarcks Politik im Bundestag zu Frankfurt

Nach den Unruhen des Jahres 1848/49 blieb innerhalb des Deutschen Bundes alles beim alten: Die politischen Entscheidungen wurden, wie schon früher, von den Fürsten getroffen. Die Ziele der nationalen Bewegung, eine freiheitliche Verfassung mit garantierten Bürgerrechten zu schaffen, und den Zusammenschluß aller Deutschen in einem Reich durchzusetzen, schienen unerreichbar. Wie zu Zeiten Metternichs ging die Polizei in den einzelnen Staaten gegen alle Äußerungen vor, die bürgerliche Freiheit und nationale Einheit forderten. Eine scharfe Zensur der Post und der Presse schuf eine geistige Bevormundung, gegen die Studenten, Dichter und Journalisten aufbegehrten.

Im Deutschen Bundestag zu Frankfurt trafen sich regelmäßig die Gesandten der 48 deutschen Staaten, „um zu beschließen, daß nichts Gemeinsames zu beschließen sei", wie ein Kritiker feststellte. Einig war man sich nur in der Abwehr liberaler und patriotischer Bestrebungen.

Als Gesandter Preußens fungierte von 1851 bis 1859 Otto von Bismarck. Zuerst ging es ihm darum, gemeinsam mit Österreich, das bis dahin als der führende deutsche Staat galt, „die Saat von 1848 auszureißen". Bald aber entwickelte er sich zum Gegenspieler des österreichischen Gesandten, der dem selbstbewußten, sprachgewandten Preußen nicht gewachsen war. Bismarck kam in Frankfurt zu der Überzeugung, daß die Einigung der Deutschen nur von Preußen eingeleitet und ausgeführt werden könne. Er betrieb daher mit allen Mitteln die Isolierung Österreichs. Dem preußischen König mißfiel das Vorgehen Bismarcks. Er versetzte ihn als Gesandten nach Rußland (St. Petersburg), wo er sich glänzend bewährte. Anschließend machte er — ebenfalls als Gesandter — wichtige Erfahrungen am Hofe Napoleons III. in Paris. Sein Ziel, Preußen zur Führungsmacht der deutschen Staaten zu machen, verfolgte er weiter.

Preußens König und Volksvertretung geraten in Konflikt

Wilhelm I. wollte sein Heer modernisieren und vergrößern. Das Volk hatte aber nur zu oft erlebt, daß das Militär vom König gegen die Bevölkerung eingesetzt worden war. Folglich lehnte es das Parlament ab, die Steuern, die zur Finanzierung der Heeresreform nötig waren, zu bewilligen. Der preußische König scheute davor zurück, sich über die Volksvertretung hinwegzusetzen.
Während dieser Auseinandersetzungen schlug der Kriegsminister dem König vor, Otto von Bismarck zum Ministerpräsidenten zu ernennen. Bismarck würde es gelingen, die Forderungen des Königs durchzusetzen.
Mit der Begründung: wenn es zu keiner Einigung zwischen Herrscher und Volksvertretung kommt, muß der Teil handeln, der die Macht hat, setzte sich der 1862 zum Ministerpräsidenten ernannte Bismarck über die Meinung des Parlaments hinweg und erhob die nötigen Steuern. Die Heeresreform wurde durchgeführt, die preußische Armee zur modernsten Europas aufgerüstet.
In seinen Reden vor dem Landtag nahm der preußische Ministerpräsident kein Blatt vor den Mund. Er wußte sich durch den König gedeckt. Das war im Obrigkeitsstaat wichtiger als das Vertrauen des Abgeordnetenhauses, das im Grunde nur eine beratende Aufgabe hatte.

Otto von Bismarck (Gemälde von Franz von Lenbach, 1836–1904)

Diese Karikatur aus dem „Kladderadatsch" ironisiert Bismarcks Abneigung gegen die Verfassung.

„Sie bilden sich ein in England zu sein, und ich sei der Ministerpräsident des Parlaments; aber Sie sind in Preußen, und ich bin der Minister des Königs . . ." oder „Nicht auf Preußens Liberalismus sieht Deutschland, sondern auf Preußens Macht . . . Nicht durch Reden und Mehrheitsbeschlüsse . . . werden die großen Fragen der Zeit entschieden — das ist der Fehler von 1848 und 1849 gewesen —, sondern durch Eisen und Blut."

Bruderkrieg zwischen Preußen und Österreich (1866)

Bald erfuhr die Welt, was Bismarck mit „Eisen und Blut" gemeint hatte. Der dänische König, der auch Herzog von Schleswig-Holstein war, versuchte dieses Land des Deutschen Bundes durch eine Verfasssung enger an sich zu binden. Das aber rief Bismarck auf den Plan. Er forderte Österreich auf, Waffenhilfe zu leisten, da es ja auch zum Deutschen Bund gehörte. In einem kurzen, erbitterten Krieg wurde Dänemark 1864 besiegt.
Als über die Verwaltung der eroberten Herzogtümer Schleswig-Holstein und Lauenburg Streit entstand, drängte Bismarck auf Krieg gegen Österreich. Bei Königgrätz in Böhmen kam es 1866 zur entscheidenden Schlacht zwischen den beiden führenden Ländern des Deutschen Bundes. Nach schweren Verlusten auf beiden Seiten wurde das österreichische Heer geschlagen. 15 000 Tote bedeckten das Schlachtfeld.
Bismarck hatte all sein diplomatisches Geschick dafür eingesetzt, daß sich Rußland und Frankreich nicht einmischten. Österreich bewog er zu einem schnellen Friedensschluß.

Der Konflikt mit Frankreich

Die Lage nach dem Krieg zwischen Preußen und Österreich

Die schwerwiegendste Folge der Niederlage Österreichs war, daß es aus dem Deutschen Bund austreten mußte. Damit war die „großdeutsche Lösung" — Einigung aller Deutschen Mitteleuropas in einem Staat — nicht mehr zu verwirklichen. Ferner mußte Kaiser Franz Joseph I. Venetien an das junge Königreich Italien abtreten und eine Kriegsentschädigung zahlen. Die Schwächung Österreichs führte dazu, daß Ungarn sein Gewicht im Donaureich viel stärker ins Spiel bringen konnte. So entstand im Jahr 1867 die Doppelmonarchie Österreich-Ungarn, verbunden durch die Person des Herrschers (der Kaiser von Österreich war zugleich König von Ungarn), durch gemeinsame Außenpolitik, Heer und Finanzverwaltung.

Preußen gewann Schleswig-Holstein, Hannover, Kurhessen, Frankfurt und Nassau hinzu. Unter seiner Führung schlossen sich alle deutschen Staaten außer Bayern, Baden, Württemberg und Südhessen 1867 zum Norddeutschen Bund zusammen.

Wie oft in der Geschichte trug der Friedensschluß zwischen Preußen und Österreich bereits den Keim zum nächsten Krieg in sich. Napoleon III. verübelte Bismarck, daß er für sein Stillhalten nicht belohnt worden war. Er meldete Ansprüche auf die bayerische Pfalz und auf Rheinhessen an. Bismarck spielte Napoleons Ansinnen geschickt in den Verhandlungen mit den süddeutschen Staaten aus, die noch 1866 „Schutz- und Trutzbündnisse" mit Preußen schlossen. Damit war ein wichtiger Schritt zur Einigung der Deutschen unter Preußens Führung getan. Durch das Vorgehen Bismarcks war aber zugleich der Graben zu Frankreich vertieft worden. Das Wort „Rache für Sadowa" (Königgrätz) kam auf und trug dazu bei, das französische Volk in Kriegsbereitschaft gegen Preußen zu versetzen.

Die Schlacht bei Königgrätz entschied die Vormacht Preußens unter den deutschen Staaten.

„Bilanz des Jahres 1871“ (Lithographie von Honoré Daumier, 1808—1879)

Der Deutsch-Französische Krieg 1870/71

Als nach einer Revolution in Spanien (1868) ein Hohenzollernprinz die Absicht zeigte, den dortigen Thron zu besteigen, wurde dies in Paris als „Bedrohung Frankreichs“ aufgefaßt.
In einer Depesche, die Wilhelm I. in Bad Ems erhielt, forderte die französische Regierung eine Erklärung, daß der preußische König nie die Kandidatur eines Hohenzollern auf den spanischen Thron zulassen sollte. Der König lehnte dies ab. Bismarck veröffentlichte die „Emser Depesche“ in verkürzter Form, so daß sie sich wie eine Beleidigung des preußischen Königs las.
Daraufhin erklärte Napoleon III. Preußen den Krieg, auf dessen Seite sich, dem Bündnis gemäß, die süddeutschen Staaten stellten. Selbst ein Gegner Preußens schrieb damals in einer Stuttgarter Zeitung: „Wir haben jetzt nichts mehr zu beachten als die Waffenbrüderschaft, wir haben nichts mehr zu wünschen als den Sieg der preußischen Fahnen, welche in diesem Augenblick die deutschen sind.“
Preußen führte zum dritten Male unter der politischen Führung Bismarcks einen Krieg.
Wie im Krieg von 1866 entwarf auch diesmal wieder General von Moltke den Schlachtplan. Schon nach einem Monat kapitulierte eine französische Armee bei Sedan. Aber der Krieg ging weiter, bis Paris eingeschlossen war und um Waffenstillstand bitten mußte. Im Frieden von 1871, der in Frankfurt geschlossen wurde, mußte Frankreich auf Elsaß-Lothringen verzichten.
Die Feindschaft der französischen Nation, die aus diesem Verzicht entsprang, wurde zu einer schweren Belastung für die Beziehungen der beiden Völker.
Bismarck hatte die Annexion nicht gewollt: „Was nützt ein Frieden, der den Kern eines neuen Krieges in sich trägt?“ Er mußte sich aber dem Willen der Militärs und dem Druck nationalistischer Gruppen beugen.

Das Deutsche Reich wird proklamiert

Kaiserproklamation von 1871 im Spiegelsaal des Versailler Schlosses: Auf dem Podium in der Mitte König Wilhelm I. von Preußen; vor dem Podium Bismarck und Moltke (Gemälde von Anton von Werner, 1843–1915)

König Wilhelm I. von Preußen wird deutscher Kaiser

Zehn Tage vor dem Friedensschluß mit Frankreich vollzog sich ein Ereignis, das als Bismarcks größte Tat gefeiert wurde. Im Spiegelsaal des Versailler Schlosses wurde das Deutsche Reich offiziell ausgerufen. Um den Stolz der deutschen Fürsten nicht zu verletzen, drängte Bismarck König Ludwig II. von Bayern, in einem Brief den Preußenkönig um die Annahme der deutschen Kaiserkrone zu bitten.

Das deutsche Volk nahm die Nachricht von der Schaffung des Reiches mit Begeisterung auf. Anders klingt die mahnende Stimme des deutschen Sozialistenführers August Bebel: „Das durch ‚Eisen und Blut' mühsam zusammengeschweißte ‚Reich' ist kein Boden für die Freiheit, geschweige für die soziale Gleichheit. Staaten werden mit den Mitteln erhalten, durch die sie gegründet wurden. Der Säbel stand als Geburtshelfer dem ‚Reich' zur Seite. Der Säbel wird es ins Grab begleiten." Als der 1. Weltkrieg das Ende der Hohenzollernherrschaft brachte, wurde Bebels Wort oft zitiert.

Die grafische Darstellung veranschaulicht die Verfassung des neugegründeten Deutschen Reiches.

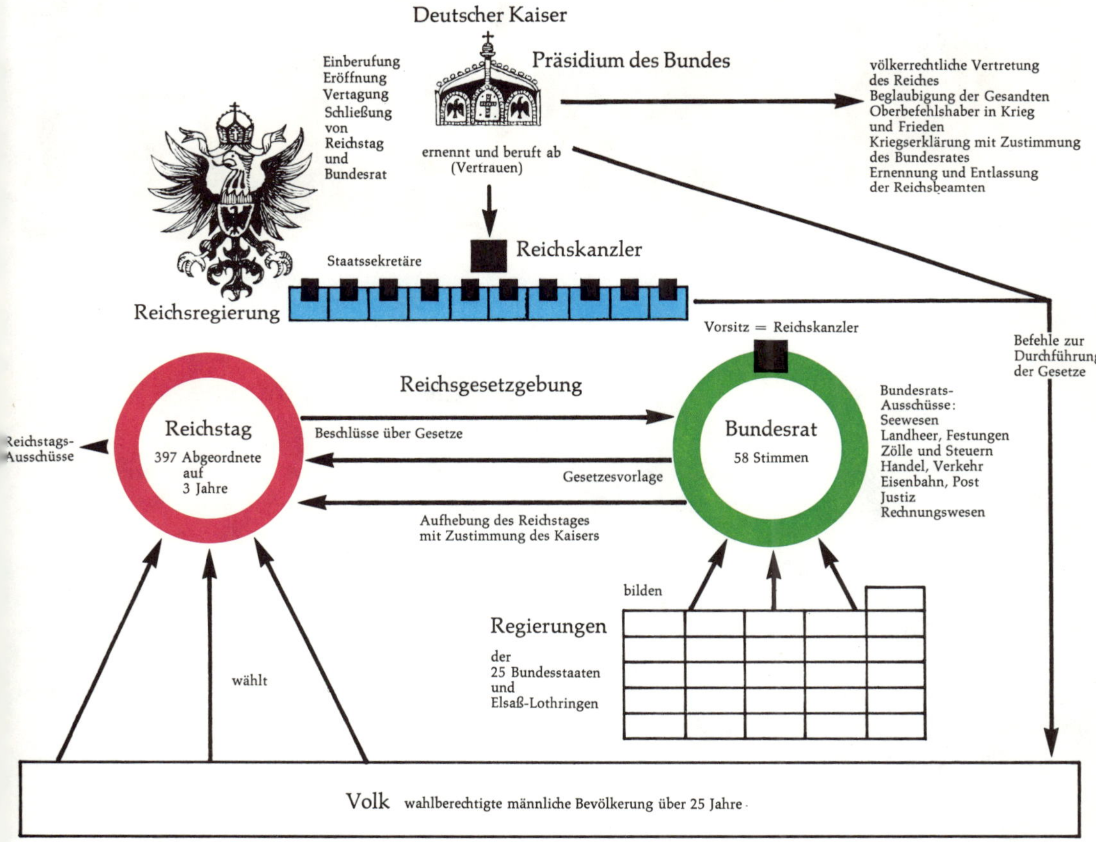

Die Verfassung des neuen Deutschen Reiches

Viele Einrichtungen und Befugnisse blieben den Ländern des Deutschen Reiches vorbehalten. Die Verfassung nahm auf die Eigenart der einzelnen Länder Rücksicht. So blieben natürlich alle Fürsten „im Amt". Bayern z. B. behielt weiter eigene Post, eigene Bahn, eigenes Militär. Nur im Kriegsfall wurden alle Truppen dem Kaiser unterstellt.

Wichtige Teile der Verfassung von 1871:
„Wir, Wilhelm, von Gottes Gnaden preußischer König und erwählter Kaiser von Deutschland, verordnen hiermit nach erfolgter Zustimmung des Bundesrates (Vertretung der Fürsten) und des Reichstages (Vertretung des Volkes), was folgt:
Die deutschen Fürsten schließen einen ewigen Bund zum Schutz des Bundesgebietes und des innerhalb desselben gültigen Rechtes sowie zur Wohlfahrt des deutschen Volkes.

1

Reichsgesetze gehen den Landesgesetzen vor. Das Präsidium des Bundes steht dem Könige von Preußen zu, welcher den Namen ‚Deutscher Kaiser' führt. Der Kaiser hat das Reich völkerrechtlich zu vertreten, im Namen des Reichs Krieg zu erklären und Frieden zu schließen, Bündnisse und andere Verträge mit anderen Staaten einzugehen. Dem Kaiser steht es zu, den Bundesrat und den Reichstag zu berufen, zu eröffnen, zu vertagen und zu schließen.
Der Vorsitz im Bundesrat und die Leitung der Regierungsgeschäfte steht dem Reichskanzler zu, welcher vom Kaiser zu ernennen ist.
Der Reichstag geht aus allgemeinen und direkten Wahlen mit geheimer Abstimmung hervor."

Trotz mancher Zugeständnisse an die demokratische Bewegung des Jahrhunderts blieben die gewählten Volksvertreter von der Ausübung der Macht ausgeschlossen. Die Schlüsselfiguren der Verfassung und der Herrschaft waren der Reichskanzler und der Kaiser. Bis zu seinem Rücktritt bzw. seiner Entlassung 1890 blieb Bismarck die beherrschende Persönlichkeit des Deutschen Reiches.

Frankreich erhält die 3. Republik und die erste Kommune

Napoleon III. war vor der Kriegserklärung an Preußen gewarnt worden, daß die Niederlage zur Revolution führen werde. Noch während des Krieges erklärte der Senat den Kaiser für abgesetzt und rief die 3. Republik aus. Obwohl es gelang, nach dem Vorbild der „Großen Revolution" ein riesiges Heer auf die Beine zu stellen, am Sieg Preußens war nichts mehr zu ändern (Kapitulation am 28. Januar 1871).

Breite Kreise des französischen Volkes konnten und wollten die Niederlage nicht akzeptieren. Während in Bordeaux die neugewählte Nationalversammlung tagte — an ihrer Spitze stand der ehemalige Ministerpräsident des Bürgerkönigtums —, erhoben sich in Paris die Massen, vor allem Arbeiter, gegen die bürgerliche Regierung. Eine „Kommune" (das Wort bedeutet nichts anderes als „Gemeinderat") wurde gewählt, in der Sozialisten und Kommunisten die Vorherrschaft hatten. Die „Kommune" versuchte, die Staatsgewalt zu übernehmen, Frankreich in einen föderativen Staat umzuwandeln (Aufteilung in viele Einzelgemeinden, die sich selbst verwalten) und den Sozialismus zu verwirklichen.

1 In der Nähe von Metz fanden während des Deutsch-Französischen Krieges entscheidungsreiche Kämpfe statt. Wie auf dem Bild dargestellt, gerieten hier französische Truppen, in denen auch Einheimische aus den afrikanischen Kolonien dienten, in deutsche Gefangenschaft (1870).

2 Kommunekämpfer von 1871

3 Schwarzrotgoldene Fahne der Frankfurter Nationalversammlung

4 Schwarzweißrote Reichsfahne ab 1871

2

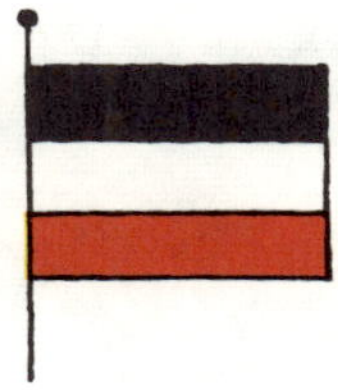

3

Das deutsche Kaiserreich und sein Kanzler

Karl Marx schrieb am 17. 4. 1871 in einem Brief: „Wie die Sache auch unmittelbar verlaufe, ein neuer Ausgangspunkt von welthistorischer Bedeutung ist gewonnen.“ Und August Bebel, der Führer der deutschen Sozialisten, erklärte im deutschen Reichstag: „ . . . Das ganze europäische Proletariat sieht auf Paris. Der Schlachtruf ‚Krieg den Palästen, Friede den Hütten, Tod der Not und dem Müßiggang!‘ wird zum Schlachtruf des gesamten europäischen Proletariats werden.“

Unter Führung des Marschalls MacMahon warfen die Regierungstruppen die Revolte nieder. Nach fast zweimonatiger Belagerung und Barrikadenkämpfen, die eine Woche dauerten, wurde Paris von MacMahon, dem späteren Ministerpräsidenten der 3. Republik, eingenommen. Tausende von Kommunarden wurden durch Standgerichte zum Tode verurteilt und erschossen; etwa 20 000 verloren ihr Leben. Aber auch auf seiten der Sieger gab es hohe Verluste. In den letzten Kampftagen erschossen die Aufständischen 480 Geiseln, unter ihnen den Erzbischof Darboy von Paris; die Tuilerien wurden niedergebrannt.

Die erbitterte Feindschaft der Franzosen erwies sich für den jungen Staat als schwere Last. Der Gedanke der „Revanche für den Raub Elsaß-Lothringens“ wurde zu einem beherrschenden Thema des öffentlichen Lebens in unserem Nachbarland. Bismarck behielt recht mit seiner Warnung, daß die Annexion des alten Reichslandes den Keim zu einem neuen Krieg in sich trage.

Als Reichsfarben wurden 1871 Schwarz-Weiß-Rot gewählt. Darin kam die Absage an den Frankfurter Verfassungsentwurf zum Ausdruck. Die Abgeordneten hatten sich in der Paulskirche für Schwarz-Rot-Gold entschieden. Die neue Verfassung — von Bismarck entworfen — mißachtete das Prinzip der Volkssouveränität. Inhaber der Gewalt blieben die Fürsten. Die Menschen- und Bürgerrechte fanden in ihr keinen Platz.

Das Ausscheiden aus Deutschland durch die Auflösung des Deutschen Bundes (1866) brachte Österreich in eine schwierige Lage. Ohne lebendige politische Verbindung mit den anderen deutschen Stämmen waren die Deutschen in den Ländern der Habsburger nicht in der Lage, das Vielvölkerreich zu erhalten.

Straßenszene in den Gründerjahren (1874)

Im Bereich der Wirtschaft schuf die Reichsgründung die Voraussetzungen für die „Gründerzeit". Der große, gesicherte Markt, verbunden mit dem Einströmen der französischen Kriegsentschädigung, führte zu einem sprunghaften Ansteigen der Produktion auf allen Gebieten. Trotz mancher Rückschläge erreichte das Deutsche Reich bald den Rang Großbritanniens als Industrie- und Handelsmacht.
Mit dem Namen seines Gründers blieb das Deutsche Reich von 1871 immer verbunden. Bis heute wird es in der Regel als „Bismarckreich" bezeichnet.

In Europa setzen sich nationalstaatliche Lösungen durch

Die Landkarte Europas wurde zwischen 1848 und 1870 stark verändert. Auf der Apenninenhalbinsel entstand Italien als geeinter Nationalstaat. Venetien wurde 1866 und Rom 1870 gegen den Widerstand Österreichs bzw. des Papstes erobert. Als Erwecker und Begründer der italienischen Nation werden Graf Camillo Cavour, Giuseppe Mazzini und Giuseppe Garibaldi heute verehrt.
Der junge italienische Nationalstaat stand von Beginn an in Spannung zum Vielvölkerreich der Habsburger, da in Trient und Istrien Teile des italienischen Volkes bei Österreich verblieben. Für sie bürgerte sich die Bezeichnung „Unerlöste" ein. Damit wollte man sagen, daß jene Volksteile noch nicht mit der „Mutternation" vereint waren, und daß sie noch nicht unter einer Verfassung (Konstitution) mit Bürgerrechten und Gewaltenteilung lebten. Italien war 1861 als konstitutionelles Königreich ausgerufen worden.

Die Einigung der deutschen Stämme und Länder vollzog sich nach dem Scheitern der Paulskirche (1848) unter der Führung Preußens. Bismarck gelang es zwar nach drei Kriegen (1864, 1866, 1870/71), das Deutsche Reich zu errichten, aber dies war die „kleindeutsche Lösung". Die „Großdeutschen" hatten den Zusammenschluß aller Deutschen durch freie Wahlen angestrebt.

Cavour, der Begründer des italienischen Staates, war Demokrat. Das Königtum war für ihn ein Instrument für die nationale Einigung. Bismarck, von Geburt Vasall der Hohenzollern, stand dem demokratischen Gedanken ablehnend gegenüber.

Europa am Ende des 19. Jahrhunderts

Preußen und Österreich waren die beiden führenden Mächte im Deutschen Bund. Als preußischer Gesandter im Deutschen Bundestag zu Frankfurt betrieb Bismarck die Ausschaltung Österreichs als Führungsmacht, um Preußen die Vorherrschaft in Deutschland zu sichern. Der Krieg zwischen beiden Staaten war unvermeidlich. Durch geschickte Diplomatie gelang es Bismarck, Rußland und Frankreich von den Auseinandersetzungen fernzuhalten. Bei Königgrätz in Böhmen fiel die Entscheidung: Österreich unterlag und verlor seine dominierende Stellung in Deutschland. Preußen hingegen brachte der Sieg nicht nur politisches Ansehen, sondern auch große territoriale Vorteile. Doch der Friedensschluß mit Österreich enthielt schon den Keim eines neuen Krieges. Napoleon III. verlangte für seine Nichteinmischung einen Preis, den Preußen nicht gewillt war zu zahlen. Der Deutsch-Französische Krieg brach aus und endete mit der Niederlage Frankreichs. Als Folge des Krieges mußte Frankreich Elsaß-Lothringen abtreten. Der Verzicht auf dieses Gebiet wurde zu einer schweren Belastung der Beziehungen zwischen beiden Völkern.

Unter Ausschluß Österreichs erfuhr das deutsche Kaisertum eine Erneuerung. Nach dem Sieg über Frankreich wurde im Spiegelsaal des Versailler Schlosses das Deutsche Reich ausgerufen. Die Kaiserkrone erhielt der mächtigste Monarch der deutschen Länder, König Wilhelm I. von Preußen. Die Eigenständigkeit der deutschen Fürstentümer (z. B. Post, Bahn, Militär) blieb erhalten. Der Kaiser war der Repräsentant des Deutschen Reiches. Kriegserklärungen, Friedensschlüsse und Verträge mit ausländischen Mächten konnte nur der Kaiser beschließen. Natürlich war er bemüht, solche außenpolitischen Entscheidungen mit weitgehender Zustimmung der einzelnen Fürsten zu treffen. Der Kaiser berief ferner den Bundesrat und Reichstag.

Nach der Niederlage Frankreichs im Jahre 1871 erhoben sich in Paris große Teile der Bevölkerung, vor allem Arbeiter, gegen die bürgerliche Regierung. Die Arbeitervertreter bildeten die „Kommune", die Frankreich sozialisieren sollte. Der Aufstand wurde von den Regierungstruppen blutig niedergeschlagen.

Die nationale Einigung der deutschen Staaten und die Bildung des italienischen Einheitsstaates gaben der nationalstaatlichen Bewegung der Völker im Osten Europas (z. B. Polen, Tschechen, Ungarn, Kroaten) starken Auftrieb.

Die inneren Spannungen der Staaten, in denen mehrere Völker lebten (Rußland, Österreich, das Osmanenreich, aber auch Deutschland), wuchsen. In der Epoche des Imperialismus beeinflußten sie sehr bald auch die Beziehungen zwischen den Staaten. Die sozialen Probleme, wie sie durch Industrialisierung und Verstädterung entstanden waren, wurden über der nationalen Frage vernachlässigt.

1866

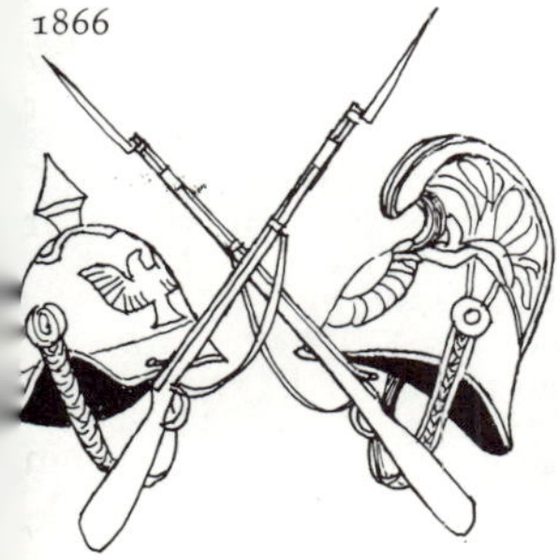

Bruderkrieg zwischen Preußen und Österreich

1870/71

Deutsch-Französischer Krieg

1871

Wilhelm I. wird deutscher Kaiser

1871

Aufstand der Pariser Kommune

REGISTER

BILDNACHWEIS

Albertina, Wien, 80 – Alte Pinakothek, München, 94 – Amerika-Dienst, München, 31 – Erich Andres, Hamburg, 142 – Archiv für Kunst und Geschichte, Berlin, 129 oben, 140, 146 – Bavaria-Verlag, Gauting, 136 – Bayerische Staatsgemäldesammlungen, München 139 – Bibliothèque Nationale, Paris, 25, 128, 144 – M. Bidault de l'Isle, Paris, 20, 58 – Bismarck-Album des Kladderadatsch, Berlin 1891, 137 – Borsig AG, 126 – British Museum, London, 6, 7, 9, 13, 17 oben – City Art Gallery, Bristol, 5 – Colin Armand Véronèse, 55, 70 Mitte, 81 – Conzett & Huber, Zürich, 96 – Deutsche Presse-Agentur (dpa), München, 102 – Deutsches Museum München, 18, 107, 109 oben, 110 unten, 114, 120 oben – Freies Deutsches Hochstift, Frankfurter Goethemuseum, Frankfurt/M., 76 – Friedrich-Ebert-Stiftung, Trier, 129 unten – Foto Marburg, 124, 125 – Hirschgraben-Verlag, Frankfurt, 49 – Historia-Photo, Bad Sachsa, 38, 115, 131 unten, 145 – Historisches Museum, Wien, 101 oben – Krupp, Essen, 121 – Laffon, Paris, 37, 46, 108, 109 unten 110 oben, 115 – Mondadori-Press, München, 47 – Musée Carnavalet, Paris, 29, 54 – Musée de Versailles, Versailles, 63 – Musée National du Louvre, Paris, 66 – Niedersächsische Landesgalerie, Hannover, 77 oben, 95 – Österreichische Nationalbibliothek, Wien 78 – Services Américains d'Information et de Relations Culturelles, Paris, 26 – Staatsbibliothek Preußischer Kulturbesitz, Berlin 15, 42, 44, 99, 104 oben, 115, 118, 120 unten, 123, 127, 132, 135 oben – Süddeutscher Verlag, München, 136 – The Mansell Collection London, 32, 39, 48/49 – Ullstein Bilderdienst, Berlin, 14, 23, 54, 76 – Verkehrsmuseum, Nürnberg, 111 – Wayland Publishers London, 40, 41, 45, 52, 53, 61.